KB116621

경험 수집가의 여행

경험 수집가의 여행

앤드루 솔로몬, 7대륙 25년의 기록

앤드루 솔로몬 지음 | 김명남 옮김

FAR AND AWAY
by ANDREW SOLOMON

일러두기

- 이 책의 미주는 모두 원주이고, 각주는 모두 옮긴이주다.
- 본문의 차례와 지도에 표시한 연도는 솔로몬이 실제로 여행지를 방문한 시기를 가리킨다.

이 책은 실로 꿰매어 제본하는 정통적인 사철 방식으로 만들어졌습니다.
사철 방식으로 제본된 책은 오랫동안 보관해도 손상되지 않습니다.

내게 집에 머물 이유를 준

올리버, 루시, 블레인, 조지에게

집으로 돌아가는 긴 여정을 떠올려 보자.
차라리 집에 머물러 있으면서 이곳을 생각만 해야 했을까?
우리가 오늘 있어야 할 곳은 어디일까?
……
대륙, 도시, 시골, 사회:
선택의 폭은 결코 넓지 않고 자유롭지도 않다.
여기, 아니면 저기…… 아냐. 차라리 집에 머물러 있어야 했을까?
그곳이 어디가 되었든?

— 엘리자베스 비숍, 『여행에 관한 질문들』 중에서

차례

2014 ~ 2015

서문 모든 곳의 특파원

내가 일곱 살쯤이었을 때, 아버지가 홀로코스트를 알려 주셨다. 우리는 노란 뷰익으로 뉴욕주 9A 고속도로를 달리던 중이었고, 나는 아버지에게 플레전트빌은 정말로 플레전트한(즐거운) 곳이냐고 묻고 있었다. 그로부터 이삼 킬로미터 지난 뒤 왜 나치 이야기가 나왔는지는 기억나지 않지만, 아버지가 내가 유대인 대학살 사건을 이미 안다고 생각했기 때문에 기탄없이 대뜸 집단 수용소 이야기를 들려주었던 것은 기억난다. 나도 우리가 유대인이라는 사실은 알았고, 그래서 만약 우리도 그때 그곳에 있었다면 그 일을 겪었을 것이라는 사실을 이해했다. 나는 아버지에게 좀 더 설명해 달라고 최소한 네 번 졸랐다. 이야기에서 뭔가 빠진 부분이 있어서 이해가 잘 가지 않는 것이라고 여겼기 때문이다. 아버지는 급기야 대화를 무지르다시피 하는 단호한 말투로 그것은 그저 〈순수한 악〉이었다고 말씀하셨다. 그래도 나는 질문이 하나 더 있었다. 「유대인들은 왜 상황이 나빠졌을 때 그냥 떠나 버리지 않았어요?」

「아무 데도 갈 데가 없었거든.」 아버지는 말씀하셨다.

그 순간, 나는 언제든 어딘가 갈 데가 있는 사람이 되겠다고 결심했다. 무력하고 의존적이고 잘 속는 사람이 되지 않으리라. 상황이 죽 좋았다고 해서 미래에도 계속 좋을 것이라고 생각하지 않으리라. 바로 그 순간, 집은 절대 안전한 곳이라는 생각이 내 안에서 무너졌다. 나는 장벽이 게토를 둘러싸기 전, 수송 철로가 다 놓이기 전, 국경이 봉쇄되기 전에 떠나리라. 만에 하나 집단 학살이 맨해튼 중심가를 위협하더라도, 진작 여권을 챙겨서 어딘가 기꺼이 나를 받아 줄 곳으로 떠날 준비를 갖춘 사람이 되리라. 아버지는 유대인 중에는 유대인 아닌 친구들의 도움을 받은 사람도 있었다고 말했고, 그래서 나는 결심했다. 늘 나와는 다른 친구들, 나를 받아들이거나 꺼내 줄 수 있는 친구들을 곁에 두는 사람이 되리라. 아버지와의 첫 대화는 물론 주로 공포에 관한 이야기였지만, 이런 측면에서 보자면 사랑에 관한 이야기이기도 했다. 이후 나는 우리가 폭넓은 애정으로 스스로를 구할 수 있다는 사실도 알게 되었다. 사람들이 죽었던 것은 그들의 패러다임이 너무 협소했기 때문이고, 나는 그런 문제를 겪지 않으리라.

몇 달 뒤 어머니와 신발 가게에 갔다. 점원은 나더러 평발이라서 크면 요통을 겪을 것이라고 과감하게 예언했고(슬프게도 사실이다), 어쩌면 그 때문에 징병 부적격자가 될지도 모른다고 덧붙였다.[1] 뉴스에서 온통 베트남 전쟁 이야기뿐이던 시절이었다. 어째서인지 나는 나도 고등학교를 졸업하면 싸우러 나가야 한다고 생각하고 있었다. 놀이터에서 친구들과 드잡이하는 것조차 서툰 나였기에, 총을 안고 정글에 투입된다는 것은 상상만 해도 무서웠다. 어머니는 베트남전이 청년들의 목숨을 낭비하는 짓이라고 여겼다. 하지만 제2차 세계 대전은 싸울 가치가 있는 전쟁이었다고 여겼고, 그때 훌륭한 미국 청년이라면 평발이든 아니든 제 의무를 다했다고 여겼다. 대체 무슨 기준에서 어떤 전쟁은 어머니가 자기 아들이 죽음을 무릅쓰는 것도 당연하다고 여길 만큼 의로운 전쟁이 되고 어떤 전쟁은 우리가 알 바 아닌 전쟁이 되는지 궁금했다. 미국에서는 전쟁이 벌어지지 않았지만, 미국은 의로운 전쟁이든 아니든 세계 모든 곳에서 벌어지는 전쟁에 나를 보낼 수 있었다. 평발이든 아니든 나는 세계의 그 모든 곳을 알고 싶었다. 그 장소들에 대한 판단을 스스로 내리기 위해서.

나는 세상을 겁내는 아이였다. 내가 징집은 면했고 닉슨 시절의 파시즘이 미국에서 발판을 다지는 데 결국 실패했어도 핵 공격은 언제든 가능했다. 나는 소련이 맨해튼에 핵폭탄을 떨어뜨리는 악몽을 꿨다. 방랑하는 유대인 전설은 아직 몰랐지만, 끊임없이 탈출 계획을 세웠고 항구에서 항구로 유랑하는 삶을 상상했다. 내가 납치될 수도 있다고 상상했다. 부모님이 유달리 짜증스럽게 느껴지는 날이면, 내가 진작 여기보다 더 상냥한 나라의 더 상냥한 사람들 품에서 납치되어 미국적 광기가 도사린 이 가정에 떠맡겨진 것이라고 상상했다. 성인기에 겪을 불안 장애의 토대를 그때부터 조숙하게 닦은 셈이었다.

파국에의 상상과 대위법을 이루어 함께 커진 것은 한 번도 가보지 않은 나라였던 영국에의 애정이었다. 나의 영국 애호증은 아버지가 『곰돌이 푸』를 읽어 준 두 살 무렵 시작되었다. 다음은 『이상한 나라의 앨리스』였고, 그다음은 『모래 요정과 다섯 아이들』, 그다음은 『나니아 연대기』였다. 이 이야기들의 마법적 매력은 작가의 상상력뿐 아니라 무대가 영국이라는 점에서도 나왔다. 나는 마멀레이드를, 그리고 좀 더 유구한 역사를 강하게 선호하는 취향을 발달시켰다. 부모님은 내가 다양한 방식으로 응석받이로 굴 때 〈네가 영국 황태자인 줄 아니?〉 하고 꾸짖었다. 나는 일단 영국에 가면 그 자격을 얻을 수 있으리라고 (그래서 장난감을 대신 치워 주는 하인이 생길 테고 메뉴에서 제일 비싼 것을 시켜도 될 것이라고) 막연히 믿었고, 그 자격을 출생의 운보다 장소와 관련된 일로 이해했다. 여느 탈출 환상처럼 이 환상도 목적지만의 문제가 아니라 뒤에 남겨 두고 떠나는 것의 문제이기도 했다. 나는 자신이 남들과 다르다는 사실을 아직 깨닫지 못하여 그 차이를 어떤 말로 표현해야 하는지 몰랐던 아이, 아직 게이가 되지 않은 아이였다. 집에서도 이방인이라고 느꼈고, 그러니까 오히려 내가 실제로 이방인인 곳으로 간다면 내 유별난 차이점들 중에서도 가장 은밀한 차이점을 사람들이 못 보고 넘어갈지도 모른다는 생각을 아직 흐릿한 형태로나마 품고 있었다.

초창기 영국 애호증을 더욱 육성한 것은 어린 시절 나를 봐준 베이비시터였다. 나는 잘 보채는 아기였던지라, 어머니는 도우미를 고용해서 일주일에 하루라도 쉬기로 했다. 광고를 내어 지원자들을 면접했는데, 어느 날 올 사람이 없는데도 초인종이 울렸다. 어머니는 문을 열어 보고 놀랐다. 체구가 세로 방향만큼 가로 방향으로도 널찍한 웬 중년 스코틀랜드 여성이 문간에 서서 이렇게 선언했기 때문이다. 〈유모입니다. 아기를 돌보러 왔습니다.〉 어머니는 자신이 약속을 깜박했겠거니 해서 베베를 방으로 안내했고, 나는 순식간에 차분해져서 최고로 얌전하게 밥을 먹었다. 베베는 즉석에서 채용되었다. 나중에 안 사실이지만, 베베는 사실 엘리베이터에서 잘못된 층에 내렸고 원래는 우리 집인 11E호가 아니라 14E호 가족에게 가려던 것이었다. 하지만 이미 늦었다. 베베는 이후 십 년 동안 목요일마다 우리 형제에게 와서 셰리 트리플을 만들어 주었고, 자신이 멀섬에서 자랄 때 이야기를 들려주었다. 소녀였을 때 베베는 파리, 런던, 뉴욕이라는 글씨가 패치로 붙은 손가방을 갖고 있었고, 자기 할머니에게 언젠가 그곳들을 다 가볼 것이라고 말했다. 할머니는 웃어넘겼지만, 베베는 결국 그곳들을 다 가보았다. 심지어 그곳들에서 다 살아 보았다.

내가 사랑하는 영국 동화 속 인물들처럼, 베베는 특이하고 마법적이었다. 베베 자신이 꼭 아이 같았고, 짜증이나 실망이나 화를 낼 줄 모르는 듯했다. 베베는 내게 r을 굴려서 발음하는 법을 알려 주었다. 베베의 가장 엄한 꾸중은 나와 동생이 소란을 피울 때 가끔 〈살살, 살살!〉 하고 나무라는 것이었다. 나는 영국에서는 모든 사람이 베베처럼 내 일거수일투족을 재미있어 할 것이라고 여겼고, 그곳에서는 아이들이 야채를 남겼거나 숙제를 다 하지 않았어도 식사 때마다 후식을 한 접시 더 먹을 수 있을 것이라고 상상했다.

내가 이 못지않게 감동받은 영국 이야기가 또 있었다. 갈 곳이 없어서 죽은 사람들을 떠올릴 때마다 위안이 되어 준 이야기였다. 우리 옆집에 살던 에리카 우르바흐와 그 어머니 오펜바허 부인은 체코에 살던 유대인이었다. 모녀는 나치가 감시망을 좁혀 들기 전용케 영국 입국 비자를 받았지만, 유럽 통과에 필요한 비자들이 늦게 갖춰지는 바람에 영국 비자의 유효 기간이 지났다. 그래도 모녀는 프라하에서 기차를 탔다. 네덜란드에서 만난 출입국 관리는 그들이 어차피 영국에 입국하지 못할 거라고 말하면서 내쫓으려고 했으나, 오펜바허 부인은 그야 어쨌든 통과 비자는 유효하니까 자신들을 내쫓을 수는 없다고 맞섰다. 이윽고 모녀가 탄 배는 도버에 도착했다. 하선한 오펜바허 부인은 사람들이 줄 서서 출입국 심사를 받는 모습을 한 시간 가까이 유심히 지켜보았다. 어느 직원이 제일 친절해 보이는지 살펴본 것이었다. 마침내 (에리카가 아름다운 아이였던 것처럼 그 자신이 아름다운 여성이었던) 오펜바허 부인은 신중하게 줄 하나를 골랐다. 그 출입국 관리는 말했다. 「당신들의 영국 입국 허가증은 유효 기간이 지났습니다.」 오펜바허 부인은 침착하게 대답했다. 「압니다. 하지만 만약 당신이 우리를 돌려보낸다면, 우리는 죽을 겁니다.」 두 사람은 눈길을 마주친 채 한참 가만히 있었고, 이윽고 그가 두 여권에 도장을 찍어 주면서 말했다. 「영국에 오신 것을 환영합니다.」[2]

외국에서 피난처를 찾아야 한다는 집착 못지않게 집요했던 것은 내가 위협적이라고 느꼈던 바로 그 세상에 대한 강한 호기심이었다. 상상의 선두에는 물론 영국이 있었지만, 중국 사람들이 아침으로 무엇을 먹는지, 아프리카 사람들이 머리카락을 어떻게 다듬는지, 아르헨티나 사람들이 폴로를 왜 그렇게 좋아하는지도 알고 싶었다. 나는 닥치는 대로 읽었다. 인도 설화, 러시아 민화, 『한국인 할머니가 들려준 이야기들』에 푹 빠졌다.[3] 언젠가 어머니가 사온 클리넥스 통에 각국 민속 의상을 입은 사람들이 그려져 있었다. 네덜란드 사람들은 모두 나막신을 신고 덜거덕덜거덕 다닐 테고 페루 사람들은 모두 귀여운 중절모를 쓰고 다닐 것이라고 믿었던 나는 그들을 모두 만나 볼 날을 꿈꾸었고, 휴지를 다 쓴 뒤에도 통을 간직했다. 세상의 모든 나라를 한 번씩은 다 가보고 싶었다. 광대한 중국이나 인도에 발을 들여놓는 것이 감비아나 모나코를 가보는 것, 혹은 바하마 제도의 모든 섬을 다 가보는 것과 동등한 수준의 체크 리스트 항목일 것이라고 여겼다.

어머니가 여행을 좋아하신 것은 내게 행운이었다. 어머니는 제2차 세계 대전 직후 유럽에 처음 갔는데 그때 스물두 살이었다. 당시는 또 전란으로 피폐해진 대륙을 여행한다는 것이 신기한 일로 여겨졌던 때라 고향 신문이 어머니의 출발을 알리는 기사를 실을 정도였다. 우리 가족이 처음 어엿한 해외여행에 나선 것은 — 영국, 프랑스, 스위스였다 — 내가 열한 살 때였다. 이후에도 우리는 아버지의 유럽 출장에 종종 동행했다. 아버지는 새로운 장소에 과히 흥미를 느끼는 사람이 아니었던 데 비해 어머니는 여행할 때 최고의 모습을 보여 주는 사람이었다. 어머니는 어디로든 떠나기 전에 우리에게 그곳을 알려 주었다. 우리는 참고 도서를 읽었고, 그곳의 역사를 공부했고, 그곳에서 어떤 음식을 먹고 어떤 풍경을 보게 될지를 들었다. 어머니는 일정을 꼼꼼하게 짜는 타입이었다. 매일의 여정을 몇 시에 일어나고 몇 시에 호텔로 돌아올지까지 세세히 짜두었다. 그렇게 꼼꼼하게 짜두면 답답하지 않나 싶기도 하겠지만,

실은 오히려 느긋해졌다. 덕분에 우리가 장소 그 자체에만 놀랄 수 있었기 때문이다. 결코 서두르진 않았다. 어머니는 어디든 다시 돌아올 사람처럼 여행해야 한다고 말씀하셨다. 이번이 마지막이라고 생각하면 모든 것을 다 보려고 안달하기 쉬운데 그러면 오히려 아무것도 제대로 볼 수 없다고 했다. 〈다음에 볼 것을 남겨 둬야 해. 다시 오고 싶게 만드는 무언가를.〉 어머니는 말씀하셨다.

내가 이런 지리적 모험을 좀 더 폭넓은 서사와 연결 지어 생각하기 시작한 것은 고등학생 때였다. 9학년 역사 담당 도나디오 선생님은 거창한 표현을 좋아하셨다. 중요한 역사적 인물을 소개하면서(람세스 2세, 본디오 빌라도, 예카테리나 2세, 나폴레옹, 토머스 제퍼슨 등) 그들은 〈역사의 교차로〉에 섰던 사람들이라고 말씀하셨는데, 그래서 나는 그들이 교차로에서 신호등을 무시한 채 남들이 다 직진하는데 자기 혼자만 용감하게 좌회전 혹은 우회전하는 사람들이라고 상상했다. 나도 그들의 선택이 역사를 쓴 것은 사실이지만 그들 또한 환경의 영향을 받아서 그렇게 선택한 것이라는 사실을 차츰 이해하게 되었다. 또 다른 선생님은 그런 지도자들이 의식적으로 역사를 만들었는지 그들 또한 역사의 요구에 따른 것뿐이었는지는 단정적으로 가릴 수 없는 문제라고 말씀하셨다. 9학년 때 나도 역사의 교차로를 목격하고 싶다고 생각했던 것이 똑똑히 기억난다. 더구나 청소년답게 거창한 바람으로, 만약 내가 역사의 교차점에서 벌어지는 사건을 기록할 수 있다면 그 방향에도 영향을 미칠 수 있을지 모른다고 생각했다.

고등학교 2학년이던 1980년, 우리 학교 합창단이 소련에서 공연하게 되었다. 하지만 예정일을 몇 달 앞두고 소련이 아프가니스탄을 침공하는 바람에 행선지가 루마니아와 불가리아로 바뀌었다. (내 솔로 데뷔는 — 낭랑하지만 좀 거슬리는 바리톤 음성 탓에 사실상 마지막 무대가 되었다 — 불가리아에서 인구가 일곱 번째로 많은 도시인 플레벤 외곽의 양로원에서 스페인 민요 「리우 리우 치우Ríu Ríu Chíu」를 부른 것이었다.) 이전에는 누가 그런 나라로 갔다는 말조차 들어 본 적 없었다. 미국을 떠나기 전, 여러 선생님들과 현명한 어른들이 불가리아는 끔찍한 소련 괴뢰국이지만 루마니아에는 니콜라에 차우셰스쿠라는 용감하고 독립적인 지도자가 있어서 모스크바의 지령을 고분고분 따르지 않는다고 말해 주었다. 그러나 막상 가본 불가리아에서는 가식적이지 않은 온기가 느껴졌다. 합창단의 주연 소프라노 루이즈 엘턴과 내가 집시 극단을 쫓아가느라고 잠시 사라지는 사건이 발생했을 때도 분위기는 쾌활했다. 반면 루마니아에서는 억압적인 장면을 매일 목격했는데, 우리에게 자기 나라가 자유롭고 진보적인 곳임을 설득시키려고 한 주최 측의 말과는 극명하게 대비되는 광경들이었다. 한번은 병원 창문에서 어느 환자가 우리에게 손을 흔들려고 하자 군복을 입은 간병인이 거칠게 그를 끌어당기고는 얼른 블라인드를 내렸다. 길에서 만난 초조한 기색의 루마니아 사람들은 우리에게 다가와 편지를 건네면서 그것을 몰래 내보내 달라고 부탁했지만, 두려워서 그런지 대화를 나누려고 들지는 않았다. 어디에나 군인들이 구석구석 지켜 서서 사람들을 쏘아보았다. 부쿠레슈티 관광은 금지되었는데, 〈우리 루마니아 사람들에게는 재미있는 밤 생활이 없습니다〉라는 것이 이유였다. 너무 웃긴 말이라고 느낀 우리는 나머지 일정 내내 저 말을 입에 달고 지냈다.

미국으로 돌아온 뒤 사람들에게 불가리아는 매력적인 곳이지만 루마니아는 오싹한 경찰 국가더라고 보고했다. 그러자 나보다 많이 아는 사람들이 내게 틀린 소리 하지 말라고 말했다. 차우셰스쿠가 그다지 칭찬할 만한 사람이 아니라는 사실, 루마니아가 동유럽 중에서도 아마 가장 억압적인 체제였을 것이라는 사실은 훨씬 더 나중에 정권이 바뀌고서야 드러났다. 나는 이 사건으로 직관에 대한 교훈을 얻었다. 첫눈에 사랑스럽게 느껴졌던 장소가 알고 보니 음흉한 곳일 수는 있지만 첫눈에 음흉하게 느껴졌던 장소가 알고 보니 사랑스러운 곳으로 드러나는 경우는 거의 없다.

30년쯤 지나서, 리비아 최고 지도자 무아마르 카다피의 아들 사이프 알이슬람 카다피를 인터뷰했다. 그는 어떤 면에서 설득력 있는 인물이었다. 새빌 로의 맞춤 정장을 아름답게 차려입었고, 유창한 영어로 말했고, 도타운 인맥을 자랑했고, 거창한 방식으로 품위가 있었다. 그러나 그는 또한 불길한 자기도취자이자 뻔한 거짓말쟁이였다. 리비아 사람들의 삶에 대한 그의 낙천적 서술은 내가 그곳에서 몸소 보고 들은 바와 어찌나 다르던지 꼭 행위 예술로 느껴질 지경이었다. 그로부터 몇 년 뒤, 어느 이름난 외교 정책 협회가 사이프 카다피를 위해서 마련한 아침 식사 자리에 초대받았다. 그가 20분간 연설한 뒤, 참석자 모두에게 질문할 기회가 돌아갔다. 나는 대부분 관록 있는 외교관이었던 질문자들이 그를 무척 공손하게 대하는 모습에 놀랐다. 차례가 오자 물었다. 「당신은 5년 전에도 지금하고 똑같이 앞으로 이런저런 일들이 벌어질 것이라고 약속한 바 있습니다. 그러나 그 약속들은 전혀 실현되지 않았죠. 그런데 무슨 근거에서 우리가 지금 이 약속들은 유의미하다고 여겨야 합니까?」 나중에 나는 〈북아프리카에서 미국의 최선의 희망〉인 〈유능한 정치인〉을 대하는 태도가 무례했다고 혼났다. 현재 사이프 카다피는 구금되어 있고, 국제 형사 재판소는 그를 반인륜 범죄 혐의로 기소하고 싶어 한다. 그가 리비아 혁명 중 보인 몹쓸 행동들 때문인데, 그때 그는 이렇게 대중주의적 봉기가 계속된다면 결국 〈피의 강〉이 흐를 수밖에 없을 것이라고 사람들을 위협했다. 가끔은 평범한 목격자가 정책 분석가보다 더 귀하다. 선입견 없는 아마추어가 진실을 더 제대로 본다. 맞춤 양복에 눈이 멀어서는 안 되는 것이다.

대학을 졸업한 해 여름, 모로코 주재 미국 대사의 개인 사진사로 취직한 친구 패멀라 크리민스를 만나러 갔다. 당시 모로코에는 휴대 전화가 없었고 유선 전화도 드물었기 때문에, 내가 수도 라바트에 내리는 시각에 맞춰서 패멀라가 마중 나오기로 미리 약속해 두었다. 그토록 먼 곳으로 혼자 과감하게 나가 본 것은 그때가 처음이었다. 밤에 비행기에서 내린 나는 마중 나온 사람이 없는 걸 보고 공황에 빠졌다. 다행히 웬 고물차 주인이 패멀라의 아파트까지 태워다 주겠다고 했다. 나는 건물 계단을 올라가면서 층마다 대고 〈패멀라!〉 하고 외쳤고, 이윽고 〈앤드루?〉라고 대답하는 패멀라의 졸린 목소리가 들려왔다. 지금 돌아보면 별 대단한 일도 아니었지만, 그때만 해도 낯선 곳에서 스스로를 어떻게 건사해야 할지 몰라 공포가 커져 가던 느낌이 여태 생생하다. 그 두려움은 실제적인 위험을 느껴서라기보다는 나 자신이 얼마나 어수룩한지 깨달은 데서 온 것이었다.

다음 날 아침, 패멀라와 함께 모로코를 여행할 생각에 들뜬 기분으로 일어났다. 하지만 패멀라에게 급한 임무가 주어졌다는 소식이 기다리고 있었다. 패멀라는 대사관 운전사인 아메드 엘 후마이디가 마침 이모를 방문하려고 하니까 그를 따라가서 놀면 어떻겠느냐고 제안했다. 우리는 이튿날 버스로 떠났다. 아메드의 이모는 시 외곽, 석류나무 한 그루가 서 있는 안마당을 둘러싸고 지어진 콘크리트 블록 집에서 살았다. 외국인의 방문을 중대한 사건으로 여긴 그녀는 자기 침실을 내게 내주었다.

내가 머문 한 주 내내, 그 집안 남자들은 저녁마다 제마 엘프나 광장으로 걸어 나갔다. 마라케시의 큰 광장 중 하나인 그곳은 낮에는 관광객들로 붐비고 밤에는 주민들의 사교 생활 중심지가 되는 곳이었다. 아메드의 사촌 몇 명이 그곳에서 일했기에, 우리는 땅거미가 짙어질 때까지 마술사, 이야기꾼, 춤꾼 들과 어울려 놀았다. 그러다 집으로 돌아오면 저녁으로 타진 요리가 기다리고 있었다. 늘 베일을 쓰고 다니는 여자들은 하루 종일 청소와 요리를 했고, 저녁 식사 때는 남자들의 손에 물을 부어서 씻겨 주고 물러났다가 남자들이 식사를 마치면 돌아와서 남은 것을 먹었다. 집에는 수도도 전기도 없었다. 아메드의 이모가 가장 아끼는 물건은 건전지로 작동되는 라디오였다. 마지막 날 그녀는 아메드에게 자신이 좋아하는 어떤 영어 노래의 뜻을 알려 달라고 부탁했는데, 아메드는 가사를 알아들을 만큼 영어 실력이 좋진 않았기 때문에 내게 부탁했다. 나는 말했다. 「이모님은 이 가사를 이해하시기가 좀 어려울지도 모르겠어요. 〈여자들은 재미를 원할 뿐〉이라는 노래거든요.」

2년 뒤, 동생이 대학에서 진화 생물학을 공부하고 있었기 때문에 가족이 다 함께 갈라파고스 제도를 여행하기로 했다. 우리가 구입한 크루즈 티켓에는 에콰도르 관광 일정도 포함되어 있었다. 하지만 부모님은 관심이 없었고 함께 크루즈에 탄 다른 승객들도 관심이 없었기 때문에, 동생과 내가 가이드를 독차지하게 되었다. 우리는 먼저 키토를 관광했고, 다음으로 잉가피르카의 잉카 유적을 구경하려고 쿠엥카로 갔다.[4] 가이드는 그 일대가 요즘 좀 소란하다고 경고하면서 그렇지만 우리가 가고 싶다면 자신도 가겠다고 말했다. 도로에는 차가 거의 없었다. 유적도 우리가 독차지했다. 가끔 라마가 나타날 뿐이었다. 그런데 돌아오다 보니 가파른 길 한복판에 큼직한 돌덩어리가 떡 놓여 있기에 우리 차는 급정거했다. 몇 초 뒤, 일단의 흥분한 사람들이 덤불에서 튀어나와 우리 차로 달려들었다. 한 사람은 타이어를 찢었고, 다른 사람은 앞 유리를 작살냈고, 또 다른 사람을 총을 휘둘렀다. 가이드는 우리더러 차 밖으로 나가자고 했다. 「프론토(당장)!」 결국 우리는 가이드와 함께 헛간에 갇혔고, 그동안 운전사가 그 사람들과 협상했는데, 그들은 스스로를 세금을 내기 싫어서 독립을 선언한 혁명가들이라고 칭했다. 우리는 운전사를 통해서 말했다. 「그것참 우연의 일치로군요, 우리도 세금 내는 걸 별로 좋아하지 않는답니다.」 보아하니 운전사는 그들에게 미군이 마을을 폭격하고 작물에 독을 타면 어쩌려느냐고 말한 모양이었다. 두 시간쯤 뒤 우리는 풀려났고, 터덜터덜 걸어서 산을 내려온 후 겨우 히치하이킹을 해서 쿠엥카로 돌아갔다. 이때의 나는 이미 모로코에서의 나와는 다른 사람이었다. 훨씬 더 위험한 사건을 겪고도 훨씬 덜 불안해하는 사람이었다.

다른 나라에서 산다는 것은 여행으로 잠시 거치는 것과는 전혀 다르다. 영국 대학원에 진학한 뒤, 나는 정신의 귀향의 환상을 품고 있었거나 말거나 실제 영국은 혼란스러우리만치 이국적인 풍습을 지닌 곳이라는 사실을 깨달았다. 영국 영어 억양을 익히고 색다른 어휘를 좀 배우는 것만으로는 문화적 유창성을 확보할 수 없었다. 사교와 대화, 복장과 처신, 유머와 공경의 새로운 규칙들도 익혀야 했다.

처음에는 캠퍼스 밖에 있는 대학 소유 건물에서 다른 미국인 학생들과 호주 학생 몇 명과 함께 살도록 방을 배정받았다. 기숙사 담당 튜터는 내가 〈동족〉들과 함께 살면 〈더 편할 것〉이라고 설명했다. 하지만 나는 동향 친구들과 함께 살려고 바다를 건너온 게 아니었다. 튜터는 방을 옮겨 달라는 내 요청을 정중하되 단호하게 거절했다. 그래도 내가 계속 고집하자, 거절은 덜 정중해지고 더 단호해졌다. 개강하고 2주쯤 지난 뒤, 나는 고약한 감기에 걸려서 학교 간호사인 조지 수녀님을 찾아갔다. 그런데 수녀님이 먼저 우리 기숙사 건물에 새로 깐 합성섬유 카펫에는 독소가 가득하다면서 말했다. 「혹시 방 때문에 알레르기가 생겼을까요?」 나는 기회를 놓칠세라 냉큼 수녀님에게 그 의심스러운 가능성을 기숙사 담당 튜터에게 전해 달라고 부탁했다. 이튿날 튜터가 나를 자기 방으로 불러서 씩씩거리며 말했다. 「좋습니다, 솔로몬 씨. 당신이 이겼습니다. 학교 안에 다른 방을 봐뒀습니다.」

나는 영국에서는 교육이 야망에 떼밀린 필수 활동이 아니라 즐겁게 누리는 사치로 간주되곤 한다는 사실을 한참 뒤에야 깨우쳤다. 계급으로 나뉜 사회에서는 실력주의의 지배력이 미묘하다는 사실을 이전에는 몰랐다. 푹푹 끓인 음식이 왜 그렇게 많은지도 몰랐다. 한 땅에서 수백 년을 이어 노동해 온 집안들이 품는 자신감을 몰랐고, 영국인은 다급한 진심을 반쯤 가리고자 유머를 우아하게 사용하곤 한다는 사실도, 나라 전체가 영속성이라는 든든한 습관을 갖고 있다는 사실도 몰랐다. 영국인 친구들은 내가 좋아하는 작가들을 읽지 않았다는 데 놀랐고, 나는 친구들이 좋아하는 시인들을 이름도 몰랐다는 데 놀랐다. 우리는 정녕 내 예상보다 공통점이 더 적은 공통의 언어로 나뉜 두 나라였다. 나는 영국의 모든 곳에 스민 위풍당당함을 사랑하게 되었고, 즐거움이 성공만큼 중요하다는 새 신념을 사랑하게 되었다. 뱅크 홀리데이와 오후의 티타임을 좋아하게 되었다. 이곳에서는 종교가 심판하는 것이자 늘 재발명되는 것이 아니라 고상하고 의례적인 것이라는 점이 좋았다. 영국인은 미국인보다 훨씬 더 열심히 여행한다는 사실에 놀랐다. 여행지에 흠뻑 녹아들 줄 아는 영국인의 태도는 나로 하여금 이 책에 기록된 여정을 시작하게 만든 한 요인이었다. 청소년기에 영국 애호가였던 이유와는 다른 이유들로, 나는 영국을 사랑하게 되었다.

첫 석사 학위를 받은 뒤에도 한동안 영국에 남기로 했고, 여러 출판사와 잡지에 자기소개서를 보내기 시작했다. 그러던 중 봄에 부모님이 들르셨을 때 내가 런던에서 일자리를 찾고 있다고 가볍게 말씀드렸는데, 아버지가 그 말에 어찌나 화나셨던지 내가 계획을 알린 현장이었던 그랜트체스터의 한 퍼브의 탁자를 주먹으로 쾅 내리쳐서 그 서슬에 딴 손님들이 입을 다물 정도였다. 아버지는 내 계획에 반대한다고 선언하셨고, 나는 아버지가 더 이상 내 일을 반대하고 말고 할 입장이 못 된다고 말씀드렸다. 누구나 언젠가는 부모에게 거역하기 마련이지만, 내 경우 장소 때문에 거역한 셈이었다는 것이 인상적이다.

영국에 남기로 한 데는 새 고향과의 유대를 다지려는 뜻도 있었지만 이제 옛 고향과 떨어져서 살 수 있다는 사실을 확인하려는 뜻도 있었다. 나는 23살이었고, 게이였고, (아직 완전히 깨닫진 못했지만) 커밍아웃할 준비를 해나가고 있었다. 하지만 나에 대한 타인들의 기대와 억측의 소용돌이에 도로 빨려 들어가는 듯한 뉴욕에서는 그럴 수 없었다. 숨 쉴 공간을 확보하려면 미국을 벗어나야 했다. 아직은 있는 그대로의 나 자신이 되기 위해서 그런 것은 아니었고, 오히려 내가 앞으로 어떤 사람이 될지 알아보기 위해서였다. 많은 젊은이들처럼 나는 매력적인 아웃사이더란 무엇이든 머릿속에 떠오른 것을 죄다 실행하고 상상해도 되는 자유를 누리는 사람이라고 착각했다. 새 자아를 받아들이는 것만으로는 부족했다. 나는 아예 새 페르소나를 스스로 창조하고 싶었고, 그것을 창조한 급진적 상상력으로 유명해지고 싶었다. 나는 과거의 우아함이 간직되어 있다고 여긴 괴상망측한 옷을 입었고, 똑똑한 사람처럼 들리는 문장으로 말했고, 초대란 초대는 몽땅 수락하면서 난잡한 사교 생활을 영위했다. 자아를 규정하려는 노력이었던 그런 행동은 청춘다운 역경을 경험한다는 측면에서는 결국 유용했지만, 종종 남들을 곤란하게 만들었다. 내가 개성이라고 자처했던 성질에는 사실 가식적인 느낌이 있었다. 나는 새로 얻은 영국인의 자아를 천연덕스럽게 드러내면서도 한편으로는 미국인으로서 타고난 가치 체계를 버리지 않고 고수했다는 점에서 위선적이었다. 물려받은 특권과 그 덕분에 얻은 자율성을 부인했지만, 내가 혼란을 겪고 있다는 사실 또한 무시했다. 혼란스러운 성 정체성을 애매한 국적성으로 표현한 셈이었다.

내 세대의 많은 게이들처럼, 나는 스스로 선택한 장소와 우정에 뿌리내렸다. 하지만 시간이 흐르자 내가 영국 친구들과의 우정에서 아마추어 특유의 교만함을 보였다는 것을 깨달았다. 그 관계에서 성공하려면 내가 좀 다른 사람이 되어야만 했는데, 나는 그 사실을 몰랐다. 영국 친구들이 참으로 영국적이라는 점에 반했던 나는 그들도 내가 여전히 미국적이라는 점을 재미있게 여길 것이라고 생각했지만, 따지고 보면 나는 스스로 터전을 옮기기로 선택한 사람인데 반해 그들은 그런 선택을 하지 않은 사람들이었다. 나는 결국 사랑했던 사람들에게 깊은 상처를 입혔다. 하지만 그 우정들은 어차피 실패할 운명이었는지도 모른다. 나는 젊었고, 심리적으로 경솔했고, 깊어지는 우울증으로 인해 자기중심주의에 붙들려 있었다. 오래 알고 지내 온 많은 친구들이 결혼하는 와중에 독신으로 남았고, 이런 차이 때문에 거북할 만큼 주변인이 되어 가는 느낌이었다. 요즘 내 절친한 친구들 중에는 뉴욕에 사는 영국인이나 런던에 사는 미국인이 많다. 자리바꿈은 너그러운 고국이다. 남들과 얼마든지 공유할 수 있는 고국이다.

영국행이 의기양양한 망명의 시작이었다면, 모스크바행은 그 정점이었다. 고등학교 합창단의 소련 여행은 아프가니스탄 침공 때문에 취소되었었고, 그로부터 몇 년 뒤 가족과 함께 가려던 소련 여행은 직전에 체르노빌 핵발전소 사고가 터지는 바람에 취소되었었다.[5] 나는 러시아 문학을 좋아했던지라, 체호프의 소설 속 유명한 자매처럼 대체 언제 모스크바에 가볼 수 있느냐고 청승맞게 부르짖는 데 재미가 들었다.[6] 그러던 1988년, 내가 영국 월간지 『하퍼스 & 퀸』에 미술 기사를 쓰는 필자였을 때 마침 소더비가 최초의 소련 현대 미술 경매를 계획한다고 했다. 사전 보도 자료를 살펴본 나는 그것이 끔찍한 작품들을 과대 선전해서 부유한 수집가들에게 팔아 치우려는 냉소적 착취 계획이라고 판단했고, 제트족의 바보짓에 불과한 한심한 행사의 전모를 폭로하는 기사를 쓰겠다고 잡지사에 제안했다.[7]

그렇게 모스크바로 갔다. 체류 사흘째, 푸르만니 로(路)의 건물을 점유하여 작업실로 쓰는 예술가들을 인터뷰하러 가기로 약속해 두었는데 통역사가 나타나지 않았다. 결례를 저지르기 싫어서 혼자서라도 작업실로 갔다. 예술가들은 내게 한동안 어슬렁거려도 좋다는 뜻을 비쳤다. 처음에는 소통이 거의 없었다. 나는 러시아어를 못 하고 그들은 영어를 못 했다. 몇 시간 뒤 프랑스어를 할 줄 아는 사람이 왔고, 나는 프랑스어를 떠듬떠듬 할 줄 알았기에, 이야기를 좀 나누었다. 그로부터 몇 시간 뒤에는 영어를 할 줄 아는 사람이 왔다. 그때는 미처 몰랐지만, 진정한 소득은 사실 말로 소통할 수 없었던 첫 몇 시간이었다. 덕분에 예술가들끼리 교류하는 모습을 관찰할 수 있었으니까. 그들이 서로 작품을 보여 주는 모습에서, 내가 얻지 못하는 무언가를 그들은 서로 얻고 있음을 눈치챌 수 있었다. 나중에 안 사실이지만, 그들은 KGB의 달갑지 않은 관심을 피하기 위해서 일부러 언뜻 진부해 보이는 작품을 설계하되 그 속에 의미를 숨겨 두었다. 그리고 그 의미를 이해하는 열쇠는 예술가들의 사적인 관계에 있었다. 아무도 더 많은 관람객들 앞에서 전시할 생각은 하지 않았다. 그들의 작품에는 내부자만이 아는 농담이 잔뜩 담겨 있었다. 더 중요한 점은 그런 태도에 깊은 신비주의가 스며 있다는 것이었다. 그 예술가들은 자신들이 진실을 훼손하려고 드는 체제에 대항하여 진실성을 수호하고 있다고 믿었다.

그날 아침 통역사가 제때 왔다면, 나는 이런 것을 전혀 깨닫지 못했을 것이다. 서구 사회는 이 예술가들에게 호기심이 있었다. 내가 곧 알게 되는바, 그들도 서구 사회에 호기심이 있었지만 그동안 모든 왕래가 금지되었던 터라 참조점을 갖지 못한 상태였다. 나는 서양 예술계를 조금은 아는 상태로 그들의 궤도에 진입했고, 그들은 내가 안내해 주기를 원했다. 친숙한 환경으로부터 너무 멀리 떨어져 나온 나는 그들의 세계를 어떻게 이해해야 할지 알 수 없었지만, 그들이 나를 친절하게 대해 주면서 차츰 조화로운 관계를 맺게 되었다.

다음 여름, 자료 조사차 한 달 일정으로 모스크바로 돌아갔다. 그때 히스로 공항에 앉아 있다가 불현듯 공황에 빠졌던 것이 기억난다. 물론 러시아 친구들을 보고 싶었다. 그들 이야기로 내 첫 책을 쓰기로 결정한 차였다. 그런데도 4년 전 모로코에서 겪었던 두려움, 낯선 것에 대한 두려움이 다시 엄습했다. 내 자아는 여태도 연약하여, 친숙한 것이 주는 지속적인 안도감에 의지하고 있었다. 모스크바는 모든 것이 달랐다. 먹는 것도, 자는 곳도, 대화 내용도.

처음에는 한 무리의 독일 예술가들이 기거하는 다차•에 머물렀지만, 곧 약간의 우려를 품은 채 푸르만니 로 건물에 눌러앉다시피 하게 되었다. 처음에는 나 자신을 관찰자로만 여겼다. 하지만 예술가 친구들은 나를 그곳에서 벌어지는 모든 사건에 함께하는 참여자로 여긴다는 걸 알았다. 삶은 기록됨으로써 바뀌기 마련이거니와 침입자란 결코 중립적인 존재일 수 없는 법이니까. 그 시절 그 건물에는 예술가가 백 명 넘게 살았다. 화장실은 여기저기 많았지만, 온전한 욕실은 안마당 건너편에 있는 것 하나뿐이었다. 예술가들과는 달리 나는 매일 샤워했다. 화가 라리사 레준즈베즈도체토바에게 자홍색 타월 천으로 된 목욕 가운을 빌려서 입고 다녔다. 라

• 러시아의 시골 별장.

리사는 키가 150센티미터도 안 되기 때문에, 그녀의 가운이 내 호리호리한 몸에 걸쳐진 모습은 괴상했다. 그로부터 몇 년 뒤에 그 시절 예술계를 다룬 러시아 다큐멘터리가 개봉했는데, 라리사의 가운을 입고 매일 마당을 오가는 내 모습을 위에서 찍은 장면이 마치 하루하루 흐르는 시간을 알리는 일종의 문장 부호처럼 그 속에 뜨문뜨문 삽입되었다.

모스크바로 갈 때 소련 체제의 어두움은 익히 알았지만, 저항이 대담하게 벌어지고 있다는 사실은 예상하지 못했고 오래 끈 이데올로기적 위기로부터 사교성이 발생할 수 있다는 사실도 예상하지 못했다. 이 러시아인들의 사교성은 사회의 기능 장애와 상관관계가 있었다. 나는 예술에 세상을 바꾸는 힘이 있기를 남몰래 꿈꿔 왔지만, 그러면서도 내심 예술은 오락일 뿐이라는 생각도 품고 있었다. 그러나 이 러시아인들에게는 세상을 바꾸는 것이야말로 예술을 하는 최우선 이유였다. 니키타 알렉세예프는 내게 이렇게 말했다. 「우리는 훌륭한 예술가가 될 준비가 아니라 천사가 될 준비를 해왔죠.」[8] 상업적 기대에 영합하도록 요구받는 서구 시장 체제에 직면한 지금, 그들 중 일부는 수집가들과 갤러리들에게 잘 먹히는 작품을 만들어 냈다. 다른 일부는 애초의 도덕적 목표를 고수하여 시장 잠재력은 거의 없는 예술을 만들어 냈고, 또 다른 일부는 아예 예술을 단념했다.

아이러니는 스탈린 시절 이래 줄곧 그들의 가장 좋은 방어 수단이었고, 이제 그들이 새로운 세계 질서에 다가갈 때도 갑옷이 되어 주었다. 화가 코스탸 즈베즈도체토프는 1980년대 초 처벌적 군역을 지시받았다. 그는 애초 징집을 면제받았지만 뒤늦게 다시 징집된 많은 소련인 중 한 명이었다. 굴라크(노동 수용소) 형에 비해 서구에는 덜 알려졌지만, 이 관행은 사실상 굴라크와 같은 기능을 수행했다. 코스탸는 도둑들과 살인자들로 구성된 부대에 소속되어 시베리아 극동부이자 일본 북쪽에 위치한 캄차카반도에 배치되었다. 부대의 임무는 녹아 가는 동토에 세워진 어느 건물의 기반을 파내는 것이었다. 체구가 왜소한 코스탸는 자주 아팠다. 얼마 뒤 상관들은 코스탸가 재능 있는 화가라는 사실을 알았고, 그에게 선전 포스터 그리는 일을 시켰다. 그로부터 오래 뒤 서유럽에서 첫 전시회를 열 때 코스탸는 내게 말했다. 자신은 한때 평생 가보리라 예상치 않았고 가보고 싶지도 않았던 머나먼 동쪽 끝으로 보내졌고, 그곳에서 골방에 처박혀서 주어진 물감과 도구로 예술을 해내라는 명령을 들었고, 자신은 비록 그 예술의 목적에 찬동하지 않았지만 그래도 하라는 대로 했는데, 왜냐하면 그래야만 힘든 육체노동을 피할 수 있었기 때문이라고. 그는 이어 이렇게 말했다. 그런데 이제 자신은 평생 가보리라 예상치 않았고 가보고 싶지도 않았던 머나먼 서쪽 끝에 와 있고, 이번에도 골방에 처박혀서 물감과 도구를 받고 그것으로 예술을 하라는 말을 들었고, 이번에도 자신의 예술이 자신은 지지하지 않는 이데올로기를 섬긴다는 의심이 들지만 어쨌거나 이번에도 하라는 대로 할 텐데, 왜냐하면 그래야만 힘든 육체노동을 피할 수 있기 때문이라고.

1991년 6월 내 첫 책 『아이러니의 탑: 글라스노스트 시절 소련 예술가들』이 출간되었을 때 사람들은 내게 러시아어 번역본도 나오느냐고 물었다. 나는 소련 사람들은 자기네 땅에서 벌어지는 일을 외국인이 설명해 주는 것을 들을 필요가 별로 없다고 대답했다. 그래도 2013년에 러시아어판이 나왔고, 코스탸가 서문을 써주었다.[9] 그즈음 그 나라의 정치, 예술계 풍경은 완전히 달라져 있었고 우리가 살았던 삶은 역사적 흥밋거리에 불과했다. 내가 폭삭 늙은 기분이었지만, 한편으로는 변화에 참여하고 싶다는 청소년 시절 목표가 이렇게 결실을 맺은 게 아닐까 싶기도 했다. 내가 변화를 기록함으로써 그 속에 스스로를 새기게 되었으니까.

2015년 11월, 그 예술가들 중 한 명인 친구 안드레이 로이테르와 저녁을 먹으면서 내가 책에 썼던 우리 공통의 추억 중 몇 가지를 끄집어냈다. 그가 물었다. 「우리가 얼마나 큰 희망을 품었었는지 기억해요?」 나는 그 꿈들이 실현되지 못한 것을 그가 애석하게 여기는지 궁금했고, 그는 이렇게 답했다. 「비록 근거 없는 희망이었던 것으로 드러났어도, 그때 그 희망을 느낄 수 있었다는 사실 자체가 이후 내 모든 생각을, 내 모든 그림을, 내 모든 존재를 결정지었어요.」 우리는 푸틴의 러시아에 만연한 무도함을 개탄했는데, 그는 〈그런 폭력조차 희망 뒤에 온 것이기 때문에 달라요〉 하고 말했다. 대화 도중, 희망이란 행복한 유년기 같은 것이라는 생각이 들었다. 그것은 그 수혜자에게 불가피하게 뒤따를 트라우마를 견딜 힘을 갖춰 준다. 그것은 또한 원초적 사랑처럼 경험된다. 이전까지 비교적 비정치적이었던 내 삶은 모스크바에 체류하는 동안 궁지에 몰린 진실성이 갖기 마련인 절박함을 띠게 되었다. 아직 그 절박함을 목적성이라고 불러도 좋다는 생각은 들지 않은 상태였지만, 이 책에 기록된 모든 여행이 그때 그 고양감에서 배태되었다는 것은 분명한 사실이다. 소련 예술가들의 낙천주의는 결국 대체로 허구에 지나지 않은 현실 인식에서 비롯한 것이었다. 하지만 설령 상상된 현실에 관한 감정이었을지라도, 그것은 분명 진정한 감정이었다. 좌절된 희망, 거기엔 애초 희망이 없던 상태에서는 결코 알 수 없는 어떤 고결함이 어려 있다.

나는 런던과 모스크바를 떠나 뉴욕으로 다시 옮겼다. 어머니가 병으로 죽어 가고 있어서 마지막 몇 달을 가까이에서 보내고 싶었다. 뉴욕을 떠났던 것이 독립을 뜻했다면, 어머니의 죽음은 내가 스스로 창조했던 정체성을 허깨비로 바꿔 놓았다. 독립하려면 독립할 대상이 있어야 했다. 그 대상은 한편으로는 미국이었고 다른 한편으로는 내가 태어난 가족이었다. 어머니의 병을 안 뒤, 나는 그 두 가지의 구별은 과대평가되어 있다고 결론 내렸다. 나는 어머니 곁에 있고자 집을 옮겼고, 내가 어느 정도는 어쩔 수 없는 미국인이라는 사실을 마침내 받아들였기 때문에 계속 미국에 머물렀다. 하지만 누구도 내게 경고해 주지 않은 사실이 있었으니, 외국에서 제법 길게 산 사람에게는 집이라는 개념이 영원히 훼손된다는 사실이었다. 그런 사람은 늘 타지를 그리워하고, 국가에 관련된 어떤 개념도 두 번 다시 명백한 논리로 느끼지 못한다.

뉴욕에 재정착하고 일 년 뒤, 런던의 변호사가 연락해 와서 이제 내가 영국 취업 비자를 가진 지 6년이 되었으니 귀화 신청을 할 수 있다고 말해 주었다. 여남은 가지 기준만 충족시키면 된다고 했다. 세금이라면 줄곧 내왔고, 중죄로 체포된 적도 없었다. 마지막 기준이 문제였다. 체류한 6년 동안 두 달 이상 영국을 떠나 있던 때가 없어야 한다는 것인데, 안타깝게도 여기에 걸렸다. 나는 장난 삼아 영국 내무부에 편지를 썼다. 내가 자료 조사차 러시아에 갔던 적이 있었고 지금은 어머니를 돌보려고 미국에 와 있지만 내 마음은 늘 여왕에게 충성한다고 적었다. 1993년 가을 내 편지가 배달되었을 때 근무했던 직원은 퍽 지루했던 모양이다. 나는 시민권 증서가 담긴 봉투를 회신으로 배달받았다.

영국 시민권은 이전까지 얕은 꾀로만 보였던 내 노력에 적법성을 부여해 주었다. 이중 국적은 내 안의 불안을 조금쯤 달래 주었다. 이제 나는 두 장소에 거주할 수 있을 뿐 아니라 두 인간이 될 수 있었다. 이 사실은 단일한 정체성을 만들어 내야 하는 부담을 덜어 주는 것 같았고, 내 모순된 존재를 하나의 내러티브에 욱여넣는 고단한 시도를 덜어 주는 것 같았다. 이질적 존재가 되려는 실험의 성공을 알리는 것 같았다. 게다가 나는 선택지를 갖게 되었다. 요즘도 새 여권을 볼 때마다 〈그 사람들은 아무 데도 갈 데가 없었거든〉 하는 아버지의 말이 떠오른다. 나는 어딘가 갈 데를 갖게 되었다. 영원히.

귀화 서류는 세계 시민이 되겠다는 내 주장이 진심임을 입증해 주었다. 물론 이후에도 여행은 계속할 생각이었지만, 이제 두 배 더 떳떳하게 더 멀리 더 넓게 탐험해도 좋을 것 같았다. 집에서는 하루하루가 경계 없이 흐릿하게 이어지기 쉽지만, 낯선 환경에서는 하루하루가 삶을 또렷하게 만들어 준다. 테니슨의 시 속에서 율리시스는 이렇게 말했다. 〈여행을 그만둘 수는 없다: 다 마셔 버리리라 / 삶의 마지막 찌꺼기까지.〉[10] 나는 여행이 시간을 멈추게 하기 때문에, 나로 하여금 현재에 머물도록 만들기 때문에 좋아했다. 아우구스티누스는 〈세상은 한 권의 책이다. 여행하지 않는 자는 한 쪽만 읽는 것이다〉라고 말했다는데,[11] 나는 앞표지부터 뒤표지까지 다 읽고 싶었다. 나는 길을 나섰다. 이 세상에 벌어진다면 좋을 것 같은 변화들을 목격하고자.

뛰어난 정치 기자이자 작가인 친구 크리스천 캐럴은 1992년 카자흐스탄 경제 연구소의 소장이 되어 그곳으로 옮겼다.[12] 나는 일 년 뒤 그를 만나러 갔다. 스텝에 가서 유목민을 만나고 싶다고 말하자, 그는 웃음을 터뜨리면서 만나면 무슨 말을 할 생각이냐고 물었다. 우리는 알마아타(지금은 알마티 시로 이름이 바뀌었다) 외곽의 산을 오르다가 눈보라를 만났다. 눈바람을 맞으면서 한 시간쯤 옹송그린 끝에 차 소리를 들었고, 미친 듯이 손짓하여 차를 세웠다. 운전사는 우리를 태워 주었다. 그는 휴대용 술병으로 무언가를 자주 마셨지만, 우리는 불평할 계제가 아니었다. 그가 내게도 술병을 넘겨주었고, 나는 보드카라고 예상한 액체를 꿀꺽 마셨는데, 그것은 순수한 곡류 에틸 알코올인 스피르트спирт였다. 고작 한 모금에 잠시 앞이 안 보이고 어지러웠다. 나는 술병을 크리스천에게 넘겼다. 우리는 마시고 노래하면서 산을 내려왔다. 그러다가 구조자가 우리에게 세상의 자기네 영역에서 무엇을 하려느냐고 물었고, 나는 스텝에서 유목민을 만나고 싶다고 예의 대답을 뱉었는데, 그가 이튿날 아침 우리를 스텝으로 데려다 주겠다고 제안했다. 우리는 이튿날 마실 스피르트를 사겠다고 자진했다.

유목민들은 (스탈린의 강제 집단화 이래 전보다 덜 유목민스러워졌지만) 우리를 그보다 더 환대할 수 없었다. 우리는 그들의 유르트에 앉아서 질문을 퍼부었다. 그때 한 사람이 말했다. 이란에 대한 인상은 그 나라가 자기 지역에 도로와 병원을 지어 주었다는 사실에서 비롯하지만 미국에 대한 인상은 주로 그곳에서 가장 자주 방영되는 외국 프로그램인 「베이워치Baywatch」에서 나온다고. 그런 근거로 볼 때 이란은 좋은 나라이지만 미국은 퇴폐적이고 나쁜 나라 같다고. 카자흐스탄은 넓고 석유가 풍부한 데다가 갓 독립한 국가였기 때문에 나는 그것이 중요한 정보라고 느꼈다. 그래서 집으로 돌아온 뒤 그 이야기를 기사로 써서 『뉴 리퍼블릭』의 아는 편집자에게 넘겼다. 그랬더니 편집자가 거의 즉시 전화를 걸어 와서 말했다. 〈희한하네요. 카자흐스탄이 이란을 좋아한다는 이야기를 원고로 받은 게 이번 주에만 두 번째거든요.〉 나는 멋쩍게 크리스천에게 전화를 걸었다. 크리스천은 자기도 우리의 그날 외출 이야기를 투고했다고 시인했다.

어려서 부모님과 여행할 때, 방문자는 다른 사회를 관찰만 해야 할 뿐 개입해서는 안 된다는 개념을 배웠다. 이것은 관광객에게는 어울리는 개념이었다. 하지만 기자가 되고 보니, 저것은 너무 편협한 수칙이었다. 낯선 장소에 가면 보통 그곳 사람들의 환대를 받는 입장에 처하는데, 그 후의를 돌려주지 않는다는 것은 내게는 불가능한 일이었다. 1992년, 친구와 나는 짐바브웨에서 교통사고를 당했다. 흙길에서 앞바퀴에 펑크가 나는 바람에 차가 뒤집혀 무성한 풀숲에 처박혔다. 우리는 그 똥차를 몰고 곧장 남아공으로 돌아가야 했다. 그때까지 우리는 야영을 해왔다. 그래서 우리는 열흘치 식량을 갖고 있었고 혹 그곳 주민 집에서 묵게 된다면 선물할 요량으로 그곳 주식인 옥수수 가루도 열 봉지 갖고 있었다. 그것들을 고스란히 싣고 돌아가는 것은 쓸데없는 짓이었다. 해가 뜬 직후, 유달리 꾀죄죄한 원형 초가들이 모인 마을을 보았다. 길에 차를 세우고, 내가 경사진 둑을 넘어 마을로 다가갔다. 주민 몇 명이 가냘픈 불길을 둘러싸고 손을 비벼 녹이고 있었다. 나는 그들에게 식료품 열 봉지를 건넨 뒤, 어리벙벙한 표정을 보면서 잠시 즐겼다. 여행에는 낯선 이에게 주는 도움과 낯선 이에게서 받는 도움이 다 있다.

나는 개입과 상호성이라는 문제를 갈수록 더 유념하게 되었다. 모든 새로운 관계는 양쪽 모두에게 혼란을 준다. 그것을 피하거나 최소화하려고 애쓰는 대신, 그 혼란에 자신을 더 활짝 열려고 노력하게 되었다. 이례적인 상황에 적응하는 일은 본디 잘하는 편이지만, 그러면서도 그들과 내 차이를 인식해야 했고 그들도 그 차이를 안다는 사실을 인정해야 했다. 그들과 같은 척 꾸며서는 그들에게 녹아들 수 없다. 서로의 차이를 이야기할 때, 그리고 우리 삶의 방식이 그들의 방식보다 어떤 면에서든 더 낫다는 가정을 접어 둘 때, 비로소 녹아들 수 있다.

카스트로는 쿠바를 오랫동안 무종교 국가로 규정했고, 한참 뒤에야 쿠바가 그보다는 좀 더 온건한 세속주의 국가여도 괜찮다고 허락했다. 그곳 사람들은 1996년에야 교황을 만났기 때문에, 1997년 내가 아바나를 찾았을 때 주민들이 크리스마스를 맞이하는 태도에는 여태 머뭇거리는 면이 있었다.[13] 이전 수십 년 동안 쿠바에서는 크리스마스 대신 신년 전야에 가족이 모여서 축일 비스름하게 즐겼다. 그러나 이제 그들은 좀 더 열정적으로 축제 분위기를 내보면 어떨까 생각하기 시작했고, 나는 태동하는 활력에 편승하기로 작정했다. 나와 친구들은 올드 아바나에서 아파트를 빌렸다. 거친 동네였지만 그 아파트는 천장이 6미터나 되고, 장식 기둥들이 있고, 정교한 천장 돌림띠가 있고, 길 건너 오래된 건물들을 내다보는 발코니가 있었다.[14] 낯선 나라를 빨리, 또한 깊이 알고 싶다면 파티를 여는 것이 최고다. 쿠바의 파티에서는 파티가 시작되자마자 춤이 시작된다. 마를레니라는 이름의 멋진 흑인 레즈비언 발레리나가 나를 방 한가운데로 이끌었다. 「나한테는 음악이 제일 중요해요.」 그녀는 말했다. 「음악은 세상을 느끼게 해주죠.」 우리는 하여간 느끼고 있었다. 영국인 여섯, 미국인 둘, 쿠바인 서른 명 남짓이(외교관, 의사, 예술가, 방송인, 재단 운영자, 음악가, 매춘부, 학생 등등) 저마다 다른 신년 개념을 축하하려고 모였다. 우리는 곧 저마다 다른 자의식을 잃었고 — 모히토가 크게 한몫했다 — 자정에는 가는 해를 씻어 내고 오는 해를 맞이하는 뜻으로 발코니에서 몸을 내밀어 양동이 가득 담긴 물을 몇 양동이 쏟아부었다. 이웃 건물들에서도 사람들이 그랬다. 어떤 사람은 셰리가 담긴 잔뿐이었고 어떤 사람은 빗물이 담긴 통이었다. 모히토를 붓는 사람도 있었다. 우리는 접시에 음식을 수북이 쌓아서 술 한 잔과 함께 산테리아• 신들에게 바치는 의미로 문 밖에 내놓았다. 그러고는 다시 먹었고, 동틀 때까지 춤췄다. 해가 뜰 때 집으로 비틀비틀 돌아가면서 보니 그 거리의 사람들도 여태 춤추는 것 같았다. 쿠바 사람들은 우리 파티가 미국적이라서 좋아했고, 우리는 그것이 쿠바풍이어서 좋았다.

1993년, 남아공의 융성하는 미술계를 취재하려고 갔다. 가기 전에 미리 렌터카를 빌렸고 도로 지도도 사두었다. 비행기는 밤늦게 도착했다. 우리 비행기가 활주로에서 게이트로 이동할 때 공항은

• Santeria. 가톨릭과 아프리카 신앙이 혼합된 쿠바의 민간 신앙.

거의 닫힌 상태였다. 비행기에서 내린 승객 중 차를 빌리는 사람은 나뿐이었다. 나는 졸려 보이는 데스크 직원에게 자동 변속 차량을 주문해 두었다고 말했다. 나는 도로 상황이 좋을 때라도 수동 변속에 능숙하지 않다. 남아공은 좌측 주행인데, 나는 그것에도 능숙하지 않다. 게다가 지도를 넘겨 보면서 다녀야 할 텐데, 차량 탈취가 빈번하던 그 시절에는 잠깐 차를 세울 때마다 혹시라도 위협이 닥치면 빨간불을 무시한 채 쌩 밟아 달아날 태세로 늘 경계해야 했다. 렌터카 직원은 이십 분 동안 사라졌다가 돌아와서 말했다. 「오케이, 보스. 오토매틱 차가 딱 한 대 있습니다.」 내가 서류에 서명한 뒤 우리는 함께 밖으로 나갔다. 거기 선 차는 평생 본 것 중에서 가장 큰 흰색 메르세데스였다. 환경에 녹아드는 것은 끝난 얘기였다.

그때는 아직 백인이 흑인 타운십(거주 구역)에 들어가는 것이 불법이었다. 불법이라도 가겠다 하면 보통 길을 아는 흑인을 대동했다. 어느 지도에도 타운십 내부는 나와 있지 않았기 때문이다. 하루는 어느 화가를 인터뷰하느라고 소웨토로 갔다. 화가는 타운십 입구에서 나를 만나서 작업실로 안내했다. 인터뷰를 마치자 그는 돌아가는 길은 간단하니까 나 혼자 가도 된다고 말했다. 나는 그가 알려 준 방향으로 차를 몰았고, 비교적 잘 가고 있었는데, 뒤에서 느닷없이 사이렌이 울리기에 보았더니 웬 경찰이 차를 세우라고 손짓하고 있었다. 경찰은 내 운전석으로 다가와서 말했다. 「속도 위반 하셨습니다.」 나는 사과했고, 속도 제한 표지판을 못 봤다고 말했다. 그 시절 남아공에서는 백인들이 흑인 경찰을 깔본다고들 했지만, 나는 그를 정중하게 대했고 사과도 제대로 했다. 경찰관은 말했다. 「여기서 기다리십시오. 상관을 불러오겠습니다.」

십 분 뒤, 다른 경찰차가 와서 서더니 상관이 내려서 다가왔다. 「속도 위반 하셨습니다.」 그는 말했고 나는 또 사과했다. 그가 말했다. 「여기 분이 아니시죠? 상관을 불러오겠습니다.」

또 십 분 뒤, 세 번째 경찰차가 와서 섰다. 「속도 위반 하셨습니다.」 더 높은 상관이 말했다.

나는 세 번째로 사과했다.

「왜 속도를 내셨습니까?」

「속도 제한이 있는 줄 몰랐습니다. 표지판을 못 본 것 같아요. 그리고 저는 거대한 흰색 메르세데스로 혼자 소웨토를 달리는 외국인 백인이니까, 그 점만으로도 안절부절못할 만하죠.」

상관은 웃음을 터뜨렸다. 「걱정 마십시오. 우리가 에스코트해 드리겠습니다.」

나는 앞에 경찰차 두 대, 뒤에 한 대를 거느린 채 자동차 퍼레이드를 하며 소웨토를 떠났다.

여행은 자신을 넓히는 연습인 동시에 자신의 한계를 알아보는 연습이다. 여행은 우리를 증류하여, 맥락을 떠난 본질만을 남긴다. 완전히 낯선 장소에 몸을 담갔을 때만큼 자신을 또렷하게 볼 수 있는 경우는 또 없다. 한편으로 그것은 그곳 사람들이 내게 색다른 기대를 적용하기 때문인데, 내가 말하는 방식, 내가 입은 옷의 재단, 내 정치적 견해를 드러내는 단서들 따위가 아니라 내 국적이 그들의 기대를 형성하곤 한다. 하지만 다른 한편 여행은 우리를 위장시킨다. 나에 대해서 개략적인 선입견만을 품은 사람들의 시선에 둘러싸일 때, 우리는 꼭 위장한 것만 같고 익명이 된 것만 같다. 스스로 선택한 것인 한, 나는 외로움을 얼마든지 즐길 수 있다. 집에서 나를 그리워하는 사람이 있는 한, 멀고 험난한 장소를 얼마든지 즐길 수 있다. 나는 사회적 구속을 싫어하고, 여행은 그로부터 자유로워지도록 도와주었다.

그러나 내가 소련에서 배웠듯이, 이런 사회적 익명성은 크나큰 불안을 안길 수도 있다. 불안은 내가 다른 문화의 사람들을 읽어 내기 어렵다는 점과 그들도 나를 읽어 내지 못한다는 점, 둘 다에서 비롯한다. 내가 그들을 이해할 수 없다면 그들도 아마 나를 이해할 수 없을 것이다. 낯선 장소에서 새로운 규칙을 배울 때, 우리는 갑자기 풋내기로 돌아간다. 여행은 우리를 겸손하게 만든다. 내 나라에서는 이름난 것이 외국에서는 무효하거나 우스꽝스러울 수 있다. 아무리 진실하더라도 내 견해에만 의지하는 것은 기준이 아예 다른 나라에서는 통하지 않는다. 그래서는 어떤 것이 그곳에서 왜 웃긴지 이해하기 어렵고, 어떤 것이 그곳에서 왜 엄숙한 일로 통하는지도 이해하기 힘들 때가 있다. 유머, 엄숙함, 나아가 도덕에 대한 내 기준을 의심해 보게 된다. 친숙한 풍경은 자기 자신을 아는 데서 오는 충격을 누그러뜨리는 완충재로 기능한다. 내가 누구인가 하는 문제와 내가 어디에 있는가 하는 문제는 경계가 불분명한 문제들이기 때문이다. 반면 낯선 장소에서는 내 존재가 더 확실히 분명해진다. 집에서나 밖에서나 변함없는 것, 그것이 진정한 나다.

문화적 불협화음은 종종 박장대소할 만한 언어를 낳는다. 노르웨이 피오르 지역의 한 호텔 메뉴판에는 이런 말이 적혀 있었다. 〈아침은 오전 7:30시부터 8:00시까지 매일 가능합니다. 점심은 오후 12:00시부터 12:30시까지 매일 가능합니다. 저녁은 오후 7:00시부터 7:30시까지 매일 가능합니다. 자정 간식은 밤 10:00시까지 가능합니다.〉 절약 정신을 높이 사지 않을 수 없다. 프랑스령 서아프리카에서 본 룸서비스 메뉴도 매혹적이었다. 애피타이저로는 〈훈제 연어와 알 덩어리를 곁들인 크레이프 말이〉 혹은 〈작은 봉지의 가지와 토마토-모차렐라〉를 권했고, 메인으로는 〈틀에 굳힌 그라탱, 빵가루와 파마산 치즈〉 혹은 〈로스트한 캡틴, 올리브 오일 소스〉를 권했으며, 채식주의자를 위한 선택지로는 〈인도식 렌틸콩 점프〉가 있었다. 식후 달콤한 것으로 마무리하고 싶다면 유일하게 고려할 만한 메뉴는 〈커스터드에 얹은 사막 오페라〉였다. 중국 시

안에서 우리는 어느 피아니스트를 소개받았다. 함께 점심을 먹으면서 그는 공연은 거의 하지 않고 밤에 바에서 연주하는 것으로 생계를 잇는다고 말했다. 우리는 그의 만류를 무시하고 바를 찾아가서 연주를 듣기로 했다. 시적 완곡어법에 강한 중국인의 재능을 한껏 살린 옥외 간판에는 그곳이 〈여덟 시 이후의 햇살, 친구 바꾸기 클럽〉이라고 영어로 적혀 있었다. 유곽이었던 것이다. 이후 친구가 뭘 바꿀 일이 있을 때마다 나는 중국 북서부를 다시 여행하는 꿈을 꾸고, 지방에서 올라온 젊은 여자들, 일부는 반항적인 분위기였지만 대개는 슬픈 표정으로 얄브스름한 네글리제를 입고 앉아 있던 여자들을 떠올린다.

주의를 기울이더라도, 준거점이 부족한 낯선 환경에서는 깜박 헷갈리기 쉽다. 1985년 프라하에서 친구 코닐리아 피어솔과 나는 유일하게 구할 수 있었던 관광객용 지도를 살펴본 뒤 지도에 16번이라고 표시된 유대인 게토를 방문하기로 했다. 꾀죄죄한 동네를 예상했던 우리는 더러 근사한 경치를 자랑하는 아름다운 저택들로 이뤄진 단지를 보고 기분 좋게 놀랐다. 안내판이 체코어뿐이었기 때문에 설명은 알아서 넘겨짚어야 했다. 코닐리아는 피아노가 많다는 데 주목했고, 나는 프라하의 유대인 공동체가 교양이 높고 예술적 재능도 넘치는 사회였기 때문에 그렇다고 설명했다. 우리는 이틀 뒤에야 유대인 게토가 사실은 지도에서 17번으로 표시된 곳이고 우리가 오후를 보낸 곳은 모차르트의 빌라였다는 사실을 알았다.

가끔은 무언가를 뻔히 보면서도 자신이 보는 것을 이해하지 못하는 경우도 있다. 나는 미국 국방장관이었던 로버트 맥나마라가 여든 줄에 접어들었을 때 그를 만났다. 징병을 기획하여 유년기의 나를 겁먹게 했던 이 남자는 한 나라를 파괴하고 백만 명이 헛되이 죽게 만들고서도 아무것도 이루지 못했다. 이제 노년의 온화한 민간인인 그는 자신이 건너온 끔찍한 역사의 교차로들에 회한을 느꼈다.[15] 그는 내게 베트남으로 돌아가서 군사적 맞수였던 그곳 책임자들을 만났던 이야기를 들려주었다. 대화는 이런 식이었다고 한다. 베트남 사람들이 물었다. 〈당신은 왜 X를 했습니까?〉 맥나마라는 대답했다. 〈그야 당신들이 Y를 했으니까요, 그것은 이런저런 것을 뜻하는 행동이었으니까요.〉 베트남 사람들은 반박했다. 〈아뇨, 아뇨, 아뇨. 그것은 정반대의 뜻이었습니다! 오히려 당신네가 확전을 꾀하는 것이 분명한 이 행동을 하지 않았습니까!〉 그러면 맥나마라는 대꾸했다. 〈아뇨. 우리가 그런 것은 사태를 진정시키기 위해서였습니다. 왜냐하면 우리 생각에는 당신들이……〉 이렇게 한없이 되풀이되었다. 맥나마라의 실수는 적수를 몰랐던 데서 생겼다. 매카시즘 시절에 미국 정부와 대학들이 아시아 전문가를 모조리 잘랐던 것 때문에 문제가 더 심해진 면도 있었다. 모차르트의 빌라를 찾았던 코닐리아와 나처럼, 맥나마라는 자신이 철저히 오해하는 장소에 철저히 잘못된 가정들을 적용했다. 베트남전에서 백만 명이 넘게 죽지만 않았어도, 맥나마라가 옛 적수를 만났던 일화는 프랑스 소극의 익살스러운 장면처럼 보였을 것이다. 장소를 알아 가는 것은 사람을 알아 가는 것과 같다. 그것은 심리를 깊이 이해해야 하는 일이다. 우리가 어떤 사람과 나눈 소통을 이해하려면, 먼저 상대를 이해해야 한다. 내게는 조리 있는 논리가 상대에게는 부조리할 수 있고 그 역도 마찬가지라는 사실을 알아차리려면, 겸손함이 있어야 한다. 맥나마라는 말했다. 〈우리는 전쟁의 언어로 논쟁했습니다. 그런데 나는 그것이 보편 언어인 줄 착각했던 거죠.〉

관광과 여행의 차이를 설명한 말이 많다. 관광객은 보통 떼로 다니면서 어디를 가든 그곳을 달갑지 않게 보고 사사건건 제 나라와 비교하는 사람이라고 하고, 여행자는 어떤 장소를 가만히 보기만 하는 게 아니라 체험하고 싶어 하는 사람이라고 한다. 그린란드에 사는 이누이트족 친구 플레밍 니콜라이센이 생애 최초의 해외여행으로 뉴욕의 우리 집에 왔을 때, 그는 자유의 여신상이나 메트로폴리탄 미술관이나 브로드웨이 공연에는 흥미가 없는 것 같았다. 대신 내 개를 데리고 온 도시를 쏘다니며 오래오래 산책하고 싶어 했다. 그는 말했다. 「네가 그린란드에 오면, 전쟁 기념비나 누크에 있는 박물관을 보고 싶겠어?」 나는 주로 찬란한 얼음의 풍경에 둘러싸이기를 선호하리라는 사실을 인정해야 했다. 그는 그린란드 인구 전체가 (아직 멀쩡하게 서 있던) 트윈 타워의 한쪽 건물에 다 들어갈 것이라고 말하며, 자신은 이렇게 사람 많은 곳에서 사는 것이 어떤 것인지 느껴 보고 싶다고 했다. 그는 여행자였지만, 내가 그를 위해서 생각한 계획은 관광이었다.

진정성은 여행자의 성배다. 진정성은 발견될 수는 있지만 계획될 수는 없다. 스물여덟 살 때 친구 탤컷 캠프와 함께 보츠와나의 유일한 간선도로를 달려서 그 나라를 가로질렀는데, 도로를 건너는 소 떼 때문에 주기적으로 차를 세워야 했다. 한번은 아주아주 멀리 동물 떼가 보였지만 목동은 보이지 않았다. 가까이 가보니 코끼리 떼였다. 우리는 코끼리의 〈자연 서식지〉인 드넓은 보호 구역에서 코끼리를 이미 많이 본 터였다. 하지만 관광객들이 돈 내고 들어가서 야생 동물을 구경하는 법적 경계인 국립 공원이란 왠지 야생 동물과의 조우에 인공적인 느낌을 준다. 그 공식 경계 너머에서 코끼리들을 우연히 만나는 것은 비교할 수 없을 만큼 훨씬 더 매혹적인 경험이었다. 한 마리가 길을 막아서는 바람에 우리는 차를 세웠다. 그리고 그곳에 한 시간쯤 서 있었다. 이우는 햇살에 후피동물들은 분홍빛으로 물들었다. 나는 아프리카와 아시아의 십여 개국에서 코끼리를 봤지만, 어디에서도 이때처럼 벅찬 기분을 느끼지 못했다.

2년 뒤, 아버지와 발트해를 여행하다가 리투아니아에서 빌뉴스의 사라진 유대인들을 추모하는 작은 기념관을 방문했다.[16] 플라스틱 의자에 앉아서 선잠에 빠진 러시아 할머니 둘을 제외하고는 방 네 개에 관람객이라고는 우리뿐이었다. 그 할머니들은 경비원이거나 청소원이겠거니 싶었다. 나치는 소련의 리투아니아 합병을 유대인 탓으로 모는 선전을 펼쳤고, 리투아니아 권력자들의 열렬한 협조에 힘입어 그곳 유대인 인구의 90퍼센트를 학살했다. 유대인 이웃을 도우려고 한 리투아니아 사람들도 죽였다. 노동 수용소에 끌려간 리투아니아 유대인은 수가 적은 편이었지만, 추모관의 한 전시물은 그런 수용소의 환경을 보여 주면서 노동자들이 기운을 차리려고 부른 노래가 있었다고 알려 주었다. 열성적 음악 애호가인 아버지가 그 대목을 지적하자, 나는 어떤 노래였을지 궁금하다고 소리 내어 말했다. 그 순간, 방 한구석에서 피리처럼 가는 목소리가 솟아올랐다. 나는 구석에 앉은 노부인이 영어를 알아들을 것이라고는 생각해 보지 않았고 그녀가 유대인일 수 있다는 생각도 해보지 않았는데, 그런 그녀가 수용소의 노래를 부르고 있었다. 그제서야 우리는 그녀가 이 전시실의 경비일 뿐 아니라 주제이기도 하다는 사실을 깨달았다. 그녀는 도로 입을 닫았고, 우리는 말을 시켜 보려고 했다. 하지만 그녀는 다른 언어는 모른다는 듯한 몸짓을 취했고 정말로 우리 질문을 알아듣지 못하는 것 같았다. 그녀는 아무 데도 갈 데가 없는 사람들 중 하나였으나 살아남았던 것이다.

원초적이면서도 진정성이 없기는 쉽지만, 거친 것을 두려워하면서 진정성을 찾기란 불가능에 가깝다. 빅토리아 시대의 위대한 에세이스트 존 러스킨은 열차 여행의 효율성이 여행의 즐거움을 없앴다고 불평하면서 이렇게 썼다. 〈열차 여행은 다른 장소로 그냥 《보내지는》 것이다. 짐짝이 되는 것과 별다를 바 없다.〉[17] 내가 불편함을 즐기는 취향을 기르기까지는 시간이 걸렸다. 처음에는 불편함을 즐기는 것보다는 모험을 즐기는 편이 좋았지만, 후자라면 멋진 시간을 보내게 되고 전자라면 이야깃거리를 얻게 된다는 사실을 깨닫고는 차츰 어느 쪽에든 마음을 열게 되었다. 어릴 때는 꽤 안락하게 여행했던 편이지만, 나이가 들수록 물질적 기대를 더 적게 품는 법을 익혔고 안락함이란 가변적 개념이라는 사실을 깨우쳤다. 과테말라시티의 갱들을 취재하려고 갔을 때 하루는 라리모나다라는 가난한 동네에 갔다. 염소 떼를 모는 노인이 다가오는 것을 보고는 내게 동네를 안내하던 십대 범죄자가 물었다. 「목말라요?」 목마르다고 하자, 염소지기가 즉석에서 큰 종이컵에 염소 젖을 짜서 내게 건넸다. 그렇게 맛있는 음료는 평생 처음이었다.

세상 사람들이 우리 미국인을 왜 그렇게 좋아하면서도 미워하는지 알고 싶지 않다면, 해외여행은 안 하는 편이 낫다. 나는 요즘도 해외에 나갈 때면 애국자가 되지만 미국이 존엄, 감정이입, 지혜 면에서 얼마나 실패했는지도 깨닫는다. 이민자 센터와 난민 수용소를 방문해 보지 않고는, 이민자를 반대하는 일부 미국인의 악담이 어떤 뜻인지 온전히 해석할 수 없다. 분별 있는 총기 법으로 강력 범죄를 억제하는 다른 나라에서 머물러 보지 않고는(사실 대부분의 다른 나라들은 그렇다), 전미 총기 협회NRA의 괴이한 전횡을 이해할 수 없다. 경제 정의를 지향하여 변화하는 사회를 접해 보지 않고는, 미국 사회의 유동성이 몹시 지체되었다는 사실을 제대로 깨달을 수 없다. 여행은 흐릿해 보이는 지구의 현실에 초점을 또렷이 맞춰 주는 교정 렌즈다. 누군가 E. M. 포스터에게 『인도로 가는 길*A Passage to India*』을 쓰는 데 시간이 얼마나 걸렸느냐고 묻자, 포스터는 시간이 문제가 아니라 장소가 문제였다고 답했다. 인도에 있을 때는 그 이야기를 쓸 수 없었다는 것이다. 〈그곳을 떠난 뒤에

야 비로소 쓸 수 있었습니다.〉[18]

이렇게 교정된 시각은 가끔 거칠지만, 그래도 거의 늘 유용하다. 새뮤얼 존슨은 이렇게 말했다. 〈모든 여행에는 이득이 있다. 더 나은 나라를 방문한다면 자기 나라를 개선할 방법을 알 수 있을 테고, 어쩌다 더 못한 나라를 방문한다면 그곳을 즐길 수 있을 것이다.〉[19] 나는 호기심에서 여행하기 시작했지만, 여행이 정치적으로도 중요하다고 믿게 되었다. 국민에게 여행을 장려하는 것은 학교 출석, 환경 보호, 국가적 절약을 장려하는 것만큼 중요할 수도 있다. 고등학교 때 루마니아와 불가리아로 공연하러 갔던 경험을 돌아보면, 그때 내가 목격한 현실은 그 나라들에 대한 세간의 통설과는 달랐지만 그야 어쨌든 내 눈에는 명백했다. 만나 보지 않은 장소의 타자성을 제대로 이해할 수는 없다. 만약 우리가 모든 젊은이들에게 외국에서 의무적으로 2주간 체류하도록 한다면, 모르면 몰라도 세계 외교 문제의 3분의 2는 해결될 것이다. 어느 나라를 가느냐, 체류 중 무엇을 하느냐는 중요하지 않다. 그저 세상에는 다른 장소들이 있고 그곳 사람들은 다르게 산다는 사실만 깨달으면 된다. 세상에는 어디서나 보편적인 현상도 있지만 문화마다 다른 현상도 있다는 사실을 깨달으면 된다.

자유로운 이민으로도 같은 목적을 달성할 수 있다. 타자에게 관찰당하지 않은 사람은 제 나라를 제대로 알 수 없다. 다른 나라에서 온 사람들은 우리가 우리 문제를 다른 시각에서 생각해 보도록 도와준다. 그리고 문제를 다르게 생각해 보는 것은 해결의 선결 조건이다. 물론 우리가 외국으로 나가 봐도 되지만, 외국에서 온 사람들을 받아들여도 된다. 우리가 외국으로 자유롭게 나가는 것과 외국 사람들이 그들에게는 외국인 우리 나라로 자유롭게 들어오는 것은 동등한 가치를 지니는 일이다. 행운은 나누면 더 커진다. 우리는 타자와 만남으로써, 또한 스스로 타자가 됨으로써 자신의 경계를 깨닫는다. 정체성은 우연한 것이자 상호적인 것이다.

내 선조들은 반유대주의에 시달리기는 했지만 홀로코스트에서 죽은 사람들과는 달리 딴 데 갈 데가 있었다. 그 딴 데가 미국이었다. 친할머니의 부모는 러시아에서 태어났고 할머니가 태어나기 전 뉴욕으로 건너왔다. 친할아버지는 루마니아에서 태어났고 험난한 여정을 거쳐 이곳으로 왔다. 외할머니는 폴란드에서 왔고, 외할아버지의 부모는 빈과 우크라이나에서 왔다. 그렇듯 이민의 기회가 풍성하지 않았다면, 지금의 나는 존재하지 않았을 것이다. 하지만 그들도 미국 문화를 활기차게 유지하는 데 기여했다. 내 선조들은 자유를 찾아 대서양을 건넜다. 자유는 미국의 수출품 중에서도 가장 많은 보조금을 받는 수출품이었다고 말해도 좋을 것이다. 나는 태어난 나라보다 덜 자유로워 보이는 나라들을 다니면서 미국의 자유를 더 깊이 음미하게 된 것은 물론이거니와 한편으로는 내 삶이 내 생각보다 덜 자유롭다는 사실도 깨달았다. 자유는 자칫 퇴색하기 쉬운 개념이다. 자유 덕분에 오히려 엄격한 이데올로기를 고수하는 선택지가 가능해질 수도 있다. 내가 평생 옹호해 온 가치들은 잘 따져 보면 자유freedom보다는 자유주의liberalism에 가까운 것이 많았다. 자유는 억압적인 사회에도 있다. 우리는 모르는 그 자유는 선택지의 부족에서 생기는 자유, 인권 억압에 대항하여 존엄을 지키려고 싸우는 데서 생기는 자유다. 중국 지식인들이 내게 톈안먼 학살의 여파에도 좋은 점은 있었다고 말할 때, 파키스탄 여성들이 내게 히잡을 쓰는 것이 자랑스럽다고 말할 때, 쿠바 사람들이 내게 자신들의 독재 정권을 열렬히 칭송할 때, 나는 자결권을 반사적으로 지지했던 내 기존 견해를 재고해 봐야 했다. 자유로운 사회에서는 개인이 각자 야망을 이룰 기회가 있지만 자유롭지 못한 사회에서는 그런 선택지가 없는데, 오히려 그 덕분에 더 거창한 야망이 허락되기도 한다. 1980년대 모스크바에서 스스로를 〈종이 건축가〉라고 부르는 사람들을 사귄 적이 있다.[20] 그 건축가들은 소련 관료 체제가 혹여 기회를 준들 자재 부족 때문에라도 자신의 설계도를 실현할 수 없음을 알았기에, 건축가가 되려고 했던 공부에 상상력을 접목하여 가령 바벨탑을 설계하거나, 도시 전체를 설계하거나, 바다에 뜬 극장을 설계하거나 했다. 비록 창조력이 닻을 잃고 부유하는 실정이라도 여전히 그들은 건축가였고, 그들의 담론은 비록 신기하고 관념적인 형태였을망정 여전히 건축의 문법을 사용했다. 자재에 구속된 서양 건축가들 중에는 오히려 그렇게 자유롭게 생각할 수 있는 사람이 없었다.

자유가 정체와 연관되는 경우는 드물다. 자유는 거대한 변화의 시기에 단발적으로 등장한다. 자유의 한 구성 요소는 낙관주의인데, 낙관주의는 앞으로 벌어질 일이 지금 벌어지는 일보다 나을 것이라는 믿음을 동반한다. 변화는 종종 무모하다. 종종 끔찍하게 잘못된다. 분위기에 짜릿한 자극을 가하지만 종종 그 짜릿함이 실현되지 않고 소실되는 결과만을 낳는다. 민주화의 전제 조건은 모든 구성원들이 의사 결정의 무게를 나눠서 짊어지기로 동의하는 것이다. 이 조건을 추상적 개념으로는 매력적이라고 여기지만 막상 직접 투표해야 하는 순간에는 벅차게 느끼는 사람도 많다. 예전에 미얀마의 작가이자 활동가인 마 티다 박사를 미얀마에서 인터뷰했다. 18개월 뒤 그녀가 뉴욕에 와서 만났는데, 그때 그녀는 정부만 바뀌면 되는 것이 아니라 — 그것뿐이라면 빨리 이뤄질 수도 있다 — 억압에 길들었던 국민들의 마음도 바뀌어야 한다는 것을 깨닫고 — 이 일에는 한 세대가 걸릴 수도 있다 — 충격이 컸다고 털어놓았다. 나는 사람들이 자유를 좇아 구속을 떨치는 모습을 보면서 변화란 참으로 영광스럽지만 참으로 힘들 수도 있다는 것을 배웠다. 그리고 자유를 획득한 뒤에는 자유롭게 사는 법을 배워야 한다. 토니 모리슨의 말을 빌리면, 〈자유로워진 자신을 되찾아야 한다〉.

서양 사람들은 모든 인간이 기본적으로 민주주의를 선호한다고, 따라서 장애물만 제거되면 어디서나 민주주의가 생겨날 것이라고 가정하지만(조지 W. 부시와 토니 블레어는 아마 이런 가정에 따라 이라크에서 작전을 수행했을 것이다), 증거는 그런 예상에 부합하지 않는다.

자유는 배워야 하는 것, 실천해야 하는 것이다. 2002년 2월 아프가니스탄에 갔을 때 친구 마를라 루지치카의 주선으로 그곳 여성 중에서 교육을 받았고 생각도 진보적인 세 여성과 대화할 수 있었다. 그들은 부르카를 쓰고 와서 도착하자마자 벗었는데, 그럴 거라면 왜 쓰고 왔는지 궁금했다. 탈레반은 이미 몰락했고 법도 더는 여자들을 옭아매지 않았는데. 첫 번째 여자는 말했다. 「세상이 바뀌면 당장 벗어던지겠다고 늘 생각했지만, 이제 와서는 변화가 안정적이지 못할까 봐 걱정스러워요. 부르카 없이 나다녔다가 만에 하나 탈레반이 권력을 되찾으면, 난 돌에 맞아 죽을지도 몰라요.」 두 번째 여자는 말했다. 「나도 벗고 싶지만, 사회의 기준이 아직 바뀌지 않았어요. 이걸 쓰지 않고 나갔다가 강간이라도 당하면, 사람들은 다 내 탓이라고 말할 거예요.」 세 번째 여자는 말했다. 「나도 이 쓰개가 싫어요. 탈레반이 물러나자마자 벗겠다고 생각했죠. 하지만 시간이 흐르다 보니, 남들에게 나를 내보이지 않는 데 익숙해졌어요. 그게 내가 되어 버렸어요. 다시 남들 눈앞에 드러낼 걸 생각하면 스트레스가 너무 커요.」 먼저 개개인의 마음속에서 많은 것이 변해야만 뒤따라 사회가 변하는 것이다.

역사에는 환희롭게 치솟은 변혁의 물결 뒤에 공포로의 하강이 이어진 예가 수두룩하다. 어떤 문화가 역사와 맺는 관계는 주체성에 대한 사람들의 관념을 곧잘 반영한다. 어떤 문화는 역사를 주로 자신들에게 벌어지는 일로 여기고, 어떤 문화는 주로 자신들이 행하는 일로 여긴다. 단순히 역사적 사건을 기록한 연대기보다는 사람들이 과거와 현재의 관계를 어떻게 이해하는가 하는 점이 더 중요할 때가 많다. 혁명을 생각할 때도 그렇다. 혁명은 오랜 전통을 좀 더 온전하게 실현하려는 시도일 수도 있고, 거꾸로 전통에서 벗어나려는 시도일 수도 있다. 민주주의는 대개 들뜬 분위기를 거느리고 오는 편인데, 이것은 민주주의라서 그렇기도 하지만 그냥 무언가가 온다는 것 때문에 그렇기도 하다. 아랍의 봄을 떠올려 보라. 그 사건은 실제 변화를 겪는 나라의 사람들뿐 아니라 다른 나라의 사람들까지 들뜨게 만들었지만, 그중 많은 사람들은 무엇이 되었든 앞으로 벌어질 일은 과거로 남은 일보다 반드시 더 나을 것이라고 잘못 생각했다.

개인의 차원에서 극단적 변화를 두려워하는 것은 거의 보편적인 현상이다. 그러나 이 두려움은 수많은 동료 시민들 틈에서 다 함께 어질어질한 변화의 전망을 즐기는 스릴과 아무런 모순 없이 잘 공존한다. 나는 변화의 목전에 놓인 사회가 자기 자신과 사랑에 빠지는 짧은 순간, 그 일시적인 낭만적 분위기에 유달리 민감하게 반응한다. 나는 스탈린이 권력을 잡았을 때 희망을 느꼈다던 사람들이 그렇게 말했던 그 입으로 훗날 스탈린이 죽었을 때도 희망을 느꼈다고 말하는 것을 들었다. 문화 혁명이 시작되었을 때 희망을 느꼈다던 중국인들이 바로 그 입으로 문화 혁명이 끝났을 때도 희망을 느꼈다고 말하는 것을 들었다. 어떤 식이든 변화가 가능하다고 말하는 것은 희망의 징후다. 많은 사회가 전진하고자 했고, 개중에는 정말 상황이 나아진 곳이 있었지만, 나아지지 않은 곳도 있었다. 21세기 러시아인의 삶이 농노 해방 이전 러시아인의 삶보다는 평균적으로 낫겠지만, 충분하다고 할 만큼 많이 낫지는 않다. 아프가니스탄은 여태 엉망이다. 이라크와 시리아는 표면적인 해방에서 금세 끔찍한 아수라장으로 퇴보했다. 카다피가 다스렸던 시절의 리비아는 당시 그곳에 가보지 않았던 사람은 제대로 이해할 수 없을 만큼 나빴지만, 그렇다고 해서 현재 상황을 재앙이 아닌 다른 말로 묘사할 수는 없을 것이다.

그러나 가끔은 거대한 폭정이 해체되는 일도 생긴다. 이후 이런 저런 나쁜 일이 벌어졌음에도 불구하고, 남아공 아파르트헤이트 체제의 붕괴는 전 세계 사람들에게 품위에의 믿음을 되살려 주었다. 중국도, 물론 아직 더 개선될 여지가 많지만, 덩샤오핑 이전보다는 나아졌다. 희망은 규칙적으로 정치적인 삶을 깨우는 차임벨이다. 미국인은 4년에 한 번씩 희망에 빠지는데, 그 시기에 많은 사람들은 투표소에서 1분간 자결권을 행사하는 것만으로 역사를 바꿀 수 있다고 생각한다. 월터 페이터는 인생의 목적이란 경험의 결실을 맺는 것이 아니라 경험 그 자체라고 말했다.[21] 저우언라이는 프랑스 혁명이 성공했는지 아닌지를 따지기에는 아직 너무 이르다고 말했다고 한다.[22] 하지만 프랑스 혁명은 단지 새로운 체제로 가는 길만은 아니었고, 그 자체가 하나의 사건이었다. 설령 변화의 약속이 영영 실현되지 않더라도, 변화의 순간 그 자체가 귀중할 수도 있다. 나는 회복 탄력성이라는 주제에 평생 매료된 사람이라, 변혁의 목전에 놓인 곳들을 자주 가보았다. 그러는 동안 과거보다는 냉소가 늘었다. 역사의 교차로에서, 전보다 나은 것을 가져올 것 같았던 변화가 도리어 역효과를 낳는 경우가 있다. 위대한 진전이 비극과 함께 벌어질 때도 있다. 그럼에도 불구하고, 사회가 새롭게 재탄생하는 기분을 느끼는 것은 의미 있는 일이다. 상시적 불확실성으로 혼란스러운 사회라도 마찬가지다. 더구나 변화는 점진적인 침식의 결과가 아니라 빈발하는 부정 출발의 결과일 때가 많다. 실패한 시작이 두 번, 세 번, 혹은 열 번쯤 쌓인 뒤에야 비로소 돌파구가 열리고 변화가 오는 것이다.

거꾸로, 변화에서는 즉각 노스탤지어가 따라 나온다. 현재가 더 낫다고 해서 흠 있는 과거를 지울 수는 없는 법이고, 그 어떤 과거라도 대단히 아름다웠던 요소를 조금은 갖고 있는 법이다. 우리가 이제는 말소된 과거의 정체성을 기억하면서도 현재를 살아가려면, 진정한 용기가 필요하다. 1993년에 모스크바의 한 친구가 자기가 아는 노부인을 만나게 해주었다. 우리는 좁은 계단을 일곱 층 걸어 올라가서 옹색하고 어두운 부인의 집으로 갔다. 부인은 상트페테르부르크 궁전에서 자랐던 이야기를 들려주었다. 그때 알던 사람들은 1917년 혁명 때 거의 다 살해당했다고 했다. 후에는 남편을 굴라크에서 잃었다. 귀족 출신임을 기억하게 하는 유물로 지금껏 용케 간직한 물건은 하나뿐이었는데, 왕립 자기 제작소에서 만들어진 찻잔이었다. 투명할 지경으로 얇은 찻잔에는 전원 풍경이 정교하게 그려져 있었다. 그리고 나는 귀한 손님이었기 때문에, 부인은 그 잔에 차를 따라 주었다. 멀쩡할 때도 수전증이 있는 나는 사라진 인생의 상징인 그 연약한 물건을 만지작거리는 일을 한사코 피하고 싶었다. 부인의 사연을 줄줄 읊을 만큼 잘 아는 친구가 말했다. 「혹시 모르잖아요? 글라스노스트 덕분에 우리가 다시 그렇게 살게 될지.」 부인은 파안대소하면서 이렇게 말했다. 「누구도 두 번 다시 그런 식으로 살 수는 없어요.」 그러면서, 사흘 내리 줄 서서 구입한 재료로 차르 궁정의 레시피에 따라 직접 구운 케이크를 우리에게 더 들라고 권했다. 그 케이크와 그 찻잔. 부인의 현재의 삶에는 크나큰 용기가 담겨 있었고, 그녀를 과거의 그녀와 이어 주는 마지막 연결 고리에는 크나큰 열정이 담겨 있었다. 부인은 여느 노인들이 청춘을 그리워하는 것 정도로만 과거를 아쉬워할 따름이었다.

이 책의 글들은 과거에서 온 이야기들이다. 나는 이 글들을 쓸 때 미래를 예측하려는 생각은 하지 않았다. 내가 이 속에서 펼친 바람들 중에는 실현된 것도 있지만 실패한 것도 있다. 이것은 특정 시기에 특정 장소에서 별다른 의제 없이 쓴 글들이다. 퍽 깊게 다룬 글이라도 그 지역에 대한 전문 지식을 담은 것은 아니다. 나는 러시아에 꽤 오래 체류했고 중국은 자주 여행했지만, 아프가니스탄에서는 2주 못 되게 있었고 리비아에서는 6주 있었다. 여행 전에도 후에도 중에도 많이 조사했고 그때 사귄 사람들과도 계속 연락했지만, 내 기록은 한 주제의 지식을 깊게 펼친 것이 아니라 비교적 넓은 지식을 꾸준히 쌓은 것이다. 나는 중국 학자나 구소련 학자나 아프리카 학자와 경쟁할 수 없다. 예술에 관한 글은 작품보다는 그것을 만든 예술가에 관한 글에 가깝다. 복잡한 이야기는 복잡성을 포용할 줄 아는 사람이 제일 잘 들려주는 법인데, 예술은 그 생산자에게 사회의 모호함과 긴장을 다루도록 한다. 이 글들은 많은 면에서 정치 기사라기보다는 심리 탐구이고, 정책을 다룬 글이라기보다는 일시적인 시대정신을 기록한 글이다. 나는 제너럴리스트이고, 경험의 수집가이고, 그마저도 괴짜스러운 데가 있는 수집가이다.

자신이 쓴 글을 모아서 읽어 보는 것은 절로 겸손해지는 일이고 가끔은 고통스럽기까지 한 일이다. 이 이야기들은 세계의 변천과 발전을 다루는 동시에 나 자신의 변천과 발전도 반영한다. 나는 현재의 시각과 인식에 맞추어 글을 편집하고 싶은 충동을 눌러야 했다. 이것은 내가 그때 썼던 글들이지 지금 쓸 글들은 아니다. 사람이 늙어 가는 것은 실망스러운 일이라지만, 한때 젊었다는 것도 꽤나 창피한 일이다. 처음에 나는 국가의 문제든 개인의 문제든 모든 문제가 해결될 수 있다고 보는 다소 오만한 시각을 갖고 있었다. 그러나 이후 문제를 받아들이는 것이 고치려고 용쓰는 것보다 현명할 때도 있다고 생각하게 되었다. 어떤 것이 변할 수 있는 소수의 것에 속하고 — 새 국경, 시민권과 장애인 인권의 전반적 발전 등 — 어떤 것이 변하지 않는 많은 것에 속하는지 — 선거로 정의를 구현하기는 어렵다는 것, 권력은 타락하기 마련이라는 것 등 — 패턴을 찾아보려고 애썼다. 진단은 덜 내리고, 질문은 더 잘 던지고, 답은 성급히 내지 않으려고 애쓰게 되었다. 과거에는 변혁적 혁명을 믿었지만, 지금도 믿는 것은 개선적 진화다. 하지만 지금 돌아보면 순진했던 듯한 그런 확신 덕분에 내가 다른 문화들을 더 많이 탐구했던 것은 사실이다.

글들 중 일부는 살짝 다듬었고, 몇 편은 꽤 많이 고쳤고, 다른 몇 편은 전혀 손대지 않았다. 원래 분량이 넘쳐서 줄여야 했던 기사 몇 편은 긴 형태로 실었다. 브라질과 미얀마 취재를 의뢰받았을 때는 이미 이 책을 염두에 두었던 터라, 의뢰받은 글보다 더 길게 쓸 수 있도록 취재했다. 여행지 추천이 담겼던 글에서는 낡은 정보가 된 부분을 지웠다. 글들은 대체로 시간순으로 배열했지만, 발표 시점보다 취재 시점을 우선했다. 발표 후 추가로 취재한 내용이 있어서 그 정보까지 포함하고 싶었던 글 몇 편은 순서를 바꿨다(단 건륭화원 기사는 작성 후 그곳을 더 많이 알게 되기는 했어도 방문 시점에 따라 배치했다). 모든 기사에 새로 두어 문단의 짧은 글을 덧붙여서 내 체험과 이후 그곳에서 벌어진 사건들의 맥락을 설명했다. 전에 발표했던 글은 당시에 사실 확인을 거쳤으므로 이번에는 따로 주석을 달지 않았지만, 새로 쓴 글에는 미주를 달았다. 정보를 어디에서 얻었는지 밝히고 그 주제를 더 알고 싶은 독자에게 자료를 제공하기 위해서.

나는 진실뿐 아니라 아름다움에도 흥미가 있다. 1996년부터 『트래블 + 레저』에 글을 쓰면서, 여행 기사를 너무 자주 쓰는 것은 일로 느껴지지만 일 년에 한 번만 쓰는 것은 유급 휴가나 마찬가지라는 사실을 알았다. 잡지에 기고하는 대부분의 필자들은 포시타노의 스파 호텔이나 네비스의 리조트 기사를 쓰고 싶어 한다는 것, 그러나 그런 기사는 하루 이틀만 가 있으면 되지만 그보다 덜 유명한 목적지를 쓸 때는 훨씬 더 오래 머물고 훨씬 더 깊이 조사해야 한다는 것도 알았다. 가끔은 방문한 나라가 그냥 좋았고, 왜 좋았는지 말하는 것만으로도 즐거웠으며, 왜인지 말하면 그곳을 더 사랑하게 되었다. 이제 기사를 쓰지 않는 휴가가 이상하게 느껴질 정도다. 그럴 때는 질문을 던질 구실이 없다. 어쩌면 전쟁과 황폐를 보도하는 글 다음에 레스토랑과 관광용 볼거리를 소개하는 글이 나오는 것이 심란하게 느껴질 수도 있지만, 둘 다 세상과 관계 맺는다는 더 큰 과제에 속하는 일이니 궁극에는 하나의 진실이다.

나는 전작 『한낮의 우울』과 『부모와 다른 아이들』을 쓸 때도 머나먼 장소에 관한 글을 포함시켰다. 다른 환경에서는 이야기가 어떻게 달라지는지 알고 싶었기 때문이다.[23] 그때는 쓰는 책에 맞춰서 이야기를 풀었지만, 같은 여행에 관한 이야기라도 이 책에서는 살짝 다른 형태로 실었다. 우울증 책 홍보차 여러 나라를 다닐 때, 각 나라에서 만난 사람들의 태도가 상이한 데 놀랐다. 스페인에서는 나를 인터뷰하러 온 기자들이 거의 모두 〈전 우울증을 앓은 적 없지만요……〉 하고 말문을 연 뒤 이야기를 진행했고, 나는 속으로 그렇다면 스스로를 쾌활하다고 말하는 이 사람들은 왜 굳이 나를 만나서 우울증 이야기를 시시콜콜 물을까 궁금하게 생각했다. 일본에서는 거의 모든 인터뷰어들이 자신도 우울증을 겪었다고 언급하면서도 딴 사람에게는 비밀로 해달라고 부탁했다. 핀란드에서는 인기 있는 아침 TV 프로그램에 출연했을 때 근사한 금발 여인이 내 쪽으로 몸을 기울이면서 은근히 기분 상한 말투로 물었다. 「자, 솔로몬 씨. 당신은 미국인인데요, 우리 핀란드 사람들에게 우울증에 대해서 뭘 말해 주실 수 있죠?」 내가 꼭 고추에 관한 책을 써서 쓰촨에 홍보하러 간 기분이었다.

이 책은 인간 심리와 가족 내 역학을 다뤘던 이전 두 책과 맞닿아 있다. 그 책들은 어떤 내적 요인이 개인의 차이점과 정체성을 결정하는지 살펴보았지만, 나는 외적 요인에도 똑같이 관심이 많다.

나는 매사에 상당히 바람직한 접근법을 취했던 가정에서 자랐는데, 어른이 되고서는 유년기에 배운 원칙들을 고분고분 따르는 대신 스스로 취사선택하는 힘을 기르려고 애썼다. 그 과정에서 여행은 나와는 다른 가치를 중시하는 다른 사람들과 관계 맺는 법을 가르쳐 주었고, 그럼으로써 내가 모순적인 존재가 될 수 있도록 해주었다. 이후 내가 정신 질환, 장애, 성격 형성에 대한 글을 쓴 것은 인간에게는 가장 바람직한 단 하나의 존재 양식만 가능하다는 고정관념으로부터 벗어나야 한다는 사명의 연장이었다. 요즘도 나는 계속 내적 외국과 외적 외국을 오간다. 둘 다 내가 다른 한쪽과 맺는 관계를 향상시켜 준다.

과거에 쓴 글들을 모은 이 선집은 일종의 성장담이다. 내 모험의 배경이 된 세상에 관한 책인 동시에 내 모험에 관한 책이다. 만일 내가 오래전 클리넥스 통까지 거슬러 올라가는 천진한 열정, 즉 어딘가 다른 데로 가고 싶다는 생각에 심취하지 않았다면, 이 책은 쓸 수 없었을 것이다. 나는 지구상에 알려진 196개국 중 83개국에 가 보았다. 언젠가는 그곳에서 만난 사람들에 관한 책을 써서 장소들에 관한 책인 이 책을 보완할 생각이다. 그러나 심오한 의미에서는 어차피 사람이 장소이고 장소가 사람이다. 나는 어떤 글에서든 둘 중 하나만 쓴 적은 없었다.

책의 시간적 배경인 약 25년 동안, 동성애자의 처지는 놀랍도록 다양한 여러 나라들에서 극적으로 바뀌었다. 내가 이 글을 쓰는 시점에 20개국이 동성 결혼을 인정했다.[24] 어떤 나라들은 다른 형식으로 동성애자를 보호하는 법을 통과시켰다.[25] 하지만 아직은 많은 사회에서 동성애자들이 역동적인 하위문화로 머물러 있다. 예술과 마찬가지로, 이 주제는 어떤 장소를 해석하는 창이 되어 준다.

나는 예전에는 성적 지향을 숨기고 여행할 때가 많았지만, 점차

게이임을 공개적으로 밝히게 되었다. 이것은 나 자신의 성숙을 넘어서 세상의 성숙을 보여 주는 징표다. 나는 아닐 거라고 생각했지만 내 정체성이 사람들 눈에 빤히 드러나는 경우도 있었다. 1999년 울란바토르에서 젊은 몽골 목동이 통통한 꼬리에 카펫 같은 털을 지닌 양 떼를 몰고 내가 묵는 호텔이 있는 거리를 지나가는 광경을 보았다. 호기심에 뚫어져라 쳐다보던 나는 목동이 내게 다가와서 괜찮은 영어로 이렇게 말하기에 소스라치게 놀랐다. 「당신 게이? 나도 게이예요.」 목동은 은근한 말투로 덧붙였다. 「양들을 호텔 주차장에 놔두고 함께 안으로 들어갈까요?」 그린란드 일룰리사트에서 만난 가이드는 서부 그린란드를 통틀어 유일한 게이 개썰매 운전사로 사는 것은 쉽지 않다고 한숨지었다(나는 존재론적 외로움이 밀려들 때마다 이 말을 회상한다). 인도 델리에서 열린 공식 만찬에서 나는 많은 인도인이 동성애를 〈서양 수입품〉으로 폄하하는 실정이니 그 도시에 게이 문화가 있는지 궁금하다고 말했는데, 그러자 주최자가 나를 외계에서 떨어진 사람인 양 쳐다보면서 말했다. 「이 파티가 어떤 자리라고 생각하십니까?」 콜롬비아의 카르타헤나데인디아스에서 강연 후 질의응답을 했을 때, 우아하게 차려입은 한 여성이 내게 동성애자 부모의 아이들은 이성애자 부모의 아이들보다 적응력이 더 좋다는 말을 들었다며 이렇게 덧붙였다. 「남자랑 여자는 너무 많이 다투기 때문에 그런 것 아닐까요.」 동성애자 커플은 다투지 않을 것이라는 생각이 나는 썩 마음에 든다. 이처럼 성 정체성은 여러 사회에서 최전선에 놓인 문제다. 이제 이것은 피할 수 없는 대화가 되었다.

남편 존과 나는 2007년 영국에서 당시에는 시민 결합이라고 불렸던 관계를 맺는 예식을 치렀다. 정확히 결혼이라는 말은 안 썼지만 영국에서 결혼한 사람이 누리는 모든 혜택을 누릴 수 있는 관계였다.[26] 그래서 존은 영국 시민권을 갖게 되었다. 나는 존도 늘 달리

갈 데가 있기를 바랐다. 우리가 만일 (당시 미국에서 유일하게 동성 결혼을 법제화한 주였던) 매사추세츠에서 결혼했다면 결혼이라는 말을 쓸 수 있었겠지만, 법적 보호는 오히려 받지 못할 터였다. 미국 동서 해안의 진보적 사회가 영국의 진보적 사회보다 동성애자를 더 흔쾌히 받아들이기는 했어도 법은 영국에서 더 빨리 갖춰졌다. 영국에서는 정치에 종교의 영향력이 상대적으로 적게 미치기 때문이다. 2년 뒤, 우리는 결혼에 따르는 모든 권리까지 법으로 보장받을 수 있게 된 미국 코네티컷주에서 다시 결혼했다. 결혼이라는 잡기 힘든 단어가 마침내 우리 손에 들어왔다.

그러나 동성애자의 권리가 어디서나 보편적으로 진전된 것은 아니다. 유엔 안전 보장 이사회는 이라크와 레반트의 이슬람 국가(ISIL, 혹은 ISIS나 다이슈라고도 불린다)가 동성애자에게 자행하는 학대를 논하기 위해서 2015년 8월 최초의 LGBT 주제 회기를 열었다.[27] 그 테러 집단은 주로 시리아와 이라크에서 동성애자들을 처형하고 그 장면을 기록한 동영상을 공개했다.[28] 2015년 6월, ISIL은 이라크 북부에서 게이 남성을 목 매단 뒤 구경꾼들이 지켜보는 동안 높은 건물에서 떨어뜨렸다. 이란에서 동성애 행위는 사형까지 받을 수 있는 죄다. 동성애를 저질렀다는 이유로 13세에 고발당했던 마콴 몰루자데는 이른바 피해자라는 사람들이 고소를 취하했는데도 21세에 처형되었다.[29] 이집트의 한 텔레비전 프로그램은 공중 욕탕을 급습하는 장면을 방영했고, 그곳에 있던 사람 중 26명이 투옥되었다.[30] 다른 에피소드에서는 이집트 남성 몇 명이 게이의 결혼식에 참석했다는 이유만으로 감옥에 갇히는 장면이 방영되었다.[31] 사우디아라비아에서 동성애자는 사형을 선고받을 수 있다. 2007년 동성 섹스를 했다고 확인된 두 남자는 각자 7천 대씩 태형을 선고받았고, 그 결과 영구 장애를 입었다.[32]

러시아에서는 〈동성애 옹호〉를 금하는 법이 제정되는 바람에 동성애자들이 백주에 길거리에서 사람들에게 얻어맞는 형편이 되었다. 많은 동성애자가 러시아를 떠났다.[33] 키르기즈스탄 경찰은 인터넷 데이트 사이트에서 덫을 놓아 게이들을 붙잡은 뒤 협박 및 갈취 혐의를 씌운다. 〈전통에 반하는 성관계를 조장〉한다는 죄목으로 유죄를 선고받은 사람은 1년 징역에 처해진다.[34] 2013년 말, 인도 최고 법원은 동성애를 범죄로 규정한 식민 시대 법률을 옹호했다.[35] 아프리카에서는 27개국이 반동성애 법을 통과시켰다.[36] 나이지리아 법은 동성애자를 돌로 쳐 죽이는 것을 허락한다. 그 탓에 사람들이 사법 절차를 무시하고 동성애자에게 린치를 가하는 일이 빈번해졌다.[37] 2011년 카메룬의 한 남자는 다른 남자에게 다정한 문자 메시지를 보냈다는 이유로 3년 징역을 선고받았다.[38] 카메룬은 어느 나라보다도 많은 동성애자를 구금하며, 동성애자로 추정되는 사람의 성 정체성을 〈입증〉한다는 구실로 버젓이 법원 명령까지 받아서 그의 항문 탄력성을 확인하는 〈의료 검사〉를 실시한다. 그런 행위가 국제법에 따르면 불법인 데다가 과학적 근거가 전혀 없는데도. 짐바브웨 대통령은 동성애자를 〈쓰레기〉라고 부르면서 참수하겠다고 위협했다.[39] 나중에 결국 법안이 번복되기는 했지만, 우간다는 2014년 동성애를 사형죄로 규정했다.[40]

리비아에서 알게 된 의대생 하산 아일리는 나중에 내게 편지를 보내와서, 한 친구가 그의 휴대용 컴퓨터를 빌렸다가 검색 기록을 보고는 학교 사람들에게 강제로 그를 커밍아웃시켰다고 말했다. 하산은 가혹한 괴롭힘을 겪다가 결국 학업을 포기하고 다른 도시로 옮겼지만, 위협은 계속되었다. 하산은 편지에서 이렇게 말했다. 〈사람들이 동성애자라는 이유로 참수당하는 모습을 찍은 동영상을 봤어요. 나도 그곳에서 끔찍한 일을 겪었고요. 그러니 돌아갈 수는 없어요. 이름이 이미 알려졌으니까 추적당할 거예요. 가족에게도 무슨 일 때문에 그곳을 떠나왔는지 솔직하게 말하지 못했어요.〉

현재 하산은 동성애를 역시 불법으로 규정하는 이웃 나라에 숨어 있다. 적법한 일자리를 구할 수 있는 서류도 없고, 언제라도 발각되어 박해당하고 목숨이 위험한 고국으로 추방될지도 모른다는 공포에 시달린다.

나는 성 정체성을 비밀로 해두라는 조언을 받은 나라들에서 적잖은 시간을 보냈다. 후에 남편이 될 존이 취재 여행에 처음 동행한 것은 2002년 솔로몬 제도를 여행할 때였는데, 나는 존이 그 상황을 그토록 괴롭게 느끼는 데 놀랐지만 존은 자신이 그토록 오래 그토록 많은 정신적 에너지를 소모해서 겨우 커밍아웃했는데 이제 와서 벽장으로 도로 들어가고 싶지는 않다고 말했다. 우리는 솔로몬 제도에서 직접적인 위협을 겪지는 않았지만 한 침대를 쓰는 방을 잡거나 공공연히 애정 표현을 하려고 하면 거듭 그러지 말라는 만류를 들었다. 그러면 〈오해받을 수 있다〉라는 이유였지만, 사실은 그편이 〈정확하게 이해되는 것〉이었다. 처음에는 존의 노여움이 짜증스러웠다. 잠시 들른 곳이 요구하는 사소한 조건에 맞춰 주는 것이 뭐 그리 어렵다고? 그러나 차츰 나는 어떤 장소의 프라이버시 기준을 지키는 것은 바람직한 적응이겠지만 그런다고 해서 내가 솔직하지 못한 상태로 후퇴하는 것은 바람직한 일이 아니라고 여기게 되었다. 둘을 구별하는 경계는 모호할 때가 많다. 나는 비자 신청 형식에서 기혼 여부를 묻는 칸을 볼 때마다 화가 난다. 내 나라에서는 기혼이지만 내가 가려는 곳에서는 그렇지 않은 현실을 마주해야 하기 때문이다. 그럴 때면 꼭 내가 다중 인격자처럼 느껴진다. 내 우울증 책이 중국어로 번역될 때 내 성적 지향이 드러난 문장들이 내 동의도 없이 삭제된 채 출간되는 일도 있었다. 정신과 치료를 지지하는 사람으로서 내 책이 중국의 우울증 환자들을 도울 수 있는 것은 기뻤지만, 내 이야기가 내 의사와 달리 편집된 것은 심란했다. 솔직하게 밝히기를 고집했다면 아마 많은 중국 독자들에게 들려주고픈 이야기를 들려줄 수 없었겠지만, 그렇다고 해서 그것을 삭제하는 것은 다른 측면에서 도울 수 있을지도 모르는 다른 사람들을 저버리는 것을 뜻했다.[41]

검열은 성적 지향에만 국한된 문제가 아니다. 2015년 나는 미국과 해외의 문학 및 표현의 자유를 지지하는 단체인 PEN 아메리칸 센터의 회장이 되었다.[42] PEN은 검열과 억압으로 침묵당한 작가들을 지지한다. 그런 작가들 중에는 권력자의 의견에 반대되는 의견을 공공연히 밝혔다는 이유로 투옥된 이도 많다. 직책을 맡은 뒤, 나는 해외 작가들이 자신들의 완고한 사회를 바꿔 보려고 애쓰다가 폭력을 겪는다는 뉴스를 매일같이 받아 본다. PEN은 미국 내에서도 작가들이 검열 때문에, 인종차별을 비롯하여 사람들의 입에 재갈을 물리는 편견 때문에, 직장이나 집을 잃을 수도 있다는 걱정 때문에, 겉보기에 더 고차원적인 듯한 이상을 들먹이면서 남들의 발언을 차단하는 세력 때문에 좌절하거나 제약당하지 않는지 감시한다. 셰익스피어의 희극에서 헨리 8세는 〈말은 행동만 못 하다〉라고 말했지만, 나는 그 말에 동의하지 않는다.[43] 혐오 발언은 위험하다. 홀로코스트 부인자나 KKK단 같은 사람들은 심각한 어둠의 씨를 뿌리는 셈이다. 나는 르완다에서의 경험을 통해 흑색 선전이 보통 사람들조차 끔찍한 행동을 저지르도록 쉽게 몰아갈 수 있음을 뼈저리게 느꼈다. 그렇다고 거꾸로 도발적인 의견을 억압해서는 사회 정의를 이룰 수 없다. 그런 상황은 애초에 자유라고 부를 수 없다. 설령 선의로 의도되었더라도 강요된 통제보다는 공개된 담론이 더 쉽게 정의로 이끈다. 금지된 발언이라는 개념을 거부하는 것은 용기 있는 일이고, 금지된 것을 말하여 그것을 말할 수 있는 것으로 바꾸는 것은 대단히 멋진 일이다.

우리가 누리는 이점을 남들도 누리게 하겠다는 것이 공통의 도덕적 목표이기는 해도, PEN이 전 세계에서 표현의 자유를 지지하는 것은 노블레스 오블리주에서만은 아니다. 미국 시인 에마 래저러스는 〈우리가 모두 자유로워질 때까지는 우리 중 누구도 자유롭지 않다〉라고 말했다.[44] 이 말에는 인간의 다양성을 포용하는 태도가 담겨 있으며, 바로 이것이 기자로서 내 목적의식이다. 여러분도 이 책으로 알 수 있을 것이다. 어떤 목소리가 틀어막히는 것은 그 목소리를 들을 수 있었을지도 모르는 사람들로부터 무언가를 빼앗은 것이고, 우리가 다 함께 의지하는 집단 지성을 훼손한 것이다. 노벨 평화상 수상자인 미얀마의 아웅 산 수 치는 1997년 미국인에게 〈당신들의 자유로 우리의 자유를 촉진해 주십시오〉라고 요청했다.[45] 우리의 자유는 다른 모든 이들의 자유에 달려 있다. PEN이 미국과 해외에서 최대한의 표현의 자유를 옹호하며 싸우는 것은 서로 별개인 두 사업이 아니다. 이것은 공개적 의견 교환이라는 하나의 캠페인이다.

원래 늘 달리 갈 곳을 마련해 두겠다는 생각으로 여행자가 되었던 나는 점차 남들에게도 마찬가지로 갈 곳을 주어야 한다는 사실을 이해하게 되었다. 소련 친구들 중 처음으로 뉴욕에 온 친구가 우리 가족의 집에 머물렀을 때(나는 그때 영국에서 살았지만 잠시 뉴욕 집에 와 있었다), 나는 맥락이 극적으로 단절된 기분을 느꼈다. 모스크바 전위 예술가의 세상은 뉴욕의 부르주아적인 내 존재와는 한참 먼 것 같았고, 급진적 행위 예술가이자 시인인 디마(드미트리) 프리고프가 우리 거실에서 부모님과 즐겁게 술 마시는 모습은 꼭 부뉴엘 영화의 한 장면 같았다.[46] 세상을 조각조각 나눠서 배워서는 안 된다는 사실을 깨닫기까지는 시간이 걸렸다. 요즘 외국 친구들은 늘 내 집에 묵는다. 그것은 지속적인 문화 교류 프로그램에 가깝다.

카불에서 보낸 첫날 파루크 사밈을 만났을 때는 그가 통역자이자 잡무를 해결해 줄 사람으로서 나와 업무적 관계를 맺으리라고 여겼지만, 금세 우리가 친구가 될 수 있겠다는 사실이 분명해졌다. 그의 나라에 머무는 동안 우리는 매일 열네 시간씩 붙어 지냈다. 그 일대에서 체류하는 것이 무섭던 시기였다. 내가 파키스탄 이슬라마바드와 페샤와르를 거쳐 국경을 넘을 때 그곳에서는 기자 대니얼 펄이 납치되어 결국 참수당하는 일이 한창 벌어지고 있었다.[47] 그러나 놀랍게도 나는 아프가니스탄이 좋았다. 거기에는 자기 나라를 무척 사랑하는 파루크가 그 애정을 내게 설득력 있게 전달한 덕도 있었다. 파루크는 탈레반 치하 카불에서 의학을 공부했었는데, 그 말인즉 종교 수업은 매일 몇 시간씩 받으면서도 의학 수업은 변변찮게 받았다는 뜻이었다. 파루크는 개발된 사회에서 의사들이 어떻게 일하는지 알고 싶어 했고, 그래서 나는 집에 온 뒤 뉴욕 병원의 관리자들에게 요청하여 파루크가 두 달 일정으로 참관하러 와도 좋다는 허락을 받았다.

파루크는 비자를 신청했다. 나는 도우려고 했지만, 2002년에 미혼의 젊은 아프가니스탄 남성이 미국에 입국할 수 있는 가능성은 사실상 없다는 말만 거듭 들을 뿐이었다. 파루크는 의학 공부를 포기했다. 카불에서의 불충분한 교육을 보충할 기회가 없었던 데다가 외국 기자들과 함께 일했던 시간이 대단히 보람차게 느껴졌기 때문이다. 그는 결국 캐나다에서 장학금을 받으며 언론학을 공부하게 되었다. 내가 아프가니스탄을 방문한 지 십 년 가까이 지나서야 우리는 그를 미국에 입국시키는 데 성공했다.

미국의 이민 정책은 안보에 초점을 맞춘다. 9·11 테러의 비행기 탈취범들이 정식 비자를 받은 무슬림들이었던 것은 사실이고, 아마도 그것은 신중하지 못한 허락이었을 것이다. 영사관 직원들이 파루크의 신상을 왜 겁나 했는지도 알겠다. 하지만 나는 파루크가 자기 나라에서 많은 미국인을 도왔다는 사실을 알고, 그가 2002년에 미국에 왔다면 미국에 대한 긍정적 인상이 더 강해졌으리라는 사실도 안다. 그는 그 복음을 안고 고국으로 돌아갔을 것이다. 그는 미국으로 이민 오고 싶은 것이 아니었고, 건물을 폭파하고 싶은 것도 아니었다. 그저 사람들이 서로를 알아 가는 문화적 교류에 참여하고 싶은 것뿐이었다. 좀 더 최근에 나는 리비아 친구 하산 아일리가 미국 입국 비자를 받도록, 그래서 고국으로 송환되어 그곳에서 그를 기다리는 무자비한 폭력배들을 대면하는 대신 미국에서 의학 공부를 마치고 아픈 사람들을 도울 수 있도록 거들었다. 그러나 그동안 그만큼 시간이 흘렀는데도 절차는 전혀 수월해지지 않았다. 내가 리비아에서 만난 사람들 중 기본적으로 친미주의자인 이들은 모두 미국에서 공부한 이들이었고, 격렬한 반미주의자들은 모두 그렇지 않은 이들이었다. 내 말은 미국이 아이오와 주립 대학이나 UCLA의 요청을 받아들여서 학생 비자를 마구 내주면 세상의 문제를 다 풀 수 있다는 뜻이 아니다. 누구든 가보지 못한 장소를 사랑하기란 어렵다는 뜻이다. 〈요주의 국가〉 사람들의 방문을 포괄적으로 몽땅 금하는 정책은 미국에게 우호적인 말을 해줄 수 있을 만한 사람들이 미국에 「베이워치」 외에 무슨 장점이 있는지 알아보는 것을 원천 차단함으로써 결국에는 안보에 해가 된다.

2015년 11월 파리 테러 후 미국은 문화적 배제를 최선의 방어 전략으로 내세웠고, 이 논리는 미국과 유럽이 시리아나 이라크 출신 난민들의 인권을 박탈하려고 했을 때 가장 저열한 밑바닥을 드러냈다. 공화당 대통령 후보 도널드 트럼프는 모든 무슬림 외국인의 입국을 막아야 한다고 주장했고, 심지어 미국인 무슬림도 특수 신분증을 지니고 다녀야 한다고 주장했다.[48] 이런 잔인한 악선전은 미국의 이해에 어긋난다. 우리 주변에 담을 쌓아서 나머지 세상을 막으면 배제된 사람들이 우리를 미워할 것이고, 결국 그들이 과격화할 빌미만 줄 것이다. 우리가 타자를 격리하면 그들은 우리에 대해 무지를 기르고, 무지는 금세 위험해진다. 마찬가지로 우리 내부에서도 위험한 증오가 싹튼다. 이 책의 핵심 명제는, 세계화된 오늘날의 세상에서는 우리 자신을 빈틈없이 둘러싸서 막는 것이 불가능할 뿐 아니라 궁극에는 위험하다는 것이다. 성경은 〈구하라, 그러면 얻을 것이다〉라고 말했지만, 외국인 혐오 정서가 맨 먼저 망가뜨리는 것이 바로 그 구하는 행위다. 고립주의자들의 몽상과는 달리, 우리는 경비가 튼튼하고 멋진 궁전에 자신을 격리시키는 것이 아니라 문제가 곪아 가는 감옥에 가두는 것뿐이다.

나는 『부모와 다른 아이들』에서 가족 내 차이의 속성을 다뤘다. 부모들이 어떻게 원래 마음에 그렸던 모습과 다른 아이를 사랑하게 되는가 하는 이야기였다. 어떤 면에서는 이 책도 비슷한 이야기다. 우리가 어떻게 생소한 관점과 행동 방식을 포용하는가 하는 이야기니까. 그러는 데 드는 노력을 줄여서 말하지는 않겠다. 자신과 다른 아이를 받아들이기가 힘들다면, 이 일은 그보다 더 힘들다. 부모는 본능적으로 아이를 향하지만, 바로 그 본능 때문에 우리는 우리와는 다른 낯선 사람과 거리를 둔다. 그렇다고 해서 우리가 이른바 친화 집단과 〈안전지대〉, 즉 이미 같은 견해를 공유하는 사람들끼리 서로를 다른 관점의 침입으로부터 〈보호해 주는〉 토끼 굴로 떨어질 수밖에 없는 것은 아니다. 넓고 복잡한 세상과의 친교를 미리 차단하는 것은 스스로의 인권을 훼손하는 짓이다. 세상에 우리의 힘이 아무리 널리 퍼지더라도 그것과는 다른 얘기다.

외교는 본능이라기보다 기술이다. 우리는 다른 나라가 우방이라서 교류하지만 거꾸로 교류함으로써 우방으로 만들기도 한다. 자본주의 사회는 그 관계를 곧잘 돈과 군사력의 언어로 정의하지만, 그런 모형들은 사실 부적합하다. 모든 관계 맺기가 그렇듯이, 국제주의는 사람들 간의 만남이어야 한다. 물론 일본의 기술과 이탈리아의 패션이 미국으로 수입된 것은 고마운 일이었고, 세계 어디에

나 있는 코카콜라는 미국을 대변하며, 궁지에 몰린 몇몇 나라에 주둔한 미군은 그곳에서 미국의 영향력을 늘렸다. 하지만 불만에 대한 진정한 해결책은 국가를 넘은 민간인 대 민간인 관계에서 나온다. 카를 융은 『융합의 신비』에서 〈상대를 이해하지 못하면 바보로 여기기 마련이다〉라고 말했는데,[49] 그런 시나리오에서는 양쪽 다 손해다. 개인 간 관계뿐 아니라 국가 간 관계에서도, 상대의 생각을 짐작할 수 있다면 긴장을 해소하기가 한결 쉽다. 그리고 그 점에서 다른 장소들의 예술과 문화, 나아가 요리와 유적은 도움이 되지만, 무엇보다 큰 도움은 그곳 사람들이다. 미국은 해외에서는 그런 부드러운 힘을 활용하여 상대를 설득하곤 하지만 정작 스스로에게는 타자에게 설득당하는 귀한 경험을 허락하지 않을 때가 많다. 여행은 부자들의 기분 전환용 쾌락만이 아니다. 위험할 지경으로 겁먹은 오늘날의 시대에 요긴한 치료법이기도 하다. 많은 정치인이 시민들의 불안을 부추기며 집 밖에 나가는 것조차 위험하다고 호들갑 떠는 시기에, 밖으로 나가서 우리가 모두 한 배를 탄 신세임을 깨닫자는 말에는 새삼스러운 시급함이 어려 있다. 요즘처럼 편집증적인 시기에는 자유와 모험을 추구하는 것이 우리에게 꼭 필요한 국제주의나 다름없다.

모든 국경과 국가를 없앨 수 있다거나 없애야 한다는 말이 아니다. 이종교배를 통해서 언젠가 우리가 모두 한 덩어리로 통합되리라는 뜻도 아니고, 다른 문화적 가치를 해석하게끔 해주는 로제타석 같은 것이 발견되어서 모든 반목이 해소되리라는 뜻도 아니다. 적은 물론 외부에서 올 때가 많고, 약탈과 정복의 이야기는 먼 역사에도 가까운 역사에도 수두룩하다. 호전성은 인간에게 내재된 성향이고, 유토피아적 비폭력의 이상이 큰 규모에서 지속 가능한 조화를 가져온 경우는 한 번도 없었다. 아쉽게도 인간은 평정심을 기본으로 깔고 가끔만 일탈하는 존재가 못 된다. 나는 미군이 주둔한 현장에서 적잖은 시간을 보내 본 터라 무기를 개발한 사람들이 고맙고, 나 대신 그것을 휘둘러 주는 사람들이 고맙다. 그뿐 아니라 때로 폭력이 연민을 가져온다는 것도 목격했다. 평화는 고상한 수동성이 아니라 개입을 통해 얻어질 때가 많다. 화합은 공격성의 반대말이지만, 화합이 공격성을 미연에 방지하는 경우는 드물다.

그렇다면 어떻게 반대되는 요구들 사이에서 균형을 잡을까? 우리는 어떻게 타자를 정의하고, 타자가 가할지도 모르는 위협을 인식하고, 그러면서도 타자를 가능한 한 깊이 이해하고, 우리가 안전한 한도 내에서 최대한 타자를 환영할까? 사람들은 아무 데도 갈 곳이 없을 때도 피난을 떠난다. 캐나다 총리 쥐스탱 트뤼도와 독일 총리 앙겔라 메르켈이 난민들에게 우정의 손길을 내미는 모습을 보며, 우리는 적이 가득한 땅에서 온 사람이라고 해서 당연히 적이라고 가정하는 태도가 얼마나 어리석은지 새삼 깨닫는다. 아무 데도 갈 곳이 없는 상태는 치명적일 수 있다. 어딘가 갈 곳이 있는 것은 인간의 존엄을 지키는 선결 조건이다. 그리고 남들에게 갈 곳을 제공하는 것은 우리와 그들 모두에게 이로운 영리한 너그러움이 되곤 한다.

이웃을 사랑하기란 어렵고, 적을 사랑하기란 더 어려우며, 후자는 실제로 가끔 부주의한 판단이다. 인간은 사회적 동물인지라, 비슷한 사람들끼리 무리 짓는 것이 인지상정이다. 그런데도 굳이 다양성을 포용하는 것은 생태적 필요일 수도 있고, 사회적 의무일 수도 있고, 갈수록 좁아지는 세계의 불가피한 성질일 수도 있다. 하지만 그렇다고 해서 또 사람들 간의 모든 차이를 무시하는 것은 늘 역효과를 낳는다. 진보주의자들의 예상과는 달리, 여러 신뢰할 만한 연구에 따르면 인종에 관한 말을 전혀 들은 적 없는 아이들일수록 피부색에 따라 무리를 짓고, 거꾸로 차이를 충분히 학습한 아이들일수록 더 기꺼이 섞인다고 한다.[50] 인간은 자신과 다른 특성을 가진 타인과 자신을 대비시킴으로써 스스로의 정체성을 구축하는 존재다. 다른 나라들이 없다면, 미국도 없다. 다른 나라들을 몽땅 탈신비화할 수 있다면, 우리가 아는 미국도 사라질 것이다. 그러나 우리는 여권을 기준으로 무리 지으면서도 국가 간에 친절하도록 애쓸 수 있고, 마셜 플랜이 최소한 드레스덴 공습만큼 효과적이었다는 사실을 깨달을 수 있으며, 우리가 누리는 이점을 갖지 못한 이들을 우리와 동등하게 지지할 수 있다. 이미 존재하는 적을 파악해야 하는 시급한 필요성과 새 적을 만드는 끔찍한 어리석음을 충분히 분리해서 생각할 수 있다.

남편과 나는 아이를 가진 뒤 아이들이 걸음마를 떼기 무섭게 여행에 데리고 다녔다. 아이들이 세상은 크고 다양하며 가능성으로 넘치는 곳이라는 사실을 느낌으로 알기 바랐기 때문이다. 아이들이 쉽게 변하는 형성기는 아주 짧고, 그동안 우리가 아이들에게 부여한 한계가 금세 그들에게 표준이 된다. 우리는 그 표준에 여행의 놀라움, 매혹, 불편함, 근사함, 어리둥절함, 흥분, 이상함도 포함되기를 바랐다. 아이들이 자라서 집에만 있는 사람이 되겠다고 결정할 수도 있겠지만, 그렇더라도 최소한 자신이 무엇을 제쳐 두는지는 알고 그럴 것이다.

딸 블레인은 지금 여덟 살이고 아들 조지는 여섯 살 반이다. 둘 다 벌써 훌륭한 여행자다. 아이들이 아장아장 걷는 나이였을 때 사람들은 이렇게 말했다. 「이 애들은 너무 어려요. 스페인을 기억도 못 할걸요.」 하지만 우리가 현재에 어떤 것을 경험하는 것은 미래의 추억을 위해서만은 아니다. 모험은 설령 현재에 국한되어 있을지라도 가치가 있다. 나는 조지와 블레인이 특정 장소를 기억하지는 못할 수도 있다고 생각했지만, 적어도 나는 아이들을 데려갔던 것을 기억하리라고 생각했다. 또한 아이들이 세상 사람들은 다양한 관습과 믿음으로 살아간다는 사실을 가급적 일찍 이해하는 것이 분명 아이들에게 영향을 미치리라고 생각했다. 블레인이 세 살 때, 아이를 안고 식당 밖으로 나가서 콩코르드 광장 너머로 지는 해를 바라보면서 나도 어머니와 똑같은 장면을 구경했다고 말해 주었다. 그때 블레인은 말했다. 「아빠, 나 지금 너무 좋아요.」 일 년 뒤, 마루에서 인형 놀이를 하는데 블레인이 말했다. 「에마는 배고파요. 뭘 먹어야 해요.」

나는 말했다. 「그래. 에마는 어디서 먹을 걸 사고 싶을까? 센트럴 마켓?」

「아뇨, 아닌데.」

「그럼 어딘데?」

「파리.」

아들 조지는 지도에 유별나게 관심이 많다. 지도를 몇 시간씩 들여다보면서 어느 나라가 어느 나라와 인접해 있는지 살펴본다. 한 번은 뉴욕의 택시 운전사가 우리에게 자신은 세네갈에서 왔다고 말하며, 다섯 살이던 조지와 백미러로 눈을 마주치면서 덧붙였다. 「꼬마 넌 그게 어디 있는 나라인지 모르겠지만.」

조지가 말했다. 「모리타니 남쪽, 말리랑 기니 옆이요.」 운전사는 놀라서 차를 박을 뻔했다.

몇 달 뒤, 조지에게 세계 어느 나라든 갈 수 있다면 어디를 가고 싶으냐고 물었다. 조지는 잠시 생각하다가 〈시리아〉라고 대답했다.

존과 나는 놀랐다. 「시리아! 왜 시리아지?」

조지는 우리 가족이 익히 아는 표정을 지으면서 참을성 있게 설명해 주었다. 「누구든 가서 그 사람들에게 그들의 행동은 나쁜 짓이라고 말해 줘야 해요.」

아이들과 함께하는 여행은 크게 세 가지 즐거움을 준다. 첫째, 아이들이 새로운 것을 보며 느끼는 즐거움은 내 즐거움도 되살려,

곤돌라 탑승이든 로키 산맥의 풍광이든 경비대의 교대식이든 다시 한 번 신선하게 느끼도록 해준다. 사실 진부해진 볼거리들이 지나치게 많이 노출되는 것은 그것들이 진짜 멋지기 때문인데, 아이들은 그것들을 다시 즐길 핑계가 되어 준다. 둘째, 여행을 할 수 있다는 특권은 귀한 유산이다. 나는 아이들에게 그 선물을 물려주면서 어머니와의 친밀했던 관계를 되살린다. 아이들을 먼 곳으로 데려가는 것은 어머니의 추억을 기리는 일이다. 셋째, 아이들은 내 여행에 목적의식을 되찾아 주었다. 너무 많은 장소를 가보고 너무 많은 것을 본 터라, 나는 가끔 그 모두가 그저 노을과 교회와 기념비의 과잉처럼 느껴진다. 내 마음은 세상의 엄청난 다양성을 맛보며 이미 최대한 늘어났고, 어쩌면 그 탄력성이 한계에 다가가는 중인지도 몰랐다. 하지만 아이들의 마음을 다루면서, 내게도 시급한 목적의식이 살아났다. 물론 조지가 ISIL과의 분쟁을 타결할 수 있으리라고 기대하는 것은 아니다. 다만 조지와 블레인이, 그리고 역시 내 아이들인 올리버와 루시가 세상을 많이 알수록 아이들의 타고난 친절함이 더 커지리라고 믿고, 그럼으로써 지구에서 점차 고갈되고 있는 연민의 재고가 늘 것이라고 믿는다.

전에는 내가 비행기 기내의 희박한 공기에 유난스레 민감하게 반응한다고 생각했다. 나는 비행기에서 늘 운다. 영화를 보다가, 책을 읽다가, 편지나 이메일에 답장하다가 운다. 그런 감정적 격랑은 흔히 약물을 할 때 든다고들 하는 기분, 즉 모든 것이 갑자기 더 강렬하게 느껴지는 기분과 비슷하다. 좋은 여행일 때도 그렇고, 나쁜 여행일 때도 그렇다. 벅찬 감정이 짜릿할 때도 있고, 스트레스가 될 때도 있다. 오랫동안 나는 이런 과민 감성이 높은 고도에 따르는 생리 현상, 이를테면 미각이 무뎌지는 현상 — 대개의 노선에서 차라리 잘된 일이다 — 따위와 관계있는 것이 아닐까 추측했다. 높은 고도에서 뇌의 어느 부위로 피가 더 많이 혹은 더 적게 흘러드는지, 비행기 상승 각도가 폐활량을 어떻게 줄이는지 등을 연구해 본 자료가 있나 찾아보기도 했다.

하지만 이제는 안다. 가보고 싶던 곳으로 가는 여행이든 그리운 집으로 돌아가는 여행이든, 그저 출발 자체가 나를 슬프게 만든다는 것을. 여행은 삶을 더 강렬하게 느끼게 하지만 동시에 죽음을 환기시킨다. 내가 이륙할 때 초조해지는 것은 기압 탓도, 비행기가 추락할까 봐 걱정되어서도 아니다. 나 자신이 꼭 녹아 없어질 것처럼 느껴지기 때문이다. 어릴 때 나는 용기보다 안락을, 안락보다 안전을 우선하라고 배웠지만, 어른이 된 뒤에는 그 위계를 뒤집으려고 애쓰며 살았다. 릴케는 말했다. 〈사랑하는 사람들이 연습할 것은 하나뿐, 서로를 놓아주는 것이다. 서로를 붙잡는 것은 쉽게 되는 일이니 따로 배울 필요가 없다.〉[51] 비행기가 구름 위로 오를 때, 나는 내가 떠나온 곳이나 방문했던 곳을 놓아주는 연습을 한다. 곧 어딘가에 도착하리라는 생각으로 출발을 견디지만, 분리는 잠깐이나마 늘 나를 회한에 빠뜨린다. 그러니 그런 슬픔 속에서도 안다. 내가 거듭 밖으로 나가 본 뒤에야 집을 온전히 사랑하게 되었다는 것을, 그리고 그때마다 다시 집으로 돌아오고서야 밖을 온전히 음미할 수 있었다는 것을. 적어도 내게, 작별은 친밀함의 필수 조건이다.

1988 ~ 1993

1988·1991 소련
1993 러시아
Soviet Union
Russia

1993 중국
China

소련

겨울 팔레트

『하퍼스 & 퀸』, 1988년

예전에 나는 러시아를 다녀온 사람들은 왜 다들 그곳에 집착할까 궁금했는데, 첫 해외 취재를 다녀온 뒤 이유를 알았다. 1988년이었고, 영국 월간지 『하퍼스 & 퀸』이 곧 열릴 소더비의 획기적인 소련 현대 미술 경매를 취재하라고 나를 소련으로 보냈다. 같은 행사에 대한 기사를 더 길게 써서 3년 뒤 『코너서*Connoisseur*』에도 실었다. 아래 글은 두 기사를 합하여, 나뿐 아니라 관련된 소련 예술가들에게도 양쪽의 사적이고 정치적인 세계가 충돌했을 때 발생했던 흥분되는 경험을 돌아본 것이다. 이 글에 묘사된 만남 덕분에 나는 나중에 첫 책 『아이러니의 탑: 글라스노스트 시절 소련 예술가들』을 썼다.

〈브레즈네프를 위하여!〉 한 예술가가 외쳤다. 해 뜰 때가 다 되었고 피곤했기 때문에, 나는 이름을 제대로 입력하지 못한 채 찻잔을 들었다. 〈브레즈네프를 위하여!〉 우리는 합창하고 차를 털어 넣었다. 그제서야 이상했다. 1988년 여름인데 고르바초프가 아니라 브레즈네프를 위하여 축배를 들다니. 새벽 네 시였고, 어쩌면 다섯 시였던 것도 같고, 대화는 진작 변질되었다. 우리는 보드리야르와 해체

이론과 포스트모더니즘을 뒤로 하고 일본 관광객들에 관한 농담을 나눴다. 우리 일곱 명은 작은 방의 작은 탁자를 둘러싸고 옹기종기 앉아서 모두 동시에 말하면서 한 예술가가 만든 음식을 모두 게걸스레 먹었는데 모두에게 돌아갈 만큼 음식이 많지는 않았기 때문에 돌아가며 먹었다. 그러다가 그 축배가 나왔다. 누군가 〈브레즈네프 시절처럼〉 좋은 대화를 나눈 좋은 밤이었다고 말한 뒤였다. 나는 머리가 하도 멍해서 무슨 소린지 물어볼 생각도 들지 않았다.

푸르만니 로의 한 건물, 얄궂게도 맹인 학교 위층에 다닥다닥 붙은 작은 작업실들을 우리가 떠난 시각은 여섯 시 반이었다. 모스크바에 새벽이 왔다. 거리는 믿기지 않는 모습이었다. 나는 전날 오전 열한 시부터 거기에 있었기에, 긴 토론과 완벽한 탈진에 필연적으로 따르는 느낌, 즉 그 방만이 유일한 현실인 것 같은 느낌이 들었다. 〈브레즈네프를 위하여!〉 우리는 이 말을 또 한 번 외치면서 헤어졌다. 헤어질 때 한 예술가가 내게 당부했다. 「정오에 역으로 와요. 거기서 보자고요.」

나는 미덥지 않은 호화로움을 자랑하는 서양식 호텔로 돌아왔다. 열한 시에 자명종이 못된 농담처럼 울렸고, 나는 짜증스레 침대를 빠져나와 기차역으로 나서면서, 어제 대체 뭐에 씌었기에 이딴 약속을 했을까 속으로 투덜거렸다. 그러나 역에 도착해서 전위 예술가들의 친숙한 얼굴을 보고 그들이 나를 보고 반가워하는 모습을 보니 하룻밤의 불면에 불만스럽던 마음은 사라지고 애초에 그렇게 늦게까지 깨어 있었던 이유가 떠올랐다.

우리는 다 함께 모스크바에서 두 시간쯤 떨어진 어느 시골로 향했다. 다 해서 마흔 명쯤 있었지만 그중 단 한 명만이 우리가 어디로 가야 하는지 알았고, 그런 그도 우리가 그곳에서 무엇을 보게 될지는 몰랐다. 우리는 〈집단 행동 그룹(K/D)〉이 벌이는 행위 예술, 이른바 〈액션〉을 보러 가는 길이었고 이 수수께끼도 액션의 일부였다. 기차에서 내리니 듬성한 숲 가장자리였다. 우리는 한 줄로 서서 조용조용 대화하면서, 가끔 웃으면서, 무슨 일이 벌어질지 기대하면서 걸었다. 숲이 한 자락 끝나자 널찍한 옥수수 밭과 그 너머 금방이라도 쓰러질 듯한 외딴 집들이 나왔다. 그다음 자작나무 숲이 나왔고, 그다음 새로 씨를 맺으려 하는 갈대가 우거진 호수가 나왔고, 그다음 평지에 우람하게 솟은 소나무 숲이 나왔다. 상상해 보라. 모스크바의 모든 전위 예술가들이, 그러니까 여러 천재들의 얼굴과 그들을 따르는 추종자들의 열렬한 눈동자가 마치 천지창조 첫날처럼 고요한 숲속을 걸어가는 모습을.

우리는 한 자락 강줄기가 흐르는 벌판으로 나왔다. 고무 보트에 탄 어부들이 낚싯줄을 던지면서 예술가들의 행렬을 — 약간 어리둥절한 듯하지만 별 흥미는 없는 태도로 — 바라보았다. 마침내 우리는 얕은 언덕에 다다랐고, 그곳에 멈춰서 한 줄로 서서 강을 보았다. 우리가 지켜보는 와중에 예술가 게오르기 키제발테르가 물가에 섰다. 그는 물로 뛰어들었고, 헤엄쳐서 강을 건넌 뒤, 건너편 물가에서 모습을 감췄다. 우리는 그가 사라진 지점에 시선을 고정했다. 이윽고 그는 웬 크고 납작하고 포장이 되어 있는 물건을 안고 물가로 돌아왔고, 다시 물로 뛰어들어, 헤엄쳐서 건너왔다. 그다음 우리가 선 동산을 마주보는 언덕으로 올라갔다. 그곳에 K/D의 지도자인 안드레이 모나스티르스키와 또 다른 예술가가 있었다. 그들은 밝은색 포장지를 벗겨서 커다란 흑백 그림 작품을 드러냈다. 그다음 화폭을 틀에 고정시키는 못들을 조심스럽게 뽑아서 화폭을 땅에 내려놓고, 복잡한 디자인의 틀을 해체하여 나무 막대기들로 분해했다. 그다음 흑백의 화폭으로 막대기들을 말고, 그렇게 만 것을 포장지로 다시 말았다. 마지막으로 모나스티르스키가 구경꾼들에게 그 그림을 복사한 종이를 한 장씩 나눠 주었다.

그동안 우리 뒤편 언덕에서는 블루 박스•에서 내내 전화벨이 울리고 있었다. 하지만 아무도 그 소리를 듣지 못했다.

그것이 액션이었다. 두 시간 걸려 그곳으로 갔다가 두 시간 걸려 돌아오고(역까지 오가는 시간은 뺀 것이다), 내가 터무니없이 젠체하는 행위 예술로 이해한 행동을 십 분 동안 하는 것. 액션이 끝난 뒤 강가에서 야유회를 열었다. 야유회는 재미있었지만, 나는 짜증이 났다. 술이 반가웠고, 빵과 치즈는 맛있었지만, 나머지는 그저 바보짓 같았다. 이때 의학적 해석학 운동의 창시자 중 한 명인 세르게이 아누프리예프가 나를 따로 불러서 설명해 주었다. 이 작품이 과거의 행위 예술 작품들을 어떻게 은밀하게 참조했는지 알려 주었고, 예술과 자연의 관계, 소련의 오래된 미학적 관심사들, 예술가들 개개인이 삶에서 겪었던 일화를 들려주었다. 그가 설명을 마친 순간에는 나도 이해했다고 생각했다. 그 무렵에는 솔직히 너무 피곤해서, 별로 고민하고 싶지도 않았다.

훨씬 더 나중에야 나는 그때 내가 전혀 이해하지 못했다는 사실을 깨달았고, 내가 전혀 이해하지 못하는 것이야말로 액션의 요점이라는 사실을 깨달았다. 이즈음에는 나도 그때 왜 우리가 해방자 고르바초프가 아니라 압제자 브레즈네프를 위해서 축배를 들었는지 조금씩 이해할 수 있었다. 흐루쇼프 시절과 마찬가지로, 브레즈네프 시절 소련의 전위 예술가들은 대중에게 작품을 공개할 수 없었다. 그래서 자기 집이나 작업실에 두고 사람들을 초대해서 보여 주었는데, 그런 작품을 본 관객은 동료 전위 예술가들뿐이었다. 그들의 표현을 빌리면, 그 예술가들은 〈초기 기독교도 공동체나 프리메이슨 같았다〉. 그들은 한눈에 서로를 파악했고, 좋을 때나 나쁠 때나 뭉쳤고, 집단 구성원을 결코 배신하지 않았다. 자신들은 소련

• blue box. 과거 장거리 전화망에 끼어들어 공짜로 통화하는 〈폰 해킹〉을 가능하게 해주었던 도구로 전화 발신음 생성기가 붙어 있었다.

인민에게 허락된 진실보다 더 고차원적인 진실을 알고 있다고 믿었지만, 아직 자신들의 때가 오지 않았다는 것도 알았다. 그들은 어려운 상황에서 진정성을 배웠고, 호혜가 가득한 세상을 건설했다. 비록 강렬한 아이러니와 사소한 갈등으로 점철되어 있어도, 그들의 그 생명력은 사람들이 모든 제스처를 부질없게 여기게 된 국가에서 그들의 작품에 절실함을 부여했다. 그들은 자신들끼리만 긴밀하게 공유하는 즐거움을 일구는 것으로 고난에 맞섰고, 그 심오한 목적의식에서 지속적으로 생겨나는 재미로부터 자신들의 재능의 가치를 확인했다.

그들의 재능은 실로 상당했다. 즐거움도 상당했겠지만, 그 즐거움으로 가는 길이 너무 험난했기 때문에 초월의 능력을 갖추지 못한 사람은 끌어들일 수 없었다. 게다가 모든 것을 장악한 체제와 씨름하려는 자가 지성이 부족해서야 좌절하기 마련이라, 바보들은 금세 패배했다. 모스크바 예술가 사회에는 수동적 관찰자의 자리가 없었다. 구성원들의 헌신은 엄청났다. 그들의 작품을 경험하는 길은 개인으로서 그들을 경험하는 방법밖에 없었으므로 — 전위 집단을 구성하는 백여 명의 개인들이 소련 현대 예술의 창작자인 동시에 관람자였으니까 — 그들의 작품을 이해하는 열쇠는 그 예술가들의 개성이었다. 그들의 강한 페르소나는 한편으로는 그들이 예술계에서 차지하는 위치 탓이었고 다른 한편으로는 애초에 전위에 끌리는 부류의 사람들이 지닌 성향 탓이었지만, 그야 어떻든 그들이 지닌 재능은 당연히 화가로서의 재능이나 시인으로서의 재능이나 배우로서의 재능이었다. 이 흥미로운 연쇄적 특징 때문에 그들은 보는 이의 마음을 끌었고, 유혹적이었고, 완고했으며, 궁극적으로는 꿰뚫어 볼 수 없는 존재였다. 진정성이라는 엄정한 특징이 교묘하고 애매하게 위장한 부정직함과 지나치게 자주 결합된 것은 그 때문이었다. 그들의 작품에는 진실이 가득했지만, 그 진실은 늘 비딱한 언어로만 이야기되었다.

아누프리예프의 설명은 사실 재치 있는 거짓말이었다. 그러나 나는 그만 그의 말에 넘어가서, 그곳에서 벌어진 일이 이해 가능하고 조리 있고 단순한 일이라고 믿었다. 실제는 달랐다. 그 액션은 현대 소련 예술의 제문제에 관한 흥미로운 논평이었고, 그것은 그냥 액면적 차원에서도 어느 정도 설명 가능하지만, 한편으로 그 행위는 과거 억압에서 탄생했으나 이제 자유를 접하여 흔들리는 예술 공동체를 다시금 확인하고 결속하는 일이었다. 그 행위에 내포된 지시 대상이 너무나 많기 때문에 누구도 그 모두를 다 알 순 없다는 것, 바로 그 점이 핵심이었다. 참석한 예술가들은 그 지시 대상 중 많은 부분을 이해함으로써 자신이 집단에 소속되어 있음을 확인했고, 자신들도 지시 대상 중 일부를 알아차리지 못한 점에서 집단의 비밀이 든든하게 지켜지고 있음을 확인했다. 소련에도 갑자기 예술이 명예와 부를 손쉽게 얻는 길이라고 생각하는 사람들이 갑자기 생겨나서 이 전위 집단을 위협했고, 느슨해진 통제와 해외 시장이 이들의 정신적 요새를 공격했다. 이처럼 새롭게 취약해진 집단을 보호하는 것, 그것이 액션의 목적이었다.

내가 모스크바에 간 것은 소더비가 여는 소련 현대 미술 경매를 보기 위해서였다. 경매에 대한 과장 선전은 눈이 멀 지경으로 현혹적이었다. 소더비는 외교적 오락, 집시들의 노래, 보기 드문 아이콘을 숱하게 감상할 기회, 그곳 요인들과의 만남, 수입 샴페인 여러 짝, 예전에는 차르들과 인민 위원들만 맛보았다는 흰돌고래 캐비어 등이 포함된 궁극의 모스크바 여행 상품을 조직했다. 우리는 그냥 경매가 아니라 동서양 역사에 중요하게 기록될 사건에 참여하는 것이었다. 넋을 빼놓을 만큼 매끈한 브로슈어에는 알아볼 수 없는 문자들이 적힌 황갈색 고대 지도를 배경으로 소더비라는 글자가 라틴어와 키릴어로 붉게 박혀 있었다. 생선 알과 아이콘을 구경할 전망에 마음을 빼앗긴 여행자들은 그 지도가 — 여행 상품의 로고로 쓰였기 때문에 외신 보도에도 숱하게 실렸다 — 사실 고대 버뮤다 지도임을 알고 당황했다. 소더비의 책임자는 내게 〈그냥 그 그림을 입수해서 말입니다〉라고 해명했다.

영리를 추구하는 회사로서 소더비는 소련 전위 미술에 대한 관심 외에도 경매를 주관할 이유가 여럿 있었다. 이 경매는 페레스트로이카의 여명에 놓인 소련 정부와 우호 관계를 구축할 기회였고, 그런 관계를 구축해 두면 나중에 독점 계약을 비롯한 다른 혜택도 누릴 가능성이 있었다. 처음에는 현대 미술과 예술가들이 그 목적을 이룰 수단으로만 보였다. 소더비 경매 이전에도 약 십 년 전부터 소련 미술이 서양에 소개되었고 소수의 소련 예술가들이 서유럽과 뉴욕에서 주목받기도 했지만, 예술계의 큰손들은 아직 크게 관심을 쏟지 않는 상황이었다.

소더비가 한창 경매 준비에 박차를 가할 무렵, 서양에서도 더러 전시회가 열렸다. 그중 주목할 만한 것은 뉴욕의 로널드 펠드먼 갤러리에서 열린 일리야 카바코프의 전시회였다. 카바코프는 전시장을 모스크바에 흔한 집단 주택으로 탈바꿈시켰는데, 각 방마다 비좁은 공간 때문에 강박증에 빠진 사람이 살고 있었다. 한 방에는 〈아무것도 내버리지 않는 남자〉가 살았다. 그 방의 벽은 남자가 작은 물건들과 함께 붙인 이름표로 뒤덮여 있었다. 〈내 주머니에서 나온 보풀〉, 〈방구석에서 나온 먼지〉, 〈종이 클립〉, 〈곤충〉 하는 식이었다. 다른 방에는 〈자기 집에서 우주로 날아간 남자〉가 살았다. 남자는 천장의 네 모서리에 건 대형 용수철 네 개로 공중에 의자를 띄워 두고 그곳에 앉아서 스스로를 자유로운 성층권으로 날려 보낼 채비를 갖추고 있었다. 또 다른 방에는 (아마 카바코프 본인을 뜻했을 텐데) 〈인물들로 자신의 삶을 묘사하는 남자〉가 살았다. 이런 전시들은 소수이나마 진지한 소련 미술 수집가들을 부추겼다. 그러나 소련 미술을 애호하는 취향이 더는 괴짜스러운 것이 아닐지언정, 여전히 그것은 세련되고 잘 알려지지 않은 취향이었다.

시몽 드 퓨리는 소더비 유럽 지부를 맡기 전에 티센보르네미사 남작의 개인 큐레이터였다. 그는 남작과 함께 소련을 여행하던 중 그곳에도 현대 미술계가 있다는 말을 주워들었다. 1920년대 소련 전위 예술가들의 주요 작품이, 또한 18세기와 19세기의 귀한 가구들과 오브제들이 여태 개인 수집가들의 수중에 많이 있다는 말도 들었다. 이제 드 퓨리는 글라스노스트(개방 정책)를 내세운 새 고르바초프 정부와 첫 단추를 잘 꿰고 싶어 안달이었다. 보물을 소장한 소련 수집가들이 경제적 곤궁에 처해서 수집품을 팔게 된다면 그때 소더비가 남들보다 유리한 위치를 점하고 싶기 때문이었다. 과거에 레닌이 새 정부에 들어가는 비용을 마련하려고 예르미타시 미술관의 최고 걸작을 몇 점 판매한 적 있었는데, 어쩌면 고르바초프도 그렇게 할지 몰랐다. 현대 미술은 말하자면 그럴싸한 협상 카드였던 것이다. 내가 참관할 〈현대 미술〉 경매에는 1920년대 중요 작품들도 포함되어 있었다. 알렉산드르 로첸코, 바르바라 스테파노바, 알렉산드르 드레빈의 주요 작품들이 있었다. 드 퓨리와 함께 일하는 한 직원은 〈우리가 문에 소더비 모스크바 지부라고 새긴 사무실을 이 나라에 열기까지 시간이 얼마나 걸리는지 두고 보시죠〉라고 말했다. 그러나 드 퓨리는 현대 미술 자체도 가치가 있다는 사실을 금세 알아차렸다. 그는 내게 말했다. 〈이 경매는 크고 멋진 모험입니다. 우리는 우리가 사들이는 작품들에 대해서 아는 바가 거의 없습니다. 사들일 가치가 있다는 것 외에는.〉

경매가 열리는 1988년 7월 7일 밤, 이전에는 어떤 상황에서도 한데 모일 일이 없었던 사람들이 모였다. 여섯 시 반, 소더비 관광단이 메즈두나로드나야 호텔 대회의실로 쏟아져 들어왔다. 그들은 등록 데스크에 들러서 각자 패들을 받은 뒤, 방 앞쪽에 마련된 지정석으로 갔다. 엘튼 존의 매니저가 요르단 왕의 여동생과 환담을 나눴다. 은퇴한 야구 선수가 스칸디나비아 귀족 숙녀들을 모시고 나타났다. 주최국에게 경의를 표하는 뜻에서 붉은 드레스를 입은 부유한 독일 여성들이 미 국무부 사람과 농담을 나눴다. 「그거 정말 살 거예요?」 누군가 물었다.

「얼마를 써서라도요.」 킬킬거리면서 답이 돌아왔다.

목에 다이아몬드를 걸고 특대 사이즈 악어 가죽 핸드백을 든 깡마른 여자는 책자를 연신 앞뒤로 넘기면서 두 예술가의 두 그림을 놓고 고민했다. 「정말 못 고르겠어. 못 고르겠어.」 여자는 끙끙대다가 옆 사람에게 물었다. 「둘 중 어느 쪽이 더 마음에 들어요?」

소더비 수행단 뒤쪽으로는 모스크바에 사는 서양인들과 과하게 차려입은 소련인들이 앉았다. 뚱뚱한 그 소련인들은 해외에 주재한 미국인들이나 휴가를 온 서유럽인들 사이에 섞여 있는 것이 편안해 보였다. 미국 대사 잭 F. 매틀록은 자기 아내, 아들, 아들의 러시아인 약혼녀와 함께 와 있었다. 소련에 주재한 외국인 부자 사업가들의 자녀들도 와 있었다. 서양에서 다니던 사교계 행사를 그리워하는 그들은 아돌포와 발렌티노를 걸칠 기회를 반겼다. 기자들도 노트북, 카메라, TV 장비를 갖추고 많이 와 있었는데, 이 행사를 취재하려고 날아온 예술 담당 기자들이 아니라 정치 매체 기자들이었다. 모든 매체의 모스크바 지국들이 이 역사적 순간을 보도하려고 했다.

방의 뒤편 3분의 1 정도의 공간에는 의자가 없었다. 벨벳 끈으로 구역이 나뉜 그곳에는 초대장을 소지한 나머지 모스크바 사람들이 서 있었다. 초대장은 놀라운 가격에 팔렸다는데, 출처 없는 소문이지만 믿어 보자면 초대장을 놓고 그림은 물론이요 아파트까지 거래되었다고 했다. 그 인파 속에 예술가들도 있었다. 예술가들은 —

강에서 예의 액션을 했던 집단 행동 그룹 사람들이 많았다 — 삼삼오오 모여 서서 자기들끼리 속닥거렸다. 제대로 하자면 이 자리는 그들이 주인공이 되는 세계적 행사여야 했지만, 지금 그들은 곁다리일 뿐이었다. 벨벳 끈 뒤에는 푸시킨 미술관의 큐레이터들, 예술가들의 친구들, 전위 집단의 다른 구성원들도 있었다. 레닌그라드에서 온 예술가도 몇 명 있었고, 심지어 한 예술가의 사촌은 2천 킬로미터 떨어진 트빌리시에서 상경했다고 했다. 사람들은 밀치락달치락하면서 맨 앞줄로 진출하려고 했지만, 꽉꽉 들어찬 인파의 물결에 도로 뒤로 밀려날 뿐이었다. 그래도 소련인의 일상에서 일용품이라고는 할 수 없는 에어컨의 고마운 바람이 7월의 저녁에는 기분 좋은 보상이 되어 주었다.

경매는 일곱 시 정각에 시작되었다. 연단에 선 드 퓨리는 에어컨 바람에도 땀을 뻘뻘 흘리면서 마치 지상 최대의 쇼를 거행하는 사람처럼 판매를 진행했다. 소련 초기의 작품들은 예상가를 훨씬 넘겼다. 로드첸코의 그림 「선Line」은 16만 5,000달러에서 22만 달러 사이에 팔릴 것으로 예상되었지만 56만 1,000달러에 팔렸다.

현대 미술 작품들은 19번 로트로 판매되기 시작했다. 작품은 작가 이름(성) 알파벳순으로 나열되었는데, 라틴 알파벳순이었기 때문에 맨 처음은 그리샤(그리고리) 브루스킨이었다. 작고 쭈글쭈글한 남자인 브루스킨은 그동안 죽 주변부에 머무른 작가였다. 동료들은 그를 상냥하고 기술적으로 훌륭하지만 그다지 중요하지 않은 작가로 여겼다. 그런 브루스킨의 작품들이 최고 예상가의 두 배, 세 배, 네 배를 넘겼다. 예상가가 3만 2,000달러였던 한 작품은 41만 5,700달러에 팔렸다.

예술가들이 서로 던지는 눈초리가 날카로워졌다. 그들도 마침내 서양 사람들이 돈을 어떻게 쓰는지 알게 된 것이었다. 소더비를 따라온 관광객들은 대수롭지 않다는 듯한 몸짓으로, 거의 지루해 하는 듯한 몸짓으로 표백된 나무 패들을 치켜들어서 여섯 자리 금액을 호가했다. 1천 달러 더 쓰는 것쯤은 신경도 안 쓰는 것 같았다. 그림 한 점, 그것도 소련의 그림 한 점을 놓고 소련 예술가들은 꿈도 꿔보지 않은 거액이 아무렇지도 않게 오갔다. 이제서야 예술가들은 정부의 정책 변화가 자신들을 상상을 초월할 만큼 큰 부자로 만들어 줄지도 모른다는 사실을 이해하기 시작했다.

브루스킨 다음은 이반 추이코프였다. 추이코프는 비공식 예술계에서 대단히 존경받는 원로였다. 브루스킨의 그림에 40만 달러를 쓰는 사람이 있다면 추이코프의 작품은 수백만 달러는 나가겠지? 그러나 추이코프의 그림 중 「펜스의 조각」은 예상 최저가인 1만 5,000달러에도 미치지 못했다. 「0과 십자가」도 예상 최저가인 2만 달러에 미치지 못하고 가까스로 최저 설정가를 넘기는 데 그쳤다. 판매는 이렇게 이어졌으며, 소련 예술가들은 매번 고가에는 혼란스러워하고 저가에는 당황스러워했다. 그러다가 스베틀라나 코피스탄스카야가 판매대에 올랐다. 눈에 띄게 예쁘지만 기본적으로 장식적인 그림을 그리는 작가였다. 진지하고 좋은 화가이지만, 매혹적으로 독창적인 작가는 아니었다. 그런데 그녀의 작품들에 대한 호가는 오르고 또 올랐다. 어떻게 이럴 수 있지? 만약 전위 예술가들이 저지선 뒤에 격리되어 있지 않았다면, 그리고 그들이 경매계의 자존심 싸움을 이해했다면, 그들도 패들 경쟁이 벌어지는 것을 눈치챘을 것이다. 만약 그들이 전날 밤 열렸던 화려한 공식 만찬에 왔었다면, 엘튼 존이 자기 매니저에게 웬 화려한 스위스 여성이 얼마를 치르더라도 사들이겠다고 선언한 그림에 똑같이 입찰하라고 지시했다는 이야기를 들었을지도 모른다. 문제의 그 그림이 7만 5,000달러에 팔리자 예술가들은 이해할 수 없다는 듯 웅성거리면서 거듭 말했다. 〈저건 서양인들이 추이코프보다 스베타 코피스탄스카야가 더 나은 화가라고 생각한다는 뜻인가? 카바코프보다

더?〉

거의 모든 그림이 팔렸다. 제일 예쁜 그림들, 혹은 누가 봐도 제일 평범한 그림들이 제일 높은 가격에 팔렸다. 이 사실에 모스크바 전위 집단은 기겁했고, 서양이 자신들의 기준과는 전혀 다른 기준으로 소련 미술의 정전을 만들어 낼지도 모른다고 걱정하게 되었다. 예술가들은 경매장에서 본 일부 입찰자들 때문에 무척 심란해졌는데, 그 입찰자들이 소련의 맥락을 무시하는 것은 작품에 맥락이 존재한다는 사실을 이해할 능력이 없다는 뜻인 것 같았다. 아주 이론적인 작품을 그리는 화가가 자기 작업실에서 자기 작품을 삼십 분 동안 설명했을 때, 나중에 경매장에서 최고 입찰가 축에 드는 금액을 부를 여자는 이렇게 물었다. 「당신이 흑백과 회색만 쓰는 건 여기에서는 색깔 있는 물감을 구하기가 어려워서인가요?」

최고의 작품들 중 일부는 진가를 알아보는 사람들에게 팔렸지만, 나머지 대부분은 기념품을 쇼핑하려는 사람들에게 팔렸다. 총 판매액은 350만 달러로, 최고로 낙관적인 예측치였던 180만 달러의 두 배에 육박했다. 시몽 드 퓨리는 소련 문화부 부국장 세르게이 포포프를 얼싸안았다.

사람들이 대회의실을 떠날 때, 한 여자가 카탈로그를 짚으면서 옆 사람에게 외쳤다. 「이걸 샀어요.」 여자는 살짝 찌푸리면서 덧붙였다. 「아니면 이건가. 뭔지 기억이 안 나네.」

「뭐든 어때요.」 상대가 말했다. 「오늘 밤을 기억할 물건이 있으면 되는 거지. 재밌지 않았어요?」

소련 예술가들은 이렇게 대중의 눈앞에 나서게 되었다. 극단적인 프라이버시에 기반하여 작품 활동을 했던 그들에게는 가시방석 같은 자리가 아닐 수 없었다. 그들의 작품은 KGB에게 무의미해 보이도록, 심지어 지루해 보이도록 워낙 비밀스런 기준에 따라 창조되었기 때문에, 서양에서 유명해진 뒤에도 오랫동안 서양인에게는 이해되지 못하는 채로 남을 얄궂은 운명이었다. 예술 작품이 그 기원으로부터 단절될 때 맨 먼저 시야에서 사라지기 쉬운 것이 바로 그 속에 담긴 아이러니다. 진실의 다중성을 고집스럽게 주장했던 소련 미술은 그림인 것 못지않게 정치적 발언이었는데, 왜냐하면 공식적으로 주어진 하나의 진실을 그냥 받아들이는 것이야말로 스탈린주의적 구습이었기 때문이다. 그런 작품을 비평할 때 그 초점은 — 작품에서 모호하게 표현된 주제가 아니라 — 모호함이라는 속성 자체여야 한다. 가장 합리적인 비평 방식이 사회학적 접근인 것도 이 때문이다. 요컨대, 이 예술가들이 위장을 탁월하게 해냈다는 사실에 갈채를 보내는 것은 유효한 평가이지만 위장 그 자체에 갈채를 보내는 것은 우스꽝스러운 짓이다. 소더비 경매 덕분에 이 예술가들은 명성과 부와 양가적인 관계를 맺는 입장으로 추어올려졌고, 이 관계는 장차 그들의 가치 체계 전반을 훼손할 것이었다.

입찰자들의 무지를 경매 회사의 탓으로 돌릴 수는 없지만, 경매가 그처럼 연극적으로 공연되지만 않았더라도 기념품 쇼핑객들 중 일부는 그냥 집에 남았을 것이다. 그랬다면 물론 그림들이 그렇게 어마어마한 금액에 팔리는 일도 없었을 것이다. 그리고 만약 그 경매의 대성공이 없었다면, 소련 문화부가 이후 몇 달 동안 비슷한 행사를 더 열어서 더 많은 소련 예술가들에게 도움을 주게 되는 일도 없었을 것이다. 그런 행사의 매출에서 상당한 금액을 떼어 가는 문화부는 한때 혐오했던 예술가들을 이기적인 이유에서 갑자기 친절하게 대하기 시작했다. 예술가들이 경화(硬貨)를 벌어들이는 주요 소득원이 되었으니까.

소더비는 이 모든 전망을 미리 내다보았다. 자신들이 새로운 이익의 원천을 뚫었다는 사실을 알았다. 그러나 한편으로 이때만큼은 그들이 여느 때의 진부한 상업주의를 초월했다. 이튿날 작별 만찬에서는 소더비 직원 중 가장 냉소적인 사람들마저 — 또한 문화부 공무원 중 가장 회의적인 사람들마저 — 금방이라도 눈물을 터뜨릴 것 같은 모습이었다. 오랫동안 상징적인 대립각을 세워 온 양측이었다. 그러니까 만약 우리가 예술의 궁극적 기능을 소통이라고 본다면, 이 경매는 그 자체로 하나의 예술 작품이자 기적적인 관계 맺기였다. 이후 몇 년 동안 비평가, 큐레이터, 수집가, 예술가 들은 소더비가 새로운 움직임을 발견했다느니, 발명했다느니, 혹은 파괴했다느니 하고 여러 각도로 평가할 것이었다. 그리고 이 말들은 어느 정도까지는 모두 다 옳았다.

소련 예술가들은 경매에 복잡한 감정을 느꼈다. 자신들도 아마 그 감정 이면에 깔린 여러 동기와 이유를 다 알지는 못했을 것이다. 경매 다음 날, 그들은 큰 보트를 타고 나가서 서구 상업주의를 규탄하는 시위를 열었다. 전위 예술가들은 다 함께 배를 타고 어느 리조트 쪽으로 가면서 서구 상업주의가 자신들의 세계에 미칠지도 모르는 영향을 맹렬히 비판했다. 시위 후에는 다들 배에서 내려서 숲을 산책하고, 모래사장에 앉아서 쉬고, 노 젓는 배나 페달 밟는 배를 빌렸다. 나는 푸시킨 미술관의 현대 미술 큐레이터인 빅토르 미지아노, 그리고 노잡이로서 놀라운 지구력을 자랑하는 화가 조라(게오르기) 리티첸스키와 한배에 탔다. 모두가 그렇게 놀면서, 전위 예술 공동체의 힘을 재차 확인하고 있었다. 다른 사람들이 페달 밟는 배로 우리 배를 들이받으려고 하거나 깔깔거리면서 우리에게 물을 끼얹으려고 하는 동안, 미지아노가 고갯짓으로 이 사람 저 사람을 가리키면서 말했다.「저 사람은 레닌그라드의 중요한 개념 예술가예요. 저 사람은 진정한 공산주의 화가죠. 저 사람은 소련 형식주의자예요.」숲에서의 액션처럼 이 자리는 이 방자한 공동체가 노는 모습을 지켜볼 수 있는 좋은 기회였고, 이런 관찰은 이들의 암호화된 작품을 이해하는 출발점으로 좋은 방법이었다.

경매가 끝난 뒤에야 조직자 중 한 명이 내게 소더비가 소련 문화부와 처음 만나서 예술가들 한 명 한 명을 논의했던 자리가 어땠는지를 알려 주었다. 그때만 해도 예술가들의 정보를 구하기가 몹시 어려웠다. 소더비가 내놓은 지하 세계 예술가 명단은 소련 내 서양 정보원들을 통해서 입수한 것이었다. 그것을 본 문화부 인민 위원들은 좀 짜증스러운 기색으로 소더비 대표단에게 자신들을 만나러 오는 서양인들은 다들 똑같은 명단을 갖고 온다고 말했는데, 어째서 그것이 정확히 똑같은 명단이라고 확신하느냐 하면 그 속에 사실 화가가 아닌 피아니스트의 이름이 하나 끼어 있어서라고 했다.

그 경매는 소련 미술 역사의 전환점이었다. 이후 몇 년 동안, 한때 소련 전위 미술계에서 주도적 인물이었던 이들 중 일부는 차츰 잊혀져서 무명이 되었다. 거꾸로 어떤 이들은 제트족의 삶에 익숙해졌다. 그들은 수집가의 펜트하우스나 팔라초에 초대받았고, 그들을 위해서 뉴욕 트럼프 타워의 아파트에서 열리는 만찬에 참석했다. 그들의 작품은 언론에 자주 언급되었고, 설령 작품은 유명하지 않을지라도 작가 자신은 유명해지곤 했다. 그들은 텔레비전 아침 방송에 출연했고, 화려한 잡지에 소개되었다. 그들의 가장 강력한 작품들에는 서양이 비록 자신들의 소통 행위를 구체적으로 이해하지는 못하더라도 소통의 의지만큼은 이해하리라는 확신이 담겨 있었다. 그들이 조심스럽게 솟아나는 기쁨으로 약간의 명성을 기대한다고 해서, 과거를 씁쓸하게 숙고하는 일까지 그만둔다는 뜻은 아니었다.

이 소련 예술가들의 의미 표출이 시적인 것은 부분적으로 그들의 노스탤지어 덕분이다. 향수를 잘 느끼는 성향이 그들 문화의 한 속성이라는 사실은 어쩌면 그들 생각보다 훨씬 더 잘된 일인지도 모른다. 실현된 꿈은 저버린 꿈이기도 하다. 이 사실을 작품을 통해 인정할 때 그들은 우리 서양인이 깊이 매료되는 그들만의 순수한 목적성과 유머 감각을 둘 다 되살리는 셈이다. 흐르는 시간과 피치 못할 실패가 이 예술가들에게 소더비 경매 이전에 효과적으로 이용했던 섬세한 자기참조 재능을 되찾아 주었다. 이들은 자신들의 나라와 과거의 억압받던 삶을 건전한 거리를 두고 재발견하면서, 과거에 자신들이 빼앗길 수 없는 진실이라고 여긴 무언가를 비밀스러운 방식으로든 다른 방식으로든 말해야 했던 이유들도 재발견했다. 그 강력한 믿음은 우리를 납득시킨다. 그 작품들은 진실을 말한다는 점에서 도덕적, 미학적으로 높은 위치에 오른다. 그리고 바로 이 점이야말로 이 예술가들이 비단 미술관들이나 수집가들에게만이 아니라 온 세상에게 주는 궁극의 선물일 것이다. 이 소련 예술가들과 그들의 작품이 서양으로 이동하면서 어떻게 바뀌는가, 바로 그 점이 예술에 대한 우리의 생각을 바꿀 것이다.

•

소련 말기 전위 예술가들의 작품을 상업화한 것은 서구였지만, 곧 그들 나라에서도 그들의 작품이 어느 정도 가시화되었다. 현재 러시아의 수도에는 모스크바 현대 미술관, 멀티미디어 미술관, 거라지 현대 미술관이 있다. 거라지 미술관은 고리키 공원 내 5,400제곱미터 넓이의 옛 레스토랑 건물을 호화롭게 개조해서 쓰고 있는데, 에리크 불라토프의 높이 9미터짜리 벽화 두 점이 설치된 대형 아트리움도 있다. 예술가들의 작업 공간으로는 모스크바에서 예전에 발전소로 쓰였던 곳을 개조한 공간, 상트페테르부르크에서 예전에 스몰린스키 빵 공장으로 쓰였던 건물을 개조한 공간이 있다. 러시아의 독립 예술학교로는 영국 고등 예술학교(2003년 설립), 로첸코 예술학교(2006년 설립), 바자 예술원(2011년 설립), 오픈 스쿨 마네즈/미디어 아트랩(2013년 설립) 등이 있다. 예르미타시 미술관은 2014년에 범유럽 전시회인 마니페스타를 유치했다. 모스크바 비엔날레

도 잘 운영되고 있고, 코스모스코 같은 상업적 예술 시장들도 열린다.[1,2]

그러나 블라디미르 푸틴의 정부는 자유로운 표현을 싫어한다. 러시아 당국은 보수주의자들의 심기를 거스르는 전시회를 종종 금지하거나 폐쇄한다. 2012년 페미니스트 록 밴드 푸시라이엇의 여성 멤버들은 모스크바의 그리스도 구세주 성당에서 공연한 뒤 투옥되었다. 그 사연은 해외 언론에 특필되었지만, 사실 그 일화는 비슷한 많은 일화들 중 하나일 뿐이다. 〈예술-무정부주의-펑크 갱〉을 자처하는 보이나(〈전쟁〉이라는 뜻이다)는 〈구시대적, 억압적, 가부장적 상징과 이데올로기〉에 도전하는 집단이다. 보이나는 2008년 러시아 대통령 선거 기간에 맞춰서 모스크바의 티미랴제프 생물학 박물관 무대에서 공개 섹스를 벌였다. 2010년에는 보이나의 멤버 중 다섯 명이 상트페테르부르크의 리테이니 도개교에 높이 60미터짜리 음경을 그렸는데, 다리가 들어올려지면 연방 보안국 사무실에서 그림이 보이도록 한 것이었다. 보이나의 많은 멤버들이 현재 복역 중이다. 아직 자유의 몸인 알렉세이 플루체르사르노는 〈상트페테르부르크 감옥의 높고 폐쇄적인 담〉 너머가 보이나의 활동 중심지라고 말하면서, 그곳에서 올레크 보로트니코프나 레오니트 니콜라예프 같은 예술가들이 〈서서히 사라져 가고 있다〉고 말했다.[3]

지난 약 십 년 동안 여러 전시회가 폐쇄당했다. 가령 모스크바 사하로프 센터에서 열렸던 「금지된 예술」(2006년)이 그랬고, 그 때문에 관장이 잘렸다. 모스크바의 마라트 겔만 갤러리에서 열렸던 「영적인 욕설」(2012년)도 그랬고, 조직자들은 이후 심문을 받았다. 페름 현대 미술관에서 열렸던 「소치에 오신 것을 환영합니다」(2013년)도 그랬다. 그 전시에 대해서 푸틴 충성파 의원 안드레이 클리모프는 이렇게 썼다. 〈전시장에 모인 작품들을 보자니 히틀러의 선전가들이, 더 이전에는 나폴레옹의 아첨꾼들이 러시아를 묘사했던 방식이 떠올랐다. 단언컨대 괴벨스도 흐뭇해 했을 것이다.〉[4] 최근에는 모스크바 전시회장 협회가 보고로드스코예 갤러리에서 열린 「행복하세요」(2015년)와 붉은 광장 갤러리에서 열린

「자기 자신이 되기: LGBT 청소년들의 이야기」(2015년)를 폐쇄했다. 후자의 전시회를 조직했던 사람들이 사진 작품을 야외에 내걸려고 하자, 당국은 사진들을 파괴하고 사진가 겸 LGBT 권리 활동가인 데니스 스타시킨과 열여섯 살의 구경꾼 한 명을 붙잡아 억류했다. 모스크바 프리미어 영화제에 배정되었던 지원금이 갑자기 취소되고 그 대신 푸틴의 한 측근이 새로 만든 「생명을 긍정하는 청년 영화 축제」로 지원금이 돌아가는 일도 있었다. 러시아 당국은 해외에서 열리는 전시회도 훼방했다. 문화부 장관은 파리에서 열릴 「소츠 아트: 러시아의 정치 예술」 전시회에 걸리기로 예정된 작품들의 공개에 반대하여, 그 작품들이 러시아를 떠나지 못하도록 막았다.[5]

전시를 폐쇄당하지 않는 이들에게도 시장은 호락호락하지 않다.[6] 모스크바에 갤러리들이 속속 생기고는 있어도, 호화로운 것을 좋아하는 러시아 부자들은 보통 자국 작가의 작품보다는 화려하고 이름난 서양 현대 작가의 작품을 선호한다. 세계 시장에서는 러시아 현대 미술의 가격이 어느 정도 안정화되었지만, 러시아 국내 시장은 깊은 불황을 겪고 있다. 모스크바에서 그나마 자리를 잘 잡은 세 갤러리도 — 아이단 갤러리, 마라트 겔만 갤러리, XL 갤러리 — 비영리 단체로 변신해야 했다. 레지나 갤러리 관장 블라디미르 옵차렌코에 따르면, 〈대개의 예술가들이 소련 시절처럼 자기 집 부엌에서 작업한다〉.[7] 그들이 역시 소련 시절처럼 도덕적 목적의식을 갖고 작업하고 있는지 아닌지, 그 점은 분명하지 않다.

소련 팔월의 사흘

『뉴욕 타임스 매거진』, 1991년 9월 29일

내 첫 책은 소련 예술가들에 관한 것이었다. 그들은 내 대상이었지만 또한 내 친구가 되었다. 출간 후 나는 어서 모스크바로 돌아가서 인터뷰 따위는 하지 않고 그들과 시간을 보내고 싶었다. 내가 기대한 것은 느긋한 시간, 친구들의 다차로 놀러 가서 밤늦게까지 떠들고 마시는 것이었다. 그러니까 이 글에서 이야기한 극적인 사건은 미처 예상하지 못한 일이었다. 내가 예전부터 끈질기게 사실이기를 소망했으나 내심 믿지는 못했던 명제가 있었는데, 그것은 바로 미술과 문학이 목적성을 갖는 것이었다. 우리가 까다로운 진실을 표현하는 능력을 가다듬는 것이 이 망가진 세상을 수리하는 영속적 작업에서 도구가 되어 주면 좋겠다는 것이었다. 펜이나 붓이 정말로 칼보다 더 강할지도 모른다는 것이었다. 그런데 이때 모스크바에서 사흘을 보내는 동안 깨달았다. 특정 시기와 특정 장소에서는 내 소망이 참일지도 모른다는 것을.

1991년 8월 19일 월요일: 아침 8시, 사진가 빅토리아 이블레바의 전화가 나를 깨운다. 「아침 일찍 걸어서 미안해.」 그녀가 말한다. 「하지만 오늘 저녁 우리 집에서 식사하기로 했던 약속을 취소해야 할 것 같아서. 들었겠지만 고르바초프가 막 물러났다니까, 내가 장을 볼 수 없을 것 같아. 그런데 집에는 야채가 하나도 없거든.」

나는 머리가 흐리멍덩하다. 「고르바초프가 물러났다고?」 나는 막연히 되묻는다.

「그런가 봐. 나도 그것밖에 몰라.」

나는 모스크바 전위 예술가들이 모이면 으레 그렇듯이 새벽까지 이어졌던 어젯밤 파티의 여파에서 회복하는 중이다. 「알았어, 비카. 나중에 얘기하자.」 나는 이렇게 말하고 도로 잔다. 8월 중순 모스크바의 분위기는 엄청나게 낙관적이고 사람들은 고르바초프를 너무 아무렇지도 않게 무시하는 분위기라서, 내 몽롱한 머릿속에서 그의 사임은 소련 정치가 재구성되는 과정에 등장한 또 하나의 무의미한 단계로만 여겨진다. 사람들이 고르바초프의 시대는 끝났으니 그가 어서 물러나서 더 정력적인 개혁가들에게 자리를 내주어야 한다고 말한 지가 벌써 2년이 넘었다. 그가 마침내 그러기로 결정했다는 것은 딱히 수선 피울 일이 못 된다.

이윽고 잠에서 깬 나는 모스크바의 몇 안 되는 일급 호텔이 갖춘 장점인 CNN을 켠다. CNN은 고르바초프가 사라졌다는 사실을 혼란스럽게 보도하고 있다. 쿠데타라는 단어가 언급된다. 나는 창밖을 본다. 로즈데스트벤카 거리에는 여느 때처럼 행상들이 나와 있고, 물건을 사러 나온 사람들이 여느 때처럼 쿠즈네츠키 모스트 지하철역에서 쏟아져 나온다.

나는 모스크바의 전위 예술가들이 점거하여 작업실로 쓰는 푸르만니 로의 건물로 전화를 건다. 나는 3년 넘게 그곳 예술가들과 영어, 프랑스어, 극히 제한된 러시아어로 소통하면서 그곳에서 함께 살았고, 우리가 함께한 모험을 기록한 책을 막 출간했다. 개념 예술가 라리사 즈베즈도체토바가 전화를 받는다. 내가 묻는다. 「무슨 일인지 들었어?」

「그러니까 사실이구나? 아침 8시에 안톤 올시반크가 전화해서 끔찍한 뉴스를 알려 주더라고. 그래서 나는 〈안톤, 이제 네 유머가 슬슬 지겨워〉라고 말하고 도로 잤어.」 라리사는 11시에 또 다른 친구의 전화를 받았고, 탱크들이 러시아 의사당 쪽으로 가는 모습을 보았다는 말을 들었다. 라리사는 그냥 정례적인 작전이겠거니 생각하고 또 도로 잤다. 「그런데 좀 전에 깨서 텔레비전을 켰더니 모든 채널에서 차이콥스키 발레만 나오는 거야. 그래서 무서워졌어.」 과거에 스탈린이 죽었을 때 모든 채널들이 차이콥스키 발레를 틀었다고 한다. 이것은 달리 방송할 것이 없을 만큼 뭔가 극적인 일이 벌어졌음을 알리는 확실한 신호였다.

나는 작업실들이 있는 낡은 건물로 향한다. 어젯밤 늦게까지 떠들고 마셨던 꼭대기 층 작은 방에 예술가 여덟 명이 모여 있다. 2주 전 라리사의 예술가 남편 코스탸(콘스탄틴) 즈베즈도체토프의 생일에 그와 가끔 공동 작업을 하는 안드레이 필리포프가 선물로 〈세계 최대 러시아 국기〉를 만들어 줬다. 하필 국기인 것은 두 사람이 다루는 주제가 러시아 정신과 소련 관료제의 갈등이기 때문이다. 길이 3미터의 삼색기는 날사이 작업실 구석에 처박혀 있었지만 지금은 코스탸가 숄처럼 어깨에 두르고 있다.

코스탸는 미국의 대동구권 선전 정보 채널인 자유 라디오에 용케 주파수를 맞춰 두었다. 그러나 소리는 나왔다 말았다 한다. 우리는 건성으로 듣는다. 흐루쇼프와 브레즈네프 시절처럼, 지금 우리가 두려움과 위기를 대할 방법은 아이러니뿐이다. 그래서 대화는 재빠르고, 라디오 소리처럼 날카로운 데다가 뚝뚝 끊어지는 재담이 오간다. 예술가들은 거짓을 진실인 양 내놓는 정부와 싸우는 방법은 진실을 농담인 양 말하는 것이라는 사실을 오래전에 깨달았다. 유머는 암호화된 소통 수단이었고, 그들은 농담을 말하는 한 목소리를 내면서도 피해를 입지 않을 수 있었다. 그러나 오늘 예술가들은, 시시껄렁한 농담 뒤에서, 무엇이 되었든 앞으로 닥칠 일에 필요할 용기를 끌어모으고 있다. 이들은 곧 습관적인 비딱함을 내려놓을 것이다. 재앙은 이들에게 진정하고 구체적인 행동을 요구할 것이다.

정보에 목마른 우리는 함께 크렘린으로 나선다. 그러나 붉은 광장이 폐쇄된 것을 보고 놀란다. 드넓은 공간이 텅 비었고, 탱크들과 군인들이 입구를 지키고 있다. 우리는 인파를 헤집고 들어가서 저항 세력이 나눠 주는 성명서 복사물을 받는다.

붉은 광장 바로 밑 마네즈나야 광장에서 집회가 시작되었다. 이곳도 중앙은 사람들이 들어가지 못하도록 막혀 있다. 행인들은 모여 서서 즉석에서 벌어지는 연설을 듣는다.「우리도 더 아는 게 없습니다.」 한 군인이 우리에게 말한다.「오늘 아침에 이곳으로 오라는 지시를 받았습니다. 추가 명령은 아직 없습니다.」 화가 블라디미르 미로넨코가 대답한다.「여러분이 크렘린을 둘러싸고 있는 건 훌륭해요. 하지만 총구 방향이 잘못됐어요. 뒤로 돌아서 총구를 우리가 아니라 크렘린으로 향하세요. 그러면 모든 게 다 잘될 겁니다.」 군인들이 웃는다.

한 연사가 의사당 주변에 저항 세력이 집결하고 있으며 보리스 옐친이 새 군사 정부에 반대하는 싸움을 이끌고 있다고 알려 준다. 〈선출을 선언한다!〉 연사는 연거푸 외친다. 〈우리가 옐친을 선출했다!〉

예술가들은 절레절레 고개를 젓는다. 한 명이 말한다.「옐친은 말썽꾼이야. 정치적 인간이야. 인텔리겐치아 중에는 그를 썩 좋아하는 사람이 아무도 없어.」 그리고 덧붙인다.「하지만 지금 같은 위기의 순간에는 모두 그를 지지해야겠지.」

우리는 중앙로인 트베르스카야로 가면서 이따금 발길을 멈추고 서로 탱크 옆에 선 모습이나 군인들과 대화하는 모습 따위를 사진으로 찍어 준다. 차가 한 대도 없고 사람들이 넘치는 거리는 꼭 퍼레이드를 준비하려고 깨끗이 치워 둔 것 같다.

우연히 만난 친구 하나가 의사당에서 움직임이 더 활발하다고 알려 준다. 우리는 지하철을 타고 바리카드나야 역으로 간다. 제1차 러시아 혁명 때 바리케이드가 세워졌던 장소라서 그렇게 불리는 역인데, 공교롭게도 지금도 그렇다는 사실을 모두가 재미있어한다. 여느 때 늘 부루퉁하던 지하철역 청소부는 조금이라도 머뭇거린다 싶은 사람이 보이면 다가가서 다그치는 것을 제 임무로 삼았다. 그녀가 말한다. 「가세요! 당장 시위대로 가세요!」 그러고는 다음 사람들에게 다가가서 또 말한다. 「가세요! 어서 가요!」

우리는 의사당 쪽으로 쏟아져 나오는 인파에 합류한다. 의사당 발코니에서 연사들이 하는 연설을 들을 때, 우리도 언론이 시위 인원으로 집계할 머릿수를 늘리는 데 일조하고 있다는 생각은 전혀 들지 않는다. 아무래도 쿠데타인 것 같다는 생각에 군부의 위험 인물들을 떠올리면서 넌더리 내기는 했어도, 우리는 항의하려고 나온 것은 아니었다. 상황을 알아보려고 나온 것뿐이었다.

연사들은 새벽 4시에 이곳이 급습당할 것이라며• 모두 인간 바리케이드를 짜서 막자고 촉구한다. 「할 거야?」 나는 친구들에게 묻는다.

「필요하다면 당연히 해야지.」 친구들의 대답이다.

우리는 강으로 향한다. 그곳에는 탱크가 더 많다. 우리는 군인들과 대화를 나눈다. 예술가들의 수법은 이렇다. 일단 편하게 말문을 열고자 이런 식으로 묻는다. 「그래, 군대에 오래 있었습니까? 어디 출신이에요? 아, 우리 할머니가 그 근처 출신인데. 전에도 모스크바에 와본 적 있습니까?」 그렇게 친근하게 잡담하다가 — 근처에

• 소련 정보부 KGB는 사람들이 보통 가장 취약한 새벽 3시나 4시경 급습 작전을 벌이는 〈KGB 타임〉으로 유명했다.

서 산 소시지, 초콜릿, 빵 따위를 선물로 건네면서 — 문득 주제를 바꾼다. 「이봐요, 당신들은 오늘 밤 무슨 명령을 받을지 모르겠죠. 나도 물론 모릅니다. 하지만 말해 두고 싶은 건, 나와 내 친구들이 이 건물을 방어할 거라는 겁니다. 우리는 바깥에 앉아 있을 겁니다. 그러니 쏘지 말아요.」 예술가 중 한 명이 말한다.

군인들은 대개 불편한 듯 어중되게 대답한다. 「우리도 그러지 않기를 바랍니다.」

「아니, 그걸로는 부족해요. 우리를 쏘지 마십시오. 만일 문제가 생기면, 혹시 장군들로부터 도망치고 싶다면, 우리가 숨겨 주겠습니다.」 이름과 전화번호가 선뜻 오간다. 의사당에서 받았던 옐친의 선언문 종이 뒷면에 끼적끼적 적어 주곤 한다.

내가 1988년에 소련 예술가들 이야기를 쓰기 시작하면서 만났던 사람들은 나더러 혹 KGB의 의심을 살 수도 있으니까 호텔에서 자신에게 전화를 걸지 말라고 말했고, 특정 활동을 묘사할 때는 자신의 이름을 적지 말라고 부탁했다. 그러나 지금은 익명성을 지킬 이유가 없다. 나는 사람들에게 내가 이 저항을 글로 쓸지도 모르는데 그때 그들의 신분을 감춰야 하겠느냐고 묻는다. 화가 유리 레이데르만은 대답한다. 「서양의 모든 사람들에게, 세상의 모든 사람들에게, 내가 이 싸움에 있었다는 사실을 알려 줘. 우리들의 이름을 지붕 위에서 목청껏 외쳐 줘.」

오후 늦게 우리는 바리케이드 쌓는 것을 돕는다.

「모스크바가 사방이 공사판이라는 사실이 보통 때는 짜증스럽기만 했지.」 코스탸가 말한다. 「하지만 지금은 그 사실이 우리 구세주야. 세상 어느 시위대가 이보다 더 쉽게 재료를 구하겠어? 오늘 이 자리에서 우리는 진정한 공동 예술 작품을 만드는 거야.」

비가 내리기 시작한다. 하이힐을 신은 웬 여자가 사람들에게 일일이 묻는다. 「저기요, 혹시 증기삽이나 불도저 몰 줄 아세요?」 누군가 어찌어찌 공사 장비에 시동을 거는 데 성공했지만, 아무리 봐도 자동차보다 더 복잡한 것은 몰아 본 적 없는 듯한 남자들밖에 그것을 조작할 사람이 없다. 기계들은 덜컥거리며 나아가고, 사람들도 줄지어 덜컥거리며 나아가고, 바리케이드는 꼴을 갖춰 간다. 날카롭지만 당당한 목소리를 가진 또 다른 여자가 감독을 자처했다. 여자는 온 데 진흙이 튀고 쫄딱 젖어 추운 몸으로 양손을 허리에 짚고 서서 북새통에 호령해 댄다. 모스크바에는 서양 글자가 적힌 티셔츠가 유행 중인데 — 무슨 말인지는 상관없다 — 이 여자의 널찍한 가슴팍에는 〈차라리 테니스를 치겠어요〉라는 말이 적혀 있다.

우리는 이따 저녁에 작업실에서 만나기로 한다. 9시 반 무렵, 내가 잘 아는 예술가들이 대부분 그곳에 모였다. 총 마흔 명쯤 된다. 유원지 같던 분위기는 목적의식이 좀 더 뚜렷한 분위기로 바뀌었다. 안드레이는 코스탸에게 주는 농담조의 선물로 만들었던 대형 국기를 챙기면서 만약 우리가 뿔뿔이 흩어진다면 이 국기 밑에서 만나면 된다고 말한다. 의사당으로 향하는 우리는 낙관적이다.「이것이 긴장 상태의 끝이 될 거야.」비평가 이오시프 박시테인이 내게 말한다.「우리가 이기면, 개혁이 승리하는 거지. 우리가 지면, 그땐 정말로 지는 거야.」

우리는 총파업을 논의한다. 빅토르 자가레프가 말한다.「내가 대학교 철학과에 출근하지 않는다고 해서 군부가 겁먹을 가능성은 없겠지. 평생 처음으로 오늘만은 내가 자동차 공장 노동자였으면 좋겠군.」또 누군가는 말한다.「내가 갤러리를 닫더라도 일자리를 잃을 사람은 고작 네 명이야.」

자정 직전, 바리케이드가 뜯겨 나가는 소리를 듣고 심장이 쿵 떨어진다. 그 지점으로 달려가 보니 바깥에서 수십 명의 사람들이 우리 방비 벽에 틈을 열려고 애쓰고 있다.「이봐요, 우리는 옐친에 충성하는 부대예요!」그제서야 우리는 그들이 우리 편으로 전향한 군인들임을 깨닫고 서둘러 해체에 힘을 보탠다.

그들이 몰고 온 탱크의 수는 한 손에 꼽을 정도이지만, 어쨌든 우리는 그 위에 펄쩍 올라타고 의사당으로 돌아간다. 안드레이는 코스탸의 국기를 흔든다. 블라디미르의 쌍둥이 형제인 화가 세리오자 미로넨코는 비디오카메라로 모든 과정을 찍는다. 탱크의 군인들은 말한다. 「여러분에게 합류하려고 왔습니다.」 그들의 합류로 불안감이 고조된다. 이제 이것은 내전의 시작일 수도 있다. 그러나 그들이 왔다는 기쁨이 불안을 압도한다. 시위대는 지금까지 대체로 상징적인 세력에 지나지 않는 것처럼 보였고, 기껏해야 정치적 예술 작품 정도의 의미가 있는 제스처로 보였는데, 이제 갑자기 우리에게 물리적 힘이 생겼다.

날은 춥고, 비가 내리기 시작한다. 나와 친구들은 비를 그을 수 있는 의사당 앞 광장으로 올라간다. 흩어졌던 몇 명도 안드레이의 국기 밑에서 다시 뭉쳤다. 여기에는 인텔리겐치아 집단과 느슨하게 연관된 이들이 백 명쯤 모였는데, 처음 보는 사람도 몇 명 있다. 한 예술가가 말한다. 「사람들은 늘 모스크바에는 밤놀이가 없다고 불평하지만, 오늘은 모스크바의 재밌는 사람이란 재밌는 사람은 다 여기 모였네. 게다가 앞으로도 몇 시간은 더 여기 있어야 할걸.」 비평가 레나(옐레나) 쿠를랸체바가 내게 달려와서 말한다. 「앤드루, 아르툠(아르테미) 트로이츠키를 모르지? 아르툠도 앤드루를 처음 보지? 하지만 두 사람은 이미 서로의 책을 읽었어. 서로 묻고 싶은 게 많을 거야.」 우리는 빗속에 서서 수다를 떤다. 「소련 언더그라운드 록 음악가들은 사적인 에너지와 공적인 에너지를 하나로 융합하는데, 서양 독자들은 그 사실을 좀처럼 이해하지 못하더군요.」 아르툠은 말한다. 「시각 예술에서는 그런 동시성을 좀 더 쉽게 받아들이면서 말이죠.」 우리는 꼭 칵테일 파티에 있는 것 같다.

올가 스비블로바는 모스크바의 예술계를 영화로 담는 작업을

4년 가까이 해왔다. 반쯤 작동하는 카메라와 반쯤 능력 있는 기술자들을 데리고 온갖 파티와 전시회에 다 나타난다. 그런 그녀가 월요일 밤 늦게 공들여 화장하고 까만 실크 미니스커트를 입은 차림으로 바리케이드 안으로 들어왔다. 그녀는 세리오자의 비디오카메라를 빌려서 예술가들을 일일이 찍는다. 빛이 거의 없기 때문에, 우리더러 자신이 찍는 동안 사람들의 얼굴 근처에 라이터 불빛을 대 달라고 부탁한다. 그녀는 말한다. 「2년 전에 나는 여기 있는 사람들에게 글라스노스트가 실패할 것이라고 보는지, 실패한다면 당신은 어떻게 할 것인지 물었어요. 오늘 밤은 그저 이들이 여기 있다는 사실을, 이들의 얼굴에 드러난 태도를 기록하고 싶어요. 이 장면은 내 영화의 엔딩으로 완벽할 거예요. 새 당국이 필름을 파괴하지 않는다면 말이지만.」

새벽 2시, 춥고 피곤하고 지루하다. 우리는 일부라도 집으로 갔다가 내일 개운하게 돌아오는 것이 좋겠다고 의견을 모은다. 「앞으로 여섯 달 동안 다들 여기서 살 수는 없으니까.」 라리사가 말한다. 우리가 네 시간 전에 차를 세워 둔 곳으로 가려고 바리케이드를 향해 걸어가는데, 연회색 코트를 입은 웬 멋진 금발 머리 여자가 다가와서 말을 건다. 의사당 상공에 헬륨 풍선을 띄울 생각인데 거기에 저항의 깃발을 걸고 싶다면서, 이렇게 말한다. 「당신들이 갖고 있는 러시아 국기가 내가 본 국기들 중에서 제일 커요. 그걸 내게 준다면, 온 러시아 인민이 그걸 보고 희망을 얻을 거예요.」

안드레이는 씩 웃는다. 「당연히 드리죠.」 그는 국기를 여자에게 건네면서 말한다. 「러시아여 영원하라.」

안드레이와 코스탸 사이에서는 전적으로 아이러니였던 물건이, 그다음에는 전위의 깃발로서 절반쯤 아이러니였던 물건이 지금 이 위기의 순간에는 전적으로 아이러니하지 않은 물건이 되었다. 「그러면 우리는 내일 어떻게 서로를 찾지? 일본인 관광객들처럼 녹색

우산 밑에서 만나야 되겠네.」 라리사는 말한다.

3월 20일 화요일: 오후에 사진가 빅토리아가 내게 전화를 걸어, 간밤에 딱 한 번만 쓸 수 있는 출국 비자를 써서 독일에 다녀왔다고 말한다. 월요일에 찍은 필름을 전달하려고. 「사진을 그쪽으로 확실히 넘기고 싶었어. 그 뒤에 이제 조국을 지키기 위해서 돌아왔지. 앞으로 다시 출국할 수 있을지 없을지는 아무도 모르겠지.」

코스탸는 내 호텔에 들러서 30분쯤 CNN을 본다. 「저거 내 깃발인데.」 의사당이 잠깐 화면에 비치고 그 위에 뜬 풍선과 국기가 보이자 그가 말한다. 잠시 뒤 그곳에 갔더니, 마침 옐친이 국기 밑에서 시위대에게 연설하는 중이다. 코스탸와 안드레이는 눈길을 주고받으며 말한다. 「저거 우리 깃발인데.」

저녁에는 코스탸, 라리사, 세리오자, 그리고 굴라크에서 강제 노동을 견디고 살아남은 생존자인 코스탸의 어머니와 함께 저녁을 먹는다. 우리는 수시로 축배를 든다. 코스탸의 어머니에게, 코스탸와 라리사에게, 나에게, 자유에게, 고르바초프에게, 옐친에게. 코스탸는 자신이 곧 의사당으로 간다는 사실을 어머니가 모르길 바란다. 우리는 속닥속닥 계획을 짠다.

나는 점점 더 불안해진다. 통금이 선포되었다. 운전해서 호텔로 돌아올 때 보니 거리는 거의 비었다. 호텔 로비에는 헌병대가 와 있다.

새벽 1시쯤, 음악학자인 타냐 디덴코가 전화를 걸어 왔다. 의사당 맞은편에 있는 그녀의 아파트는 많은 인텔리겐치아 동지들이 작전 기지처럼 사용하는 곳이 되었고, 나는 몸을 녹이려고, 차를 마시려고, 전화를 쓰려고 그곳에 들른 친구들과 밤새 연락을 주고받는다. 타냐가 말한다. 「내 집이 전위의 공중 변소가 될 줄 누가 알았겠어?」 타냐는 인간 바리케이드에서 남자들 뒤에 설 여자들을 조직하는 중이고, 바깥세상과의 접촉도 중개하고 있다. 그녀는 내게 〈CNN에서 들은 정보를 계속 알려 줘〉라고 말한다. CNN은 의사당 앞에 모인 러시아 군중이 아직 CNN의 정보를 듣지 못하고 있다고 보도하지만, 실은 내가 CNN의 보도 내용을 고스란히 타냐에게 불러 주고 있고 그러면 타냐는 사람을 보내서 군중에게 알려 준다. 내가 듣기로는 사망자가 한 명 났다고 한다. 타냐가 듣기로는 일곱 명이라고 한다. 어느 쪽 정보가 더 정확한지는 알기 어렵다.

가끔 장애가 있다. 전화에 곧잘 이상이 생겨서 됐다가 안 됐다가 한다. 끊어졌다가 다시 이어졌다가 한다. 계속 뭔가 딸각거리는 소리가 들린다. 한번은 타냐의 전화가 용케 연결되었을 때, 타냐가 나더러 CNN에서 하는 말을 그대로 들려 달라고 한다. 나는 CNN이 모스크바 쿠데타 뉴스는 잠시 접은 것 같고 이제 뉴잉글랜드를 강타한 허리케인 뉴스를 보여 준다고 말한다. 허리케인 밥이 미국 동해안을 초토화하고 있다고 전한다. 30분 뒤, 의사당의 군중 사이에는 허리케인 밥이 시베리아에서 모스크바로 다가오면서 진로에 놓인 지역을 모조리 초토화하고 있고 곧 이곳을 덮칠 것이라는 소문이 돈다.

2시 반, 코스탸가 전화를 걸어 와서 자신과 라리사와 세리오자가 기름을 찾아 백방으로 돌아다녔지만 구할 수 없었다고 알려 준다. 지하철은 운행을 멈췄고, 택시는 없다. 그래서 다들 집으로 돌아갔다고 한다. 나는 의사당으로 가보려고 건성으로 시도하다가 헌병에게 저지당한다. 그래서 그냥 호텔 앞을 잠시 오락가락한 뒤 — 상징적으로나마 통금을 깬 것이다 — 잠자리에 든다.

나중에 들었지만, 비평가 이오시프 박시테인은 새벽 4시에 악몽에서 깬 뒤 차를 몰고 의사당으로 가서 건물 앞에 모인 군중에 합류했다고 한다. 그는 내게 말한다. 「거기서 매력적인 아가씨들을 많이 만났어. 그중 한 명하고는 조만간 다시 만나기로 했지.」

8월 21일 수요일: 춥고 축축한 날이 밝았다. 코스탸와 라리사와 함께 의사당으로 가보니 어제의 시위대가 좀 더 축축해진 모습으로 모여 있다. 간밤에 사망자가 발생했다는 장소를 보고 싶어서 — 세 명이 죽었는데 지금까지는 그 셋이 전부인 것 같고 일은 새벽 1시에 터널에서 벌어졌는데 사망자들은 밀고 들어오려는 보병대 전투 차량에 맞서서 바리케이드에 내둔 관찰용 틈을 막다가 당했다고 한다 — 정오에 스몰렌스카야 쪽으로 가본다. 총격 후 사람들이 시체를 끌어다 놓았던 지점에는 꽃들이 흩어져 있다. 백 명쯤 되는 사람들이 모여서 비극을 이야기하고 있다.

초창기 볼셰비키처럼, 아니면 체호프의 희곡 속 학생처럼 생긴 젊은 남자가 — 수염을 깎지 않았고, 금속 테 안경을 썼고, 꽉 움켜쥐어 창백해진 손에는 구겨진 모자를 들었다 — 바리케이드 쪽에서 달려온다. 그는 확성기로 우리에게 탱크들이 다가오고 있으니 모두 가서 막자고 요청한다. 우리는 한 마디 상의도 없이 대뜸 그를 따라가고, 우리가 구축해 두었던 여러 겹의 방어선에서 제일 바깥쪽까지 나간 뒤, 일렬로 늘어선다. 우리는 무엇이 오든 맞설 준비가 되어 있지만, 그동안 탱크가 온다는 소식이 헛소문으로 드러난 경우가 많았기 때문에 솔직히 누구도 진짜로 탱크를 보게 되리라고 예상하지는 않는다.

그런데 진짜로 몇 분 뒤 탱크들이 도착한다. 나는 겁에 질린다. 이제까지 내 직무에는 탱크를 마주하는 일 같은 건 없었다. 그러나 그러면서도 나는 우리가 이토록 강렬한 목적의식을 갖고 여기 서 있다는 사실에 들뜬다. 평생 이상을 이런 방식으로 수호해 본 적은 한 번도 없었지만, 그리고 지금 그렇게 해보니까 무섭지만, 이것이 한편으로는 특권이라는 느낌도 든다. 야만과 대면한 우리의 처지에는 묘하게 낭만적인 데가 있다. 맨 앞 탱크에 탄 군인이 자신들은 바리케이드를 허물러 왔다고 말하고, 우리더러 비키라고 말하고,

만일 우리가 길을 내주지 않으면 하는 수 없이 깔아뭉개고 갈 것이라고 말한다. 그 말에 확성기를 든 청년이 대꾸하기를, 우리가 여기서 버티는 것은 그들을 공격하기 위해서가 아니라 대중의 권리를 지키기 위해서라고 말한다. 「여기 우리는 소수이지만, 의사당에도 이 나라 전체에도 수많은 사람이 더 있습니다.」 청년은 또 민주주의를 말하고, 탱크에 탄 군인들에게 과거의 공포를 상기시킨다. 다른 사람들도 가세한다. 코스탸와 라리사도 군인들에게 열변을 토한다. 누구도 그들에게 명령을 강제로 따르도록 만들 수는 없다는 점을 강조한다. 「당신들이 명령을 따른다면, 그것은 당신들이 스스로 그러기로 선택했기 때문입니다.」 확성기를 든 청년이 말한다.

군인들은 서로 눈을 맞추다가 시선을 돌려 우리를 본다. 우리는 쫄딱 젖었고, 너무 춥고, 신념에 대한 용기 외에는 가진 것이 없어 무력한 처지이므로 — 스스로가 정의를 주장한다고 굳게 믿고 있지만 물리적 방어는 누가 봐도 부족하다 — 군인들은 우리를 그냥 웃어넘길 수도 있다. 그러나 그들은 족히 일 분 동안 뚫어져라 우리를 보다가, 이윽고 선두의 탱크를 모는 군인이 마치 불가항력적인 운명의 경로 앞에 굴복할 따름이라는 듯이 어깨를 으쓱하며 말한다. 「대중의 뜻에 따라야 하겠지요.」 그는 우리더러 탱크들이 유턴할 수 있도록 옆으로 비키라고 지시한다. 탱크들이 유턴하는 데는 정말로 넓은 공간과 짧지 않은 시간이 필요하다.

나는 코스탸에게 묻는다. 「저 사람들이 떠난 진짜 이유가 뭘까?」

「우리 때문이지.」 코스탸는 대답한다. 「우리가 여기 있기 때문에. 우리가 한 말 때문에.」

우리는 아는 사람 모르는 사람 가리지 않고 얼싸안고, 앉은자리에서 일어나서 목이 쉬어라 환성을 지른다.

일이 다 끝나고서야, 영웅적인 것에 가까운 것을 경험했다는 생각과 수그러지는 두려움이 뒤섞이면서 비로소 더없이 황홀한 기분이 든다. 우리는 무모한 용기는 지금은 이쯤이면 됐다고 결정한다. 친구들을 불러 모아서 열렬히 우리의 모험담을 들려준 뒤, 내 호텔로 간다. 우리는 호텔에서 멋진 점심을 먹고, 뿌듯해한다. 나는 오늘로 비자가 만료되기 때문에 점심 후에 공항으로 떠난다. 나머지 사람들은 집에 가서 푹 자고, 기운을 차리고, 전화를 걸고, 오늘 밤 철야 농성을 준비할 것이다.

그러나 철야 농성은 벌어지지 않는다. 내가 비행기에 체크인 할 무렵에 이미 쿠데타는 실패로 끝났다. 그것은 내부 분쟁 때문이었지만, 인간 바리케이드의 의견을 좇은 군인들 덕분이기도 했다.

이 사건은 예술가들에게 새로운 종류의 해방감을 안겼다. 자유는 그들이 늘 집착해 온 것이었다. 그런데 이 사흘 동안 그들은 물리적으로 그것을 수호하는 사치를 경험했던 것이다. 코스탸는 나중에 전화로 내게 말했다. 「우리가 이겼어. 너랑, 나랑, 다른 모든 친구들이.」 그러고는 잠시 후 덧붙였다. 「하지만 그건 내 깃발이었어.」

러시아

젊은 러시아의 반항적 퇴폐

『뉴욕 타임스 매거진』, 1993년 7월 18일

소련 붕괴 후 2년이 지나서 러시아를 다시 찾았을 때, 그 나라는 폭발적으로 성장한 개인의 자유와 새로운 부로 몰라보게 달라지고 있었다. 20대 후반이었던 내게는 나와 같은 세대의 사람들이 특히 흥미롭게 느껴졌다. 왜냐하면 그들은 새 질서를 수용할 줄 알았기 때문이다. 그보다 더 윗세대 소련인들의 감수성은 과거에 그 감수성을 형성했던 유해한 체제에 고착되어 있었지만, 젊은이들은 — 세계 어느 곳의 젊은이들보다도 더 — 앞으로 올 미래를 직접 쓰는 것처럼 보였다. 그러나 이후 블라디미르 푸틴은 러시아를 그와는 또 다른 방향으로 이끌었다. 지금 이 글을 다시 읽으니, 동성애자들의 인권이 분명 더 널리 보장받게 되리라고 단언했던 전문가들의 말이 각별히 슬프게 느껴진다. 낙관적 전망은 호된 실망으로 변했다. 그래도 이 글에 소개된 인물들의 초상은 냉소와 자율성이 둘도 없는 단짝처럼 공존했던 옛친 시절을 증언해 줄 것이다.

최근 작가의 신분으로 러시아를 여행했을 때, 나는 금세 스파이가 된 듯한 기분이 들었다. 미국이 보낸 첩자가 아니라 러시아에서 생겨나는 여러 사회 계층들 사이를 오가는 스파이였다. 러시아 마피아들은 나를 통해 러시아 지식인들이 러시아에서는 범죄자 계층이 사회에 큰 영향을 미친다고 믿는다는 소리를 듣고 재미있어 했다. 한편 러시아 지식인들은 새로 등장한 부유한 사업가들의 탐욕에 집착하면서, 이상주의의 종말을 그들 탓으로 돌린다. 러시아가 정교회로 복귀함에 따라 이제 동성애자들은 억압적인 신보수주의를 우려하고, 나이트클럽 사장들은 과거에 지하 세계에서 잘나갔던 예술가들이 환한 대낮에도 살아남을 수 있을까 궁금해한다. 정치인들은 이처럼 여러 조각으로 혼란스럽게 나뉜 시민 사회에게로 권력이 이양될 수 있을지 궁금해한다. 그리고 이 모든 계층들 중에서도 변화를 가장 뚜렷하게 드러내는 것은 젊은이들이다.

전반적인 전망은 혹독하기만 하다. 지난 4월 주간지 『아르구멘티 이 팍티』에 실렸던 기사에 따르면, 〈불만에 빠진 러시아 젊은이들은 일 초에 한 명꼴로 자살을 고려한다〉. 젊은 세대 인구의 3분의 1이 러시아를 떠나고 싶어 한다. 의욕을 잃은 젊은이들이 아이를 낳지 않기로 선택한 탓에 출생률은 1989년 이래 30퍼센트나 떨어졌다.

그래도 이 우울한 통계에 포함되지 않은 일부 젊은이들은 종종 퇴폐적 방종에 방불하는 태도로 자유, 돈, 권력 추구에 뛰어들면서 윗세대의 소심함과 이상주의를 둘 다 거부한다. 이들은 다양하고 많은 투숍키로 쪼개져 있는데, 투숍키tusovki란 〈떼〉, 〈분야〉, 〈사교 집단〉 같은 뜻이 혼합된 구어적 표현이다. 현재 러시아는 19세기 미국의 서부 개척 정신과 양차 대전 사이 베를린을 연상시키는 퇴폐주의가 뒤섞인 세계다. 오직 외부에서 온 사람만이 이 집단 저 집단을 자유로이 오갈 수 있고 한 집단에서 벌어지는 일을 다른 집단에게 알려 줄 수 있는데, 러시아인들 스스로가 그러기 어렵다는 것은 안타까운 일이다. 왜냐하면 새 러시아의 진정한 실체는 그중 어느 한 집단의 행동이나 신념에 있는 것이 아니라 공산주의의 잔해에서 솟아나는 갖가지 전망, 의견, 목표의 엄청난 다양성 그 자체에 있기 때문이다.

레이브, 파티, 나이트클럽

우리는 상트페테르부르크의 대형 아이스 스케이트장에서 열리는 레이브 파티에 갈 것이다. 그전에 먼저 빅토르 프롤로프를 찾아가는데, 말쑥한 한량인 프롤로프는 파티 주최자들과 연줄이 있다. 그의 집에 모인 사람들은 팝 가수 한 명, 예술가 몇 명, 모델 몇 명, 여배우 한 명, 그리고 딱 꼬집어 말하기 어려운 직업을 가진 사람들이 좀 있다. 여자들은 모두 매력적이고, 서양식으로 화장했고, 복고풍 옷을 입었다. 남자들은 모두 가죽 재킷을 입었다. 프롤로프는 몹시 깍듯한 주인이다. 사람들은 레이브 파티에 가기 전에 이곳에서 술을 여러 잔 마셔 두고 약에 취해 두어야 한다. 대마는 이제 경화로만 구입할 수 있고 비싸지만, 과거에는 구하기 어려웠던 데 비해 요즘은 돈만 있으면 누구나 구할 수 있다. 어떤 사람들은 상트페테르부르크 근교 숲에서 쉽게 딸 수 있는 환각 버섯을 흡입한다. 긴 밤에 대비하여 코카인을 해두는 사람들도 있다. 올 초 상트페테르부르크 세관이 세탁 세제로 위장하여 반입된 마약 적하물을 압수한 일이 있었다. 세관원들이 그 짐을 압수하는 모습이 텔레비전 뉴스에까지 방송되었다. 하지만 사흘 뒤에는 도시의 모든 마약상들이 재고를 두둑하게 채워 갖고 있었다.

우리는 새벽 2시쯤 차를 타고 스케이트장으로 간다. 그곳에는 사람들이 2,500명쯤 와 있다. 네덜란드에서 온 밴드가 라이브로 연주하고, 녹음된 테크노 음악이 쉼 없이 흘러나오고, 현란한 레이저 쇼가 펼쳐진다. 스케이트장 절반은 널빤지를 덮어서 춤추는 무대로 만들어 두었다. 나머지 절반에서는 사람들이 스케이트를 탄다. 관람석에는 대마를 피우거나 취해서 늘어진 사람들이 있다. 한구석 바에서는 사람들이 큰 컵에 담긴 보드카를 산다. 우리는 네바 강을 건너왔는데, 밤에는 도개교들이 다리를 올리기 때문에 우리는 다리가 도로 내려지는 새벽 6시까지 집에 갈 수 없다. 모두가 레이브는 벌써 〈한물갔다〉는 데 동의하지만 — 어떤 유행도 일 년 이상 가지 않는다 — 그래도 유행을 쫓는 모든 투숍키의 사람들이 오늘 밤 여기 와 있다. 「유행은 끝났어도 달리 할 게 없거든요.」 화가 게오르기 구리야노프가 말했다.

전체 인원 중 10에서 20퍼센트쯤은 마피아다. 사람들은 누가 마피아인지 딱 보면 안다. 마피아는 행사 수입에서 일정 몫을 챙길 것이다. 러시아의 모든 클럽, 바, 파티가 수입의 20에서 60퍼센트 사이를 마피아에게 낸다. 누군가는 내게 〈당신네 나라에 세금이 있듯이 우리한테는 이 시스템이 있죠〉라고 설명했다.

러시아에 처음 등장한 레이브 파티는 1991년 12월 14일 예브게니 비르만과 알렉세이 하아스가 조직한 제1회 가가린 파티였다. 이 사회주의 국가가 섬기는 궁극의 스탈린주의 신전에 해당하는 VDNKh(국가 경제 업적 박람회장) 코스모스관에서 열린 파티에는 4,000명도 넘게 모였다. 「제1회 가가린 파티는 대단했죠. 모두가 그런 것에 굶주렸거든요.」 이후 계속해서 대형 파티를 기획하고 있는 비르만은 내게 말했다. 「우리는 현대 포스트모던 세상의 다양한 기호들을 섞음으로써 여러 투숍키의 사람들을 한자리에 모으고 싶습니다. 우리는 자기성애와 미학적으로 절대적인 기호를 추구하는데, 소련 시절에는 그런 걸 즐길 수 없었죠.」

비르만은 소년 같고 활기차고 재미난 사람이다. 하아스는 코즈모폴리턴 전문가 같은 분위기를 풍기고 단단한 자기 확신을 품고 있는 사람이다. 모스크바 붉은 광장 근처에 있는 하아스의 집에서 내가 그와 대화를 나누는 동안 하아스의 미국인 아내는 저녁을 준비했다. 그는 설명했다. 「제1회 가가린 파티의 예산은 12만 달러였습니다. 우리는 보안 서비스, 음악, 디제이들, 대여료, 소방관들에게 지불해야 했죠. 마피아에게 20퍼센트를 줬고요.」 그나마 기민한 협상으로 얻어 낸 낮은 요율이라고 했다. 「수익은 한 푼도 못 냈습니다. 하지만 나는 모스크바에도 그런 파티에 오는 사람들이 있다는 사실을 스스로에게 증명하는 데 성공했죠. 파티 몇 주 전부터 차를 끌고 나가서 돌아다니다가 적당한 사람을 보면 초대장을 줬습니다. 내 지인들도 공짜로 천 명 초대했고요. 파티 당일에는 텔레비전 광고를 했는데, 우리가 원하는 사람들에게 선택적으로 전달하기 위해서 영어로 광고했습니다.」 제1회 가가린 파티는 모스크바 사람들이 듣도 보도 못한 것이었다. 화려한 건축물에 번쩍거리는 레이저가 반사되었고, 서양에서 온 디제이들이 최신 음악을 틀었다.

하아스는 가을에 클럽을 열 계획이다. 「당신이 지방에서 모스크바로 상경했다고 상상해 보세요. 당신은 야망이 있고 젊습니다. 뭐가 보이죠? 성공은 비싼 차를 몰고 예쁜 여자를 거느린 마피아들의 손에 있다는 게 보입니다. 하지만 그것은 어둡고 사악한 에너지입니다. 나는 밝은 에너지를 퍼뜨리는 클럽을 열고 싶습니다. 건강한 신체와 똑똑한 정신을 지닌 건전한 사람들의 클럽. 히피가 되는 방법으로는 사람들을 밝은 에너지 쪽으로 꾈 수 없습니다. 내가 열고 싶은 것은 성공한 태가 줄줄 흐르는 야심가들의 클럽입니다. 술은 팔지 않을 겁니다. 술은 정신을 흐리는데, 우리 인생은 안 그래도 충분히 뿌옇거든요. 최고의 사운드 시스템, 최고의 음악, 멋진 디제이들을 갖출 겁니다. 요금은 아주 쌀 거예요. 그것이 민주주의입니다. 모두를 위한 것, 새로운 러시아를 위한 것이죠.」

나는 모스크바의 클럽을 구경하고 싶었다. 그래서 메릴린 먼로로 분장하는 배우이자 러시아 해적 방송 텔레비전의 주인공인 블라딕 마미셰프먼로에게 다섯 군데 클럽의 이름을 언급했더니, 그가 잘라 말했다. 「마피아들, 창녀들, 몇몇 사업가들.」 나는 모스크바에서 제일 크다는 〈디스코테카 리제〉는 어떠냐고 물었다. 「맙소사, 안 돼요. 미국에도 그런 곳이 있을 텐데요. 조지아 출신의 뚱뚱한 중년 여자들이 탈색한 머리카락에 파란 아이섀도에 금속사 탱크톱 차림으로 데비 해리의 옛날 노래에 맞춰서 박자도 틀려 가며 몸을 흔드는 곳.」

나는 끔찍한 장소를 몇 군데 시도한 뒤 — 한 클럽에서는 바나나 세 개와 음료 세 잔에 무려 95달러를 받았다 — 좌절했다.

그러던 4월 중순, 화가 스베타 비케르스가 예르미타시 극장 안에 새로 연 저예산 클럽에 갔다가 예술가-보헤미안 투숍키에 속하는 사람들을 만났다. 그곳에는 텔레비전에서 일하는 사람들과 배우, 화가, 개념 예술가, 지식인 들이 모여 있었다. 앞쪽 큰 방에는 사람들이 술 마시며 대화할 수 있도록 탁자와 의자가 놓여 있었다. 댄스장은 따로 없고, 극장 전체가 댄스장이었다. 나는 그곳에 입장한 지 30분 만에 아는 사람을 백 명 넘게 만났다. 낯선 사람은 없는 곳이었다. 음악학자이자 텔레비전에서 「제9호 침묵」이라는 인기 있는 심야 음악 토크쇼를 진행하는 타냐 디덴코는 〈매일 밤 오고 싶어〉라고 말했다. 예술가 아리샤 그란체바는 한구석 탁자에서 사람들에게 재미난 이야기를 들려주고 있었다. 화가들이 내게 들러서 인사했고, 래퍼 MC 파블로프는 의자 등받이를 두드려서 박자를 맞췄다. 불가리아-스위스 출신 행위 예술가도 만났고, 그리스 출신 건축가도 만났다. 방 저쪽에는 알렉세이 하아스까지 있었다. 이 클럽은 광고는 전혀 하지 않았다. 모두가 입소문으로 알고 온 것이었다.

이 일의 주동자인 스베타는 그저 웃을 따름이었다. 「다른 클럽 운영자들에 비해서 내게는 두 가지 유리한 점이 있죠. 첫째, 다른 사람들 중에는 유대인이 없다는 것! 둘째, 엄마인 사람도 없다는 것!」

그 클럽의 즐거움은 내가 서양의 클럽에서는 느껴 보지 못했던 어떤 것, 러시아적인 어떤 것에서 나왔다. 그것은 바로 전망과 활기가 있는 사랑이었다. 그 클럽에서는 그 사랑이 장식품이나 음악 못지않게 구체적으로, 생생하게, 사방에서 느껴졌다. 「우리는 즐길 줄 알아요.」 한 젊은 화가는 내게 말했다. 「우리는 부모들이 고통받는 모습을 보면서 자랐죠. 그 시절 보헤미안들이 겪었던 고통이 강렬한 유산으로 우리에게 남았기 때문에, 지금 우리가 느끼는 즐거움이 더 생생해지죠.」

나는 페틀류라를 처음 만나러 갈 때 친구들과 함께 갔다. 우리는 푸시킨스카야 근처 테프롭스키 대로에서 웬 공사 현장처럼 보이는 건물에 다다랐다. 한 친구가 숨겨진 문을 어깨로 밀었고, 우리는 블라디미르 타틀린의 구성주의 대표작 「제3인터내셔널 기념탑」을 복제해서 만든 높이 9미터의 조각이 서 있는 널찍한 안마당으로 들어섰다. 「여기야.」 누가 내게 속삭였다. 한때 귀족의 집이었던 건물은 이후 조각조각 나뉘어 공동 주택이 되었다가 지금은 페틀류라의 무단 점거지가 되었다. 연노랑색 신고전주의 건물은 19세기 러시아 건축의 좋은 본보기였지만 말도 못하게 낡아빠졌다.

우리는 출입구로 들어가서 까만 바탕에 은색 그래피티가 그려진 복도를 지났다. 문을 두드렸다. 즉각 열린 문 안에서는 티베트 승려들의 독경 소리가 들려 왔고, 뭔가 썩는 냄새와 보드카와 에틸 알코올 냄새가 뒤섞여서 달큰하면서도 시큼한 냄새가 짙게 풍겼다. 탁자에 여섯 명이 둘러 앉아 술을 마시고 있었다. 「페틀류라를 만나러 왔어요.」 우리가 말했다.

그들 중 한 명인 행위 예술가 가리크 비노그라도프가 안내하겠다고 나섰다. 우리는 비어 있는 넓은 댄스홀을 가로질러서 바로 갔다. 벽에는 다닥다닥 붙은 작품들이 하나의 거대한 콜라주를 이루고 있었는데, 옛 소련 모델들, 바버라 부시, 트렌치코트를 입고 내가 모르는 상표의 담배를 피우는 남자들, 오드리 헵번, 시스티나 성당의 성모 등이 보였다. 한쪽 끝에 놓인 칠판에 작품들의 가격이 적혀 있었다. 벽을 따라 놓인 것은 감상용 장의자들이 아니라 망가진 텔레비전들과 작은 탁자들이었다. 그 텔레비전들 중 하나에 느긋하게 걸터앉은 남자는 키가 150센티미터쯤 되었고, 레닌풍 염소수염을 길렀고, 새빨간 바지를 입었고, 헐렁하고 후줄근한 진홍색 재킷을 입었다. 남자 주변에 다양한 젊은 남녀들이 모여 있었다.

「와서 앉으세요.」 페틀류라가 말했다.

페틀류라의 공간은 길 잃은 영혼들을 위한 피난처였다. 가출한 사람들, 마약 중독을 겪은 사람들이 글라스노스트 이후 새로운 세상에서 방향 감각 없이 헤매다가 이곳으로 와서 새로운 공동체와 삶의 방식을 찾았다. 페틀류라는 경멸 조로 말했다. 「누구나 글라스노스트에 불만이 있죠. 예전에 우리는 공산주의자들과 KGB의 노예였는데, 이제는 민주주의자들과 자본주의자들의 노예입니다. 여전히 속 빈 사기예요. 이곳은 그런 것들로부터의 탈출구죠.」

현재 페틀류라의 건물에는 서른네 명이 산다. 페틀류라는 고아원에서 자랐는데 그 배경이 지금 요긴하게 쓰인다. 그는 모두에게 교대 일정에 따라 할 일을 배정한다. 거주자들은 제 몫의 설거지와 요리와 상 차리기를 해야 한다. 「군대 같네요.」 모스크바 비평가들이 말했다. 「그보다는 키부츠에 가깝죠.」 페틀류라의 대답이었다. 누가 얼마나 오래 머물 수 있느냐는 페틀류라가 혼자 정한다. 「전부 내가 정한 규칙들입니다. 절이 싫으면 중이 떠나면 됩니다.」 그곳의 최고 열성당원은 폴란드 출신에 파니 브로냐라고 불리는 키 65센티미터의 난쟁이 여성으로 늘 눈에 보이는 곳에 있다. 그녀의 남편은, 자신이 레닌이라고 믿는 남자인데, 밖에서 경비를 선다.

페틀류라를 두 번째로 만나러 갔을 때, 레닌은 제복 차림으로 안마당을 어슬렁거리고 있었다. 안에는 사람들이 모여 있었다. 열두어 명쯤 되는 이들이 바에서 술을 마시고 있었다. 옆방은 〈부티크〉로 바뀌어, 옷걸이에 줄줄이 걸어 둔 옛 소련 옷들을 헐값에 팔고 있었다. 가게로 들어오는 손님들은 모두 중고 의류를 세련되게 걸쳤고 살짝 불량한 분위기를 풍겼다.

나는 비노그라노프가 있는 곳으로 갔다. 뭔가 검은 빛이 번득이고 향이 피워져 있는 그 방에서 독경 소리가 많이 담긴 〈실험 음악〉을 들었다. 그다음에는 〈이야기되지 않은 동화들〉이라는 제목으로 연작화를 그리는 한 거주자의 작품을 구경하러 갔다. 극지방 풍경 속 빙산 위에 얼룩말들과 기린들이 떠 있는 그림이었다. 「두 달 전쯤 이곳으로 오기 전에는 예술이라는 건 전혀 생각해 보지 않았어요.」 그녀가 말했다.

페틀류라의 공간은 투숍키와 바와 댄스홀을 갖춘 여러 무단 점거 공동체들 중 가장 낫고 흥미로운 곳이다. 그러나 이 밖에도 비슷한 공간이 시내에 여러 곳 더 있다. 강 건너편 〈제3의 길〉이라는 곳에서는 수요일마다 댄스파티를 연다고 했다. 그래서 어느 날 저녁 가보았지만, 〈폭력이 걷잡을 수 없어져서〉 몇 주 동안 문을 닫는다는 말을 들었다. 폭력? 「마피아 훌리건들요.」 내게 문을 열어 준 남자가 말했다. 나는 망가진 공간을 둘러보았다. 「훔쳐 갈 건 아무것도 없어요. 여기는 아무것도 없습니다.」 남자는 이렇게 말하면서 문을 닫았다.

정신적인 삶

요즘 러시아에서는 모두가 잡지를 창간하는 것 같다. 말 그대로 수천 종의 잡지들이 창간되었는데 대부분은 복사기로 만든 것이고 (공산주의 시절에는 복사기조차 구하기 어려웠다), 상업 출판물도 일부 있지만 대부분은 아니다. 잡지들은 미생물학, 비즈니스 조언, 패션, 예술 등 각자 특정 주제를 다룬다. 유통 부수는 대개 500부에서 5만 부 사이이다.

개중 현재 가장 인상적인 잡지는 상트페테르부르크 지식인들이 발간하는 『카비네트』일 것이다. 이 계간지는 매호 몇백 쪽에 걸쳐서 밀도 높은 철학 논문, 서양 비평 이론 번역, 풍자적 에세이, 날카로운 문화 평론을 싣는다. 디자인은 매호 다른 상트페테르부르크 예술가가 맡는다.

나는 어느 18세기 궁전의 아라비아풍 살롱에서 열리는 그 잡지의 편집 회의에 참석해 보았다. 예술가 티무르 노비코프가 직물 작품을 전시하는 공간이었다. 조명은 어두웠고, 동양 음악이 배경으로 틀어져 있었다. 『카비네트』 편집자들은 — 빅토르 마진과 올레샤 투르키나 — 티무르의 작품에 대한 재치 있고 도발적인 비평인 〈플라톤풍〉 대화편을 소리 내어 읽어 주었다. 스물다섯 명의 사람들 중에는 티무르 본인도 있었고, 예술가이자 배우이자 『보그』 모델이며 얼마 전 근처의 다른 궁전에서 전시회를 열었다는 이리나 쿡시나이테도 있었고, 화가 게오르기 구리야노프, 레이브 파티 주최자 예브게니 비르만, 그 밖에도 지식인계-사교계의 유행을 선도하는 사람들이 있었다.

낭독 후, 사람들은 대마를 피우고 크림반도 특산 셰리를 마시면서 폴 드 만이 헤겔의 숭고함 개념을 논한 에세이를 마진이 번역한 글에 대해 토론했다. 마진은 내게 그동안 서양의 비평 이론서를 여러 권 번역했다고 말했는데, 출판을 염두에 둔 것은 아니고 친구들과 같이 읽고 싶어서라고 했다. 이리나 쿡시나이테는 독일의 조국 개념과 러시아의 모국 개념이 의미론적으로 어떻게 다른지 말했다. 사람들은 내게 미국에서 라캉식 수정주의가 어떻게 받아들여지고 있는지 물었고, 그들이 다음 호에 실으려고 번역 중인 스탈린 옹호자 모리스 메를로퐁티의 타당성을 토론했다. 그런 뒤 대화 주제는 그날 밤에 열릴 레이브 파티로 넘어갔다. 파티에 누가 가는지, 무엇을 입을지, 어떤 음악이 연주될지.

어느 날 저녁 내가 모스크바에서 참석했던 파티가 끝나 갈 때, 젊은 언어학자 하나가 1930년대 그리스의 미래주의 시를 몇 편 낭송했다. 그러자 다른 손님이 마야콥스키•로 응답했다. 나는 이런 일이 미국의 기준으로 보자면 파티에서 벌어지는 행동치고 참 특이하다고 말했다. 「하지만 그러면 구전 시의 전통을 어떻게 잇습니까?」 한 건축가가 내게 부드럽게 물었다.

록, 팝, 랩

1970년대 내내 그리고 1980년대 초반까지 아크바리움, 키노, 보리스 그레벤시코프의 노래들은 소련 인민에게 더 나은 삶에 대한 정보를 제공하는 역할을 했다. 록 음악은 영웅적이었고, 록 가수들은 인텔리겐치아와 긴밀한 관계를 맺었다. 반면 팝 가수들은 공식적인 문화를 대변했다. 그들의 음악은 라디오에 자주 나왔지만, 인기는 의심스러웠으며 대개 인위적으로 조작된 인기였다.

나는 곧 새 음반을 낼 예정인 보리스 그레벤시코프를 만났다. 그의 음반은 한때 수백만 장씩 팔렸지만, 지금은 1만 5,000장에서 2만 장쯤 팔릴 것이라고 예상된다. 이리나 쿡시나이테는 이렇게 말했다. 「지금은 팝의 시대예요. 사람들이 원하는 것은 달러랑 힘뿐이니까.」

• 소련의 시인. 시 분야에서 사회주의 리얼리즘의 창시자로 평가받는다.

어느 날 저녁 모스크바에서, 러시아 국영 텔레비전의 음악 프로그램 감독으로 일하는 아르툠 트로이츠키도 만났다. 「내가 어렸을 때는 상황이 아주 단순했어요.」 그는 말했다(그는 지금 서른여덟 살이다). 「그들은 흑이었고 우리는 백이었죠. 맥없고 사악한 사회에서 우리는 활력과 선을 상징했죠. 젊은이들은 가장 단순한 것을 선택했어요. 우리에게 그 가장 단순한 것이란 곧 도덕적인 것이었죠. 하지만 요즘은 부자가 되는 것이 가장 단순한 것이에요. 우리 시절에는 체제가 다른 선택지를 주지 않았기 때문에 우리가 주변부가 될 수밖에 없었고, 그래서 우리는 정치적 견해를 록으로 표현했어요. 반면 요즘은 누가 정치를 하고 싶다면 아무도 말리는 사람이 없습니다. 금지된 건 아니에요. 그냥 역겨울 뿐이지. 하지만 이런 이야기는 노래로 표현하기가 어렵지 않습니까.」

트로이츠키의 논평 덕분에 나는 오늘날 러시아 팝의 무기력함을 이해할 수 있었다. 올해 최고의 히트곡 중 한 곡의 가사는 〈당신은 잔나라는 이름의 스튜어디스, 당신은 사랑스럽고 나는 당신을 원해, 당신은 내가 제일 좋아하는 스튜어디스〉였다.[1] 보그단 티토미르는 — 러시아의 섹스 심벌로 떠오른 남자 가수로, 십대 소녀들의 우상이다 — 러시아 소년들이 미국 풋볼팀 유니폼을 입고 헬멧을 쓴 차림으로 한 줄로 서서 마이클 잭슨처럼 춤추려고 애쓰는 뮤직비디오를 만들었다. 러시아 음반 산업은 경제 자유화로 망가졌고 이제 음반을 살 수 있는 사람은 운 좋은 소수뿐이므로, 티토미르 같은 가수들은 끝없는 콘서트로 돈을 번다.

대형 팝 스타들의 매니저는 모두 마피아와 연관되어 있다. 트로이츠키는 말했다. 「매니저들은 노상 내게 뇌물을 찔러 줍니다. 뮤직비디오를 딱 한 번만 틀어 주면 수백 달러를 주겠다고 해요. 몇 주 전에는 다른 상업 채널에서 나 같은 일을 하는 남자가 살해당했어요. 나는 뇌물을 안 받기 때문에 — 구식 영웅주의적 사고방식의 일부죠 — 목숨을 위협당한 경험은 한 번밖에 없어요. 매니저들은 정말 파리 목숨입니다.」

나는 래퍼 MC 파블로프와 저녁을 먹었다. 나는 그가 예전에 〈즈부키 무〉라는 록 밴드를 했던 걸 안다. 파블로프는 본격적인 팝 신과는 거리가 있지만, 그래도 그의 밴드는 뮤직비디오를 만들고 그는 음반을 낸다. 그의 콘서트는 인기가 어마어마하게 좋다. 티토미르도 파블로프를 러시아에서 유일하게 제대로 된 랩 가수로 인정했을 정도다. 파블로프는 말했다. 「전국적으로 유명해지는 건 좋을 것 같지만, 범죄계에 관여하기는 싫어요. 기업 후원을 받는 건 괜찮겠죠.」 파블로프는 문화계의 엘리트들, 그러니까 최고로 쿨한 이들을 위한 가수다. 제1회 가가린 파티에서도 연주했다.

「영웅적인 러시아 록은 춤추는 음악은 아니었어요.」 파블로프는 말했다. 「우리는 이 나라에 재미를 좀 가져오고 싶었어요. 우리는 랩도 하고 하우스도 하고 R&B도 하고 재즈도 좀 하죠.」 MC 파블로프는 서구의 개념에 바탕을 두었지만 서구의 음악과는 전혀 다른 음악, 혼성적 러시아 음악의 일부다. 그는 키가 크고, 눈동자는 파랗고, 머리는 밀었다. 작고 네모난 모자를 썼고, 래퍼답게 헐렁한 옷을 입었고, 반지를 여러 개 꼈고, 민속풍 목걸이를 몇 개 걸쳤다. 「우리가 빈민가 출신이 아니란 건 알아요. 우리는 미국 랩이나 러시아 록처럼 정치적인 음악에는 관심이 없어요. 가게에서 소시지를 구하기가 얼마나 어려운가를 노래하고 싶진 않아요. 랩은 주로 영어로 하는데, 러시아어로 하면 웃기게 들리기 때문이에요. 영어 단어와 러시아 문법을 섞어서 말을 만들어 내죠.」

파블로프의 음악은 춤출 수 있는 음악, 강한 리듬과 멋진 믹싱이 있는 음악이다. 러시아에서는 쉽게 보기 드문 그럴싸한 펑키함이 그에게는 있다. 「우리가 전달하고 싶은 메시지가 있다면, 그건 정치적인 메시지라기보다는 정신적인 메시지예요. 우리는 채식주의

자이고, 비폭력주의자이고, 마약에 반대하고, 술에 반대하고, 순수한 영혼을 추구해요. 부처의 가르침을 따르죠. 서양인들은 러시아의 정치를 걱정하지만, 우리는 아직 거기까지는 생각도 하지 못해요. 먼저 사람들에게 인간이 되는 법을 가르치면, 그다음에야 정치를 할 수 있겠죠.」

이튿날 밤, 나는 모스크바의 화가 세르게이 볼코프와 저녁을 먹었다. 그는 말했다.「그런 젊은이들이 미국 래퍼들을 흉내 내는 걸 보면 어처구니가 없어요. 당신이 어느 날 할렘에 갔는데 그곳 사람들이 우크라이나 무용수처럼 입고 발랄라이카를 두드리는 모습을 보는 것과 비슷한 기분 아닐까요.」

1990년대 게이들

러시아 동성애자의 삶은 이전보다는 약간 나아졌다. 반동성애법은 없지만, 한 게이 친구에 따르면 그래도 〈노골적으로 나서서 온 세상에 자신의 성 정체성을 떠들고 다니는 건 징그러운 활동가들뿐〉이라고 한다.「그들이 그러는 것도 서양의 관심을 끌기 위해서야. 이곳의 동성애 운동은 서양인들이 러시아인들을 부추겨서 생겨난 것일 뿐이야.」

사회의 전반적 시각이 위와 같은 듯했다. 누가 봐도 훤히 동성애자임을 알 수 있는 유명 인사들도 공개적인 자리에서는 그 사실을 인정하지 않는다. 상트페테르부르크의 예술가 티무르 노비코프는 오랫동안 동성애를 주제로 다뤄 왔다. 그는 내게 사적으로 말하기를, 동성애의 즐거움 중 일부는 그 은밀함에 있다고 했다. 그도 텔레비전에서 인터뷰할 때는 자신이 게이라는 소문을 부인한다. 러시아의 보이 조지라고도 불리는 팝 가수 세르게이 펜킨은 모스크바의 한 게이 클럽에서 자주 공연하지만, 그도 텔레비전에서는 자신이 이성애자라고 말한다.

상트페테르부르크의 화가이자 사진가인 발레라 카추바는 이렇게 말했다. 「나는 하위문화에 속하고 싶지 않아요. 서양에서는 그게 유행이란 건 압니다. 내가 주로 게이 남자들하고 자는 게 사실이라도, 그렇다고 해서 그들하고만 어울리고 싶은 건 아니에요.」

올해 제임스 볼드윈의 『조반니의 방 *Giovanni's Room*』이 러시아어로 번역 출간되었다. 텔레비전에서는 영화 「오랜 친구Longtime Companion」가 방영되었는데, 어느 개인 후원자가 돈을 댄 결과였다. 카추바는 이런 이야기를 들려주었다. 「가족을 만나려고 내 고향인 벨라루스의 작은 마을에 가 있을 때였는데, 텔레비전을 켰더니 갑자기 그 영화가 나오더라고요. 옆에 있던 어머니가 말했어요. 〈저것 봐, 동성애자들 이야기네.〉 나는 어머니가 그 단어를 안다는 사실조차 놀라웠어요. 어떻게 생각하시느냐고 물었더니 이러시더군요. 〈저 사람들이 행복하다면 나도 괜찮아.〉 십 년 전만 해도 아무도 그렇게 말하지 않았을 걸요.」

일부 이성애자와 동성애자 친구들이 동의하는바, 현재 러시아에서 대부분의 사람들에게는 동성애자 문제보다 더 큰 골칫거리가 있다. 누군가 말했다. 「사람들은 러시아 연합이 와해되면 어쩌나 걱정하지.」 다른 이가 말했다. 「혹은 마피아가 온 나라를 장악할까 봐 걱정하지.」 또 다른 이성애자 남자가 말했다. 「혹은 다음 달 식비가 없을까 봐 걱정하지. 다른 남자들이 남자랑 자느냐 마느냐 하는 문제는…… 정말이지 누가 그런 걸 신경이나 쓰겠어.」

나는 모스크바에서 에이즈 활동가로 일하는 미국인 케빈 가드너와 오후를 보냈다. 그는 말했다. 「게이 단체가 많습니다. 농인 게이들이 모인 특수한 모임도 있고, 게이들을 위한 데이트 주선 서비스도 여럿 있고, 게이 신문도 많습니다. 주류 신문의 개인 광고란에도 게이들이 내는 광고가 실리는 걸요. 게이 극단도 있고, 〈게이와 레즈비언의 사회적 재활을 위한 무지개 재단〉이라는 것도 있습니다. 신파시즘 집단인 파먀티가 여전히 반동성애주의를 견지하고 있지만, 적어도 대도시에서는 분위기가 확실히 자유로워졌어요. 그리고 게이들은 모스크바로 정말 많이 밀려들어 옵니다. 그래도 여전히 게이들은 자기 혐오, 우울증, 자살을 많이 겪지만요.」

한 친구는 말했다. 「나는 소속감을 다른 데서 느껴요. 우리 러시아인은 아주 낭만적인 인간들이지만, 성적 관심은 딱히 많지 않아요. 지금은 사회가 관용을 보이지 않는 탓에 동성애자들이 자살로 몰리곤 하지만, 설령 사회가 관용을 보인다고 해도 우리가 게이 하위문화나 생활 양식 같은 서양식 환상에 끌리지는 않을 거예요.」

신앙을 지키는 사람들

상트페테르부르크에서 이즈마일롭스키 성당에 가보았다. 소련 정부는 예전에 그곳을 곡식 저장고로 썼다. 지금은 깨끗이 치워지고 재건된 성당에서 다시 미사가 열리고 있다. 참석자 중에는 수는 적지만 젊은이들도 있었다. 한 청년은 내게 말했다. 「나는 미학적인 이유 때문에 와요. 러시아 정교회는 아주 아름답죠. 물론 믿진 않지만.」

믿는 사람들도 있다. 어느 날 오후, 모스크바에서 종교적 의미가 짙은 작품을 만드는 이십 대 후반의 예술가 마샤 옵친니코바를 만났다. 그녀는 이렇게 말했다. 「교회는 내 삶이에요. 내게 가장 중요한 것이에요. 글라스노스트 이전에는 교회에 소속되면 괴로움을 감수해야 했기 때문에 진정한 신자들만 왔죠. 요즘은 사람들이 엄청 많이 와요. 신앙심에서 오는 사람도 소수 있지만, 대부분은 교회의 가르침을 이데올로기로 착각하고 와요. 어릴 때부터 이데올로기를 기대하며 자랐고 부모한테도 그렇게 배운 사람들이니까요.

하지만 그런 사람들은 신앙을 진심으로 이해하지 못해요. 그저 어떤 절대적인 명령을 받기를 기대할 뿐이죠. 이것이 우리 교회의 비극이에요. 그런 사람들은 교리를 전체주의와 혼동해요.」 그런 사람들이야말로 또한 근자에 러시아 전역에 천박한 대형 간판을 내걸고는 병든 사회의 모든 질문에 무조건적인 답을 주겠다고 약속하는 미국 선교사들의 물결에 맨 먼저 휩쓸리는 사람들이다.

공산주의 시절에 러시아 정교회는 국내 정치와 민생에 일절 개입하지 않았다. 옵친니코바는 이렇게 설명했다.「나는 열아홉 살에 세례를 받았어요. 스스로를 늘 사회의 아웃사이더라고 느꼈는데, 일종의 자폐증이었죠. 교회에 다니는 사람들은 사회적 관계에 굳이 적응하려고 하지 않았어요. 그에 비해 요즘 새로 오는 사람들은 대개 사생활에서 경제적 만족이나 즐거움을 누리지 못하는 이들이에요. 그들은 교회가 그런 가치들을 귀하게 여기지 않으니까 오는 것일 뿐, 정작 교회가 귀하게 여기는 가치들이 뭔지는 몰라요.」

일부 신자들은 종교를 우익 국수주의의 주춧돌로 삼는다. 이에 대해 옵친니코바는 〈교회는 세속적인 문제에 관여하지 말아야 해요, 정치 단체가 아니니까요〉라고 말했다. 정교회는 사람들에게 수동성을 장려한다.「좋은 삶은 하느님이 주는 선물이에요. 그걸 스스로 찾겠다고 나서는 건 어리석은 짓이에요.」 정교회는 또 사람들의 마음에 편협함을 심는다. 옵친니코바는 내게 딱하다는 듯이 말했다.「당신은 구원받지 못할 거예요. 우리 교회에 속하지 않으니까.」

젊은 사업가들

새로운 자본주의자, 젊은 사업가, 은행가, 주식 중개인 들이 어디서나 눈에 띈다. 양복과 넥타이 차림, 단정하게 깎은 머리카락, 점잖아 보이지만 관료적인 느낌은 없는 이들을 어디서나 볼 수 있다. 그들은 모스크바의 새로운 풍경이다. 이 여피들 중 제조업에 관여하는 사람은 드물다. 제조업은 여전히 관료 체제와 얽힌 국영 산업이기 때문이다. 〈국제 투자를 통한 국유 산업 민영화 재단〉이라는 영리 사기업에서 재무 전문가로 일하는 스물다섯 살의 야로슬라프 파추킨은 〈우리는 무역과 투자만 합니다〉라고 말했다. 「이미 있는 것을 이 사람 손에서 저 사람 손으로 옮기는 일이죠.」

파추킨은 이어 말했다. 「나는 부모님보다 더 많이 법니다. 당황스러운 일이죠. 두 분 다 실력 있는 전문가시거든요. 하지만 부모님 세대 사람들은 자본주의에서 활동하기 위해서는 꼭 알아야 할 것들을 배울 줄 모릅니다. 자본주의의 기본 구조는 문제가 되지 않아요. 그건 우리도 벌써 다 압니다.」 그는 잠시 말을 멈췄다. 「우리가 아직 잘 이해하지 못하는 것은 당연히 민주주의입니다.」 나는 이고르 게라시모프와도 이야기를 나누었다. 스물두 살인 그는 대형 기업 인콤뱅크의 자회사인 인콤트러스트에서 사장으로 일한다. 그는 민간 자금 투자를 담당하고, 그 돈을 부동산과 외화에 투자한다. 「보통 한 달에서 세 달 사이로만 투자합니다. 그보다 더 오래 돈을 묶어 둘 만큼 경제를 신뢰하는 사람은 아무도 없어요. 따라서 산업과 건설에는 투자할 수가 없습니다. 인플레이션도 무지막지하고요.」

게라시모프는 이어 말했다. 「내 일은 중요합니다. 사업가로서 내게는 도덕적 의무가 있습니다. 러시아의 성장을 돕는 것이죠. 이제 다른 길은 선택할 수 없어요. 물론 이것이 나 자신을 위한 일이기도 하죠. 나도 좋은 집, 다차, 자동차, 욕심을 좀 내자면 링컨 타운카를 갖고 싶습니다. 내가 더 많이 가질수록 러시아를 더 많이 돕는 셈이니까요.」

러시아 부자는 다르다

여피 계층인 이 사업가들과는 달리 금융 귀족들, 달러 백만장자들, 새로운 부유층을 형성한 사람들도 있다. 이 스펙트럼의 한쪽 끝에는 순수한 사업 활동이 있고, 그 옆으로 오면 마피아의 지배를 받는 사업 활동이 있고, 그보다 더 옆으로 오면 사업에 토대를 둔 마피아 활동이 있고, 스펙트럼의 반대쪽 끝까지 가면 순수한 마피아 활동이 있다. 러시아 갑부들은 스펙트럼에서 마피아 쪽 끝에 있는 사람들이 많지만, 모두가 다 그런 것은 아니다. 그러나 정직한 쪽에서 성공하려는 사람도 마피아의 협박에 대처할 줄은 알아야 한다. 러시아에서 마피아를 피할 길은 전혀 없기 때문이다.

나는 두 파트너와 함께 〈크반트 인터내셔널〉이라는 회사를 운영하는 유리 베갈로프를 만나러 갔다. 회사의 작년 매출은 10억 달러라고 했다. 베갈로프는 서른 살이다. 세평으로는 정직하고 세련된 사람이라고 했다. 충분히 소박한 동네인 프롭소유즈나야에 있는 사무실에서 만난 그는 캐시미어 블레이저, 플란넬 바지, 에르메스 넥타이, 파텍필립 시계 차림이었다. 밖에는 그의 포르셰가 주차되어 있었다. 우리는 먼저 소련풍의 좁은 방에서 대화하다가, 홀 건너편 회의실로 자리를 옮겨 빳빳한 리넨과 도자기 접시와 묵직한 은식기가 차려진 큰 탁자에 앉았다. 그의 직원들이 세련된 조지아 요리에 다양한 와인이 곁들여진 다섯 코스짜리 점심을 날라 주었다. 아르메니아인이지만 조지아에서 자란 베갈로프는 조지아에서 부엌 하나를 통째 뜯어 들여와서 사무실에 설치했다고 했다.

「이 나라에서 사업을 하려면 무엇보다 연줄이 있어야 합니다.」 베갈로프는 말했다. 「내 파트너는 둘 다 물리학자였습니다. 그래서 우리는 과학 연구를 사업에 활용하는 일을 전문으로 도와주는 회사를 차렸죠. 그다음에는 연줄이 닿는 대로 뭐든지 했습니다. 수익

성만 있다면 무슨 일이든 다 했습니다.」 모스크바 증권 거래소가 처음 열렸을 때, 베갈로프는 그것이 새로운 기회의 물결임을 꿰뚫어 보았다. 그는 당장 은행에서 대출을 받아서(그때는 대출이란 것도 새로운 일이었다) 거래소에 멤버십을 샀다. 모스크바 증권 거래소는 난해하고 희한한 규칙들에 따라 운영된다. 「리스크가 엄청나게 컸습니다. 내가 가진 유일한 이점은 러시아의 사업 관행과 법률을 충분히 숙지할 시간이 있었다는 거였죠. 그런 문제에 신경 쓰는 사람이 거의 아무도 없었거든요.」

내가 아는 어느 러시아 사회학자는 〈러시아의 기회들을 정작 러시아 사람들은 전혀 활용하지 못한다〉라고 말했는데, 나는 러시아에서 그와 비슷한 요지의 말을 무수히 자주 들었다. 베갈로프는 시베리아의 민영화 흐름을 주시하던 중 튜멘에 상품 거래소가 열린다는 소식을 듣고 또 곧장 멤버십을 샀다. 당시 석유 산업은 몹시 비효율적인 국영 산업으로, 국영 유정 회사가 석유를 채취해 국영 정유 회사에게 넘기면 국영 공장들이 그것을 샀다. 베갈로프는 모스크바의 한 공장 책임자를 찾아가서 석유 구입 주문을 따냈다. 그러고는 상품 거래소가 열린 첫날, 시장에 나온 석유를 몽땅 사들였다. 거래소 직원들이 여기저기 전화를 걸어서 석유를 더 구해 오자, 베갈로프는 그것마저 몽땅 사들여서 시장 지배권을 손에 넣었다.

베갈로프는 그렇게 시베리아 석유 산업의 큰손이 되었고, 그 산업이 세계 시장에 진출하도록 거들었다. 처음에는 그런 사업이 세법의 규제를 받는 활동이 아니었기 때문에, 그는 아무 제약도 받지 않고 마음대로 할 수 있었다. 러시아 상법은 너무 새롭고 복잡하고 엉성한지라, 영리한 사람은 요즘도 얼마든지 빠져나갈 수 있다. 베갈로프는 이렇게 말했다. 「내가 사회에 기여하고 있는가 하는 생각은 하지 않습니다. 이런 환경에서는 성공하기가 비교적 쉬웠습니다. 경쟁이 놀랄 만큼 없었으니까요.」

아이단 살라호바는 아이단 갤러리의 소유주이자 관장이다. 어떤 면에서 살라호바는 새로운 러시아가 내놓을 수 있는 최선의 인물이다. 지적이고, 아름답고, 세련되고, 박식하고, 동서양 모두에 인맥이 많다. 그녀 자신이 재능 있는 화가이기도 하며, 그녀의 갤러리는 모스크바에서는 보기 드물게 매끈하고 완성된 느낌이 난다. 그녀는 모스크바 최고의 화가들을 많이 소개하고, 러시아인들이나 외국 수집가들에게 작품을 판다. 그녀는 내게 말했다.「내 일은 사람들의 교육을 돕는 일이라고 생각합니다. 사람들은 돈이 있지만, 그 돈으로 뭘 하면 좋을지는 잘 모릅니다. 일단 차를 사죠. 아파트도 사고요. 과시적인 파티를 열어서 집시 음악을 틀죠. 하지만 그다음에는 누군가 그들에게 무엇이 아름다운 것이고 어떻게 사는 것이 잘 사는 것인지 보여 줘야 하지 않겠어요. 당신네 나라와 똑같지만 속도가 더 빠를 뿐이죠. 사람들은 먼저 돈을 벌고, 그러면 권력을 바라게 되고, 그다음에는 취향을 추구하게 됩니다. 누군가는 새롭게 부와 권력을 갖게 된 사람들에게 우리의 문화적 자산을 알리는 일을 해야죠. 이 일은 사회적 의무입니다.」

나는 모스크바의 예술가 중앙 협회에서 전시되고 있는 리나코 기업 소장 컬렉션을 구경하러 갔다. 그곳에서는 젊은 은행가들과 예술가들이 어깨를 스치면서 서로 목례했다. 큐레이터 올가 스비블로바는 이렇게 말했다.「이들에게는 서로가 필요합니다. 소련 시절에는 국가가 모든 국민에게 돈과 문화를 제공했죠. 마치 강제적인 문화 급식처럼. 하지만 지금은 문화가 비싸고 귀한 것이 되었습니다. 그걸 갖기 위해서는 사람들이 서로 관계를 맺어야 합니다.」

「맞아요.」 세르게이 볼코프도 내게 말했다.「요즘 〈세련된〉 사업가들은 세련되지 않은 사업가들이 무희를 무대에 올려 주는 것처럼 예술가를 내세우고 다니죠.」

범죄적인 삶

러시아에서는 마피아로부터 벗어날 길이 없다. 마피아는 모든 일을 알고 있고 모든 일에 개입한다. 정부, 사업계, 군대, 심지어 예술계와도 긴밀한 관계를 맺고 있다. 마피아는 옛 소련 시절에 관료들이 그랬던 것만큼 가시적인 존재이고, 그들의 차는 누구나 금세 알아볼 수 있다. 최고급 서양 모델인데 번호판이 붙지 않은 차가 그들의 차다. 대부분의 마피아에게는 번드르르하면서도 어쩐지 저속한 분위기, 그들에게 아주 잘 어울리는 특유의 분위기가 있다. 남자들은 모두 어깨가 넓고, 설 때는 보통 다리를 넓게 벌리고 목을 앞으로 내밀어서 러시아 사람들이 〈황소〉라고 부르는 자세를 취한다. 마피아의 여자들은 보통 예쁘고, 비싼 옷을 입었고, 절대로 입을 열지 않는다. 러시아 마피아는 놀라운 속도로 성장하고 있고, 점점 더 많은 젊은이들이 마피아의 길을 선택하고 있다. 이리나 쿡시나이테는 내게 말했다. 「전에는 레닌그라드 여자들 사이에서 예술가, 록 가수, 기자를 남자 친구로 두는 게 유행이었죠. 요즘의 매력적인 아가씨들은 다들 마피아 애인을 원해요.」

내가 취재원으로 만난 한 마피아 단원은 서른두 살의 모스크바 사람이었다. 그는 이렇게 말했다. 「알다시피 우리 나라에서는 정부가 아무런 구조도 통제도 제공하지 않습니다. 그런 게 없으면 나라가 와해되죠. 지금 이 나라를 뒷받침하는 건 마피아입니다. 우리는 구조를 제공합니다. 우리가 인수한 사업체는 잘 굴러가죠. 고상한 직업이에요. 젊은 남자가 야심이 있고 사회에 영향력을 미치고 싶다고 합시다. 그러려면 국회의원이 되어야 한다고 생각한다면, 그는 멍청이예요. 똑똑한 인간이라면 마피아에 들어올 겁니다.」

내가 만난 그 남자는 대단히 매력적인 사람이었고, 취재에도 도움을 많이 주었다. 그는 내게 어느 민족 마피아가 어느 분야를 장악하고 있는지 알려 주었고(크게 일곱 집단으로 나뉜다고 했다), 모든 마피아 활동을 이해하는 데 도움이 되는 일종의 이데올로기 구조를 알려 주었다. 자신들이 하는 일은 회사를 〈인수〉해서 투자한 뒤 〈좋은 사람들〉에게 운영을 맡기는 것이라고 했다. 「물론 처음에는 다들 좀스러운 범죄자들이었죠. 하지만 시간이 흐르면서 그 이상으로 발전했습니다. 마피아에는 이제 러시아에서 제일 똑똑한 사람들이 모여 있어요.」 그 자신은 문화의 후원자가 되었다. 「이 돈을 다 어디다 써야 할지 모를 때가 있죠. 나는 다른 집단으로 진출하는 것이 재미있습니다. 마피아 사람들 중에는 다른 마피아 사람들에게 질린 사람이 많죠. 다른 투숍키로 진출하는 것, 그것이 우리의 이상입니다.」 예술계 사람들은 이런 후원을 반긴다.

그는 또 말했다. 「물론 마피아 투숍키 안에서도 재미있게 지냅니다. 함께 많이 웃죠. 그리고 곤란에 처하면, 조직이 도와줍니다. 내가 핀란드에서 감옥에 들어갔을 때도 조직이 꺼내 줬습니다. 하지만 단점도 있죠.」 나중에 들었지만, 몇 주 전 그의 파트너가 잔인하게 살해당했다고 했다. 다른 민족 마피아와의 불화 때문이었는데 그 파트너의 아내가 식당에서 만취한 나머지 상대에게 모욕적인 발언을 던진 것이 화근이었다고 했다.

내가 만난 또 다른 마피아 단원은 국제 마약 밀매상에 가까운 일을 해왔다. 그는 스물다섯 살이고, 잘생겼고, 달변이고, 재미있다. 그는 또 돈 쓰는 데 일가견이 있다. 파티를 열고, 마피아 사람들에게 예술품을 사주고, 유용한 연줄을 이어 준다. 그는 영어가 유창한 데다가 놀랍도록 폭넓은 분야의 책을 읽은 것 같았다. 그는 말했다. 「큰형님들은 나 같은 사람을 좋아합니다. 조직 범죄단이 본격적으로 시작된 몇 년 전만 해도 그들은 대개 천박한 속물이었죠. 그러다가 이탈리아 마피아가 나오는 할리우드 영화를 본 겁니다. 〈대부〉니 뭐니 하는 영화들 말이죠. 그래서 엄청 세련되고 엄청 점잖은 마피아가 좋아 보인다고 결정한 겁니다. 여전히 공통적인 요소들은 있지만요. 주로 더러운 작업들.」

「살인?」 내가 물었다.

「영화를 너무 많이 보셨군요. 그야 물론 청부 암살자도 있지만, 세련된 집단에서는 한물간 유행입니다. 몇 년 전만 해도 서로 죽고 죽이던 사람들이 요즘은 금융 조작에 관여합니다. 이편이 더 쾌적하고, 벌이도 더 낫고, 화이트칼라 비스름한 일이니까요. 죽이는 일 같은 건…… 그치들은 이제 매력이 없어요.」

나는 아제르바이잔 마피아 단원인 또 다른 사람과도 몇 번 만났다. 처음 만난 날 저녁, 우리는 유명한 서양 호텔 체인이 소유한 고급 레스토랑에 갔다. 어깨 몇 명과 함께 제일 좋은 자리에 앉았는데, 그중 한 명이 야구공만 한 대마 덩어리를 꺼내 담배를 말기 시작했다. 나는 좀 놀라서 물었다. 「레스토랑 한복판에서 대마초를 피워도 될까요? 아시겠지만 서양 호텔인데요.」

남자는 웃었다. 그러고는 나른한 손짓으로 대마를 가리키면서 매니저에게 이렇게 말했다. 「우리가 여기서 이걸 피워도 되는지 내 친구가 궁금한 모양인데.」

「그럼요.」 약간 풋내기처럼 보이는 매니저가 대답했다. 「맛있게 피우십시오. 뭐든 하고 싶은 대로 하십시오.」 매니저는 우리에게 온순한 미소를 지어 보였다.

며칠 뒤 어느 파티에서, 젊은 마피아 단원이 나를 자기 보스에게 소개시켜 주었다. 금발에 턱수염을 꾀죄죄하게 기른 통통한 남자였다. 우리는 자동차에 관한 잡담을 재미있게 나누었다. 그는 내가 러시아에서 흥미로운 것을 많이 배웠기를 바란다고 말하면서 이렇게 덧붙였다. 「우리 마피아는 최고라오.」

그래서 나는 명랑하게 물었다. 「선생님은 정확히 무슨 일을 하십니까?」

남자의 눈이 가늘어졌다. 「당신은 썩 괜찮은 사람 같소. 그리고 당신이 여기서 무슨 일을 하는지는 나도 알지. 당신에게 나불나불 털어놓고 싶은 녀석들이 있다면 그건 그놈들 맘이지만, 내 생각에는 당신이 좀 조심하는 게 좋을걸. 당신에게 불쾌한 일이 벌어진다면 내가 참 싫을 것 같거든.」 그는 의미심장한 미소를 지었다.

그러잖아도 얼마 전 마피아를 취재하던 라트비아 기자가 실종되었다는 소식을 들은 터였다. 기자는 총알 일곱 발이 박힌 시체꼴로 어느 뒷골목에서 발견되었다. 위안이 되는 이미지는 결코 아니었다.

보스는 음모라도 꾸미는 듯 목소리를 낮춰서 말했다. 「이제 내가 던질 질문이 있소. 당신이 대답을 제대로 알았으면 좋겠군. 나한테 문제가 하나 있는데, 서양에서 온 사람이라면 도와줄 수 있을 것 같거든.」 두려움이 엄습했다. 사람이 이런 식으로 범죄에 끌려드는 거구나 싶었다. 그가 이어 말했다. 「내가 비듬이 심해서 말이요. 미국에서 파는 헤드앤드숄더라는 샴푸가 정말 잘 듣는지, 당신이 돌아가서 그걸 좀 부쳐 줄 수 있는지 궁금한데.」

모스크바를 떠나기 직전, 그와 저녁을 먹었다. 그는 내가 제공한 샴푸 정보에 근거하여 나를 괜찮은 놈으로 판단한 모양이었다. 우리는 정치와 음식과 패션을 이야기했다. 이윽고 그가 물었다. 「여기 여행은 좋았나?」 나는 좋았다고 대답했다. 「모스크바에서 뭐 문제는 없었고?」

「언급할 만한 일은 아무것도 없었습니다.」

그가 활짝 웃으면서 말했다. 「아마 알겠지만, 우리 나라에서 청부 살인업자는 이십 달러밖에 안 하거든. 원한다면 주선해 주지.」

나는 그런 서비스는 정말 필요 없다고 말했다.

「아무튼.」 그는 내게 명함을 건넸다. 「이게 내 번호니까, 미국에서 문제가 생겨도 여기로 걸면 된다오. 뉴욕에서는 청부 살인업자

비용이 기본 이십 달러에 추가로 비행기 값, 추가로 하룻밤 호텔비지.」

변화의 정치?

공산주의 체제는 위계적이고 융통성 없었기 때문에 소련 정치의 모든 요직은 연배가 높은 사람들만이 차지했다. 젊은 정치인은 속으로야 아무리 야망을 품고 있더라도 관료주의의 유순한 언어로만 활동했고, 일탈을 꺼렸고, 선배들이 지시하는 분야에서 자신이 가진 미약한 힘을 행사했다.

젊은 세대도 정치계에서 의미 있는 자리를 맡을 수 있다는 생각은 러시아에서 아직 새로운 생각이다. 모스크바의 핵심 구역에서 문화예술부 국장을 맡고 있는 서른 살의 로무알트 크릴로프는 내게 이렇게 말했다.「변화를 원한다고 말하는 강성 민주주의자들도 마찬가지입니다. 그들도 내가 이렇게 높은 자리에 있는 걸 보면 불편해합니다. 나보다는 차라리 문화나 예술에 아무 흥미가 없는 예순 살 노인을 선호하죠. 그런 것에 익숙하니까요.」

중앙 정부 차원에서는 그런 관습이 백 배는 더 심하다. 예고르 가이다르가 짧게나마 총리로 재임했던 것은 새로운 정치는 젊은 사람이 할 수도 있다는 사실을 온 러시아 사람들에게 보여 준 사건이었다. 가이다르는 일부러 사람들에게 충격을 안기도록 계산된 정치를 펼쳤다. 현재 러시아 정치계의 젊은 세대는 사용하는 언어나 정책은 천차만별해도 유토피아의 이상에 질렸다는 점만큼은 다 같은 듯하다. 서양에서는 보통 젊은 정치인은 급진적이고 나이 든 정치인은 화합을 추구하는 편이지만, 러시아에서는 거의 정반대다. 그러나 여기에서 재미나면서도 또한 심란한 점은, 그런 온건한 행보가 화합 정신에서 나왔다기보다는 타협적 수사가 권력을 얻는 최선의 노선일 것이라는 사실을 다들 알기 때문에 나온 듯하다는 점이다.

앞으로 삼 년 뒤에 누가 권력을 쥘지 이름을 꼭 짚어 말하기는 불가능하다. 하지만 이 젊은 세대의 특징을 전반적으로 살펴볼 수는 있고, 정치판에 뛰어들기로 결심하는 사람들이 어떤 종류의 사람들이며 그들이 어떻게, 왜 그러는지 살펴볼 수는 있다. 현재 대충 스물다섯 명쯤 되는 마흔 살 미만의 인재들이 러시아 정치에서 젊은 목소리를 대변하고, 또 다른 수백 명의 젊은이들이 그 뒤를 따른다. 그들의 취지와 능력은 다양하지만, 다음 세 인물을 면밀히 살펴봄으로써 그 폭을 파악할 수 있을 것이다. 세 사람은 〈새 정치 스메나〉 당의 당수이자 인민 대표인 안드레이 L. 골로빈, 〈러시아 민주개혁 운동〉의 집행 위원회 의장인 알렉산드르 A. 키셀료프, 현 러시아 대통령의 정치 자문인 세르게이 B. 스탄케비치다.

안드레이 L. 골로빈은 스스로 중도라고 칭하는 노선을 취한다. 러시아 정치는 극단주의로 돌아가는 편이라서 나는 중도 정당이라는 개념에 흥미가 갔다. 골로빈은 이렇게 말했다. 「스스로 민주주의자를 자처하는 사람들은 사실 급진주의자들, 좌익 급진주의자들입니다. 당신네 정부는 그들을 지지하죠. 안 그러면 러시아에서 우파가 득세하리라고 믿기 때문에. 하지만 사실 미국과 미국의 국익에 더 가까운 것은 그들 급진파가 아니라 우리입니다. 클린턴이 당선되었을 때, 나는 그라면 이 사실을 꿰뚫어 볼 것이라고 예상했습니다. 클린턴이 부시 대통령의 편집증적 외교 정책을 계승하는 건 실망스러운 일입니다. 그는 러시아, 미국, 세계의 이익이 모두 중도에 놓여 있다는 것, 조절되고 통제된 영역에 놓여 있다는 것을 왜 모를까요? 위험은 보수냐 진보냐에서 오는 것이 아닙니다. 진짜 문제는 극단주의자들이 싸움에 끼어드는 것입니다.」

삼십 대 중반인 골로빈은 이따금 가르치려 드는 것으로 느껴질 만큼 오만한 데가 있지만, 그의 주장만큼은 설득력이 있다. 5년 전만 해도 그는 연구소에 재직한 물리학자였으나, 페레스트로이카와 함께 공직으로 옮겼다. 그는 자신의 군사, 경제, 내무 정책을 간략하게 소개해 주었다. 내 생각에 그의 중도주의는 스웨덴 사민주의와 가장 가까운 듯하다. 그는 말했다.「당신네 나라 사람들은 늘 중산층을 대변하는 안정된 정부를 꾸리겠다고 말하죠. 여기서는 우리 스메나가 바로 중산층 정부입니다.」

나는 물었다.「하지만 러시아에 중산층이 있습니까? 러시아 사람들이 타협을 원하나요? 누가 당신들의 유권자 층이죠?」

「일단 우리가 권력을 쥐면, 중산층이 생길 겁니다. 그리고 그들은 타협을 원할 겁니다. 일단 우리가 권력을 쥐면, 모든 계층이 우리를 지지할 겁니다. 그러면 우리는 위험천만한 경제 개혁 정책들을 대부분 폐지할 것이고, 다시 중산층이 형성될 수 있도록 만들 겁니다.」

나는 그에게 민주주의 체제에서는 사건의 순서가 보통 그렇지 않다고, 선출되기 전에 지지부터 얻어야 한다고 지적했다.

「글쎄요.」그가 말했다.「이 나라에는 언론의 자유가 없습니다. 정부는 좌파 언론을 허락합니다. 우파 언론도 허락합니다. 왜냐하면 우파에 대한 두려움이 좌파에 대한 지지를 낳으니까요. 반면 우리에게는 그런 매체 영향력이 없습니다. 중도 당이 자기 홍보를 극적으로 하기는 어렵습니다. 단숨에 눈길을 붙잡는 이야기는 아니니까요. 급진주의자들, 공산주의자들, 파시스트들은 모두 같은 당 출신이고, 모두가 아직도 볼셰비키 사고방식을 갖고 있습니다. 반면 우리는 깨끗합니다. 우리는 소련 관료 체제에 복무했던 적이 없습니다. 나는 라틴 아메리카와 비슷한 상황을 추구하려는 움직임이 두렵습니다. 권력이 어중이떠중이 군중에게서 나오고 정부는 불법적인 특수 이익 집단들에게 신세를 지는 상황 말입니다.」

그는 말투를 살짝 누그러뜨렸다. 「러시아는 위대한 문명입니다.」 그는 몸짓으로 창밖을 가리켰다. 「우리는 문명화된 방식으로 소통할 수 있습니다. 사람들이 왜 우리를 찍어야 할까요? 우리가 지적이고 깨끗하기 때문입니다. 나와 옐친의 사진과 약력을 나란히 붙여 두고 한번 따져 보세요. 누가 공익에 헌신하는 삶을 살아왔는지, 누가 그릇된 이데올로기와 부패에 전 늙은 공산주의자인지. 우리는 합리적인 법률을 마련하고 싶습니다. 15년만 지나면, 내가 대통령이 되면, 볼셰비키주의는, 극단주의는 다 죽었을 겁니다.」

골로빈의 말은 유창하고 감동적이었지만, 자기 나라의 현실을 묘하게 무시하고 있다는 느낌을 주었다. 그는 사회 전체에 교양을 부여할 수는 없다는 사실을 모르는 듯했다. 실용주의로 이데올로기를 대체하겠다고 자주 말하면서도 자신의 그 실용주의도 본질적으로 이데올로기에서 비롯한다는 사실은 모르는 듯했는데, 그런 착각은 현재 실용주의적인 사회가 존재하지 않는 곳에 그런 사회를 창조하기 위해서 꾸며 낸 생각일 뿐이었다. 「러시아 사회를 탈이데올로기화하려면 시간이 많이 걸릴 겁니다.」 그는 이렇게 말했지만, 사회를 탈이데올로기화하겠다는 계획 자체가 궁극적으로는 몹시 이데올로기적인 계획이라는 사실은 모르는 것 같았다.

〈급진주의자〉를 〈볼셰비키〉라고 칭했던 골로빈의 말이 여태 귀에 남은 채, 나는 알렉산드르 A. 키셀료프를 만나러 갔다. 키셀료프의 민주주의에 대한 열렬한 신념은 가식이 아닌 듯했다. 하지만 만일 그가 30년 전에 활동했더라면, 그는 분명 지금과 똑같은 확신으로 공산주의의 대의를 옹호했을 것이다. 그는 실제로 볼고그라드에서 청소년기를 보낼 때 콤소몰(공산당 청년 조직)의 주요 멤버였다. 나를 만났을 때, 키셀료프는 열한 사이즈쯤 커 보여서 브레즈네프의 것이었다고 해도 믿을 만한 연푸른색 양복을 입고 있었다. 그는 〈전형적인 관료〉처럼 보였다. 그리고 내가 던지는 구체적인 질문에 자꾸만 〈우리가 민주주의를 세워야만 사람들이 강해질 수 있습니다〉라거나 〈사람들에게 어떤 나라에서 살고 싶은지 물은 뒤 그에 맞게 나라를 건설해야 합니다〉 하는 식으로 대답했다.

키셀료프가 이끄는 〈러시아 민주 개혁 운동〉은 옐친을 권좌로 올리는 데 기여했던 정치 조직에서 지금껏 남은 잔재이고, 현재 러시아에서 그나마 가장 어엿한 정당에 가까운 조직이다. 내가 골로빈의 열성적이면서도 명료한 웅변을 듣고 나서였는지, 키셀료프의 답변들은 진정성이 없고 따분한 소리처럼 들렸다. 그는 자꾸만 통계를 읊었다. 내가 러시아 인구의 다수가 형식을 불문하고 어쨌든 민주주의를 원하기라도 하는지 묻자, 그는 어리둥절한 표정을 지은 뒤 지난주 의회에서 벌어졌던 토론 내용을 시시콜콜 들려주었다. 그에게는 추상적 사고나 거창한 질문을 추구하는 성향이 전혀 없는 것 같았다.

키셀료프는 새 헌법을 주장하는 사람들 중 하나다. 사실 새 헌법이야말로 그가 몸담은 당의 존재 의의나 마찬가지다. 그는 말했다. 「우리는 이 민주 헌법을 의회와 국민에게 밀어붙일 겁니다. 그다음에 옐친이 사람들에게 그 내용을 설명할 것이고, 사람들도 일단 옐친의 설명을 들으면 그것이 좋다는 걸 이해할 겁니다.」 나는 그런 방식은 기존 법에 합치하지 않는다고 지적했다. 「글쎄요. 굳이 비판하고 싶다면야 옐친이 법을 어기는 셈이라고 말할 수도 있겠습니다만, 솔직히 말해서 모두가 법을 어기는 판국이니까요. 현재의 헌법은 너무나 엉망이라서 대부분의 사람들은 신경도 안 씁니다.」

그날 오후는 옐친의 정치 자문인 세르게이 B. 스탄케비치와 보냈다. 러시아 정치는 예측하기가 불가능하지만, 그 성격만큼은 더없이 뚜렷하다. 내가 만난 세 사람 중에서 나라를 운영할 수 있는 사람이라면 스탄케비치뿐이다. 그는 현재 대중에게 인기가 없는 데다가 그가 더 크게 성공하도록 거들어 주었을지도 모르는 이런

저런 운동들과도 연을 끊은 상태였다. 하지만 인기란 러시아에서는 불과 몇 시간 만에도 생길 수 있는 것인 데다가 그도 한때는 인기가 높았던 적이 있었다. 최근 그는 옐친과 거리를 두는 입장을 취하고 있지만, 그런데도 아직 크렘린의 사무실과 공식 직함을 유지하고 있다. 예전에는 옐친이 이상하고 예측 불가능한 행동을 할 때마다 스탄케비치가 옐친 대신 나서서 설명해 주는 사람이었다.

스탄케비치에게는 골로빈의 실용적 이상주의도 깨끗한 과거도 없다. 공산주의자풍 언어에서 완벽하게 벗어나지도 못했다. 정치적 협잡을 한다는 비난을 종종 받았고, 작년에는 적잖은 규모의 정부 지원금이 거의 유령 상태인 한 음악 축제에 할당된 사건을 둘러싼 작은 스캔들에서 중심 인물이었다. 그는 또 자신의 영향력을 이용해서 일가친지에게 집을 얻어 주는 등 특혜를 남용한다고 한다. 「스탄케비치를 만난다고?」 옛 지하 단체 출신의 한 친구는 내게 말했다. 「만난 뒤에는 꼭 목욕을 하도록 해.」 그야 어쨌든, 스탄케비치는 엄청나게 유능해 보인다. 크렘린의 널찍한 사무실에 앉아서 그의 말을 듣다 보면, 나도 모르게 정치란 복잡할 것 하나 없는 일이라는 생각이 든다. 그는 자신이 주장하는 형태의 민주주의가 러시아뿐 아니라 자기 자신에게도 좋은 일이라는 사실을 똑똑히 알고, 그런 자각에 입각하여 정치적 전망을 추구한다.

그는 내게 말했다. 「러시아의 개혁에는 세 번에 걸친 물결이 있었습니다. 첫 번째는 고르바초프의 물결이었습니다. 그 물결은 1985년에 시작되었고, 페레스트로이카로 절정을 이뤘다가, 보리스 옐친이 러시아 연방 대통령으로 선출됨과 동시에 하향세로 접어들었습니다. 첫 번째 물결의 목표는 체제를 수호하고 공산당의 통제력을 유지하는 한도 내에서 통제된 선거와 발언의 자유를 도입하는 것이었습니다. 그리고 이 목표는 달성되었죠. 하지만 첫 번째 물결의 지도자들은 새로운 정치적, 지적 패러다임을 도입하는 데는 실패했습니다. 그래서 실각했죠.

두 번째 물결은 옐친의 개혁이었습니다. 안드레이 사하로프 같은 사람들이 참여했던 이 물결의 목표는 여전히 우위를 점하고 있던 공산주의 이데올로기를 몰아내고 기본적인 자유를 확립하는 것이었습니다. 발언의 자유, 언론의 자유, 의회 체제 등등. 그리고 이 목표도 달성되었습니다. 이 물결이 절정에 달한 것은 1991년 쿠데타 때였죠. 그러나 1992년에 경제에서 국가의 통제력이 상당 부분 제거됨과 동시에 이 물결은 꺼졌습니다. 두 번째 물결은 새로운 러시아를 만들어 내는 데는 실패했습니다. 다양한 인종, 민족, 종교 사이에 균형을 이루는 데 실패했고, 시장을 지향하면서도 사회적 책무를 다한다는 중차대한 공통 목표를 달성하는 데도 실패했습니다.

그리고 지금은 세 번째 물결의 시대입니다. 기반은 벌써 마련되어 있습니다. 이 물결은 선거와 함께, 수정 헌법 채택과 함께 본격적으로 시작될 겁니다. 이 물결의 첫 번째 목표는 여러 정부 부처들 사이에 경쟁이 아니라 협력을 끌어내는 헌법과 법치를 확립하는 것입니다. 우리는 대의 정부를 구성할 겁니다. 그래서 현재 준독립적으로 행동하는 공화국들이 자신들의 대리자가 범국가적 법치 구축에 관여하고 있다는 사실을 깨닫게 만들고, 그럼으로써 그 법치를 준수하도록 만들 겁니다. 우리는 사회적 책무를 다하겠지만, 경제 개혁을 향한 발걸음도 신중하게 내디딜 겁니다. 온건하고 유화적인 행동으로 이런 목표를 달성하여, 하나로 통합된 강한 러시아를 만들 겁니다. 탱크에 올라서는 행동으로써 이 나라를 다스릴 수 있던 시절은 지났습니다.」

아직 대통령의 자문 역할을 하고 있는 사람의 입에서 나오기에는 놀라운 말이라서 — 탱크에 올라섰던 사람은 옐친이었다 — 나는 더 캐묻는다. 지금 스탄케비치는 옐친은 믿을 만하지 못하다고, 대중의 영웅이기는 해도 전문가는 아니라고 암시한 셈이니까. 스탄케비치는 이렇게 말했다. 「만약 옐친이 이 조건을 받아들인다면, 그가 제3의 물결의 키를 잡을 가능성도 생각해 볼 수 있겠죠. 하지만 제3의 물결은 주로 우리 세대의 일이어야 합니다.」 새로운 러시아의 정치는 젊은 정치다. 그러나 여느 젊은 정치인들과는 달리, 스탄케비치는 경력을 천천히 일궈 왔다. 그는 한때 고르바초프의 총애를 받았고, 나중에는 옐친의 진영에서 전략팀을 이끌었다. 쿠데타가 선언되었을 때 마침 휴가를 가 있었던 그는 곧장 모스크바로 돌아왔고, 러시아 정부 청사로 가서 사흘 내내 옐친 곁을 지켰다.

현재 스탄케비치는 우익 애국주의 운동 쪽으로 기울고 있다. 그러나 아마 어리석은 판단일 것이다. 그는 러시아 이름이 아닌 성, 그리고 대단히 지적인 태도를 갖고 있는데 둘 다 그쪽 세계에서는 잘 통하지 않는 특징이다. 한 모스크바 정치 칼럼니스트는 내게 말했다. 「스탄케비치는 늘 다크호스였어요. 그가 막후에서 휘두르는 힘이 정확히 얼마나 되는지는 알 수 없습니다.」 스탄케비치는 내게 이렇게 말했다. 「현재 러시아에 민주적인 것은 단 하나도 없습니다. 제3의 물결이 밀려들기 전에는, 수정 헌법이 제정되기 전에는 계속 그럴 겁니다.」 대통령 수석 자문이 〈민주적으로〉 선출된 대통령에게 저렇게 말한다는 것은 무슨 뜻일까? 그는 이어 말했다. 「이제 정치가 쇄신할 때입니다.」 공산주의를 끌어내리는 데 기여했던 급진주의자들은 이제 필요하지 않다고 그는 말했다. 「현재 우리는 끔찍한 캐치 22• 상황에 처했습니다.」 크렘린 사무실에서 이런 미국적 관용구를 듣게 되다니 좀 우습다. 「의회의 역할과 정의를 바꿀 새 헌법이 제정되어야만 나라가 제 기능을 찾을 수 있는데, 역설적이게도 새 헌법은 바로 그 헌법이 부수려고 하는 의회만이 통과시킬 수 있죠.」 그러면 어떻게 하나? 「어쩌면 법 밖에서 추진해야

• 조지프 헬러의 소설 『캐치 22』를 통해 일반명사화된 용어. 흔히 제도 권력의 덫에 빠진 인물을 묘사할 때 쓰인다.

할지도 모릅니다. 미국 독립 혁명 지도자들이 식민지 법을 일일이 다 지켰다면 승리할 수 있었겠습니까?」

골로빈이 무엇이 옳은가 하는 희망의 수사를 펼친다면, 스탄케비치는 무엇이 필요한가 하는 당위의 언어로 말한다. 나는 마지막으로 그에게 물었다.「당신들이 러시아에서 벌어지는 사건들의 경로를 얼마나 바꿀 수 있을까요? 선출 관료든 임명 관료든 누구도 통제할 수 없고 오직 사건 그 자체의 추진력만으로 벌어지는 부분이 얼마나 될까요?」

스탄케비치는 이렇게 대답했다.「러시아 정부는, 지금도 그렇고 가까운 미래에도 그럴 텐데, 힘이 없습니다. 우리가 가진 것은 영향력뿐입니다. 우리의 목표는 이 사실을 인식하는 것, 즉 우리가 절대적인 힘을 갖고 있는 척하지 말고 갖고 있는 영향력이나마 잘 활용하는 것이 되어야 합니다. 그다음에 힘을 되찾는 것이 목표가 되어야 합니다. 우리는 그 목표를 이룰 겁니다.」

대화 도중에 전화벨이 울렸다. 스탄케비치의 사무실에서 저 멀리 구석에 놓인 책상 위에는 색깔과 모양이 다 다른 전화기가 십여 대 놓여 있다. 전화들은 모두 각자 다른 회선에 이어져 있다. 그는 방을 가로질러 걸어가서 그중 하나를 받은 뒤, 여전히 차분하고 권위 있는 목소리로 오 분쯤 뭐라고 말한다. 아마도 친척인 듯한 누군가에게 자기 자동차를 고치는 방법을 한 단계 한 단계 일러 준다. 이럴 때도 여전히 구슬리는 듯한 말투를 쓴다. 이렇게 해봐, 그게 안 되면 이렇게 해보고. 이날은 옐친 대통령에 대한 신임을 묻는 국민 투표가 치러지기 하루 전이었지만, 크렘린의 다른 몇몇 사람들과는 달리 스탄케비치는 전혀 신경질적이지 않다. 열여섯 시간 뒤 투표소에서 어떤 일이 벌어지든 자신은 그로 인해 해를 입을 일이 없다고 확신하는 태도다.

젊은 러시아인들이 갖고 있는 새로운 능력 중 제일 중요한 것은 적응성이다. 이들은 어떻게 하면 자신이 원하는 것을 누구보다 더 빨리 더 바람직한 형태로 스스로 얻어 낼 수 있을지 그 방법을 안다. 한편 이들이 갖지 못한 것은 자신과 자신의 성공을 견주어서 판단하는 데 배경이 될 큰 그림, 그리고 성공에는 책임이 따를지도 모른다는 인식이다. 옛 소련은 이데올로기적 수사에 장악된 나라였고, 결국에는 이데올로기 자체가 의미를 잃었다. 한편 오늘날 젊은 세대의 유력한 구성원들과 민주주의에 대해서 이야기해 보면, 이들은 민주주의를 자본주의의 완곡어법처럼 이해하고 있는 것 같다. 그리고 자본주의란 누구나 무엇이 되었든 자신에게 유용한 것을 스스로 낚아채야 하는 체제라고 이해하는 것 같다. 세월이 십오 년 전이었다면, 이들 중 많은 사람은 기성 체제를 악으로 여기고 그에 대항하여 싸웠을지도 모른다. 아르툠 트로이츠키는 약간 씁쓸한 듯이 내게 말했다. 「영웅적인 시절은 끝났습니다. 나도 만약 현재의 젊은 세대로 태어났다면 영웅적으로 살고 있지는 않았을 겁니다.」

모스크바에서 보낸 마지막 날 오후, 외무부의 의회 협력관인 바실리 N. 이스트라초프를 만났다. 삼십 대 중반의 현명한 남자인 그는 원래 모스크바 대학의 교수였다가 공직으로 옮겼다. 냉소적이고 재치 있고 매력적인 그는 내가 만난 다른 자수성가형 인물들보다는 톨스토이 소설에 나오는 세속적 외교관들과 더 비슷해 보였다. 우리는 내가 인터뷰한 정치인들을 놓고 대화했는데, 그중 많은 수가 그도 아는 인물이었다. 그는 말했다. 「러시아의 전통적인 정치는 축구 시합과 같습니다. 모두가 두 팀 중 한 팀에 소속되어 있고, 모두가 상대 팀을 공격해서 이기는 데 혈안이 되어 있죠. 이 구도에서 유일하게 바뀌는 것은 팀을 나누는 기준입니다. 이번 주에는 친옐친파와 반옐친파가 붙었지만, 지난주에는 그와는 다른 기준으로 팀이 나뉘었죠. 다음 주에도 또 다를 겁니다. 나는 공무원이니까, 시합을 가까이에서 지켜보는 구경꾼인 셈입니다. 이 나라에서 오랫동안 그랬던 것처럼 팀이 두 개로 편성되었다가 금세 또 다른 구도로 재편되는 모습을 지켜보죠. 당신이 말하는 젊은 세대, 그들은 구경꾼이 아닙니다. 그들은 운동장에 나가서 뛰는 선수들입니다. 하지만 그들은 유니폼을 입고 있지 않습니다. 그래서 당신은 속으로 〈저 사람들은 흑팀이야, 백팀이야?〉 하고 묻겠지만, 금세 깨달을 겁니다. 그들은 흑팀도 백팀도 아니고 그저 공을 쫓는 팀일 뿐이라는 사실을.」

새로운 러시아의 혼돈을 낳는 진정한 원인은 경찰의 허약함도, 마피아의 압도적인 영향력도, 헌법 수정의 어려움도, 옐친의 불안정함도, 악화하는 인플레이션도, 서구 정부들의 순진한 원조 분배 정책도, 식량 부족도, 국영 공장의 비효율성도 아니다. 진짜 문제는 그동안 모두가 공익에 이바지할 것을 요구받아 왔던 사회에서 이제 모두가 자신만을 챙기면 된다고 보는 가치 체계가 득세하고 있다는 점이다. 다양하고 개별적이고 개인적인 수많은 의제들이 우연한 상황에 따라 잠시 이렇게 정렬했다가 다시 저렇게 정렬했다가 하는 나라에서는 일관성이 생겨날 수 없다는 것, 진짜 문제는 그것이다.

•

티무르 노비코프는 2002년 43세에 에이즈로 죽었다. 게오르기 구리야노프는 2013년 7월 에이즈 관련 간 기능 이상으로 42세에 죽었다. 같은 해, 블라딕 마미셰프먼로는 43세로 발리의 얕은 수영장에서 익사했다. 너무 만취해서 실수로 빠졌다가 못 나온 것일 수도 있고, 어떤 사람들이 주장하듯이 그가 블라디미르 푸틴을 공공연히 비판했던 탓에 사고로 꾸민 살인을 당한 것일 수도 있다.

〈자유 학당〉을 건설하겠다는 페틀류라의 시도는 허술한 관리 탓에 실패했지만, 페틀류라 자신은 국제적 명성을 얻었다. 그는 전위 연출가 로버트 윌슨의 후원으로 미국에 진출했고, 2000년에는 새로운 러시아에서 실종된 사회주의의 꿈을 주제로 회고전을 열었다. 파니 브로냐는 1998년 〈대안 미스 월드〉로 뽑혔다. 가리크 비노그라도프는 2009년에 모스크바 시장 유리 루시코프의 이름 철자를 뒤섞어서 〈고약한 도둑〉이라는 애너그램을 만들었다가 이후 시장의 눈엣가시가 되었다. 발레라 카추바는 서양에서 팬을 거느리게 되었고, 최근에는 아버지와 아들의 연작 초상을 작업하고 있다. 올가 스비블로바는 세계적인 유명 인사가 되었다. 요전에 한 예술가는 내게 스비블로바는 〈늘 앞으로 나아간다〉는 점에서 〈프로펠러 같은 사람〉이라고 말했다.[2]

보리스 그레벤시코프는 〈소련의 밥 딜런〉이라는 별명으로 『뉴스위크』에 소개되었다.[3] 그러나 미국 팝 시장에서 인기를 얻는 데 실패한 뒤 러시아로 돌아갔고, 러시아에서 이제 〈러시아 록의 대부〉라고 불린다. MC 파블로프는 서양식 랩을 하는 더 젊은 세대에게 인기를 빼앗긴 것을 활발하게 슬퍼하는 중이다.[4] 아르툠 트로이츠키는 검열을 금하는 러시아 헌법 제20조를 지지하면서 푸틴 비판 운동을 이끌어 왔는데, 검열 반대 운동의 상징인 흰 리본을 푸틴이 콘돔 같다고 비웃자 2011년 시위에 푸틴을 조롱하는 의미로 콘돔 복장을 하고 나타났다.[5]

유리 베갈로프는 광물과 석유를 다루는 주요 기업체의 파트너가 되었고, 유명 텔레비전 진행자와 결혼했다가 이혼했다.[6]

알렉산드르 키셀료프는 2009년에 러시아 우편국 국장으로 임명되었고, 2013년에 직책에서 물러나면서 배당금을 300만 루블 넘게 받았다.[7] 세르게이 스탄케비치는 1996년에 수뢰 혐의로 고발되자 폴란드로 달아났다가 이후 러시아로 돌아갔고 지금은 아나톨리 숍차크 재단의 선임 전문가로 있다.[8]

러시아에 반항적 퇴폐주의가 부족할 일은 없다. 예나 지금이나 한결같이 정부 기관지인 『프라브다』는 모스크바의 나이트클럽들을 침 튀기듯 선전하는 기사를 낸 적이 있다. 〈『포브스』에 따르면, 모스크바에는 세계 어느 도시보다도 백만장자가 많다. 그러니 몇몇 나이트클럽에서 경험할 수 있는 풍요로움의 수준이 어떤지는 여러분도 상상할 수 있을 것이다. 그 덕분에 모스크바는 남자들의 휴가지로 안성맞춤이고, 남자들만의 멋진 파티를 열 장소로도 완벽하다.〉[9] 사회 규범을 경멸하는 태도는 규범이 엄격해질수록 더 강해졌다. 24세의 아브도티야 알렉산드로바는 〈룸펜〉이라는 모델 에이전시를 만들어서 얼굴에는 긁힌 상처가 있고 머리카락은 부스스하고 눈은 퉁퉁 부은 여성 모델들을 소개하는데, 〈이목구비가 아무리 단정하고 대칭적이라도 감정이 드러나지 않은 얼굴은 아름답지 않다〉는 이유에서다.[10] 『유토피아』라는 잡지를 창간한 세르게이 코스트로민은 이렇게 말했다. 〈모두가 자신만의 유토피아를 찾고 있다. 소비주의 사회의 도움으로 거짓으로 꾸밀 수 있을지도 모르는 유토피아, 만족스러운 감정이라는 유토피아를.〉[11] 또 다른 잡지 『우리 없는 러시아』를 창간한 안드레이 우로도프는 〈자신들이 살아 볼 기회가 없었던 시절을 그리워하는 십대들을 위한 잡지〉라고 소개했는데, 옐친 시절에 대한 세간의 노스탤지어를 빗댄 농담이다.[12] 한 음식 비평가는 모스크바의 외식 문화를 묻는 질문에 이렇게 대답했다. 〈모스크바의 모든 레스토랑은 테마 레스토랑이다. 그 테마란 모스크바에 있지 않은 척하는 것이다.〉

팝 음악은 계속 검열을 받는다. 〈러시아의 폴 매카트니〉라고 불리는 안드레이 마카레비치는 우크라이나 동부에서 아이들을 위한 공연을 한 뒤로 콘서트를 열려고만 하면 당국에 의해 족족 폐쇄되는 경험을 했다. 모스크바에서 제일 유명한 래퍼인 노이즈 MC는 우크라이나의 한 콘서트에서 팬이 건넨 깃발을 받았다. 「내가 우크라이나어로 노래했더니 누군가 내게 우크라이나 국기를 줬습니다. 우크라이나에서는 그것이 아무 문제도 되지 않았죠.」 몇 주 뒤 그의 공연이 취소되기 시작했다. 시베리아 투어 중에는 거의 모든 공연이 저지되었다. 당국이 그가 묵는 호텔로 찾아와서 그가 다른 장소에서 공연하려는 것도 못 하도록 물리적으로 막은 일도 있었다.[13]

동성애에 우호적인 발언을 금지하는 법 때문에, 요즘 동성애자들은 수많은 자경단에게 공격당하고 있다. 자경단은 성인이나 청소년 동성애자에게 거짓으로 고백하여 데이트를 하자고 꾀어낸다. 그러고는 피해자를 때리고, 오줌을 강제로 마시게 하는 등 굴욕적인 행위를 시키며, 그 장면을 녹화해서 웹에 올린다. 2015년에는 그런 동영상이 수백 건이나 온라인에 공개되었다. 많은 피해자가 골절이나 얼굴 부상을 당하고, 일부는 불안증과 우울증에 시달린다. 너무 겁먹어서 집에만 처박혀 있는 사람들도 있다. 동성애자들은 길에서, 지하철에서, 나이트클럽에서, 심지어 직장 면접 중에도 공격당한다. 러시아 정부는 그런 행위를 증오 범죄로 고발하기를 거부했다.[14]

옐레나 클리모바는 청소년 동성애자를 위한 웹 사이트를 열려다가 막대한 벌금을 물어야 했다. 2015년 봄에 그녀는 『아름다운 사람들이 내게 한 말』이라는 제목의 사진집을 냈는데, 소셜 미디어에서 그녀를 협박한 사람들의 프로필 사진을 모은 책이었다. 꽃다발을 안고 웃는 모습의 한 여자는 클리모바에게 〈사람들이 널 잡으러 가기 전에 자살이나 하시지〉라고 써보냈다. 아기 염소를 안은 매력적인 모습을 프로필 사진으로 쓰는 한 남자는 〈네 년을 총으로 쏠 거야, 씨발년 그건 네가 당해도 싼 일들의 시작일 뿐이야〉라고 써보냈다.[15] 게이 활동가이자 시인인 드미트리 쿠지민은 이렇게 썼다. 〈타인이 타인이기 때문에 존중한다는 개념, 그도 유일무이하고 독립적인 한 개인이기 때문에 존중한다는 개념이 러시아에는 없다. 따라서 러시아에서는 《나는 동성애자이지만 내게도 권리가 있습니다》 하고 주장해 봤자 헛일이다.〉 쿠지민에 따르면, 러시아의 동성애자들은 사회에서 커져 가는 동성애 혐오 때문에 마지못해 과격분자가 되고 있다. 〈동성애자를 적으로 간주하는 이미지가 퍼져 있는 한, 나는 무엇이 되었든 공적 발언을 할 때 내가 마지못해 말려든 이 전쟁터에서 싸우는 한 명의 게이 남성으로서 말할 수밖에 없다.〉[16]

소련 시절 러시아 정교회는 반체제 조직이라는 평판을 누렸지만(그때도 교회가 KGB에 연루하기는 했다), 지금은 그런 분위기가 깡그리 사라졌다. 교회는 이제 푸틴이 내세운 의제들에 공공연히 힘을 실어 준다.[17] 1991년에는 러시아 인구 중 자신을 신자로 규정한 사람이 3분의 1이었지만, 2015년에는 그 수가 4분의 3이 넘었다. 그러면서도 인구의 4분의 1 가까이는 종교가 사회에 득보다 실을 더 많이 끼친다고 생각하며, 신자 중에서도 3분의 1은 신을 정말로 믿진 않는다고 답변했다. 하물며 미사에 참석하는 사람은 거의 없다. 정교회 수장인 키릴 총대주교는 푸틴의 지도력을 〈기적〉이라고 칭송하면서 푸틴을 반대하는 사람들에게 〈자유주의는 법치의 붕괴와 세상의 종말로 이어질 것〉이라고 말했다. 소문에 따르면 총대주교는 개인 자산이 40억 달러쯤 된다고 하고 3만 달러짜리 시계와 모스크바의 펜트하우스를 자랑한다고 한다. 그는 또 구세주 그리스도 성당을 상업적 용도로 대여해 준다.

푸틴은 정교회 오토바이 갱단인 〈노치니에 볼키〉와 자주 함께 사진을 찍었다. 〈성스러운 러시아〉라는 또 다른 정교회 스킨헤드 갱단의 지도자 이반 오스트라콥스키는 이렇게 말했다. 〈신성 러시아의 적은 사방에 있다. 우리는 자유주의자들의 악마적 이데올로기로부터 우리의 신성한 장소를 보호해야 한다. 경찰은 그런 공격에 대처할 여력이 없다. 내가 체첸 전쟁에서 싸우고 돌아왔을 때, 조국은 매춘, 마약, 사탄 숭배자 등등 더러운 것들 투성이였다. 그러나 이제는 종교가 오름세를 탔다.〉 그 갱단은 록 밴드 푸시라이엇에게 선고된 가혹한 처벌에 항의하던 시위대 중 한 명에게 중상을 입혔는데, 애초에 푸시라이엇이 체포된 것은 모스크바의 한 성당에서 연 공연에서 푸틴에 반대하는 기도를 올렸기 때문이다. 갱단은 자신들이 중상을 입힌 사람에 대해 〈그는 우리의 신성하고 성스러운 것들을 모욕했다〉라고 말했다.

게오르기 미트로파노프는 러시아 성직자 중 과거에 교회가 소련 당국과 맺었던 관계를 시인해야 한다고 주장한 유일한 사람인데, 이렇게 말했다. 〈우리는 20세기에 정직한 사람들을 너무 많이 잃었다. 그래서 이제 흉내 내기와 역할극이 표준인 사회를 갖게 되었다. 과거에는 스스로 공산주의 건설에 몸 바치겠다고 외치는 사람들이 있었는데, 사실 그들은 자신에게 유리한 구호를 이용한 것뿐이었다. 오늘날에는 다른 사람들이, 물론 실제로는 과거의 그 사람들도 일부 포함되어 있지만, 《신성 러시아》를 외친다. 그러나 이 구호도 무의미하기는 마찬가지다.〉

러시아의 조직 범죄단은 세계 각지에서 강탈, 인신매매, 마약 밀수, 매춘, 무기 거래, 납치, 사이버 범죄에 관여한다. 러시아 연방 보안국 내부 고발자 알렉산드르 리트비넨코가 런던에서 살해된 사건을 조사한 영국 담당 검사, 그리고 돈세탁을 조사한 스페인 수사관들은 러시아의 조직 범죄가 대부분 크렘린의 조율을 거친다고 결론 내렸다.[18] 스페인 수사관들은 또 러시아의 주요 범죄 수사를 감독하는 연방 수사위원회의 수장 알렉산드르 바스트리킨과 연방 마약 단속청장 빅토르 이바노프가 둘 다 범죄자들과 연관되어 있다고 주장했다. 위키리크스가 공개한 미 국무부 케이블•에는 러시아를 다양한 범죄 조직들에 의해 유지되는 〈사실상의 마피아 국가〉로 규정한 대목이 있다. 큰 조직으로는 솔른쳅스카야 브라트바(연 수입이 85억 달러로 추정된다), 브라츠키 크루크, 탐봅스카야 프레스투프나야 그루피롭카 등이 있고 그보다 작은 조직은 셀 수 없이 많다. 대학을 졸업한 사람들이 저런 조직에 들어가서 최고로 세련된 수준으로 시스템을 굴린다.

러시아 경제가 부패로 인해 겪는 대가는 매년 5000억 달러에 이른다. 국가 부패 지수를 매기는 비정부 단체 프리덤 하우스는 러시아에 최고점 7점 중 6.75점을 매겼다.[19] 푸틴은 해외에 자산을 가진 범죄자들을 고국으

• 전문(電文)이라고도 하며, 정부의 국내외 부처 간에 주고받은 기밀 문서를 뜻한다.

로 불러들이기 위해서 2015년에 그런 사람들에게 사면을 보장해 주는 법에 서명했고, 따라서 그런 범죄자들은 형법, 세법, 민법으로 고발되었더라도 안전할 것이다. 그렇게까지 했는데도 그해에 무려 1500억이 러시아를 빠져나간 것으로 추정된다. 러시아 하원의 예산 위원회 의장인 안드레이 마카로프는 이렇게 말했다. 〈그런 자산이 다양한 방식으로 취득되었다는 사실은 우리도 압니다. 그러나 우리는 러시아 경제 역사에서 《역외 운영》에 해당하는 이 단계를 반드시 넘어서야 합니다. 이것은 아주 중요하고 꼭 필요한 조치입니다.〉[20]

한편 정부는 법이 엄격하게 지켜지고 있다는 것을 보여 주기 위한 상징적인 쇼를 대중 앞에서 공연한다. 모스크바는 외국의 제재에 대한 보복으로 치즈를 비롯한 유럽산 식품의 수입을 금지했다. 그러나 이 보이콧은 표적인 유럽 국가들보다는 러시아 국민에게 더 큰 영향을 미쳤다. 당국이 수입 금지를 충실히 이행한다는 것을 보여 주기 위해서, 러시아 국영 텔레비전은 밀수된 식품 600톤 남짓을 거대한 기계로 파괴하는 장면을 방송에 내보냈다.[21] 이런 연극이 애국적인 것일지는 몰라도, 사람들이 굶어 죽어 가는 나라에서 벌이기에는 잔인하리만치 뻔뻔한 짓이라고 느낀 국민이 많았다.

러시아 경제는 세계에서 불평등이 가장 심한 경제 중 하나로 꼽힌다. 러시아 전체 부의 3분의 1 이상을 겨우 110명의 사람들이 갖고 있다.[22] 2011년에서 2015년 사이, 빈곤율은 3분의 1이 늘었다. 같은 시기, 50만 명이 경제적 기회를 찾아 외국으로 떠났다. 러시아 경제는 다변화 부족, 석유 시장에의 과도한 의존, 국제 제재, 낮은 노동 생산성, 부패, 변화의 동기 결핍에 시달린다. 모스크바는 정부에게 통제받는 대형 기업들은 지원하지만 독립적인 중소기업들은 지원하지 않는다. 유럽 연합에서는 중소기업들이 GDP의 40퍼센트를 생산하는 데 비해 러시아에서는 약 15퍼센트에 그친다. 이렇듯 민간 기업으로부터 멀어지는 현상은 경제적으로 좋은 전망이 못 된다. 석유와 가스가 국가 수출의 3분의 2 이상을 차지하는데, 이것은 유가가 배럴당 1달러씩 낮아질 때마다 러시아가 20억 달러씩 손해 본다는 뜻이다. 지속적인 국제 제재는 러시아 경제 규모를 10퍼센트 가까이 줄일 것이다. 게다가 러시아 노동자들의 효율성은 몹시 낮다. 이언 브레머의 『타임』 기사에 따르면, 미국 노동자는 노동 시간당 67.40달러를 생산하는 데 비해 러시아 노동자는 겨우 25.90달러를 생산한다. 하지만 금융 교육은 오히려 일찌감치 시작되어, VDNKh에서 열리는 〈어린 투자자 학교〉에서는 최저 연령이 여덟 살인 아이들에게 금융 지식을 가르친다.[23]

보도에 따르면 러시아 인구의 3분의 2 이상이 국가의 경제적 곤란에 개인적으로도 어려움을 겪는다지만, 푸틴의 경제 지휘에 찬성하는 인구도 그만큼 많다. 러시아 사람들은 대체로 국영 매체를 통해서 뉴스를 듣는데, 그런 매체들은 가령 러시아의 우크라이나 침공 같은 행위를 〈서구에 맞서는 러시아〉 시나리오의 일부처럼 묘사한다. 브레머는 이렇게 지적했다. 〈푸틴은 국민들이 무슨 말을 듣고 싶어 하는지 안다. 다만 그가 휘청거리는 경제를 고칠 방법도 아는지는 분명하지 않다.〉[24]

정치는 갈수록 냉소적인 분위기를 띤다. 2014년, 왕년에 포커 챔피언이었던 27세의 막심 카츠는 모스크바 구역 위원회 대표로 선출되었다. 그의 캠페인 구호는 〈모스크바 구역 위원회는 아무 힘이 없기 때문에 아무짝에도 쓸모없다〉였고, 그는 자신이 〈솔직하기로 선택했기〉 때문에 이긴 것이라고 말했다. 24세의 이자벨 막코예바는 복싱 챔피언이자 당당한 공산주의자다. 레닌을 공공연히 〈위대한 혁명가〉라고 부르는 새로운 러시아 좌파를 대변하는 얼굴이라고 할 만하다. 트위터 자기 소개에 〈나는 혁명이다〉라고 써둔 29세의 로만 도브로호토프는 그동안 백 번 넘게 체포되었다. 그는 에드워드 스노든에게 공개 편지를 보내어, 러시아에서는 모든 대화가 감시된다는 사실을 모두가 알고 있기 때문에 스노든이 어쩌다 머물게 된 이곳에서 놀라운 폭로 거리를 찾기는 어려울 거라고 말했다.[25]

푸틴에 반대하는 사람들은 2011년과 2012년 선거 후에 항의 시위를 조직했다. 주동자는 체스 챔피언 가리 카스파로프, 활동가 일리야 야신, 좌파 전선 지도자 세르게이 우달초프, 반부패 운동가 알렉세이 나발니, 지역 의회 의원 보리스 넴초프 등이었다. 2015년, 나발니와 우달초프는 가택 연금에 처해졌다. 넴초프는 모스크바의 한 다리에서 등에 총을 맞고 죽었는데, 푸틴이 우크라이나에서 벌이는 짓에 항의해야 한다고 선동하는 글을 트위터에 올린 지 몇 시간 후였다.[26]

모스크바 정치 기술 센터의 게오르기 치초프는 이렇게 말했다. 「현재 러시아 사람들은 〈우리 편〉 대 〈국가의 반역자들〉이라는 이분법으로 갈라져 있습니다. 자유주의자들은 시위를 할 수가 없어요. 그러면 사회 구성원의 대부분을 거스르는 꼴이 되니까요.」 한때 활발한 시위자였던 33세의 니키타 데니소프는 이렇게 말했다.「시위 행진이 아무 소용 없을뿐더러 심지어 대부분의 사람들이 싫어하는 일이라는 것만 알게 되었죠.」 29세의 옐레나 보브로바는 이렇게 말했다. 「우리는 변화를 이룰 수 있다는 생각에 거리로 나섰지만, 접한 것은 사람들의 무관심뿐이었어요. 권력자들뿐 아니라 친구들과 친척들에게서도.」 냉담함이 러시아의 국민 오락이 된 모양이다.

중국

그들의 냉소가, 유머가 (그리고 예술이) 중국을 구할 수 있다

『뉴욕 타임스 매거진』, 1993년 12월 19일

서양 밖에서는 가치 있는 예술이 전혀 생산되지 않는다는 인식, 1990년대에 흔했던 이 인식을 지금은 기억하기 어려울 수도 있다. 내가 러시아의 신세대를 다루는 기사를 쓴 뒤 『뉴욕 타임스』 편집자들이 다음에는 무얼 쓰고 싶으냐고 물었고, 나는 중국 예술가들은 어떻겠느냐고 제안했다. 중국에 예술가들이 있는지 없는지도 몰랐으면서. 그저 모스크바와 상트페테르부르크에서 흥미로운 일이 많이 벌어진다면 베이징과 상하이에도 틀림없이 비슷한 것이 있으리라고 생각했다. 소련 예술 작품이 서양인들은 이해할 수 없는 것이었다면, 중국 예술 작품은 서양인들이 접근할 수 없는 것이었다. 국제적으로 감상이 허락된 작품은 중국 당국이 인정한 작품들뿐이었기 때문에, 대개의 비평가들은 중국에서는 모든 예술가가 공산당 강령에 따른 작품만을 생산할 것이라고 여겼다. 나는 막상 취재 의뢰를 받고는 어떻게 해야 할지 몰라 당황했지만, 소개를 통해서 한 명 한 명 그곳 화가들을 알아냈다. 맨 처음에는 모스크바에서 만났던 독일인 개념 예술가의 소개가 도움이 되었다. 요즘은 아예 전 세계 현대 미술 작품의 절반이 중화 인민 공화국에서 나오는 것 같다. 차이 궈창, 아이웨이웨이 같은 작가가 서양에서 여는 전시회는 세계적으로 가장 많은 관람객이 찾는 전시회가 되었다.

이 글에서는 원래 발표했던 기사에서 삭제했던 내용을 일부 되살렸다.

1993년 8월 21일, 베이징 국립 미술관에서 「향촌 계획」 전시회가 열릴 예정이었다. 그림들은 평범한 데다가 보통 사람이 보면 정치적 의미는 전혀 느낄 수 없는 것들이었지만, 관료들은 개중 많은 작품들이 중화 인민 공화국 인민의 삶의 긍정적인 면을 보여 주지 않으므로 전시를 허용할 수 없다고 판단했다. 전시하기로 했던 작품들 중 약 20퍼센트만 걸어도 좋다는 허가가 내려졌다. 「향촌 계획」 전의 주동자였던 화가 쑹솽쑹은 전시회가 편집당한 것에 분개했다. 그는 친구들에게 자신이 8월 25일에 전시장에 가서 그동안 개인주의적 생활 양식의 상징으로 길러 왔던 긴 머리카락을 자르겠다고 알렸다.

8월 25일 정오에 쑹, 친구들, 깨끗한 흰 가운 차림의 이발사, 산시 텔레비전의 기자, 그리고 내가 전시장에 모였다. 쑹은 엄숙한 태도로 전시장 바닥에 신문지를 깐 뒤 한가운데에 의자를 놓았다. 우연히 미술관을 찾은 관람객들도 발길을 멈추고 구경했다. 우리는 쑹의 머리카락이 한 움큼 한 움큼 바닥으로 떨어지는 모습을 홀린 듯 조용히 쳐다보았다. 쑹은 먼저 이 방향을 보고 앉고, 다음에는 저 방향을 보고 앉고, 한동안 진지한 표정을 짓고 있다가, 갑자기 씩 웃으면서 포즈를 취했다. 20분쯤 지난 뒤, 쑹은 의자를 치우고 시체처럼 바닥에 드러누웠다. 그러자 이발사가 쑹의 얼굴에 비누 거품을 묻히고 면도칼을 꺼내어 수염을 깎아 주기 시작했다. 수염이 사라지자, 쑹은 도로 일어나 자리에 앉아서 마지막 남은 머리카락까지 다 밀 준비를 했다. 이발사가 다시 쑹의 머리를 자르기 시작했을 때, 미술관 보안 책임자가 나타나서 군중과 카메라를 보았다. 그는 화나서 딱딱한 얼굴로 물었다. 「이 짓의 주모자가 누구요?」

「이건 내 전시회입니다.」 쑹이 대답했다. 「내가 다 책임집니다.」

험악한 말이 잠시 오간 뒤, 보안 책임자는 방을 박차고 나갔다가 위협적인 인상의 수하들을 데리고 돌아왔다. 모르는 사람이 보았더라면, 쑹솽쑹이 이발과 면도를 했기 때문이 아니라 폭탄이라도 갖고 있었기 때문에 붙잡힌 줄 알았을 것이다. 모두가 방에서 쫓겨났다. 문은 무거운 쇠사슬과 자물쇠로 잠겼다. 전시는 즉각 영영 폐쇄되었다. 쑹은 두 경비원에게 붙들려 거칠게 끌려 나갔다.

우연히 이 광경을 지켜본 웬 서양인이 내게 어깨를 으쓱하면서 중국에서는 민주주의를 위해 공개적으로 싸우는 시도가 늘 이렇게 실패로 돌아간다고, 그래서 참 안됐다고 말했다. 그 서양인은 중국에서 국가에 반대하는 모든 예술가는 직접적으로든 간접적으로든 자유선거와 헌법을 지지할 것이라는 서양인다운 결론을 내린 것이었다. 하지만 사실 그런 논리는 중국과 중국인을 오해한 데서 나온다. 그리고 이 사건의 경우, 그런 결론은 요점 파악에 실패한 판단이었다. 사실 쑹의 이발은 대성공이었다. 중국의 지식인들은 — 여기에는 과거에든 현재에든 민주주의 시위에 활발히 나선 이른바 〈지하 세계〉 전위 예술가들도 포함된다 — 중국에 서양식 민주주의를 적용하는 것은 한갓 실수일뿐더러 아예 불가능한 일이라는 믿음을 품고 있다는 점에서만큼은 모두가 한마음이다. 중국인들은 중국을 좋아한다. 그들은 물론 서양의 돈과 정보와 힘을 갖고 싶어 하지만, 중국의 문제에 서양의 해법을 적용하기는 원치 않는다. 민주주의를 요구하는 시위도 알고 보면 중국식 해법의 추진을 요구하는 것일 따름이다. 동양에서는 원하는 것을 얻으려면 원하지 않는 것을 요구해야 한다고, 그게 관례라고 내게 말해 준 예술가가 한

두 명이 아니었다.

중국에서는 개인으로서 행동한다는 것 자체가 급진적인 일이다. 그런 태도는 중국인들이 늘 똑똑히 의식하고 있으며 대단히 자랑스러워하는 5000년 역사, 그들이 자주 (그리고 가끔은 격렬하게) 수정하지만 결코 내버리진 않는 역사를 정면으로 거스르는 일이다. 중국의 전위 예술계 멤버들은 한 사람 한 사람 독립적인 개인들이지만, 그렇다고 해서 지나칠 정도로 개인주의를 추구하는 것은 우스꽝스러운 짓으로 여겨진다. 중국에서 예술적 기예란 그들이 서양식의 천박한 사익 추구라고 여기는 활동에서 나오는 것이 아니라 중용에서 나온다. 그들의 어떤 행동이 서양인의 눈에는 중국의 획일적 전통으로부터 의절하는 것처럼 보일지라도, 사실 그것은 전통을 살살 부추겨서 더욱 진화시키려는 요량으로 한 발짝만 멀어진 것에 가깝다. 중국은 많은 문제와 인권 유린에도 불구하고 그럭저럭 기능하고 있으며, 지식인들까지 포함하여 모든 중국인들에게는 그 사실이 서양의 민주주의 개념보다 훨씬 더 중요하다. 우상 파괴적인 예술가들조차도 덩샤오핑 정부에 몸서리칠지언정 그 체제의 작동에는 대체로 놀랄 만큼 만족해한다. 중국 전위 예술계의 반항적 행동도 그 체제 내에서 유효할 뿐, 서양의 체제 내에서 해석되도록 기획된 것이 아니다.

급진적으로 보이는 것은 종종 실제로 급진적이지만, 그 방식은 우리가 생각하는 방식과 다를 수 있다. 난징 방언으로 〈아이 러브 유〉라는 말은 〈매운 기름 치시겠어요?〉라는 뜻이다. 화가 니하이펑은 이렇게 말했다. 「서양은 우리 예술을 보고 우리가 〈나는 당신을 사랑합니다〉라고 말하는 줄 알지만, 사실 우리는 요리에 대해서 사적인 대화를 나누는 것뿐입니다.」

아방가르드의 영혼

중국 사회는 늘 위계적이다. 격식이 없는 집단이라도 피라미드 구조로 이루어져 있다. 중국 전위 미술계의 〈지도자〉는 리셴팅, 일명 라오 리다(〈리 노인〉이라는 뜻으로 존경과 애정을 담은 존칭이다). 「가끔은 그냥 〈중국 아방가르드〉 대신 〈라오 리〉라고 말하는 게 편합니다. 같은 뜻이니까요.」 화가 판더하이의 말이다. 46세의 라오 리는 자그마한 체구에 별스러운 수염을 길렀고 지적인 온화함과 이따금 광채를 내뿜는 것처럼 느껴질 만큼 사려 깊은 친절함을 갖췄다. 그는 학식이 높은 학자로 중국 미술사에 정통할 뿐 아니라 서양 미술도 안다.

라오 리는 베이징 구시가의 전통적인 주택 구조인 쓰허위안(四合院), 즉 작은 마당을 둘러싸고 네모나게 지어진 집에서 산다. 그 집은 중국 전위 문화의 본거지다. 그가 점심까지 늦잠을 자기 때문에 오전은 출입 금지이지만 오후나 저녁에는 언제 가봐도 늘 예술가들이 모여 있다. 가끔은 두세 명이고, 스무 명에서 서른 명이나 모일 때도 있다. 모두가 차를 마신다. 밤에는 가끔 중국 독주도 마신다. 대화는 거창하고 관념적인 주제일 수도 있지만 그보다는 단순하고 심지어 가십에 가까운 주제일 때가 더 많다. 어떤 전시가 좋았는지, 누가 아내와 헤어지려고 하는지, 새로 어떤 농담을 들었는지.

라오 리의 집은 작은 방 세 개뿐이고 여느 쓰허위안이 그렇듯이 실내 화장실도 온수도 없다. 하지만 일단 그 아늑하고 편한 장소에 도착하여 긴 의자에 끼어 앉으면, 누구나 몇 시간이고 머물 수 있다. 대화가 늦게까지 이어지면 자고 갈 수도 있다. 올여름 한번은 여덟 명이 모여서 거의 새벽 다섯 시까지 이야기를 나눴는데, 기적적이게도 모두가 묵을 공간이 있었고 우리는 다들 몹시 피곤했던 터라 푹 잘 잤다. 스무 명이었더라도 잘 공간이 있었을 것이다. 라오 리의 집은 그렇다.

라오 리의 일을 정확히 설명하기는 어렵다. 그는 좋은 작가이자 큐레이터이지만, 주된 역할은 화가들을 부드럽게 이끎으로써 그들이 적절한 언어로 자신의 작품을 경험하고 토론하도록 돕는 일이다. 나는 중국을 방문할 때마다 늘 사람들과 라오 리 이야기를 나눴다. 그가 최근에 어떤 글을 썼는지, 한 사람이 그렇게 큰 영향력을 갖고 있는 것이 온당한가 하는 문제, 그가 스스로 발견하고 기록하는 예술가들보다 자기 자신을 더 대단하게 여기는 건 아닌가 하는 이야기, 그가 어떤 여자들을 좋아하는지, 그가 작년에 서양을 여행하고 돌아온 뒤로 생각이 좀 바뀌었는가 하는 이야기. 베이징 예술계의 한 멤버는 이렇게 말했다. 「화가들은 꼭 선생님에게 숙제 검사를 맡는 아이들처럼 새로 그린 그림을 라오 리에게 가져갑니다. 그는 작품을 칭찬하거나 비판한 뒤 그들을 그다음 작업으로 내보내죠.」 지방의 모든 성(省)에서 화가들이 라오 리에게 작품을 찍은 사진을 보내어 도움을 구하고, 그러면 그는 직접 찾아가서 작품을 본다. 책이나 자료도 챙겨서 간다. 「농업과 같죠. 지방으로 이런 재료를 가지고 가서 그곳 문화를 비옥하게 만드는 겁니다.」 라오 리는 가는 곳마다 슬라이드를 만들어 와서 보관한다. 그의 자료 보관소에는 현대 중국의 모든 유의미한 예술적 노력들이 기록되어 있다. 흥미로운 화가를 발견하면 베이징으로 초청하기도 한다. 미술계는 라오 리를 통해서 끊임없이 새 피를 수혈받는다.

학문적 업적에도 불구하고, 라오 리는 비평가 특유의 객관적 거리를 지키지 않는다. 그를 비난하는 사람들은 그 점을 나무란다. 그는 늘 비평하면서도 그 못지않게 공감하는 반응을 보이고, 그가 작품에서 느끼는 즐거움은 주로 그가 품고 있는 도덕적 목적의식에서 나온다. 그는 중국 사회에 힘이 되어 주는 사고방식을 장려하는 일에 헌신하는데, 이 목표는 해석이라는 여느 비평가들의 임무와는 다르고 그보다 더 고차원적이다.

라오 리의 동아리에 속하는 화가들은 스스로를 전위 예술가로 규정한다. 그중 한 명이 내게 준 명함에는 이름 밑에 아예 〈전위 예술가〉라고 적혀 있었다. 처음에는 그 정의가 혼란스럽게 느껴졌다. 이 화가들은 서양의 기준에서는 그다지 전위적이지 않은 경우가 많기 때문이다. 그러나 나는 라오 리와의 대화를 통해서 그 작품들의 급진성은 그 독창성에 있다는 사실을 이해했다. 중국 사회에서는 누구든 자신만의 전망을 고수하면서 그것을 표현하려고 하는 사람은 전위에 있다는 사실을. 라오 리는 개인성을 옹호하는 최고의 후원자다. 그의 놀라운 휴머니즘은 공개적인 제약과 내면의 사회적 구속으로 사람들의 독창성을 억압하려 드는 사회에서 예술가들에게 정신과 표현의 자유를 향한 길을 열어 주려는 것이다.

「이상주의라고요?」 라오 리는 언젠가 말했다. 「나는 그저 중국에 새로운 예술이 등장하기를 바라고, 내가 그 등장을 도울 수 있기를 바랍니다. 1989년 이전만 해도 우리는 새로운 예술로 사회를 바꾸고 자유롭게 만들 수 있다고 믿었죠. 그러나 이제 나는 새로운 예술은 그저 예술가들을 자유롭게 만들 수 있을 뿐이라고 생각합니다. 하지만 그 누구에게든 자유로워진다는 것은 결코 호락호락한 일이 아니죠.」

약간의 역사

「중국 미술은 마치 전통 솥처럼 세 개의 다리 위에 얹혀 있습니다.」 라오 리는 설명했다. 「한 다리는 전통 수묵화입니다. 다른 하나는 20세기 초 서양에서 수입된 사실주의입니다. 나머지 하나는 서양 현대 미술이라는 국제적 언어입니다.」

1919년에서 1942년 사이의 시절, 중국인들은 전통 문인화, 즉 수묵화에 환멸을 느끼게 되었다. 마오쩌둥이 권력을 쥔 뒤에는 소련 미술을 본받은 영웅적 화풍이 혁명의 공식 언어가 되었다. 싱싱화회(星星畵會)라는 집단이 최초의 전위 운동을 개시한 것은 1979년이었다. 그 운동은 사회, 문화, 정치 변화의 추진력들이 한자리로 수렴했던 이른바 〈민주의 벽〉 운동의 일환이었다. 싱싱화회의 창시자 중 한 명인 마더성은 그때 이렇게 말했다. 〈모든 화가는 저마다 하나의 별이다. 우리가 스스로를 싱싱(별들)이라고 부르는 것은 개인성을 강조하기 위해서다. 문화 혁명의 단조로운 획일성을 겨냥하여 하는 말이다.〉 공식 기관에서 배우지 않았던 싱싱화회 멤버들은 작품을 전시할 길이 없었고, 그래서 1979년에 국립 미술관 담벼락에 자신들의 그림을 내걸었다. 그 야외 전시장을 경찰이 폐쇄하자, 그들은 개인의 권리를 주장하는 시위를 벌였다.

문화 혁명 중 닫았던 미술 학교들이 다시 문을 연 것은 1977년이었다. 젊은 화가들은 항저우의 저장 미술 학원이나 베이징의 중앙 미술 학원 같은 몇 안 되는 장소에서 시험을 연거푸 치르고 또 치르면서 형언할 수 없이 고된 응시 과정을 밟았다. 이후 1979년에서 1989년 사이 중국 정부가 자유화하면서 마침내 서양 미술 전시회가 국립 미술관에서 열렸고, 학생들은 그곳에서 며칠씩 관람하곤 했다. 중국에서는 사회를 비판하는 사람들조차 공식 기관에서 공부하고 싶어 했는데, 그래야만 떳떳하게 말하고 생각할 자격이 주어진다고 느꼈기 때문이다. 싱싱화회가 내용의 급진주의를 내세웠다면, 1985년 등장한 신사조 미술은 형식의 급진주의를 도입했다. 1985년 라오 리를 포함한 다섯 비평가가 사적으로 『중국 순수 미술』이라는 잡지를 창간했고, 이 잡지는 1989년 폐간할 때까지 신사조 미술의 목소리로 기능했다. 라오 리 못지않게 중요했던 나머지 네 비평가들은 이후 중국을 떠나거나 비교적 잠잠하게 지냈다.

그 시기 많은 예술가가 사회적 규범에 대한 경멸을 드러내는 의미에서 머리카락을 길렀다(쑹의 이발 퍼포먼스는 이런 급진주의를 암시한 것이었다). 예술가들은 중국 사회의 성적 억압을 무시한 채 이성에 관한 이야기를 거침없이 나눴고, 시시콜콜한 사생활을 숨기지 않았고, 추잡한 농담을 나눴다. 밤늦게까지 모여 앉아서 서양 철학가와 화가와 시인을 논했다. 이전에는 구할 수 없었던 문학 작품들이 막 출간되기 시작했고, 그들은 닥치는 대로 읽었다. 그러나 이처럼 전반적으로 느슨한 태도에도 불구하고 대부분은 따로 직업이 있었고, 사회적 의무를 이행하려고 애썼다. 예술은 자신을 위해서 하는 일이었고, 남들에게 보여 주기는 대단히 어려웠으며, 드물게 〈세계 친구들〉(예술가들이 좋아하는 이 표현은 마오가 해외의 동조자들을 부르던 완곡어법이었다)에게나 작품을 팔 수 있었다.

1980년대 내내 사회의 가치에 반기를 들었던 예술가들은 주로 서양의 시각 언어를 이용했는데, 그런 작품을 본 서양 비평가들 중 일부는 그것을 모방작에 지나지 않는다고 폄하했다. 그러나 중국에서 서양의 시각 언어가 힘이 있었던 것은 그저 그것이 금지된 것이었기 때문이고, 그것을 쓰는 것은 계산된 행동이자 유의미한 행동이었다. 로이 리히텐슈타인이 만화를 그냥 베꼈다거나 미켈란젤로가 고전 조각을 그냥 베꼈다고는 말할 수 없는 것처럼, 중국 전위 화가들이 서구 양식을 그냥 베끼기만 했다고는 말할 수 없다. 형식은 비슷하고, 언어는 모방적이지만, 의미는 다르다.

활발했던 중국 미술 운동이 단말마의 숨을 뱉은 것은 1989년 6월 4일 톈안먼 학살로부터 불과 몇 달 전이었다. 그해 2월, 모두가 순진하게 열광하는 분위기에서, 〈유턴 금지〉 도로 표지 기호를 상징으로 내건 〈중국/아방-가르드〉전이 국립 미술관에서 열렸다. 그로부터 10년 전만 해도 싱싱화회는 고작 미술관 담벼락에 작품을 내걸고자 싸워야 했지만, 이제 『중국 순수 미술』 비평가들은 모든 전위 미술계 화가들의 가장 급진적인 작품을 모아서 기념비적인 전시회를 꾸리고 있었다. 화가들은 더 많은 사람들에게 작품을 보여 주기 위해서는 꼭 필요한 국가의 공식적 승인을 이 전시회를 통해서 얻을 수 있으리라 기대했다. 이윽고 열린 개관식에서, 두 예술가가 자신들의 설치 미술 작품에 대고 총을 쐈다. 깜짝 놀란 관료들은 당장 전시회를 폐쇄시켰고, 그리하여 전위의 꿈은 잔해로만 남았다. 오늘날 몇몇 예술가들의 증언에 따르면, 그들이 본 정부 문서에는 1989년 전시회 같은 행사가 두 번 다시 열리지 못하도록 막는데 어떤 극단적 조치도 아끼지 말아야 한다고 명한 〈기밀〉 메모가 있었다고 한다.

그 전시회의 폐쇄는 중국 예술가들을 마비시켰고, 그들이 이제 어떻게 해야 할지 의논하는 도중에 6월 4일 학살이 벌어졌다. 예술가들과 이상주의자들은 자신들에게는 나라의 미래에 영향을 미칠 힘이 없다는 사실을 깨우쳤다. 라오 리의 여자 친구이기도 한 비평가 랴오원은 당시 이렇게 썼다. 〈파산한 이상주의의 잔해에 둘러싸인 지금, 우리는 마침내 피할 수 없는 결론에 다다랐다. 극단적인 저항은 우리의 적이 얼마나 강한지, 우리가 얼마나 쉽게 다칠 수 있는지 보여 주었을 뿐이라는 결론에. 그보다는 유머와 냉소가 더 효과적으로 체제를 부식시키는 도구일지도 모른다. 1989년 이후 이상주의는 냉소를 머금은 장난기에 밀려났다. 지금은 예술, 문화, 삶의 조건을 진지하게 토론하기에 알맞은 분위기가 못 된다. 요즘 사람들에게는 그런 것들은 다 부적절해 보인다.〉

예술가들 중 일부는 1989년 이전에 진작 이민을 떠났고, 직후에 더 많은 수가 떠났다. 옛 전위 집단의 거물들도 대부분 중국을 떠났다. 싱싱화회 멤버들 중 여태 베이징에 남은 사람은 한 명뿐이다. 그러나 〈유턴 금지〉의 정신은 아직도 이어지고 있다. 요즘도 매일 저녁 수십 명의 예술가가 어김없이 라오 리의 집을 찾는다.

목적적인 무목적성

라오 리는 현대 중국 미술을 여섯 범주로 분류한다. 그중 몇 가지는 나머지보다 더 널리 받아들여지고 있다. 화가들은 그의 범주가 인위적이라고 불평하지만, 모든 것을 정돈하고자 하는 중국인 특유의 충동이 여전한 데다가 범주화 없이는 이 다채로운 중국 미술에 어떻게 접근해야 좋을지 알기 어렵다. 라오 리의 취향은 행위 예술, 개념 예술, 설치 미술보다는 회화에 좀 더 치우친다. 그가 규정한 회화의 범주들 중 특히 많이 이야기되고 토론되고 나아가 인정되는 것은 냉소적 사실주의와 정치적 팝 아트라는 두 범주다.

냉소적 사실주의는 단연코 1989년 이후 양식이다. 주요한 주창자인 팡리쥔과 류웨이, 그리고 왕진쑹과 자오반디(단, 그 자신은 냉소적 사실주의자라고 불리기를 좋아하지 않는다)를 비롯한 다른 화가들은 모두 고등 교육을 받았고, 사진처럼 완벽하게 묘사할 줄 아는 구상화 솜씨를 갖추고 있다. 밝은 색채와 세부 묘사가 두드러지는 작품들은 이상한 분위기에서 서로 소외된 사람들을 보여준다. 팡리쥔은 각기 단절된 근접 공간에 포착된 대머리 남자들을 그린다. 어떤 남자는 입이 찢어져라 하품하는 중이고, 어떤 남자는 허공에 대고 씩 웃는 중이다. 흑백의 인물들이 텅 빈 바다를 헤엄친다. 인물들은 늘 목적 없이 빈둥거리면서 앉아 있거나 수영하거나 걸어다닌다. 세련된 구도와 정교한 기법으로, 팡은 별달리 묘사할 것도 없어 보이는 활동 부재 상황을 묘사한다. 그 결과는 종종 우습고 서정적이고 슬프며 그가 〈일상의 부조리하고 진부하고 무의미한 사건들〉이라고 말하는 상황을 날카롭게 재현한다.

류웨이와 팡리쥔은 예술적으로나 사회적으로나 늘 짝지어 호명

된다. 두 사람은 같은 예술 학교에 다녔고 오래된 친구다. 둘에게는 어쩐지 좀 반항적인 분위기가 있다. 팡리쥔의 경우에는 그것이 외양에 그치는 것 같지만, 류웨이에게서는 진정한 난동성이 감지된다. 홍군 고위 장성의 아들인 류웨이는 자기 부모를 즐겨 그린다. 중국인들은 고위 장성이라면 으레 부유하고 행복한 삶을 살 것이라고 여기지만, 류웨이는 〈우리 가족과 모든 중국 인민의 무력함과 어색함〉을 우스꽝스럽고 그로테스크한 초상에 담아낸다. 그는 이렇게 말했다. 「1989년에 나는 학생이었습니다. 남들처럼 민주화 운동에 참여했지만, 중요한 역할을 맡지는 않았어요. 6월 4일 이후 나는 절망했습니다. 나는 이제 내가 사회를 바꿀 순 없다는 것을 인정합니다. 나는 그저 내가 처한 상황을 묘사할 수 있을 뿐입니다. 중국에서는 전시를 할 수 없기 때문에 여기서는 내 작품이 사람들에게 영감을 주지 못하겠지만, 그림은 적어도 나 자신의 무력함과 어색함을 달래도록 도와줍니다.」

왕진쑹은 그런 통렬한 메시지를 거의 인공적인 매끄러움에 담아 전달한다. 한편 어딘가에 홀로 갇힌 사람들을 꼼꼼하고 아름답게 채색한 거대한 이미지로 보여 주는 자오반디의 작품들은 어딘지 약간 미묘하고 비딱한 느낌이다. 냉소적 사실주의 운동은 철저하게 냉소적이지는 않다. 이 화가들은 사회가 거부하는 냉소주의를 그림에 담는다는 점에서 이상주의자들이라고도 할 수 있다. 이들의 작품은 도움을 요청하는 비명과도 같지만, 한편으로 유쾌하고 악동 같은 면도 있다. 그들의 작품은 유머와 통찰을 든든한 방어 수단으로 제시한다. 팡리쥔은 이렇게 말했다. 「내 그림이 뇌우와 같았으면 좋겠습니다. 사람들에게 그만큼 강한 인상을 남겨서, 그림을 본 사람들이 나중에 대체 왜 그럴까, 어떻게 그럴까 생각해 본다면 좋겠습니다.」

정치적 팝 아트는 서양에서 인기가 좋다. 주도적 인물인 왕광이는 돈과 명성을 사랑한다. 그의 작품은 2만 달러가 넘는 가격에 팔린다. 최근 그는 〈미술계 슈퍼스타로 사는 기분이 어떤지 느껴 보고 싶어서〉라는 이유로 200달러짜리 호텔 방을 빌렸다. 왕은 실내에서도 짙은 선글라스를 쓰고, 긴 머리카락은 포니테일로 묶었다. 다른 화가들은 그를 중국에서 서양의 가치를 대변하는 본보기로서늘 언급한다. 현재 그는 「대비판」 연작을 제작하고 있다. 마오가 혁명 정책을 알리려고 유포했던 선전물, 그리고 이름난 서양 회사들의 광고물을 나란히 배치한 코믹한 작품들이다. 가령 밴드에이드, 말버러, 베네통 같은 상표들이 마오 모자를 쓴 이상화된 젊은 군인들 혹은 농부들의 모습과 함께 병치되어 있다. 그는 말했다. 「1989년 이후 모두가 워낙 취약해졌기 때문에, 나는 상업주의가 사람들의 생각과 생각할 능력 자체를 해치지나 않을지 걱정됩니다. 에이즈가 사람들의 사랑과 사랑할 능력 자체를 망가뜨릴 수 있는 것처럼 말이죠. 물론 나는 돈과 명성이 좋습니다. 코카콜라를 비판하지만, 매일 마십니다. 우리 중국인들에게는 이런 모순이 딱히 혼란스럽게 느껴지지 않습니다.」

상하이의 위유한은 마오를 그리고 또 그린다. 보통은 주석이 좋아했던 〈농민화〉에서 가져온 정신 사나운 꽃무늬를 배경에 깐 그림들이다. 마오는 사람들 속에 섞여 있을 때도 있고 접이식 의자에 편하게 앉아 있을 때도 있다. 그의 얼굴이 똑똑히 다 보일 때도 있지만, 가끔은 꽃 한 송이가 그의 한쪽 눈이나 코를 막아 가리고 있다. 위유한의 최근작 중 하나는 대단히 팝 아트적인 이중 초상으로, 왼쪽에는 자신의 원칙에 갈채를 보내는 마오 주석이 있고 오른쪽에는 자신의 음악에 갈채를 보내는 휘트니 휴스턴이 있다. 둘 다 기존 사진을 그대로 본떠 그린 것인데, 그 유사성이 오싹할 지경이다.

엄격한 개인주의

전통 중국 회화는 스승을 모방함으로써 훈련했다. 독창성은 노년을 위해서 남겨 두는 것, 그때도 거의 알아차릴 수 없을 만큼 아주 살짝만 바꾸는 것이었다. 전통 회화의 역사는 풍성하지만 느린 데 비해, 전위는 맹렬한 속도로 전진한다.

개인성의 문제를 가장 철저히 탐구하는 예술가들이야말로 현재 중국에서 가장 흥미로운 작가들일 것이다. 그런데 역설적이게도, 왕루옌, 구더신, 천샤오핑이 창설한 베이징의 신해석 집단은 예술에서 개인을 오히려 억제하는 실험을 해보기로 했다. 1989년 예의 전위 집단 전시회가 무산된 후, 이들은 각자의 작품에 서명을 하지 말자는 결의안을 채택했다. 그리고 새로운 작업 규칙을 제정했다. 집단에 소속된 모든 예술가들이 함께 규칙을 고안했고, 다수결 투표로 통과시켰고, 그것을 준수하기로 합의했다. 왕루옌은 내게 이렇게 설명했다. 「규칙 앞에서 우리는 모두 평등합니다. 우리는 규칙을 예술가 개개인보다 더 중요하게 여기기 때문에, 통제의 언어로 자신을 표현합니다. 우리의 생각을 가장 잘 전달해 주는 것은 기호와 숫자입니다.」

신해석 집단은 자신들의 상호 관계를 표현할 복잡한 공식을 지어냈고, 멤버들은 그 공식을 써서 그래프나 도표를 제작한다. 최근의 한 작품은 이렇게 시작된다. 〈A1, A2, A3는 집합 수량에 도달하기 전에는 개인들을 뜻하고, 집합 수량에 도달한 뒤에는 행동 지침을 뜻한다. A1, A2, A3는 각자의 측정 그래프를, 즉 그래프 A1, A2, A3를 임의로 취한다. A1, A2, A3는 하나의 집합 수량을, 즉 표 A를 공유한다.〉 일부러 뜻을 알 수 없게 표현된 이 명제는 늘 순응할 것을 요구하는 중국 특유의 원칙, 늘 무진장 엄숙한 방식으로 전달되곤 하는 그 원칙을 장난스럽게 비판한 셈이다. 비록 통제된 방식으로 제작되었다고 하나, 이들의 작품은 내가 중국에서 본 것 중 가장 독창적인 작품들이었다. 왕루옌은 〈독창성은 우리가 합의된 규칙에 따라 서로 협력했을 때 따라 나오는 부산물입니다〉라고 말했다.

이 삼두정치의 주인공은 실로 기묘한 삼인조다. 천샤오핑은 문화 혁명 중 광산으로 파견되어 12년 동안 석탄을 캐다가 지금은 『중국 석탄』 신문의 아트 디렉터로 일한다. 왕루옌은 농부로 재교육받으면서 문화 혁명을 난 뒤 지금은 『중국 교통』 신문에서 디자이너로 일한다. 앞의 둘보다 어린 구더신은 화학 공장에서 노동자로 일하다가 전업 예술가로 나섰다.

내가 쑹솽쑹의 이발 퍼포먼스를 언급하자, 이들은 절레절레 고개를 흔든다. 「머리카락을 기르다니요, 그랬다가는 시장이나 버스 정류장에서 사람들이 내가 예술가라는 사실을 다 알아볼 텐데!」 구더신은 웃으며 말했다. 이들의 개인성은 위장되어 있기 때문에 무한히 더 강력해진다. 최근 서양에서 구더신의 작품이 포함된 전시회가 끝났을 때, 작품을 포장하던 사람들이 구의 작품을 포장지와 혼동하는 바람에 실수로 그의 작품을 내버렸다. 「내 작품이 그렇게 폐기된 게 좋습니다. 세상에는 보존하고 연구해야 할 예술 작품이 안 그래도 많아요. 나까지 예술사를 더 복잡하게 만들고 싶진 않습니다.」 구더신의 이 말에 나머지 두 명도 고개를 끄덕인다. 이들에게 비개인성이란 거의 무의식적인 충동이다. 중국 예술가들이 서양 예술가들의 끔찍한 자기 과대평가와 자기 중심주의라고 여기는 충동의 정반대에 있는 충동이다.

항저우에서 활동하는 장페이리와 겅젠이도 개인성의 문제를 다룬다. 유명한 시후호를 끼고 있는 항저우는 아름다운 고도다. 그곳 예술가들은 베이징이나 상하이 예술가들보다 더 느긋하다. 〈세계 친구들〉이나 중국 국내 사건들로 인한 간섭도 덜 받는다. 항저우

화가들은 대개 저장 미술 학원 졸업생들인데, 아이비리그 대학을 졸업한 뒤에도 케임브리지나 뉴헤이븐에 남는 미국 학생들처럼 이들은 학창 시절을 보냈던 공간과 이중적이면서도 애정 어린 관계를 맺고 있다. 이들은 한창 수련 중인 학생들처럼 추상적 원칙과의 관계를 강하게 유지하는 편이지만, 그 추상성에 성숙한 지혜를 더한다. 다른 어느 곳의 화가들보다 생각은 더 많이 하고 생산은 더 적게 하는 것 같다. 나는 항저우에 머물 때 저장 미술 학원에서 묵었다. 미술을 공부하는 학생들과 그들의 작품에 늘 둘러싸여 있었다. 그러다가 장과 경과 조용히 대화하고 싶으면, 오후에 시후호로 나가서 배를 빌렸다. 노를 저으면서 돌아다니다가, 월병을 먹고 맥주를 마시고 저 멀리 멋진 산세를 감상했다. 저녁에는 시장의 좁은 골목에 줄줄이 놓인 야외 탁자에서 해산물과 만두를 먹었다. 그러다가 한두 번은 학원에서 이들을 가르쳤던 옛 스승들을 만나서 합석하기도 했다. 베이징이나 상하이와는 달리, 항저우에는 순수하게 예술을 즐기는 분위기가 있다.

1989년 전시회 전에, 경젠이는 전위 예술가들의 명단에 실린 모든 사람들 앞으로 설문지를 보냈다. 설문지는 공공 문서처럼 보이는 봉투에 담겨 있었고, 반송 주소는 국립 미술관으로 되어 있었고, 중국인의 일상에서 불가피한 요소인 숱한 관공서 서류 중 한 종류인 것처럼 꾸며져 있었다. 첫 질문은 표준적인 것들이었지만 — 이름, 생년월일, 기타 등등 — 뒤에서는 〈직전 전시는 무엇이었습니까?〉 같은 질문 뒤에 〈좋아하는 음식은 무엇입니까?〉, 심지어 〈어떤 부류의 사람들을 좋아합니까?〉 같은 질문이 이어졌다. 일부 수신자들은 이것이 예술가의 프로젝트라는 사실을 한눈에 알아차려서 웃긴 그림까지 곁들인 창의적 답변지를 보내왔지만, 관료주의 사회에서 지속적인 편집증을 겪는 사람들은 설문지를 진지하게 받아들여서 모든 질문에 성실히 답한 답변지를 보내왔다. 경은

1989년 전시회에서 이 답변지들을 내걸었다.

6월 4일 이후 장과 겅의 정체성은 바뀌었다. 장은 말했다. 「학살 직전에는 정말 시끄러웠습니다. 시위 함성에 귀가 멀 듯했죠. 그러다 탱크가 왔고, 사람들은 순식간에 조용해졌습니다. 그 침묵이 탱크보다 더 무서웠습니다.」 장과 겅은 학살 피해자의 모습을 커다랗게 그린 뒤 밤중에 그림을 육교에 내걸었다. 「당신도 만약 길 건너편에서 누가 살해당하는 모습을 보면, 앞뒤 잴 것 없이 건너가서 살인자를 막으려 들 겁니다. 그런 거였죠.」 장의 말이다. 이후 두려워진 그들은 시골로 내려가서 숨었고, 내내 언제라도 붙잡혀 투옥될지 모른다고 생각하면서 지냈다.

장은 중국을 대표하는 유명 뉴스 진행자가 더없이 무표정한 태도로 학살을 보도하는 것이 유달리 역겹게 느껴졌다고 했다. 누군지는 몰라도 그 여성에게 할 말을 적어 주는 사람이야말로 중국 인민의 운명을 결정하는 것 같았다. 「뉴스에서 벗어날 길은 없었고, 따라서 그 여자는 사방에 있었죠. 나는 그녀에게, 나아가 모든 중국인이 그녀를 통해서 정부를 이해한다는 사실에 집착하게 되었습니다. 나는 친구의 친구의 친구를 통해서 그녀에게 접촉했습니다. 돈을 줄 테니까 백과사전의 한 대목을 읽어 주겠느냐고 물었습니다. 하필 백과사전이었던 것은 그녀의 편도 아니고 내 편도 아닌, 완벽하게 중립적인 텍스트가 필요했기 때문이죠. 그녀는 중간에 낀 사람들을 통해서 이런저런 질문을 던졌지만, 나는 그녀를 속이는 데 성공했습니다. 백과사전의 물 항목을 읽어 주면 그 낭독을 물과 꽃에 관한 전시회에서 쓸 예정이라고 말했죠. 중국 정부 그 자체나 마찬가지였던 그 여자는 결국 내가 고른 텍스트를 읽어 주기로 했습니다. 나는 그 일에서 엄청난 힘을 경험했습니다. 비공인 예술가로 체포 위험을 겪어 온 내가 국가의 공식 상징을 이렇게 쉽게 조작할 수 있다니. 그리고 그 일은 우리 사회에서 돈의 위치를 극명하게 보여 주었습니다. 일이 이렇게 쉽다는 게 얼떨떨했습니다. 이렇게 술술 풀릴 것이라고는 예상하지 못했거든요.」

약속대로 장은 자신이 말했던 전시회를 열었다. 아무것도 모르는 관람객이 보기에는 그저 물과 꽃에 관한 전시회였다. 하지만 영리한 내부자가 볼 때 그것은 상업주의, 진정성, 힘 없는 자가 힘 있는 자를 사로잡을 수 있는 방법을 말하는 전시회였다.「유머와 냉소의 양을 신중하게 정해야 합니다. 그것이 형식의 일부가 되어야 하지, 내용이 되어서는 안 됩니다.」 장은 말했다.「나는 죽 독립성을 지켜 왔습니다. 국내 사건들과 일정한 거리를 두어 왔습니다. 보통은 예술가가 이런 소외를 선택하지 않지만, 상황이 이러면 어쩔 수 없죠.」

겅은 이렇게 말했다.「중국 사회가 개인성을 장려하지 않는다거나 지지하지 않는다거나 하는 차원이 아닙니다. 중국 사회는 명백하게 개인성이 존재하는 영역에서도 그것을 허락하지 않습니다.」 겅은 견직물 연구소에서 그림과 디자인을 가르치는데, 지난해 학교 측에 학생들에게 기법만을 가르치는 대신 기법 이면의 원리를 가르쳐야 한다고 건의했다. 학교 측은 제안서를 제출해 보라고 말했지만, 이전에는 줄곧 혁신에 흥미가 있는 것처럼 말해 놓고는 막상 제안서를 본 뒤에는 기존 강의 기준에 맞지 않는다고 기각했다.

겅은 터치가 부드럽고 가볍다. 장페이리는 좀 더 딱딱하고 거칠다. 장의 작품도 종종 유머러스하지만, 그 속에는 날카로운 잔혹함이 담겨 있다.「내 안에는 늘 분노가 있습니다. 나는 작품을 만들지만, 그것으로 분노를 다 배출하지는 못합니다. 화장실에 다녀오는 것과는 다르니까요.」 장은 비디오, 행위 예술, 회화를 다 한다. 1989년 전시회에 앞서, 그는 흰 의료용 장갑을 조각조각 잘라서 여러 예술가들에게 한 조각씩 보냈다. 어떤 조각에는 빨간색이나 갈색 물감이 발라져 있었다. 언뜻 피 묻은 장갑처럼 보이는 그것을 받은 예술가들은 겁먹고 당황했다. 이후에도 자꾸 이상한 소포가 그들의 집에 배달되었다. 그러던 어느 날, 장의 주소록에 실린 모든 사람들이 공식적인 서한을 받았다. 거기에는 장갑은 마치 간염처럼 무작위로 발송되었던 것이고 이제 감염이 다 끝났다고 적혀 있었다. 장갑은 더 이상 배달되지 않았다.

1991년 중국 정부는 대대적인 위생 캠페인을 벌였다. 전 국민이 청결 교육을 받아야 했다. 부조리한 데다가 가르치려 드는 관료주의의 언어가 사람들의 삶에서 가장 사적인 부분에까지 끼어들었다. 그때 장페이리는 지금은 고전이 된 영상 작품, 「닭을 씻기는 올바른 절차」를 제작했다. 두 시간 반 길이의 영상은 장이 닭에게 박박 비누칠을 하고 거품을 씻어 낸 뒤 탁자에 올려 놓는 과정을 거듭 반복하는 모습을 보여 준다. 불쌍한 닭이 겪는 고통을 지켜보는 것은 끔찍하지만, 왠지 눈길을 뗄 수 없다. 닭은 마지막에 결국 풀려난다. 하지만 우리는 그 닭이 두 번 다시 예전 상태로 돌아갈 수 없을 것이라고 생각하게 된다. 시종일관 무덤덤한 장의 태도 이면에는 깊은 연민이 깔려 있다. 정부가 캠페인에 동원하는 윤리적 수사에 담긴 위선, 천박함, 잔인함을 드러낸 작품이었다.

설치 미술가 니하이펑은 (원칙적으로) 중국 남해안의 외딴섬에서 산다. 하지만 그는 전위 예술계에서 제일 사교적인 인물로, 베이징이나 항저우나 상하이에 자주 나타난다. 그는 느긋하고 유머러스하며, 가끔 산만하게 느껴지기는 해도 폭넓은 지성을 갖고 있다. 내킬 때만 작품을 만드는 그는 전위 예술가들 중에서도 가장 자유로운 사람, 전위의 집시 왕이라고 할 만하다. 그는 저장 사범학교에서 교사로 재직하며 월급을 받지만 실제 수업은 하지 않는데, 그가 〈너무 이상하다〉는 이유로 학교 측이 면제해 주었다고 한다. 1987년에 그는 자기 집, 길, 돌, 나무에 그림을 그리기 시작했다. 분필, 유화 물감, 염료로 그린 이상한 기호들로 자신이 사는 섬을 뒤었다. 그는 문자를 아무 의미가 없는 〈제로 수준〉으로 환원하고 싶었다며, 이렇게 설명했다. 「문화가 사람들의 사생활에 대규모로 침입해 들어오면, 힘없는 개인은 강간당할 수밖에 없습니다. 내 제로 수준 문자 쓰기는 그런 강간 행위에 대한 항의입니다. 나는 사람들에게 문화적 강간의 위험을 경고하고 싶습니다.」

예술가들의 마을

보통 중국에서는 사람들이 속한 작업 소조가 각자에게 살 곳을 마련해 준다. 거기에서 벗어나서 독립하려면 일신을 보호해 주는 많은 서비스를 포기해야 하고 살 집도 스스로 구해야 하는데, 둘 다 돈이 많이 드는 데다가 어려운 일이다. 공식적으로는 정부의 허락 없이 이사할 수 없다. 그래서 많은 전위 예술가들이 파트타임이라도 공식적인 일자리를 갖고 있다. 그렇지 않은 사람들은 합법성의 경계를 살짝 넘은 수준에서 대충 꾸려 간다.

후자의 예술가들이 모여 사는 곳 중 보통 위안밍위안(員明園)이라고 불리는 곳이 있다. 베이징 시내에서 45분쯤 떨어진 곳으로, 1980년대 말 농부들이 만든 마을이다. 도로는 아직 흙길이고, 마을 구조도 전통적이다. 안마당이 있고 기와지붕을 인 단층집이 줄줄이 있다. 집마다 별채 변소가 있고 전화가 있다. 어떤 집 벽에는 담쟁이가 자라고, 방충망 달린 문이 쾅쾅 여닫히는 소리가 사방에서 노상 들린다. 근처에는 농장과 공원이 있다. 한편으로는 방대한 베이징 대학 캠퍼스가 펼쳐져 있고, 반대편으로는 여름 궁전이라고도 불리는 위안밍위안•이 있다. 처음 이곳으로 이사 온 예술가들은 이곳이 베이징 시내와 가까우면서도 비교적 조용히 살 수 있을 만

• 청나라 왕조의 황실 정원.

큼 멀다고 여겼고, 이후 더 많은 예술가들이 합류했다.

마을은 서양 관광객들과 기자들이 성지 순례하듯이 들르는 곳이 되었다. 이곳을 중국 미술계의 중심지로 묘사한 기사가 수십 개 나라에서 씌었는데, 자유와 접근성이 결합한 이곳이 서양인의 감수성에는 중심지처럼 보이기 때문이다. 중국인은 쉽게 마음을 열지 않는다. 전위 예술가들도 대개 비밀스럽고, 무슨 뜻인지 알 수 없을 만큼 모호하게 말하고, 감정을 드러내지 않는다. 그와는 대조적으로, 이 마을 예술가들은 격의 없는 전문가의 태도로 흔쾌히 자기 작품을 소개한다. 관광객이 집집마다 문을 두드리면서 돌아다니면, 여러 주민들이 나서서 안내를 자청한다. 구경꾼이 워낙 붐비다 보니 작업할 시간이 없다고 말하는 화가들도 있다.

눈에 띄는 소수의 예외를 제외하고는 — 특히 팡리쥔과 웨민쥔을 제외하고는 — 이 마을 예술가들은 그다지 뛰어난 편은 아니다. 서로를 모방하면서 냉소적 사실주의와 정치적 팝 아트를 특별한 상상력 없이 뒤섞는 사람들이 많다. 대부분은 외국인 관광객에게 팔려고 옥 제품 따위를 제작하는 가내 수공업자 수준에서 겨우 반 보쯤 떨어진 정도다. 이들이 이런 방식으로 살아갈 수 있는 것은 분명 지속적으로 유입되는 서양의 돈과 관심 덕분이다. 이들의 작품은 정치적 의미를 띨 만큼 세련되지도 않은 편이지만, 자유를 설득력 있게 언급한 작품은 만들지 못하더라도 화가들 자신이 자유로운 삶을 살 수는 있다.

화가 웨민쥔은 내게 말했다. 「우리는 1989년 이후 현상의 일부입니다. 1989년 이전에는 희망이 있었습니다. 정치적 희망, 경제적 희망, 모두 흥분되는 것들이었죠.」 또 다른 화가 양샤오빈이 말을 받았다. 「하지만 지금은 희망이 없습니다. 우리는 모두 뭔가 할 일이 필요해서 예술가가 된 겁니다.」 그들과 대화하다 보면, 이런 말조차 잘 팔릴 만한 수사법이라는 느낌이 든다. 이 마을에서는 냉소주의가 유행이지만, 그 냉소주의는 절망이 아니라 애송이 학생들의 쿨한 태도에 더 가까운 납작한 냉소주의다.

마오를 그리워하며

우리는 문화 혁명이 중국 지식인에게 끔찍한 시기였다고 단정하기 쉽다. 많은 지식인이 살해되었고, 아니면 광산이나 공장이나 시골 농장으로 보내져서 강제 노역을 했다. 그러나 정작 중국에서는 러시아 사람들이 스탈린을 언급할 때나 루마니아 사람들이 차우셰스쿠의 이름을 들었을 때 드러내는 진저리 치는 혐오감을 접할 수 없다. 전위 미술계 내에서도 마오 주석에 대한 애정은 비록 양가적일지언정 확고부동하다. 「반대했던 사람들마저도 어느 정도는 그를 믿었으니까요.」 어느 늦은 밤 차를 마시면서 한번은 라오 리가 말했다. 그는 혁명 초기에 반혁명 분자로 몰렸던지라 혁명 기간을 거의 감옥에서 보냈다. 「마오는 아주 설득력 있는 사람이었죠. 그래서 지식인들은 정말 스스로를 한심한 존재로 느끼게 됐습니다. 문화 혁명 때 사람들은 순수하고 완벽한 사회를 건설할 생각에 푹 빠져 있었죠. 나는 그들의 그 이상에 반대했고 맞서 싸웠습니다만, 그리고 지금이라도 똑같이 싸우겠습니다만, 그럼에도 불구하고 주저 없이 말할 수 있는 것은 오늘날 상업주의 사회에는 그에 필적하는 이상이 없다는 겁니다. 방향이 틀린 이상이라도 아무런 이상이 없는 것보다는 낫습니다.」

베이징에서 활동하는 저우톄하이와 양쉬는 스스로를 신혁명가들이라고 부르며, 문화 혁명의 양식과 정신을 계승한 대형 작품을 그린다. 얄궂게도 최근 공식 언론이 퇴폐주의라고 비난했던 한 작품은 크기가 세로 2미터에 가로 4미터이고, 신문지 위에 색칠을 했고, 선전물과 상업물의 이미지들을 묘하게 병치했는데, 정중앙에는 뷔스티에를 입은 마리 앙트와네트의 초상이 있고, 〈나날의 현상에 집중하고 그 속에 담긴 모순과 투쟁을 구현한다〉 같은 혁명 슬로건들이 여기저기 적혀 있다.

저우톄하이는 내게 말했다. 「나는 두 어머니의 젖을 먹고 자랐습니다. 한 명은 낳아 주신 어머니이고, 다른 한 명은 마오 주석입니다.」

저우톄하이와 양쉬는 근사하고 잘 어울리는 더블브레스트 양복을 입었고, 밝은색 넥타이를 맸다. 그들은 보수적인 복장이 정치적 극단주의를 살짝 숨겨 준다고 말했다. 둘 다 잘생겼고, 마오 향수에 젖기에는 너무 젊은 것이 아닌가 싶다. 그들의 극단적인 포즈가 어쩌면 냉소일 수도 있고, 그 냉소가 (의도적으로) 우스꽝스러운 수준까지 다가가는 것도 분명하지만, 정작 그들은 아주 당당한 태도로 옛 홍위병들이 즐겼던 거창한 수사적 표현을 동원해서 설명한다. 「마오는 우리에게 선악의 차이를 가르쳐 주었습니다.」 두 사람은 하나의 정신을 말하는 두 목소리처럼 번갈아 말했다. 「하지만 지금은 어떻죠? 예전에는 우리가 댄서나 창녀를 폄하했지만, 지금은 가장 아름다운 여자들만이 그런 직업을 얻습니다. 우리에게는 혁명 사상이 필요합니다. 우리는 사회주의의 창으로 자본주의의 방패를 뚫어야 합니다. 예전에는 사람들이 가난했어도 인생의 의미를 알았지만, 지금은 부유해도 불행합니다. 우리는 1960년대가 좋습니다. 그 시절에는 모든 사람들이 아침 식사 자리에서도, 저녁 식사 자리에서도, 심지어 잘 때도 마오 주석의 어록을 읽었죠. 서양인에게는 그런 것이 잘 와닿지 않겠지만, 우리 중국인에게는 아주 잘 와닿습니다.」

나는 화가 위유한을 만나러 갔다. 그는 상하이의 어머니 집에서 살고 있었는데, 한때 그의 가족이 소유했던 건물의 꼭대기 층에 있는 방 몇 개로 이뤄진 집이었다. 은행가였던 아버지는 문화 혁명 중 살해되었고, 그는 학교에서 고발당한 뒤 재교육을 받아야 했다. 그러나 내가 슬쩍 분노를 떠보려 하자, 그는 고개를 저으면서 말했다. 「마오 주석을 부정하는 것은 나 자신의 일부를 부정하는 것입니다.」 거의 모든 전위 예술가들의 대리인인 홍콩의 딜러 존슨 장은 이렇게 말했다. 「불행한 유년기 같은 겁니다. 사람이 평생 그 기억에만 빠져 있을 수는 없고 남에게 그것을 경험하게 만들어서도 안 되겠지만, 그렇다고 해도 그 기억을 깡그리 저버린다면 가식적이거나 불완전한 인간이 되겠죠.」

팡리쥔은 웬만해서는 정치 이야기를 하지 않지만, 어느 날 늦은 저녁 대화 중에 마오 주석 이야기가 나왔다. 지주였던 팡의 가족은 여느 지주들처럼 문화 혁명 중에 힘든 시절을 보냈다. 언젠가 팡은 자신이 화가가 된 것은 그림이 실내에서 할 수 있는 일이라서였다고 말했다. 밖에서는 모든 사람들이 내키는 대로 그를 공격해도 된다고 생각했기 때문에, 그는 외출할 수 없었다. 「마오가 죽은 날은 영원히 잊지 못할 겁니다. 학교에 있다가 소식을 들었는데, 그 순간 모두 울기 시작했습니다. 우리 가족은 물론 마오를 미워했지만, 그래도 나는 누구보다 큰 소리로 누구보다 오래 울었습니다.」 왜 울었느냐고 물었더니 그는 이렇게 대답했다. 「그것은 프로그램에 정해져 있는 일이었고, 우리는 프로그램에 따라 살았습니다.」 진심으로 슬펐느냐고 묻자, 그는 미소를 지으면서 말했다. 「그것도 프로그램에 있는 일이었습니다.」

중국인의 순응성은 뿌리 깊은 성향이다. 나는 문화 혁명이 중국인들에게 호사스러운 일이었다는 이야기를 중국에서 몇 번이나 들었다. 덕분에 사람들이 스스로 무엇을 할지, 무엇을 말할지, 무엇을 생각할지, 심지어 무엇을 느낄지조차 고민하지 않아도 되었기 때문이다. 나는 팡에게 그 시절을 회고하면 끔찍하지 않느냐고 물었다. 「끔찍하기는 하죠. 그래도 그 일을 겪었던 것이 고맙습니다. 나보다 더 젊은 예술가들은 나를 질투합니다. 그들은 자신이 한 번도 소속된 적 없는 역사의 일부가 되려고 애쓰죠. 6월 4일에 내가 친구와 함께 톈안먼 광장에 갔었다고 말했던가요? 탱크가 다가오고 총성이 들리니까 친구는 달아났지만, 나는 광장으로 나갔습니다. 영웅 놀이를 하려는 게 아니었습니다. 그냥 끌렸습니다. 무슨 일이 벌어지는지를 내 눈으로 똑똑히 봐야 했습니다. 친구는 아마 그때 달아났던 걸 두고두고 후회할걸요. 마찬가지로 나는 문화 혁명에서도 달아날 수 없습니다. 어쩌면 이건 중국적 사고방식인지도 모르겠지만, 불행한 과거가 있어야 행복한 현재를 가질 수 있다고 믿습니다.」

니하이펑은 이렇게 말했다. 「물론 문화 혁명에서 많은 사람이 죽었죠. 하지만 어느 시대나 많은 사람이 죽습니다. 사람들은 열병에 걸려 있었고, 자신들의 행동이 잘못이란 걸 몰랐습니다. 그들은 혁명에 가담하기 위해서, 또 자신들이 판단하기에 꼭 죽여야만 했던 사람들을 죽이기 위해서 스스로 많은 것을 포기했는데, 그것은 용기 있는 일이었습니다. 나는 그 용기를 높이 삽니다.」 나중에는 톈안먼 사태도 이야기했다. 「우리는 모두 시위에 참가했습니다. 그리고 물론 거기서 벌어진 일은 끔찍했습니다. 하지만 만약 그 일이 없었다면, 중국에 내전이 벌어져서 수십만 명이 죽었을지도 모릅니다. 러시아처럼 나라가 해체되었을지도 모릅니다. 그러니 그 사건이 절대적으로 나쁜 것이었다고만은 말할 수 없습니다.」

행위 예술가 류안핑은 항저우 민주화 시위의 주동자로 낙인 찍혀서 감옥에서 일 년을 살았다. 그는 내게 말했다. 「톈안먼에 모였던 사람들 중 자유선거의 원칙을 이해하거나 그런 문제에 관심 있는 사람은 아무도 없었습니다. 우리가 원하는 것은 생활 방식, 사는 곳, 하는 일을 자유롭게 정하는 것뿐입니다. 부패를 없애고 싶고, 하고 싶은 예술을 마음껏 하고 싶습니다. 그렇지만 중국은 자유선거로 관리하기에는 너무 크고 복잡합니다. 우리 문화는 외국을 혐오합니다. 우리가 문화 혁명에 향수를 느끼는 것은 그것이 아주 중국적인 사건이었기 때문입니다. 중국인은 서구식 민주주의를 결코 받아들일 수 없을 겁니다. 그것이 그저 서구의 것이라는 이유 때문에라도. 우리는 중국식 해법에 도달해야 하고, 그 중국식 해법이란 자유선거만큼 자유로운 것은 아닐 겁니다. 우리는 그런 걸 바라지도 않습니다.」

투옥될 위험을 무릅쓰고 톈안먼 희생자 그림을 내걸었던 장페이리도 내게 이런 견해를 확인해 주었다.「예술가의 이상주의는 멋지죠. 그래서 우리는 그것을 간직하고 있습니다. 그것은 예술가의 권리입니다. 하지만 지도자의 이상주의는 재앙입니다.」중국의 일각에서는 강한 민주주의의 수사가 오가지만, 문자 그대로의 뜻은 아닙니다. 장은 말했다.「십억 가지 의견을 다 들으면서 나라를 운영할 순 없습니다. 그 결과는 형편없을 테고, 지금 죽어 가는 사람들보다 훨씬 더 많은 사람이 죽을 겁니다.」

스물여섯 살인 펑멍보는 라오 리의 동아리에서 가장 젊은 축이고, 동양과 서양의 역학 관계를 보기 드물게 예리하게 이해하고 있다. 요즘 중국 아이들은 게임방에서 자신은 착한 편이 되어 나쁜 편을 죽이는 서양 비디오 게임을 한다. 펑은 문화 혁명 시절 젊은이들의 행동도 이것과 그리 다르지 않았다고 말한다. 그들 또한 자신을 착한 편에 세웠고, 나쁜 편이라고 여긴 사람은 모조리 죽였으며, 그럼으로써 점수를 땄다. 펑은 자신이 제작하고 싶은 비디오 게임의 내용을 암시하는 연작 회화를 그렸는데, 마오의 혁명 가극에 바탕을 둔 이야기다. 또 다른 연작화는 마오가 등장하는 비디오 게임을 보여 준다. 마오는 예의 유명한 자세, 그러니까 축복을 베푸는 의미로 오른팔을 죽 뻗은 자세로 서 있다. 펑멍보가 그 게임에 붙인 제목은「〈택시, 택시〉라고 마오쩌둥은 말한다」다. 팔을 치켜든 마오의 자세, 그리고 마오의 말이라면 뭐든 궁극의 진리가 담긴 것처럼 습관적으로 인용하는 중국인의 관습을 둘 다 놀리는 말이다. 게임에서 마오는 손을 쳐든 채 길가에 서서 쌩쌩 지나치는 택시들을 잡으려고 한다. 택시는 한 대도 서주지 않고, 마오는 매번 진다. 많은 중국인에게는 문화 혁명도 일종의 게임이었다. 서양과의 새로운 상호 작용도 같은 게임의 다른 버전이겠지만, 아마 훨씬 덜 흥미로운 버전일 것이다.

중국 전위 예술가들은 대부분 마흔 미만이라, 1960년대 말에서 1970년대 초까지 시절에 주변에서 벌어지는 사건들과 맺은 관계는 수동적이었다. 무슨 일이 벌어지는지 알기는 했지만, 직접 참여했던 일로만 보자면 정황을 제대로 이해하지는 못한 채 행한 것이었다. 이보다 연배가 높은 세대에서는 전위 운동이 규모가 좀 더 작았고 좀 더 위험했다. 그리고 그들은 거의 모두 이민을 떠났다. 싱싱화회 멤버들 중 유일하게 중국에 남은 사람은 양이핑이다. 그는 좋은 지위에 있는 당원의 아들이었고, 문화 혁명이 시작되자 가장 안전한 장소였던 군대에 자리를 얻었다. 그는 베이징에 머물면서 군대 선전용 그림을 그리고 친구들과 이데올로기를 토론했지만, 그러던 중 문화 혁명의 해로운 측면을 깨닫고는 1978년 민주의 벽 운동에 참가했다.

양이핑이 요즘 그리는 그림에는 거대한 흑백의 청년들이 등장한다. 이상으로 고취된 얼굴을 가진 그들은 그림을 보는 사람을 향해 캔버스에서 걸어 나오고 있다. 배경은 늘 톈안먼 광장이고, 자금성 문에 걸린 마오의 초상이 늘 정중앙에 있다. 가슴 미어지도록 슬픈 이 그림들, 퇴색한 사진 같은 색깔과 분위기를 풍기는 이 그림들은 지금 돌아보면 대체 어떻게 가능했을까 싶은 그 시절 젊은이들의 또렷한 목적의식을 증언한다. 나는 양의 작업실에 서서 빛나는 그 얼굴들, 인민복 칼라 위로 솟은 그 놀라운 얼굴들을 오래 응시했다.

그러다가 몸을 돌려서 옆에 놓인 작은 흑백 사진을 보았다. 젊은 양이핑이 근사하고 말쑥하게 군복을 입은 사진이었다. 그 눈동자에서도 나는 세상을 구할 준비가 된 한 젊은이의 굳건한 자기 확신을 보았다. 양은 내게 말했다. 「나는 그 모든 것을 열렬히 믿었습니다. 그런데 민주의 벽이 왔고, 싱싱이 왔지요.」 우리는 그의 그림들을 바라보고 섰다. 「그것이 내 청춘이었습니다. 그 시절에 나는 내가 하는 일을 제대로 이해하지 못했습니다. 지금은 그 사실이 애석하지만, 당시는 얼마나 행복했던지! 나는 그것을 포기할 수 없었고, 지금 같은 처지에 놓이더라도 아마 마찬가지일 겁니다.」

서른 살의 장원은 중국에서 제일로 손꼽히는 젊은 배우로, 현재 감독으로서 첫 작품을 만들고 있다. 그가 각색할 작품으로 고른 소설은 지난해 중국의 베스트셀러였던 『사나운 동물들』로, 문화 혁명 시절 이야기다. 나는 촬영지인 학교로 그를 찾아갔다. 그는 전문 배우들과 그 학교 학생들을 섞어서 촬영하고 있었다. 학생들에게 그 시절의 분위기를 알려 주고자, 그는 아이들을 시골로 데려가서 〈사상 주입 교육〉을 맛보게 했다. 복도의 오른편 교실은 영화를 위해 개조한 공간으로, 모두가 문화 혁명 시절의 바지와 천 신발을 신고 있었고 벽에는 마오의 사진이 높이 걸려 있었다. 그곳을 보다가 복도의 왼편 교실, 수업이 정상적으로 진행되고 있어서 체육복을 입은 아이들이 시끄럽게 떠들어 대는 공간을 보는 것은 으스스한 경험이었다. 장의 말에는 내가 중국에서 숱하게 접한 정서가 담겨 있었다. 「서양 사람들은 문화 혁명 시절이 우리에게 얼마나 재미있었는지를 모릅니다. 삶이 아주 편했죠. 아무도 일하지 않았고 공부하지 않았습니다. 홍위병이라면, 어디든 시골 마을에 도착했다 하면 온 마을 사람들이 우르르 나와 반기면서 함께 혁명가를 불러 주었습니다. 문화 혁명은 말하자면 거대한 록 콘서트였고, 마오는 제일 멋진 록 가수였고, 모든 중국 인민은 그의 팬이었습니다. 나는 사라진 그 열정을 그려 내고 싶습니다.」 그도 당시 희생된 목숨들을 안다. 그러나 서양의 낭만적인 전쟁 문학이나 영화가 싸움터에서 흐른 피를 지워 내는 짓이라고 볼 수는 없는 것처럼, 그는 문화혁명에서도 희생만이 이야기의 전부는 아니라고 본다.

나는 얼마 전에 다큐멘터리 영화 「나의 홍위병 인생」 제작을 완료했다는 우원광의 집에서 저녁을 먹었다. 그는 홍위병이었던 남자 다섯 명을 만나서 각각을 길게 인터뷰한 뒤, 그들이 자신의 과거에 느끼는 감정, 향수와 부끄러움과 자랑스러움과 분노가 묘하게 뒤섞인 감정이 잘 드러나도록 영상을 편집했다. 저녁 자리에는 흥미로운 손님들이 모여 있었다. 냉소적 사실주의 화가 자오반디가 있었고, 얼마 전 베이징에서 최초로 샘 셰퍼드의 연극을 무대에 올렸고 곧 『캐치 22』를 직접 각색하여 올릴 것이라는 연출가가 있었고, 니하이펑이 있었고, 그 밖에도 다양한 사람들이 있었다. 나는 우원광에게 문화 혁명의 잔혹한 역사에서 홍위병이 수행했던 역할에 대해 경멸이나 공포를 느끼는지 물었다. 그가 말했다. 「이 자리를 둘러보세요. 우리는 모두 오늘날 중국에서 새로운 사조의 첨단에 서 있는 사람들입니다. 우리는 전위이고, 새로운 물결을 밀어붙이는 사람들이고, 민주주의를 믿는 사람들이고, 중국이 더 나은 사회가 되도록 만들려는 사람들입니다.」 나는 고개를 끄덕였다. 「그런 우리가 어떻게 그들에게 경멸이나 공포를 느끼겠습니까? 우리가 만약 이십 년 전에 태어났더라면, 우리도 홍위병이 되었을 겁니다. 한 명도 빼놓지 않고 모두 다.」

고참들

상하이에서 나는 석학 주치잔을 찾아갔다. 102세인 그는 중국 전통 수묵화의 대가로 널리 인정받는다. 그는 말했다. 「젊을 때 유화도 배웠습니다. 유화는 내 작품에 영향을 미쳤죠. 특히 강렬한 색조가. 서양 미술에 대해서라면, 중국 화가들이 그것을 사용할 수는 있지만 중국의 목적에 맞게 써야 한다고 말하겠습니다. 중국인이 서양 미술을 무시할 수는 있어도 중국 미술을 무시할 수는 없죠. 그리고 만약 양쪽의 양식과 의미를 섞으려고 하면, 죽도 밥도 아닌 결과가 나오기 십상입니다.」

중국 전통 회화의 바탕에 깔린 것은 초월의 원칙, 그러니까 감상자의 정신을 더 높은 차원으로 고무시키는 도피의 원칙이다. 어쩌면 전통 회화와 — 궈화(國畵)라고 불린다 — 전위 미술의 가장 큰 차이는 전통 회화는 감상자로 하여금 자신이 품은 문제로부터 벗어나도록 만들어 주는 데 비해 전위 작품은 문제를 직시하도록 만든다는 데 있는지도 모른다. 주치잔의 능란하고 멋진 그림은 젊은 화가들의 존경을 사지만, 형식 면에서나 의미 면에서나 전위 작품과 멀찌감치 떨어져 있다는 사실을 보여 줄 따름이다.

중국에서 사실주의 유행이 시작된 해는 1919년이었다. 사실주의는 요즘도 왕성하다. 제일 손꼽히는 작가인 천이페이의 작품은 서양의 기준으로는 연하장으로 쓰지도 못할 만큼 너무 상투적인 것 같다. 천은 미국으로 이주했지만, 칼라가 높은 전통 드레스를 입고 피리를 부는 젊은 여성을 장인의 꼼꼼한 기교로 그린 그의 작품들은 여전히 강한 매력을 발산한다. 특히 아시아인들에게 인기가 높다. 홍콩에서 그의 작품은 25만 달러에 팔린다.

나는 천의 유파에 속하는 초상화가 양페이윈을 만나러 갔다. 피리를 들지 않은 그의 여자들은 중국 학계가 열망하는 사진 같은 정교함과 인공적인 수준의 매끄러움을 갖추고 있다. 양은 내게 말했다. 「가장 크게 영향을 받은 작가는 보티첼리, 뒤러, 레오나르도 다 빈치입니다. 서양에서는 사실주의가 오랫동안 잘 지속되었고, 그래서 이제 화가들이 질렸는지도 모르겠습니다. 나는 서양이 과거를 내버리는 것, 자신의 과거인데도 그냥 내버리는 것, 늘 새롭게 시작하려고 하는 것을 이해할 수가 없습니다. 다양한 방식을 누리는 것보다는 완벽을 추구하는 것이 더 중요합니다. 예술에는 경계가 없다고들 말하지만, 그것은 그 예술이 서양이든 동양이든 한 영역 내에 머물 때만 사실입니다. 서양과 동양이 만나는 지점에서는 당연히 예술에 경계가 있습니다.」

왜 길버트 & 조지였을까?

최근 중국은 서양 작가가 중국에서 전시회를 여는 것을 점점 더 많이 허락하고 있다. 작가 쪽에서 비용을 대기만 하면 얼마든지 가능하다. 약 2만 5,000달러만 내면 국립 미술관 위층 전시실을 한 달간 빌릴 수 있고, 사전에 승인을 받는 조건이기는 해도 원칙적으로 어떤 그림이든 걸 수 있다. 1985년 로버트 라우션버그가 물꼬를 튼 이래 여러 무명 화가들이 자기 나라 정부의 후원을 받아 중국에서 일인전을 열었다. 국제 학생 작품전도 더러 열렸고, 6월에는 대규모 로댕 전시회도 열렸다.

길버트 & 조지는 영국의 전위 예술가 듀오로, 그동안 거대하고 알록달록하고 정치적 이슈를 담은 포토몽타주 작품을 전 세계에서 열심히 전시했다. 1990년 모스크바 전시회는 요즘도 러시아 미술계에서 회자되는 사건이다. 그때 전시회를 주관한 사람은 영리하고 진취적인 영국인 기획자 제임스 버치였다. 그가 길버트 & 조지에게 〈다음엔 어디?〉라고 묻자, 둘은 대답했다. 〈중국!〉

모스크바 전시회 무렵 러시아는 글라스노스트의 목전이었으므로, 서양에서조차 그 문화적, 정치적, 성적 급진성 때문에 — 길버트 & 조지의 작품들 중 일부는 동성애적으로 몹시 섹슈얼하다 — 종종 적대적 비평을 받는 예술을 보여 주기로 한 결정은 〈우리에게는 이제 무엇도 극단적으로 느껴지지 않는다〉라고 주장하는 러시아 정부의 전반적 입장에 어울렸다. 그러나 중국은 여전히 많은 것을 지나치게 극단적으로 느끼는 나라이고, 중국 정부가 길버트 & 조지의 전시회를 열기로 한 것은 언뜻 놀라워 보였다. 이들이 직전에 열었던 대형 전시회의 제목은 〈새로운 민주적 그림들〉이었는데, 비록 중국에서는 그 제목을 쓰지 않았지만 서양 현대 미술의 언어를 이해하는 사람이라면 누구나 뻔히 그 의미를 알 수 있는 작품들이었다.

제임스 버치의 열정이 중국 관료들의 마음을 산 것도 있었지만, 성사의 주역은 결국 돈이었다. 길버트 & 조지와 그들의 런던 대리인인 앤서니 오페이는 미술관을 빌릴 뿐 아니라 개막식에 서양 손님들을 데려오고, 연회와 텔레비전 기자 회견을 열고, 지역 경제에 돈이 돌게 하겠다고 약속했다. 한 관계자에 따르면, 총 계산서가 100만 파운드에 육박했다고 한다. 게다가 정부는 그 작품들의 이미지에 무지했다. 라오 리는 재밌다는 듯이 말했다. 「관료들이 작품의 의미를 이해했을 것 같습니까? 서양에서 유명한 작품이라는 것, 그들이 아는 건 그것뿐이었어요.」 중국은 또 올림픽 개최지로 선정되기 위해서라도 개방적인 모습을 보일 필요가 있었다. 그리고 〈서양의 말은 우리에게 아무런 영향을 미치지 못한다〉라고 여기는 정서하에, 개막식을 잘만 통제한다면 길버트 & 조지가 언론에 비치는 이미지도 통제할 수 있다고 믿었다.

전시회는 영국 대사와 중국 문화부 장관이 참석한 가운데 9월 3일 성대하게 문을 열었다. 서양에서 온 손님이 150명쯤 있었고, 중국의 고위 관료들도 많이 참석했다. 개막식장에 장식된 꽃이 충분히 호화롭지 않다고 여긴 길버트 & 조지는 직접 훨씬 더 화려한 화환을 구해 와서 전시장을 꾸몄는데, 그 덕분에 중국인들이 엄청나게 재미있어 했다. 길버트 & 조지는 몰랐지만 중국인들은 딱 보면 장례식 조화라는 걸 알 수 있었기 때문이다. 길버트 & 조지는 전시장에 작품을 거는 데 그치지 않고 개막식에서 직접 인사했고, 일고여덟 차례 마련된 연회장에서도 적극 발언했으며, 신문과 텔레비전과 인터뷰했다. 그러나 그들의 말이 신문에는 거의 실리지 않았다는 것, 중국 내에서는 전시가 대대적으로 홍보되지 않았다는 것, 길버트 & 조지의 발언 내용이 현장의 동시 통역에서조차 상당히 수정되고 온화한 어조로 다듬어졌다는 것을 말해 둬야 하겠다.

영국인들은 라오 리에게 연락하여 중국 화가들에게 나눠 주라고 초대장을 주었다. 그러나 중국 전위 예술가들은 화려한 개막식을 불쾌하고 제국주의적이고 과시적인 행사라고 느꼈고, 길버트 & 조지가 얌전하고 열성적인 태도로 관료들의 관심을 쬐며 뿌듯해하는 모습에 개탄했다. 개막식 연회에서 누군가는 상석에 앉은 두 사람을 보고 〈썩은 달걀들 틈에 있는 한 쌍의 등신〉이라고 표현했다. 중국인들이 보기에 그런 개막식은 작품의 의미를 깡그리 훼손하는 짓이나 마찬가지였다. 흡사 마더 테레사가 미국에 친선 사절로 와서는 도널드 트럼프나 리오나 헴슬리만 만나고 가는 듯한 위선이었다. 중국 관료들은 개막식을 자기 입맛대로 조정함으로써 중국 사회의 급진파가 보기에는 작품들에서 의미가 거세된 것처럼 만들 수 있음을 잘 알았다.

중국 화가들은 대부분 서양 현대 미술 작품을 주로 책으로 접했다. 나는 화가 딩이의 작업실에서 『서양 현대 미술』이라는 책을 뒤적이다가 길버트 & 조지의 거대한 컬러 포토몽타주 작품이 실린 것을 보았다. 그들의 작품은 폭이나 높이가 무려 6미터에 달하곤 하지만, 책에서는 한 면의 길이가 5센티미터인 정사각형 사진으로, 그것도 군데군데 긁힌 흑백 사진으로 실려 있었다. 길버트 & 조지는 홍보 여행 중 거듭 이렇게 말했다. 〈우리의 예술은 사랑, 관용, 개인성을 보편적으로 설명하고자 합니다. 모든 그림들은 우리가 감상자들에게 보내는 시각적 러브레터입니다.〉 현재 중국에서 서양 예술이 전달할 수 있는 메시지로 이보다 더 야심만만한 것이 있을까? 라오 리는 〈작품의 의미에 관심 있는 사람들에게는 요지가 충분히 전달되었을 것이라고 봅니다〉라고 말했다. 개막식은 성가신 잡음일 뿐이었다.

동서양의 만남

「서양은 문명과 현대화와 서구화를 등치시키는 경향이 있습니다.」 장페이리는 내게 말했다. 「그러나 서양이 중국보다 앞서서 새로운 방식에 도달한 것은 근대에 와서였습니다. 그전에는 중국이 더 발전된 문명이었죠.」 중국인들은 서양이 산업화를 서양 고유의 것으로 여기는 태도에 진저리를 낸다. 상하이의 기자 보샤오보는 내게 말했다. 「사람들은 공장을 보면 서양 문물이라고 하죠. 하지만 우리에게는 백 년 전부터 공장이 있었습니다. 서양은 우리 나라에서 화약을 접한 뒤 당장 그것을 가져다 썼지만, 그렇다고 해서 미국 독립 혁명이나 제1차 세계 대전을 중국식이라고 말하는 사람은 아무도 없죠. 자동차를 몰거나 공장에서 일하는 것은 서구식 생활 양식이 아닙니다. 그냥 현대적 생활 양식입니다.」

서양은 또 수묵화가 아닌 미술은 죄다 자신의 것이라고 보는 경향이 있다. 오늘날 중국 예술가들은 서구에서 발달한 시각 언어를 쓴다. 하지만 종이는 원래 아시아에서 만들어졌는데, 그렇다고 해서 종이에 그린 모든 그림을 아시아식이라고 부르지는 않는다. 왜 모든 유화는 서구식이라고 불리는가? 왜 서양은 개념 예술, 설치 미술, 모더니즘, 추상 미술을 모두 자기 것으로 여기는가? 홍콩의 딜러인 앨리스 킹은 궈화 양식을 현대적으로 활용한 작품을 보여 주면서 물었다. 「중국 그림이라는 게 정확히 뭐죠? 중국에 있는 사람이 그린 그림은 다 중국 그림인가요? 인종적으로 중국인인 사람이 그린 그림은 다 중국 그림인가요? 아니면 양식의 문제인가요? 서양인도 한지와 붓을 써서 그리면 중국 그림인가요?」 서양에서는 현재 중국 작품들을 곧잘 단순한 모방작으로 폄하한다. 이에 대해 위안밍위안 예술가 마을에 사는 화가 왕인은 말했다. 「우리는 예술가로서 우리 나라의 문제를 풀어야 합니다. 그것이 설령 서양의 눈에는 진부해 보이더라도.」

리셴팅에 따르면, 서구 문학이 중국에 소개된 청나라 시절 이전에는 중국의 글말과 입말 사이에 간극이 컸다. 「고전 중국어는 대단히 모호하고 해석이 열려 있는 언어라서, 읽는 사람이 스스로 내용을 대부분 해석해 내야 했습니다. 학자들은 외국 책을 읽어 본 뒤에야 비로소 글말과 입말이 일대일로 대응할 수도 있다는 것을 깨달았고, 이후 중국의 글말은 서구식 정밀함을 갖추게 되었습니다. 그래도 물론 그것은 중국어입니다. 그 글말은 여전히 중국어입니다. 내가 당신에게 최신 중국 소설을 건네주었을 때 당신이 〈이건 영어잖아요!〉라고 말하진 않겠죠. 마찬가지로 우리 예술에 대해서도 그렇게 말해서는 안 됩니다.」 어쩌면 중국의 사회경제적 개혁에 대해서도 똑같은 이야기가 적용될지 모른다. 중국인들이 몹시 짜증스러워하는 부분인데, 서양은 그런 개혁에 대해서도 너무 자주 서구식이라고 주장한다. 상하이의 신혁명가들은 이렇게 말했다. 「지금은 일방통행 상황입니다. 중국에는 온갖 서양 문물과 사상이 들어와 있지만, 서양에는 중국 사상이나 문물이 없죠. 균형을 이뤄야 합니다.」

흔히 민주주의의 자연스러운 결과라고들 말하는 자유가 서양에서 실제 어느 정도로 보장되는가 하는 것은 중국인들이 끊임없이 토론하는 주제다. 현재 뉴욕에서 사는 구원다는 아이웨이웨이, 쉬빙과 함께 해외 중국 미술의 선두로 꼽힌다. 그가 내게 말하기를,

중국에서는 당국이 그의 전시회를 〈부적절한 정치적 메시지, 정치 기밀 기준이 어쩌고저쩌고〉 하는 이유로 폐쇄했던 데 비해 뉴욕에서는 사람 태반 가루가 포함된 중국 전통 약재를 쓴 작품을 두고 당국이 인공 유산이 어쩌고저쩌고 하는 이유로 역시 전시를 막았다고 했다. 예술가로서 그에게는 양쪽이 크게 다르지 않았다.

니하이펑은 지난해 독일에서 무슨 상을 받은 뒤 본에서 석 달 체류했다. 그때 그곳 예술가들과 친구가 되었는데, 하루는 그중 한 명이 그를 포틀럭 파티에 초대하면서 〈뭐든 중국 음식을 만들어 오시면 좋겠습니다〉라고 말했다. 그래서 그는 자신이 제일 좋아하는 수프를 만들어 갔다. 니하이펑은 내게 이렇게 말했다. 「사람들에게 덜어 줬더니 다들 정말 맛있다고 말했습니다. 하지만 나는 맨 마지막으로 맛을 본 뒤 요리할 때 뭔가 실수했다는 걸 알았죠. 맛이 형편없었거든요. 처음에는 사람들이 내 체면을 세워 주려고 맛있어 하는 줄 알았지만, 다들 여러 그릇 떠먹더군요. 정말로 맛있었던 겁니다. 그래도 나는 맛없는 수프를 대접한 것이 마음에 걸렸기 때문에, 몇 주 뒤 이번에는 우리 집으로 모두를 초대해서 똑같은 수프를 만들어 줬습니다. 이때는 수프가 완벽하게 만들어졌어요. 하지만 그들은 〈음, 이것도 괜찮지만 저번만큼 맛있지는 않네요〉라고 말하더군요. 많이들 먹지도 않았고요.」

중국인들은 서양인들이 자기네 문화적 기준을 이해하지 못하는 것을 우습게 느낀다. 항저우에서 어느 날 저녁 장페이리, 경젠이, 그들의 다른 친구들과 함께 있다가 마치 〈오래된 잡화점의 묵은 물건〉 같다는 두 여자 동창생 이야기가 나왔다. 두 여성은 모두 서양인 남자 친구를 사귀어서 마침내 행복해졌다고 했다. 장과 경은 그중 한 남자 친구의 가족과 함께 식사했던 이야기를 들려주었다. 그때 남자의 어머니는 연신 〈이렇게 아름다운〉 아가씨는 난생처음 본다고 소곤거렸다는 것이다. 장과 경은 말했다. 「중국의 다음번 주력 수출품은 이 나라에서 제일 못생긴 여자들이 될 겁니다. 그 여자들은 매력적이고 부유한 미국인들과 결혼할 수 있을 거예요.」 그러고는 내게 일종의 퀴즈를 냈다. 「저기 좀 보세요. 저 여자들 중 한 명은 예쁘고 나머지는 평범합니다. 누가 어느 쪽인지 알겠어요?」

서양 제품에 대한 중국 소비자들의 욕구가 왕성하기는 해도, 사실 중국인들은 서양을 그리 중요하게 여기지 않는다. 나는 어느 예술가의 아내와 단둘이 저녁을 먹을 일이 있었는데, 그때 그녀가 말했다. 「만일 내가 중국 남자하고 외출해서 저녁을 먹는다면, 남편은 화를 낼 거예요.」

「저하고는 괜찮다는 겁니까?」 나는 물었다.

「그럼요. 당연히 괜찮죠.」

비슷한 맥락에서, 내게는 중국에서 『인터내셔널 헤럴드 트리뷴』을 구할 수 있다는 점, BBC 월드 서비스를 시청하는 사람이 많다는 점, 중국인들이 길버트 & 조지를 참아 준다는 점이 놀랍게 느껴졌다. 처음에는 그것을 이데올로기 장벽이 낮아진 결과로 이해했지만, 나중에 진실을 깨달았다. 그 진실이란 서양에서 수입된 사상은 중국인들에게 진정한 영향을 미치지 못한다는 것, 반면 중국 내 공론장에서 벌어진 사건은 이를테면 이발처럼 훨씬 더 사소한 것이라도 혁명의 방아쇠가 될 수 있다는 것이다.

중국은 1978년 공식적으로 고립주의 정책을 접었지만, 고립주의적 사고방식은 여태 살아 있다. 장페이리는 이렇게 말했다. 「우리는 너무 오래 단절되어 있었습니다. 컴컴한 방에 있다가 갑자기 커튼이 젖혀진 셈이죠. 눈이 아직 빛에 익지 않았기 때문에, 앞이 잘 보이지 않습니다.」 상하이의 예술가이자 비평가인 쉬훙은 이렇게 말했다. 「사람들은 늘 동서양을 섞겠다고 말합니다. 꼭 빨간 물감과 파란 물감을 섞어서 보라색을 칠하겠다는 것처럼. 두 문화를 이해한다는 것, 서로 다른 두 사고방식을 통합한다는 것이 정확히 무슨 뜻인지는 생각도 안 해보고 말입니다.」 내가 만난 모든 화가들은 자신의 작품이 겉보기와는 달리 실제로는 그다지 서구적이지 않다는 설명을 꼭 덧붙였다. 위안밍위안에 사는 대학 강사 장웨이는 말했다. 「어떻게 서구적일 수 있겠습니까? 지금은 물론 이른바 문호 개방 정책의 시대이지만, 그래도 우리는 그보다는 문을 살짝만 열어 둔 정책이 더 나을 것이라고 생각합니다. 문이 아예 활짝 열리는 일은 없으리라는 것을 알고, 사람들이 그 문을 마음대로 들락날락하도록 허락되는 일은 없으리라는 것도 압니다.」

예술가들이 중국 전통과 완벽하게 단절하기는 어렵다. 상하이에서 조용히 살아가는 추상화가 딩이는 크고 아름답게 채색된 캔버스에 단순한 패턴들을 배열함으로써 기하학적 공간을 이루도록 만든 그림을 그린다. 그런데 최근 그는 대나무와 종이 부채 위에 그런 그림을 그리기 시작했다. 그는 내게 말했다. 「나는 중국 전통과 접점을 만들어야 합니다. 동시에 중국인들이 이런 서양화 원칙을 덜 겁내도록 만들고 싶습니다.」

어떤 예술가들은 중국 매체와 서양 양식을 결합한다. 베이징 중앙 미술 학원에서 민속 예술을 공부한 뤼성중의 장기는 전지, 즉 종이 오리기다. 예로부터 중국 시골의 여자들은 요리와 바느질과 종이 오리기를 할 줄 알아야 한다고 했다. 뤼성중은 내게 가진 것이라고는 종이밖에 없는 늙은 여자들이 종이 오리기로 정교한 내러티브를 갖춘 이야기를 지어냄으로써 자신을 표현하곤 했다고 알려주었다. 그는 종이 오리기 장인이고, 이 주제로 책도 여러 권 썼다. 최근에는 〈보편적 인간〉이라고 이름 붙인 하나의 형태만을 다양한 크기로 무수히 오린 뒤, 빨간 종이로 오린 그 형상들을 모두 이어서 거대하고 신비로운 하나의 설치 작품을 만들었다. 그런데 라오 리는 그런 작품을 거부한다. 이런 식으로 농민 예술 전통과 모더니즘을 섞는 것은 거의 불결한 짓이라고 여기는 사람이 많다. 중국인들은 겉보기에는 더없이 중국적이지만 사실 서구식 사고와 연계된 질료에 서양인들이 열광하는 것을 싫어한다. 뤄성중 같은 작가는 자신과 중국 문화를 매춘부처럼 팔아넘긴 것이고, 서양이 갖지 말아야 할 것을 서양에게 준 것이고, 귀한 것을 헐값에 팔아넘긴 것이라고 여긴다.

지속적으로 강하게 서양을 거부하는 태도에서 국수주의의 목소리도 생겨나고 있다. 늘 경쟁적인 중국인들은 서양에서 자신들이 이용할 만한 것이 있다면 뭐든지 취할 것이다. 라오 리는 이렇게 말했다.「현재 세상을 지배하는 것은 서구 문화입니다. 과거에는 중국 문화가 제일 뛰어났죠. 그러나 이제 서양은 쇠락에 접어들었고, 중국은 거꾸로 상승하고 있습니다. 머지않아 두 화살표가 교차할 겁니다.」구원다는 좀 더 간명하게 말했다.「만일 중국이 제2차 세계 대전 이후 최강대국이었다면, 지금쯤 서양 예술가들이 우리 언어를 쓰고 있었을 겁니다. 내가 그들의 언어를 쓰는 것이 아니라.」

중국인들은 중국의 세계 지배를 기정사실인 양 자주 언급한다. 유일한 논쟁점은 과연 그 시점이 언제일 것인가다. 20년 안에 그렇게 될 것이라고 말하는 사람들도 있고, 150년은 더 걸릴 것이라고 말하는 사람들도 있다. 예술가들은 중국이 다른 나라들보다 높이 떠오르는 그날이 오면 자신들의 예술도 국제적으로 정상의 위치에 오를 것이라고 기대한다. 바그너풍으로 무시무시한 신화적 풍경화를 그리는 딩팡은 내게 이렇게 말했다.「나는 신을 지키는 자이고, 신의 목소리입니다. 나는 영적 고양의 르네상스를 창조합니다. 태양이 영원히 떠오를 것이 확실한 일인 것처럼, 내 작품은 영원히 남을 겁니다. 그걸 못 보는 건 눈먼 자들뿐이죠. 중국은 내 작품으로 온 세상 사람들에게 영성을 돌려줄 것입니다.」

위험한 생각

위안밍위안 예술가 마을에서는 모두가 옌정쉐를 시장이라고 부른다. 마흔아홉 살인 그는 다른 화가들보다 나이가 더 많고 마을에 더 오래 살았다. 옌은 딱히 예술가처럼 보이지 않는다. 머리카락은 짧고 옷차림은 평범하다. 그가 그리는 대형 수묵화는 장식적이고 전통적이다. 태도는 겸손하다.

7월 2일, 옌은 베이징 시내에서 위안밍위안으로 오는 332번 버스를 탔다. 그가 내리려는데 차장이 문을 닫았고, 짧은 언쟁이 오갔다. 차장은 공격적이었고, 옌은 짜증이 났다. 다음 정류장에서 차장은 옌이 내리려는 순간 일부러 문을 닫았다. 옌은 종점까지 타고 가야 했는데, 종점에서 차장은 옌이 자기 돈주머니에 손댔다고 주장하면서 경찰을 불렀다. 그 동네는 예술가 마을과 행정 구역이 같은 곳이라, 불려 온 세 경찰관은 시장 옌정쉐를 알았다. 옌도 마을 예술가들이 전시회를 열려고 했을 때 그들을 저지했던 경찰관들로 세 사람을 기억했다. 옌은 차장의 가방에 손대지 않았다고 말했지만, 경찰들은 그를 버스에서 끌어내려 구타한 뒤 땅바닥에 팽개쳤다. 주민 몇 명이 지켜보았지만, 다들 무서워서 끼어들진 못했다.

경찰은 옌을 경찰서로 끌고 가서 전기 야경봉으로 때렸다. 「맞서 싸우진 않았습니다.」 옌은 내게 말했다. 「하지만 계속 〈왜 때립니까?〉 하고 물었습니다. 그래도 그들은 멈추지 않았어요.」 우리는 마을에 있는 옌의 작은 집에서 이야기를 나누었다. 그는 그때 맞아서 살이 데고, 피가 묻고, 물집이 터진 자신의 모습을 찍은 사진들을 보여 주었다. 「경찰들은 내 사타구니를 자꾸 때렸습니다.」 그가 유달리 끔찍한 사진 한 장을 들어 보였다. 「전기 야경봉은 심한 화상을 입힙니다. 경찰들은 내 이빨이 흔들거리도록 팼습니다. 가슴, 등, 엉덩이, 머리에 상처를 입혔습니다. 나더러 무릎을 꿇으라고 명령했는데, 내가 거부하자 더 세게 때렸습니다. 이렇게 말하더군요. 〈토하기라도 하면 혀로 바닥을 닦아서 청소해야 할걸. 우리는 당신이 누군지 알아. 예술가 주제에 무슨 시장이라는 거지? 당신에게는 아무 힘이 없어.〉」 경찰은 차장의 돈을 훔쳤다고 자백하는 진술서에 서명하라고 지시했지만, 옌은 거부했다. 경찰은 그가 의식을 잃을 때까지 때린 뒤, 한밤중에 경찰서 앞에 그를 내버렸다. 새벽 4시에 한 주민이 담요로 그를 감싸서 병원으로 데려갔다. 그곳에서 그는 다친 곳과 청력 상실을 치료받았다.

며칠 뒤, 마을 예술가 한 명이 평소 베이징의 부동산 회사에서 일하는 변호사 왕자치에게 옌의 이야기를 들려주었다. 왕은 당장 옌에게 연락했다. 「옌 씨에게 이 사건은 불법이라고 말해 주었죠. 중앙 정부는 경찰이 그런 쩨쩨한 폭력을 휘두르는 걸 싫어합니다. 나는 소송을 제기하자고 제안했습니다.」

옌은 예술가들에게 자신이 받은 처우에 항의하는 진정서에 서명해 달라고 부탁했다. 위안밍위안 주민 중에서는 펑리쥔이 맨 먼저 서명해 주었고, 라오 리는 청원서를 자기 집에 비치해 두고서 들른 사람들에게 서명해 달라고 부탁했다. 몇몇 기자가 옌의 소송 사건을 기사로 써주겠다고 약속했다. 소문이 퍼지자, 비슷한 폭력을 겪은 피해자들의 편지가 옌에게 수백 통 쏟아졌다. 「어떤 사람은 소송 거는 법을 물었고, 어떤 사람은 나더러 조심하지 않으면 〈갑작스런 사고〉를 당할지 모른다고 주의를 주었습니다.」

왕은 사진, 병원 진단서, 옌의 진술서, 청원서 복사본을 모아서 법원에 제출했다. 왕은 이렇게 말했다. 「법원이 사건을 청취해 주기로 했습니다. 물론 우리가 보상금을 받진 못할 테고, 경찰이 처벌을 받지도 않을 겁니다. 하지만 경찰이 죄를 저질렀다고 인정하기만 해도 소득일 겁니다. 나는 평소에는 인권이나 민주주의에 대한 이야기를 대놓고 하지 않습니다. 너무 위험하거든요. 대신 개별 사건을 법으로 다루죠. 중국인들에게는 법으로 보호받는다는 개념이 없습니다. 법은 사람들을 구속하기 위해서 있는 거라고 여기죠. 우리는 그런 생각에 맞서고 싶습니다.」

나는 옌정쉐가 입은 부상을 끔찍하리만치 자세히 보여 주는 사진들을 넘겨 보다가 말했다.「우습네요. 나는 예술과 예술가들에 관한 글을 쓰려고 중국에 왔는데, 이렇게 인권과 자유에 관한 이야기를 듣고 있으니 말입니다. 거의 다른 기사인데요.」

옌이 말했다.「이게 바로 예술과 예술가들에 관한 이야기입니다. 경찰이 나를 미워하는 것은 내가 예술가라서, 고분고분하지 않아서, 하고 싶은 일을 자유롭게 하는 사람이라서예요. 경찰은 자신들이 이 마을을 통제하지 못하는 걸 분하게 여깁니다. 등록도 안 된 사람들이 이렇게 작업 소조도 일과도 없이 살아가고 서양인들이 늘 어슬렁거리는 걸 말입니다. 나는 손쉬운 표적이었습니다. 이 나라에서는 돈을 밝히든, 여자를 밝히든, 술을 퍼 마시든 작업 소조에 등록만 되어 있으면 다 괜찮습니다. 하지만 예술가가 되는 것은…….」 그는 자신의 작품인 대형 수묵화 족자를 몸짓으로 가리켰다.「그건 문제가 됩니다.」

왕도 끄덕였다.「옌 씨가 소송을 제기하는 것은 법대로 하자고 주장함으로써 관행에 계속 불복하는 것입니다. 옌 씨는 강한 개인이라는 이유로 구타당했던 것이고, 역시 개인으로서 그 사건을 그냥 넘길 수가 없는 겁니다. 이기든 지든, 우리는 사람들에게 이런 생각을 알리고 싶습니다. 개인도 항의할 수 있다는 것, 신념을 지킬 방도를 찾아볼 수 있다는 것, 인간답게 살 수 있다는 것.」

나는 쑹솽쑹의 이발을 떠올렸다. 이제야 그 퍼포먼스가 왜 그렇게 큰 분노를 일으켰는지 이해할 수 있었고, 그 퍼포먼스가 어떤 측면에서 성공이었는지도 이해할 수 있었다. 그리고 그토록 사소한 사건이 어떤 점에서는 폭탄보다 더 위험할 수 있다는 것도 이제야 이해할 수 있었다. 예술은 자신의 위험성을 주장할 수 있는 한 성공한다. 중화 인민 공화국에서 개인성이라는 개념, 라오 리가 전형으로서 체화하고 있는 휴머니즘이라는 개념은 사람들이 거의 들어보지 못한 생각이다. 그런데 만일 이 개념이 중국의 방대한 인구에게 널리 스민다면 사람들은 모두 자기 결정권을 얻고 싶어 할 것이고, 그것은 중앙 정부의 종말이자 통제의 종말이자 공산주의의 종말일 것이다. 중국의 종말일 것이다. 중국에 운이 따른다면, 휴머니스트들과 절대주의자들의 이 싸움이 영원히 끝나지 않을 것이다. 어느 쪽이든 한쪽이 결정적으로 이겨 버리는 것은 비극일 터이기 때문이다. 불의는 물론 끔찍하다. 그러나 중국의 종말 역시 누구도 바라지 않는다. 덩샤오핑도, 라오 리와 그를 따르는 예술가들도.

•

서양 미술계는 소련/러시아 미술보다 중국 현대 미술을 훨씬 수월하게 받아들였다. 그 수용은 서양 문화사를 재고하는 작업, 즉 유럽 및 미국 문화가 아시아에 수출한 것 못지않게 아시아로부터 배운 것도 많다는 점을 깨닫는 작업과 시기가 맞물렸다. 아시아가 서양인들에게 미친 영향은 피상적으로는 칠기나 자기를 애호하는 취향에 머물러 있지만, 철학적으로는 그보다 더 심오하다. 미니멀리즘과 형식주의는 아시아 사상이다. 일시성을 칭송하는 아시아의 전통 없이 플럭서스Fluxus 운동이 가능했을까? 우리가 현대 아시아 미술을 모더니즘 미술의 표절로 폄하하던 것은 이제 그만두었으니, 다음으로는 모더니즘 자체가 어떤 면에서는 아시아를 표절한 것이 아니었을까 하는 생각을 해봐야 한다. 서양 화가들이 서예의 붓질에서 약간의 기법을 배운 것도 있었지만, 뭐니 뭐니 해도 그들이 동양의 문자 기반 언어에서 배운 최고의 가르침은 은유적 풍성함으로 언어와 시각적 재현 사이의 경계를 흐리는 방법이었다. 이런 빚을 우리는 근래에야 인식하기 시작했다.

내가 처음 접했을 때만 해도 서양인들의 인식에서는 주변부에 지나지 않았던 중국 현대 미술은 그사이 현대 미술에 관한 모든 대화에서 주인공이 되었고, 중국 화가들의 작품은 가격이 천문학적 수준으로 치솟았다. 2007년, 냉소적 사실주의 화가 웨민쥔의 작품 「처형」이 530만 달러에 팔려서 중국 현대 미술 사상 최고가를 기록했다. 그러나 곧 장샤오강의 그림이 기록을 경신했는데, 장의 작품들은 2004년만 해도 4만 5,000달러쯤에 팔렸지만 2008년에는 610만 달러에 팔렸다. 장샤오강의 기록은 같은 해 쩡판즈의 「가면 시리즈 1996 제6호」가 970만 달러에 팔리면서 다시 깨졌다. 2013년, 쩡판즈의 「최후의 만찬」은 2330만 달러에 팔렸다.[1]

저런 작품들의 대부분을 라오 리는 염속 미술이라고 부른다. 〈만연한 소비주의를 뒤흔들 수 없는 예술의 무력함〉을 번쩍거리는 외관과 번지르르한 매력으로 표현하는 작품들을 지칭하고자 그가 지어낸 용어다. 그는 염속 미술을 〈현대 중국의 정신적 진공 상태와 어리석음에 대한 자기 반어적 반응〉이라고 말했다.[2] 비정치적 냉소주의가 어디에나 넘친다. 광저우의 주목받는 예술가 차오페이는 이렇게 말했다. 「사회를 비판하는 것은 이전 세대의 미학이었습니다. 나는 정치적 작품을 하려고 예술가가 된 것이 아닙니다. 그런 것은 이미 다 표현되었습니다.」 화가 황레이는 신세대에 대해 이렇게 말했다. 「경제의 시대에 자란 그들은 경제가 삶에 영향을 미친다고 생각하는데, 정치가 그보다 훨씬 더 큰 영향을 미친다는 사실은 모릅니다.」[3]

위안밍위안 예술가 마을은 1993년 당국에 의해 폐쇄되었다. 라오 리, 펑리쥔, 웨민쥔은 베이징 중심가에서 19킬로미터쯤 떨어진 농촌 마을 쑹좡으로 이주한 첫 주자였고, 많은 예술가들이 그 뒤를 따랐다. 향 정부는 예술가들의 유입으로 세수가 늘어 반겼지만, 예술가들은 곧 기존 주민들과의 토지 분쟁에 휘말렸다. 또 다른 예술가들은 베이징 북동쪽의 버려진 전자 교환 스위치 공장인 798에 가게를 열었다. 798은 미술품 관광객들이 반드시 들르는 곳이 되었고, 세계 어디서나 예술이 개화하는 곳이면 그 뒤를 따라 등장하는 카페들과 부티크들도 들어섰다. 베이징의 달러 리윈즈는 이렇게 말했다. 「위안밍위안 마을은 자유와 평화를 찾는 이상주의자들, 고통받는 영혼들의 안식처였지만 요즘의 다른 예술가 마을들은 처음부터 돈이 동기입니다.」 정부는 문화 관광의 득을 보려고 혈안이다. 하지만 그래서 정부가 그런 동네를 선전하다 보니 집세가 올랐고, 많은 예술가들이 세를 감당하지 못해서 798을 떠나야 했다. 도시로부터 좀 더 먼 동네에서는 문제가 덜한 편이다. 쑹좡에서는 이제 4천 명이 넘는 예술가들이 작업하고 있다. 이마저도 베이징 외곽에 생겨난 백여 군데 예술가 공동체 중 한 곳일 뿐이다.[4]

라오 리는 쑹좡 미술관과 리셴팅 영화 기금을 운영하고 있고, 리셴팅 영화 기금은 지난 10년 동안 베이징 독립 영화제를 열어 왔다. 2010년 인터뷰에서 펑리쥔은 라오 리에 대해 〈그는 하늘에 뜬 태양처럼 우리 모두를 비춰 왔습니다〉라고 말했다.[5] 2014년 8월, 영화제 개막일 하루 전에 당국이 축제를 막았다. 경찰 열 명 남짓이 영화제 사무실로 쳐들어와서 서류를 압수했고, 라오 리와 다른 두 주최자를 억류한 뒤 영화제 취소에 동의하는 서류에 서명하라고 강요했고, 축제장 전기를 끊어 버렸다. 또 리셴팅 영화 기금이 오랫동안 감독 지망생들에게 작업장으로 제공해 온 공간도 폐쇄했다. 작업장은 이제 시골의 비밀 장소로 옮겨졌다. 주최자들은 어리둥절했다. 영화제의 운영 책임자인 팡룽은 이렇게 말했다. 「우리의 목표는 학생들의 마음을 넓혀 주는 것, 그들이 인생과 영화를 새롭게 바라볼 수 있도록 가르치는 것입니다. 우리가 하는 일 중 당이나 정부의 뜻을 거스르는 것은 아무것도 없습니다.」[6]

1993년 경찰의 학대를 고발하는 소송을 제기한 뒤, 위안밍위안 마을의 〈시장〉 옌정쉐는 노동 수용소로 보내져서 2년 동안 재교육을 받았다. 수용소에서 그는 검은 태양 아래 어두운 풍경이 피 흘리는 듯한 그림을 백여 점 그렸다. 작품들은 중앙의 세로선을 기준으로 반으로 나뉘었는데, 그가 그림의 진정한 주제를 감추기 위해서 한 번에 절반씩만 그린 결과였다. 그림을 내보내기 위해서, 그는 우선 그림을 비닐봉지에 담아 속옷 속에 숨겼다가 수용소에서 화장실 대용으로 쓰는 분뇨 통에 빠뜨렸다. 그러면 그의 자녀들과 친구들이 와서 수거해 갔다. 그는 풀려난 뒤에도 경찰에 십여 차례 구류되었고, 2007년에는 〈국가 권력 전복〉을 꾀했다는 죄목으로 수감되었다. 그는 2년을 복역했고, 이번에는 그림을 그리지 않았다. 「나는 싸움에 지쳤습니다.」 그는 말했다. 그는 목을 매어 자살을 기도했다.[7]

트랜스젠더 행위 예술가 마류밍은 1994년 포르노그래피 제작 혐의로 감옥에 갇혔다.[8] 2000년 아이웨이웨이와 펑보이가 상하이에서 조직한 「꺼져」 전시회에서 작가 주위가 태아라고 알려진 물체를 먹는 퍼포먼스 비디오 영상을 공개한 뒤, 중국에서는 모든 행위 예술이 불법이 되었다.[9] 왕펑은 시골에서 자라 현재 베이징에서 활동하는 작가다. 톈안먼 학살을 전혀 몰랐던 그는 2002년에 중국의 인터넷 방화벽을 뚫을 수 있는 소프트웨어를 손에 넣고서야 그 사건을 알게 되었다고 했다. 그는 이후 추상화를 버리고, 강제 인공 유산이 행해지는 병원들에서 수거한 피 묻은 수술 장갑으로 작품을 만들기 시작했다. 그는 이렇게 말했다. 〈학살을 알게 된 뒤, 나는 중국 사회의 가장 충격적이고 추악한 측면을 확 찢어 보여 주고 싶어졌다. 아름다움이 아니라 현실이 중요하다는 것을 깨달았다.〉[10] 천광은 톈안먼 사태 때 현장에 있었던 군인이다. 끔찍한 기억은 그의 피에 전 그림들에 묻어난다. 그는 2014년 자기 집에서 사적인 전시회를 열었다가 경찰에 잡혀갔는데, 경찰은 무장 차량을 네 대나 끌고서 그의 소박한 집으로 쳐들어왔다고 한다.[11] 상하이 예술가 다이젠융은 2015년 〈소란을 조장한다〉는 죄목으로 체포되었다. 그가 시진핑 주석 사진을 포토샵으로 조작하여 콧수염을 붙이고 눈을 찡그리게 만든 이미지를 친구들에게 보낸 뒤였다. 그는 감옥에서 5년을 살아야 한다.[12]

2012년, 자오자오의 작품들이 담긴 운송 상자가 압류당했다. 그가 아무 죄도 저지르지 않았고 고발도 당하지 않았는데도, 당국은 그에게 약 4만

8,000달러를 벌금으로 내라고 했다. 그가 무슨 수를 써도 작품을 돌려받을 수는 없을 것이라고 했지만, 만약 돈을 낸다면 작품들이 처분되기 전에 마지막으로 한 번 볼 기회를 주겠다고 했다. 그에게는 그런 거액을 마련할 길이 없었다. 사건 이후 작품 활동에 두려움이 생겼느냐는 질문에 그는 이렇게 대답했다. 「그렇다고 해서 소심해지기는 싫습니다.」[13]

우위런은 2010년 정부가 자신을 포함한 여러 화가들의 작업실을 압류한 데 항의하여 톈안먼 광장에서 시위하다가 체포되었다. 그가 재판을 받는 자리에는 아이웨이웨이를 비롯하여 많은 유명 예술가들이 참관하러 왔다. 우는 2012년 풀려났다. 2014년 구정 직전, 우에게 누출된 문서 한 통이 우편으로 도착했다. 문서는 베이징 치안 담당 부서의 공식 통지문으로, 경찰들에게 〈시내 전역에서 위험하고 수상쩍은 사람들에게〉 적극 대응하라고 지시하는 내용이었다. 통지문의 마지막 문장은 〈사람들이 한자리에 모임으로써 야기되는 유해한 영향을 미리 차단하라〉였다. 우위런에게 문서를 보낸 익명의 발신자는 꼭 우위런을 부추기는 듯한 쪽지를 써서 동봉했는데, 〈만약 당신이 이 문서를 공개한다면 정부가 당신을 잡으러 갈 겁니다〉라는 내용이었다. 우위런은 문서를 자신의 위챗 채널에 올렸다. 네 시간 뒤, 그의 글이 이미 많은 사람들에게 공유된 뒤, 경찰이 〈차 한 잔〉 하자고 그를 초대했다. 한밤중이었지만 그는 나갔고, 찻집으로 가던 중 경찰 네 명과 그들이 거느린 어깨들과 마주쳤다. 그들은 경찰서로 갔다. 한 경찰관이 우에게 말했다. 「새해가 다가오는데, 당신은 계속 여기 있을 거요. 우리가 집에 보내 주지 않을 테니까.」 우는 맞받았다. 「사실 전 좋습니다. 늦장을 부리느라 새해맞이 준비를 하나도 못 했거든요. 좋은 핑계가 되겠네요.」 이번만큼은 건방진 태도가 통했다. 우는 삼십 분 뒤 풀려났다. 그는 이렇게 말했다. 「부모님은 당연히 내가 외국으로 떠나거나 정부 비판을 그만두기를 바랍니다. 부모 마음이 그렇죠. 나도 내 아이들이 중국에서 살지 않았으면 좋겠습니다. 특히나 현재와 같은 상황에서는. 우리 부모 세대 사람들은 한낱 개인이 할 수 있는 일은 없으니까 공연히 애쓰지 말라고, 그래 봤자 헛수고라고 말합니다.」[14]

2014년, 경찰은 쑹좡 예술가 마을 주민 열세 명을 〈소란 조장〉 죄목으로 억류했다. 왕짱이 우산을 든 자신의 모습을 찍은 사진을 트위터에 올린 뒤였는데, 우산은 홍콩 민주화 시위의 상징이었다. 경찰은 왕짱의 우산을 압수하고 그를 구류했다. 두 달 뒤에도 여태 갇혀 있던 그는 수면 박탈 고문을 당한 뒤 심장 발작을 일으켰다. 그의 아내는 이렇게 말했다. 「그이가 온갖 어려움을 겪긴 했지만, 그래도 그이는 옳은 일을 했다고 생각합니다.」 체포 후, 쑹좡에 배치된 경찰 수가 확 늘었다. 돈을 갖고 찾아오는 사람이라면 누구에게든 적극 작품을 홍보하던 화가들이 이제는 잠재적 구매자들을 쫓아낸다. 역시 그곳에서 더 엄중한 감시를 받게 된 화가 당젠잉은 왕짱의 실수는 인터넷을 쓴 것이라고 말했다. 「친구들끼리는 자유롭게 말해도 괜찮지만, 웹에서 자유롭게 말하면 그들이 잡으러 오죠.」[15]

2015년 봄, 시진핑 주석은 〈순수 미술은 푸른 하늘의 햇살이나 봄의 미풍처럼 사람들의 정신을 고양하고, 마음을 데우고, 취향을 계발하고, 불건전한 작업 양식을 일소해 주어야 한다〉라고 말했다. 봄날의 날씨를 꽤 참신하게 묘사한 저 발언에 이어 국가 신문출판방송영화TV 총국도 성명을 냈다. 성명서에서 총국은 예술가들을 시골로 이주시킴으로써 그들이 〈건전한 예술관을 형성〉하고 벽지에서 〈새로운 소재를 발굴〉하여 〈더 많은 걸작을 낳도록〉 할 의향이 있다고 밝혔다. 그 속에 담긴 메시지는 더 이상 뚜렷할 수 없었다. 문화 혁명 때 그랬듯이, 자기 검열을 하지 않는 예술가들은 징벌적 유배에 처하겠다는 메시지였다.[16]

내가 1993년 『뉴욕 타임스』에 실린 이 기사를 쓸 때, 중국 최고 예술가 중 세 명이 미국에서 살고 있었다. 쉬빙, 구원다, 아이웨이웨이였다. 취재 중 중국에서 만났던 예술가들이 다들 세 사람을 언급하기에, 나는 미국으로 돌아온 뒤 그들을 만나 보았다. 화가이자 시인이자 건축가이자 활동가인 아이웨이웨이는 제일 노골적으로 정치적인 작가다.[17] 문화 혁명 중 유배되었던 시인의 아들인 그는 2008년 베이징 올림픽 주경기장으로 쓰인

이른바 〈새 둥지(소조)〉 경기장을 설계하여 유명해졌지만, 올림픽을 중국 정부가 띤 〈가짜 미소〉라고 표현하는 바람에 당국을 격분시켰다. 갈등이 격화한 것은 그가 2008년 쓰촨 대지진으로 사망한 초등학생 수천 명의 죽음을 조사하기 위해서 이른바 〈시민 수사대〉를 결정한 때였다. 대부분의 아이들은 안전 기준에 미달된 학교 건물에 있다가 죽었는데, 그는 아이들의 이름을 목록으로 작성하고 아이들의 작은 책가방을 수집하여 전시했다. 정부에게는 당혹스러운 일이었다. 2009년, 그는 다른 지진 관련 활동가의 재판에 참석했다가 경찰들에게 구타당해서 뇌출혈을 일으켰다. 그는 혈종을 뽑아내기 위해서 두개골에 관을 삽입하고 그렇게 뽑아낸 피가 담긴 봉지를 손에 든 자신의 모습을 사진으로 찍어서 공개했다. 2012년에는 염속 미술에 환멸을 느낀다면서 이렇게 적기도 했다. 〈중국 미술은 상품에 지나지 않는다. 모호함으로 사람들의 눈길을 잡아당기려는 것뿐이다. 중국 미술계란 것은 존재하지 않는다. 개인의 자유가 제약되고 인권이 침해되는 사회에서 스스로 창조적이고 독립적이라고 자칭하는 것은 무엇이 되었든 모두 거짓이다. 내게는 그런 예술이 인간의 지성에 대한 모욕이자 문화라는 개념에 대한 조롱으로 느껴진다. 그런 예술은 내용 없는 기술과 의미 없는 기교를 자랑하는 프로파간다의 도구일 뿐이다.〉

아이웨이웨이는 중국에 적이 많다. 베이징의 한 큐레이터는 이렇게 말했다. 「아이웨이웨이의 활동은 전부 연기와 가식에 불과합니다. 정부의 프로파간다와 크게 다르지 않습니다. 그의 목적은 외국인들의 심금을 울리는 것이라는 점이 다를 뿐.」 이렇게 말하는 비평가들과 예술가들에 대해, 아이는 이렇게 말했다. 「그들은 늘 권력의 편에 섭니다. 나는 그들을 비난하지는 않습니다. 그들과 기꺼이 악수하고, 미소를 지어 보이고, 그들을 위해서 추천서를 써줍니다. 그렇지만…… 내가 느끼는 것은 철저한 환멸뿐입니다.」

희망에 뒤따르는 결과가 분노라면, 절망에 뒤따르는 결과는 슬픔이다. 웨민쥔의 수많은 자화상들, 어느 그림에서나 호들갑스럽게 웃는 그의 모습이 그려진 그 자화상들은 지난 20년 동안 중국에서 생산된 작품들 중 가장 널리 알려진 이미지일 것이다. 그는 수집가들의 수요에 부응할 수 없을 지경이고, 베이징의 모든 벼룩시장에는 그의 작품을 베낀 위작이 넘친다. 그는 냉소적 사실주의자로 분류되지만, 한 큐레이터는 웨민쥔의 작품이 시간이 흐를수록 〈냉소보다는 멜랑콜리〉를 풍기게 되었다고 말한다. 시인 어우양장허는 웨민쥔의 작품에 대해 이렇게 썼다. 〈아득한 옛날로부터의 모든 슬픔이 그 웃음 안에 있다.〉[18]

1993 ~ 1996

1994 미국
USA

Taiwan
1995 타이완
South Africa
1993 남아공

남아공

남아공의 예술가들: 분리된, 그러나 동등한

『뉴욕 타임스 매거진』, 1994년 3월 27일

나는 1992년에 처음 남아공에 갔고 1993년에 다시 갔다. 음울한 아파르트헤이트 체제가 완전히 폐지된 것은 1994년 첫 자유선거 이후였지만, 일 년의 그 짧은 기간만으로도 아파르트헤이트의 쇠락이 가져온 변화는 눈에 띄게 뚜렷했다. 남아공의 이야기는 만회의 이야기다. 항의의 예술은 항의의 이유가 줄면서 어느 정도 바뀌지 않을 수 없었다. 이런 변화가 어떤 예술가들에게는 해방으로 느껴졌지만, 어떤 예술가들에게는 대단히 까다로운 일로 다가왔다.

나는 이미 러시아와 중국 미술계를 취재한 뒤라서, 남아공 취재에서는 비교적 손에 익은 기술을 쓸 수 있을 것이라고 기대했다. 그러나 옛 소련이나 마오 이후 중국에는 기본적으로 두 진영이 있었다. 기존 권력 구조에서 혜택을 입고 그것을 칭송하는 〈공식〉 예술계와 비인간화하는 체제로부터 자신들의 정체성을 회복하려고 애쓰는 반혁명주의 지하 세계 예술가들이었다. 반면 남아공에서는 권력 당국이 예술가들에게 문화적 선전물만을 제작하라고 제약한 적은 없었으므로, 아파르트헤이트 체제를 강화하는 작품들이 존재하지는 않았다. 내가 만난 예술가들은 흑인이든 백인이든 모두 공정한 사회를 열망했다. 어떤 것이 공정한 사회인가에 대한 의견이 전적으로 합치하지는 않았지만.

나 자신의 역할도 당혹스러운 것이었다. 모스크바에서는 누구도 나를 당원으로 생각하지 않았고 베이징에서 내가 홍위병으로 오해받는 일은 있을 수 없었지만, 요하네스버그에서는 내가 백인이라는 사실만으로 유죄일 수 있었다. 흑인들은 보통 갈 수 없는 곳을 자유롭게 다닐 수 있었으니, 내가 순수하다고 주장할 수는 없었다. 인구의 다수가 노골적으로 인권을 박탈당하는 나라에서, 나는 특권을 누리는 구경꾼이었다.

이 글은 편집 과정에서 유난히 많이 수정되었던 편이라, 이번에 초고와 메모로 돌아가서 상당 부분을 다시 썼다. 그러나 그사이에 이름이 잊힌 작가들을 빼고 슈퍼스타로 떠오른 작가들에게 더 주목하는 방향으로 고치는 것은 속임수일 것 같았다. 따라서 내가 원래 취했던 관점을 바꾸지는 않았고, 그냥 편집에서 잘려 나갔던 내용을 복원하고 어떤 대목은 좀 다듬어서 애초의 의도를 살렸다.

1993년 여름 요하네스버그에서 처음 예술가들의 모임에 참석했을 때, 대화의 화제는 바바라 마세켈라가 케이프타운에서 요하네스버그로 비행기를 타고 오면서 겪은 일화였다. 마세켈라는 넬슨 만델라의 개인 비서다. 그 위대한 인물에 접촉하려는 사람은 누구나 그녀를 거쳐야 한다. 그녀는 아프리카 민족 회의ANC에서 가장 유력한 여성 중 한 명이다. 총명하고 강인하고 뛰어난 사람이라, 어디에 있든 강한 개성의 힘만으로도 돋보이는 사람이다. 그런데 기내식을 갖고 일등석 객실로 들어온 승무원은 먼저 마세켈라의 오른쪽에 앉은 백인 남자에게 식사를 주고, 그다음 마세켈라의 왼쪽에 앉은 백인 여자에게 식사를 주고, 그다음 뒷줄에 앉은 사람들에게 식사를 주었다. 마세켈라가 불평하자, 승무원은 진심으로 놀라는 표정으로 입이 닳도록 사과하면서 〈거기 계신 것을 못 봤다〉고 변명했다. 마세켈라의 검은 얼굴이 좌석에 묻혀서 위장되기라도 한 양, 승무원은 마세켈라의 존재를 말 그대로 알아차리지 못했던 것이다. 나와 함께 식사하던 백인 예술가들은 비록 자신들의 작품 활동이 백인을 흑인과 같게 만들거나 흑인을 백인과 같게 만들 수는 없지만 이런 비가시성을 다룰 필요는 있다고 말했다.

두 주 뒤, 그때의 예술가들 중 한 명과 그의 친구들과 함께 케이프타운 근처 해변을 찾았다. 바람은 더웠고, 해는 따가웠고, 바다는 얼음장 같았고, 풍경은 끝내줬다. 모래사장에 누워 있는데, 웬 늙수레한 유색인 남자가(유색인colored이란 아파르트헤이트 체제에서 혼혈인을 싸잡아 부르는 용어였다) 나르기 버겁도록 무거워 보이는 아이스크림 통을 들고 다가왔다. 노인은 긴 소매에 긴 바지 양복을 입었고, 햇볕을 받아 땀을 줄줄 흘렸다. 「세상에, 아이스크림이네.」 우리 중 한 명이 말했다. 「아이스크림 먹을 사람?」 당연히 모두가 아이스크림을 원했다. 「내가 낼게.」 누군가 말했고, 우리는 각자 좋아하는 맛을 고르고 노인에게서 아이스크림을 받은 뒤 당장 뜯어서 먹기 시작했다. 「8랜드입니다.」 노인은 말했다. 그러나 한턱 내겠다고 말했던 사람이 셔츠 주머니를 확인하면서 말했다. 「이런! 5랜드밖에 없네.」 해변으로 내려올 때 돈을 챙겨서 온 사람은 아무도 없었다. 다른 사람이 〈차에 현금이 있는데〉라고 말했지만, 한턱 내겠다던 사람은 이렇게 말했다. 「나중에 혹시 다시 보면 그때 나머지를 드릴게요.」 아무도 그에게 지금 당장 가서 돈을 가져오라고 말하지 않았다. 아무도 당황한 것 같지 않았다. 아무도 사과하지 않았다. 노인은 불평 한 마디 없이 통을 집어 들고 이글거리는 해가 내리쬐는 해변을 터덜터덜 걸어갔다.

옛 남아공은 여전히 건재하다. 옛 남아공을 후회한다고 고백하는 사람들 사이에서도.

하지만 새 남아공도 똑같이 심란할 수 있다. 나는 남아공에 예술적 자유의 새 세대를 열겠다는 취지로 설립된 국가 예술 계획NAI의 창설식에 참석했다. ANC 당원이자 NAI 총서기가 된 마이크 판 흐란은, 아프리칸스어 성을 갖고 있지만 유색인인데, 주목받는 여러 화가들과 작가들과 음악가들을 한자리에 모은 행사를 개시했다. 그는 모두가 영어를 할 줄 아니까 행사를 영어로 진행하겠다고 말했지만, 여러 대표자들이 자기네 언어로도 말해 달라고 요구했다. 그래서 줄루어와 코사어로 기나긴 독백이 이어지는 동안, 참석한 백인들은 잘 듣고 있다는 듯한 점잖은 표정을 띤 채 내심 좀이 쑤셔 하면서도 얌전히 앉아 있었다. 반면 요구했던 이들은 자기네 언어로 발언이 이뤄졌을 때 이미 다 알아들었기 때문에, 뒤이어 통역이 이어지는 동안에는 자기들끼리 명랑하게 수다를 떨었다. 승리에 흡족한 표정으로. 통역이 늘어지자, 몇몇 참석자들은 지겨워졌는지 일어나서 나가 버렸다. 신중하지 못한 결정으로 인해 시간, 돈, 에너지가 엄청나게 낭비되는 광경이었다.

그림, 개념, 구슬

남아공 예술계의 상충하는 우선순위와 상호 둔감성은 남아공 국립 미술관에서도 축소판으로 펼쳐지고 있었다. 5년 전만 해도 국립 미술관은 시간 낭비였다. 〈위대한〉 아프리카너 화가라고 불렸던 헹크 피르네이프의 그림들, 푸르게 우거진 풍경을 배경으로 정복자 보어인을 그린 그의 그림들이 미국과 유럽의 이류 작가들의 삼류 작품들과 나란히 음울하게 걸려 있었다. 정력적인 새 관장 메릴린 마틴은 이런 분위기를 서풍처럼 싹 쓸어 내고 일신했다. 이제 미술관은 현재 남아공 최고 작가들의 작품을 상설전으로 보여 주고, 지난 40년 동안 진보적 백인 작가들과 급진적 흑인 작가들이 생산했던 옛 작품들도 보여 준다.

이것은 대단한 발전이다. 예컨대 〈자유〉 나미비아의 국립 미술관에는 짝짓기 하는 코뿔소 모형, 〈토속 의상〉 차림의 흑인 마네킹들이 등장하는 디오라마와 함께 오래된 도기들이 진열되어 있다는 사실과 비교하면 더욱 그렇다. 그런데 우리가 미술의 정의와 목적을 착각하면, 미술관이라는 명칭마저도 미심쩍게 느껴질 수 있다. 남아공 국립 미술관의 한 방에는 중년의 백인 개념 예술가 맬컴 페인의 대형 설치 작품이 있었다. 쇼핑 카트들, 오래되거나 새것인 도자기들, 조명, 그리고 전용이나 해체 같은 단어들이 가득한 텍스트로 구성된 작품이었다. 그것은 현대 미술의 세계적 담론에 밝지 못한 관람객도 있을 수 있다는 가능성 따위는 염두에도 두지 않는 듯한 작품이었다. 한편 건너편 방에서는 「에자콴투: 동케이프의 구슬 공예」라는 전시가 열리고 있었다. 그 방 한구석에는 버지니아와 루시라는 두 코사족 여인이 앉아 있었고, 여자들은 통역자를 거쳐서 관람객의 질문에 대답하는 시간 외에는 내내 묵묵히 구슬을 꿰고 있었다.

남아공에서는 공예를 〈예술〉이라고 부르는 것이 유행이다. 아주 훌륭한 공예라면 더 그렇다. 그러나 아주 훌륭한 공예는 그저 아주 훌륭한 공예다. 예술보다 못한 것은 아니지만, 예술과는 다르다. 「우리는 그런 유럽 중심적 정의의 족쇄에서 벗어났습니다.」 메릴린 마틴은 정치적으로 올바른 입장을 선언하는 무뚝뚝한 말투로 이렇게 말했지만, 그런 그녀도 이 미술관을 유럽 중심적 원칙으로 운영하기는 마찬가지다. 하지만 내가 우유 통 몇 개를 샀던 그 미술관 기념품 가게에서 팔리고 있는 코사족의 구슬 공예품은 미술관에 전시된 작품의 모조품이 아니었다. 작품 자체였다. 대조적으로, 역시 내가 그 가게에서 산 피르네이프의 그림 엽서는 진짜 피르네이프의 작품이 아니라 피르네이프의 작품의 재현이었다. 세상에는 좋은 예술과 나쁜 예술이 있고, 좋은 공예와 나쁜 공예가 있다. 몇몇 작품은 그런 범주들의 중간에 해당하지만, 그렇다고 해서 이런 범주들이 무의미한 것은 아니다.

미술관에 앉아 있던 버지니아와 루시의 존재 역시 그들이 이 구분을 인식하지 못하고 있음을 보여 주었다. 메릴린 마틴은 버지니아와 루시가 그 자리에 앉아 있는 것은 옛 전통이 면면히 이어지고 있다는 사실을 보여 주기 위해서라고 말했지만, 다른 미술관들은 똑같은 요지를 표현하기 위해서 그냥 현재에 생산된 작품들을 가져다 둔다. 마틴은 당연히 독일 표현주의자에게는 온종일 미술관에 앉아서 독일 표현주의를 보여 주는 그림을 그려 달라고 요청하지 않았다. 맬컴 페인을 불러서 자신의 설치 작품 한가운데 앉아서 개념 예술을 하는 모습을 보여 달라고 하지 않았다. 두 여자를 현장에 배치한 것은 그들의 공예를 돋보이게 하려는 의도였겠지만, 실제로는 그들을 얕보는 듯한 느낌만 주었다. 맬컴 페인은 그 결정을 19세기 유럽인들이 호텐토트족 사람들을 대중 앞에 전시하는 데 열광했던 일에 비유했다.

가방 공장과 그 밖의 작가들

1991년 중순, 런던의 한 후원자가 요하네스버그의 옛 스피디백 공장을 요하네스버그 예술가들에게 개방했다. 지금 그곳에서는 열아홉 개의 작업실을 흑인 작가들과 백인 작가들이 쓰고 있다. 금요일에는 모든 작가들이 함께 점심을 먹는다. 모르는 사람이 보기에 이곳은 인종 장벽이 제거된 축소판 유토피아 같겠지만, 좀 더 가까이 다가가서 살펴보면 사실은 고통스럽도록 생생한 간격이 보인다.

현재 흑인 미술계를 주도하는 인물 중 여러 명이 그곳에 있다. 데이비드 콜론, 듀랜트 시흐랄리, 에즈롬 레가에 등이다. 그보다 더 젊은 샘 늘렝게트와, 팻 마우틀로아 같은 작가들도 있다. 콜론이나 시흐랄리 같은 작가들의 독특하고 서정적인 스타일에는 백인들의 작품과는 다른 용기와 자결의 의지가 담겨 있다. 그러니까 흑인 작품이 더 낫다는 말은 아니지만(종종 기발하기는 하다), 그래서 다르기는 하다. 샘 늘렝게트와는 이렇게 말했다. 「신문에서 살인 피해자의 인종을 밝히지 않는 것은 정치적으로 올바른 일이죠. 하지만 어차피 독자는 다 압니다. 피해자의 이름에서, 살인이 벌어진 장소에서, 기사의 크기에서. 마찬가지로 예술가의 인종을 언급하지 않는 것은 품위 있는 일로 보일 수도 있지만, 어차피 늘 차이를 알 수 있습니다.」 요컨대 예술을 동등하게 대우하는 것은 바람직하지만 똑같이 대하지는 말아야 한다는 말이다.

가방 공장에서 늘렝게트와와 한창 이야기를 나누는데, 한 백인 작가가 문을 벌컥 열고 들어왔다. 그는 내게 화내면서 〈세 시간이나 기다렸단 말입니다〉라고 말했다. 내가 그와 했던 약속은 내가 정오부터 이 건물에 있을 테고 많은 작가들을 만날 수 있기를 바란다는 말뿐이었는데도. 「지금 안 오면 집에 가겠습니다.」 그는 늘렝게트와에게 미안하다고 말하지는 않았다. 늘렝게트와는 비행기에의 바바라 마세켈라만큼 눈에 띄지 않는 존재였다. 나는 이 모욕에 좀 당황했지만, 정작 늘렝게트와는 〈가보세요, 나는 안 바쁩니다〉라고 말했다. 나중에 돌아와서 늘렝게트와에게 사과하자 그는 말했다. 「괜찮습니다. 저 사람도 노력 중이에요. 좋은 사람입니다. 그냥 아직 남아공 백인인 것뿐입니다.」

가방 공장의 백인 예술가들은 젊고, 남아공에서 유행을 선도하는 이들이다. 옷, 행동거지, 읽는 책, 인종에 대한 태도에서 세련됨이 묻어난다(맬컴 페인은 이들을 〈테스토스테론을 뚝뚝 흘리는 아방가르드〉라고 묘사했다). 요아힘 쇤펠트는 자신의 작품을 〈신기하고 이색적인 정통 예술품〉이라는 이름으로 전시한다. 〈토속〉 아프리카 예술품에 대한 유럽 중심적 정의를 빈정대는 표현이다. 쇤펠트는 블루검 유칼립투스 나무로(이 나무는 아프리카에서 가장 정치적인 나무로, 백인 정착자들이 광산의 버팀대로 쓰려고 들여와서 심었다) 미묘하고 유머러스하고 심란하리만치 아름다운 조각을 만든다. 그 작품들은 아프리칸스 특유의 키치성, 그리고 예의 국립 미술관이 얕은 술책으로 풀었던 예술 대 공예라는 문제에 대한 냉소적 접근을 결합한다. 앨런 올버러는 넘을 수 있는 경계나 침해할 수 없는 경계를 주제로 작업한다. 그중에서도 특히 강한 인상을 주는 어느 연작화는 아이들의 놀이를 사회적 정의와 배제의 은유로 보여 준다. 벨린다 블리흐나우트의 형식주의적 작품은 정치에 관여하지 않으려고 한다. 한편 켄덜 헤이르스는 깨진 유리, 가시철사, 〈목걸이 걸기〉(불 붙인 고무 타이어를 사람의 목에 걸어 처형하는 자경단의 방식이다)에 쓰인 타이어 같은 폭력의 재료를 가져다가 후기 구조주의적이고 모더니즘적인 기법에 통합한다. 그 효과는 종종 강력하지만, 가끔은 가식적이다. 이런 젊은 예술가들의 작품은 가끔 지나치게 세련되어 보인다. 이들은 자신의 지방성을 부정하는 것만큼 지방적인 태도가 없다는 사실을 모른다. 이들의 작품은 세계 미술계를 잘 모르는 채로 거기에 끼어들려고 애쓸 때는 혼란스럽게 느껴지고, 세계 미술계를 제법 정확하게 이해하되 거기에 뭔가 더하는 바가 없을 때는 단순한 모방작처럼 느껴진다.

정치적 작품을 만드는 사람치고 헤이르스는 충격적일 만큼 둔감해 보인다. 내가 억압에 관해 말을 꺼내자 그는 말했다. 「나도 이 나라에서 누구 못지않게 힘든 시간을 보냈어요. 남아공 백인으로 사는 건 엄청 힘듭니다. 돈도 특권도 없이 자랐다면 더 그렇죠.」 그야 물론 남아공 백인이 끊임없이 타인의 고통을 상기하도록 요구받는 것, 공감이 아닌 다른 종류의 슬픔은 누릴 권리가 없다고 규정되는 것은 불쾌하겠지만, 헤이르스의 삶이 다른 수많은 남아공 사람들만큼 어려웠다고는 할 수 없다. 이렇게 자신의 불행을 경쟁적으로 과장하는 태도는 대단히 심란하다.

가방 공장의 흑백 예술가들 사이에 경쟁으로 인한 긴장이 팽배하다는 것은 누구든 쉽게 느낄 수 있는 분위기이지만, 정작 입주자들은 부정한다. 외국 비평가들이나 큐레이터들은 일반적으로 백인 예술가의 작품을 더 쉽게 이해하는 입장일 테고 흑인 예술가의 작품은 그 의미가 국지적 맥락에 좀 더 의존하는 편이라 낯설 텐데도 보통 흑인 예술가들에게 집중한다. 헤이르스는 〈여기서는 백인이라는 게 유행에 뒤지는 일입니다〉라고 말했다. 웨인 바커는 앙팡테리블 역할을 즐기는 작가로, 개인적이고 형식적이고 사회적인 관심사들을 통합해서 대단히 연극적이고 종종 분노에 찬 작품을 만든다. 그는 1990년 드로잉 대회에 흑인 이름처럼 들리는 앤드루 몰레치라는 가명으로 작품을 제출했던 적이 있다. 그 작품은 꽤 유명해졌다. 그는 모든 백인 예술가가 기존 장벽을 허물기 위해서 이런 식으로 작업해야 한다고 제안했다.

가방 공장 예술가들과 비슷한 작업을 하는 다른 젊은 케이프타운 예술가들 중 비지 베일리는 바커의 도전을 마음에 새겼다. 매혹적이고, 과하게 표현적이고, 느슨하게 개념적이고, 상상력이 뛰어나고, 분홍색과 오렌지색과 초록색이 섞인 베일리의 작품은 이전에도 어느 정도 성공하긴 했지만 남아공의 일류 갤러리들에 진출할 만큼 유명하진 않았다. 1991년 베일리는 영예로운 케이프타운 트리엔날레에 작품을 제출했다. 다만 한 점만 비지 베일리의 이름으로 냈고, 나머지 세 점은 가사 노동자인 조이스 은토베의 이름으로 냈다. 그 결과 베일리의 작품에는 아무도 관심을 보이지 않았지만, 은토베의 작품은 국립 미술관이 구입해 갔다. 베일리는 몇 달 뒤에야 자신의 계략을 밝혔다. 베일리를 비롯한 많은 백인 예술가들은 그저 흑인이 만든 작품이기 때문에 사주는 것은 장기적으로 흑인들의 자긍심을 높이기보다 훼손할 것이라고 믿는다. 이후 베일리는 자신과 은토베의 〈공동〉 전시회를 열었고, 그 뒤에도 계속 자신의 작품과 제2의 자아인 흑인의 작품을 함께 선전하면서 새 남아공에서 예술가로 살아가려면 흑인의 시각과 백인의 시각을 둘 다 갖는 방법밖에 없다고 말했다. 베일리의 책략에 백인 진보주의자들은 분노했지만, 많은 흑인 예술가들은 그의 용기에 박수를 보냈다.

내가 흑인인 데이비드 콜론과 백인인 비지 베일리에게 각각 어떻게 화가가 되었느냐고 물었을 때, 콜론은 이렇게 대답했다. 「그림 그리는 건 늘 좋아했어요. 하지만 그걸로 뭘 할 수 있는지는 몰랐죠. 열여섯 살 때 루이스 마쿠벨라가 길 건너편으로 이사 왔는데, 그가 나더러 세상에는 다른 일을 안 하고 그림만 그리는 화가라는 사람들이 있다고 말해 주더군요. 나도 그게 되고 싶다고 생각했죠.」 열여섯 살 콜론은 이전까지 예술이라는 말은 들어 보지도 못했다. 한편 베일리는 이렇게 대답했다. 「열여섯 살 때 어느 점심 자리에서 앤디 워홀 옆에 앉았는데, 그가 나더러 런던의 미술 학교에 지원해 보라고 권하더군요.」 가방 공장의 금요일 단체 점심은 아주 좋은 일이다. 그러나 그 모임이 이런 차이까지 없애 주지는 못한다.

진보적 백인 예술가들

이들보다 좀 더 연배가 높은 윗세대의 진보적 백인 예술가들은 아파르트헤이트에 맞서서 지칠 줄 모르고 싸웠다. 평등한 사회를 이루기 위해서 꾸준히 노력했다. 그들은 가령 나딘 고디머, 아톨 퓌

하르트, J. M. 쿠체처럼 세계적으로 인정받은 남아공 작가들에 준하는 남아공 예술가들이었지만, 작가들과는 달리 이들은 노벨 평화상이든 다른 어떤 상이든 후보로 오르거나 하지는 않았고 오히려 해외에서는 비교적 무명이었다. 그들의 영웅주의는 지금도 활발하게 토론되는 주제이고, 그들이 생산한 작품의 질도 마찬가지다. 시각 예술은 늘 글보다 간접적인데, 이 사실이 예술가들에게 자유로 느껴질 수도 있겠지만 한편 그들이 천명하는 이상을 살짝 흐려 보이게 만드는 것도 사실이다. 물론 아파르트헤이트가 해체된 것은 주로 경제적 이유 때문이었으나, 진보적 백인 예술가들도 분명 깊은 인류애와 도덕적 정의감으로 잔인한 나라를 부드럽게 만드는 데 일조했다. 하지만 요즘 그들은 자신들에게 유리했던 체제를 짐짓 경멸하고는 그 경멸을 마케팅한 위선자들이라는 이유로 종종 비난받는다. 남아공 백인들은 진보주의자라는 딱지에 인종차별주의자라는 딱지 못지않게 당혹해한다. 백인의 진보주의란 어쩐지 의무감에서 나온 듯한 분위기를 풍기고, 의무감이란 예술의 대립항이기 때문이다.

지난 1980년대, 해외로 쫓겨난 ANC 멤버들이 기획하고 유엔이 힘을 실어 주었던 문화적 보이콧은 아파르트헤이트 정권의 겉보기 정통성을 훼손하는 데 기여했다. 보이콧에 따라, 외국 예술가나 운동선수나 학자는 남아공에 가지 말 것을 요청받았다. 거꾸로 남아공인들은 해외 전시회나 대회에 참가하지 말 것을 요청받았다. 이런 문화적 보이콧은 아파르트헤이트의 몰락을 앞당기는 데 일조했다. 물론 그로 인한 고립이 남아공 흑백 예술가 모두에게 나쁜 영향을 미치기는 했지만, 그 와중에도 뜻밖의 희망은 있었다. 보이콧이 없었더라도 어차피 흑인 예술가들은 유럽의 영향으로부터 대체로 단절되어 있었을 것이다. 반면 백인 예술가들은 보이콧이 없었다면 국제적으로 활동할 수 있었을 텐데, 보이콧 때문에 이제 그것은 아주 부유해서 제 돈으로 여행 다닐 수 있는 소수를 제외하고는 꿈꿀 수 없는 가능성이었다. 메릴린 마틴은 내게 〈문화적 보이콧은 미국과 유럽에 이어져 있던 탯줄을 자르도록 도와주었습니다〉라고 말하며, 오늘날 남아공 예술계의 독립성과 생명력은 그 고립이 낳은 직접적 결과라고 주장했다. 윗세대의 선도적 예술가 중 하나인 수 윌리엄슨은 이렇게 말했다. 「물론 문화적 보이콧은 어떤 면에서 우리가 자해를 행한 셈이었죠. 하지만 우리가 결국 남아공인이라는 정체성을 제고하는, 뜻밖의 긍정적 영향도 낳았습니다.」

수 윌리엄슨은 문제 많은 역사를 정면으로 다루는 세련된 작품을 만든다. 최근 한 작품에서 그녀는 6구역(이곳은 다양한 사람들이 풍요롭게 살아가던 유색인 거주 지역이었는데, 백인들의 땅과 너무 가깝고 유색인들이 차지하도록 내버려 두기에는 경치가 너무 좋다는 이유로 철거되었다)에서 가져온 폐기물을 투명 합성수지에 넣어 벽돌로 만든 뒤 그 벽돌을 써서 작은 집을 지었다. 사라진 것들에 대한 증언인 셈이었다. 한편 페니 시오피스의 최면적 회화와 콜라주/아상블라주 작품은 여성의 역사와 경험, 여성의 몸의 진실성을 다룬다. 얼굴들과 몸들이 다닥다닥 붙은 그녀의 작품은 어쩐지 몹시 붐비는 느낌을 준다. 그녀의 작품의 힘은 기법의 완성도, 세련된 지적 토대만이 아니라 숨어 있는 공감 능력에서 나온다. 그녀는 남아공에서 가장 엄밀하게 사고하는 작가이자 가장 인간적인 작가이다.

윌리엄 켄트리지의 작품은 사적이고, 명료하고, 유창하며, 남아공 상황에 적극 개입하면서도 여느 예술가들의 작업을 제약하는 요소가 되기 일쑤인 과잉의 정치적 자의식은 없다는 점에서 신선하다. 켄트리지는 드로잉으로 연작화를 그린 뒤 그것으로 필름을 만든다(다르게 말하자면 먼저 드로잉을 해야 하는 필름을 제작한다). 그는 우선 목탄으로 커다란 스케치를 그린 뒤 그림을 부분부분 지우고 수정하면서 그 과정을 한 번에 한 프레임씩 촬영하고, 그 연속된 프레임들로 아름다운 상징주의적 우화를 만들어 낸다. 자유로운 형식과 느슨한 줄거리를 가진 이야기들은 남아공의 참상, 그리고 인간의 의식을 이루는 종잡을 수 없는 연상적 사고를 둘 다 환기시킨다. 냉혹하면서도 낭만적이다. 켄트리지는 그 필름에 음악을 입혀서 단편 영화처럼 전시하고, 최종 단계의 드로잉 작품을 판매한다. 가방 공장의 작가들과는 달리, 그는 남아공이 세계의 나머지 지역들보다 더 중요하다고 과장하려는 마음이 없다. 그는 베네치아 비엔날레를 언급하면서 이렇게 말했다. 「베네치아에서는 우리가 기껏 해봐야 신기한 존재일 뿐이죠. 우리는 우리가 몸담은 주변부 세계를 즐기고 활용할 방법을 찾아내야 합니다. 요하네스버그가 차세대 뉴욕이나 파리가 되는 일은 없을 겁니다.」 그의 최근 필름에서, 백인 남자 하나와 흑인 여자 하나가 상징적 언어로 복잡한 대화를 나눈다. 두 사람은 이스트란트의 풍경이 창조되는 과정을 각자의 시점으로 지켜보는데, 요하네스버그 동쪽 지역인 이스트란트는 과거에 극심한 폭력이 벌어진 장소였다. 화면에서 여러 인물이 나타났다가 총에 맞거나 살해된 뒤 신문지로 덮이고, 그 시체의 형체가 언덕이나 물웅덩이로 바뀌어서 이스트란트의 풍경을 구성하는 요소가 된다. 남아공 사람이라면 누구나 아는 그 황량한 지형이 단순한 지리적 현상을 넘어 많은 죽음들이 쌓인 물리적 현상이 된다.

「내 작품에는 논쟁은 많이 담겨 있지만 메시지는 없습니다. 내 작품은 사람들을 고무시켜서 나라를 구하려는 의도로 만들어진 게 아닙니다.」 켄트리지는 말했다. 그는 강한 윤리적 시각을 갖고 있지만, 남들을 설득하는 일은 꺼린다. 그의 작품들이 확신 있게 말하는 바는 우리가 무엇에 대해서 확신하든 모든 확신에는 위험이 담겨 있다는 사실, 그것뿐이다. 그는 탄탄한 기법과 완강한 신념을 갖고 있지만, 그럼에도 불구하고 모호함의 수호성인이다. 꼭 양심의 가책을 겪는 것처럼 보이는 그의 작품들은 독단에 대한 비판으로 거듭 회귀하며, 무언가를 알려는 충동이란 더없이 매혹적이되 끝내는 소득이 없는 일이라고 말한다. 어떤 현상이 해독 불가능하다고 해서 그것이 곧 재앙이라는 뜻은 아니다. 켄트리지는 불의를 세상의 불가피한 특징으로 본다. 그러나 설령 우리가 그것을 완파하기란 영영 불가능하더라도, 우리는 그것을 대면해야 한다. 켄트리지는 세상의 모든 것은 무의미하다고 보는 존재론적 허무로 빠져들지는 않는다. 다만 우리가 어떤 일의 핵심적 의미를 이해하기란 늘 어렵고 추측하기조차 어렵다는 생각을 곱씹을 뿐이다. 그래도 그는 아름다움을 부수적인 것으로 보지는 않고, 유머를 경박한 것으로 보지도 않으며, 설사 답이 없더라도 질문은 늘 물을 가치가 있다고 본다. 그는 〈최근의 과제 중 하나는 어떻게 하면 어느 정도 거리를 두면서도 명료함을 잃지 않을 수 있을까 하는 전략을 찾아내는 일이었습니다〉라고 말했다. 인간의 문제들은 대부분 해결이 불가능하다는 사실을 인식하는 데서 그의 작품들의 멜랑콜리와 활력이 둘 다 나온다.

맬컴 페인, 데이비드 J. 브라운, 피파 스코트너스, 그리고 유능한 조각가 개빈 영은 케이프타운의 윗세대 예술가들 중 가장 높게 평가되는 이름들이다. 젊은 예술가들 중에서는 낭만과 두려움이 담긴 키치한 풍경화로 남아공인들의 공포에 집착하는 정서를 다루는 케이트 홋헌스가 주목할 만하다. 바런트 더벳의 조각과 설치 작품도 힘이 있다. 더반을 대표하는 조각가인 안드리스 보타는 아프리카의 조각 기법으로 유럽의 사상을 표현하곤 한다. 보타는 실제로 그의 작품을 깎아 주는 노동자들을 착취한다는 비난을 백인 진보주의자들에게 받아 왔다. 보타 자신은 진보주의의 수사를 구사하는 데 서툴지만(그런 수사는 아프리칸스의 발명이라기보다는 앵

글로색슨의 발명이다), 아무튼 그와 함께 일하는 두 흑인 조수는 그를 변호했다. 조수들은 내게 그가 타운십에서 조각을 가르침으로써 주민들이 작품을 만들어 바깥세상에 팔 수 있도록 돕는다고 말했다.

제인 알렉산더는 추방자 혹은 부랑자인 흑인 남자들의 모형을 실물 크기로 제작한다. 석회로 모형을 뜬 뒤 넝마를 입힌 작품들은 으스스하고, 쓸쓸하고, 매혹적으로 인간적이다. 그녀는 내게 애석하기는 해도 슬프지는 않다는 듯한 느낌으로 이렇게 말했다. 「새로운 남아공에는 나 같은 작가들을 위한 자리는 없을 거예요. 모두가 흑인들이 활발하게 활동하는 세상, 낙원처럼 보이는 세상을 원하죠. 흑인 예술가들은 소련 예술가들이 레닌을 묘사했던 방식으로 자신들의 지도자를 묘사하고 있고, 백인 예술가들은 기회 균등 조치에 따라 뒷전으로 물러나야 할 겁니다. 예전에 잠깐 유색인 학교에서 가르쳤던 적이 있어요. 그 사람들과 교류하고 싶은 마음도 한 이유였죠. 그런데 어느 날 유색인 교사가 와서 내 자리를 원한다고 말했고, 나는 그 자리를 내줄 수밖에 없었어요. 아마 십 년 후에는 내 작품들이 창고에 처박혀 있을 거예요. 당신이 볼 때는 투쟁에 공감하는 듯한 작품들이더라도.」 나는 그녀에게 현재의 정치 상황, 타협의 정신, 백인들이 들이는 노력, 변화의 추동력에 관해서 말했다. 그녀는 조용한 미소와 함께 대답했다. 「많은 백인들이 불평등을 최대한 빨리 시정하려고 노력하는 것은 이 일을 한시바삐 끝내고 싶기 때문이에요.」

타운십과 예술

사악한 사회 통제가 이뤄지는 지역과 칭찬할 만한 사회 개선 노력이 이뤄지는 지역을 가르는 경계선은 전체 남아공 사회에 복잡하게 얼크러져 놓여 있다. 보통 아파르트헤이트 시절에 설립된 타운십 내 아트 센터들은 흑인 주민들이 미술과 음악 활동을 하고, 춤추고, 연기하고, 기타 등등을 하는 공간이 되어 주었다. 아트 센터들은 거리에서 빈둥거리는 사람들을 불러들이고, 가내 수공업 기술을 가르쳐 주고, 그들이 자신의 개성과 재능을 발견하도록 도왔다. 아트 센터들은 아파르트헤이트 중에 제2의 기능도 수행했다. 타운십에서 정치 시위나 모임을 조직하는 것은 불법이었지만 문화 행사를 조직하는 것은 불법이 아니었기 때문에, ANC를 비롯한 여러 금지된 조직들이 정치 활동을 위장하기 위해서 예술 행사를 열었다.

1990년 만델라가 석방될 때까지, 국제 사회는 남아공을 지원할 때 아트 센터 후원을 최우선 순위로 여겼다. 1970년대 중반 이전에는 남아공에서 흑인이 예술 활동을 하는 곳은 세 군데뿐이었다. 세실 스코트너스가 운영하는 폴리 스트리트 센터, 스웨덴 선교사들이 로크스 드리프트에서 운영하는 예술 학교, 그리고 백인 화가 빌 아인슬리가 흑백 예술가들이 뒤섞일 수 있는 교육 시설로 설립한 요하네스버그 예술 재단이었다. 추상 화가인 아인슬리는 학생들에게도 보통 추상화를 가르쳤는데, 추상화는 겉보기에는 아무튼 비정치적이라서 아파르트헤이트 시절에 안전한 스타일이었다. 이후 아인슬리는 흑인 화가 데이비드 콜론과 함께 인종 간 대화 진작을 목표로 삼은 투펠로 워크숍도 세웠다.

그러나 투펠로 워크숍에서 실제로 진작되는 대화는 좋은 예술을 창작하는 문제보다는 사회적 화해에 좀 더 초점을 맞춘 것이다. 나는 케이프타운에 있는 투펠로 작업실을 가보았는데, 그곳 분위기는 여름 방학 캠프를 연상시켰다. 모두가 웃고 떠들면서 즐거운 시간을 보내고 있었다. 물감 냄새는 현기증을 냈고 명랑한 분위기는 흥을 돋웠는데, 사실 그 대신 요리 교실을 열었더라도 아마 똑같은 결과가 났을 것이다. 아무튼 만델라 석방 이후 전 세계 사람들이 생각하는 〈억압된 국가〉 목록에서 남아공의 순위가 낮아짐에 따라, 사회적 기능을 추구하는 아트 센터들에게 답지하던 해외 후원금이 사라졌다. 그래서 이제 어떤 아트 센터는 버려졌고, 어떤 아트 센터는 상업적 운영으로 전환했다. 예컨대 요하네스버그 알렉산드라 타운십 외곽의 알렉스 아트 센터는 과거에는 해외 이상주의자들의 지원금으로 운영되었지만 지금은 사실상 껍데기만 남았다. 도예가들이 쓰던 돌림판은 여태 남아 있지만 점토는 없다. 반면 카틀레홍 아트 센터는 — 유독 위험한 타운십에 있는 아트 센터로, 그곳에서는 큰 총을 찬 큰 사내들이 어울리지 않게도 직물을 짜고, 프린트를 찍고, 조각을 하고, 그림을 그리면서 평화로운 만족감을 얻는다 — 작품을 국내 백인들에게 판매함으로써 타운십에서 가장 큰 수익을 내는 사업체로 변신했다.

케이프타운의 큰 예술 학교인 미카엘리스에는 흑인 학생도 백인 학생도 다닌다. 비트바테르스란트 대학(요하네스버그에 있다)과 나탈 테흐니콘 대학(더반에 있다)의 순수 미술과에도 흑인 학생이 몇 다닌다. 흑인을 위한 독립 예술 학교는 두 군데 있는데, 요하네스버그의 푸바와 소웨토의 푼다다. 하지만 그런 환경에서도 사람들은 예술을 위한 예술 대 사회 발전의 도구로서 예술이라는 문제에 여전히 혼란스러워한다. 푼다를 운영하는 시드니 셀레페는 내게 이렇게 말했다. 「어머니들은 우리에게 편지를 보내서 이렇게 묻습니다. 〈우리 아들이 학교에서 낙제했어요. 그러니까 부디 이 애를 예술가로 만들어 주세요.〉」 그래픽 예술가 찰스 은코시는 학교 과학 수업 외에는 선도 그어 본 적 없는 아이들을 예술 학교 지망생으로 평가해야 하는 형편이라고 말했다. 세련된 아이들도 있지만, 미술관에 한 번도 안 가본 아이들도 온다. 「우리는 아이들에게 꿈을 묻습니다. 그렇게 해서 조금씩 나아가죠.」 셀레페는 말했다. 이처럼 전혀 그럴 것 같지 않은 환경에서도 가끔은 진정한 예술가가 자신의 소명을 발견한다.

이런 환경에서 백인들의 역할은 좀 곤란한 데가 있다. 요하네스버그 예술 재단을 운영하는 백인 관장 스티븐 섹은 이렇게 말했다. 「두 단계 과정입니다. 식민주의자들이 파괴하고, 후원자들이 재건을 돕죠. 요즘은 흑인의 〈진정한〉 정체성을 되찾는 것이 유행이 되었어요. 마치 백인들이 나타나기 전에는 흑인들의 작품에 진정성이 더 있었던 것처럼. 최근에 몇몇 흑인 학생들이 색채 이론 수업을 열어 달라고 요청했습니다. 그들은 유화 화가가 되고 싶어 합니다. 그 대신 그들에게 구슬 공예를 가르친다면, 그건 그들의 정체성을 회복하는 일일까요, 아니면 모든 사람에게는 제자리가 따로 있다고 말하는 궁극의 아파르트헤이트식 조치일까요?」 백인들은 가르치려 드는 태도로 흑인 작가들의 작품을 낮잡아 보면서도 동시에 그것을 감상적으로 다룸으로써 미화하는 경향이 있다. 흑백을 불문하고 대부분의 작가들은 비하하는 뉘앙스가 있지만 상업적으로는 성공한 용어인 타운십 예술이라는 말을 싫어한다. 이 말에는 분리된 예술, 좀 더 원초적인 환경에서 태어난 예술이라는 뉘앙스가 담겨 있다. 그런데 작가들이 이것보다 더 싫어하는 용어는 과도적 예술이라는 표현이다. 언론에서 종종 쓰이는 이 말에는 논리적 수순으로 볼 때 흑인 전통 예술은 결국 백인 예술로 대체될 것이라는 뉘앙스가 담겨 있다.

「나는 내가 어디 출신이고 누구인지를 정확히 압니다.」 화가 올슨 웃샨가세는 내게 말했다. 백인이 운영하는 더반의 한 호텔에서 잡역부로 일하는 그는 교대 근무를 마친 뒤 흰 오버올 작업복 차림으로 걸어서 나를 만나러 왔다. 「나는 줄루란드에서 자랐고, 나는 줄루인입니다.」 그는 새하얀 작업복 밑에 입은 평범한 서양 옷을 내게 보여 주었고, 그 밑에 입은 줄루족 전통 허리싸개 옷도 보여 주었다. 「이걸 매일 입진 않습니다만, 뿌리를 잊었다는 느낌이 들면 입습니다.」 하지만 그의 예술 작품은 그가 줄루족의 가치로부터 어느 정도 멀어졌다는 사실을 보여 준다. 「우리 부족 사람 아무에게나 바구니를 하나 보여 주면, 그는 갈대가 염색이 잘 되었는지 아닌지 한눈에 알아차릴 겁니다. 하지만 그들에게 그림 한 점과……」 그는 방을 둘러보았다. 「새가 그려져 있는 저 비닐봉지를 보여 주면, 그들은 왜 둘 중 한 이미지가 다른 이미지보다 더 낫거나 더 귀한지 이해하지 못할 겁니다.」 그의 그림 「에이즈 의사들」은 의사 한 명, 사제 한 명, 상고마(주술사) 한 명이 침대에 누운 환자 한 명을 둘러싸고 서 있는 기이한 모습을 보여 준다. 우리는 과학, 영혼, 생과 사에 대한 흑인과 백인의 시각을 어떻게 이해할 것인가?

백인이 타운십을 방문할 때 느끼는 불안은 그곳에서 만들어지는 예술에 대한 이해를, 우리가 그것을 〈타운십 예술〉이라고 부르든 말든, 왜곡할 수 있다. 아파르트헤이트 정부가 타운십의 위험을 과장한 면이 있고 많은 백인들의 두려움이 지나친 것은 사실이지만, 그래도 타운십의 폭력은 실제 예측 불가능하고 실제 사람들이 죽는다. 백인이 방문하려면 복잡한 의례적 절차를 거쳐야 한다. 당신이 백인이라면, 방문하려는 동네 주민들에게 얼굴이 알려진 누군가를 대동하는 편이 낫다. 보통 중립적인 지점에서 만나는 것이 좋다. 거기서부터는 안내자가 운전대를 잡는다. 당일에 타운십으로 들어갈 수 있을지 없을지는 장담할 수 없다. 안내자가 〈오늘은 날이 안 좋다〉고 경고하는 경우가 잦기 때문이다. 안내자는 당신의 안전을 책임지고, 당신은 안내자의 지식과 연출과 눈치에 의존한다. 당신이 누군가의 집이나 작업실에 있는 동안 전화가 울리고, 그걸 받은 주인이 별다른 설명 없이 당신에게 그만 가보는 게 좋겠다고 말할 때도 있다.

내가 타운십에서 만난 사람들은 백인이 그곳을 방문하려면 수고를 들여야 한다는 사실을 잘 알았다. 과장된 판단이겠지만, 그래서 그들은 내 용기를 가상히 여겼고 내가 그곳을 찾는 것만으로도 그들에게 뭔가 해주는 셈이라고 말했다. 그들은 누군가가 나를 그곳에 데려가는 번거로움을 감수할 가치가 있는 인간이라고 판단했다는 사실을 알았으며, 그런 결정은 그들이 겪는 분리의 체험과 대비되었다. 화가 듀랜트 시흐랄리는 소웨토에 있는 자기 집에서 나와 마주 앉아 말했다.「아파르트헤이트 시절에 나는 많은 장소에서 배제되었습니다. 지금도 많은 장소에서 배제됩니다. 그리고 나는 태연하게 대뜸 이곳에 와보고 싶다고 말하는 백인들을 모두 포용하고 싶은 마음이 없습니다. 여기는 내 영역입니다. 내가 좋아하지 않는 사람은 데려오지 않습니다. 요하네스버그까지 나가서 사람들을 차에 태워 와서는 내내 그들의 안전을 염려하고, 즐겁게 해주고, 도로 집으로 데려다줘야 하는 걸요. 그런 일에 내 시간을 내줄 생각이 없습니다.」

시흐랄리는 아파르트헤이트 치하에서 자랐지만 교육을 받았다. 그는 자신감이 있고, 약간 내성적이고, 영어 어휘를 풍성하게 구사한다. 그가 청년이었던 1960년대의 어느 날, 그림을 그리려고 타운십에 들어온 백인 교사와 그의 백인 학생들을 만났다. 그는 그들을 오래 지켜보다가, 그중 한 명에게로 걸어가서 잠자코 손을 내밀었다. 학생은 시흐랄리에게 붓을 건넸고, 시흐랄리는 그림을 마무리했다. 선생은 그의 솜씨에 감명받았다. 그가 학교에 등록할 수는 없었지만, 선생은 그를 불러서 모델로 세웠다.「수업 중에 내가 직접 붓을 들진 않았지만, 그렇게 해서 모든 것을 배웠습니다. 남들이 그리는 걸 지켜보고, 선생이 학생들을 나무라는 걸 들으면서.」

시흐랄리는 한동안 조가비 기념품과 상업용 간판을 그리는 일로 생계를 잇고, 여유 시간에는 자기 동네의 풍경을 묘사한 수채화를 그렸다. 그의 구상적인 수채화 작품들은 서양의 현대 예술가들이 고민하는 재현의 속성 문제 같은 것은 다루지 않는다. 그러나 가족과 역사와 꿈을 이야기할 때가 많은 남아공 흑인 작가들의 작품은 독자적 맥락에서 이해되어야 한다. 시흐랄리의 수채화는 아파르트헤이트 정부가 감추고 싶어 하는 삶을 기록했다. 시흐랄리는 이렇게 설명했다. 「내 관심사는 아름다운 것을 기록하는 게 아니라 우리 역사를 기록하는 겁니다. 내 그림은 분노의 표현이 아닙니다. 진실을 말할 때 화가 나진 않잖아요. 나는 그저 진실을 그려야만 한다고 느낍니다. 시간 싸움일 때도 많아요. 나는 불도저에 대항해서 항의의 표시로 그림을 그리죠. 불도저가 집을 싹 밀어 버리기 전에 내가 그림으로 다 그려 내면, 내가 이긴 것처럼 느껴집니다.」

시흐랄리의 집은 그의 표현에 따르면 〈소웨토에서 제일 깊숙한 곳〉인 자불라니에 있다. 모든 타운십 집들은 창문에 금속 창살이 덮여 있는데, 그는 그마저도 예술로 바꿔 놓았다. 이야기가 있는 장면들로 장식한 것이다. 한 장면에는 엄마와 아이가 보였다. 우리는 그 동네를 떠나, 소웨토의 치아웰로 확장 구역에 사는 조각가 빈센트 발로이와 찰스 은코시를 만나러 갔다. 아이들에게 맥주를 사오라고 내보낸 뒤, 거실에 앉아 대화했다. 타운십 사람들은 위험이 느껴지지 않는 한 이웃에게 문을 닫아 두지 않는다. 이웃이 취했어도, 성가시게 굴어도, 그냥 그 사람들이 싫어도 그렇다. 집은 모두에게 열려 있고, 모두가 들러서 말을 건다. 사람들은 나를 보자마자 말했다. 「소웨토에 왔네요! 이제 무섭습니까?」 그러고는 다 함께 웃음을 터뜨렸다. 「가서 사람들에게 말해 주세요. 여기가 그렇게 나쁘진 않다고, 나쁘진 않다고, 나쁘진 않다고.」 주민들은 내가 왜 예술에 관심이 있는지 궁금해했다. 예술은 그들이 자랑스러워하는 것이자 거의 자신들의 소유라고 여기는 것이며 대화의 기반인데, 타운십에서는 그런 것이 드물고 귀하다. 여기에는 우리가 작품의 겉모습에서 끌어낼 수 있는 의미보다 훨씬 더 큰 의미가 있다. 찰스 은코시는 이렇게 말했다. 「평등이니 백인 작가들과의 협동 작업이니 하는 일에는 시간이 많이 걸릴 겁니다. 이건 새 모자가 생긴 것과 비슷해요. 모자가 생기면 처음에는 정말 귀찮죠. 여기저기 흘리고 다니고, 모자가 있다는 것조차 잊고, 머리에 썼을 때는 무거운 것 같고. 모자가 없었을 때 아무리 추웠더라도, 새 모자를 갖는 게 쉬운 일은 아닙니다.」

화가 샘 늘렝게트와는 이렇게 말했다. 「사람들은 내 작품을 보고 묻습니다. 〈어떻게 타운십에서 그렇게 행복한 작품을 그립니까?〉 타운십에 전쟁만 있는 건 아닙니다. 음악, 결혼식, 파티도 있습니다. 바로 옆 골목에서 사람들이 죽어 나가도요. 폭력이 발생하면, 외부인들은 그것만 보죠. 그건 잘못입니다. 나는 현실의 비율을 예술에도 반영하려고 합니다. 따라서 30퍼센트가 폭력이라면 70퍼센트는 즐거운 축제 같죠. 요전 날 아침에 일어나서 집 밖으로 나갔다가 시체에 발이 걸려 넘어질 뻔한 적이 있었습니다. 그러니까 그것은 분명 현실의 일부이고, 따라서 내 예술에도 반영됩니다. 하지만 그래도 나는 원래 가려고 했던 곳으로 외출했습니다. 그렇게 삶의 균형을 맞춥니다.」

나는 알로이스 셀레와 함께 더반의 움라지 타운십으로 갔다. 상업 화가인 셀레는 지난 5년 동안 티셔츠, 간판, 광고판을 파는 사업을 운영해 왔고 이제 (신기하게도) 주스 사업으로 확장하려는 중이다. 그는 줄루족 사이에서 잘나가는 거물 격이다. 자기가 사는 타운십의 작업실에서 자원봉사로 사람들을 가르치는데, 다른 타운십 사람들이 찾아와서 자기네 타운십에서도 그 프로그램을 열어 달라고 요청한다. 성공과 뻐기는 태도 때문에 그에게는 권위자의 분위기가 풍긴다. 사람들이 그에게 티셔츠 같은 물건을 구하러 오면, 그는 서로 다른 정치적 당파에 속한 손님들에게 다음에 다시 오라고 말한다. 그는 내게 설명했다. 「나는 PAC 사람들에게도, ANC 사람들에게도, 잉카타 사람들에게도 수요일 네 시쯤 티셔츠가 준비될 거라고 말합니다. 그래서 그때 그들이 찾아오면, 좀 더 기다리게 만듭니다. 그러면 사람들은 서로 이야기를 나누게 되죠. 씩씩 화내면서 앉아 있기는 해도 서로가 똑같은 사람이라는 걸 알게 되는 겁니다. 예술 사업으로도 뭐든 할 수 있습니다.」 셀레의 야심은 예술계를 넘어서까지 뻗는다.「나는 사람들에게 스스로 생각하는 법을 가르칠 겁니다. 줄루족 사람들은 문맹인 데다가 남이 하는 말을 무턱대고 믿어 버리기 때문에 위험합니다. 스스로 생각하기를 싫어하죠. 늘 함께 행동하고 사고를 칠 때도 함께 칩니다. 그들에게 독립적인 인간이 되는 법을 가르치고 싶어요! 그 방법밖에 없습니다.」

아파르트헤이트 체제는 백인, 흑인, 인도인, 유색인의 네 범주로 사람들을 분류했다. 나는 미첼스 플레인이라는 케이프타운의 유색인 타운십을 윌리 베스터와 함께 가보았다. 베스터는 남아공의 백인이 아닌 도시 예술가들 중 가장 높이 평가되는 작가로 꼽힌다. 그는 유색인 어머니와 흑인 아버지를 두었지만 흑인이 아니라 유색인으로 분류되었는데, 학교에서 당국에게 그는 행동거지가 워낙 모범적이라서 흑인일 리 없다고 말하는 편지를 보내 준 덕분이었다. 베스터는 젊을 때 경찰이었다.「범죄와 싸우려고, 아무도 내 자전거를 훔쳐 가지 못하게 하려고 경찰이 되었죠.」 그는 유색인 경찰로서 ANC와 싸워야 하는 입장이었지만, 막상 ANC 문건을 읽어 보고는 감동했다.「그들은 내가 공격해야 할 사람들이 아니라 내 사람들이었습니다. 사람들 말마따나 그들이 사회의 적인 공산주의자라면 나도 공산주의자라는 걸 깨달았죠.」 어느 날 그는 폭동 진압 임무를 받은 뒤 경찰서로 돌아왔다가 흑인 청년들의 시체가 바닥부터 천장까지 쌓인 것을 보았다.「경찰관 한 명이 나더러 사방에 흘러넘치는 피를 치우라고 지시했습니다. 내가 충격을 받아 우두커니 서 있기만 하니까, 다른 사람이 방화 호스로 피를 씻어 내기 시작했습니다. 기자들이 나타나면 보기 흉할 거라고 생각해서였죠. 경찰들은 사람을 많이 죽였다면서 서로 축하했습니다. 그날 밤 나는 집에 돌아와서 끙끙 앓았습니다. 며칠 동안 꼼짝도 못했습니다.」

현재 남아공의 유색인들에게는 백인들이 누리는 특권도, 많은 흑인들이 누리는 자아 실현의 기회도 없다. 일부 유색인들은 아파르트헤이트 시절 누렸던 알량한 특권에 여태 매달린다. 유색인들은 (제법 많은 흑인들처럼) 뻔뻔하게 파괴적인 태도를 보이기에는 가진 것이 너무 많고, (대부분의 백인들처럼) 잘살기에는 가진 것이 너무 적다. 이 인구는 한 방향이 아니라 두 방향으로 두려워한다. 베스터의 힘 있는 콜라주/아상블라주 작품은 타운십에서 찾은 재료를 물감으로 그린 이미지와 병치시킨다. 한 작품에서는 가시철사 조각, 정부의 인종 분류 지침서를 복사한 종이, 공식 문건에 따르면 결코 벌어지지 않았다고 하는 인종주의적 폭력 행위를 찍은 사진들, 경찰관의 탄띠를 썼다. 베스터는 이렇게 말했다.「지금보다 더 젊었을 때는 백인들을 위한 예쁜 작품을 만들었습니다. 백인들이 내 작품을 사 가서 자기 집에 걸고는 밖에서 벌어지는 일을 무시할 수 있도록 도와준 셈이었지요. 하지만 지금은 자유롭습니다. 이제 나는 현실의 삶과 타운십의 문제에 관한 작품을 만듭니다. 나 자신을 위해서 작업합니다.」

흑인 예술은 예스, 흑인 예술가는 노

베스터의 선언은 절반만 진실이다. 그가 스스로를 위해서 작업하는 것은 사실일지라도, 그의 작품을 사는 구매자는 모두 백인이다. 진보주의자들은 그의 작품이 좋기 때문에, 또 그것을 구매하면 자신들의 책임감이 덜어지기 때문에 산다. 현재의 토양에서 백인 수집가들이 원하는 것은 비백인 예술가가 자신의 고통을 표현한 작품이다. 케이프의 풍경을 그린 매력적인 풍경화로는 더 이상 구매자들을 만족시킬 수 없다. 이것은 일종의 진보이지만, 자유라고는 할 수 없다. 비백인 인구 중에도 비백인 예술에 흥미를 보이는 사람들이 좀 있기는 해도 수집하는 사람은 거의 없다. 사실은 상업적 작업으로서 예술이라는 개념 자체를 이해하는 사람도 거의 없다. 윌리 베스터의 이웃들은 그의 작품을 즐기고, 몇몇은 소장하고 있다. 그러나 케이프타운에서 열린 큰 전시회의 개막식에 초대받았을 때, 그 사람들은 작품의 가격을 믿을 수 없어 했고 그토록 많은 백인들이 베스터를 만나고 싶어 하고 인터뷰하고 싶어 하고 칭송한다는 데 어리둥절해 했다. 몇몇 흑인 의사들이 데이비드 콜론의 그림을 수집하고, 넬슨 만델라의 집에도 한 점이 걸려 있지만, 어디까지나 소규모에 희귀한 취향을 가진 인구일 뿐이다. 콜론은 이렇게 말했다. 「지금 요하네스버그 미술관이 있는 지역은 예전에 백인 전용 공원이었습니다. 지금은 주로 흑인들이 찾는 공원이 되었죠. 흑인들은 미술관 문을 배경으로 사진 찍기를 좋아하지만 들어가 볼 생각은 거의 안 합니다.」

남아공에는 중요한 상업 갤러리가 세 개뿐이다. 모두 백인이 소유했고, 고객도 거의 전부 백인이며, 흑인 작가들의 작품을 많이 소개한다. 굿맨 갤러리(가장 오래되고, 대표적인 곳이다), 에버라드 리드 컨템퍼러리 갤러리(가장 인기 있고, 새롭고, 유행에 앞서는 곳이다), 뉴타운 갤러리(방향이 좀 불분명하다)가 그곳이다. 비백인 인구는 이런 통제력의 독점을 어떻게 해결할까? 이것은 자본이 누구에게 있느냐 하는 문제만은 아니다. 누가 이 분야에 개입할 의지가 있느냐 하는 문제이기도 하다. 18개월 전, 극작가 마체멜라 마나카는 소웨토에 있는 자기 집을 갤러리로 선포했다. 내가 구경 갔을 때 그의 직원들은 방문객들에게 예술이 무엇인지 참을성 있게 설명해 주고 있었다. 방문객들은 물론 호기심은 있지만 작품을 보려고 왔다기보다는 이상한 공간을 구경하려고 온 것이었다. 리노스 시웨디는 미술품을 판매하는 가게를 냈다. 예전에는 소웨토에서 팔았지만 지금은 요하네스버그를 통해서 파는데, 흑인들은 작품을 사지 않는 데다가 백인들은 소웨토를 여전히 위험하다고 생각하여 찾아오지 않았기 때문이다. 시웨디는 중개인으로서 타운십 작가들의 현황을 파악하고, 작품을 대중의 눈앞에 끌어내고, 공간을 빌려 전시회를 연다. 부자들에게 타운십을 구경시켜 주는 개인적 아트 투어도 연다. 그는 타운십에서 가르치는 백인 진보주의자들에 대해 〈그들은 사람들에게 작품 만드는 법은 가르치지만 파는 법은 가르치지 않습니다〉라고 말했다. 그렇지만 그의 가상한 노력도 그보다 더 크고 상업적인 백인 소유 갤러리들의 활동에는 경쟁이 되지 못한다.

어떤 사람들은 흑인 의식 고취 운동을 벌였던 급진적 작가들조차 이런 체계에 이용되고 있다고 느낀다. 그 작가들 또한 자신의 작품을 백인이 백인에게 팔도록 허락함으로써 기성 권력에 공모한 셈이라는 것이다. 피킬레 마가들렐라는 예전부터 흑인 급진주의의 모범으로 여겨진 작가였지만, 그런 그야말로 백인 중개인들이 맨 먼저 낚아챈 작가였다. 「갤러리에 작품을 주는 것은 국가를 위해서 작업하는 것이나 마찬가지입니다. 물론 피킬레도 팔고 싶어 했죠.」 맬컴 페인은 말했다. 피킬레의 작품들은 아파르트헤이트가 쇠하기 한참 전부터 굿맨 갤러리에서 전시되었다. 듀랜트 시흐랄리의 작품들은 아파르트헤이트 시절부터 요하네스버그의 여러 갤러리에서 잘 팔렸다. 시흐랄리는 이렇게 말했다. 「불의를 저지른 자들이 내 그림을 사서 흰 벽에 걸어 두고는 그 작품이 그들의 잔인함을 이야기하는 것이라는 사실을 알아차리지 못하다니, 믿기 힘든 일이었습니다.」

이 작가들은 여러 대회에서 상을 받았다. 남아공은 세계 어느 나라보다 많은 분야에서 많은 대회를 여는데, 페인은 그 상황이 〈억압의 가장 강력한 도구가 되었다〉라고 말했다. 내가 피킬레를 만났을 때, 그는 피와 고통을 말했지만 자신의 작품을 사는 백인들 이야기도 그 못지않게 많이 했다. 그의 최근작들은 어쩐지 궁리한 티가 나고 인위적이다. 그가 자칫 〈헬렌처럼 될지도 모른다〉고 내게 말해 준 사람이 한두 명이 아니었는데, 아름다운 작품으로 백인 심사위원들이 주는 상을 숱하게 받았으나 그로 인해 새로운 영감을 얻기는커녕 기존의 영감을 답습하게 된 화가 헬렌 세비디를 언급한 말이었다. 그러나 비록 이런 작가들의 투쟁의 예술이 상품으로 전락했더라도, 그것이 작가들 자신의 생존 투쟁은 해결해 주었다. 요즘 타운십 작가들은 그들이 물려받은 유산을 백인 시장을 위한 진부한 작품으로 축소시켰다는 비난을 듣고, 크로스오버 작가들은 〈유럽식으로〉 작업한다는 비난을 듣는다.

나는 더반의 흑인 화가 트레버 마코바가 최근 열린 베네치아 비엔날레의 남아공 관에 참가했다는 사실을 알았기에, 그를 만나러 타운십에 갔을 때 비엔날레에서 전시된 작품에 대해 물었다. 남아공 영토 모양의 치즈를 한쪽에서는 까만 쥐가, 반대쪽에서는 흰 쥐가 야금야금 갉아먹는 모습을 그린 알레고리적 작품이었다. 그런데 도리어 그가 내게 비엔날레에 관한 질문을 던졌다. 그게 정말 중요한 전시입니까? 내 작품을 보려고 온 사람이 많았을까요? 내가 설명을 마치자, 그는 약간 슬퍼하면서 말했다. 「그 전시에 참가한 게 기쁩니다. 하지만 먼저 나한테 물어봐 줬더라면 좋았을 텐데요. 내가 직접 이야기할 수 있었더라면 좋았을 텐데요.」

나는 깜짝 놀랐다. 「당신에게 남아공을 대표해서 베네치아에서 전시하고 싶으냐고 사전에 물어본 사람이 없었다는 겁니까?」

「없었어요. 전시가 열리는 주에야 소식을 들었죠.」

남아공이 받은 비엔날레 초대장은 (지난 몇십 년 동안은 보이콧으로 초대장이 오지 않았다) 공무원들의 책상에서 오래 묵었다. 공무원들은 닥쳐서야 황급히 〈민주적으로〉 작가를 골랐고, 번갯불에 콩 볶듯이 며칠 만에 작품을 실어 보냈다. 정부는 관료들에게 개막식에 참석하라고 비용을 대주었지만 작가들에게는 표를 사주지 않았고, 그래서 백인 작가 몇 명은 제 돈으로 표를 사서 갔다. 당국은 베네치아 현장에서야 그곳에 백인 작가는 많지만 흑인 작가는 없는 것을 보고 당황했고, 급히 흑인 작가들에게 표를 보냈는데, 대부분 해외는 물론이거니와 국경을 벗어난 여행조차 해본 적 없는 사람들이었다. 조각가 잭슨 흘룽와니는 당국에게 〈라디오는 좋지만 메시지가 나쁘다〉라고 답장을 보냈다. 미리 알았다면 자신도 여행하고 싶었을 것 같지만 이런 식으로는 아니라는 뜻이었다. 그는 가잔쿨루의 집을 떠나지 않겠다고 결정했다. 한편 마코바는 용감하게 나서 보았지만, 백인 친구들이 도와주었는데도 불구하고 제때 비행기를 타지 못했다. 베네치아에 가면 무엇이 기다리고 있는지, 돈은 어디까지 대주는지, 작가들은 그곳에서 식사를 어떻게 하는지 알려 줄 수 있는 사람이 아무도 없는 것 같았다. 케이프타운의 백인 작가 수 윌리엄슨은 이렇게 말했다. 「숨은 뜻은 이거였죠. 〈당신은 중요하지 않다. 당신의 노동의 결실만이 중요하다.〉 백인들이 아파르트헤이트 초기부터 흑인들에게 말해 온 것이 바로 그런 소리였죠.」

위로부터의 예술

아파르트헤이트 말기 가잔쿨루에서, 백인 진보주의자들은 흑인 주민들이 자신들의 전통을 탐구할 수 있도록 그들에게 바구니 짜는 법을 가르치는 프로그램을 마련했다. 그러나 그 동네에는 적당한 풀이 자라지 않았고 그 동네 사람들은 바구니를 짤 줄 몰랐기 때문에, 주최자들은 다른 데서 재료와 선생을 구해 왔다. 그 동네에는 점토가 많고 그 동네 사람들은 전통적으로 점토로 모형을 만들어 왔다는 사실에 주목한 사람은 없었다. 바구니 엮기는 어처구니없는 짓이었다. 가잔쿨루의 예술가들이 꼭 자기 동네 재료로만 작업해야 한다는 말은 아니지만, 점토를 놔두고 풀을 들여오는 것은 자원의 낭비이자 능력의 낭비다. 여기에는 아파르트헤이트가 남긴 가장 추악한 유산, 즉 흑인들을 획일적으로 바라보는 시각이 담겨 있었다. 위에서 지시한 정치적 의제에 따라 만들어진 예술은 통찰력이 있기 힘든 법이다.

흑인 사회이든 백인 사회이든, 남아공에는 그림을 감상하는 전통이 없다. 가령 미국 어류학의 발전에 관심이 있는 사람은 미국 어류학자들이 대부분인 것처럼, 남아공 미술에 관심이 있는 사람은 남아공 작가들이 대부분이다. 옛 소련 시절 모스크바처럼 미술계의 관객이 그 생산자로 국한된 실정인데, 그래도 그 인구는 적지 않다. 남아공에서는 모든 사람들에게, 가만히 내버려 두면 그런 일은 결코 하려고 들지 않을 사람들에게조차 미술 활동을 장려하기 때문이다. 진보주의자들이 중요한 사업으로 여기는 〈지역 파견〉 프로그램은 시골 사람들에게 예술을 권하려는 시도로, 그 목표에 따라 진취적인 개인들은 종이 뭉치와 크레용 다발을, 혹은 구슬과 실을 챙겨서 앞다투어 지역으로 내려갔다. 이 프로그램에서 생산된 작품들은 〈진정성〉이 있다고 선전된다.

그런 작품을 만드는 것이 〈예술가들〉의 기분을 낫게 만들 수는 있을 것이고, 그런 작품을 보는 것이 관람객들의 기분을 좋게 만들 수는 있을 것이다. 수 윌리엄스은 내게 〈결과보다 과정이 더 중요합니다〉라고 말했지만, 그녀가 칭찬하는 그 과정도 나는 의심스럽다. 물론 모든 사람들에게 자유롭게 말할 목소리를 주는 것은 민주주의의 기반이다. 하지만 이것은 당사자가 그럴 마음이 들든 안 들든 무조건 모두에게 〈자유로운〉 목소리로 말하라고 시키는 것과는 다른 일이다. 윌리엄슨은 열정적으로 설명했다. 「현재 모든 남아공 사람들은 뿌듯해하고 있어요. 온 세상이 불가능할 것이라고 생각했던 일을 온 세상이 막 단념하려는 순간에 기적적으로 해냈으니까요. 하지만 지금까지는 우리 백인이 다른 인종들을 부정해 왔으니까, 지금은 모든 다른 인종 사람들이 한 명 한 명 다 중요합니다. 그들이 하려는 말은 모두 할 가치가 있는 말이고, 우리는 그 말을 전부 다 들어야 합니다.」 아파르트헤이트에 대해서 이만하면 됐다는 식의 타협적인 반응은 있을 수 없을 것이고, 백인들이 이처럼 속죄하려는 것은 당연히 칭찬할 만한 일이다. 그렇지만 모든 사람이 예술가라는 의견, 모든 사람의 목소리가 다 들려야 한다는 의견은 다양성을 칭송하는 일이 아니라 궁극적으로는 개인성을 부정하는 일이다.

모든 사람들이 법적으로나 도덕적으로나 동등하게 중요하다고 단언하는 것은 좋다. 하지만 모든 사람들에게 할 말이 있고 그 말들이 모두 동등하게 중요하다고 생각하는 것은 불협화음을 끌어낼 따름이다. 천 개의 목소리를 동시에 들으면서 개개인의 말을 제대로 이해하기란 불가능하다. 우리는 취사선택해야만 한다. 새로운 남아공은 열한 가지 언어를 공식 언어로 쓸 것이라는 결정이 발표된 날로부터 일주일 뒤, 노벨상에 두 차례 후보로 올랐던 인권 운동가 헬렌 수즈만을 만났다. 수즈만은 내게 〈통역 과정에서 얼마나 많은 것이 사라질지 생각하면 끔찍해요〉라고 말했다. 다양성 인정이 아무리 시급한 과제이더라도, 중앙 정부가 당연히 갖춰야 하는 모종의 통일성까지 포기해서는 안 된다.

예술의 정치학

ANC의 예술문화부는 예술이 국가를 섬겨야 한다고 믿는다. 싸움은 끝나지 않았다고, 예술가들은 남아공을 낙원으로 바꾸는 일에 협조해야 한다고 믿는다. 마오쩌둥이 문화 혁명을 개시하면서 내세웠던 정책과 같다. 한편 예술가들과 작가들이 꾸린 초당파 조직인 국가 예술 계획NAI은 공공이 예술에 지원해야 하지만 예술가들은 각자의 경험에 충실한 작품을 자유롭게 만들어야 한다고 믿는다. 존 F. 케네디 대통령이 미국 연방 국립 예술 기금을 창설하면서 내세웠던 정책과 같다. 작가 음투투젤리 마초바는 약간 실망한 기색으로 이렇게 말했다.「NAI가 〈예술계 및 문화계 종사자들〉의 이익을 대변하겠다고는 하지만, ANC의 목표는 남아공의 소외된 사람들을 문화적으로 해방시키는 것입니다. ANC는 문화적 해방을 그 자체 추구할 만한 목표로 보는 것이 아니라 국가적 해방의 한 측면으로 봅니다.」예술을 수단이나 선전으로 보는 그런 관점에 반대하는 사람이 많다. 그런 관점에서는 자유로운 표현의 여지가 없다. 한편 NAI를 이끄는 마이크 판흐란은 이렇게 불평했다.「아파르트헤이트에 대항하여 ANC와 함께 싸웠던 우리는 마침내 우리에게 창작하고 노래하고 웃고 비판하고 우리의 전망을 자유롭게 알릴 평화가 주어질 것이라고 생각했지만, 그것은 아직 섣부른 생각이었습니다.」그러나 그는 나중에 내게 고백했다.「솔직히 ANC와 연관해서 일하되 ANC의 부패를 언급하진 말라는 지시를 명시적으로 전달받았습니다. 그러면 국수주의자들에게 무기를 제공하는 꼴이 된다고요.」

남아공에서는 어디를 가든 누군가 새 위원회를 만들고 있고, 무슨 위원회이든 그 이름은 두문자어다. 내가 더반에서 참석했던 NAI 창설식에서, 향후 투표권을 받게 된 단체는 AWA, AEA,

ADDSA, APSA, ICA, NSA, PAWE, SAMES, SAMRO였고 ATKV, COSAW, FAWO, PEAP는 임시 투표권만 받았다. 당신이 남아공의 예술 행사에 참석해야 하는데 이 모든 두문자어들이 무슨 뜻인지 모른다면, 딱한 일이다. 내가 요하네스버그의 호텔에서 참석했던 ANC 예술 위원회 만찬장에서 끝없이 이어진 연설들은 영어로 하는 말인데도 요령부득이었는데, 하위 단체들의 저런 어지럽고 따분한 이름들 때문이었다. 나는 헌신적인 백인 진보주의자들인 페니 시오피스와 콜린 리처즈와 저녁을 먹을 때 이 문제를 언급했고, 그러자 리처즈는 두 손으로 머리를 붙잡으면서 말했다. 「그놈의 위원회들! 우리는 아파르트헤이트 시절 내내 그런 위원회들의 모임에 참석했어요. 지루하고 끝없는 모임, 무수히 무수히 무수히 많은 모임, 늘어지고 늘어지고 늘어지는 모임. 우리가 지지를 보여 줄 방법은 그런 자리에 참석하는 것뿐이었죠. 우리가 아파르트헤이트에 맞서서 할 수 있었던 일 중 하나이기는 했어도, 맙소사, 그렇게 지루하게 허비했던 시간을 생각하면 울고 싶어요.」

내가 남아공에서 만난 사람들은 공기가 도청되기라도 하는 양 숨죽여서 이렇게 말하곤 했다. 「한심한 일이죠, 나도 알아요.」 이 말을 시골에서도 들었고, 흑인에게도 백인에게도 들었고, 북부 트란스발에서도 들었다. 백인 부르주아지의 집에서도 들었고, 헌신적인 진보주의자에게도 들었고, 타운십 온건파에게도 들었고, 널찍한 사유지에서도, 농장에서도, 시빈이라고 불리는 타운십 술집에서도 들었다. 남아공에서는 누구도 아파르트헤이트 이외에는 무엇에 대해서든 한심하다는 생각을 공개적으로 털어놓지 않는데, 지금 그 나라에서 잘못 돌아가는 일이 무엇이든 그것보다야 아파르트헤이트가 훨씬 더 나빴기 때문이다. 그러나 사회가 상징적 존중을 표하느라 쓸데없는 연극에 들이는 시간이 어마어마하다는 사실을 모두가 알고는 있다.

이렇듯 쓸데없이 복잡한 관료주의는 진실로 복잡한 문제에 대해서 오히려 놀랍도록 단순하게 접근하는 태도와 짝을 이룰 때가 많다. 요즘 남아공에서는 거창한 질문을 던지는 것이 유행이다. 예술이란 무엇인가? 민주주의란 무엇인가? 자유란 무엇인가? 더 놀라운 점은 이런 질문에 대한 자신만만한 대답이 넘쳐 난다는 것이다. NAI 모임에서, 결정하는 데 5분이면 족할 문제에는 결국 2시간이 걸렸지만 과거 수천 년 동안 철학자들이 고민해 온 문제에 대한 답은 점심시간에 맞추기 위해서 얼른 정해졌다. 모든 발언을 몇 가지 언어로 반복해야 하는 탓에 회의가 한없이 늘어지자, 자격 심사 위원회 의장인 니세 말랑게가 자리에서 일어나서 가외의 어려움들 때문에 이만 마무리하고 대신 〈친목 시간을 다르게 써야겠다〉고 말했다. 내 옆에 앉아 있던 백인 비평가 아이버 파월은 이 회의에 대한 기사를 쓸 때 그 점을 꼬집는 제목을 달겠다고 말했다. 〈맥락도 설명도 없는〉 자리였다고.

내가 만난 백인 예술가들 중 일부는 범아프리카 회의PAC를 〈흑인 인종주의자 집단〉이라고 불렀다. PAC의 모토는 〈정착자 한 명당 총알 하나〉이고, ANC보다 훨씬 더 급진적인 단체다. 하지만 내가 요하네스버그의 한 재즈 바에서 밤 11시에 만난 PAC의 스포츠 및 문화 담당 서기 피츠로이 응쿠카나는 내가 만난 어떤 ANC 사람보다도 친화력 있는 인물이었다. 그의 견해는 온건했고, 태도는 포용적이었다. 우리는 밤늦도록 대화했다. 그는 말했다.「예술 하는 사람들은 자유로운 영혼들이죠. 그들에게는 모든 접근법을 다 취할 권리가 있습니다. 정치적 통제에서 벗어나, 자신들이 원하는 것을 해야 합니다. 흑인 예술가들과 백인 예술가들이 친구가 되어야 하고, 서로에게 배워야 하고, 영향을 주고받아야 합니다. 예술에서는 분파주의가 없어야 합니다.」

벽지

어떤 면에서 남아공의 예술은 모두 더럽혀진 것처럼 느껴진다. 흑인 작가들의 작품은 백인 시장에의 의존으로 오염되었고, 백인 작가들의 작품은 불가피하게 착취 체제에 공모했던 과거 때문에 오염되었다. 억압은 억압하는 자와 억압받는 자를 모두 오염시킨다. 그래서 그들 모두는 대단히 낭만화된 이상 속의 순수함을 갈구한다. 훼손되지 않은 진정성을, 타락 이전의 올바름을 갈구한다. 그리고 그 환상에 표면적으로 가장 가까워 보이는 곳을 꼽으라면 그것은 두말할 것 없이 벤다다. 벤다는 반투스탄, 즉 흑인 인구가 제한적 자치권을 갖고 표면상 독자적으로 사는 준독립국가 중 한 곳이지만, 실제로는 남아공 중앙 정부가 주는 지원금 외에는 스스로를 부양할 경제 수단이 없다.•

요하네스버그에서 북쪽으로 올라갈수록 남아공의 풍경은 규모도 웅장함도 커진다. 내가 있는 곳이 틀림없는 아프리카로구나 싶다. 케이프타운에서 강력하게 느껴졌고 요하네스버그에서 절반의 성공으로 느껴졌던 막연한 유럽화 분위기는 차츰 사라진다. 이 북부 지역이 역겨운 아프리칸스 보수주의의 온상인 것은 아마 여기서는 높은 담장이나 외래산 허브와 꽃으로 잘 가꾼 정원 따위로는 아프리카를 차단할 수 없다는 사실이 명백하기 때문일 것이다. 짐바브웨가 가까워질수록 백인들의 도시는 추해지고, 그 추함이 한층 더 쓸모없는 것처럼 보인다. 피터즈버그나 루이트리하르트처럼 주변 환경에 어울리지 않고 매력이라고는 눈곱만큼도 없는 도시는 다른 어디에서도 보지 못했다. 루이트리하르트에서 벤다로 가는

• 솔로몬이 방문했던 1993년만 해도 벤다는 공식적으로 〈벤다 공화국〉이었으나, 아파르트헤이트가 공식적으로 종식된 1994년 모든 반투스탄이 남아공에 다시 합병되었으므로 현재는 준독립국가가 아니다.

길은 림포푸강 남쪽의 완만하고 둔중한 구릉지를 서서히 오른다. 길은 여전히 남아공에서 제일 큰 고속도로인 N1이지만, 여러 개였던 차선은 이제 하나로 줄어 이따금 양쪽에서 흙길이 갈라져 나가는 한 줄기 아스팔트일 뿐이다. 통행은 별로 없다. 짐바브웨로 물건을 싣고 가는 트럭 몇 대, 콤비(미니버스) 몇 대, 간간이 농장 차량을 보았을 뿐이다. 이윽고 벤다에 다다르면, 누구나 그 분위기에 숙연해진다. 뉴욕의 공기에 늘 흥분과 부산함과 도시적 쇠락이 감도는 것처럼, 벤다의 공기에는 늘 미스터리와 즐거움과 영혼들의 대화가 감돈다.

내가 처음 남아공을 찾았던 2년 전 요하네스버그의 중개인들은 벤다를 꼭 순수한 자들의 땅인 것처럼, 여태 진정한 흑인 문화가 지배하는 땅인 것처럼 이야기했다. 그래서 나는 내가 접한 남아공 도시의 흑인 예술과 백인 예술을 제대로 이해하기 위해서는 벤다도 꼭 알아야 할 것 같았다. 벤다에는 오래전부터 사발이나 동물이나 작은 인물상 등 작은 미술품을 조각하는 전통이 있었고, 지난 5년 동안 갑자기 유명해진 현재의 벤다 예술은 그 전통을 잇는다. 그냥 작은 장신구를 확대한 것에 불과한 작품도 있고, 종교적 오브제에 가까운 작품도 있고, 서양의 예술 개념을 반영한 작품도 있다. 벤다 예술이 남아공 미술 시장에 통합된 사연은 비록 뒤죽박죽 혼란스럽지만 감동적인 문화적 상호 작용, 앞으로 새 남아공의 토대가 될 상호 작용을 잘 보여 주는 하나의 우화라 할 만하다.

넓이가 약 7,700제곱킬로미터인 벤다에는 도로 지도가 없다. 작가들을 만나기는 쉽지 않다. 대부분은 전기나 배관이 없는 집에서 살고, 전화는 더 없다. 무턱대고 찾아가 보면 보통은 다들 집에 있고, 보통은 다들 반겨 준다. 모든 예술가들이 종교적이지만, 정확히 어떤 종교인지는 설명하기가 어렵다. 기독교를 중심으로 십여 가지 다른 신앙들이 융합된 그 종교에서는 과거의 영령들이 현재의 사람들을 자주 찾아온다고 말한다. 상고마(주술사)가 많고, 조상들이 물고기로 변해서 살고 있다는 근처 호수를 다스리는 여사제가 한 명 있다. 일단 벤다에 도착하면, 간선도로 변에서 기념품 가게를 하는 노인 엘리아스에게 첫 단계 길 안내를 들을 수 있다. 그 다음에는 동네 사람들의 안내를 들어 가면서 조금씩 목적지로 다가가는 수밖에 없다.

나는 케이프타운의 예술가 비지 베일리와 함께 갔다. 우리는 맨 먼저 벤다 예술가들 중 유일한 여성인 노리아 마바사를 만나러 갔다. 간선도로에서 대마 밭이 보이자 방향을 꺾어, 진흙으로 동그랗게 짓고 뾰족한 초가 지붕을 얹은 집들이 있는 마을을 통과했다. 사람들은 우리 차를 보면 모두 가던 길을 멈추고 구경했다. 많은 여자들이 전통 드레스를 입고 있었다. 가슴은 드러냈고, 손목과 발목에는 가늘고 반짝거리는 은팔찌를 잔뜩 겹쳐서 꼈고, 밝은색에 기하학적 무늬가 있는 천으로 몸을 휘감았다.

마바사는 친구들과 친척들과 함께 집 밖에 앉아 있었다. 파란 작업복에 알록달록한 니트 모자를 쓴 차림이었다. 그녀는 우리에게 말했다. 「이제 내 물건들은 대부분 요하네스버그에 있어요. 갤러리에. 너무 멀어요.」 하지만 아직 몇 점은 집 밖에 흩어져 있었다. 마바사는 통나무를 파낸 뒤 둥그렇게 원을 이룬 사람들이 서로에게 손을 내민 모습, 혹은 춤추는 것처럼 보이는 모습을 조각한다. 사람들은 모두 얼굴을 바깥쪽으로 향하고 있고, 기묘하게 서로 얽혀 있는 것처럼 보인다. 마바사는 원래 살던 초가집 옆에 새로 콘크리트 집을 지었다. 그녀는 자랑스럽게 말했다. 「내 예술로 이걸 짓고 있죠.」

마바사는 자기 작품들에 대해서 이렇게 말했다. 「이것들을 만든 건 내 선택이 아니었어요. 나는 아팠어요. 아주아주 끔찍하게 아팠어요.」 그녀는 꼭 지금 아픈 것처럼 웅크리며 몸을 떨었다. 「그러다

꿈을 꿨어요. 꿈에 무서운 노파가 나타났어요. 엄청 무서웠어요.」 그녀는 몸을 편 뒤, 한 팔을 치켜들어 무언가를 가리키는 시늉을 하며 노파를 흉내 냈다. 「노파가 내게 점토로 사람을 만들면 나아질 거라고 말했죠. 나는 그 악몽을 꾼 뒤에 인물상을 만들기 시작했고, 그래서 나았어요.」 그녀는 활짝 웃었다. 「싹 나았죠. 인물상을 만들면서요. 몇 년쯤 괜찮았어요.」 그녀의 웃음은 폭발적이다. 「하지만 그러다가 다시 아팠는데, 이번에도 그 무서운 노파가 꿈에 나타나서 나더러 머리카락을 자르지 말라고 말했어요. 정말로 머리카락이 자랄수록 나는 더 튼튼해졌고, 그래서 이후에는 한 번도 안 잘랐어요.」 마바사는 모자를 벗어, 그 악몽 이후 한 번도 자르지도 빗지도 않아서 토피어리처럼 엉킨 머리카락을 보여 주었다. 「그런데 노파가 세 번째로 꿈에 나타나서, 내게 조각을 하라고 말했어요. 그게 마지막이었죠. 내가 조각을 하면, 더 이상 나를 괴롭히지 않겠다고 말했어요. 노파가 사라진 뒤에 나는 꿈에서 본 것을 조각하기 시작했어요. 노파를 쫓아내려고. 정말로 이후에는 노파가 나를 괴롭히지 않았어요. 요즘은 강렬한 꿈을 꾸면 조각을 해요.」 우리는 함께 집 뒤로 걸어갔다. 마바사가 망고를 몇 개 주웠고, 우리는 함께 그것을 먹었다. 「이제는 요하네스버그에서 온 사람들이 내 조각을 가져가서 팔아요. 나도 요하네스버그에 가봤어요. 사람이 너무 많았어요! 끔찍한 곳이었어요.」 그녀는 두 손으로 머리를 감쌌다.

마바사의 작품은 곧 암스테르담에서 전시될 예정이었고, 그녀도 전시회에 가볼 계획이었다. 그녀가 벤다를 벗어나는 두 번째 여행일 것이다. 이 동네에서 마을을 벗어나 본 사람은 그녀뿐이었다. 우리는 그녀에게 암스테르담은 겨울에 추우니까 따듯한 옷을 챙겨 가라고 일러 주었다.

「정말? 정말?」 그녀는 코담배를 마셨다.

「암스테르담에는 코담배도 없어요.」 우리는 말했다.

「없어요? 이걸 이만큼 가져갈 거예요.」 그녀는 손을 쫙 벌려서 얼마나 많이 가져갈지 보여 주었고, 놀라워하면서 고개를 저었다. 「거기 담배는 있나요? 망고는?」

우리는 골드윈 은두와 오언 은두 형제를 보러 가고 싶었다. 마바사는 그들의 집 위치를 설명하기가 너무 어렵다고 머뭇거리다가 결국 우리 꼬드김에 넘어가서 함께 가주기로 했다. 골드윈 은두도 마바사처럼 돈을 좀 벌었고, 역시 마바사처럼 〈호화로운〉 콘크리트 집을 짓고 배터리로 작동되는 텔레비전을 샀다. 우리가 도착했을 때 은두 형제의 어머니가 집 앞에 서 있었다. 크고 곧고 위엄 있는 그녀는 가슴을 드러낸 전통 복장 차림이었다. 그녀는 백인들이 차로 다가오는 것을 보고는 자기 초가집으로 들어갔다가 가정부가 입는 실내복을 걸치고 나왔다.

골드윈 은두는 14년 동안 타운십의 호스텔에서 살면서 철도 노동자로 일했다. 그러던 어느 날, 벤다에서 모파니 나무를 한 그루 베었다가 그 속에 검고 단단한 목재가 있는 것을 보았다. 「나는 동생 오언에게 말했죠. 〈요하네스버그에서는 이 나무로 만든 물건들이 큰돈에 팔려.〉」 두 사람은 나무로 조각하여 만든 것을 길에서 팔기 시작했고, 이후 골드윈은 다시는 철로로 돌아가지 않았다. 말이 느린 골드윈과는 달리, 오언은 이례적으로 구변이 좋다. 내가 처음 보았을 때 그는 실크 재킷을 입고 있었다. 두 번째 보았을 때는 타탄 체크무늬 바지에 이탈리아제 같은 로퍼를 신고 있었다. 오언과 그의 어머니 사이에는 3천 년의 역사가 가로놓인 듯했다. 다른 벤다 예술가들과는 달리 오언은 현재 남아공 정치에도 상당히 밝았는데, 그래도 지지하는 당파는 없다고 했다. 그는 말했다. 「벤다의 좋은 점이 그거죠. 정치가 없다는 것. 정치 때문에 싸우는 사람이 없다는 것. 폭력이 없다는 것.」 나는 오언의 집에서 나무를 깎아 채색한 천사상을 보았는데, 천사는 장 폴 고티에도 생각해 내지 못했을 법한 디자인의 드레스를 입고 있었다. 거대한 가슴이 초록색 플리츠 주름에 감싸여 뾰족 튀어나와 있었다. 또 다른 최근작은 플러스 포스•를 입고 골프채를 쥔 높이 2미터짜리 토끼 조각이었는데, 제목은 〈신사를 위한 스포츠〉였다. 그러나 오언은 실제 골퍼를 본 적이 없고, 플러스 포스를 입은 사람을 본 적도 없다. 게다가 왜 하필 토끼일까?

우리는 골드윈의 집에서 해가 질 때까지 맥주를 마시면서 국제 뉴스를 들었다. 뉴스는 그가 라디오를 끼워 두려고 만든 키 2미터짜리 원숭이 조각의 입에서 흘러나왔다. 꿈에서 자주 영감을 얻는다는 은두 형제의 작품들은 그 기묘함 때문에 종교적인 느낌을 주지만, 형제는 그것들을 팔려고 만드는 것이고 중개인이 와서 가져가더라도 눈물을 흘리거나 하지는 않는다. 형제는 정가를 책정해 두었고, 합리적으로 흥정할 줄 알며, 서명된 계약서도 작성한다.

이튿날은 프레디 라마불라나를 만나러 갔다. 이 시골 공동체에서 라마불라나는 아웃사이더다. 그는 찢어지게 가난하고, 몸이 변형되는 무슨 피부병을 앓고 있다. 아무도 우리와 함께 그를 보러 가려고 하지 않았다. 요하네스버그에서 한 갤러리 관장은 우리에게 라마불라나의 집에 가면 아이들을 만지지 말라고, 그랬다가는 기생충이 옮을지 모른다고 경고했었다. 라마불라나의 조각은 거칠고 원시적이고 무섭다. 조각상은 구슬로 된 눈, 접착제로 붙인 머리카락과 수염을 갖고 있다. 생식기가 아주 자세하게 묘사되어 있고, 아이들 옷이나 찢어진 잠옷이나 변색된 긴 셔츠 같은 옷을 입고 있다. 우리가 찾아갔을 때 라마불라나는 먼지투성이로 무릎 꿇고 앉아서 조각상에 수염을 붙이는 중이었다. 조각상은 큰 돌멩이를 든 두 손을 앞으로 죽 뻗은 남자의 형상이었다. 우리가 인사하자 그도 고개

• 무릎 아래로 4인치 더 내려오는 헐렁한 반바지로 예전에 남성용 골프복으로 많이 쓰였고 니커보커스라고도 한다.

를 까딱했지만 움직이진 않았다. 우리는 그가 작업을 마칠 때까지 20분쯤 땡볕에 서서 기다렸다. 그는 수염을 다 붙인 뒤 오두막으로 들어가서, 무릎을 꿇은 채 얼굴과 몸에서 페인트로 된 피를 철철 흘리는 남자를 새긴 조각상을 가지고 나왔다. 그는 그 조각상을 내려놓고, 새 조각상이 그 위에 오도록 위치를 조정했다. 새 조각상이 무릎 꿇은 조각상의 머리를 돌로 내리치는 모습이 완성되도록 한 것이었다. 살인자와 희생자는 둘 다 멍한 눈으로 정면을 응시하고 있었다. 땅에 놓인 그의 또 다른 작품은 거칠게 깎은 거대한 음경이었는데, 위에 담요가 덮여 있었다. 우리가 담요를 들추자, 아이들이 곁에서 깡총거리면서 신경질적으로 키득거렸다.

라마불라나의 영어는 못 알아들을 정도였지만, 느낌상 그의 벤다어도 종잡을 수 없는 웅얼거림 수준인 것 같았다. 베일리는 케이프타운에서 곧 열릴 자신의 전시회 초대장을 몇 장 가져왔는데, 그중 한 장을 라마불라나에게 주었다. 라마불라나는 족히 4분 동안 뚫어져라 그것을 보았다. 초대장에는 몸통이 찻주전자로 된 두 남자가 춤추는 그림이 실려 있었다. 그가 말했다. 「나 이거 팔 수 있어요.」 우리는 그에게 그냥 구경하라고 그림을 준 것이지 작품을 의뢰하는 것이 아니라는 사실을 이해시키느라 애를 먹었다.

다음으로 우리는 앨버트 음부제니 무냐이를 찾아 나섰다. 소문에 따르면 그는 미쳤다고 했다. 요하네스버그의 중개인이 마지막으로 그를 만나러 왔을 때, 그는 마체테 비슷한 칼인 팡가를 들고 달려 나와서 중개인을 쫓아냈다고 했다. 그는 벤다 북부에 산다. 우리가 그 동네까지 가는 데는 한 시간쯤 걸렸다. 우리가 길을 물은 여자는 이렇게 말했다. 「무냐이? 언덕을 내려가서 짐바브웨 슈퍼마켓을 지나세요. 그다음 강을 건너고, 오른쪽에 선 큰 나무를 세 그루 지나면, 그가 보일 거예요. 자기 과수원에 앉아서 노래 부르고 있을 거예요.」 무냐이는 과수원 저 안쪽, 금속 차양 밑에 앉아서 조각에 열중하고 있었다. 우리 차가 다가가자 그는 펄쩍 일어나더니 어린 시절 친구라도 만난 듯이 반겼다. 그는 먼저 베일리를, 다음에 나를 포옹했다. 그는 잘생겼고 근육질이었고 반바지만 입고 있었다. 머리카락은 잘게 땋았고 눈은 반짝거렸다.「미국에서 왔어요?」 그가 놀랍다는 듯 고개를 흔들면서 물었다.「날아왔어요?」

나는 그렇다고 대답했다.

「대단해요!」그가 몸을 뒤로 젖혔다.「나비처럼!」

처음 무냐이에게 작품을 만들어 보라고 권한 사람은 백인 예술가로서는 처음 벤다의 예술가들과 친구가 되었던 아프리칸스 조각가 데이비드 로사우였다. 무냐이는 로사우의 친구의 정원사였다. 처음에 두 사람은 함께 대마를 피웠고, 다음에는 함께 작품을 만들었다. 둘의 작품에서는 서로의 영향이 느껴진다. 우리가 대화하는 동안, 무냐이의 아내는 남편 곁에 앉아서 동네 기념품 가게에서 파는 것 같은 무슨 큰 숟가락처럼 생긴 물건을 사포질했다. 무냐이는 나무 물고기의 몸통에 비늘을 새기는 중이었다. 대화는 다섯 방향으로 진행되었는데, 무냐이가 아내나 우리에게 못지않게 물고기에게도 말을 많이 걸었기 때문이다. 그는 말했다.「이 나무가 불타 없어지지 않도록 내가 조각을 만들어야 해요. 아, 나무는 정말 아름답죠! 나는 나무들을 불길에서 구하는 겁니다.」

나는 그에게 작품을 파는 것은 어떤 기분이냐고 물었다.

「당신이 그렇게 물으니까 너무 슬프네요. 매번 마음이 찢어지죠. 하지만 나는 작업 도구가 필요합니다. 아이들도 조약돌 두 개보다 세 개로 더 많은 놀이를 할 수 있는 법이죠. 그래도 사람들이 작품을 사러 오면, 아, 돈 이야기는 추한 거예요.」나중에 우리가 나무와 금속을 결합한 작품을 구경할 때 그가 말했다.「내가 만든 것들을 몽땅 이고 지고 살 수는 없어요. 사람들이 가져가 주는 게 어찌나 다행인지! 이것들에게는 강력한 힘이 있답니다. 이것들과 계속 함께 산다면 나는 기력이 다 빨려 나갈 거예요.」 우리는 작품들을 밝은 데서 더 똑똑히 감상하고 싶었지만, 그는 그것들을 햇살 아래 내놓기를 주저했다. 「이것들이 무슨 짓을 벌일지 알 수 없어서요.」

무냐이는 아내를 시켜서 웬 종이 다발을 가져오게 했다. 「부탁인데, 여기 뭐라고 적혀 있는지 알려 주겠어요?」 그것은 무냐이가 범아프리카 토속 예술 대회에서 당선 외 가작에 선정되었다는 소식이었다. 심사위원들은 이 예술가가 아프리카의 전통에 포스트모더니즘의 영향을 잘 녹임으로써 여러 유파를 성공적으로 통합했다고, 따라서 그는 떠오르는 아프리카를 대변할 목소리라고, 그는 전통의 수호자인 동시에 모더니스트를 자처하는 작가라고 선언했다. 무냐이의 작품은 수백 명의 경쟁자들을 제치고 가작에 선정되었다. 그가 말했다. 「정말입니까? 오, 하느님, 멋진 일이에요!」 그는 고개를 갸웃하며 내게 물었다. 「당신은 내 작품에 관한 글을 써서 미국 사람들에게 보여 줄 겁니까?」 나는 끄덕였다. 그는 멋진 웃음을 길게 터뜨렸다. 「모두가 봐야 해요!」 그러더니 이내 진지해졌다. 「사람들은 알아야 해요. 이것은 마술적인 작업이에요.」 그는 우리를 차까지 바래다주었고, 차를 한참 쳐다보다가 말했다. 「그럼 가세요. 이걸 타고 땅으로 날아가세요.」

벤다에서 보낸 마지막 날, 우리는 인접한 가잔쿨루로 내려가서 남아공 흑인 예술가들 중 최고라고 곧잘 일컬어지는 잭슨 흘룽와니를 찾아갔다. 2년 전까지 그는 철기 시대 유적지가 있는 언덕 꼭대기에서 살았다. 고대에 성채가 있었던 자리에서, 거대한 환상열석 사이에서 살았다. 사연인즉 어느 날 하느님이 흘룽와니를 찾아와서 거기 살라고 했다는 것이다. 하느님은 그곳에 멋진 조각을 만들어서 자신을 찬양하라고 지시했고, 그래서 흘룽와니는 키가 나무만큼 큰 것도 있는 거대한 조각상들을 높이 6미터의 십자가 하나를 빙 둘러싸고 세워서 그곳을 신성한 땅으로 만들었다. 흘룽와니는 사람들에게 쏟아내는 설교로, 이른바 〈새 예루살렘〉에서 살아가는 모습으로, 그만의 독특한 도상학으로 벤다와 가잔쿨루 전역에서 유명해졌다. 이스터섬 두상들처럼 으스스하고 위협적인 그의 기묘한 네눈박이 얼굴 조각들은 꼭 살아 있는 것처럼 보인다. 꼭 그가 나무에 뭔가 유기적인 성분을 풀어놓은 것 같다.

5년 전, 요하네스버그 뉴타운 갤러리의 리키 버넷이 흘룽와니를 찾아와서 그에게 유명하게 만들어 줄 수 있다고, 그의 작품을 전 세계로 내보내 줄 수 있다고 말했다. 흘룽와니는 들떠서 버넷에게 뭐든 다 가져가라고 말했고, 버넷은 다 가져갔다. 전시회가 끝날 무렵, 흘룽와니는 사람들의 칭찬에 도취된 나머지 버넷에게 작품들을 모조리 팔아도 좋다고 허락했다. 그의 작품은 전 세계로 팔렸고, 그는 과연 아프리카 남부에서 제일 유명한 흑인 예술가가 되었다. 그러나 새 예루살렘의 거대 조각상들마저 팔렸을 때, 그는 영혼이 자신을 떠났다고 느꼈다. 좌절하고 갈피를 잃은 그는 돌로 된 요새를 버리고 언덕을 내려왔다. 그는 버넷이 자신을 배신했다면서 저주했다. 한편 버넷은 자신은 흘룽와니를 잘 보살폈고 만약 그가 작품을 팔기 싫었다면 팔라고 말하지 말았어야 했다고 주장했다. 1985년 버넷은 「지류들」이라는 전시회를 열었다. 그것은 남아공에는 백인 예술계만 존재한다는 통념을 반박하는 전시회였다. 벤다를 비롯한 여러 지방의 예술가들을 소개한 그 전시는 흑인들의 예술과 백인들의 예술 사이에 놓여 있던 견고한 벽을 무너뜨리는 계기였다. 윌리엄 켄트리지는 이렇게 말했다. 〈「지류들」은 우리의 아머리 쇼였죠.〉 그러나 어디까지가 이 〈진정성〉 있는 예술가들을 더 널리 알리는 일이고 어디까지가 그들을 착취하는 일인지, 그 경계선은 모호할 수 있다.

우리가 찾아갔을 때, 흘룽와니는 거대한 종교적 인물상의 두 다리 아래 그늘에 앉아서 한 무더기 쌓인 천사상들을 조각하고 있었다. 그는 우리에게 자신의 전망을 설명하기 시작했다. 「나는 에덴 정원을 재건하고 있습니다.」 우리가 흥미를 표하자, 그는 앞쪽을 가리키면서 말했다. 「저 언덕을 올라가서 하느님을 찾으세요. 그 맞은편에, 나무들 사이에 그게 있을 겁니다.」 언덕에서 우리는 하느님을 발견했다. 흘룽와니가 쓰러진 나무 한 그루를 통째 깎아서 이목구비가 여러 개인 복잡한 얼굴을 조각해 둔 것이었다(눈이 수십 개였고 코도 여러 개였다). 그 맞은편 숲 속에도 조각이 몇 점 더 있었다. 그러나 흘룽와니는 내게 도로 가서 뱀의 눈을 보고 와야 한다고 말했다. 그는 나를 언덕 발치로 돌려보냈고, 그곳에서 나는 길이 3미터쯤 되는 흰 나무토막이 여러 개의 작은 나무 받침대 위에 얹혀 있는 것을 발견했다. 나는 나무토막의 밑동을 유심히 들여다본 뒤 돌아왔다. 「그게 뱀입니다.」 그가 비밀을 알려 주었다. 「원래는 그게 땅 속에, 땅 위에 있었습니다. 거기에서 악이 흘러나오는 겁니다!」 그는 거의 부르짖었다. 「내가 이제 그것을 파내서 땅에 닿지 않도록 올려 두었으니, 새 남아공과 전 세계에 평화가 올 겁니다.」

그는 조각상 두 개를 가져왔다. 「당신에게, 당신의 영혼에게 줄 것이 있습니다. 이 천사는 완성된 것입니다.」 그는 한 천사를 보여 주었다. 「이 천사는 완벽합니다. 당신을 위한 것이 아닙니다.」 그는 두 번째 천사를 집으면서 말했다. 「이 천사는 완성되지 않았습니다. 당신에게 이것을 주겠습니다. 당신이 당신의 영혼으로 완성하세요.」 나는 두 천사를 꼼꼼히 살펴보았다. 「머리를 쓰세요! 당신 스스로 천사에게 얼굴을 주세요! 이 천사는 사랑이 가득합니다! 가서 미국 사람들에게 이 이야기를 들려주세요!」

요즘도 벤다 사람들은 넬슨 무쿠바 이야기를 한다. 지금까지 남아 있는 무쿠바의 조각들은 놀랍다. 우아하고 생명력 있어, 흡사 그 속에 갇혔던 나무의 영혼이 풀려난 것 같다. 벤다 열풍이 막 시작되었을 때, 요하네스버그의 마켓 갤러리는 무쿠바에게 일인전을 제안했다. 요하네스버그 예술계의 모든 인사들이 개막식에 모였고, 무쿠바도 벤다에서 내려가서 참석했다. 그는 백포도주 잔을 든 화려한 사람들 사이로 춤을 추면서 들어왔다. 죽마를 타고 높은 모자까지 써서 머리끝에서 발끝까지 3.5미터는 되었다. 그는 벤다에서 북 치는 사람들도 데려왔고, 그들이 북을 치는 동안 그는 죽마 위에서 놀랍도록 유연한 움직임으로 개막식에 모인 사람들 틈을 누비며 춤을 추었다. 볼거리는 그뿐 아니었다. 그는 입에서 불도 내뿜었다. 전시는 대성공이었다.

한 달 뒤 벤다의 어느 화창한 날, 무쿠바는 팡가를 들고 집 주변 나무들을 벤 뒤, 아내와 아이들을 죽이고, 집과 남은 작품들에 불을 지르고, 목을 매어 자살했다. 어떤 사람들은 무쿠바가 그냥 미친 것이었다고 말한다. 어떤 사람들은 영혼이 씌었던 것이라고 말한다. 많은 사람들은 그것이 무티muti였다고, 그러니까 누군가 그를 저주해서 죽게 만든 것이라고 생각한다. 사람들은 말하기를, 어쩌면 그 누군가는 무쿠바에게 돈과 관심이 쏠리는 것을 탐탁지 않아 했던 추장이었을지도 모른다. 어쩌면 다른 예술가였을지도 모른다. 또 어쩌면 그것은 탐욕스러운 시장과 순진한 예술가가 만날 때 으레 그렇듯이 삶의 방식이 침해된 탓이었을지도 모른다. 벤다 사람들은 아직도 무쿠바를 이야기하지만, 그의 죽음의 정황을 이야기하는 사람은 없다. 벤다에서는 주술사 의사인 상고마가 여전히 경외심의 대상이다. 어떤 상고마들은 사람들에게 깊이 사랑받지만, 자신의 힘을 악용하는 상고마는 돌에 맞아 죽을 수 있다. 마바사는 내게 말했다. 「나는 늘 무쿠바를 생각해요.」 그 순간 그녀의 환한 미소가 얼굴에서 사라졌고, 그녀는 어두워 보였으며, 나는 갑자기 무서워졌다.

보고 보여지기

백인 예술가들이 흑인 문화에 영향받는 것처럼, 흑인 예술가들도 백인 문화에 영향받는다. 「사실을 말하자면, 내가 처음 영향을 받은 문화는 아프리카 전통이 아니라 동네 영화관이었습니다.」 데이비드 콜론은 내게 말했다. 토니 은코치는 어떤 기준으로 보아도 주목할 만한 화가다. 그러나 내가 만난 한 이론가는 은코치에 대해 이렇게 투덜거렸다. 「백인 예술이라고 해도 통하겠단 말입니다.」 아이버 파월에 따르면, 남아공 사람들이 벤다와 결부하곤 하는 〈순수함〉이 언제까지나 이어질 수는 없을 것이다. 중개인들이 계속 벤다를 찾으면 그곳 작가들이 시장에 영합하기 시작할 테고, 그러면 마법은 사라질 것이다. 그렇다고 해서 기성 백인 예술계가 중뿔나게 그곳 전통을 〈보존〉하려고 나서 봤자 소용없을 것이다. 전통은 살아남을 수 있다면 살아남을 것이고, 만약 살아남지 못한다면, 용케 그것을 목격했던 사람들은 영원히 스스로를 행운아라고 여길 것이다.

윌리엄 켄트리지는 이렇게 말했다. 「한 작가가 자기 작업실에서 무엇을 하는가 하는 질문과 이 나라에서 무슨 일이 벌어지는가 하는 질문은 같은 소리로 들리지 않겠지만, 사실 두 가지는 같은 질문일 때가 많습니다. 개인적 관심사가 바깥세상에서 오가는 이야기들만큼 흥미로워야 하는 것도 당연하지만, 내가 세상에서 고민한 내용이 작업에 반영되어야 하는 것도 당연합니다. 무언가를 만들거나 그리려면, 일단 그 대상이 있어야 하죠. 나는 그 대상을 더 반전시키고 변형시킵니다.」 바로 그 반전과 변형이 남아공 모든 예술가들의 작품에서 핵심이다. 새로운 자유와 새로운 불안의 시기에 남아공 사람들의 마음에서 맨 앞에, 가장 중심에 놓인 것이 정치이기는 해도, 정치만을 이야기하는 예술은 대개 따분하다. 거꾸로 정치를 거부하는 것은 가끔 귀한 시각일 수도 있지만, 그렇다고 해서 예술가의 내면만을 이야기하는 예술은 대개 지겨워진다. 예술과 사회 진보를 둘 다 다룰 뿐 아니라 낙관적인 시각과 비관적인 시각 둘 다 갖춘 작가들 중 가장 일관성이 있는 사람은 켄트리지다. 그의 작품은 늘 격렬하게 개인적이면서도 판독 가능하게 정치적이다.

체류가 끝나가던 무렵, 어느 쌀쌀한 밤이었다. 나는 폴 세케테라는 흑인 예술가와 요하네스버그에 있는 그의 작은 집에 앉아 있었다. 나는 그에게 전시회, 쇼, 국제주의에 대해 물었다. 그는 말했다. 「예술은 사람들에게 행복이 무엇인지 보여 주기만 하는 게 아니라, 사람들을 행복하게 만들어 줘야 합니다. 나는 사람들을 행복하게 만들고 싶습니다. 예술에서 필요한 건 그거예요.」 늦은 시각이었고 우리는 둘 다 피곤했다. 나는 물었다. 「당신은 사람들을 행복하게 만들 수 있나요?」 그러자 세케테는 손을 뻗어 나를 간지럽혔고, 나는 깔깔거렸다. 「얼마나 쉬운지 봤죠?」 그가 말했다. 우리가 둘 다 아는 어느 백인 개념 예술가를 이야기할 때, 세케테는 말했다. 「그런 것도 나쁘지 않지만, 예술은 아니에요. 시간 낭비죠. 왜 계속 그런 걸 만들까요?」

며칠 뒤, 나는 문제의 그 백인 예술가를 만나서 그의 훌륭한 작품을 구경한 뒤 세케테를 만났던 이야기를 들려주었다. 세케테가 나를 간지럽혔다는 대목까지 말했는데, 그가 내 말을 끊고 짜증스러운 듯 말했다. 「하지만 그건 예술이 아닙니다. 당신은 정치적으로 올바른 정치 기사 나부랭이를 쓰러 온 게 아니라 망할 예술계를 취재하러 온 건 줄 알았는데요. 뉴욕에서 누군가가 당신을 간지럽혔다고 해서 그걸 미술 잡지에 쓰겠습니까?」

덧붙여 말해 둬야 할 점은, 두 작가가 모두 나를 전시회에 초대했는데 그 전시회는 둘의 작품이 함께 소개될 자리였다는 것, 그리고 두 작가가 나를 초대한 것은 둘 다 소중하게 믿는 어떤 주장을 보여 주려는 의도였는데 그 주장이란 예술계에는 인종의 차이가 없고 두 사람이 공유하는 전망 속에서는 모든 예술가가 동등하다는 것이었다. 그러나 두 사람의 작품이 함께 전시된다고 해서 두 사람이 예술에서 같은 것을 원한다는 뜻은 아니다. 새 남아공 정부의 인구 등록부에 흑인과 백인이 함께 기재된다고 해서 이제 흑인과 백인이 똑같이 투표하거나 서로 화해 가능한 이유에서 투표하리라는 뜻은 아닌 것처럼. 예술적 관용에서 예술적 동등함으로 나아가는 과정은 느리고 답답하다. 하지만 나는 이곳에 와서 처음 만났던 예술가들이 바버라 마세켈라가 비행기 승무원의 눈에 안 보였던 일을 열렬히 성토했던 것을 떠올리면서, 두 예술가들이 서로를 그토록 열심히 바라보고 있다는 사실이 놀랍게 느껴졌다. 설령 어느 쪽도 자신이 본 것을 완전히 납득하지는 못한다 할지라도.

•

남아공 국립 미술관 새 관장 리아손 나이두는 2013년에 이렇게 말했다. 〈현재 시장은 10년 전에 비해 알아볼 수 없을 만큼 바뀌었다. 시장은 더 전문화했고, 더 많은 대회와 상업 갤러리가 생겼고, 해외의 많은 미술관들과 수집가들이 남아공 근대 및 현대 미술 작품을 구입한다. 이것은 작가들에게 아주 좋은 일이다. 마이애미에서 베를린까지 국제 미술 시장에서 남아공 상업 갤러리들은 예전보다 더 눈에 많이 띈다.〉[1] 이 말은 내가 가까운 과거인 20년 전 목격했던 상황과 비교해 보면 훨씬 더 타당하게 느껴진다.

러시아와 중국처럼, 남아공에서도 검열 문제가 지속되고 있다. 2012년 ANC는 화가 브렛 머리의 그림을 검열하려고 했다. 아내가 여러 명인 대통령 제이컵 주마를 성기를 노출한 레닌처럼 묘사한 그 작품은 정부의 부패를 책망하는 그림이었다. ANC 공식 성명에서 잭슨 음템부는 이렇게 말했다. 〈오늘 아침 우리는 변호사들을 통해 법원에 브렛 머리와 굿맨 갤러리에게 그 그림을 전시장뿐 아니라 웹 사이트에서도 내리고 인쇄된 선전물도 모두 파기하도록 지시해 달라고 요청하기로 결정했습니다. (……) 우리는 굿맨 갤러리에 걸린 브렛 머리의 이른바 예술 작품이라는 그림이 ANC 의장이자 공화국 대통령이며 또한 한 명의 평범한 인간이기도 한 우리 대통령의 이미지와 품위를 해쳤다고 믿습니다. 그리고 대통령을 그렇게 불쾌하게 묘사한 것은 우리 헌법에 보장된 개인의 존엄권을 해치는 짓이라고 봅니다.〉[2] 곧 주마 지지자들이 갤러리에 난입했다. 그들은 그림에 페인트를 처발라서 사실상 파괴했다. 수백만 명의 신도를 거느린 셈베 교회 지도자는 머리를 돌로 쳐 죽일 것을 명령했다. 요하네스버그에서 민주주의 연구 센터를 운영하는 백인 스티븐 프리드먼은 『비즈니스 데이』에 쓴 칼럼에서 많은 흑인들에게 그 그림은 〈백인들이 여태 흑인들에게 품고 있다고 믿는 경멸을 드러낸 또 하나의 사례〉로 느껴졌다고 썼다. 대조적으로 『데일리 매버릭』의 흑인 기고자 오브리 마상고는 남아공 통치자들이 〈문화적 정체성에 대한 대중의 그릇된 생각을 이용하고 대중의 경제적 불만을 조작함으로써 지지를 끌어내려 한다〉고 걱정했다. 프리스테이트 대학의 흑인 부총장 조너선 안선은 이렇게 적었다. 〈현 시점에서 가장 필요한 대화는 강경한 양측이 나누는 대화인 것 같지만, 이곳은 남아공이다 보니 열정이 가벼움을 이긴다. 각자 완고하게 자신이 옳다고 믿는 양측은 각자의 코너로부터 튀어나와 피투성이 싸움에서 상대를 박살냈다.〉 머리의 그림을 모욕적이고 어린이들에게 유해할 가능성이 있는 그림으로 〈분류〉했던 영화출판위원회의 결정은 나중에 결국 뒤집혔다.

2013년에는 요하네스버그 아트 페어에서 주최 측이 아얀다 마불루의 그림을 내린 일을 두고 논란이 터졌다. 제이컵 주마 대통령을 그린 그림이었는데, 큐레이터들은 그 그림이 대통령을 묘사한 방식이 행사 후원자들의 마음을 거스를지도 모른다고 판단한 것이었다.[3] 행사 조직자는 이유를 설명하면서, 향후 지원을 받는 데 차질이 있을까 봐 그렇게 결정한 것이 사실이라고 인정했다. 그는 이렇게 말했다. 〈아트 페어는 창조적 경제를 일굴 책임이 있습니다. 그런데 그 그림은 우리의 그 과제에 장애가 될 수 있다고 느꼈습니다.〉 그해의 특별 초대 작가였던 사진가 데이비드 골드블랫이 항의의 표시로 행사에서 발을 빼겠다고 말한 뒤, 마불루의 그림은 복귀되었다. 마불루는 이렇게 말했다. 〈검열을 처음 당하는 것은 아닙니다. 단지 아파르트헤이트 시절에 벌어지던 일이 지금까지 벌어지는 것을 보는 게 힘들 따름입니다. 무엇이 대중의 입맛에 맞는 예술인지 결정하는 일을 소수가 하도록 내버려 둔다면, 이 경우에는 단 두 명이 하도록 내버려 둔다면, 우리가 남아공인으로서 또한 예술가로서 대체 어느 방향으로 가고 있는 것일까요.〉

2015년에는 베네치아 비엔날레의 남아공관(館)을 조직할 책임자로 백인 큐레이터 두 명이 임명된 것, 그리고 그들이 고른 열세 명의 전시 작가 중 여성은 세 명뿐이고 흑인 여성은 겨우 한 명인 것을 두고 논란이 일었다.[4] 요하네스버그 『메일 & 가디언』의 스테파니 제이슨은 이렇게 말했다. 〈여태 전 세계에서 국외자를 학살했던 나라라는 평판을 듣는 나라가 전시관 문제 따위로 망신을 더 살 여유가 있을까?〉

미국

블라디의 정복

『뉴 리퍼블릭』, 1994년 6월

블라디미르 지리놉스키는 민족주의 정당 러시아 자유 민주당의 창설자이자 지도자이고, 2011년까지 러시아 하원 부의장이었다. BBC는 그를 〈대중주의적이고 민족주의적인 수사, 서구 비판, 건방지고 대립적인 스타일을 섞은 러시아 정치의 쇼맨〉이라고 평했다. 하워드 에이모스는 『가디언』에 쓴 기사에서 그를 〈민족주의 선동가〉라고 불렀다.[1] 화려하고, 호전적이고, 거칠고, 시끄럽고, 선동적이고, 인종차별주의자이고, 성차별주의자이고, 동성애 혐오자이고, 권위적인 광대인 그는 내가 이 글을 쓴 후 20년이 흐르는 동안 조금도 더 매력적이어지지 않았다.

최근 뉴욕에서 여러 모스크바 인텔리겐치아들이 모인 파티가 열렸을 때, 화제는 단연 블라디미르 지리놉스키였다. 나는 과거 누구보다 먼저 고르바초프를 옹호했던 이 진보적 지식인들이 지리놉스키를 말하는 태도가 꼭 수많은 미국인들이 올리 노스의 전성기에 노스에게 보였던 온화한 애정과 비슷하다는 점에 놀랐다. 누군가는 이렇게 말했다. 「블라디미르는 그저 냉소주의자일 뿐입니다. 모스크바 사람들은 모두 냉소주의자죠. 뉴욕 사람들도 모두 냉소주의

자이고요. 크게 흥미로운 일은 아닙니다.」

러시아인들은 내가 자기네 나라의 선도적 민족주의자에게 호기심을 보이는 것이 재미있었던지, 내일 저녁 뉴욕에 머물고 있는 지리놉스키의 친구들과 조언자들이 모이는 자리가 있으니까 나더러도 오라고 했다. 그래서 이튿날 밤 10시, 웨스트 52번가의 키치한 러시아 사모바르 식당에서, 나는 굵직굵직한 이목구비에 수염을 기르고 진청색 양복에 터틀넥을 받쳐 입은 곰처럼 생긴 남자 여러 명을 소개받았다. 그러나 그들과 지리놉스키의 반유대주의를 토론하려는 내 시도는 반짝거리는 긴 드레스에 큼직한 플라스틱 안경 차림으로 러시아 유대인 민요를 연달아 부르기 시작한 일흔두 살의 〈잊을 수 없는 유지니아〉에 의해 좌절되었다. 「나는 지난달에 블라디미르와 함께 있었습니다.」 우리 일행 중 한 남자가 유지니아의 노래가 잠깐 멎은 틈을 타서 이렇게 말한 뒤 증거로 사진을 꺼내 보여 주었다. 「그가 갈수록 오만해지는 건 딱한 일입니다. 예전처럼 재밌지 않더라고요. 사람들은 유명해지면 꼭 그렇게 유머 감각에 문제가 생기죠.」

나는 지리놉스키가 예전에는 얼마나 재밌는 사람이었는지 모르겠지만 아무튼 요즘은 충격적일 만큼 안 재밌어 보인다고 말했다. 누군가 대꾸했다. 「당신은 뉴욕 신문을 너무 많이 읽었군요. 블라디미르는 그저 권력과 관심을 좋아하는 것뿐입니다. 학창 시절에는 친구들이 다들 녀석을 싫어했죠. 그는 촌뜨기에 웃음거리였어요! 그래서 그런지 요즘은 인기를 얻게 해줄 만한 말이라면 앞뒤 가리지 않고 내뱉지만, 사실은 그도 자기가 하는 말을 믿지 않습니다. 그는 루츠코이나 히틀러나 스탈린하고는 달라요. 다 농담일 뿐이죠. 요즘 최대의 농담이기는 하지만.」 내가 볼 때 그런 해석은 냉소주의를 지나치게 확장한 것 아닌가 싶었지만, 이 말을 꺼내지는 못했다. 〈잊을 수 없는 유지니아〉가 영화 「지붕 위의 바이올린」 삽입곡 메들리를 부르기 시작했기 때문이다.

지리놉스키의 친구들이 말했다. 「어디 조용히 이야기할 만한 데로 갑시다.」 그들을 따라간 곳은 57번가와 7번가가 만나는 모퉁이의 건물 지하로, 꼭 1986년 무렵 인투리스트 호텔•의 로비 바를 재현한 듯한 공간이었다. 노란 가두리 장식의 네이비블루 재킷을 입은 밴드가 비틀스의 노래를 러시아어로 부르고 있었고, 천장에서는 미러볼이 빙글빙글 돌고 있었으며, 탁자마다 놓인 접시에는 내가 스텝 지대의 척박한 토양에서만 나는 줄 알았던 입맛 떨어지도록 퍽퍽한 토마토와 오이가 담겨 있었다.

나는 지리놉스키의 친구들에게 그가 게이인지 물었다. 모스크바의 내 친구들에게 들은 소문이었다. 누군가 말했다. 「블라디미르가 여자한테 열 올린 적이 없기는 하지. 게다가 늘 젊고 잘생긴 남자 경호원을 거느리고 다니고.」 또 다른 사람은 오랫동안 지리놉스키와 정사를 맺어 왔다고 주장하는 어느 남자 시인을 안다고 했다. 아까부터 보드카가 돌고 있었기 때문에, 이제는 모두가 이 문제에서 내게 도움을 주려고 열심이었다. 누군가 내게 말했다. 「그 사람하고 자고 싶다면, 아마 우리가 주선해 줄 수 있을 것 같네요.」 또 다른 사람은 어깨를 으쓱하면서 〈나중에 기사로 쓰면 재밌겠네요〉 하고 말했지만, 금세 목소리를 낮추어 이렇게 덧붙였다. 「하지만 내 말 들어요. 나라면 다시 생각하겠습니다.」

나는 우리 자리에 합석하러 온 여자들에게 정신이 좀 팔렸다. 여자들은 모두 터키색 아이섀도를 과다하게 칠했고, 개중 한 명은 바닥까지 늘어지는 까만 새틴 드레스에 어깨까지 올라오고 까만 단추가 달린 까만 새틴 장갑을 끼고 있었다. 정치적 대화를 나누기에는 무리한 분위기라는 판단 아래, 나는 자리에서 일어나 미러볼 밑

• 옛 소련을 드나드는 모든 외국인이 사용해야 했던 국영 여행사 인투리스트에서 운영했던 호텔.

에서 춤을 췄다. 밴드가 연주하는 「네게 필요한 것은 사랑뿐All You Need Is Love」과 「렛 잇 비Let It Be」에 맞춰서 고등학교 때 마지막으로 써먹었던 블루스 춤의 투 스텝을 요긴하게 활용했다. 도로 자리에 앉은 뒤, 나는 사람들에게 정말로 지리놉스키가 자신이 하는 말을 자신도 안 믿는 배우일 뿐이라고 해도 계속 그러다가는 자승자박에 빠질지도 모른다고 말했다. 누군가 대답했다. 「걱정 마세요. 그는 자승자박에 걸릴 만큼 권력을 많이 얻지도 못할 테니까. 그는 그저 영향력이 좀 있을 뿐입니다. 우리 러시아 사람들은 너무 냉소적이라서, 그런 냉소주의자를 뽑아 주지 않을 겁니다.」 내가 안도감을 표하자, 또 다른 사람이 이렇게 말했다. 「그런 냉소주의자는 러시아 지도자보다는 뉴욕 시장으로 선출되기가 훨씬 쉬울 걸요. 아니면 미국 대통령이라도.」 그는 손바닥으로 탁자 모서리를 철썩 치면서 껄껄 웃었다. 「그래서 우리가 여기 사는 것 아닙니까.」

타이완

〈우리 문화유산을 집적거리지 말라고!〉

『뉴욕 타임스 매거진』, 1996년 3월 17일

1995년 뉴욕 메트로폴리탄 미술관(약칭은 〈메트〉)은 타이베이 국립 고궁 박물원의 작품들로 획기적인 전시를 계획하고 있었고, 언론이 보도해 주기를 바랐다. 메트가 기대한 것은 안전하게 추어주는 기사, 어떻게 자신들이 타이완으로부터 일급의 작품들을 대여받아서 대단한 전시를 열게 되었는지 소개하는 기사였다. 내가 쓴 초고는 주로 중국 송대 회화에 관한 준학술적 논의였는데, 마침 내가 대학에서 공부한 주제가 그것이었다. 하지만 전시 계획이 하나둘 공개되기 시작하면서 나는 글을 완전히 다시 써야 했다. 그 결과인 아래 글은 『뉴욕 타임스 매거진』 표지 기사로 실렸고, 표지로는 송대의 거장 범관의 걸작 풍경화 앞에 접근 금지 밧줄이 쳐져 있고 〈당신이 메트에서 볼 수 없는 중국 걸작〉이라는 문구가 쓰인 그림이 쓰였다. 메트의 큐레이터는 그 표지에 스트레스를 받았지만, 전시는 결국 미술관 역사상 가장 많은 관람객이 찾은 전시 중 하나로 꼽히게 되었다. 내가 일찍이 모스크바와 베이징에서 배웠던 것처럼, 논란은 가끔 예술의 좋은 동맹이 되어 준다. 타이완에서 국가적 시위가 벌어질 정도로 중요한 전시라면 당연히 볼 가치가 있지 않겠는가.

1996년 1월 20일, 나를 메트로폴리탄 미술관 직원으로 착각한 어떤 사람이 주먹으로 내 얼굴을 꽤 세게 때렸다. 타이베이에서의 마지막 날 밤이었고, 나는 예술계 친구들과 밤늦게 술 한 잔 하려고 호텔 근처 매력적인 바에 나와 있었다. 우리 한쪽 옆에는 호리호리한 젊은 남자들이 넥타이를 느슨하게 풀고 휴대 전화를 만지작거리고 있었다. 다른 쪽 옆에는 세련된 일본제 안경을 쓴 젊은 여자 두 명이 킬킬거리고 있었다. 가까이 있는 웬 남자는 청바지에 가죽 재킷을 입었는데 중국어 문장에 간간이 캘리포니아풍 영어를 끼워 넣으면서 말하고 있었다. 토요일이었고, 자정 무렵이었으며, 우리는 타이베이 사람들이 하는 것처럼 소금에 절인 자두를 맥주에 넣어 마시고 있었다. 나는 친구들에게 저녁에 타이베이 국립 고궁 박물원의 부관장 장린성, 메트의 아시아 미술 담당 큐레이터 맥스웰 헌, 타이완 대학의 예술사학자 시서우첸 등등과 함께 식사했던 이야기를 조용히 들려주고 있었다.

가죽 재킷을 입은 남자가 어쩌다 내 말을 듣고 우리에게 걸어와서 탁자에 기대며 몸을 숙였다. 그리고 말했다. 「우리 문화유산을 집적거리지 말라고.」 남자의 말투는 미국에서는 좀처럼 〈문화유산〉이라는 말과 함께 쓰이지 않는 말투였다. 「우리는 당신들 수작을 다 알아.」 남자의 목소리가 컸기 때문에, 다른 사람들도 우리 자리로 몰려들었다. 내 눈에는 미술관을 즐겨 찾는 사람들로는 보이지 않았다.

그중 한 명이 나를 놀렸다. 「범관은 절대 못 얻을걸. 스물일곱 점 중 한 점도 못 얻을걸. 청나라 사발이나 몇 점 얻으면 다행이지.」 휴대 전화 사용자들은 소란을 감지하고 이미 저쪽으로 자리를 옮긴 뒤였고, 안경 쓴 젊은 여자들도 따라갔다.

나는 차분하게 말했다. 「예술품의 보존 상태라는 것은 대단히 전문적인 문제입니다.」 이보다 더 무해한 발언은 없을 것 같았지만,

만일 내가 타이완은 본토의 통치를 받아야 마땅하다고 말했더라도 이보다 더 긴장감을 고조시키지는 못했을 것이다.

둥근 얼굴의 남자가 악문 이 사이로 씩씩거리면서 말했다. 「미국 놈들이 뭘 안다고.」

또 다른 사람은 내게 말했다. 「당신 정말 뭐야, 메트로폴리탄 스파이야?」 그러고는 내 얼굴을 쳤다.

「가요, 방금 누가 당신이 진짜 메트 사람이라고 말했어요. 난리가 날 겁니다.」 친구가 이렇게 말하면서 내 팔을 잡고 나를 눅눅한 밤거리로 끌고 나갔다.

내가 저녁 식사에서 나눴던 대화는 메트가 고궁 박물원의 중국 미술 작품들을 빌려서 뉴욕에서 열 전시회 이야기였다. 전시는 예정일이 채 두 달도 안 남은 상태였다. 그 전시는 양측이 5년 넘게 벌여 온 신중한 협상의 결실이었고, 양국 간 최고 수준의 경제적, 사회적, 문화적 협력을 뜻하는 작업이었다. 전시는 원래 섬세한 국제 외교를 필요로 하는 경우가 많지만, 그중에서도 이 전시는 특별한 정치적 의미가 있었다. 미국이 한편으로는 중국의 비위를 맞추면서도 다른 한편으로는 중국의 인권 유린을 가볍게 꾸짖는 이 시점에, 또한 중국이 꼭 자기 나라에서 이탈한 지방의 한 성처럼 여기는 타이완을 무력으로 통합하겠다고 으름장 놓는 이 시점에, 이 전시는 타이완의 존재감과 차츰 커져 가는 자결의 의지를 미국 관람객들에게 상기시킬 것이었다. 1996년 3월 19일 화요일로 예정된 개막일은 타이완에서 첫 대통령 자유선거가 치러질 날로부터 겨우 나흘 전이고, 타이완이 그처럼 자유를 과시하는 데 대해 본토는 벌써부터 귀가 먹을 듯 시끄럽게 칼을 덜그럭거리는 중이었다. 그리고 이 전시는 서양에서 열린 중국 미술 전시들 중 역사상 최대 규모일 것이었다. 중국 미술 역사를 처음부터 끝까지 다 보여 주는 작품들이 소개될 것이었다. 그 역사를 대여해 주는 것이 중국이 아니라 타이완인 것은 1949년 장제스가 타이완으로 달아나면서 최고로 귀한 유물, 회화, 서예, 도자기, 옥, 청동 작품들을 싹 쓸어 갔던 사정 때문이다. 중국은 그 작품들을 도난당한 것으로 여기고, 응당 베이징으로 돌려받아야 한다고 믿는다.

이런 배경에서 1월 3일, 그러니까 운송을 앞두고 작품을 포장하기 시작해야 하는 시점으로부터 불과 2주 전, 타이완에서 항의의 움직임이 일기 시작했다. 그것이 중국의 소유이든 타이완의 소유이든 그야 둘째 치고, 귀중한 〈문화유산〉들을 반출한다는 계획에 많은 타이완 사람들이 분노했다. 1월 중순에는 상황이 위기로 치달았다. 예술품 대여가 타당한가 혹은 정말로 성사될 것인가 하는 문제가 텔레비전 저녁 뉴스들과 신문 1면들을 도배했고, 대학 캠퍼스에서 벌어지는 시위의 사유가 되었다. 입법가들과 장관들, 시인들과 화가들이 고궁 박물원에 대항하여 여느 때라면 가능할 것 같지 않은 동맹을 맺었다. 이 사건은 타이완의 뿌리 깊은 정체성 위기를 이상하면서도 분명한 방식으로 보여 주는 일이었다. 메트가 이번 시즌 주력으로 여기는 이 전시가 취소될지 아닐지는 아무도 예측할 수 없었다. 이 항의가 타이완의 미래에 어떤 의미인지도 아무도 몰랐다.

65세의 웬 C. 퐁(원펑)은 1948년 프린스턴 대학에 입학하려고 상하이에서 미국으로 건너왔다. 일 년 뒤 고국에서 혁명이 시작되자 그는 미국에 남았다. 지금 그는 프린스턴 대학에서 미술과 고고학을 가르치고 메트로폴리탄 미술관 아시아 예술 부서의 위원장도 맡고 있다. 위엄 있지만 쾌활한 퐁은 타이완의 최고 고등 학문 기관인 중앙 연구원의 회원이라서 최고 수준의 정보에 접근할 수 있는데, 이런 능력이야말로 중국인들이 가장 탐내는 것이다. 타이완 미술계에는 퐁이 가르쳤던 학생들이 가득하기에, 퐁의 가호 아래 타이베이에 간다는 것은 착한 마녀 글린다의 입맞춤 자국을 이마에 붙이고 오즈에 가는 것이나 마찬가지다. 퐁은 학식이 뛰어나고, 견해는 엄격하고, 열정은 흥겹다. 메트 전시를 의논하던 초기에 고궁 박물원 측이 몇몇 회화 작품을 빼려고 하자, 퐁은 그러면 그냥 도자기 전시만 하는 게 낫겠다고 말했다. 그림들은 목록에 다시 포함되었다.

퐁은 메트의 중국 컬렉션을 일류로 만든 사람이고, 큰 영향력을 발휘한 그의 책 『재현을 넘어*Beyond Representation*』는 그 컬렉션을 소개하면서 중국 미술사를 이야기한 책이다. 그는 늘 타이완의 작품들을 탐냈다. 그래서 고궁 박물원이 1991년 워싱턴 국립 미술관의 「1492년경」 전시에 작품을 몇 점 빌려주었을 때, 퐁은 메트 관장 필립 드 몬테벨로에게 〈이제 우리가 공략할 때〉라고 말했다. 퐁은 워싱턴 국립 미술관의 개막식에 참석하여, 타이베이 고궁 박물원 원장 친샤오이에게 자신의 주장을 펼쳤다. 과거 장제스의 유서를 대필한 조수였던 친은 이제 칠십 대 노인으로, 딱딱하지만 너그러운 태도는 꼭 작은 신을 보는 듯하다. 친과 퐁은 군사적 동맹만큼 조심스럽게 가꿔 온 우정을 나누는 사이이고, 그 우정 속에서 메트 전시회 협상이 진행되었다. 최종 계약서가 서명된 것은 1994년이었다.

타이완의 정치 상황은 처음부터 골칫거리였다. 620만 달러가 들 전시는 틀림없이 블록버스터급 성공을 거둘 테지만, 모빌 사는 타이완을 어떤 방식으로든 지원했다가는 중국 정부를 화나게 할 것이 걱정되어 1994년 후원을 철회했다. 1995년 8월에는 베이징의 압력에 못 이겨 시티뱅크도 후원을 철회했다. 타이완 컴퓨터 회사 에이서의 자회사인 에이서 아메리카도 항의가 시작되자 발을 뺐다.

미술계에서 보호주의는 드물지 않다. 멕시코 사람들은 메트의 대규모 멕시코 작품 전시에 항의하여 시위했고, 이탈리아 사람들은 바티칸 소장품 전시에 반대했고, 그리스 사람들은 「에게해 제도의 그리스 예술」 전시에 반대했다. 그러나 전시가 외교적 목적을 띠는 것이 늘 소득 없는 일만은 아니다. 메트의 1978년 투탕카멘전은 이집트가 이스라엘과의 전쟁에서 물러난 시기와 맞물려서 이집트에 대한 미국인의 인식을 개선하는 데 기여했다. 옛 역사가 현재의 현실보다 뛰어난 사회들에게 역사의 유물은 무기나 부만큼 강력한 도구이다.

그러나 이 경우에는 비단 타이완 국내 정치보다 더 큰 문제가 걸려 있었다. 중국, 타이완, 미국의 아슬아슬한 삼자 관계가 개입했기 때문이다. 타이완이 지금처럼 계속 질서와 부와 민주주의를 유지할 수 있다면, 그리고 지금 타이완은 그렇게 잘 해내고 있는 것처럼 보이는데, 타이완은 중국의 민주주의가 본받을 모델이 될 수 있을 것이다. 미국이 다른 아시아 국가들의 민주주의를 지지하는 것은 경제적 보이콧이나 인권 관련 성명보다도 중국에서 미국의 외교 목표를 진작하는 데 더 도움이 된다. 중국의 호전적인 타이완 정책에는 여러 이유가 있지만, 본보기처럼 여겨지는 타이완의 민주주의에 대한 적대심도 한 가지 중요한 요인이다. 미국이 이 전시의 주최국이 되는 것은 타이완에 대한 경제적 지원에 문화적 지원을 보강할 완벽한 기회일 테니, 전시를 둘러싸고 고조되는 위기는 곧 미국의 위기인 셈이었다.

고궁 박물원 소장품들의 역사는 중국 역사와 따로 떼어 말할 수 없다. 대개의 작품들은 수백 년 전 처음 제작되었을 때부터 어떤 정치적 의미를 담고 있었고, 마치 부적처럼 오늘날까지도 계속 모종의 정치적 영향을 발휘하고 있다. 타이완 입법원, 즉 의회는 메트 전시가 외교 문제라는 사실을 납득하여 타이완이 310만 달러를 지원하는 데 동의했다. 퐁은 이렇게 말했다. 〈현재 타이완은 정부가 그 제일가는 우방인 미국에게 정치적 발언을 할 수는 없는 처지이므로, 타이완 정부는 경제와 문화로 미국과 소통해야 합니다. 따라서 앞으로 문화적 소통은 경제적 소통과 같은 수준으로 성장할 것입니다.〉

지난해 10월, 나는 고궁 박물원 창립 70주년 기념식에 참석했다. 중국에서 송대(960년~1279년)는 서양에서 르네상스와 같다. 박물원은 기념전을 위해서 특별히 곽희와 범관의 최고 걸작을 꺼냈다. 천 년 전 그려진 그 중국 회화들에서 우리는 서구가 사진술 발명 이후에야 마주할 재현의 문제들을 — 즉, 세잔이 처음 문을 열었고 피카소와 뒤샹이 이어받은 추상과 불확실성의 복잡한 문제들을 — 읽어 낼 수 있다. 그 작품들은 또한 역사적, 맥락적으로 해석될 수도 있다. 송대 화가들은 작품에 은밀한 정치적 메시지를 담음으로써 그림을 금지된 것을 소통하는 수단으로 활용했다. 그런 그림에는 중국인만 아는 어휘가 잔뜩 담겨 있다. 가령 나무 종류마다 서로 다른 뜻이 있고, 한 나무에 여러 뜻이 있는 경우도 있다. 이를테면 자두나무는 노인의 생식력을 뜻할 수도 있고, 가혹한 겨울을 견디고 살아남은 사람을 뜻할 수도 있다. 궁정 뒤뜰에서 자라는 자두나무는 아름다움이 시들어 홀대받는 여인을 뜻할 수 있고, 그 연장선에서 한때 왕의 총애를 받았으나 이제 부름을 받지 못하는 신하를 뜻할 수도 있다. 소나무는 다른 나무들이 색을 바꾸는 겨울에도 홀로 푸르기 때문에 지조 있는 선비를 뜻한다. 계절마다 제각기 뜻이 있으며 돌의 종류마다, 산세를 감싼 안개의 형태마다 제각기 뜻이 있다.

이런 작품은 작가의 구체적이고, 명상적이고, 고양된 정신 상태를 반영하는 동시에 보는 이에게도 똑같은 것을 요구한다. 거의 1천 년 전에 곽희는 — 그의 「조춘도(早春圖)」는 역동적인 움직임과 감정을 보여 주는 작품으로, 절반은 환상이고 절반은 현실이다

— 이렇게 썼다. 〈예로부터 풍경화는 그 속에 들어갈 수 있는 그림이 있고, 바라볼 수 있는 그림이 있고, 거닐 수 있는 그림이 있고, 거할 수 있는 그림이 있다고 했다. (……) 산수의 마음으로 보면 고귀해 보이지만, 교만한 마음으로 보면 하찮아 보인다.〉

곽희는 송의 활기 넘치는 새 황제 선종의 궁정 화가였다. 「조춘도」가 그려진 시점으로부터 5년 전인 1067년 옥좌에 오른 선종은 중국을 극적으로 변화시킬 계획을 — 신법이라고 불린다 — 가지고 보위에 올랐다. 초봄은 재생과 변화의 시기이므로, 조춘도는 사회를 정치적으로 개조하고 사회적으로 재편하려는 선종의 작업을 뜻하는 알레고리였다. 그림 맨 밑에는 농부와 어부가 있고, 그 위에는 승려가 있고, 그보다 더 위에는 말 탄 관리가 있다. 이런 층 구조는 평화로우면서도 변화하는 위계 구조를 그림으로 보여 준 것이다. 안개가 자욱하여 시야가 흐리지만, 그림의 맨 윗부분은 완벽하게 맑다. 사회의 꼭대기에는 황제의 엄밀한 확신이 있기 때문이다. 이런 아첨에도 불구하고, 이 그림은 한편으로는 정직하다. 그림에는 구조적 안정성이 부족한데, 이것은 새 황제의 치세가 이제 막 시작된 상황에 어울린다. 그보다 약 50년 전에 그려진 범관의 좀 더 소박한 작품 「계산행려도(谿山行旅圖)」와 나란히 놓고 보면, 「조춘도」는 화가의 기분과 태도가 거의 폭발적으로 드러난 작품처럼 느껴진다.

이런 작품들을 나란히 놓고 보면서 그로부터 왕조 시대 중국의 기풍과 미학을 한껏 이해하는 일은 타이베이 고궁 박물원이 아니고서는 어디에서도 할 수 없다. 이 박물관 자체는 1965년에 열었지만, 고궁 박물원이 공식적으로 설립된 것은 일찍이 1925년 베이징에서였다. 70주년 기념식은 타이베이(컬렉션이 있는 곳이다)에서도 베이징(여기서는 고궁 박물원이라는 이름이 자금성을 가리킨다)에서도 열렸다. 내가 초대받은 타이베이의 행사는 꼭 아비뇽에서 열리는 교황의 생일 잔치에 참석하는 것 같은 기분이었다. 나는 필립 드 몬테벨로와 웬 퐁이 포함된 뉴욕 사절단과 함께 갔다. 우리는 먼저 강당으로 안내되어 강연을 들은 뒤 파티장으로 갔다. 리덩후이 총통을 비롯하여 여당인 국민당KMT의 주요 의원들이 참석했지만, 예술계 사람은 거의 없었다. 드 몬테벨로는 〈내가 참가해 본 박물관 행사 중 가장 이상한 행사〉라고 말했다. 관료들은 퐁을 에워싸고 맴돌았다. 이때만 해도 몇 달 뒤 사람들이 퐁에게 분노를 쏟아 내는 모습을 목격하게 되리라고는 상상도 되지 않았다.

만약 타이완에 황제가 있다면, 아마 고궁 박물원을 거처로 고를 것이다. 타이베이 북부 시 경계의 산 속에 있는 이 초중국적 건물은 발치에 펼쳐진 도시를 다스리고 포용한다. 130층 대리석 계단을 끝까지 올라 조각된 난간에 몸을 걸치고 쉬면, 저 아래 펼쳐진 아름다운 정원 풍경이 위로해 준다. 장자라도 만족했을 만큼 평온한 잉어 연못, 유교에서 선비의 절개를 상징하는 소나무들. 차를 마실 수 있는 정자에는 소풍 나온 어린 학생들이 붐비고, 아름다운 기암괴석 앞에서는 젊은 신부들이 결혼 사진을 찍는다.

그러나 내부는 비참하다. 천장은 갑갑할 정도로 낮거나 지나치게 높고, 조명은 흉측하고, 전시 케이스는 관람의 편의성보다는 보안에 신경 써서 설계되었고, 벽에 붙은 안내문은 충격적일 만큼 정보가 적다. 그래도 이런 부족한 점들을 오래 곱씹고 있을 수는 없는데, 왜냐하면 흡사 바보 앞에 펼쳐진 성대한 만찬처럼 중국 최고의 예술품들이 당신의 눈앞에 펼쳐지기 때문이다. 신석기 시대의 옥 장신구, 주나라의 컵, 송나라의 도자기, 청나라의 보물 상자, 그리고 무엇보다 귀한 것은 놀랍도록 잘 갖춰진 당나라와 송나라의 회화 및 서예 작품이다. 중국 황제들이 1,100년 넘게 수집한 이 작품들은 아직도 황실 컬렉션이라고 불린다. 서양의 어느 박물관도 이처럼 훌륭한 작품들을 한군데 모아서 가진 곳은 없는데, 따져 보면

서양의 어느 나라도 중국처럼 비교적 면면하고 늘 중앙 집권적이었던 역사를 가진 곳은 없다.

황실 컬렉션은 1924년 마지막 황제 푸이가 자금성에서 쫓겨날 때까지 그의 손에 있었다. 이듬해 베이징에 고궁 박물원이 설립되었고, 천 년 동안 대중에게 공개되지 않았던 컬렉션이 마침내 전시되었다. 그러나 1931년 일본군이 만주를 침략하자, 컬렉션은 안전을 위해 2만 개의 나무 상자에 담겨서 상하이로 보내졌다. 그다음에는 난징의 창고에 보관되었다가, 1937년 일본군이 남쪽의 그 수도마저 점령할 위기에 처하자 상자들은 배에 실려 양쯔강 상류로, 기차에 실려 친링산맥 너머로, 트럭에 실려 한중으로 보내졌다. 선박이 침몰하고 건물이 폭파되는 등 제임스 본드 영화에 나와도 될 법한 사건들이 이어졌음에도 불구하고, 컬렉션은 단 한 점도 다치지 않고 모두 안전한 곳에 도착했다. 제2차 세계 대전이 끝나자 컬렉션은 여태 상자에 담긴 채 난징으로 돌아왔다. 그러던 1947년 공산당이 난징에 바싹 다가오자, 장제스는 타이완으로 도망치면서 그중 최고의 작품들을 챙겨 간 뒤 타이베이 산허리를 파낸 터널에 보관했다.

이후 작품들은 그곳에 죽 갇혀 있었다. 딱 한 해만은 예외였는데, 1961년 봄부터 일 년간 약 200점의 그림과 유물이 — 범관의 「계산행려도」와 곽희의 「조춘도」도 포함되었다 — 미국에서 열린 「중국 미술의 보물들」 순회 전시회에 나선 것이었다. 퐁은 〈중국 미술에 대한 현대 서양의 연구는 오직 그 전시 하나로부터 탄생했다〉고 말했다. 원자폭탄의 아버지인 J. 로버트 오펜하이머는 전시를 보고 퐁에게 이렇게 말했다고 한다. 〈우리가 만일 우주선 하나에 담을 수 있는 만큼만 남기고 지구를 통째 파괴해야 한다면, 이 그림들 중 몇 점도 그 우주선에 들어가야 할 겁니다.〉 4년 뒤, 장제스는 마침내 타이베이에 새 고궁 박물원을 열었다. 그는 비록 중국의 위대한 도시들과 인구와 땅을 잃었지만, 황실 컬렉션이라는 위대한 보물 하나만큼은 간직했다.

고궁 박물원에서 일하는 사람들은 평생 그곳을 떠나지 않는다. 그들은 젊을 때 그곳으로 들어가는데, 박사 학위 정도로는 관람객 안내 같은 입문 수준의 일자리를 얻는 데도 부족할 지경이다. 운이 좋아 큐레이터가 된 사람은 박물원 출판부에서 책을 내고, 그 책은 직접적으로든 간접적으로든 박물원에 관한 내용이다. 그들은 컬렉션의 기구한 역사를 공부하고, 작품의 99퍼센트가 우아한 실크 상자나 조각된 나무 상자나 커다란 금속 트렁크에 담긴 채 보관되어 있는 전설의 창고에 들어갈 자격을 얻는다. 그들은 또 고궁 박물원 배드민턴 팀에서 배드민턴을 친다. 「중국 봉건제 최후의 흔적이죠.」 한 큐레이터는 말했다.

이 컬렉션은 타이완 내에서도 여행하지 않는다. 최고의 작품들을 미국으로 보내기로 한 결정이 — 중국 미술사에서 가장 중요한 작품들 중 475점을 보내기로 했다 — 사람들의 화를 그토록 부추긴 것은 그 때문이었다. 메트 대여가 예정된 품목 중에는 고궁 박물원이 컬렉션에서도 특히 귀한 작품만을 엄선하여 작성한 〈제한 목록〉에 포함된 것도 27점 있었는데, 이 목록에 포함된 작품들은 보통 매 3년마다 40일씩만 전시된다. 미국 사람들에게 박물관은 주로 대중을 위해서 전시를 여는 교육 기관이지만, 중국 사람들에게 박물관은 문화적 보물을 안전하게 지키는 창고다. 중국의 미술 애호가들도 물론 감상을 즐기지만, 그림의 아름다움은 역사적 가치에 비해서는 부수적인 것으로 여긴다. 그러니 범관의 그림을 해외로 보낸다는 것은 말하자면 미국이 독립 선언문이나 헌법 원본을 해외에 빌려주는 것과 비슷한 일이다.

고궁 박물원의 작품 안내문에 적힌 작가명, 제작 연도 등은 18세기에 작성된 내용이다. 이후 연구에서 그중 많은 내용이 부정확하다는 사실이 드러났는데도 박물원은 바꾸지 않고 그대로 두고 있다. 타이완의 한 예술학자는 내게 말했다. 「작품 귀속을 바꾸기 시작하면, 컬렉션의 가치를 훼손한다는 비난이 쏟아질 테니까요. 어떤 작품이 실은 범관의 작품이 아니라고 선언한다면, 입법원이 얼마나 히스테리를 부릴지 상상해 보세요!」 박물원 학자들은 그 대신 은밀한 방식으로 귀속을 바로잡는다. 가령 중국에서는 중요한 그림일 경우 가을에 전시하는 전통이 있는데, 따라서 만일 당신이 봄에 범관을 본다면 박물원 측이 실은 그 작품을 범관의 작품으로 보지 않는다는 사실을 알 수 있는 셈이다. 〈이 작품은 작가의 특징적 양식을 따르지 않았습니다〉라는 문구도 재귀속을 암시한다. 퐁이 협상에서 거둔 중요한 승리 중 하나는 메트에 작품을 걸 때 박물원이 아니라 퐁의 귀속에 따라 안내문을 작성해도 좋다고 허락받은 것이었다.

1996년 1월 2일, 고궁 박물원은 뉴욕으로 갈 작품들을 타이완 사람들에게 먼저 보여 주는 전시회를 열었다. 「그 작품들을 사전에 사람들에게 보여 줘야 한다고 생각했습니다. 그랬다가 나중에 돌려받은 뒤에도 또 전시를 열어서, 똑같은 작품들이 여전히 좋은 상태로 돌아왔다는 것을 사람들에게 확인시켜 줘야 한다고 생각했습니다.」 박물원의 명석한 부원장이자 원장 친샤오이의 옥좌 뒤에 숨은 실세로 여겨지는 장린성은 이렇게 말했다. 사전 전시회에서는 제한 목록 27점을 제외하고는 메트로 갈 모든 작품들이 공개되었는데, 그때 안내문에는 이 작품들이 불과 얼마 전 70주년 기념 전시회에서 공개되었었기 때문에 원칙대로라면 이렇게 빨리 다시 공개될 이유는 없었다고 적혀 있었다. 나중에 어떤 사람은 저 안내문이 조금만 더 요령 좋은 표현으로 적혀 있었더라도 항의가 일지 않았을지도 모른다고 말했다.

제한 목록은 취약함과는 관련이 없다. 두루마리는 몇백 년마다 한 번씩 새로 배접해 줘야 하지만 그 외에는 튼튼하다. 그래도 말았다 풀었다 하는 일은 조심스럽게 해야 한다. 박물원에서는 이 일을 장제스와 함께 건너왔으며 지금은 이미 은퇴해서 〈기술자〉로 남은 고참들이 주로 도맡는다. 그중에서도 한 고참 기술자는 유달리 주름을 많이 낸다고 했다. (어느 학자는 〈그 사람은 마지막으로 한 번 꽉 비틀어서 이익이익 소리를 듣는 걸 좋아하죠〉라고 끔찍하다는 듯 말했다.) 제한 품목에 오른 작품들은 어느 특정 시점에 조사를 위해서 일주일 안에 대여섯 번 풀었다 말았다 했던 초기 작품들이다. 이 목록은 사실 1980년 중순에 친샤오이가 방문 연구자를 받지 않는 공식적 핑계를 대기 위해서 만들어 낸 것이었다. 그러나 이후 이 목록에는 숨결이라도 닿으면 증발할 만큼 연약한 작품들이라는 뉘앙스가 담기게 되었고, 사전 전시회의 안내문은 이 편집증을 강화했다.

1월 3일, 친이 입법원 부원장에게 사전 전시회를 구경시켜 주고 있을 때, 탕샤오리라는 자칭 〈분노한 예술 애호가〉가 작품들의 취약함에 관해서 소리 지르기 시작했다. 탕은 홍위병을 찍은 옛 영상에서 볼 수 있는 표정, 집착으로 사악하게 번득이는 표정을 한 젊은 여성이었다. 한 목격자는 나중에 이렇게 말했다. 「그때 친 원장이 탕 씨를 무시하지 않고 정중하게 대했다면, 이 사태는 벌어지지 않았을지도 모릅니다. 하지만 친 원장이 그럴 사람입니까.」 박물원에서 걸기에도 조심스러운 작품들은 타이완을 떠나서는 안 된다고 생각한 탕은 온 도시에 소문을 냈다. 1월 5일 금요일 자 『차이나 타임스』는 탕의 다음 말을 인용하면서 보도했다. 〈취약한 그림들이 해외로 나가는 것에 항의하기 위해서, 모두 검은 옷을 입고 고궁 박물원에서 연좌 침묵 시위를 벌입시다. 토요일 아침 10시에 시작합시다.〉

1월 6일 토요일은 화창했고, 사람들은 과연 모였다. (한 큐레이터는 〈그날 만약 비가 왔더라면, 이 사태가 벌어지지 않았을지도 모릅니다〉라고 말했다.) 탕이 불러 모은 사람들 중에는 향후 갈등의 주역이 될 인물들이 거의 다 있었다. 전직 고궁 박물원 직원도 몇 명 있었는데, 그들 자신의 주장에 따르면 〈눈 밖에 나서〉 그만둔 이들이라고 했다. 퐁이나 친에게, 혹은 둘 다에게 개인적 불만을 품은 사람도 몇 명 있었다. 물론 진심으로 걱정하는 시민들도 있었다. 예전에 박물원에서 일했다는 화가 추거는 『차이나 타임스』에 쓴 기고문에서 〈대단히 취약한 그 그림들의 반출을 허락하다니 대충격이다〉라고 말했는데, 그에게 박물원 경력이 있다는 점이 그의 말에 신뢰를 얹어 주었다. 유화 화가인 샤옌도 선동적인 기고문을 썼다. 그는 과거에 뉴욕의 어느 갤러리가 자신을 홀대했을 때부터 미국은 믿을 게 못 된다는 걸 배웠다고 말했다. 시위대 인원은 집계하는 사람에 따라 60명에서 400명까지 차이 났다. 이튿날 타이완 전국 신문들의 1면에 극적인 사진들이 실렸다. 가령 시인 관관은 〈작품들을 빌려주는 것은 선조를 배신하는 행위〉라고 선언한 뒤 단식 농성에 돌입하겠다면서 기둥 밑에 자리 잡고 앉은 자신의 모습을 사진사들에게 찍게끔 했다.

1월 8일 월요일, 정치인들이 무대를 차지했다. 야당인 신당의 총무 저우좡은 기자 십여 명을 대동하고 친을 만나러 왔다. 그녀는 주후이량도 데리고 왔는데, 이 시점에는 아직 박물원 직원이었던 (그리고 배트민턴 팀의 스타였던) 주는 얼마 전 프린스턴 대학에서 박사 학위를 받았고(지도 교수는 퐁이었다) 막 입법원 의원으로 선출된 참이었다. 주는 친에게 원본 대신 고품질 복제품을 보내면 어떻겠느냐고 제안했다. 친은 〈어떻게 박물관 일을 했던 사람이 그런 제안을 할 수 있습니까?〉라고 대꾸했고, 언론은 친의 답변을 야박한 시각으로 보도했다. 같은 날, 정부 기관을 감시하는 기관인 감찰원 건물 앞에 시위대가 모였다. 박물원 사태를 교육부가 맡아서 처리하도록 지시가 내려진 상태였다. 입법원에서 야당 지도자들은 27점의 제한 품목 반출을 막는 결의안을 채택했고, 수요일인 1월 10일에 향후 진행 방향을 논의하는 청문회를 열기로 합의했다.

제임스 C. Y. 와트는 홍콩 출신의 중국인 학자로, 퐁 밑에서 일한다. 와트는 대립을 꺼리는 사람이다. 그가 타이완에 온 것은 작품들의 보존 상태를 확인하여 보고서를 작성하고 포장을 감독하기 위해서였다. 그런 그가 갑자기 스캔들 한가운데에 섰다. 입법원에서 열린 청문회의 첫 발언자는 그였다. 그가 연단에 오르자 십여 대의 텔레비전 카메라가 그의 눈을 멀게 할 지경으로 조명을 쏘아 댔고, 의사당을 꽉 메운 시위대는 그가 입을 열자 욕설을 퍼부으면서 야유했다. 〈뻔뻔한 인간! 뻔뻔한 인간! 미쳤어!〉 와트는 메트로폴리탄 미술관은 그저 문화 교류에 헌신하고자 할 뿐이라고 점잖게 말했다. 아무도 듣지 않았다. 발언을 끝낸 와트가 복도로 나섰을 때 마침 기자 한 명이 시위자 한 명과 부딪쳤고, 충돌은 주먹다짐으로 번졌으며, 와트는 가까스로 그 소동에서 빠져나왔다. 「꼭 이오네스코의 희곡 속에 있는 것 같았습니다.」 그는 나중에 말했다.

드 몬테벨로에 따르면, 이즈음 뉴욕에서는 〈작전실〉이 가동되기 시작했다. 드 몬테벨로, 퐁, 메트의 개발 부사장인 에밀리 K. 래퍼티는 거의 매일 밤늦게까지 깨어 있다가 타이완에 전화를 걸어 소식을 물었다. 퐁의 특별 비서인 주디스 스미스는 매일 정보를 취합하여 자세한 일일 보고서를 작성했다. 작전실은 타이완 정부나 시위대에게 보낼 편지도 작성했다. 신경질적인 편지도 있었고, 구슬리는 편지도 있었다. 보낸 것도 있었고, 보내지 않은 것도 있었다. 퐁은 타이완행을 계획했다가 취소하기를 반복했는데, 결국에는 그가 가봐야 시위대의 화만 돋울 것이라는 결론이 내려졌다. 드 몬테벨로는 신당 총무 저우좡과 연락이 닿았다. 하지만 〈그녀는 우리 뜻에 전혀 공감하지 않았다〉고 했다. 「저우좡에게는 이것이 정치 문제였습니다. 정치적 목적을 달성하기 위해서는 더 확대해야 하는 드라마였죠. 로버트 메이플소프 사건 때 (전 상원의원) 제시 헬름스가 그랬던 것처럼, 국가의 진정한 문제들로부터 유권자들의 관심을 돌리기 위해서 대중주의적 입장을 취한 겁니다.」 드 몬테벨로는 나중에 말했다.

1월 13일 토요일, 타이베이의 장제스 기념관 앞에 시위대가 모였다. 사람들은 붕대에 구호를 적어서 이마에 동여맸고, 거대한 플래카드를 들었다. 정치인들도 참석했다. 그중에는 무소속 대통령 후보도 있었는데, 그는 여당 국민당의 지도자들이 박물원 컬렉션을 통제함으로써 스스로를 돋보이게 하려는 것이라고 주장했다. 민주주의가 낯선 일부 젊은이들은 시위의 힘에 도취된 듯 보였다. 중화민족주의에 불타는 남녀 젊은이들이 놀랄 만큼 많이 나왔다. 한 청년은 말했다.「우리는 서양에 굽실대지 않을 겁니다. 우리도 그 작품들을 겨우 3년마다 40일씩만 보는데, 당신들은 일 년 동안 보겠다고요? 게다가 우리가 전시회 비용을 절반이나 부담한다고요?」

대중의 분노가 격화하자, 퐁은 전시에서 가장 중요한 세 작품 중 둘을 포기하고 곽희의「조춘도」만 빌리겠다고 양보하는 편지를 교육부에게 공개적으로 보냈다.「조춘도」는 (이미 인쇄가 끝난) 카탈로그의 표지에 나와 있기 때문에 뺄 수 없었다. 퐁과 친 원장에게 이 모든 소동은 정치화한 감상주의로 느껴졌다. 퐁은 나중에 이렇게 말했다.「그야 물론, 우리 할머니나 이모도 그 작품들을 노출시키는 것은 망가뜨리는 짓이라고 말씀하셨을 겁니다. 그러나 그런 감상주의의 시절은 이미 지났습니다.」 퐁에 대해 점차 적대적인 태도를 취하던 타이완 언론은 그가 〈상당히 오만한 자세로〉 만약 더 많은 작품들이 철회된다면 전시를 아예 취소하겠다고 말했다고 전했다. 하지만 퐁의 말은 다르다.「내가 취소하고 말고의 문제가 아니었습니다. 그쪽이 제안하는 대로 규모를 줄였다가는 전시 자체가 불가능해지기 때문이었습니다.」

메트의 작전실에서, 드 몬테벨로 등은 〈없으면 안 되는 품목들의 목록〉을 작성했다. 드 몬테벨로는 나중에 이렇게 말했다. 「우리는 양적으로 축소된 전시는 받아들일 생각이었지만, 유형학적으로 축소된 전시는 받아들일 수 없었습니다. 주요 범주들 중 하나라도 없어져서는 안 되었습니다. 중국 미술사 전체를 아우른다는 전시 목표를 지켜야 했고, 강요에 못 이겨 당대나 송대나 원대의 작품을 누락하는 일은 없어야 했고, 큐레이션의 의도를 온전하게 유지해야 했습니다. 그렇다고 해서 그 점에 지나치게 집착하는 것은 공공심에 어긋나는 일이었을 겁니다. 우리가 실망했다고 해서 중요한 전시를 아예 취소해 버려서는 안 되니까요. 어느 날은 성사 가능성이 60퍼센트쯤 되는 것 같았고, 또 어느 날은 30퍼센트밖에 안 되는 것 같았습니다.」

그동안 관계자들을 타이완으로 보내 사전 전시회를 관람시키는 값비싼 홍보 여행을 조직하고 컬러로 된 안내 책자를 인쇄하느라 바빴던 메트 홍보팀은 히스테리에 빠졌다. 관계자 인터뷰는 전면 금지되었고, 홍보팀이 주는 정보는 워낙 왜곡되어 있어서 사실이라고 믿어지지 않았다. 문화 혁명 때였더라도 그 1월과 2월에 메트 홍보팀이 그랬던 것만큼 기자들을 통제하려는 노력이 긴박하게 돌아가지는 않았을 것이다.

타이완으로 돌아가서, 1월 17일 열린 시위에서는 별별 헛소문이 돌고 있었다. 메트가 중국 보물을 지하실에 감추고 그 대신 교묘하게 만든 사본을 돌려줄 것이라는 둥, 클린턴 대통령이 그 작품들을 타이완이 아닌 본토로 돌려줄 것이라는 둥, 미국 의회가 외국 문화유물의 안전을 보장하고 나섰지만 그 의회가 1978년 타이완과의 외교 관계를 단절했던 의회인 만큼 이번에도 못 믿을 소리라는 둥. 한 시위자는 내게 이렇게 말했다. 「메트든 아니든, 서양 사람들은 종이나 실크에 제작된 작품은 다룰 줄 모릅니다.」 이에 대해 내 중국인 친구 하나가 메트의 아시아 미술품 보존 작업실은 고궁 박물원보다도 더 엄격한 기준에 따라 작업한다고 반론하자, 주변 사람들이 친구에게 욕설을 퍼부었다. 또 다른 시위자는 말했다. 「이건 당신들에게는 너무 고상한 작품들이에요. 당신네 나라 사람들은 이해도 감상도 할 줄 모른다고요. 이 작품들을 보내는 건 낭비예요.」

교육부는 이 소동을 조사할 위원회를 결성했다. 1월 18일 목요일 열린 대규모 집회에서, 시위대는 가오슝 대학에서 하루 만에 받아 낸 2만 명의 서명이 담긴 청원서를 내세웠다. 시위대의 분노는 특히 위원회 멤버들 중 퐁과 연관된 사람들을 겨냥했다. 하지만 퐁에게 배운 학자들을 제외하고서 자격 있는 위원회를 구성하기란 하려고 했어도 어려웠을 것이다. 퐁은 여전히 그냥 뉴욕에 있는 것이 낫다는 조언을 들었다. 위원회에 속한 퐁의 친구 하나는 퐁에게 말했다. 「자네가 할 수 있는 일은 기다리는 것밖에 없어. 다음 주까지 그래도 건질 만한 작품들이 남아 있으면 좋겠는데.」

내가 조사 위원회의 첫 모임이 열리는 건물 밖에 운집한 사람들 틈에 서 있을 때, 한 방송사 카메라가 갑자기 나를 향했다. 그리고 기자가 물었다. 「당신은 실제로 웬 퐁을 만났다고 들었는데요. 그는 정말 우리가 생각하는 것처럼 탐욕스럽고, 오만하고, 이기적이고, 야비한 사람입니까?」

1월 20일, 이제는 신당의 초선 의원이 된 주후이량을 만났을 때 그녀는 이 낭패스러운 상황에 대해 후회를 내비쳤다. 「나는 다만 〈계산행려도〉를 보내는 게 걱정스러웠을 뿐입니다. 그것은 무책임한 결정이라고 생각했죠. 사람들은 〈제한 목록〉이 정확히 무슨 뜻인지 알아야 합니다. 그렇다고 해서 내가 전시가 아예 망하기를 바란 건 아니었습니다.」 높은 박물원 담장 안에 있는 사람들은 좌절과 슬픔을 느꼈다. 트라우마가 될 법한 거센 항의에 매일같이 대응하고 있는 부원장 장린성은 내게 말했다. 「대체 어떻게 된 사람들이죠?」 그녀가 인터뷰를 피하고 있었기 때문에, 나는 그녀를 만나기 위해서 사무실로 다짜고짜 들어가 보았다. 그녀는 피곤해 보였다. 「저 사람들은 직업도 없나요? 하루 종일 사실도 아닌 구호를 외치면서 밖에서 행진하는 것 외에는 할 일이 없나요?」 전화가 울렸다. 그녀는 빠른 목소리로 45분 동안 통화했는데, 달래는 듯하면서도 짜증이 묻어 있는 말투였다. 「웬 퐁이에요.」 전화를 끊고 그녀가 말했다. 「나는 더 이상 도와줄 수 없다고 말했어요.」 그녀는 「계산행려도」를 표지 그림으로 실은 타이완의 대중 잡지 한 권을 집어 들었다. 「이제 온 국민이 범관을 알게 되었으니 도리어 잘됐다고 해야 할까요. 이 사람들은 얼마 전 70주년 전시회에도 오지 않았던 사람들이에요. 솔직히 말하자면 우리도 범관을 보내는 건 좀 염려스러웠습니다. 한두 작품 정도는 여기에만 머무는 게 더 나을지도 모르죠. 〈모나리자〉가 루브르에만 있는 것처럼. 하지만 그 밖에는, 그 밖의 작품들은 사람들이 봐야 합니다. 어쩌면 그렇게 우리를 의심할 수 있죠? 우리가 그 작품들을 얼마나 사랑하는지 안 보이나요? 우리 인간들도 모두 취약한 존재들이죠. 그러니까 우리도 절대 집 밖으로 나가선 안 됩니까?」

퐁은 다른 비유를 들었다. 「사레들릴지도 모른다고 해서 먹는 걸 그만둬서야 되겠습니까.」

조사 위원회와 그 하위 모임들은 제한 목록에 있는 작품들뿐 아니라 모든 작품들을 일일이 재검토하기로 했다. 시위대는 박물원에 대해 법적 행동을 취하겠다고 으름장을 놓았다. 드 몬테벨로의 뒷문 접근 전략과 〈복도 외교〉는 통하지 않는 듯했다. 그도, 타이완에서 사실상 미국 〈대사〉나 마찬가지인 미국협회 소장도 교육부와 접촉할 수 없었다. 타이완 권력자들에게 메트의 강한 희망은 관심거리가 아니었다. 메트는 자신들이 어떤 태도를 취하더라도 전시를 보호할 수 없으리라는 것을 깨닫고 좀 잠잠해졌지만, 퐁은 여전히 이렇게 확신했다.「타이완 정부는 국민들에게 책임감 있는 모습을 보여야 합니다. 따라서 몇몇 작품들은 대여가 취소될 겁니다. 그러나 만약 전시가 통째 취소된다면, 정부가 히스테리를 부리는 몇몇 사람들의 손에 무력하게 놀아나는 것처럼 보일 겁니다. 그렇게 약한 모습을 보이는 건 정부에게도 나쁠 겁니다.」

어쨌든 메트의 상황은 여전히 위태로웠다. 포장은 이미 일정에서 일주일 늦었고, 미술관이 제작을 의뢰해 둔 전시 케이스들은 과연 어떤 작품들이 들어갈지 알 수 없기 때문에 만들 수가 없었으며, 화물용으로 비행기에 예약해 두었던 공간은 몰수되었다. 에이서는 150만 달러 후원을 철회했고, 시위대는 이제 타이완 정부의 자금 지원까지 막으려 했다. 타이베이 예술계 사람들은 서로 만나기만 하면 인삿말처럼 〈오늘은 웬이 뭐래?〉 하고 물었다. 그러나 웬 퐁은 물론이거니와 미국의 다른 어떤 사람도 할 수 있는 일은 없었다.

1월 말, 중국이 타이완에게 다시 위협을 가하기 시작했다는 보도가 신문 1면에서 예술계 논란을 밀어냈다. 1월 23일, 조사 위원회는 모든 관계자들을 낙담시킨 타협안을 발표했다. 가장 중요한 작품 몇 점을 포함하여 23점은 대여를 아예 취소하고, 또 다른 중요한 작품 19점은 전시 기간을 40일로 제한하기로 했다. 이윽고 메트는 용감하게 포장에 돌입하기로 결정했다. 미술관 역사상 돈이 제일 많이 드는 축에 끼는 전시인데도 재정을 완벽하게 확보하지도 못한 상태로(값을 따질 수 없을 만큼 귀한 핵심 작품들이 빠짐으로써 보험료와 운송비가 좀 낮아지기는 했다). 래퍼티는 이렇게 말했다.「우리는 이사회에게 기업들의 후원 철회로 150만 달러 결손을 안게 되었다고 보고했습니다. 타이완 정부가 약속한 310만 달러도 들어오지 않을 가능성이 있다고 말했죠. 도박이었습니다. 운영 예산에서 460만 달러가 빠진다고 해서 메트가 문을 닫게 되지는 않겠지만, 그래도 참혹했을 테죠.」 드 몬테벨로는 이렇게 비꼬았다. 「우리가 작품들을 갖고 있고 돈은 없는 상황에 제일 초조해할 사람이 과연 누구일까요?」 결국 타이완 외무부가 나섰다.

그래서 결국 「중국 황실의 광휘」 전은 메트에서 열릴 것이다. 단 광휘의 왕관에 해당하는 걸작 36점은 빠진 채로. 「조춘도」와 「계산행려도」가 없는 것보다 더 슬픈 것은 애초의 전시 계획에서 일관성 있고 균형 있고 깔끔했던 내러티브가 상당히 훼손되었다는 점이다. 그래도 이 전시는 많은 면에서 지금껏 서양에서 열렸던 어떤 중국 미술전보다 크고 훌륭할 것이고, 작품들은 고궁 박물원보다 천 배는 더 나은 조명과 전시 상태로 공개될 것이다. 어쩌면 이 작품들의 해외 전시는 이것이 마지막일지도 모른다. 1월의 실랑이에서 드러난 광적인 보호주의 정서를 감안할 때, 이 작품들 중 많은 수는 두 번 다시 타이완 밖으로 나오지 못할 가능성이 있다.

타이완의 소요는 두 가지 이유에서 이상했다. 첫째, 타이완은 전혀 반미적이지 않다. 엄청나게 많은 타이완 사람이 미국을 여행하고 미국에서 공부한다. 많은 사람이 영어를 할 줄 알고, 이따금 범관 때문에 술집에서 싸움이 벌어지기는 해도 미국인 방문객은 동아시아의 거의 모든 나라들보다 타이완에서 더 편하게 느끼는 편이다. 타이완 각료 17명 중 7명이 미국 대학에서 박사 학위를 받았다. 타이완은 세계 3위 규모의 미국 무기 수입국이고, 미국의 8번째로 중요한 교역 상대다. 「타이완 식자층의 제일가는 특징은 미국적이라는 겁니다.」 한 젊은 예술가는 내게 말했다.

항의가 놀라웠던 두 번째 이유는 이보다 좀 더 미묘하고 더 중요한 요소다. 타이완은 자신이 중국이냐 아니냐 하는 문제로 오랫동안, 특히 지난 5년간은 극심한 혼란을 겪어 왔다. 〈하나의 중국 정책〉은 현재 가장 시급한 정치적 주제다. 언젠가 타이완은 무력으로

든 다른 방식으로든 결국 본토와 재결합할까, 아니면 독립을 선언할까? 본토 공산당과 타이완 국민당의 공식 입장은 타이완을 중국의 한 지방으로 여기는 것이다. 타이베이도 베이징도 서로 자신이 중국의 적통을 잇는 통치 체제라고 주장한다. 별 생각 없는 서양인이 보기에는 자못 우스꽝스러운 상황이다. 타이완은 본토와는 별도의 경제, 정치 체제, 교육 제도를 갖고 있는 나라이고, 타이완 사람들은 타이완 여권을 갖고 다닌다. 하지만 중화 민족주의는 뿌리가 깊다. 타이완 사람들 중 일부는 자신이 위대한 국가의 일부이기를 바라지, 한 에세이스트의 말마따나 〈동남아시아 촌구석에 처박힌 그저 그런 시시하고 옹색한 나라의 국민〉이기를 바라지 않는다. 많은 타이완 사람들이 본토와 긴밀한 연계를 갖고 있고, 그런 이들에게 독립 선언은 자기 팔을 도려내는 일처럼 느껴질 것이다.

본토가 독립을 반색할 리도 없다. 지난 6월 리덩후이 총통이 미국을 방문하여 코넬 대학에서 연설했을 때, 중국은 타이완 맞은편 해안과 섬의 북해안 앞바다에서 갈수록 더 규모가 커지는 〈표준 군사 훈련〉을 실시했다. 이처럼 본토로부터 끊임없이 위협받는 형편이니 현재 타이완은 해협 너머에게도 서양에게도 알랑거려야 한다. 타이완 사람들은 미국이 1978년 대사를 불러들였던 일에 여태 화낸다. 이것이 타이완이다. 평화로운 민주주의 국가이지만 미국이 인정하지 않는 나라, 왜냐하면 미국은 인권 상황이 끔찍하고, 타이완에 비해 교역 규모가 절반도 안 되고, 외교 및 국내 정책에서 미국을 무시하기만 하는 다른 나라를 정식 국가로 인정해야 하기 때문에.

타이완의 정체성 씨름은 고궁 박물원 시위에도 영향을 미쳤다. 70주년 기념식 때 내가 만난 타이베이 예술계 인사들 중에는 박물원을 칭찬하는 사람보다 거부하고 싶어 하는 사람이 더 많았다. 많은 외국 관광객들은 늘 박물원을 찾았지만 타이베이 사람들은 별로 그렇지 않았다. 그곳의 삼엄한 분위기 때문에, 타이완은 늘 예술에 무관심한 편이었기 때문에, 그리고 많은 타이완 지식인들이 말하듯이 그곳은 〈소원하게 느껴질 만큼 너무 중국적이기〉 때문에.

타이완에서는 1949년 장제스와 함께 건너온 사람들과 그 후손들로 인구의 약 20퍼센트를 차지하는 〈외성인〉들(〈1949년 사람들〉이라고도 부른다)과 그보다 훨씬 더 전에 그곳으로 건너온 선조를 둔 〈본성인〉들 사이에 알력이 심하다. 두 집단 모두 뿌리를 거슬러 올라가면 본토에서 비롯한 같은 한족이기 때문에, 이 긴장은 언뜻 이해되지 않는다. 한편 타이완섬의 토착 원주민 인구는 아주 적다. 그러나 장제스 세력이 정복자의 분위기로 건너왔고, 1949년부터 잔인한 〈장 왕조〉가 끝난 1987년까지 본토에서 건너온 국민당이 나라를 다스렸기 때문에, 본성인들은 더 많은 토지와 부를 갖고 있는데도 하층 계급 취급을 당했다.

자신들이 계속 중국 본토까지 다스린다고 주장하면서 입법원에 본토의 모든 구역들에 해당하는 대표자를 두었던 장제스 정부는 부패 정부였다. 그러나 지난 9년 동안 타이완은 놀라운 유연성을 발휘하여 제대로 기능하는 민주주의 국가로 변신했고, 이제 교육 수준이 높은 인구(문해율이 90퍼센트가 넘는데 문자 언어에서는 놀라운 수준이다)와 막대한 국가 자산(세계에서 1인당 현금 보유량이 가장 큰 나라에 속한다)과 개방적인 선거 체제를 갖추게 되었다. 입법원은 이제 자신들이 중국 전체를 대변한다고 공언하지 않는다.

「고궁 박물원은 좋은 곳이지만, 너무 중국적이고 덜 타이완적입니다.」 타이베이 부시장이자 전 민주진보당DPP 사무국장인 천시멍은 이렇게 말했다. 두 대표 야당 중 하나인 민주진보당, 줄여서 민진당은 공공연히 독립에 찬성한다. 「장제스가 그 유물들을 적법하게 손에 넣었는지 불법으로 얻었는지는 모릅니다만, 아무튼 우리에게는 고궁 박물원을 보완할 타이완만의 장소가 필요합니다. 우리는 스스로를 타이완인으로 정체화해야 합니다. 학교에서는 우리에게 우리는 위대한 중국 문화의 일부라고 가르치지만, 사실 나는 그 문화에 진정으로 소속되었던 적이 한 번도 없습니다. 우리는 다음 세대에게 의식을 고취시켜야 하고, 그들이 본토로부터 문화적 자유를 추구하도록 도와야 합니다.」 천이 이처럼 지금 논의하는 다른 주제를 그보다 더 근본적인 독립의 문제와 연결 지어 이야기하는 것은 타이완의 긴장된 정치 상황 탓에 여기서는 어디서나 전형적으로 벌어지는 일이다. 「타이완 지도부는 본토의 심기를 거스르지 않기 위해서는 창의적으로 애매한 표현을 쓸 수밖에 없다고 말합니다만, 베이징을 헷갈리게 하려는 그 애매함이 실상 적들보다는 타이완 국민들을 더 헷갈리게 만듭니다. 중국이 무력을 쓴다면, 우리는 반격할 겁니다. 우리는 중국의 경제 지구들을 신속하게 파괴할 수 있습니다. 물론 우리가 본토의 군사 전문가들에게 위협을 가하는 방식으로는 이길 수 없겠지만, 우리 무력으로써 본토 경제학자들에게 두려움을 심는다면 그곳 지도부가 분열되도록 만들 수 있고 그래서 우리가 이길 수 있습니다. 우리는 이런 계획을 본토에 똑똑히 알려야 합니다. 그리고 우리 고유의 문화적 정체성을 기르는 것도 이런 정책의 일환입니다. 그러나 고궁 박물원은 이 목적을 떠맡지 못합니다.」

고궁 박물원의 장린성은 독자적 타이완 예술을 지지하는 사람들에 대해 이렇게 말했다. 「이 사람들은 뿌리 없는 사람들입니다. 향토주의자들이 애호해 마지않는 타이완 원주민들의 언어에는 예술을 가리키는 단어가 없다는 것을 아십니까?」 그녀는 극적인 효과를 내도록 잠시 말을 멎었다. 「민주주의는 예술에 나쁩니다.」 그녀는 맞잡은 두 손을 비틀며 웃었다. 「공산주의는 더 나쁘죠. 자본주의는 제국과 썩 비슷하고, 따라서 예술에 아주 좋습니다. 타이완 고유 문화란 것은 없습니다. 이것은 미국의 인종 문제와는 다릅니다. 우리는 모두 한족이고, 우리 문화는 황제의 궁정에서 가장 위대했습니다.」 고궁 박물원은 타이완이 찾는 긍지에 대한 가장 훌륭한 답변이라고, 그녀는 주장했다.

송대의 가장 뛰어난 풍경화들은 「중국 황실의 광휘」 전에 오지 않겠지만, 서예 걸작들과 후대의 그림들은 올 것이다. 요즘은 서양 의학이 심신의 분리를 조화시키지 못하는 것을 지적하며 동양의 전체론적 치료법에 주목하는 것이 유행인데, 서양에서 언어와 이미지의 분리, 그로 인한 문예사와 미술사의 분리도 그 못지않게 심란한 현상이다. 중국에는 이런 분리가 없다. 중국 문자는 언어적 재현인 동시에 시각 언어이고, 중국 회화를 구성하는 요소들은 문학적 어휘만큼이나 도상적이다. 서예는 중국 미술 중에서도 대부분의 서양인이 가장 이해하기 어려운 분야다. 서예에서 언어는 비유가 아니라 대상이고, 기의가 어느 정도까지는 곧 기표의 과정이다. 서예의 글씨와 내용은 춤꾼과 춤을 따로 뗄 수 없는 것만큼이나 분리하기 어렵다. 글씨는 전적으로 표현적인 필치로 작성된 즉흥적 서간체일 수도 있고 형식적이고 의례적일 수도 있다.

메트를 방문하는 관람객은 회소의 「자서첩(自敍帖)」을 볼 수 있을 것이다. 「자서첩」은 777년 회소가 술에 취한 채 자신의 이야기를 초서로 써 내려간 작품으로, 거기서 회소는 자신의 글씨는 술에 취했을 때 제일 좋다고 말한다. 그가 술에 더 많이 취할수록 글의 문학성은 점점 떨어지지만 글씨는 점점 더 훌륭해진다. 붓이 앞으로 내달리는 것처럼 글자들이 술술 이어지는데, 물 흐르는 듯한 그 선은 리듬감 있고 역동적이고 거의 에로틱할 지경이다. 13세기의 조맹견은 회소를 가리켜 〈놀란 뱀을 움켜잡듯이 붓을 쥐고 세차게 휘둘렀으나 그럼에도 이상하게 여백이 있다〉고 말했다. 회소 자신은 이렇게 썼다. 〈좋은 글씨는 나무에서 날아오르는 새 떼를 닮았고, 풀숲에서 허둥지둥 기어 나온 뱀을 닮았고, 깨진 벽이 쩍쩍 갈라지는 모습을 닮았다.〉

중국 미술을 공부하는 학생은 누구나 소동파(소식)의 1082년 작 「한식첩(寒食帖)」을 서예 예술의 절정으로 배운다. 웬 퐁이 대가의 실력을 살려 편찬한 메트의 전시 카탈로그에서 가장 인상적인 부분은 이 작품을 면밀하게 설명한 대목이다. 소동파는 원래 선종(곽희가 「조춘도」로 치세 초기의 업적을 넌지시 칭송했던 그 황제다)의 총애를 받아 조정에서 옛 고사에 빗대어 당대의 문제를 논평하는 조신이었다. 그 후 잇달아 지방 관직에 임명되었는데, 그러면서 차츰 백성들의 삶을 염려하게 되었고 세금을 낮춰 달라는 상소를 쉴 새 없이 왕에게 올렸다. 이 때문에 왕의 측근의 눈 밖에 났고, 1079년 왕을 비방했다는 죄로 유배형에 처해져 항저우로 내려갔다. 그곳에서 소동파는 시인이 되었고, 불교에 귀의했고, 「적벽부(赤壁賦)」를 비롯하여 중국 문학의 고전으로 남은 작품들을 썼다. 특히 「적벽부」는 후대 예술가들이 정부를 넌지시 비판하고 싶을 때 언급하는 작품이 되었다. 소동파의 힘 있는 친구들이 그의 시를 중국 전역에 퍼뜨린 덕분에, 그는 유배된 몸이지만 지식인들과 문화적 엘리트들의 영웅이 되었다. 그러다 1084년 마침내 조정으로 불려 갔지만, 몇 년 후 다시 유배당했다.

소동파가 「한식첩」을 쓴 것은 유배 생활이 한창일 때였다. 이 시 속 봄은 곽희의 봄과는 거의 정반대다.

> 내가 항저우에 온 이래
> 벌써 세 번의 한식이 지났다.
> 해마다 봄을 아쉬워하나
> 봄은 아쉬운 맘 몰라주고 떠난다.

(……)

봄을 몰래 훔쳐 등에 지고 떠났나니

밤이 깊어서 힘이 있었나

내 모습 병든 소년과 어찌 다른가

병에서 일어나니 머리는 이미 백발이구나

(……)

싸늘히 식은 재가 불어도 불붙지 않는다.

소동파의 글씨는 균형과 선의 모범이다. 글자 하나하나 각진 형체가 분명하고, 붓은 뛰어난 확신과 일관성으로 움직인다. 활력에 넘쳐 미친 듯이 구불거리는 회소의 글씨와는 다르다. 흡사 갈라진 나뭇가지들처럼 우아하고 정교한 구조를 취한다. 소동파는 이렇게 썼다. 〈내 글씨는 땅속에서 붇다가 땅을 뚫고 솟구친 물줄기처럼 평야를 뒤덮으면서 하루에 천 리를 거침없이 달려간다.〉

소동파는 서양 예술가들이 향후 800년 동안 고민할 문제인 사실주의를 〈아이의 통찰〉이라고 일축했다. 나라를 섬기는 예술도 거부했다. 중세의 서양 미술은 줄곧 대단히 형식적이었던 데 비해, 소동파의 서예는 거의 표현주의적으로 개성을 드러낸다. 그의 예술은 과정과 예술적 변형의 예술이고, 그것을 감상하는 자는 그와 함께 그 여행을 하도록 초대받는다. 「한식첩」은 슬프지만 구원적이기도 하다. 자기 자신을 이해하려고 애쓰는 이야기이기 때문이다. 914년이 흘렀는데도 그 재는 불면 여전히 불이 붙는다.

「중국 황실의 광휘」 전에는 원대의 주요 회화도 여러 점 소개된다. 서양인에게 원대 회화는 송대 회화보다 이해하기가 좀 더 어렵다. 원의 화가들은 형식과 주제를 철저히 단순화하려고 애썼고, 엄격한 구속 내에서만 상상력을 발휘했다. 가령 화가 오진은 송대의 연극적 양식을 거부하면서 〈담백함 속의 풍미〉를 추구했다.

원의 화가 황공망이 1347년에서 1350년 사이에 그린 「부춘산거도(富春山居圖)」는 긴 두루마리 그림이다. 자연주의적 재현의 절정에 달했던 송의 화가들이 물로 씻어서 붓놀림을 감춤으로써 작품에서 작가를 시각적으로 지워 버리고자 했던 데 비해, 황공망의 붓놀림은 그의 정서와 마찬가지로 그림 곳곳에서 뚜렷이 드러난다. 마치 그가 자신의 솔직한 마음을 편지로 쓴 것만 같다.

메트에 오는 작품 중 또 주목할 것은 송나라 휘종의 〈금체〉를 잘 보여 주는 서예 작품 「두 편의 시」다. 회소의 작품보다 약 300년 뒤에 씌어진 이 글씨는 회소의 글씨체와 날카로운 대비를 이룬다. 학자 제임스 케이힐은 〈글자 하나하나가 정해진 공간을 차지함으로써 질서와 안정을 보여 주어서 마치 돌에 새긴 것 같다〉고 말했다. 휘종은 무능한 왕이었다. 멋진 정원을 짓는 일에서는 야망이 컸지만 나라를 운영하는 일에서는 갈피를 잡지 못했다. 하지만 그는 예술의 훌륭한 후원자이자 그 자신이 예술가였다. 그는 〈사람은 창조성을 통해서만 후대에 제 진가를 알린다〉고 말했다.

「중국 황실의 광휘」 전에는 중국 황제들의 그 진가가 더러 반영되어 있고 포함되어 있는데, 가끔은 그것이 정치적 업적이나 군사적 정복이 아니라 회화와 서예 작품 속에 더 구체적으로 담겨 있다. 〈과거를 소유하다〉라는 의미심장한 제목을 단 웬 퐁의 전시 카탈로그는 몇몇 측면에서 미술관에게는 좀 당황스러운 물건이다. 곽희의 「조춘도」가 표지에 실려 있지만, 정작 그 작품은 오지 않는다. 판권 면에는 결국 후원을 철회한 에이서의 자금 지원에 감사한다는 말이 적혀 있다. 본문에는 미국에서는 아마 영영 볼 수 없을 듯한 작품들이 제법 길게 소개되어 있으며 그 작품들이 모두 생생한 컬러 삽화로 실려 있다. (「뭐, 최소한 선생님에게는 그 책이 남았잖습니까.」 드 몬테벨로는 전시가 아예 무산될 것만 같았던 시점에 퐁에게 이렇게 말했다고 한다.) 그래도 그 카탈로그는 회화와 서예의 개념이 진화해 온 천 년 역사를 감정가의 기법으로 서술하면서 미술사의 사회적 측면과 양식적 측면을 잘 조화시킨다. 퐁은 어떤 힘들이 중국의 그 걸작들을 고전의 반열에 올려놓았는지를 설명하고, 나아가 고전의 지위가 그 작품들에게 어떤 힘을 부여했는지를 설명한다.

〈과거를 소유하다〉는 또 1월에 타이완에서 벌어졌던 일을 연거푸 반복해서 들려주는 이야기처럼 느껴진다. 곤란에 처한 대중과 독재적 엘리트 사이의 반목은 과거 중국의 여러 왕조에서 되풀이하여 발생했던 일이기 때문이다. 어느 겨울날 저녁, 퐁은 내게 말했다. 「지금 중국에 고급 중국 문화가 얼마나 있습니까? 전부 서양 문화뿐이죠. 중국인들은 지난 150년 동안 너무 많은 것을 잃고 잊었습니다. 그렇다 보니 아직까지 살아남은 것들을 너무나 귀하게 여기게 되었지만, 자신의 유산을 자랑스러워하는 것과 그것을 이해하려고 애쓰는 것은 서로 다른 일입니다.」

1월의 시위대 중 일부는 타이완에서도 「중국 황실의 광휘」 전만큼 거대한 유럽 미술 전시가 열려야 한다고 주장했다. 밀로의 비너스상부터 「게르니카」까지 모두 다 포함하는 전시가. 그런 전시의 제목을 〈과거를 벗어나다〉라고 붙이고 싶은 사람들도 있을 텐데, 왜냐하면 중국 전통 미술은 대체로 과거를 돌아보는 데 비해 서양 전통 미술은 (신고전주의와 포스트모더니즘이 있기는 하지만) 대체로 앞을 내다보기 때문이다. 미래를 강조하는 것은 타이완 정치에서 중요한 논쟁 지점이고, 이 구도에서 고궁 박물원은 새로운 것에 반대하는 입장을 상징한다. 박물원의 전시는 새로운 생각을 제안하기보다 옛 생각을 들춰내는 편이다.

시위를 주도했고 현재 인기가 급상승하고 있는 신당은 본토와의 궁극적인 재통합을 지지한다. 사실 재통합이야말로 과거를 소유하는 궁극의 수단일 것이다. 타이베이 고궁 박물원 컬렉션을 둘러싼 갈등은 어쩌면 타이완에서 다음으로 벌어질 갈등은 과거 동유럽을 휩쓸었던 천진한 독립의 열망 같은 것이 아니라 통합의 조건을 둘러싼 갈등이 될지도 모른다고 암시하는 것 같다. 역사적 작품들을 소개한 전시가 대개 그렇듯이, 「중국 황실의 광휘」는 과거에 관한 전시다. 그러나 다른 전시들보다는 더 두드러지게, 이것은 또한 미래에 관한 전시일지도 모른다.

•

타이베이 국립 고궁 박물원은 2002년부터 대대적인 개보수 공사에 들어가, 관람객에게 더 편하고 지진에 더 안전하도록 고쳤다. 2006년 12월 재개장 기념 전시에는 메트로폴리탄 미술관이 대여해 준 송대의 풍경화 한 점도 걸렸다. 개보수 공사는 박물원에 새롭게 관심을 보이기 시작한 관람객들을 끌어들여, 2014년 그곳을 찾은 관람객 수는 500만 명이 넘었다. 2015년에는 자이현에 새 남부 분관을 열었다.[1]

2009년, 중국은 자신들이 소장한 청대 유물을 타이베이에서 열리는 전시에 빌려주었다. 선의에 대한 호혜의 표시로, 국립 고궁 박물원 원장 저우궁신은 제2차 아편전쟁 말기에 베이징 외곽 여름 궁전 이화원에서 약탈당했다고 알려진 두 조각 작품을 전시하지 않기로 결정했다.[2] 하지만 타이완은 중화 인민 공화국의 여러 박물관들이 보내오는 대여 요청은 모두 거절하고 있는데, 베이징이 작품을 빌렸다가 반환하지 않을까 봐 걱정해서다. 해외 대여는 빌려 가는 나라의 법에 분쟁 소지가 있는 해외 재산의 몰수를 금지하는 조항이 마련되어 있는 경우에만 허용한다.

타이완에서는 대중 시위가 여전히 활발하다. 2013년에는 〈흰 셔츠 군대〉가 등장했다. 타이완 젊은이들로 구성된 그 운동 세력은 중국과의 재통합 문제에 관해서는 특정 입장을 취하기를 거부했다. 정부의 시민 인권 침해를 고발하는 글을 온라인에 올림으로써 이 운동을 개시한 서른 살의

류린웨이는 이렇게 적었다. 〈우리는 어느 편도, 어느 지도자도 지지하지 않습니다. 우리는 인권, 공통의 가치, 민주주의를 지지합니다. 우리에게 합류하기는 아주 쉽습니다. 그냥 흰 셔츠를 입고 나오면 됩니다.〉 몇 주 뒤, 흰 셔츠를 입은 청년 25만 명이 타이베이 시내를 행진했다. 류린은 이렇게 말했다. 〈젊은 세대 사람들은 너무 바쁘고, 정치와 거리가 멉니다. 하지만 그들도 분명 신경을 씁니다. 그들이 더 쉽게 관여할 수 있도록 만들어 주면 됩니다.〉[3] 흰 셔츠 군대 운동은 이후 좀 시들해진 것 같다. 하지만 2014년 3월에는 젊은 활동가 수백 명이 베이징과의 더욱 긴밀한 연계를 추구하는 통상 조약에 반대하여 타이완 의사당을 점거하는 유례없는 시위를 벌였다. 시위대가 해바라기를 한 송이씩 들고 행진했기 때문에, 이 운동은 태양화 운동이라고 불린다.[4] 계산된 창의적 애매함의 맥락 속에서, 통합이냐 독립이냐 하는 문제는 갈피를 잡기 어려운 형태로 지속적으로 풀려 나오고 있다.

타이완

하나하나의 팔레트가 곧 정치색의 선택

『뉴욕 타임스』, 1996년 8월 4일

타이완의 복잡한 정치에 깊이 말려들었던 나는 그 나라에 활기찬 현대 미술 신scene이 있다는 것을 알게 되었다. 새로운 타이완 미술은 새로운 중국 미술과 비슷하되 그보다 좀 더 못한 버전이 아닐까 생각했지만, 막상 내가 본 것은 그보다 훨씬 더 흥미로웠다. 내가 중국에서 만났던 예술가들은 억압적 사회에서 살아남는 방법으로 자유를 꿈꾸었던 데 비해, 타이완 예술가들은 그보다 더 자유로운 사회에서 살기는 했지만 끊임없이 억압의 위협을 느꼈다. 나중에 깨달았던 한 가지 안타까운 사실은, 뉴욕 사람들은 중국에서 무슨 일이 벌어지는지는 모두가 궁금해하지만 타이완에서 무슨 일이 벌어지는지는 별로 궁금해하지 않는다는 것이었다. 본토 작가들은 전 세계에서 막대한 청중을 모았지만, 그만큼 흥미로운 작가가 많은데도 불구하고 타이완 작가들은 세계 미술계에서 훨씬 더 작은 자리만을 차지한다.

1985년 타이베이에는 갤러리가 15개 있었다. 지금 그 수는 200개가 넘는다. 대부분은 부르주아들의 장식용으로 그려진 키치한 인상파 양식의 유화를 팔지만, 이른바 서양식, 중국식, 타이완식으로 불리는 다양한 양식으로 제작된 현실 참여적 현대 미술 작품들을 소개하는 진지한 갤러리도 적잖은 수가 있다. 과거 독재 정권 치하의 타이완은 자신이 무엇인지 알고 있었다. 그 시절 타이완은 망명 중인 중화 민족주의 정부였다. 반면 현재 민주주의하의 타이완은 자신이 어느 정도로 중국인지, 독립적인지, 서양화되었는지를 알지 못해 갈팡질팡한다. 리덩후이 총통의 재당선은 미국 국무부가 〈창의적 애매함〉이라고 부르는 태도를 타이완이 당분간 유지할 것임을 보여 준 사건이었다. 타이완의 정체성 위기는 갈수록 내부에서 갈등을 겪고 있는 타이완 예술에도 반영되어 있는데, 두 명의 정부 고위 관료가 내게 해준 말에 따르면 거꾸로 예술이 그 정체성 위기를 부추기는 한 요인이기도 하다.

현 상황을 다음과 같이 거칠게 요약해도 과히 틀린 말은 아닐 것이다. 중국 전통 수묵화를 그리는 작가들은 대개 우파로 기우는 신당, 즉 본토와의 재통합을 선호하는 당을 지지한다. 개념 예술을 하는 작가들은 대개 좌파로 기우는 민진당DPP, 즉 독립을 선호하는 당을 동맹으로 여긴다. 한편 (서양의 기준에서는 거의 모두 형편없는 수준이기는 하지만) 유화를 하는 작가들은 대개 중도주의 정당인 여당 국민당KMT과 제휴한다.

거대한 현대 미술관인 타이베이 시립 미술관은 시 기관이라, 민진당 소속의 타이베이 시장이 미술관 관장을 지명한다. 최근 새로 임명된 관장은 타이완 미술에만 집중하는 미술관을 두 군데 더 짓겠다는 계획을 밝혔다. 나는 관장이 연 만찬에 참석했다가 그곳 전시 책임자인 리위링 옆에 앉았다. 공무원들의 세계와 현대 미술 작가들의 세계를 편히 오갈 줄 아는 리위링은 아주 우아하고 젊은 여성이다. 나는 그녀에게 작가들을 좀 소개해 달라고 부탁했고, 그러자 그녀는 말했다. 「나는 민진당입니다. 당신이 기사를 쓸 때 타이완 독립을 주장하는 의견을 내세워 준다면 도와드리죠.」 일주일 뒤 다른 자리에서 이번에는 타이완의 선구적 예술 전문 출판사 주간인 저우하이성 옆에 앉았는데, 그는 내게 이렇게 말했다. 「훌륭한 우리 중국 작가들을 소개해 드리죠.」 그리고 덧붙였다. 「나는 신당이 창당되던 자리에 참석했었답니다.」

타이완에서 본성인이라는 말은 타이완 토박이들을 가리키고, 외성인은 1945년 본토에서 건너온 사람들과 그 자손들을 뜻하며, 요즘 새로 유행하는 용어인 타이완인은 정치적으로 올바른 용어이자 모든 사람들을 곤경에서 구해줄지도 모르는 용어이다. 타이완 예술은 이 세 가지 방식의 자기 규정을 주제로 다룰 때가 많다.

타이완 전위 미술계의 핵심은 작가들이 운영하는 갤러리인 IT 파크다. IT 파크는 대안 공간이 필요하다고 여긴 다섯 예술가 친구들이 1988년 만든 곳으로, 위층에 방이 세 개 있고, 해가 잘 드는 작은 테라스가 있고, 사무실이 하나 있고, 작은 바가 하나 있는 건물을 쓴다. 약 40명의 작가들이 IT 파크와 연계해서 작업하고, 개중 두 명은 직접 이 공간을 운영한다. 작가들은 서로의 작품을 보거나 그냥 서로를 만나기 위해서 이곳에 자주 들른다. 대화는 가볍고 편하다. IT 파크 작가들은 대부분 서양에서 공부했다. 뉴욕의 쿠퍼 유니언, 파리의 에콜 데 보자르, 아니면 그 비슷한 곳들이다. 내가 들렀을 때, 젊은 개념 예술가 딘아이메이는 가운뎃손가락을 쳐든 모양으로 만들어진 엄지장갑을 전시해 두고 있었다. 그 노골적인 작품은 그의 자세한 요청에 따라 그의 어머니가 뜬 것이라고 했다. 함께 점심을 먹으면서, 그는 내게 거의 똑같아 보이는 두 손목시계가 캔버스에 못으로 박혀 있는 작품을 보여 주었다. 둘 다 뉴욕의 차이나타운에서 산 시계였는데, 한쪽에는 시계 얼굴에 본토 국기가 그려져 있었고 다른 쪽에는 타이완 국기가 그려져 있었다. 작품 제목은 「메이드 인 홍콩」이었다. 예전에 미술 비평을 했다는 J. J. 시는 어느 날 저녁 IT 파크 테라스에서 함께 술을 마실 때 이렇게 말했다.「나는 문화적으로는 중국인이지만 정치적으로는 아닙니다.」 체노그램이라는 가명을 쓰는 또 다른 작가는 이런 표현을 썼다. 「나는 세계 시민이자 타이완 지역주의자입니다.」 자신들의 예술이 타이완 예술인가 아닌가, 이유는 무엇인가 하는 문제는 그 작가들의 대화를 지배하는 주제였다.

1970년대 타이완의 많은 예술가들은 타이완의 전통 농민 문화를 받아들이고 타이완 고유의 풍경을 재현하는 일에 몰두했다. 또 다른 작가 쯔밍은 이렇게 설명했다.「1970년대에는 정치가 예술을 이용했고, 1980년대 말부터는 예술이 정치를 이용했습니다. 1970년대의 타이완주의는 유엔에서 퇴출된 불안정한 처지를 반영한 것이었죠. 반면 오늘날의 타이완주의는 완전한 자유와 경제적 번영을 추구하는 현재 타이완의 자기 확신을 반영한 것입니다.」 얼마 전까지 타이완 미국협회의 소장이었고 따라서 사실상 미국의 〈대사〉였던 린 패스코는 내게 이렇게 말했다.「타이완은 1964년에 원조에서 졸업했고, 이후 농촌 경제에서 수공업 경제로, 다시 기술 경제로 빠르게 이행했습니다. 농촌 경제와 수공업이 사회의 기반인 시기가 짧게 있었지만, 이제 그런 것들은 감상적인 추억일 뿐입니다.」

IT 파크 작가들처럼 서양에서 공부한 예술가들은 자신들의 세련됨을 어떻게 활용해야 좋을지 모를 만큼 지나치게 세련된 데가 있다. J. J. 시는 이렇게 말했다.「우리 중 일부는 중국 문화에서 벗어나려 하고, 다른 일부는 서양 문화에서 벗어나려 하고, 또 다른 일부는 자신들의 모든 과거에서 벗어나려 합니다. 물밑에는 서양에 대한 혐오가 있고, 표면에는 중국에 대한 혐오가 있습니다. 그렇지만 이 지방주의가 국가주의인가 하면, 정확히 그렇진 않습니다.」 IT 파크 창립자 중 한 명인 쭝푸는 이렇게 말했다.「타이완 예술가들은 타이완 정치에 관한 작품을 만들지만, 그들의 정치적 예술에 대한 정의와 개념은 미국에서 공부하며 배운 것입니다.」

여느 전위와 마찬가지로 이들에게도 좌절감이 가득하다. 〈세계적〉이기 어렵다는 점은 종종 넘기 힘든 장애물로 보인다. 딘아이메이는 말했다. 「타이완 작가들이 타이완 고유의 전망을 세우려고 애쓰기는 하지만, 그 노력 자체가 작품의 주제인 경우는 없습니다. 이들의 작품이 전 세계 사람들에게 흥미롭게 느껴지지 않는 것은 그 때문입니다.」 바늘과 철과 물로 형식주의적이고 미니멀리즘적인 설치 작품을 만드는 천후이챠오는 이렇게 말했다. 「내 작품을 보면서 타이완을 생각하지는 마세요. 그냥 보십시오. 그건 그냥 예술입니다.」

현재 타이완의 현대 미술 시장은 미약하다. 갤러리의 약 90퍼센트가 적자를 본다. 갤러리 협회 회장이자 드래곤 게이트 갤러리의 소유자인 릴리 리는 이렇게 설명했다. 「문제는 초기에, 그러니까 타이베이 시립 미술관이 처음 설립되고 모든 사람들이 타이완 미술을 놓고 법석을 떨기 시작했을 때 가격이 부풀려져서 매겨졌다는 것입니다. 그러나 뒤늦게 2차 시장이 예측 불가능하다는 것, 타이완 예술이 사실 세계로 진출하지 못했다는 것이 밝혀졌죠. 중국인들은 불안정한 투자를 좋아하지 않습니다.」 현대 미술계의 발전은 타이완이 줄곧 씨름하는 문화적 정체성 문제에서 핵심적 요소임에도 불구하고, 수익성 부족 때문에 작품 제작은 갈수록 주변화되고 있다.

IT 파크에서 택시로 5분만 가면 예술가들이 운영하는 또 다른 공간인 〈뉴 파라다이스〉가 있다. 뉴 파라다이스는 비영리 단체이고, 창문 하나 없는 지하에 있고, 세련된 커피 바도 철학자들이 햇볕을 쬘 발코니도 없다. IT 파크보다 청중의 규모가 더 작고 더 자족적이며, 작품은 좀 더 세련되고 좀 더 고립되어 있다. 내가 본 한 작품은 모두 2시 28분에 맞춰져 있는 시계들이었는데, 그것은 타이완 민족주의의 영웅적 역사에서 한 대목인 2 · 28 사건(1947년 2월 28일 벌어졌던 타이완 학살을 뜻한다)을 잊지 말라는 뜻이다.

타이베이 현대 미술관의 리위링과 함께 그녀의 표현을 빌리자면 〈대담하게 타이완적인 작가들〉을 만나러 나섰을 때, 우리는 그 작가들의 전망으로부터 독립 타이완의 섬세한 화용론이 탄생할 것이라는 이야기를 나눴다. 그녀는 말했다. 「타이완 정통주의자들은 중국으로서의 과거를 거부하지만, 사실 타이완의 새로운 정체성은 절반은 발굴되어야 하고 절반은 창조되어야 합니다. 고궁 박물원이나 중국적 유산 따위를 내버릴 수는 없어요. 그것도 현대 타이완의 중요한 일부니까요. 문제는 중국으로서의 과거를 포용하되 그것으로부터 스스로를 구별 지어야 한다는 겁니다. 문화는 축적되는 것이죠. 새로운 문화를 백지에서부터 시작할 수는 없어요. 과거에 바탕을 두어야 하죠.」

우리는 우톈장의 작업실에서 그가 〈국민당의 승객 사고방식〉이라고 부르는 현상을 논했다. 그것은 지금 타이완의 정부란 본토에서 건너온 중화 민족주의 정부가 언젠가 본토를 다시 정복하기 전에 잠시 이곳에 머무는 것뿐이라고 여기는 사고방식이다. 우톈장은 말했다. 「이곳으로 건너온 사람들은 모두 다시 다른 곳으로 떠날 생각으로 왔습니다. 타이완에는 초고속 도로망이 없습니다. 국민당은 가급적 빨리 이곳을 뜰 생각이었기 때문에, 그런 것을 건설할 필요가 없다고 생각했죠. 이 섬에는 합판으로 지어진 화려한 건물들뿐입니다. 튼튼한 토대나 뿌리를 가진 것은 아무것도 없습니다. 사람들은 가짜에 익숙해진 나머지 이제 그것을 진짜로 받아들이죠. 이 상황을 바꿔야 합니다.」 그는 「선원이 된 자화상」이라는 자신의 작품을 가리켰다. 색채는 으스스하고, 빛은 인공적이고, 우스꽝스러울 만큼 키치한 장면을 묘사한 작품이었다. 「내 작품에서는 모든 것이 가짜입니다. 그게 이 섬의 사회적 현실을 제대로 반영한 것이니까요.」

그날 저녁, 우리는 황치양과 그 아내와 함께 그의 집 마당에 앉아서 도시 위로 달이 떠오르는 모습을 보며 차를 마시고 호박씨를 먹었다. 혼잡한 타이베이 중심가를 벗어난 곳에 있는 단층집은 꼭 족자에서 튀어나온 것 같았다. 황치양은 중국 수묵화 기법을 응용하여 오싹하리만치 아름다운 개념적 설치 작품을 만든다. 그는 이렇게 말했다. 「내가 예술 학교에 입학할 때 중국화를 공부하기로 선택했던 것은 당시 어렸던 내게는 서양 미술이 다 똑같아 보였기 때문입니다. 뭔가 새로운 것을 하고 싶었지만, 서양 매체로는 더 이상 새롭게 말할 것이 없을 것 같았죠.」 그의 가장 인상적인 작품 중 하나는 「산모실」이다. 길게 늘어뜨려진 십여 장의 한지에 먹으로 실물 크기의 사람 뼈대가 그려져 있는데, 생식기가 과장되어 있고 미화되어 있으며 형체는 절반은 인간 같고 절반은 괴물 같다. 「왜 사람들은 현대적인 것과 중국적인 것이 예술적으로 서로 소외된 개념이라고 여길까요? 이 사회는 미치광이처럼 하나로 뒤섞여 있고, 나는 그 진실을 추구합니다.」

나는 편집자 저우하이성과 함께 타이완 미술계의 원로인 샤옌을 만나러 갔다. 그의 유화들은 서양인이 보기에는 모방적이고 진부하지만, 작년 타이베이 현대 미술관에서 열렸던 그의 회고전은 대성공이었다. 샤옌은 내게 말했다. 「서양화를 배우는 작가들은 서양화로 중국화를 향상시키려는 계획을 품고 있죠. 그러나 그런 철학은 전통을 재편하지 못하고 해칠 뿐입니다. 기껏해 봐야 중국의 감성과 서양의 양식을 결합하는 정도죠.」

또 다른 날, 우리는 샤이푸를 만나러 갔다. 그의 풍경화에는 훈련받은 중국인의 눈으로 봐야만 알 수 있는 서양적 관점의 영향이 있고, 젖은 붓질과 마른 붓질이 비전통적인 대비를 이룬다. 그는 말했다. 「사람들은 기분이 가라앉으면 서양화를 보러 가죠. 서양화를 보면 활기가 느껴지니까요. 거꾸로 들떴을 때는 수묵화를 보는데, 수묵화를 보면 정말로 마음이 차분해집니다. 수묵화는 종교적 체험에 가깝습니다. 명상처럼 마음을 정화시키죠. 내 작품은 중국적인 것도 타이완적인 것도 아니고, 그저 마음에서 나오는 것입니다. 대부분의 타이완 사람들이 마음속으로 원하는 것은 차분해지는 것이니까요. 당신네 서양 사람들, 그리고 타이완의 젊은 전위 작가들과 민진당 사람들이 원하는 것은 거꾸로 자극이죠.」 그는 잠시 말을 멈추고 주변을 둘러보았다. 「선거다 폭격이다 뭐다. 그런데 예술까지 자극적일 필요가 있을까요?」

•

내가 위의 기사를 쓴 때로부터 2년 뒤인 1998년, 타이완 국내 공항이 임시로 폐쇄되었다. 그 며칠 전 타이베이에 입국했던 웬 본토 중국인이 미사일을 발사한 직후였다. 사건에 쓰인 미사일의 개수는 헤아리는 사람에 따라 좀 달랐지만, 공식 집계로는 200개라고 했다. 한 지역 뉴스에 따르면, 타이베이 북부 주민들은 강렬하게 번뜩인 빛과 엄청난 소음에 놀라기는 했지만 〈지나치게 놀라지는 않았다〉. 부상자는 보고되지 않았다. 사실 공항 폐쇄는 타이베이 현대 미술관이 사전에 공항 측과 협의한 결과였고, 미사일 발사는 당시 뉴욕에서 활동하던 예술가 차이궈창이 타이완 비엔날레 개막식을 맞아 선보인 퍼포먼스였다. 그의 그 프로젝트 「황금 미사일」은 예술에 대한 접근법이 갈수록 정치화하는 오늘날 타이완에 등장한 여러 급진적 작품들 중 하나였다.[1]

1997 ~ 1999

터키	비잔티움으로의 항해
잠비아	매혹의 잠비아
캄보디아	팔리 누온의 삼 단계
몽골	광대무변의 자연, 몽골

Mongolia
1999 몽골
Turkey
1997 터키
Zambia
1997 잠비아
Cambodia
1999 캄보디아

터키

비잔티움으로의 항해

『트래블 + 레저』, 1997년 7월

나는 1996년에 심각한 우울증을 앓아서 여행을 거의 할 수 없었다. 그래도 기사 의뢰를 수락했고 — 『트래블 + 레저』에 쓰는 첫 기사였다 — 억지로 몸을 일으켜 동지중해 해안으로 떠났다. 그리고 그곳에서 귀중한 진실을 발견했다. 우울증에 제일 효과적인 치료법이 운동, 약, 심리 치료이기는 해도 진정 매혹적인 휴가도 도움이 된다는 사실이다. 터키 해안은 근사했다. 여행 친구들은 재미있었다. 날씨는 완벽했다. 그리고 나는 나아졌다. 나는 이 경험을 『한낮의 우울』에서도 이야기했다.

여행의 표면적 목적은 그림을 배우는 것이었다. 첫날 나는 수재나에게 그림을 그릴 줄 모른다고 말했다. 그녀는 대꾸했다. 「말도 안 돼요. 누구나 그릴 수 있어요. 당신은 제대로 배운 적이 없는 것뿐이고, 내가 바꿔 줄게요.」 첫날이 저물어갈 때 수재나는 말했다. 「당신 말이 맞네요. 당신은 그림을 그릴 줄 몰라요. 차라리 사진을 시도해 보는 게 나을지도 모르겠네요.」

열한 명의 아마추어 예술가들이 항해의 모험을 예약했다. 우리가 하려는 일은 그림을 배우는 것이었다. 매일 아침 우리는 눈뜨자마자 몇 분 만에 침대에서 나왔다. 짙은 와인빛 동지중해, 우리보다 더 고귀한 인간들이 이 땅에 살면서 전사의 노래를 불렀던 시절에 처음 〈짙은 와인빛〉이라고 묘사되었던 그 바다의 가벼운 너울에 쉴 새 없이 살랑살랑 흔들리는 침대에서. 갑판으로 올라가면, 빵과 신선한 버터, 페타 치즈와 올리브, 맛있고 뜨거운 터키 커피가 차려져 있었다. 나이가 제일 어린 승무원이 우리에게 식사를 차려 주었는데, 그의 이름은 이브라힘이었고, 그는 우리를 〈선생님〉 혹은 〈부인〉이라고 불렀으며, 누군가 꿀이나 요구르트나 아나톨리아 체리 프리저브를 원할 때면 그 순간 늘 그 사람 가까이에 있었다. 그때쯤이면 보통 해가 꽤 높이 떠 있었고, 공기는 빛에 흠뻑 젖어 있었다. 몇몇 사람들은 간밤에 선장의 특제 칵테일을 너무 많이 마셨고 잠을 너무 못 잤다고 불평했지만, 대부분은 오늘도 〈아리프 캅탄 B.〉호에서 보내는 하루라는 사실에 그저 행복해할 따름이었다. 누구도 아침 일찍 일어나야 하는 것을 개의치 않았는데, 다른 상황에서 우리를 보았던 사람들이라면 믿기 어려웠을 것이다. 우리도 믿기 어려웠다.

우리가 배를 다 채우면, 배는 엔진을 켜거나 돛을 펼쳤다. 그러고는 해안선을 따라 항해했다. 그것이 마치 우리가 그 곡선을 속속들이 알아야 하는 연인의 몸인 것처럼, 육지의 윤곽선을 따라갔다. 웨스트민스터 클래식 투어의 관리 책임자인 톰 존슨은 우리에게 항구의 어느 늙은 남자들이 서로 경쟁 관계인 카페의 주인들인지 알려 주었고, 혹은 어떻게 (손가락으로 가리키며) 〈바로 저기〉 기원전 4세기 기반 위에 전통 양식으로 새 집들이 지어졌는지 알려 주었다. 그러면 제 자신의 기원으로부터 아득히 멀어진 오늘날의 세상에서 위대한 옛 문명들의 지식을 보존하는 일에 헌신하는 옥스퍼드 대학의 고전학자 앤드루 홉슨이 나섰다. 그는 우리에게 그 기반이 놓여 있었을 때 저기서 어떤 일이 벌어졌는지를 알려 주었다. 해안은 고대 역사로 너무 붐벼서 현재를 담지 못하는 것 같았다. 눈 돌리는 곳마다 과거가 보였다. 우리는 그런 이야기를 나누면서 터키 담배를 피웠고, 커피를 마저 마셨고, 베개에 기대 누웠고, 서로 등에 선크림을 발라 주었고, 선장과 승무원들처럼 항해에 어울리는 살빛으로 변해 갔다.

그러고 나면 오전 그림 수업 시간이 되었다. 우리는 아마추어였지만 열심이었고, 수업은 그런 우리에게 맞춰져 있었다. 수재나 파인스는 온몸에서 넘치는 감수성을 합리성의 목소리로 전달하는 화가로, 열정적이되 정확한 눈으로 세상을 본다. 런던 국립 초상화 미술관에서 열렸던 그녀의 개인전은 정확한 표현성과 소박한 예리함 양면으로 모두 호평받았다. 그녀 자신도 꼭 게인즈버러의 초상화처럼 생긴 수재나는 — 얼굴은 완벽한 영국풍 분홍색이었고, 옷은 바람에 나풀거렸고, 커다란 밀짚 모자는 끝이 풀린 새틴 리본으로 턱에 매여 있었다 — 우리에게 원색과 보색, 번진 색조와 희석된 색조, 두터운 칠과 여백 공간 같은 용어들을 가르쳐 주었다. 「포화색은 칙칙함으로부터의 자유예요.」 수재나는 팔레트와 수채화 종이를 차려 주면서 말했다. 우리에게 리키아(현 터키 남서부를 뜻하는 고대 지역명이다) 해안과 그곳 유적들에 숨어 있는 갖가지 형태와 색조를 살펴보라고 말할 때면 목소리가 좀 높아졌다. 수재나는 단호할 수도 있었다.

누군가 수재나에게 물었다. 「찰스와 함께 그림 그릴 때, 그가 당신에게 조언을 구하던가요?」 수재나는 웨일스 공이 해외를 공식 방문할 때 왕실의 초대로 그를 따라가서 그림을 그린 적이 있다.

「아뇨. 그래도 조언을 듣긴 들었죠.」 수재나는 대답했다.

수재나는 가끔 색채 이론 책이나 세잔의 편지 중 한 대목을 읽어 주었다. 우리에게 〈그림은 자연을 분석해야 하지만 그러면서도 주관적이어야 해요〉라고 가르쳤다. 우리는 모두 그녀의 지도하에 세상을 새롭게 보는 법을 익혔다. 그녀는 종종 〈저 아름다운 형태를 좀 보세요, 하늘이 두 산봉우리 사이에서 잘린 형태를〉 하는 식으로 말했다. 한번은 이렇게 소리쳤다. 「저걸 보세요! 저건 사실 코가 아니에요. 빛을 가로막은 멋진 삼각형이죠!」 수재나의 이 말에 그때까지 그것을 코라고, 꽤 어여쁜 자신의 코라고 생각해 왔던 우리 수줍은 요리사는 적잖이 놀랐다.

수업이 끝나면 우리는 해변에 내려서 역사적 장소를 구경하거나, 만에 배를 대고 바다에서 수영했다. 너무나 투명해서 빛과 거의 구별되지 않는 물에서(하지만 정확히 말하자면 그보다는 살짝 더 알리자린 색을 띤 편이라고, 수재나는 설명했다). 우리는 갑판에서 물로 다이빙할 때 숨을 훅 들이마셨다. 매번 처음에는 바다의 깊이에 주눅 들었기 때문이다. 그러나 곧 바다가 전혀 위압적이지 않다는 사실을 깨달았고, 그래서 이제 서로 지나쳐 헤엄치거나, 함께 손잡고 선헤엄을 치거나, 인적 없는 해변이나 바위를 철벅철벅 오르거나, 바다 괴물인 척하면서 놀았다. 여자들 중 한 명은 생트로페에서 산 분홍 비키니를 입고 있었다. 나머지 사람들에게는 그런 멋진 옷은 없었지만, 그래도 우리는 모두가 몸을 담근 짜고 맑은 물속에서 모두가 동등하다고 느꼈다. 헤엄쳐서 배를 한 바퀴 빙 돌기도 했고, 우리를 부르는 듯한 바위까지 1킬로미터 넘게 헤엄쳐 가기도 했다. 아주 상쾌했다. 아주 달콤하고, 아주 차가웠다.

우리는 보통 젖은 채로 점심 식탁에 앉았다. 샐러드의 색채 대비에 주목하며, 그 지역에서 난 포도주를 마셨다. 여자들은 가끔 머리에 꽃을 꽂았고, 우리는 서로 자기가 아는 제일 재미난 이야기를 들려주었으며, 우리들 사이에는 금세 진정한 친밀감이 형성되었다. 이런 일은 어쩌면 리키아에서만, 또한 날씨가 좋을 때만 가능한지도 모르겠다. 일행 중 제일 젊은 사람은 고작 24살이고 제일 나이든 사람은 80살이 넘을 때만, 마호가니 판자로 된 선실에 방마다 전용 샤워기와 화장실이 있을 때만, 배는 길이가 26미터이고 푸른 돛 덮개를 가졌으며 선미에는 카펫만 한 빨간 터키 국기가 휘날릴 때만. 그곳까지 가는 데 큰 비용이 들지는 않을 때만, 두 고전학자와 한 화가가 항상 곁에 있을 때만. 모두가 손목시계를 끌러 두었고 여드레 동안 다시 차지 않을 때만. 일행의 대부분이 이블린 워를 너무 많이 읽은 사람들일 때만, 아이스킬로스와 마티스에 관해 생각해 보기는 했지만 완벽하게 이해하진 못한 사람들일 때만, 텔레비전 시트콤 「앱솔루틀리 패뷸러스Absolutely Fabulous」의 거의 모든 에피소드들을 말만 꺼내면 모두가 즉각 알아 주는 사람들일 때만.

「들어 봐요! 저게 무슨 소리죠? 우리가 어제 말했던 새, 그 귀하다는 아나톨리아 독수리 소리 같아요.」 누군가 말했다.

모두가 잠시 조용해졌다.

「저건 베네티아의 자명종 소리예요.」 다른 누군가 말했다.

정말 그랬다. 안타깝지만 이번에는. 그래도 우리 머리 위를 날며 우는 새들은 오늘 이날과 이 빛만으로도 당연히 축하할 일이라는 사실을 인정해 주는 것 같았다.

점심 식사 후, 오전의 노력으로 지친 우리는 뱃머리에 깔린 파랗고 널찍한 매트에 누워 일광욕했다. 그리고 보통은 그동안 배를 움직여서 또 다른 멋진 풍경을 보러 갔다. 차를 마시고 비스킷과 할바를 먹은 뒤, 배에서 내려 그날 구경할 곳으로 향했다. 어느 날은 산허리를 파고들어 지어진 고대 그리스 극장이었고, 어느 날은 으스스한 고대 리키아 묘지였다. 그곳에는 세상에 영원히 남을 돌무덤 속에 자신을 눕힌 부자들이 누워 있었다. 우리가 지금은 아무도 읽을 줄 모르는 옛 리키아 언어로 쓰인 비문을 살피면, 앤드루 홉슨은 현대인들이 그 암호를 풀려고 애면글면했던 사연을 들려주었다. 톰 존슨은 그리스어로 된 묘비를 찾아서 번역해 읽어 주었다. 톰은 또 우리를 이끌고 언덕을 오르면서 과거에 이 폴리스로 가는 길이나 저 아크로폴리스로 가는 길에서 어떤 재미난 일이 벌어졌던가 하는 이야기를 들려주었다. 뎀레 근처 극장에서는 젤라시모라는 이름의 견과류 판매상이 극장 벽에 제 이름을 새겨 둔 것을 보여 주었는데, 그 남자는 주 출입구의 계단 맨 위에 있는 제일 좋은 자리를 자기 자리로 주장하려고 이름을 새긴 것이었다. 톰은 또 우리를 기원전 5세기 고대인들이 태양신 헬리오스를 섬겼던 아리칸다의 제단으로 이끌었고, 위차으즈에서는 에르마피오스의 아들 아르켐데모스가 묻힌 무덤 옆에 우리와 함께 한참을 앉아 있었다.

철조망으로 막힌 것은 아무것도 없었다. 한두 번인가 유명한 장소에 들어가려고 입장료를 낸 적은 있었지만, 우리가 찾은 폐허들은 보통 비어 있었고 돌들 사이에서 야생 타임과 토끼풀만 자랄 뿐이었다. 그런 곳을 돌아다닐 때면 우리가 꼭 아무도 찾아내지 못한 황금 같은 땅을 처음 밟는 여행자처럼 느껴졌다. 그곳은 낭만주의자들이 발견한 고대 세계였지, 디즈니랜드풍 박물관이 되어 버린 폼페이나 깨끗하게 박박 씻긴 모습으로 관광객들에게 시달리는 거만한 델포이가 아니었다. 우리는 꼭 찰스 펠로스나 스프랫 선장 같은 빅토리아 시대 사람들처럼 미라의 장대한 고대 로마 극장을 우연히 발견했고, 성 니콜라오스 교회를 보았으며, 알렉산드로스 대왕이 정복했고 하드리아누스 황제가 주유했던 아리칸다가 여태 근사하고 온전한 모습으로 남아 있는 것을 보았다. 그곳 경기장에서 염소 떼를 몰고 터덜터덜 걸어오는 목동을 만났고, 머리에 스카프를 쓴 두 늙은 여자가 저 아래 갈아엎어진 밭으로 걸어가는 모습을 보았지만, 그 밖에는 사람이라고는 우리뿐이었다. 보는 곳마다 그 쇠락함이 장려했으며, 과거의 권력자가 이 모든 광경을 보면서 느꼈을 절망을 이해할 수 있을 것 같았다. 하지만 우리는 그보다는 좀 더 겸손한 눈길로 바라보았다. 수채 물감을 들고서, 그러나 이미 이토록 풍성한 팔림프세스트에 우리까지 무언가를 더 덧칠하지는 않고서.

우리가 그림을 그리는 언덕은 활짝 핀 꽃으로 사방이 보라색이었다. 마을의 빨간 지붕 집들에는 부겐빌레아 꽃 화분들이 묵직하게 매달려 있었다. 그곳 언덕 여기저기 흩어져 앉아서 총안이 있는 바위에 대한 인상을 기록하려고 애쓰는 우리만큼 칙칙함으로부터 자유로웠던 이들은 없었을 것이다. 그러는 동안 수재나는 우리 어깨 너머로 그림을 살펴보면서 말했다. 「당신이 저 박공의 형태에서 무엇을 느끼는지 알고 싶어요. 가장자리부터 안쪽으로 들어오면서 생각해 보세요.」 우리 그림은 신속했고, 개략적이었고, 표현적이었다.

그다음 우리는 그 자리를 떠났다. 또 다른 경치 좋은 무덤을 구경하러 갈 때도 있었고, 혹 마을이 가까이 있다면 바에서 아니시드 향이 나는 라키 술을 마시러 갈 때도 있었다. 우리는 킬림이나 엽서나 옛 아르메니아의 은제 허리띠를 샀고, 우연히 톰이나 다른 승무원의 친구라는 주민을 만나면 그를 따라 숨은 골목길을 오르며 저마다 금니가 몇 개씩 있는 여자들이 빨래하거나 요리하는 모습을, 혹은 성공으로 뚱뚱해진 남자들이 담배를 피우며 주사위 놀이 하는 모습을 구경했다. 우리의 선장 하산은 이렇게 말했었다. 「배가 나오지 않은 남자는 발코니가 없는 집이나 마찬가지죠.」 우리 중 사내들은 가끔 마을 이발소에 갔다. 이발사는 일자 면도날로 수염을 깎아 주고, 얼굴과 어깨를 마사지해 주고, 머리카락을 빗어 주고, 기름을 발라 주었다. 이윽고 배로 돌아온 우리는 접시에 쌓인 터키 사탕을 먹으면서 우리 몸에 술탄의 궁전처럼 두둑한 발코니가 생기게끔 만들었고, 그다음에는 발길을 머뭇거리듯 남아 있는 황혼

속에서 헤엄쳤다. 낮에 그린 그림들은 갑판에 온통 널어 둔 채.

보통 9시쯤이면 우리는 다시 갑판에 나와 앉았다. 해는 마침내 넘어갔고, 이브라힘은 아래층 부엌에서 나온 근사한 음식을 또 가져다 주었다. 로스팅한 고기, 양념한 닭, 속을 채운 가지를. 달이 뜨면 우리는 샤레이드 게임을 하거나 서로 재미난 이야기를 들려주었고, 라키를 더 마셨고, 예술을 더 논하거나 근사한 경구와 아포리즘을 읊었다. 그 강렬한 즐거움에 모두의 재치가 더 예리해졌다. 어느 날 보름달이 뜬 밤, 우리는 배의 전기를 다 껐다. 승무원들은 촛불 위에 오렌지 껍질 저민 것을 얹어서 공기에 향기가 나게 했고, 앤드루 홉슨은 『일리아드』를 집어서 헤라가 제우스를 유혹하면서 읊는 대사를 읽어 주었다. 그 뒤 우리는 한밤중의 수영을 즐겼고, 달빛에 빛나는 물을 서로에게 튕겼다. 승무원들도 놀이에 끼었다. 선장의 벨리 댄스는 모두의 코를 납작하게 만들었다.

「들어 봐요.」 누군가 새벽에 말했다. 「염소들이 목에 건 종 소리가 들려요. 염소들도 깨어 있는 거예요.」

모두가 잠시 조용해졌다.

「저건 재스퍼의 잔에서 얼음이 쟁그랑거리는 소리예요.」 다른 누군가 말했다.

정말 그랬다. 안타깝게도 이번에는. 하지만 우리는 달빛 속에서 분명 염소들을 보았다. 목에 종을 걸지 않은 야생 염소들을, 그 녀석들이 언덕을 오르내리는 모습을. 그날 밤 우리 대부분은 앞 갑판에 나란히 누워서 잤다. 문득 깨어 보니, 장밋빛 손가락의 새벽이 우리를 살며시 건드리고 사방의 모든 돌들을 포화되지 않은 분홍색으로 물들이고 있었다. 이브라힘이 커피를 가져올 때까지, 우리는 그렇게 깼다가 도로 스르르 잠들었다가 했다.

언제나 춤이 있었다. 나이 든 사람이든 젊은 사람이든 누구나 쉼 없이 춤추는 것 같았다. 어느 날 저녁에는, 항구 마을의 작은 술집에서, 잔뜩 허세 부리는 동네 사람들과 함께 그곳 언덕만큼 오래된 노래에 맞춰서 춤을 추었다. 어깨를 뒤로 젖히고, 두 팔을 치켜들고, 다 함께 둥근 원을 그렸다. 보드룸 댄스 축제의 에페 춤 우승자라는 톰은 남자들에게 그 지역 전통 춤인 에페 춤의 스텝을 가르쳐 주었다(「테스토스테론이 아주 많아 보이게 춰야 해요.」 톰은 우리를 격려하면서 말했다). 카슈에서는 일행 중 몇 명이 그 동네 디스코텍으로 용감하게 진출해 보았다. 그곳은 터키의 윈드서퍼들과 스쿠버다이버들이 로드 스튜어트의 노래에 맞춰 몸을 흔들고 그 남자들의 여자들은 올리비아 뉴튼존의 노래에 맞춰 현대판 살로메처럼 빙글빙글 도는 곳이었다.

그러나 무엇보다도, 선상에서는 언제나 춤이 있었다. 아침 후에도, 그리고 점심 후에도 또 한 번. 낮잠을 자는 몇 명을 제외한 나머지 사람들은, 카세트 플레이어에서 나오는 음악을 들으면서 아니면 바람이 절벽을 쓰다듬는 소리에서 음악을 상상하면서 주 갑판에서 뱅글뱅글 돌았다. 여느 때처럼 너풀너풀 날리는 드레스를 입은 수재나는 누군가 그녀의 몸을 뱃머리 너머로 기울여서 자기 머리카락이 바다로 쏟아지면 깔깔 웃었고, 그러면 휴게실의 승무원들이 빼꼼 내다보았다. 이 티크와 범포의 세상에서, 우리는 스스로를 바칸테스•라고 여겼다.

어느 더운 날 갑자기 비바람이 불었을 때, 우리는 모두 달려 나와서 얼굴에서 물이 줄줄 흐르도록 비를 맞으며, 춤추는 것도 같고 헤엄치는 것도 같은 모습으로, 갑판을 미끄러져 다녔다. 그때 톰의 테이프에서는 웬 터키 남자가 쉰 목소리로 불타는, 불타는 사랑을

• 로마 신화의 주신(酒神) 바쿠스를 쫓아다니며 섬기던 여신도들.

노래하고 있었다. 우리는 모두 영국식 유머의 정수인 냉소에의 존중을 어느 정도 핏속에 담고 있는 사람들이었지만, 언제든 자신이 몸담은 상황으로부터 냉소로써 약간 거리를 두는 그 능력을 이번 만큼은 다들 뭍에 놓아두고 떠나온 것 같았다. 그래서 이 배에서는 모든 것이 현실의 삶보다 더 현실적인 것처럼 생생했다. 적어도 이 순간만큼은. 긴 귀향길을 떠올리더라도, 차라리 집에 머물면서 머릿속으로만 리키아를 상상하는 편이 더 나았을지 모른다는 생각은 전혀 들지 않았다. 여태 옛 모습을 지키고 있는 이 해안을 기원전 333년에 처음 밟았던 알렉산드로스 대왕도 그런 생각 따위는 하지 않았을 것이듯이.

잠비아

매혹의 잠비아

『트래블 + 레저』 1998년 2월

나는 1992년에 잠비아를 처음 갔고 1997년에 다시 갔다. 이후 잠비아는 인기 있는 여행지가 되었지만, 1990년대만 해도 사람들이 거의 찾지 않는 곳이었다. 잠비아 사파리 여행은 내가 겪은 여행 중 가장 거친 편이었다. 그러나 그 덕분에 나와 두 친구와 사진사 한 명은 야생의 자연에 깃든 격렬한 아름다움을 잘 볼 수 있었다.

몇 년 전, 친구 하나와 아프리카 남부를 차로 누볐다. 우리의 계획은 막연했고, 지식은 빈약했다. 그러던 어느 날 밤 보츠와나에서 사파리 여행에 통달한 듯한 웬 수염 난 남자가 하는 말을 엿들은 뒤, 우리는 그에게 조언을 구했다. 그리고 당장 여정을 다시 짰다. 그러나 새로 얻은 확신을 적용해 볼 기회는 미처 없었다. 이틀 뒤 짐바브웨의 거친 도로에서 차가 뒤집어졌기 때문에 여행은 갑작스럽고 수치스럽게 끝나 버렸다. 이후 5년 동안 나는 아프리카 남부로 돌아갈 날을 꿈꿨고, 마침내 지난 7월 친구 둘, 사진가 한 명, 그리고 문제의 수염 난 남자인 개빈 블레어와 함께 잠비아를 탐험하러 나섰다.

우리는 도전적이고 유명하지 않고 신선한 나라를 원했다. 홍미롭고 아름답되 위험하지 않은 나라를 원했다. 야생 동물을 많이 볼 수 있고 그곳 주민들의 토착 문화도 접할 수 있는 곳을 원했다. 개빈은 우리에게 과거 북로디지아로 불렸던 잠비아에서라면 케냐, 탄자니아 북부, 남아공의 국립공원에 넘치는 관광객들은 미처 모르는 아프리카를 우리가 처음 발견한 것처럼 느낄 수 있다고 했다. 잠비아에서 보낸 두 주 동안 — 이른바 고속도로라는 길 위에서 보낸 사흘은 제외하고 — 우리가 본 다른 차는 총 열한 대였다.

짐바브웨 백인인 개빈 블레어는 세 나라에서 가이드 자격증이 있고, 다른 여러 나라에서도 샛길과 희귀한 동식물에 밝다. 당신이 목격할 식물의 이름을 대부분 라틴어 학명까지 알고, 곤충의 짝짓기 철을 알고, 모든 동물의 흔적을 읽을 줄 안다. 차를 고칠 줄 알고, 쌍안경을 고칠 줄 알고, 새의 부러진 날개를 고칠 줄 알고, 모닥불에 둘러앉았다가 말다툼한 사람들의 상한 기분을 고칠 줄 안다.

우리는 잠비아 북부와 중부의 국립공원에 접근하기 편한 소형 착륙지인 음푸웨 공항에서 개빈을 만났다. 그는 우리를 차에 태워서 남루앙과 국립공원으로 데려갔다. 야영지에는 그의 아름다운 아내 마저리가 기다리고 있었다. 마저리는 유능한 요리사이고, 잠자리를 순식간에 만들 줄 알고, 예리한 시각으로 야생 동물을 잘 찾아내며, 뛰어난 프렌치호른 연주자이기도 해서 해마다 석 달씩은 영국으로 가서 글라인드본 투어링 오페라단에서 연주한다. 마저리는 인간보다 동물을 선호하는 게 분명했다. 개빈은 빼고.

이튿날 우리는 동물들이 선선한 기온을 활용하여 활동하는 아침 일찍 나섰다. 거대한 바오바브나무 밑에서 싸간 음식을 먹은 뒤, 어스름을 틈타 사냥하는 포식자들이 나타나기를 기다렸다. 우리 네 명은 아직 무엇이 되었든 동물만 봤다 하면 경이롭게 느끼는 순진한 단계였던지라, 잠비아에서는 지저분한 개의 몸에 들끓는 벼룩만큼 흔하기 짝이 없는 볼그스름한 푸쿠 영양만 봐도 차를 세우고 구경했다. 우리는 악어들을 보았고, 하마들이 제 몸을 미끄럼틀 삼아 미끄러져서 얕은 웅덩이에 몸을 잠그고 흡족해하는 모습을 구경했다. 하이에나 한 마리가 얼룩말 떼를 노리는 것을 보았다. 무엇보다 멋진 것은 코끼리들이었다. 녀석들은 진흙탕에서는 흡사 거대한 발레리나처럼 발끝으로 걸었고, 단단한 땅에 닿아야 발바닥을 다 폈다. 밀렵의 역사가 오래되었기 때문에, 이곳 야생 동물들은 사람을 경계하는 법을 익혔다. 그럼에도 불구하고 어린 코끼리 수컷 한 마리는 우리 심장이 덜컥 멎을 만큼 가까이 다가왔고, 우리는 녀석이 제 코를 진흙탕 속에서 휘둘러 마치 그 속에서 별을 찾는 망원경처럼 사용하는 모습을 삼십 분쯤 지켜보았다.

둘째 날 처음 사자를 보았다. 암컷 사자는 공포에 몸이 굳은 어린 푸쿠를 향해 눈을 번득이면서 살금살금 교묘하게 다가갔다. 그 어떤 일곱 베일의 춤•도 안무가 그보다 더 세심하게 짜이지는 않았을 것이고 상대의 저항을 그보다 더 완벽히 무력화하지는 않았을 것이다. 그날 우리는 꼭 머나먼 원정에 나선 성미 나쁜 중늙은이들처럼 보이는 누 떼를 보았다. 크고 사랑스러운 쿠두, 워터벅, 호리호리한 임팔라도 수백 마리 보았다. 기린들이 짝짓기를 준비하는 모습을 보았다. 수컷 기린은 암컷이 새끼를 낳을 수 있는 상태인지 확인하려고 암컷의 오줌을 입에 머금어 본다. 우리는 창조주가 최고로 장난기 넘치는 날에 발명한 것 같은 기린의 엉뚱하게 긴 목과 큼직한 눈에 감탄했다.

야생 동물이 가장 많다는 남루앙과 하천 유역을 탐사한 뒤, 루앙과 계곡을 에워싼 절벽으로 향했다. 도로 사정은 나빴다. 차로 강물을 건너야 했고, 가끔은 길이 아예 안 보일 만큼 표시가 희미했다. 우리는 보통 차 지붕에 앉아서 통통 튕기면서 낮게 늘어진 나뭇가

• 살로메가 헤롯 왕을 꾀어 제 뜻대로 조종하려고 그 앞에서 췄다는 춤.

지를 피하고, 햇볕을 너무 많이 쬐고, 간간이 동물을 목격하거나 새로운 식물을 많이 목격했다. 그렇게 덜컹거리다가 한번은 내 지갑이 뒷주머니에서 튕겨 나갔지만, 찾을 수 있다는 보장이 없는 것 같기에 그냥 직진했다. 체체파리가 들끓는 저지대를 가로지르는 것은 끔찍했다. 그래도 우리는 그 비옥한 계곡에서 마룰라 열매를 따 먹었고, 바오바브 열매에 든 가루 같은 내용물을 혀로 녹여 먹었다.

오후가 되어 절벽 아래 다다랐다. 우리는 하도 가팔라서 차가 바위 표면에서 뚝 떨어져 버릴 것 같은 급경사로 올라갔다. 너무 깊게 팬 구덩이를 만나면, 차를 세우고 돌멩이를 주워서 구덩이를 메우고서야 전진할 수 있었다. 차는 더부룩하면서도 황량한 덤불을 뚫고 계속 올라갔고, 그러다 갑자기 더는 버틸 수 없겠다는 생각이 든 순간 우리는 정상에 있었다. 우리가 남루앙과에 도착한 뒤 거쳐 온 풍경 전체가 꼭 지도처럼, 지평선처럼 발밑에 광활하게 펼쳐져 있었다. 풍경은 선명하고 단정하고 꼭 압축된 것처럼 보였다. 눈이 아니라 기억을 통해서 바라보는 것 같은 풍경이었다.

이날은 온종일 차를 타는 긴 하루가 될 것이라고, 개빈은 미리 경고했었다. 절벽 북쪽 도로는 구덩이 천지라서 차를 홱홱 꺾으면서 달려야 했다. 「여기서 직진하는 건 만취한 운전자뿐이죠.」 개빈은 말했다. 이윽고 웬 어여쁜 튜더 양식 오두막에 다다랐을 때, 우리는 심술이 나고 배가 고픈 상태였다. 그곳에는 덩굴 장미가 있었고, 잘 관리된 정원이 있었고, 우리가 도착한 곳이 카피시야 온천 산장이라고 알려 주는 말뚝 울타리가 있었다. 어딘지 좀 특이한 백인 남자가 키코이라고 불리는 면 사롱을 두른 차림으로 총총 다가왔다. 남자가 말했다. 「저런, 저런, 저런. 안 오시나 보다 생각하고 있었는데요. 거의 포기했었는데요. 하지만 들어오세요, 들어오세요.」 남자는 산장 주인인 마크 하비였고, 남자 뒤에는 기름 등잔을 든 마을 사람들이 서 있었다. 하비가 도우미에게 말했다. 「어니스트, 이분들 짐을 들이고 따뜻한 저녁을 차려 주세요.」 우리에게는 이렇게 말했다. 「저녁 드시기 전에 몸을 담글 시간은 충분하겠네요.」

어니스트는 우리를 거의 기본적인 시설만 갖춰진 작은 손님용 오두막으로 안내했고, 그다음 몇백 미터 떨어진 풀로 데려갔다. 물웅덩이 바닥에는 흰 모래가 깔려 있었고, 바위를 통째 깎아 만든 계단을 몇 발짝 내려가면 곧 물에 잠겼다. 수면에서 안개처럼 피어오른 증기 너머로 보름달이 다 되어 가는 달빛을 받아 실루엣만 드러난 야자나무 한 그루가 보였다. 우리는 옷을 벗고 슬며시 물로 들어갔다. 긴 하루가 그토록 상쾌하게 싹 씻겨 나가는 기분은 평생 처음이었다. 따뜻한 물이 모래를 뚫고 보글보글 솟았고, 증기를 물들인 은색 달빛이 루앙과의 뜨겁고 선명한 풍경에 지친 우리 눈을 씻어 주었다. 그 후 우리는 모닥불 옆에서 저녁을 먹었고, 역시 그 자리에서 진토닉을 마셨고, 셰퍼드 파이를 먹었고, 하비로부터 그의 할아버지가 지었다는 〈시와 응간두〉라는 저택 이야기를 들었다. 이튿날 아침, 우리는 시와 응간두로 가보았다. 그 저택은 식민 시대 아프리카에 지어진 집이 아니었다. 아예 아프리카가 아니었다. 드넓은 영국식 정원 속에 비대한 빅토리아 양식 저택이 서 있었다. 아직까지 그 마을 사람들이 반쯤 관리하고 있지만 사실상 쇠락해 가는 정원을 거니는 것은 아프리카 정글의 게걸스러운 식욕에 잡아먹힌 영국의 꿈을 보는 것 같았다. 우리는 복잡하게 짜인 나무 시렁에 감겨 꽃을 피운 덩굴 밑에서 산맥을 감상했고, 저 멀리 근사한 호수를 구경했고, 풀숲에서 살짝살짝 움직이는 야생 동물들을 보았다.

재미있기도 하고 으스스하기도 한 기분으로, 우리는 그다음 서쪽으로 방궤울루 늪을 향해 달렸다. 좁은 도로는 진흙과 벽돌로 벽을 쌓고 초가 지붕을 인 오두막들이 모여 있는 마을을 수십 곳 관통해 지나갔다. 차가 그 길을 달리는 것은 몇 주에 한 번 있는 일이라고 했다. 대개 아프리카 천을 감고 있는 주민들은 하던 일을 멈추고 우리를 향해 손 흔들었다. 아이들은 춤추며 노래했다. 우리 차가 지나가며 일으킨 흙먼지 속에서 지그 춤을 추는 아이들도 있었다. 일행 중 한 명이 말했듯이, 영국 여왕의 일상은 아마 매일매일이 이럴 것 같았다.

점심시간이 되어 어느 마을에서 차를 세웠다. 잠비아는 국어가 영어이기 때문에(그 밖에 35가지 부족어가 더 있다) 소통은 쉬웠다. 스무 살 청년 윌리 몸바가 우리를 방 하나짜리 자기 집으로 초대했고, 자기 밭을 보여 주었고(구아바 나무 한 그루, 쪽파 여섯 자루, 고구마 네 줄, 토마토 두 줄), 아내를 소개시켜 주었다. 윌리 몸바에게는 아끼는 소지품이 하나 있었는데, 그것은 카메라였지만, 필름은 가져 본 적 없다고 했다. 우리는 그에게 필름 두 통을 주었다.

오후가 되니 우리가 지나치는 마을들은 점점 더 작아졌고, 더 가난해졌고, 도로에 더 가까워졌다. 해 질 무렵 개빈은 (우리가 보기에는 무턱대고) 차를 꺾어서 널따란 벌판으로 들어섰다. 이십 분 뒤 차는 둑길에 올라섰고, 다시 삼십 분 뒤 야영지에 도착했다. 야영지 주변으로는 한밤이라 안개가 자욱하고 형체가 흐릿하며 이상한 소음이나 동물 울음소리가 메아리치는 미답의 진창이 사방으로 몇 킬로미터나 뻗어 있었다. 세상의 끝에 와 있는 것 같은 느낌을 그렇게 강하게 받기는 처음이었다. 우리는 일찍 자러 들어갔고, 다들 이상한 꿈을 꿨다.

이튿날 새벽, 그 지역 안내인이라는 네 남자와 함께 길을 나섰다. 남자들은 모두 활짝 웃었고, 발은 맨발이지만 머리에는 모자를 썼고, 신비로운 방향 감각을 갖고 있었다. 우리는 아프리카에서 제일 만나기 어려운 새라는 슈빌(넓적부리황새)을 찾아 나섰다. 관목을 헤치면서 좀 걷다가, 물에 다다르면 작은 보트를 타고 장대를 짚거나 노를 저어 나아갔다. 땅은 점차 스펀지처럼 변했고, 늪은 더 축축해졌다. 그러다 우리는 물에 뜬 땅에 다다랐다. 기묘하기 짝이 없는 이 늪에서도 가장 기묘한 그 지점은 사실 두꺼운 풀들의 뿌리가 한데 엉켜서 그 속에 흙이 빽빽하게 붙은 것이었고, 그 밑으로는 그냥 탁한 물이었다. 보기에는 그냥 평범한 발뙈기 같았지만, 밟으면 땅이 살짝 내려앉으면서 형체가 변했다. 발을 디딜 때마다 바닥이 몇 센티미터쯤 가라앉았다. 꼭 비닐 랩을 덮은 수프 그릇 위를 걷는 기분, 아니면 플러시 천이 덮인 물침대 위를 걷는 기분이었다.

이제 기어코 슈빌을 찾고 말겠다는 열의에 넘친 우리는 계속 나아갔고, 결국 물에 뜬 땅이 우리 몸무게를 더는 버티지 못하는 지점에 이르렀다. 우리는 무릎까지, 가끔은 허리까지 빠졌다. 그러다 마침내 목표물을 발견했다. 꼭 제임스 서버의 만화에서 튀어나온 듯한 새, 익룡이 지구에서 사라진 뒤 오래지 않아 지구에 나타났던 원시의 새, 어처구니없을 만큼 큼직한 나막신 모양 부리가 머리 앞에 붙어 있는 새. 우리는 슈빌을 세 마리 보았다. 그 후 진흙투성이 몸에 만족한 기분으로, 갔던 길을 되짚어 돌아와서 오래오래 샤워했다. 오후에는 야영지를 헤집고 다니는 도마뱀들을 구경하면서 우리가 온 우주에서 유일한 인간들인 것 같은 기분으로 보냈다.

저녁에 차를 몰고 둑길을 몇 킬로미터 달려서, 숨만 훅 내불어도 쓰러뜨릴 수 있을 듯한 어부들의 갈대 오두막을 지나쳐서, 늪 옆 범람원으로 들어섰다. 평원에서는 볼망태두루미 떼가 짝짓기 춤을 추고 있었고, 그 너머에 5천 마리쯤 되어 보이는 붉은 리추에 영양 떼가 있었다. 개빈은 스로틀을 잘 고정해서 차가 시속 약 15킬로미터의 정속으로 자동 주행하게 만든 뒤 지붕으로 올라와서 우리와 합류했다. 시종일관 천천히 둔중하게 나아가는 우리 차를 동물들은 겁내지 않았다. 우리는 북적대는 공항에서 짐을 실은 카트가 사람들을 헤치고 나아가는 것처럼 동물들을 가르며 나아갔다. 야영지로 돌아오니 마저리가 저녁을 차려 주었다. 마저리가 디저트로

바나나 플랑베를 가지고 나오자, 안내인들이 왁자그르르 폭소를 터뜨렸다. 그들은 눈물이 줄줄 흐를 만큼 웃어 대면서 우리에게 숙녀가 저녁 식사를 불태워 버렸다고 말했다.

방궤울루 늪을 떠나는 것은 꼭 앨리스의 거울을 거꾸로 빠져나오는 것 같았다. 우리는 정확히 이틀 전에 달렸던 길을 다시 달리면서 다시 한 번 춤추는 아이들에게 손 흔들었다. 어느 마을에서는 윌리 몸바가 도롯가에 섰다가 우리를 불렀다. 그는 끈으로 묶은 상자를 내밀며 말했다. 「돌아오시길 기다리고 있었습니다. 고구마를 드리고 싶었어요.」 그는 자기 밭 소출의 3분의 1은 될 것이 분명한 선물을 우리에게 주며 말했다. 「만나서 반가웠습니다.」 우리는 잠시 사양하다가 결국 선물을 받았다. 그는 우리가 시야에서 사라질 때까지 길가에 서서 손을 흔들었다. 그곳 사람들이 우리에게 보여 준 너그러움, 호기심, 가식 없는 상냥함은 우리의 잠비아 경험에 완벽한 날씨만큼이나 붙박이로 있는 요소였다.

우리가 늪에서 멀어질수록 집들은 더 커졌고 도로에서 더 물러났으며, 사람들은 더 부유해 보였다. 어쩌면 그들은 외국인도 더 자주 보는 것 같았는데, 좀 더 멀리서 좀 더 진득하게 궁둥이를 붙인 채 손을 흔들었기 때문이다. 오후 중순, 우리는 흰 바탕에 파란 글씨로 이렇게 적힌 간판을 발견했다. 〈치탐보 족장의 궁전으로 가려면 우회전하시오.〉 백 미터 더 가니 또 다른 간판이 〈치탐보 족장의 궁전으로 가려면 이 길로 가시오〉라고 알려 주었다. 학교를 지나치고, 흙 운동장에서 공 차는 아이들을 지나치니, 이제까지 본 것 중 제일 큰 간판이 이렇게 알렸다. 〈치탐보 족장의 궁전에 다 오셨습니다. 모자를 벗고 자전거에서 내리세요.〉 입구의 낮은 문을 통과해 들어가니 영국식으로 잘 가꿔진 작은 정사각형 잔디밭이 있었고, 그 한가운데에는 높은 깃대가 서 있었다. 잔디밭 너머에는 똑같이 생긴 흰 단층집이 세 채 보였고, 헛간도 몇 채 흩어져 있었다.

한 나무 밑에 야외용 의자가 놓여 있었다. 우리에게는 의자 다리만 보였고, 의자 몸통은 거대한 신문지에 가려서 보이지 않았다. 그 신문지가 슥 내려오더니, 야영용 반바지를 입은 원기 왕성한 남자가 모습을 드러냈다. 「내 궁전에 잘 오셨습니다.」 족장은 영국 상류층 말투로 말했다. 그는 우리를 자기 사무실로 안내하여, 치탐보 부족의 역사를 들려주었다. 자신은 부족의 토지를 보전하는 일에 헌신하며, 일 년에 한 번 자전거를 타고 영토를 순방하며 9만 명의 백성을 일일이 만난다고 했다. 우리는 그가 대접한 코카콜라를 마시면서 잠비아가 참 아름답다고 말했고, 그곳 사람들이 우리에게 참 친절했다고 말했고, 미국에 대해서도 좀 말했다. 족장은 방명록을 건네면서 서명하라고 했다. 그 후 밖으로 나가서 부지를 구경시켜 주었다. 세 채의 단층집은 족장의 세 아내가 사는 집이었다. 그는 한 아내와 일주일을 함께 지내고, 그다음 두 번째 아내와 일주일을 지내고, 그다음 세 번째 아내와 일주일을 지낸다고 했다. 미국에서는 남자가 한 아내와 늘 같이 지낸다고 말하자 그는 물었다. 「그러면 많이 다투지 않습니까?」

족장은 깃발 밑에서 우리 한 사람 한 사람과 사진을 찍자고 했다. 그 후 우리가 떠나려는데, 그가 낮은 목소리로 이런 만남 후에는 자질구레한 물건을 좀 남겨 두고 가는 것이 관례라고 말했다. 우리는 그의 교육 기금에 몇 달러를 기부했다. 일행 중 한 명은 언젠가 그곳 아이들에게 주려고 했던 모자를 그에게 주었는데, 찌그러진 테니스 모자처럼 생겼고 밝은 체크무늬에 「세서미 스트리트Sesame Street」의 캐릭터 버트와 어니가 이마에 커다란 패치로 붙어 있는 모자였다. 족장은 모자를 썼고, 단정하게 가다듬은 뒤, 우리 모두와 함께 단체 사진을 찍었다. 우리는 차에 도로 우르르 올라탔고, 족장은 윌리 몸바처럼 우리 차가 모퉁이를 돌아 시야에서 사라질 때까지 길가에서 손을 흔들었다.

아담한 카산카 국립공원에 다다랐을 즈음, 달은 보름달로 차올랐고 계곡에서는 꽃향기가 났다. 이튿날 개빈은 해 뜨기 전에 우리를 깨웠다. 우리는 근들거리는 높은 사다리를 밟고 올라서 어느 나무의 꼭대기 가지까지 올라갔다. 태양이 서서히 새벽 안개를 걷어내자, 보기 드문 영양인 시타퉁가 떼가 보였다. 우리는 개빈이 챙겨온 보온병으로 차를 마시고, 비스킷을 씹고, 하루의 첫 새소리를 들었다. 우리 중 한 명이 그날 비행기로 떠나야 했기 때문에 우리는 루사카로 향했다. 슬프고 긴 날이었다.

루사카는 흉한 도시다. 더럽고 붐비고 악취가 난다. 우리는 도시 밖에 있는 안락한 오두막에서 묵었다. 방에는 현대적인 조명이 있었고, 수도꼭지만 돌리면 재깍 온수가 나왔고, 심지어 수영장까지 있었다. 늪을 겪은 뒤였다 보니 그 모든 것이 썩 반가웠다. 나는 저녁을 먹은 뒤 내 방으로 돌아가다가, 오두막을 둘러싼 푸른 잔디를 뜯고 있는 얼룩말들과 마주쳤다. 내가 서서히 다가가도 녀석들은 겨우 일 미터쯤 옆으로 비킬 뿐이었다. 나는 방문 앞에 서서 한 마리를 정면으로 바라보았고, 암컷인 녀석은 내 시선을 피하지 않고 눈을 맞춰 주었다. 야생 동물을 보겠다고 일주일 내내 쌍안경을 동원하고 목을 잡아뺐던 뒤라면, 이렇듯 난데없는 밀접함에 현기증이 든다. 얼룩말과 나는 기차에서 만난 낯선 승객들처럼 서로를 응시했다. 이윽고 녀석은 볼 것을 다 보았다는 듯이 고개를 돌리고 총총 가버렸다.

이튿날 해가 가라앉을 무렵, 북부의 카푸에 국립공원에 다다랐다. 우리는 먼저 낮은 협곡에서 땔감을 모았고 거의 캄캄해져서야 야영지에 도착했다. 개빈은 우리더러 텐트 치는 일을 도우려고 해봐야 방해만 될 뿐이라며 돕지 말라고 정중하게 요청했고, 그래서 우리는 포도주를 한 병 들고 강으로 내려가서 별이 뜨는 것을 구경했다. 누가 내게 잠비아에서 제일 좋았던 국립공원을 하나 꼽으라고 하면, 나는 카푸에를 꼽겠다. 그곳 동물들이라고 해서 다른 곳 동물들과 다르지는 않았고 식물들도 다르지 않았지만, 어째서인지 카푸에에서는 모든 것이 각별히 우아했다. 자연이 카푸에를 조립할 때 조경가다운 기분에 젖었던 것처럼 보였다. 우리는 카푸에에서 표범을 처음 보았다. 표범은 기대에 어긋나지 않을 만큼 육감적이었고 점박이였고 신중했다. 치타들도 보았다. 우리는 사흘 더 카푸에의 구릉지를 차로 누볐고, 기나긴 오후에는 산책하거나 책을 읽거나 엽서를 썼다. 그 후 남쪽으로 차를 몰아서 카푸에 국립공원을 세로로 절반쯤 내려왔다. 도착한 곳은 길이가 40킬로미터나 되는 이테지테지 호수였다. 우리는 호숫가 한 바위로 올라가서, 설치류처럼 생긴 작은 포유류인 바위너구리, 혹은 다시라고도 불리는 녀석들이 오종종 모여 일광욕하는 모습을 구경했다. 이테지테지 호수는 세상이 처음 열린 날 같은 태고의 분위기를 간직하고 있었고, 그 속에는 하마들과 얼룩말들과 보트 한 척이 있었다. 중간 정도 거리에서 호수를 가르던 작은 카누는 감상적인 화가가 풍경에 추가한 디테일처럼 보였다.

다음 날, 우리는 방치되다시피 한 카푸에 국립공원 남부로 향했다. 이곳 동물들은 우리를 보고 놀라는 듯했는데, 물소가 500마리쯤 있었고 임팔라는 그보다 더 많았으며 누 떼도 있었다. 한 아카시아 나무에는 백 마리쯤 되는 펠리컨들이 단체로 둥지를 틀어, 녀석들의 똥으로 나뭇잎들이 새하얬다. 우리는 또 분홍가슴파랑새들의 터키색 비행을 눈으로 좇았다. 이윽고 도착한 공터는 해가 특별히 그곳만 밝게 비추는 듯 마법적인 장소였다. 너르게 뻗은 모파니 나무 밑에 개빈과 마저리가 텐트를 쳤다. 우리는 달돋이를 보면서, 모닥불이 다 타들어 가서 반딧불처럼 깜박거릴 때까지 허심탄회한 대화를 나눴다.

이튿날 아침에는 야생의 자연을 뚫고 좀 더 달리다가, 리빙스턴

시에 들러서 쇼핑을 한 뒤, 빅토리아 폭포에서 짐바브웨로 넘어갔다. 그곳에 예약해 둔 호텔로 갔더니 루앙과 계곡에서 잃어버렸던 내 지갑이 미리 와 있었다. 루앙과의 어느 일꾼이 그것을 발견하여 아메리칸 익스프레스 카드 회사에 연락했고 카드사가 내 여정을 알아내어 배달을 주선한 것이라고 했다. 현금이 다 그대로 있었다.

그날 밤, 우리는 여행 가방 맨 밑에서 끄집어낸 옷, 자글자글 구겨졌지만 그럭저럭 봐줄 만한 옷을 떨쳐입고 나서서 빅토리아폴스 호텔에서 저녁을 먹었다. 밴드가 연주했다. 사람들이 춤췄다. 우리는 메뉴에서 요리를 골라 주문했고, 샴페인으로 오지에 축배를 들었다. 다음 날 아침 개빈과 마저리에게 작별 인사를 할 때, 나는 가슴을 저미는 듯 강렬한 무언가가 이로써 끝났다는 기분이 들었다. 대학을 떠날 때 느낀 기분과 비슷했다. 앞으로의 인생은 지금까지와는 다를 테고 그것은 또 그것대로 괜찮겠지만, 그래도 이번과 같은 것은 두 번 다시 겪을 수 없으리라는 느낌이었다.

•

알려지지 않은 장소를 글로 쓸 때는 그럼으로써 내가 그곳을 알린다는 책임이 따른다. 잠비아의 관광 산업은 21세기 들어 유례없는 수준으로 성장했다. 그러나 사회적으로는 이것이 썩 좋은 일인 것 같다. 대형 야생 동물을 위협하는 밀렵이나 벌목이나 그 밖의 문제들에 효과적으로 대응할 유일한 방법은 사회가 동물 보호를 지지하는 기반 구조를 갖추는 것인데, 관광 산업은 그런 보호 장치의 동력이 되어 주는 경우가 많다. 내가 방문한 이래 구리 가격이 하락하여 잠비아는 관광 산업에 더 많이 의존하게 되었고, 황열병이 근절됨으로써 관광객들에게도 더 매력적인 나라가 되었다.[1] 우리는 방치된 지역을 곧잘 낭만화하지만, 그곳에 사는 사람들에게는 그 방치가 치명적이다.

캄보디아 팔리 누온의 삼 단계

『한낮의 우울』, 2001년

캄보디아에 간 것은 정신 질환을 연구하기 위해서가 아니라 앙코르 와트 건축을 연구하기 위해서였다. 그런데 프놈펜에서 보낸 첫날, 곁에 있던 어떤 사람에게 요즘 내가 우울증을 조사하고 있다고 말했더니 그가 팔리 누온의 이름을 알려 주었다. 나는 그녀를 인터뷰하고 싶다고 말했다. 그 때문에 캄보디아 북부 여행 일정에서 하루를 제해야 하더라도. 그가 주선해 준 인터뷰를 하면서, 나는 비교문화적 관점을 포함하지 않은 채 우울증에 관한 글을 쓸 수는 없다는 것을 깨달았다. 결국 그런 관점은 『한낮의 우울』의 중요한 한 주제가 되었다. 아래 글은 『한낮의 우울』에서 재인용한 것이지만, 독자적으로 읽힐 수 있도록 살짝 확장했다.

1999년 1월 캄보디아에 갔을 때, 나는 그곳의 경이로운 건축물들을 보고 싶었다. 하지만 또한 상상을 넘는 비극으로부터 헤어나고 있는 나라에서는 사람들이 어떻게 살아가는지 이해하고 싶었다.[1] 동포의 4분의 1이 학살되는 것을 목격했을 때, 자신도 잔혹한 체제가 가한 고난과 공포를 겪었을 때, 초토화된 나라를 재건하고자 고초를 무릅쓰고 노력할 때 사람들이 어떤 감정을 겪는지 궁금했다.

전 국민이 상상조차 불가능한 트라우마를 남기는 불안을 겪었던 나라, 절망적으로 가난한 나라, 교육이나 고용의 전망이 거의 없는 나라에서 사람들의 마음은 어떤지 알고 싶었다. 사람들이 전쟁 중 겪는 절망은 보통 광란에 가까운 심리이지만, 철저한 파괴에 뒤따르는 절망은 철저한 무감각이다. 오늘날 서양 사람들이 겪고 있는 우울증에 좀 더 가까운 상태다. 캄보디아는 당파들로 나뉘어 서로 살벌하게 싸웠던 나라가 아니라, 사회의 모든 구조들이 깡그리 말살된 나라다. 캄보디아를 가보는 것은 남극 상공에 오존이 전혀 없는 지점을 가보는 것과 비슷했다.

1970년대, 혁명가 폴 포트는 크메르 루주라고 이름 붙인 마오주의 독재 정권을 캄보디아에 세웠다. 이후 오랫동안 피투성이 내전이 이어졌고, 그 기간 동안 인구의 5분의 1이 학살되었다. 엘리트 지식인들은 모두 제거되었고, 농민들은 주기적으로 거주지를 옮겨야 했다. 많은 사람들이 감옥에 갇혔고, 그 속에서 조롱과 고문을 받았다. 온 나라가 만성적인 공포에 사로잡혀 살았다.

캄보디아 사람들은 대부분 말투가 부드럽고, 온화하고, 매력적이다. 이 사랑스러운 나라에서 폴 포트의 잔혹 행위가 벌어졌다는 사실이 믿기지 않을 지경이다. 내가 만난 사람들은 크메르 루주가 어떻게 권력을 잡을 수 있었는가 하는 문제에 저마다 다른 설명을 내놓았지만, 나는 그중 어떤 설명도 잘 납득되지 않았다. 문화 혁명이나 스탈린주의나 나치즘에 대한 어떤 설명도 납득되지 않는 것처럼. 물론 사후에 돌아보면 왜 특정 나라가 그런 체제에 유달리 취약했던가 하는 것쯤은 알 수 있지만, 대체 어떻게 인간의 상상력에서 그런 행위가 나올 수 있었는가는 여전히 알 수 없다. 그런 악은 모든 사회가 품고 있는 일상적인 악과 비슷하기는 하되 너무나 극단적이라서, 그런 악만이 고유하게 갖고 있는 어떤 법칙이 있기 마련이다. 물론 사회 구조란 우리가 인정하고 싶은 것보다 늘 더 취약하기 마련이다. 하지만 아무리 그래도 어떻게 그것이 그토록 깡그리 증발해 버릴 수 있는지는 통 모를 노릇이다. 캄보디아의 미국 대사는 내게 크메르인들의 가장 큰 문제는 캄보디아 전통 사회에 갈등을 평화롭게 해결하는 방법이 없었던 것이라고 말했다. 「차이가 발생하면, 이 사람들은 애써 부정하며 꾹꾹 눌러 두거나 칼을 꺼내 싸우거나 둘 중 하나입니다.」 현 캄보디아 정부의 한 관료는 내게 자기네 민족은 너무 오랫동안 절대 군주 체제에 굴종해 왔던 터라 독재에 맞서야 한다는 생각도 다 늦을 때까지 미처 떠올리지 못했다고 말했다.

캄보디아 사람들은 쉽게 운다. 생글생글 웃던 사람이 아무런 전이 과정을 드러내지 않은 채 갑자기 흐느끼기 시작할 때마다, 내 귓전에는 미국 대사의 저 말이 울렸다. 나는 크메르 루주의 손아귀에서 잔혹한 짓을 당했던 사람들을 인터뷰하면서 대부분의 사람들이 미래를 바라보려고 애쓴다는 것을 알았다. 그러나 내가 그들의 사적인 과거를 말해 달라고 채근하면, 그들은 내 눈앞에서 갑자기 과거로 스르르 돌아가서 고통스러운 과거 시제에 빠져드는 듯했다. 내가 캄보디아에서 만난 모든 성인 인구는 보통 사람들 같으면 대개 미쳐 버리고 말 법한 충격적 사건을 겪었다. 그러나 그들이 각자 마음속에서 견뎌 온 것은 그와는 또 다른 차원의 끔찍함이었다. 나는 캄보디아 사람들을 인터뷰하기로 결심했을 때 타인의 고통에 내가 겸허해지는 경험을 하게 될 것이라고 기대했고, 정말로 더 이상 겸허해질 수 없을 만큼 겸허해졌다.

피가로 인도주의 공로상을 받았고 한때 노벨 평화상 후보로도 올랐던 팔리 누온은 프놈펜에 우울증을 앓는 여자들을 위한 센터와 고아원을 지어 운영해 왔다. 그런 여자들에 대한 팔리 누온의 치료는 대성공이었다. 요즘 고아원을 운영하는 직원들은 거의 대부분 예전에 팔리 누온에게 치료받았던 여자들이고, 그들은 팔리 누온을 중심에 두고 자비의 공동체를 이뤘다. 그들은 만약 우리가 그 여자들을 구할 수 있다면 다음에는 그 여자들이 다른 여자들을 구할 수 있고, 그 다른 여자들이 아이들을 구할 수 있고, 그렇게 계속 꼬리를 물다 보면 결국 온 나라를 구할 수도 있다고 말한다.

팔리 누온의 제안에 따라 우리는 프놈펜 중심가 근처 낡은 사무용 건물 꼭대기 층의 지금은 아무도 안 쓰는 작은 방에서 만났다. 그녀는 한쪽에 놓인 의자에 앉았고, 나는 마주 보고 놓인 작은 소파에 앉았다. 여느 캄보디아인처럼 그녀는 서양 기준으로는 작달막한 편이다. 희끗희끗 세어 가는 까만 머리카락을 뒤로 바싹 동여매고 있어서 얼굴이 더 강조되었다. 그녀는 주장을 제기할 때는 강하게 말할 줄 알았지만 그러면서도 수줍어 했고, 말하지 않을 때는 시선을 바닥으로 떨구고 웃었다.

우리는 팔리 누온 자신의 이야기부터 시작했다. 1970년대 초 그녀는 캄보디아 재무부와 상공회의소에서 타자수와 속기사로 일했다. 1975년 프놈펜이 폴 포트와 크메르 루주의 손에 들어간 후, 그녀는 남편과 아이들과 함께 집에서 끌려 나왔다. 남편은 어딘지 모를 곳으로 끌려갔고, 그녀는 이후 남편의 생사조차 몰랐다. 그녀 자신은 열두 살 딸, 세 살 아들, 갓난아이를 거느린 채 밭에서 일하게 되었다. 환경은 비참했고 식량은 부족했지만, 그녀는 다른 사람들 곁에서 묵묵히 일했다. 「아무에게도 아무 말도 하지 않았고, 절대 웃지 않았어요. 다른 사람들도 아무도 웃지 않았어요. 당장이라도 처형될 수 있다는 걸 알았으니까요.」 몇 달 뒤 그녀와 아이들은 또 다른 곳으로 이송되었는데, 이동 중에 군인들이 그녀를 나무에 묶어 놓고 그녀가 보는 앞에서 딸을 집단 강간한 후 죽였다. 며칠 뒤는 팔리 누온의 차례였다. 군인들은 그녀와 다른 노동자 몇 명을 마을 밖 밭으로 데려가서, 밧줄로 그녀의 두 손을 등 뒤에서 묶고 두 다리도 한데 묶었다. 그러고는 무릎을 꿇린 뒤, 등에 대나무 작대기를 맨 채로 진흙탕을 향해 몸을 숙이게 했다. 다리에 힘을 꽉 주고 있지 않으면 진흙탕에 고꾸라져 질식해 죽도록. 세 살 아들은 옆에서 울어 댔고, 갓난아이는 그녀의 몸에 매어 있었기 때문에 그녀가 넘어지면 아이도 숨 막혀 죽을 것이었다. 팔리 누온은 자기 손으로 자기 아이를 죽이게 될 것이었다.

그래서 팔리 누온은 거짓말을 지어냈다. 군인들에게 자신은 전쟁 전에 크메르 루주 고위 간부를 위해서 일했는데 처음에는 그의 비서였다가 나중에 애인이 되었고 따라서 자신이 처형된다면 그가 화낼 것이라고 말했다. 킬링 필드에서 살아 나가는 사람은 거의 없었다. 그러나 대장은 결국 그녀의 말을 믿은 모양이었다. 그는 아이 울음소리를 도저히 참고 들어 주지 못하겠는데 그렇다고 해서 그녀를 신속하게 처형하기에는 총알이 아깝다고 말하더니, 그녀를 풀어 주면서 썩 꺼지라고 했다. 그녀는 한 팔에는 아기를, 다른 팔에는 세 살 아들을 안고 캄보디아 북동부 정글 깊숙이 들어갔다.

정글에서 그녀는 삼 년 사 개월하고 열여드레 날을 머물렀다. 절대 한곳에서 연이어 이틀을 묵지 않았다. 쉼 없이 떠돌아다니면서 잎을 따고 뿌리를 캐어 아이들과 연명했지만, 먹을 만한 것을 찾기 힘든 데다가 그녀보다 더 강인한 다른 채집자들이 일대를 싹 훑고 지나간 뒤라 아무것도 남지 않았을 때가 많았다. 그녀는 심한 영양 부족으로 쇠약해졌다. 곧 젖이 말랐고, 제대로 먹지 못한 아기는 그녀의 품에서 죽었다. 그녀와 남은 아이는 전쟁이 끝나기까지 가까스로 목숨을 부지했다.

팔리 누온의 이야기가 이 대목에 이르렀을 때, 우리는 둘 다 의자에서 내려와서 그 사이 바닥에 앉아 있었다. 그녀는 까치발을 딛고 웅크린 채 몸을 앞뒤로 흔들며 흐느꼈고, 나는 세운 두 무릎에 턱을 괸 채 한 손을 그녀의 어깨에 얹어서 넋이 나간 듯한 그녀가 허락하는 한 최대한 감싸 안고 있었다. 그녀는 거의 속삭이는 목소리로 말을 이었다.

전쟁이 끝난 뒤, 팔리 누온은 남편을 찾아냈다. 남편은 머리와 목 주변을 심하게 맞아 지능이 크게 저하된 상태였다. 그녀는 남편과 아들과 함께 태국 근처 국경 수용소에 머물게 되었다. 수천 명의 사람들이 임시 천막에서 살아가는 곳이었다. 수용소 직원들은 거주자들을 육체적으로나 성적으로 학대했지만, 더러 도와주는 사람도 있었다. 팔리 누온은 그곳에서 유일하게 교육받은 사람이었다. 그리고 다른 언어를 할 줄 알았기 때문에, 국제 구호 직원들과 대화할 수 있었다. 그녀의 가족은 그곳에서 사치로 통하는 통나무집을 배정받았다. 「수용소를 돌아다니면서 보니 상태가 아주 나쁜 여자들이 있었어요. 꼭 마비된 것 같은 여자들이 많았죠. 움직이지 않고, 말하지 않고, 자기 아이를 먹이거나 돌보지도 않는 여자들. 그 여자들이 전쟁에서는 살아남았지만 우울증으로 죽어 가고 있다는 걸 알았어요.」 팔리 누온은 국제 구호 직원들에게 특별히 부탁하여 자기 집을 일종의 심리 치료 센터로 꾸몄다.

팔리 누온은 우울증 치료 첫 단계로 크메르 전통 약재를 사용했다(백여 가지 약초로 만들어진다). 그것이 잘 듣지 않으면, 구할 수 있는 대로 서양 의약품을 썼다. 가끔은 정말 구할 수 있었다. 「국제 구호 직원들이 들여오는 항우울제를 종류가 뭐가 되었든 슬쩍슬쩍 숨겨 두었죠. 최악의 경우에 대비해서 충분히 쟁여 두려고 했어요.」 그녀는 환자들에게 명상을 권했고, 자기 집에 불단을 마련하고 그 앞에 꽃도 바쳐 두었다. 여자들의 마음을 열기 위해서, 처음에는 한 사람당 세 시간쯤 시간을 충분히 들여 각자의 사연을 들었다. 그 후에는 정기적으로 다시 찾아가서 이야기를 더 들었고, 그러면서 차츰 우울증에 빠진 여자들의 신뢰를 얻어 냈다. 「여자들 각자가 극복해야 하는 것이 무엇인지를 최대한 구체적으로 이해하고 싶었어요.」 팔리 누온은 내게 말했다.

일단 이렇게 착수 단계가 마무리되면, 이후에는 정형화된 방법으로 넘어갔다.「나는 세 단계로 진행합니다. 첫 단계에서는 여자들에게 잊는 법을 가르칩니다. 완벽하게 잊을 수는 없는 것들을 매일 조금씩이라도 잊어 가도록 연습하죠. 음악을 들려주고, 자수나 직조를 하게 하고, 공연을 보여 주고, 가끔은 텔레비전도 보여 주고, 그 밖에도 효과가 있을 것 같은 일, 여자들이 좋아하는 일을 총동원해서 생각을 딴 데로 돌려 주죠. 우울증은 살갗 밑에 숨어 있습니다. 전신의 살갗 밑에 우울증이 있기 때문에 훌훌 벗어 버릴 수는 없지만, 비록 우울증이 계속 거기 있더라도 잊으려고 노력할 수 있어요.

여자들이 잊는 법을 잘 배우면, 다음에는 그들에게 일을 가르칩니다. 무슨 일이든 그들이 하고 싶어 하는 일을 가르칠 방법을 어떻게든 찾아냅니다. 간단히 집 청소나 아이 돌보기를 배우는 여자들도 있고, 고아들을 돌볼 때 쓸 수 있는 기술을 배우는 여자들도 있습니다. 진짜 직업을 가질 수 있도록 훈련하는 여자들도 있죠. 여자들은 일을 잘하게 되어야 하고, 그래서 스스로를 자랑스럽게 느껴야 합니다.

여자들이 일하는 법을 다 배우면, 마침내 그들에게 사랑하는 법을 가르칩니다.」 나는 그것이 과연 가르칠 수 있는 기술인지 의아한 심정을 팔리 누온에게 털어놓았다.「글쎄요, 아무튼 나는 매니큐어와 페디큐어를 통해서 가르치죠.」 팔리 누온은 대답했고, 나는 나도 모르게 눈썹을 치켰다.「수용소에서, 건물에 덧댄 별도의 공간을 마련한 뒤 그곳을 한증탕으로 만들었어요. 프놈펜에도 비슷한 시설을 좀 더 낫게 지었지요. 여자들을 그리로 데려가서 몸을 씻게 합니다. 그다음 서로에게 매니큐어나 페디큐어를 발라 주는 법을 가르쳐 주고, 손톱 관리하는 법을 알려 줍니다. 그러면 여자들은 스스로를 아름답다고 느끼는데, 그들에게는 그런 느낌이 절실하게 필요하죠. 게다가 그러려면 자기 몸을 남에게 맡겨야 하는데, 그토록 방자하고 폭력적인 일을 겪었던 여자들이 자기 손과 발을 남에게 내미는 것, 낯선 사람이나 다름없는 상대를 믿고 자기 몸에 날카로운 도구를 대도록 허락하는 것에는 큰 용기가 필요합니다. 더 이상 움찔하지 않게 된 여자들은 육체적 고립에서 빠져나온 셈이죠. 그러면 감정적 고립도 무너진답니다. 여자들은 함께 씻고 매니큐어를 바르면서 이야기를 나누고, 서로를 점차 믿게 되고, 친구 사귀는 법을 알게 되고, 그래서 더 이상 외롭지 않게 됩니다. 예전에는 내게만 들려주었던 각자의 사연을 서로에게 들려주기 시작하죠.」

팔리 누온은 그녀 나름의 심리 치료 도구를 보여 주었다. 색색의 작은 매니큐어들, 한증막, 큐티클 제거 도구, 손톱 다듬는 줄, 수건들. 털 고르기는 영장류의 중요한 사교 행위인데, 인간에게도 이처럼 몸단장이 다시 사교 수단으로 쓰이게 된 것이 퍽 흥미롭고 유기적인 현상으로 느껴졌다. 팔리 누온에게 그렇게 말했더니, 그녀는 웃으면서 자신도 예전에 정글에서 원숭이들을 본 적이 있다고 말했다. 그러면서 덧붙였다. 「어쩌면 그 원숭이들도 사랑하는 법을 배우고 있었는지 모르겠네요.」 나는 팔리 누온에게 우리가 자기 자신에게든 타인에게든 잊는 법, 일하는 법, 사랑하고 사랑받는 법을 가르친다는 것은 어려운 일 아닐까 생각했었다고 말했고, 그러자 팔리 누온은 자기 자신이 그 세 가지 일을 스스로 할 수만 있다면 남에게 가르치는 일은 그다지 어렵지 않다고 말했다. 자신이 치료한 여자들이 공동체를 이루었고, 이제 그들이 고아들을 잘 돌봐 준다고 했다.

「마지막 단계가 있죠.」 팔리 누온은 잠시 뜸을 들인 뒤 말했다. 「나는 마지막으로 여자들에게 제일 중요한 사실을 가르칩니다. 잊고, 일하고, 사랑하는 세 기술은 별개의 기술들이 아니라 하나의 큰 기술을 이루는 부분들이라는 것. 우리는 각각의 기술을 다른 기술들의 일부로서 다 함께 실천해야만 달라질 수 있다는 것. 이 사실을 전달하는 게 제일 어렵죠.」 그녀는 웃었다. 「하지만 결국에는 모두가 이해하게 됩니다. 그리고 그 사실을 이해하는 순간, 비로소 그들은 다시 세상으로 나갈 준비가 된 것입니다.」

•

2012년 11월 27일, 팔리 누온은 교통사고 부상으로 사망했다. 이레에 걸쳐 열린 장례식에 수천 명이 찾았는데, 그중에는 그녀가 세운 〈미래의 빛 고아원〉 아이들도 많았다. 그 고아원에서 살았던 아이들 수백 명이 팔리 누온을 어머니로 부르면서 애도했다.[2]

캄보디아 정신 질환 환자들의 처지는 여전히 암울하다. 더구나 만연한 강제 이주와 인신매매 때문에 더 나빠지고 있다.[3] 수많은 사람들이 외상 후 스트레스 장애PTSD를 겪고 있고, 자살률은 세계 평균의 세 배 가까이 된다.[4] 국민들의 정신 건강이 이처럼 위태로운데도 의료 체계는 최악이다. 캄보디아의 정신 질환 환자들은 약 세 명 중 한 명꼴로 철창에 갇혀 있거나 사슬에 매여 있다. 캄보디아 총 보건 예산의 0.02퍼센트만이 정신 건강 분야에 쓰인다.[5] 입원 치료가 가능한 병원은 크메르-소련 친선 병원 한 곳뿐이고, 정식으로 훈련받은 정신과 의사는 겨우 35명으로 그들이 캄보디아 인구 1500만 명을 모두 맡는 셈이다.[6] 2015년 봄, 캄보디아의 한 주는 정신 질환 환자들을 죄다 사원으로 보내어 승려들이 환자들을 돌보게 하고 그럼으로써 사회의 〈아름다움과 질서〉를 되찾자는 방안을 제안했다.[7]

몽골

광대무변의 자연, 몽골

『트래블 + 레저』, 1999년 7월

어머니는 어딘가 잘 알려지지 않은 장소를 가리킬 때 — 어차피 찾아가 볼 마음도 없는 삼촌이 사는 곳이라거나, 내가 진학하기를 바라지 않는 대학이 있는 곳이라거나 — 이런 표현을 쓰셨다. 「차라리 외몽골이 낫겠네.」 몽골이 내게 외딴 곳의 상징이 된 것은 이 때문일 것이다. 나는 어떤 곳을 무척 이국적인 곳으로 상상하다가 막상 가보고는 너무 친숙하게 느껴져서 실망한 적이 빈번히 있었지만, 몽골만은 과연 다른 시대에 머무른 다른 장소처럼 보였다. 몽골의 근사함은 여행자가 그곳을 가로지르는 동안 내내 곁에서 어른거리는 존재감을 발휘한다.

나는 고비 사막에서 심한 식중독으로 몸져누웠다. 그때까지 함께 여행했던 친구는 여행의 절반을 마친 시점에서 몽골을 충분히 봤다고 결정하여 집으로 가버렸다. 그 뒤 울란바토르에서 마침 그 도시에 살고 있는 대학 시절 지인을 우연히 만났다. 짧은 대화 후 나는 그녀에게 함께 여행하자고 권했고, 그녀는 당장 내 제안을 수락했다. 그녀는 몽골어를 잘했고 내게 쉼 없이 이런저런 통찰을 안겨 줄 만큼 몽골을 잘 알았지만, 그렇다고 해서 우리가 함께 본 것들을 지루하게 여기지는 않았다.

우리는 (두 시간이면 가는 비행기를 두고) 서른여섯 시간 동안 기차를 타고 베이징에서 울란바토르로 갔다. 그 도정에서 동행들과 나는 만리장성을 실컷 보았고, 중국 중북부 허베이성과 산시성도 좀 보았다. 그다음 기차는 까마득하게 평평하게 단조롭게 펼쳐진 중국 내몽골 자치구를 통과했다. 우리 옆 칸에는 스무 살의 몽골인 승려가 있었는데, (여덟 살에 출가한) 그는 여태 인도에서 공부하다가 5년 만에 처음으로 집에 돌아가는 길이라고 했다. 그와 한방을 쓰는 사람은 독일인 경영 컨설턴트였고, 그들 옆 칸에는 노스다코타주에서 온 스물한 살의 러시아인 대학원생과 클리블랜드에서 온 은퇴한 영어 교사가 있었다. 손목시계를 다섯 개 찬 폴란드인 소설가는 5번 칸에 있었고, 그 옆 칸에는 둘 다 황당할 만큼 아름답고 남들에게는 절대 말을 걸지 않는 프랑스인 커플이 있었다. 슬로베니아에서 온 하레 크리슈나 신도도 몇 명 있었는데, 그들은 우리 모두를 개종시키려고 (소득 없이) 애썼다. 이틀 뒤 우리는 독립 국가 몽골(〈외몽골〉이라고도 한다)의 수도 울란바토르에 도착했다.

몽골은 면적이 미국의 6분의 1이고, 인구는 약 250만 명이다. 인구는 대부분 유목민으로, 나무 뼈대에 펠트 천을 덮은 천막에서 살면서 양, 염소, 야크, 낙타, 소, 말을 기른다. 포장도로는 없다. 보통은 전기도 없고, 차를 가진 사람도 없다. 사람들은 티베트 불교를 믿는다. 지금으로부터 400년 전에 처음 달라이 라마라는 칭호를 만든 사람이 바로 몽골의 통치자 알탄 칸이었다. 과거 70년간 공산주의 치하에 있었는데도, 여태 많은 사원과 승원이 번성하고 있다.

몽골 사람들은 문해율이 90퍼센트에 가깝고 인상적일 만큼 식견이 있는 편이다. 그러나 도시 밖 삶은 아직도 천 년 전 삶과 크게 다르지 않다. 몽골은 중요한 구리 및 금 광산들을 갖고 있고 세계

제일의 캐시미어 생산국이기도 하지만, 전반적으로는 현대화와 산업화의 영향을 받지 않았다. 몽골은 러시아와 중국 사이에 낀 완충 〈독립국〉 역할을 80년 가까이 한 뒤, 최근 드디어 민주주의 국가로 거듭났다. 지난 선거 때는 적은 수의 투표소가 몹시 띄엄띄엄 설치되었을 뿐인데도 글을 읽을 줄 아는 인구 중 90퍼센트 이상이 투표했다.

울란바토르에서 안내인들과 함께 출발한 우리 일행은 카라코룸까지 4분의 3쯤 갔을 때 차를 세우고 어느 게르 근처 널찍한 평지에 첫날 밤을 묵을 텐트를 쳤다. 몽골인의 전통 주거지인 게르는 천장이 낮은 텐트 같은 구조물이다. 이튿날 아침 우리는 말 달리는 소리에 깼다. 내가 일어나서 텐트 출입구 천을 젖혔더니, 옆구리에 단추가 조르르 달려 있고 푸른 벨벳으로 된 긴 옷을 입고 허리에 노란 실크 띠를 맨 키 큰 남자가 있었다. 얼김에 잠이 깬 나는 옷을 반만 갖춰 입은 꼴로 남자를 따라 게르로 갔다. 게르에서 남자는 내게 치즈와 버터와 신선한 빵 한 조각을 대접했다. 유목민의 나라인 이곳에서 거의 자동적으로 나오는 그런 환대는 서양인 방문객들에게 무한한 즐거움이다. 나는 내처 남자의 말을 타보았고, 구경하던 남녀 꼬마 아이들로부터 웃겨 죽겠다는 반응을 이끌어냈다. 네 살부터 말타기를 배우는 몽골 아이들은 여섯 살이면 내 걸음걸이보다 더 자신감 있게 말을 탈 줄 안다. 그보다 더 나이 든 아이, 열여섯 살쯤 되어 보이는 아이가 우리 차를 구경하러 와서 몸짓으로 안을 가리켰다. 외계인의 우주선을 만난 액션 영화 속 주인공처럼 어리벙벙한 표정이었다. 나는 아이에게 손잡이를 돌리면 창문을 올릴 수 있다는 것을 보여 주었고(아이는 놀라워했다), 걸쇠를 내리면 밖에서는 문을 못 열게 만들 수 있다는 것도 보여 주었다(아이는 배를 잡고 웃었다).

우리가 카라코룸에 도착한 날은 매년 7월 11일에서 13일까지 열리는 스포츠 축제인 나담의 첫날이었다. 길도 없는 벌판에서 척척 어딘가로 향하는 많은 말 탄 사람들과 그들의 밝은 옷 색깔 덕분에, 우리는 저 멀리 있는 축제용 천막을 발견하기 전에도 어느 방향으로 가야 하는지 알 수 있었다. 가까이 다가갈수록 사람들의 흥분이 우리에게도 옮아왔다. 오전 경주에 참가한 기수들은 진즉 새벽같이 출발했고, 200마리가 넘는 말들이 달려 나갔다고 했다. 적어도 600명은 됨 직한 구경꾼들이 여러 줄로 서 있었는데, 서양 관중이 관람석에 앉아 구경하는 것처럼 이들은 말 등에 앉아 구경했고, 다들 지평선에서 우승마의 모습이 나타나기를 간절히 기다렸다. 남녀 모두 보통 델del이라는 긴 겉옷을 입었다. 보통 벨벳이나 비단으로 된 것이었고 엉덩이에는 샛노랗거나 빨갛거나 푸른 실크 띠를 맸다. 안장은 은으로 장식되어 있었고, 많은 기수들이 은으로 된 채찍과 장식 체인도 갖고 있었다. 끝이 탑처럼 뾰족하고 알록달록한 모자들은 가장자리에 털이 둘러진 것도 있었다. 혈기 왕성한 몇몇 청소년들은 아이락(말 젖을 발효시켜서 만든 몽골 특제 술로, 맛을 들이려면 시간이 필요하다는 게 솔직한 감상이다)을 너무 많이 마셨는지 말을 너무 빨리 달렸고, 군중은 때때로 그들이 지나가도록 길을 열어 주어야 했다. 구경꾼들은 아이나 노인을 맨 앞줄로 밀어 주었고, 그냥 서 있는 사람들은 앞에 선 이들의 머리통 위로 고개를 죽 빼야만 앞이 보였다. 결과에 대한 추측, 인사, 가족 간의 말다툼, 계획을 이야기하는 목소리들로 사방이 시끄러웠다.

마침내 첫 번째 말이 달려오자, 환호성이 터졌다. 구경꾼들은 그 뒤를 이어 끝도 없이 들어오는 말들에게 공간을 내주기 위해서 반으로 갈라졌다. 말에 탄 기수들은 모두 네 살에서 일곱 살 사이였다. 기수들은 군중을 뚫고 지날 때도 속도를 늦추지 않았고, 저 멀리까지 달려가고 나서야 속도를 늦췄다. 말들의 굴레에 맨 리본들이 나부꼈다. 우승자는 한쪽 옆으로 안내되었고, 치렁치렁한 승복을 입고 노랗고 주름진 모자를 쓴 승려가 부처의 이름으로 우승자에게 축복을 내렸다. 모두가 웃었고, 몇몇은 노래하기 시작했고, 오랜 친구들이든 새로 사귄 친구들이든 다 함께 즐거웠다. 몽골 사람들은 우리를 보기만 하면 — 안내인의 통역을 거쳐서 — 우리를 초대했다. 우리에게 자기 텐트로 오라고 했고, 아이락을 들라고 했고, 튀긴 만두를 먹으라고 했고, 우정을 맹세했고, 자기 모자를 써보라고 했고, 생기 넘치는 몽골 단어들을 가르쳐 주었다.

이튿날 아침, 우리는 마을에 더 가까운 곳에서 씨름을 구경했다. 잔디밭 위에 커다랗고 둥근 실크 천막이 세워져 있었다. 말 탄 사람들이 구경꾼들을 어느 정도 통제했지만, 그래도 가끔 구경꾼 중 한 명이 앞으로 불쑥 튀어 나가곤 했고 그러면 험악한 말들이 오갔다. 심판들은 신성한 흰 문양이 새겨진 파란 차양 아래 앉아 있었다. 음악이 큰 소리로 연주되기 시작했고, 구경꾼들은 잘 보이는 자리나 그늘을 찾아 밀치락달치락했다. 이윽고 긴 가죽 델을 입은 씨름꾼들이 차례차례 걸어 나와 환호하는 구경꾼들 앞에서 행진한 뒤 겉옷을 벗고 자수가 수놓인 씨름복을 드러냈다. 선수들은 각자 심판 주변을 돌면서 엄숙하게 독수리 춤을 춘 뒤, 손바닥으로 자기 허벅지 앞과 뒤를 때렸다(철썩, 철썩! 또 철썩, 철썩!). 그다음 예로부터 전해지는 규칙에 따라 둘씩 맞붙었는데, 발바닥과 손바닥 외에는 몸을 땅에 대지 않으면서 구경꾼들의 머리카락이 쭈뼛 설 만큼 육중한 몸무게와 정교한 기술을 섞어 상대방을 쓰러뜨리는 것이었다.

근처에서는 궁수들이 겨뤘다. 날씬한 화살들이 초원 위를 훌쩍 날았다. 남자들은 뒷줄에서 쏘았고, 흰 실크 옷을 입은 여자들은 표적에 일 미터쯤 더 가까운 줄에서 쏘았다. 또 다른 경기장에서는 폴로와 비슷한 경기가 진행되고 있었다. 기수들이 말에 탄 채 땅바닥의 물건을 주워 올리는 경기였다. 작은 노점들은 케이크나 카펫이나 라디오를 팔았다. 행사장의 배경처럼 펼쳐진 산비탈은 알록달록했는데, 주홍이 돋은 사람들이 그곳에 진을 쳐서 꼭 작은 마을이 생긴 것 같았다. 모닥불에서 고기를 굽는 냄새, 응고한 아이락의 향, 씨름꾼들이 짓밟은 야생 타임 향이 뒤섞였다. 그곳에서 몽골인들이 내게 대접한 음식만으로 나는 족히 5년은 연명할 수 있었을 것이다. 한번은 유난히 고상해 보이는 웬 남자가 안장에 앉아 있는 모습을 보고 내가 그의 사진을 찍었더니, 그가 나를 번쩍 끌어올려서 말에 태웠다. 나는 그 높은 곳에서 스포츠를 관람하면서 남자의 친구들이 던지는 질문을 받고 그들이 건네는 소젖 음료를 마셨다.

나담 축제를 떠난 우리는 우부르항가이주(州) 안쪽으로 들어갔다(카라코룸은 우부르항가이주의 북쪽 가장자리에 있다). 곧 포장도로가 끊겼다. 당신이 차로 달려 본 길 중 가장 엉망이었던 비포장도로를 떠올려 보라. 그 최악의 길이 길게 뻗었다고 상상하고, 길게 뻗은 그 최악의 길이 비에 젖었다고 상상하고, 길게 뻗고 비에 젖은 그 최악의 길이 얼마 전 발생한 지진으로 갈라진 상태라고 상상해 보라. 그것이 바로 몽골에서 사정이 그나마 나은 도로에 해당한다. 우리는 길이 아예 보이지 않는 진흙탕을 달렸고, 운전사가 판단하기에 다리가 너무 불안할 때는 그냥 강물로 차를 몰고 들어가서 건넜다. 거친 여정 중 한 번 넘게 모두 차에서 내려 차를 밀어야 했고, 아니면 오도 가도 못하는 다른 차들을 도와주어야 했다.

그렇듯 격렬하게 덜컹거린 여정이었지만, 그 길의 장엄함은 아마 평생 못 잊을 것이다. 큼직큼직한 언덕들은 거의 산맥 수준이었다. 그러나 나무는 없었다. 우거진 풀밭을 동물들이 하도 바싹 뜯어먹어서, 초원은 골프장처럼 매끄러웠다. 계곡에 흐르는 개울 주변에는 노란 꽃이 지천이었다. 군데군데 흩어진 게르들에서는 가느다란 연기가 피어올랐다. 동물들은 만찬을 즐겼다. 야크와 소와 양과 염소가 있었고, 간간이 고비 사막에서 흘러들어 온 외톨이 낙타도 있었으며, 놀랍도록 많은 말들이 자유롭게 뛰어다녔다. 포식자는 없었고, 숨을 곳도 없었다. 숭고한 평화가 느껴졌다.

이따금 파이프 담배를 피우면서 가축을 지켜보는 목동이 보였다. 물가에서 뛰놀며 웃는 아이들도 있었다. 게르에서 나온 여자들은 그 정경을 만족스레 바라보다가 지붕에 널어 말리고 있는 치즈를 정돈했다. 높은 하늘에서는 독수리들이 교묘한 동선을 그리며 맴돌았고, 그보다 작은 새들은 더 낮게 날았다. 땅에서는 마멋들이 구멍에서 쏙 빠져나와 깡충거리면서 우리 눈에 보였다가 안 보였다가 했다. 전혀 착취된 적 없고 일부러 보존된 적도 없는 자연 그대로의 자연이 한없이 펼쳐져 있었다. 그처럼 장엄하면서도 그처럼 위협적이지 않은 자연은 평생 처음이었다. 그곳에는 자연의 무시무시한 힘을 암시하는 것은 어디에도 없었다. 오로지 황금색과 빛과 완벽함이 있을 뿐이었다.

몽골의 모든 동물을 통틀어 가장 내 마음에 든 것은 야크였다. 큰 덩치, 우스꽝스러운 움직임, 도도한 얼굴, 빅토리아 양식 소파에 붙은 술처럼 다리를 가리고 거치적거리게 늘어진 털이 달린 야크들은 유행이 낡고 한물간 옷을 차려입고 매사 언짢은 듯한 기색으로 늠름하게 움직이는 노부인들 같았다. 개중 팔팔한 녀석들은 터무니없이 숱진 꼬리를 양산처럼 쳐들어 흔들었고, 아니면 봄의 열병에 들뜬 나머지 정신이 살짝 나간 대고모님처럼 겁도 없이 도로를 횡단했다. 야크들은 우리를 수상쩍은 눈으로 보았다. 위협을 가하지는 않았지만, 은근히 탐탁지 않아 하는 분위기가 있었다. 야크들은 또 사진 찍히기를 좋아했는데, 카메라를 정면으로 응시하면서 추파를 던지듯이 눈을 끔뻑거렸다.

몽골의 거의 모든 땅은 누구의 소유도 아니다. 한 번도 누구의 소유인 적 없었다. 누구나 원하는 곳으로 어디든 차를 몰아도 되고 원하는 곳에 어디든 텐트를 쳐도 된다. 고비 사막에서 만난 한 목동은 내게 말했다. 「게르를 옮길 때면, 무한한 가능성과 자유에 신이 납니다. 나는 어디로든 갈 수 있고, 어디에든 집을 세울 수 있고, 동물들을 어디로든 데려갈 수 있죠. 사람들이 도시를 세운 몇 군데 좁은 장소를 제외하고는 말입니다.」 목동은 내게 낙타 젖을 탄 차를 따라 주느라 잠시 말을 멈췄다가 이렇게 물었다. 「어때요, 미국도 자유로운 나라인가요?」 애국자로 살아온 내 평생 처음으로, 이 질문에 선뜻 대답하기가 어려웠다. 몽골 인구의 3분의 1이 빈곤선 아래에 있지만, 내가 아메리칸 드림을 이야기하자 목동은 물었다. 「아들이 왜 아버지와 다른 삶을 원합니까?」 나는 우리 발치에서 놀고 있는 목동의 어린아이들은 어떻겠느냐고 물었고, 목동은 이렇게 대답했다. 「이 애들을 학교에 보낼 겁니다. 그리고 이 애들이 정치인이나 사업가가 되고 싶어 한다면, 그야 자기들이 알아서 할 일입니다. 나도 학교에 다녔지만 목동이 되는 길을 선택했죠. 아이들도 나처럼 선택하기를 바랍니다. 이보다 더 좋은 삶은 생각할 수 없으니까요.」 세상 사람들은 흔히 자본주의가 공산주의를 이겼다고 말하지만, 몽골을 떠날 즈음 나는 애초에 자본주의와 공산주의는 서로의 대립항인 적이 없었으며 유목 생활이야말로 그 두 체제 모두의 진정한 대립항이라고 믿게 되었다. 유목 생활이야말로 인류가 이제껏 일군 여러 삶의 양식들 중 즐거운 무정부주의에 가장 근접한 양식이라고.

우리는 남쪽으로 고비 사막을 향해 달렸다. 도중에 여러 번 차를 세우고 가스를 채워야 했다. 사막은 점진적으로 나타난다. 식물이 차츰 드물어지고, 땅이 차츰 평평해진다. 매끄럽고 멋진 초원이 차츰 사라진다. 차를 몇 시간 달려서 단조롭고 황량한 돈드고비주를 통과했더니 누런 모래가 덮여 있고 식생은 거의 없다시피 한 평탄한 여문고비주가 나왔다. 우리는 한두 시간쯤 더 달려서 사막의 〈숲〉이라고 불리는 곳 중 한 곳에 도착했다. 그곳에는 줄기가 두껍고 잎이 얄팍한 식물들이 자라고 있었는데, 꼭 오랫동안 바다를 떠돌던 죽은 나무토막이 모래에 쿡 박혀 있고 그 위에 루꼴라 잎들이 장식되어 있는 것처럼 보였다. 그곳마저 지나자 비로소 진정한 사막이 시작되었다. 평평하고, 아무 장식도 없고, 넓고 넓고 또 넓은.

우리는 〈불타는 절벽〉이라는 뜻의 바양작이라고 불리는 지역에서 밤을 보냈다. 우뚝 솟은 거대한 사암층이 절벽을 이룬 곳으로, 타는 듯 붉고 따스한 금빛을 내며 바스라져 가는 사암에 파인 터널을 통해 주변 사막을 보면 꼭 액자에 든 경치를 보는 것 같았다. 터널로 불어오는 바람이 우리에게 노호했다. 저 멀리 보이는 산맥 꼭대기에는 여태 눈이 덮여 있었다. 어디를 보나 화석이 있어서, 꼭 공룡들이 다음 야영지로 이동하면서 뒷정리를 게을리한 것 같았다.

달이 뜨지 않은 그날 밤, 나와 사진가와 안내인들은 낙타를 치는 유목민들과 함께 밤을 보내기로 결정했다. 그냥 대뜸 그들의 게르를 찾아가서 우리가 누구인지 소개하면 되었다. 아라비아 낙타와는 달리, 몽골 낙타는 사람에게 침을 뱉어 대지 않는다. 몽골 낙타는 희한한 생물이다. 사람이 지나가면 뒤를 졸졸 따라간다. 두 덩이의 혹 꼭대기에는 더부룩한 털이 술처럼 길게 나 있다. 물이 부족하면, 혹들은 나이 든 여자의 가슴처럼 축 처진다. 밤에 녀석들이 우짖는 소리는 연옥에 갇힌 영혼들이 울부짖는 소리처럼 으스스하다.

나는 그 유목민들이 한눈에 마음에 들었다. 그들은 남매와 각자의 배우자라고 했고 넷 다 스물다섯 살을 넘지 않았다고 했다. 남매의 부모는 얼마 전 이들을 찾아와서 한참 함께 지내다가 떠났고, 지금은 말로 하루 거리인 곳에서 야영하고 있다고 했다. 두 커플은 우리 질문에 스스럼없이 답해 주었다. 덕분에 우리는 낙타가 양보다 보살피기가 더 쉽다는 것을 배웠다. 다른 사람들이 기르는 무리와 섞일 일이 없다는 것이었다. 다 큰 낙타들은 낮 동안 마음대로 돌아다니게 내버려 두고, 사람은 새끼들만 지키고 있다가 저녁에 그 새끼들을 집으로 이끌면 된다고 했다. 그러면 새끼들을 따라 어미들이 돌아오고 암컷들을 따라 수컷들이 돌아와서 무리가 다 모인다고 했다. 낙타는 또 좋은 울을 생산하고, 먹이를 규칙적으로 먹지 못해도 잘 버틴다. 그 목동들은 일 년에 다섯 번쯤 게르를 해체하여 낙타 등에 싣고 더 나은 초지를 찾아 옮긴다고 했다.

이즈음 우리는 기본적인 게르 예절을 배운 뒤였다. 그래서 게르 안에서 남자들은 서쪽에 앉고 여자들은 동쪽에 앉는다는 것, 손님은 반드시 음식과 음료를 대접받는다는 것, 주인이 내준 것을 입에 대지 않는 건 무례한 짓이라는 것을 알았다. 보통은 밀크티가 나왔는데, 차에 소금과 설탕을 치고 무엇이 되었든 동물 젖을 탄 것이었다(이번에는 낙타 젖이었다). 아이락도 자주 나왔다. 목동들은 우리에게 말린 양고기 수프를 만들어 주었고, 우리는 거기에 울란바토르에서 가져온 양파와 감자를 추가했다. 그들은 그 식재료를 처음 먹어 본다고 했는데, 양파는 좋아했지만 감자는 〈흙 씹는 질감〉이라면서 〈역겹다〉고 평했다. 밤에는 게르를 보통 초 한 자루로만 밝힌다. 우리는 너울거리는 촛불 속에서 아이들이 바닥에서 곯아떨어질 때까지 늦도록 이야기를 나누었고, 게르에 있는 침대들을 차지하고 싶지는 않았기 때문에 잘 때는 바로 앞에 세운 우리 텐트로 돌아왔다.

이튿날 비가 내리기 시작했다. 연중 강우량이 약 12센티미터인 여문고비주에서 그런 폭우를 만난다는 것이 부당하게 느껴졌다. 비가 사흘 내리 내려서 우리가 울란바토르로 돌아가려고 탄 도로가 눈에 보이지 않을 지경이고 방향조차 잡기 어렵다는 것은 특히 부당하게 느껴졌다. 텐트가 약속과는 달리 방수가 되지 않아서 일행 중 누구도 몸이 젖지 않을 수 없다는 사실은 심하게 부당하게 느껴졌다. 더구나 내가 나담 축제에서 뭔가를 잘못 먹었다가 걸린 식중독이 이제 와서 강력한 효력을 발휘하고 있다는 사실은 잔인하리만치 부당하게 느껴졌다. 나 자신이 꼭 이동식 세탁기에 든 드라이클리닝 전용 빨래처럼 느껴졌다. 우리 차는 두 번 진창에 빠졌다. 우리는 잭으로 차를 들어 올리고, 타이어를 점검한 뒤, 근처 나무에서 꺾은 잔가지들을 바퀴 밑에 쌓아서 견인력을 받게 했다. 나는 친구가 쓴 소설 원고를 막 다 읽고 갖고 있었는데, 그 종잇장들은 바퀴를 맞물리게 하는 데 효과가 좋았다. 땅이 꼭 마시멜로로 만들어진 것 같았다.

여행의 전반부에 우리는 야영하고, 차로 달리고, 매일 밤 다른 장소에서 자는 것을 즐겼다. 그러나 그런 경험은 그만하면 이제 충분했으므로, 여행의 후반부는 비행기를 타고 북부로 날아가서 후브스굴주에서 보냈다. 앞에서 나는 남쪽 여문고비의 아름다움을 최상급 표현을 동원하여 묘사했는데, 그와는 전혀 다른 아름다움을 지닌 북쪽 후브스굴을 묘사하려면 어떤 다른 최상급 표현을 동원해야 좋을지 난감하다. 우리는 지프로 네 시간 덜컹덜컹 달려서 후브스굴 호수 국립공원에 도착했다. 몽골 한가운데에 자연 보호 구역이 있다는 것은 맨해튼 도심 한가운데에 도시 개발 구역이 있다는 것처럼 황당한 소리로 들리겠지만, 국립공원의 이론적 정의는 사냥이 금지된 지역이라는 것이다. 그곳에 야생 동물이 특히 많은 것은 그 때문이다. 몽골 전체 담수량의 4분의 3을 갖고 있는 후브스굴 호수는 거대하고 아름답고 어둡고 깊다. 물가 야생화들은 색깔이 어찌나 선명한지 꼭 나비 떼가 물가에 줄지어 있는 것처럼 보인다. 호수의 사방은 가파른 산으로 에워싸여 있고, 튼튼한 기반 위에 세워진 건물은 하나도 없다. 우리는 매일 아침 오늘은 보트를 탈지, 하이킹을 할지, 말을 탈지, 아니면 야크를 탈지(말을 가진 사람이라면 신기해서 한 번 타볼 때 외에는 절대로 고르지 않을 선택지다) 결정했다.

언젠가 몽골에 순록족이라고도 불리는 샤먼 부족 차탄족이 산다는 이야기를 들은 뒤, 나는 늘 그들을 만나 보고 싶었다. 500명 남짓 되는 차탄족은 세상에서 멀리 떨어져서 살아간다. 그들을 만나겠다고 나선 인류학자들이나 결연한 여행자들은 국립공원 북서부 삼림을 말을 타고 사나흘씩 헤매야 할 때도 많다고 한다. 하지만 우리는 운이 좋았다. 어느 날 밤 우리 숙소 근처에서 차탄족 소년 하나가 묵었고, 그 소년이 우리를 자기 사촌들에게 데려다 주겠다고 했다. 차로 한 시간 간 뒤 걸어서 5킬로미터만 더 가면 된다고 했다. 이때만 해도 우리는 그것이 수직으로 5킬로미터를 뜻한다는 사실은 제대로 이해하지 못한 상태였지만, 아무튼 일곱 살짜리 안내인과 그가 계곡에서 불러 모은 친척 몇 명과 함께 — 이들은 몽골 사회에 동화되어 염소지기로 생활을 바꾼 사람들이었다 — 용감하게 산을 오르기 시작했다. 우리는 호수로 흘러드는 계곡물을 따라 갔다. 높이 오를수록 등 뒤에 탁 트인 경치가 펼쳐졌다. 소년은 이따금 곰의 동굴, 독수리, 사슴 등을 가리켜 보였다.

세 시간쯤 걷고 나니 수목 한계선을 넘어섰고, 이윽고 산마루에선 오르츠(차탄족이 사는 원뿔형 천막이다) 한 채와 동물들의 형체가 보였다. 우리는 곧 순록족의 야영지에 도착했다. 여느 때처럼 우리는 환대받았다. 순록 젖을 탄 차, 맛이 별로인 치즈, 튀긴 비스킷이 나왔다. (「비스킷은 순록 지방으로 튀겼나요?」 나는 나이가 제일 많은 여자에게 물었다. 여자는 찬장 뒤로 손을 뻗어 통을 꺼내 보여 주면서 말했다. 「요즘은 해바라기유를 써요.」) 천막 벽에는 순록 뿔로 만든 다양하고 실용적인 고리들과 순록 가죽으로 만든 가방 몇 개가 걸려 있었다. 입구 맞은편 벽에는 깃털, 리본, 말린 꽃, 오리 발 하나, 순록 뿔 일부로 만들어진 작은 꾸러미 같은 것이 걸려 있었는데, 그게 무엇이냐고 묻자 주술 도구라는 답이 돌아왔다. 그들은 이 문제에 관해서는 더 이상 질문을 환영하지 않는다는 기색을 확연히 드러냈다. 우리를 데려간 소년은 자기 엄마가 샤먼이라고 했다.

우리는 밖으로 나와서 동물들을 구경했다. 눈처럼 흰 순록이 세 마리, 갈색 순록이 스물일곱 마리였다. 그때까지 나는 순록은 영원히 12월만을 사는 동물이라고 생각했었지만, 무거운 겨울 코트를 벗은 이 녀석들은 오후의 햇살을 쬐며 기뻐하는 듯했다. 순록들은 우리에게 다가와서 코와 머리를 비볐다. 뿔은 털이 나 있고 민감했으며, 그걸 긁어 주면 녀석들이 좋아했다. 차탄족 가족의 아버지가 개중 한 마리의 등에 안장을 얹고 내게 타보라고 했다. 순록은 걸을 때 몸이 옆으로 흔들린다. 그런데 아마추어 기수가 자칫 미끄러져 떨어질 것 같다는 느낌이 들 때 자연히 드는 충동은 무엇이든 눈앞에 있는 것을 움켜쥐어야겠다는 생각이고, 안타깝게도 내 눈앞에 있는 것이란 순록 뿔이었다. 그래서 내가 그것을 움켜쥔 결과, 나는 후회막심했지만 차탄족 가족이 보기에는 너무너무 재미있게도, 순록의 머리가 홱 젖혀졌고 그 때문에 놀란 녀석은 내달리기 시작했다. 순록은 여러분이 생각하는 것보다 훨씬 더 빨리 달린다.

나는 기꺼이 울란바토르로 돌아갔다. 울란바토르는 장엄한 신고전주의 양식 러시아 건물들, 불교 사원들, 공산주의 시절의 음침한 주택 단지들이 뒤섞인 희한한 도시다. 어디서나 사람들은 냉전 시절 정부를 냉소적으로 비아냥거렸는데, 어디에나 그 시절의 기념비들이 지천으로 있었다. 어느 박물관에서 나는 높이 24미터의 레닌 모자이크 벽화 밑에 터키 식당이 개업한 것을 보았다. 들어갔더니 간판이 두 개 있었는데, 벽에 걸린 간판에는 〈만국의 노동자여, 단결하라!〉라고 적혀 있었고 새로 만든 입간판에는 〈6시 전에는 음료가 반값!〉이라고 적혀 있었다.

1931년에는 몽골 남성 인구의 3분의 1이 출가자였고, 나라의 부는 불교 성지들에 집중되어 있었다. 이후 스탈린의 무뢰배가 사원들을 거의 깡그리 파괴하기는 했지만 몇 군데는 용케 살아남았다.

그중 가장 근사한 곳은 울란바토르의 간단 사원이다. 몽골 최대 사원인 그곳에는 높이 30미터에 달하는 불상이 제 몸에 꼭 들어맞는 탑 속에 서 있다. 긴 승복을 입은 수십 명의 승려들이 절 안팎에서 기도를 올린다. 시끄러운 관광객들이 서로 밀치고 야단인데도, 경내에는 평화로운 분위기가 짙게 감돈다. 그곳에서 나는 베이징에서 기차를 타고 올 때 만났던 승려를 우연히 다시 만났다. 그는 환한 미소로 나를 반기면서 돌아와서 만난 자기 가족 이야기를 신나게 들려주었다.

우리는 카라코룸에서도 에르덴조 사원이라는 큰 사원을 방문했었다. 에르덴조 사원은 좀 더 오래된 것 같았고, 관광객이 적었으며, 좀 더 경건한 느낌이었다. 나이가 여섯 살에서 아흔 살까지 다양한 승려들이 붉고 긴 승복 차림으로 가꾸지 않은 안뜰을 산책하고 있었다. 불당 안에는 17세기 몽골의 위대한 왕이자 조각가였던 자나바자르가 직접 만들었다는 황금 불상들이 있었고 그 앞에서 승려들이 독경을 하고 북을 치고 촛불을 밝혔다. 신자들은 보살을 그린 탱화에 이마를 가져다 대고 그 앞에 공물을 바친 뒤 마니차를 돌렸다. 2달러를 내면 승려들이 기부자와 기부자의 가축을 위해서 특별 기도를 읊어 준다.

몽골의 진면목은 멋진 경치마저 뛰어넘는 무언가다. 그것은 바로 몽골에서는 (울란바토르 밖에서라면) 어디서든 여행자가 원하는 것, 즉 순수한 자연과 불변의 문화를 볼 수 있다는 점이다. 그 후 꼭 짚어서 고비 사막이나 후브스굴을 보고 싶다면, 혹은 야크를 보고 싶다면, 그냥 가서 보면 된다. 중국인들은 외국인은 자기네 사회의 복잡성을 결코 꿰뚫어 볼 수 없다고 여기면서 묘한 민족주의적 자긍심을 느끼고, 러시아인들은 서양인은 러시아인 특유의 절망을 결코 이해할 수도 흉내 낼 수도 없다고 믿는다. 반면 몽골인들은 자신들이 세상에서 차지하는 위치를 아주 명확하게 아는 것 같고, 우리가 그들을 찾아가고 싶어 하면 진심으로 기뻐한다. 우리가 몽골에서 느끼는 것은 역사만이 아니다. 그곳에서 느껴지는 것은 영원이다.

•

몽골의 유목 생활은 쇠퇴하는 중이다.[1] 최근의 집중적인 이주로 이제 총 인구의 절반이 울란바토르에서 살고, 그중 다수는 시 외곽을 빙 두른 방대한 판자촌에서 산다. 인구의 5분의 1이 빈곤선 아래의 생활을 한다.[2] 민주주의를 유지하고 있지만, 최근 부정 선거 때문에 소요가 발생했고 전 대통령 남바린 엥흐바야르는 부패 혐의로 유죄 선고를 받고 복역 중이다.[3] 환경은 점점 더 슬픈 상황이 되어 가고 있다. 광업과 지나친 방목에 지구 온난화까지 겹치는 바람에 사막이 넓어지고 있고 식물 밀도가 눈에 띄게 낮아졌다.[4] 한약재나 생가죽을 노린 사냥꾼들 때문에 많은 동물종들이 사상 최저의 개체 수를 기록했다.[5]

의미 있는 발전도 있었다. 현대화는 간헐적으로 진행되고 있다. 국가 태양광 게르 전기화 프로그램은 유목민들에게 재생 가능한 휴대용 전기를 갖춰 주려고 한다.[6] 2011년 유네스코 세계 문화유산 위원회는 나담 축제를 인류 무형 문화유산으로 지정했다.[7] 몽골이 공산주의 과거로부터 벗어나고 있음을 보여 주는 여러 변화들 중에서도 특히 매력적인 변화는 레닌 기념관이 공룡 박물관으로 바뀐 것이다.[8]

1999 ~ 2002

Greenland
1999 그린란드
2000 세네갈
Senegal

Japan
2002
일본
Afghanistan
2002 아프가니스탄

그린란드 대화를 발명하다

『한낮의 우울』, 2001년

그린란드가 미국이나 유럽에서 끔찍하게 멀지는 않은데도, 그곳을 찾는 미국인이나 유럽인은 거의 없다. 초월적으로 아름다운 그린란드에서는 전통 생활 양식과 현대 기술이 섬세한 균형을 이루고 있다. 만약 당신의 나라가 꼭 식민화되어야 한다면, 덴마크 지배자를 고르는 게 좋을지도 모르겠다. 덴마크 사람들은 그린란드의 기반 시설, 의료 제도, 교육 제도에 많이 투자했다. 그러나 지구에서 인구 밀도가 제일 낮은 그린란드 주민들은 여전히 에스키모-알류트 어족 언어인 그린란드어를 제1언어로 쓰고 덴마크어는 제2언어로 쓴다. 이 점은 지구촌 경제에 접근하기에 딱히 용이한 특징이 못 된다.

우울증이 문화에 따라 어떻게 다르게 구성되는지 알아보던 중, 나는 그린란드의 이누이트족을 방문했다. 그들에게 우울증이 널리 퍼져 있는 데다가 우울증에 대한 이누이트 문화의 태도가 독특하기 때문이었다. 그린란드 사람의 최대 80퍼센트가 우울증을 앓는다. 우울증이 그토록 빈번히 발생하는 사회는 어떻게 스스로를 유지할 수 있을까? 현재 그린란드는 오래된 사회 양식을 오늘날의 세계 현실과 통합시키는 중인데, 이런 과도기적 사회는 — 더 큰 국가에 편입된 아프리카 부족 공동체, 도시화하는 유목 문화, 대규모 농업 생산 체제에 통합되는 자급자족적 농부들이 그런 사회의 사례들이다 — 우울증 발병률이 높을 때가 많다. 하지만 이누이트족은 전통 사회에서도 늘 우울증이 흔했고 자살률도 높았다(텔레비전이 도입된 뒤 자살률이 거의 절반가량 줄기는 했다). 어떤 지역에서는 매년 인구 300명 중 약 1명꼴로 자살한다.[1] 이 현상을 두고 신이 인간들에게 그렇게 가혹한 장소에서는 살지 말라고 넌지시 귀띔하는 셈이라고 여기는 이들도 있겠지만, 어쨌든 이누이트들은 얼음에 매인 삶을 버리고 남쪽으로 이주하는 선택을 하지 않았다. 그들은 북극권 내의 가혹한 삶을 견디도록 적응해 왔다.

그린란드로 가기 전, 나는 그곳의 주된 문제는 계절성 정동 장애 SAD가 아닐까 추측했다. 계절성 정동 장애는 햇빛 부족으로 인한 우울증으로, 일 년에 석 달씩 해가 존재감을 거의 드러내지 않는 장소에서는 특히 심각한 문제가 될 수 있다. 나는 그린란드에서는 모든 사람들이 초가을에 기분이 가라앉았다가 2월이 되면 나아지지 않을까 하고 예상했다. 현실은 달랐다. 그린란드에서 자살이 가장 많이 발생하는 달은 5월이다. 북부 그린란드로 이주해서 사는 외국인들은 긴 어둠의 시기에 곧잘 우울해하지만, 이누이트들은 과거 오랜 세월 동안 계절적 빛 변화에 적응하는 법을 익혀 왔다. 많은 사회에서 봄은 자살의 선동자다. 작가 A. 앨버레즈는 이렇게 썼다. 〈자연이 더 풍요롭고 부드럽고 즐거워질수록 내면의 겨울은 더 깊어지는 듯하다. 내면 세계와 바깥세상을 갈라놓는 심연이 더 넓어지고 더 끔찍해지는 듯하다.〉 봄이 가져오는 변화가 온대 지방에 비해 두 배는 더 극적인 그린란드에서, 봄은 가장 잔인한 계절이다.

그린란드의 삶은 고되다. 덴마크 정부는 그린란드에 보편 무상 의료 제도, 교육 제도, 실업 급여 제도까지 마련해 두었다. 병원들은 흠 한 점 없이 깨끗하고, 수도의 교도소는 교정 시설이 아니라 여관처럼 보인다. 하지만 그린란드에서는 자연의 힘이 상상을 초월하리만치 모질다. 유럽을 두루 여행했다는 한 이누이트 남자는 내게 이렇게 말했다. 「우리는 다른 문명처럼 위대한 예술 작품을 만들거나 위대한 건물을 짓진 않았지만, 이 기후에서 수천 년 동안 살아남았습니다.」 나도 이편이 틀림없이 더 위대한 성취일 것이라는 생각이 들었다.

그린란드 사냥꾼들과 어부들은 자신과 가족과 개들을 먹일 만큼 충분히 사냥하려고 애쓴다. 잡아먹은 바다표범 가죽은 팔아서 썰매와 배의 수리비를 충당한다. 이들은 자주 동상에 걸리고, 굶고, 다치고, 몸의 일부를 잃는다. 온 세상이 컴컴한 석 달 동안, 북극곰 털로 만든 바지와 바다표범 가죽으로 만든 코트를 입은 사냥꾼들은 개 썰매를 타지 않고 옆에서 달린다. 동상을 방지하기 위해서다. 많은 사람들이 겨울을 키비아크kiviak로 나는데, 이것은 지방이 많은 바다표범 가죽 속에 바다쇠오리들을 넣어서 18개월간 발효시켰다가 날로 먹는 음식이다. 그린란드 사람들은 내게 키비아크가 블루 치즈보다 더 역겨울 것은 없다고 알려 주었다. 40년 전만 해도 이 사람들은 이글루에서 살았다. 이글루에 한 번도 들어가 보지 않은 사람은 그 속이 보통 얼마나 좁은지 상상도 못 할 것이다. 온기라고는 바다표범 기름을 태우는 등잔의 열기와 그 속에 머무는 사람들의 체열뿐이다. 겨울 동안 옷의 솔기를 아예 꿰매 버린 사람들은 이글루 안에서 서로 몸을 포개다시피 하여 눕는다. 요즘 이 사람들은 덴마크 양식 조립식 건물에서 산다. 방은 두세 개뿐인데, 손쉽게 구할 수 있는 연료가 없는 나라에서 — 그린란드에는 나무가 없다 — 그 이상 넓은 집의 난방비는 엄두가 안 나기 때문이다.

이누이트는 보통 대가족이다. 이를테면 열두 명쯤 되는 그 대가족이 몇 달 동안 다 함께 집 안에 있어야 하고, 그것도 보통은 한방에 있어야 한다. 밖은 너무 춥고 어둡기 때문에 나갈 수 없다. 가장인 아버지만은 예외로, 여름에 잡아 말렸다가 비축한 생선을 보충하고자 한 달에 두어 번은 나가서 사냥이나 얼음낚시를 한다. 이렇게 강제로 다 함께 붙어 있어야 하는 환경에서는 불평할 여지도, 마음속의 고민이나 화나 비난을 말로 꺼낼 여지도 없다. 과거 이글루 시절에는 내리 몇 주씩 물리적으로 접촉한 채 살아야 하는 상대와 싸운다는 것은 아예 있을 수 없는 일이었다. 요즘도 이들은 몇 달 동안 한방에서 지내고 함께 식사해야 한다. 이 기후에서 불쑥 화가 치민다고 뛰쳐나갔다가는 틀림없이 동사하고 말 것이다. 누군가 내게 이렇게 말해 주었다. 이글루 시절에는 〈화가 나거나 속이 상하면 그저 잠자코 고개를 돌려서 벽이 녹는 걸 바라봤습니다〉. 이누이트 사회의 극단적인 육체적 밀접성은 필연적으로 감정적 과묵함을 낳았다. 옛 생활 양식에 가깝게 살아가는 사람들 중에는 더러 이야기꾼이 있다. 이들은 주변 사람들에게 자신이 사냥에서 겪었던 모험이나 거의 죽다 살아난 이야기 따위를 들려준다. 이누이트들은 대부분 잘 참는다. 잘 웃는 사람도 많다. 그렇지 않은 사람들은 묵묵히 생각에만 잠긴다. 그러나 각자 성격이 어떻든, 자기 감정을 말로 표현하는 사람은 거의 없다. 그린란드 우울증의 독특한 특징은 기온과 빛이 직접적으로 작용한 결과가 아니라, 자신의 기분을 남에게 말해서는 안 된다는 터부의 결과다.

파울 비스고르드는 온화하고, 덩치가 크고, 좀 멍한 인내심이 있는 듯한 남자로 그린란드 토박이 중 최초로 정신과 의사가 된 사람이다. 그는 내게 말했다. 「물론 우리도 가족 중 누군가 우울해하면 그 증상을 알아봅니다. 하지만 전통적으로 참견은 하지 않습니다. 상대에게 우울해 보인다고 말하는 것은 그의 자존심을 해치는 모욕에 해당합니다. 우울한 사람은 자신이 무가치한 인간이라고 믿을 것이고, 무가치한 인간은 남들을 성가시게 하면 안 된다고 믿을 겁니다. 그러니 주변 사람들은 주제넘게 개입하지 않습니다.」 그린란드에서 십 년 넘게 산 덴마크인 심리학자 키르스틴 페일만은 이렇게 말했다. 「아무도 남에게 이래라저래라 말하지 않습니다. 남들이 어떻게 굴든 그냥 참고, 남들도 스스로 참도록 내버려 둡니다.」

나는 빛의 계절인 유월에 갔다. 한밤중까지 해가 중천에 떠 있는 유월 그린란드의 아름다움은 미처 예상하지 못한 것이었다. 나는 작은 비행기로 인구 5,000명의 마을 일룰리사트에 도착한 뒤, 그곳에서 어부의 작은 모터보트를 빌려서 그와 함께 남쪽으로 향했다. 그린란드 보건부 장관과 사전에 협의하여 골라 둔 몇 군데 마을 중 한 곳으로 가는 길이었다. 일리마나크라는 그 마을은 사냥꾼들과 어부들이 정착하여 사는 곳으로 성인 인구가 85명쯤 된다. 일리마나크로 가는 도로는 없다. 일리마나크를 지나는 도로도 없다. 겨울에 주민들은 얼어붙은 사방을 개 썰매로 다닌다. 여름에는 배로만 마을에 접근할 수 있다. 봄과 가을이라면 주민들은 마을에만 머문다. 내가 간 계절에는 환상적인 빙산들이, 어떤 것은 사무용 건물만큼 큰 것도 있는데, 해안을 따라 흘러내려와서 캉에를루수아크 피오르 근처에 모여든다. 작은 모터보트에 탄 안내인과 나는 그 빙산들 사이를 통과하여 피오르 입구를 건넜다. 오래된 빙산이 뒤집혀서 매끄러운 직사각형 모양을 한 얼음덩어리가 있는가 하면, 빙하에서 막 떨어져 나온 조각이라서 나이테 같은 골이 파여 있고 오묘한 푸른빛을 띠는 얼음덩어리도 있었다. 그 장엄한 자연 앞에서 우리 배는 초라할 뿐이었다. 어떤 얼음덩어리는 늘 수평선 위에 올라앉아 있는 태양의 빛을 반사했다. 그보다 작은 얼음들도 있었고, 우리는 그런 얼음들을 조심조심 헤치면서 나아갔다. 냉장고만 한 얼음도 있었고 바다에 떠다니는 접시만 한 얼음도 있었다. 수면에 그런 얼음이 하도 많아서, 시선을 멀리 수평선으로 돌려서 바라보면 우리가 마치 쪼개지지 않은 한 덩어리의 얼음 위를 항해하는 것 같았다. 빛이 워낙 투명해서 시야에 깊이가 없는 것 같았다. 어디가 가까운 지점이고 어디가 먼 지점인지 알 수 없었다. 우리 배는 줄곧 해안에 붙어 움직였지만, 어디가 땅이고 어디가 바다인지도 알 수 없었다. 어차피 여정의 대부분은 두 얼음산 사이 협곡을 통과하는 시간이었다. 물이 어찌나 차가운지, 빙산에서 얼음 조각이 깨져서 바다에 빠지면 물은 꼭 커스터드처럼 움푹 파였다가 우리가 시간을 잴 수도 있을 만큼 길게 몇 초가 지난 뒤에야 비로소 파였던 데가 채워지면서 도로 매끄러워졌다. 고리무늬물범이 차가운 물로 퐁당 뛰어드는 모습이 가끔 눈에 보이거나 귀에 들렸다. 그 밖에는 빛과 얼음과 우리뿐이었다.

일리마나크는 작은 천연 항구에 지어진 마을이다. 집이 서른 채쯤 있고 학교가 하나, 작은 교회가 하나, 보통 일주일에 한 번씩 물건을 공급받는 가게가 하나 있다. 모든 집이 개를 키운다. 개 주민이 사람 주민보다 훨씬 더 많은 마을이다. 집은 이곳 사람들이 좋아하는 밝고 선명한 색으로 칠해져 있지만 — 새파란 터키색, 미나리아재비 같은 노란색, 옅은 분홍색 — 마을 뒤로 솟은 거대한 바위나 마을 앞에 펼쳐진 광활한 바다에 대면 거의 아무런 인상도 남기지 못한다. 일리마나크보다 더 외딴 마을은 상상하기 어렵다. 그러나 마을에는 전화가 한 대 있고, 만일 주민 중 누군가 응급 의료 상황에 처하면 날씨가 착륙을 허락하는 한 덴마크 정부가 헬리콥터를 보내어 환자를 실어 가고 비용도 댄다. 수돗물이나 수세식 화장실은 없지만, 발전기는 한 대 있기 때문에 몇몇 집과 학교에는 전기가 들어가고 어떤 집에는 텔레비전도 있다. 어느 집에서든 말도 못하게 아름다운 경치가 보인다. 자정에, 해는 여태 떠 있고 사람들은 잠들었을 때, 나는 조용한 집들과 잠자는 개들 사이를 걸으면서 꼭 꿈속을 거니는 느낌이었다.

내가 가기 일주일 전, 가게에 미리 공지가 붙었다. 내게 자신의 기분을 이야기하고 싶은 자원자를 모집한다는 내용이었다. 통역자는 — 정규 교육을 받은 뒤 활동가가 된 활달한 이누이트 여자로, 일리마나크 주민들이 신뢰하는 사람이었다 — 조금 걱정되기는 하지만 아무튼 과묵한 마을 사람들에게 나와 이야기해 보라고 설득하는 것을 돕겠다고 했다. 우리가 도착한 다음 날, 주민들이 약간 수줍어하면서 말을 걸어왔다. 네, 우리는 하고 싶은 말이 있습니다. 네, 우리는 그 말을 당신에게 하기로 결심했습니다. 네, 그런 이야기는 외국인에게 하는 것이 더 편합니다. 네, 당신은 이 마을에서 서로 감정을 털어놓는 일을 처음 시작한 세 명의 현명한 여자들을 만나 보아야 합니다. 나를 돕는다는 것은 그들에게는 낯선 행동인 수다를 떨어야 한다는 뜻인데도, 모두가 도우려 했다. 나보다 앞서 마을에 도착한 추천사 때문에, 나를 자기 보트로 마을에 데려가 준 어부 때문에, 통역자 때문에 주민들은 나를 친밀한 공동체에 받아들여 주었고 그러면서도 손님을 대할 때의 예우를 보여 주었다.

일리마나크를 포함한 지역을 담당하는 덴마크인 의사는 내게 이렇게 조언했었다. 「노골적으로 묻지는 마십시오. 그들에게 대뜸 기분이 어떠냐고 물으면, 그들은 아무 대답도 못 할 겁니다.」 하지만 마을 사람들은 내가 무엇을 원하는지 알았다. 그들이 몇 마디 이상 길게 대답하는 경우는 드물었고, 질문은 가급적 구체적이어야 했지만, 비록 언어로 표현하지는 못하더라도 그들에게는 분명 감정이 있었다. 외상은 그린란드 사람들의 삶에 주기적으로 발생하는 일이기에, 외상에 따르는 불안증은 드물지 않다. 우울과 자기 불신으로 침강하는 기분도 마찬가지다. 늙은 어부들은 내게 썰매가 물에 빠졌던 일을 들려주었고(훈련받은 개들이라면 물에 빠진 사람을 끄집어내 주지만, 그것은 얼음이 더 깨지지 않을 때, 사람이 그전에 익사하지 않을 때, 개들을 묶은 고삐가 찢어지지 않을 때의 이야기다), 젖은 옷을 입은 채 영하의 기온에서 몇 킬로미터나 가야 했던 일을 들려주었다. 사냥 중 발밑의 얼음이 흔들렸던 일, 그 우레 같은 소리 때문에 다른 사냥꾼의 목소리가 들리지 않았던 일, 얼음덩어리가 움직여서 자기 몸이 높이 들어올려지는데 이러다 곧 얼음이 뒤집혀서 자신이 바다로 내던져질지 아닐지 알 수 없었던 일을 들려주었다. 그런 경험을 한 뒤에도 예전처럼 살아가기가 얼마나 어려운지, 그 뒤에도 얼음과 어둠으로부터 내일의 양식을 얻어 내기가 얼마나 어려운지 들려주었다.

우리는 세 여성 장로를 만나러 갔다. 산파인 아말리아 요엘손은 마을에서 의사에 제일 가까운 사람이다. 그녀는 사산아를 낳은 적 있었다. 다음 아이는 이듬해 무사히 태어났지만 태어난 날 밤에 죽었다. 슬픔으로 정신이 나간 남편은 그녀가 아기를 죽였다고 몰아세웠다. 그녀는 자신이 앞으로 이웃들의 아이를 받아 주겠지만 정작 자신은 아이를 갖지 못한다는 사실을 감당하기 어려웠다. 어부의 아내인 카렌 요한센은 고향 마을을 떠나와서 일리마나크에 정착했다. 그런데 이사 직후에 그녀의 어머니, 할아버지, 언니가 서로 다른 이유로 연이어 죽었다. 이후 올케언니가 쌍둥이를 임신했는데, 쌍둥이 중 한 아이는 임신 5개월째 사산되었다. 나머지 아이는 건강하게 태어났지만 생후 3개월 만에 신생아 사망 증후군으로 갑자기 죽었다. 오빠에게 남은 아이는 여섯 살 된 딸 하나뿐이었는데, 그 아이마저 물에 빠져 죽자 오빠는 목을 매어 자살했다. 아멜리아 랑게는 목사다. 젊고 키 큰 사냥꾼과 결혼한 그녀는 남편에게 여덟 아이를 연달아 낳아 주었다. 그런데 그만 남편이 사냥 중 사고를 당했는데, 총알이 바위를 맞고 튕겨 나와 그의 오른팔 팔꿈치와 손목 중간을 갈랐다. 뼈는 영영 낫지 않았다. 누가 그의 오른손을 잡으면 부러졌던 곳이 잉여의 관절처럼 접히게 되었고, 그는 오른팔을 못 쓰게 되었다. 몇 년 뒤, 그는 폭풍우가 몰아칠 때 집 앞에 나갔다가 거센 바람에 날려 갔다. 그러나 팔로 낙하의 충격을 받아 낼 수 없었던 탓에 목이 부러졌고, 머리 아래로 거의 마비된 신세가 되었다. 이후 랑게는 집 안에서 남편의 휠체어를 밀어 주며 보살피고, 아이들을 키우고, 사냥을 해야 했다. 「밖에서 할 일이 있으면 나가서 하면서 내내 울었어요.」 그녀는 이렇게 회상했다. 그녀가 일하면서 우는 모습을 보고 이웃들이 다가오지 않았느냐고 묻자, 그녀는 이렇게 대답했다. 「내가 일할 줄 아는 한, 사람들은 간섭하지 않았어요.」 자신이 가족에게 짐이 되었다고 여긴 남편은 어느 날 굶어 죽을 작정으로 음식을 먹지 않기 시작했다. 랑게는 남편의 의도를 깨달았고, 그 모습에 그녀가 지켜 왔던 침묵이 무너져 내렸으며, 그녀는 남편에게 제발 살아 달라고 호소했다.

카렌 요한센은 내게 말했다. 「맞는 말이에요. 우리는 물리적으로 너무 밀접하게 살기 때문에 오히려 친밀할 수 없어요. 게다가 이곳에서는 모두가 많은 어려움을 짊어지고 살기 때문에, 아무도 남들의 짐에 자기 짐을 더하고 싶어 하지 않아요.」 20세기 초중순의 덴마크 탐험가들은 이누이트족이 자주 겪는 세 가지 정신 질환이 있다는 사실을 발견했다. 셋 다 이누이트들이 스스로 설명한 병이었는데, 지금은 아주 외딴 지역이 아니고서는 셋 다 거의 사라졌다. 첫 번째 〈극지방 히스테리〉는, 그것을 겪었던 한 남자의 설명에 따르면, 〈바다코끼리와 바다표범과 고래의 피로 강화된 젊은 혈기가 솟구치는 것, 슬픔에 압도당하는 것〉이다. 〈처음에는 마음이 마구 요동친다. 이것은 삶에 신물이 나는 병이다.〉 이 병의 변형된 형태는 오늘날 활동적 우울증이나 조울증으로 진단될 만한 상태로 아직까지 남아 있고, 말레이시아 사람들이 〈급성 착란〉이라고 부르는 상태와도 꽤 비슷하다. 두 번째 〈산 방랑자 증후군〉은 공동체에 등 돌리고 떠나는 사람들이 걸리는 병이라고 했다. 예전에는 이렇게 떠난 사람을 결코 다시 받아 주지 않았기 때문에, 떠난 사람은 절대적인 고독 속에서 혼자 살아 나가다가 죽었다. 마지막 〈카약 불안증〉은 실제와는 달리 배에 물이 차고 있다고 믿는 것, 그래서 자신이 익사하리라고 믿는 것으로 가장 흔한 형태의 편집증이었다.[2]

요즘은 주로 과거의 현상을 가리킬 때 쓰이는 병명들이지만, 그래도 여전히 이 용어들은 이누이트들이 겪는 괴로움을 일부나마 알려 준다. 그린란드 보건부 장관 르네 비르거 크리스티안센에 따르면, 최근 움만나크에서는 자기 피부 밑에 물이 고여 있다고 믿는 사람들이 불편을 호소하는 일이 빈발했다고 한다. 프랑스 탐험가 장 말로리는 1950년대에 이렇게 썼다. 〈기본적으로 개인주의적인 에스키모들의 성격과 고독은 곧 불행이라는 그들의 의식적 믿음 사이에는 종종 극적인 모순이 있다. 이웃들에게 버림받은 에스키모는 늘 그를 기다리고 있던 우울에 잡아먹힌다. 공동체적 삶을 견디기가 너무 버거워서일까? 에스키모들을 서로 잇는 것은 복잡하게 얽힌 의무들이고, 그들은 자발적으로 그 속에 갇힌다.〉[3]

일리마나크의 세 여성 장로는 각자의 고통을 오랫동안 묵묵히 견뎌 왔다. 요한센은 내게 말했다. 「처음에 다른 여자들에게 내 기분을 말하려고 했더니, 그들은 그냥 무시했어요. 사람들은 나쁜 이야기는 하고 싶어 하지 않았어요. 그런 이야기를 어떻게 해야 하는지도 몰랐고요. 오빠가 죽기 전에는 나도 남들의 하늘을 가리는 어두운 구름이 되지 않는 걸 자랑스럽게 여겼지만, 오빠의 자살로 충격을 받은 뒤에는 말하지 않을 수 없었어요. 사람들은 싫어했죠. 여기서는 설령 친구라도 남에게 〈그런 일을 겪다니 안 됐어〉라고 말하는 게 무례한 짓으로 통해요.」 요한센은 남편을 〈침묵하는 남자〉라고 불렀다. 남편이 너무나 어렵게 느끼는 언어를 사용하지 않고도 소통할 수 있도록 부부가 타협을 통해 만들어 낸 방안은 그녀가 흐느끼는 동안 남편은 묵묵히 듣는 것이라고 했다.

세 여자는 서로의 어려움에 끌렸고, 오랜 시간이 흐른 뒤 마침내 자신들이 공유하는 괴로운 감정을 서로에게 말하기 시작했다. 요엘손은 예전에 일룰리사트의 병원에서 산파 교육을 받을 때 대화 치료법이라는 것이 있다는 걸 알았는데, 이제 자신이 실제로 다른 두 여자와의 대화에서 위안을 얻었기에, 그들의 공동체에서는 새로운 발상이나 마찬가지인 아이디어를 다른 두 여자에게 제안했다. 어느 일요일, 랑게는 교회에 모인 사람들에게 세 여자가 모임을 결성했다고 발표했다. 누구든 자신의 문제를 이들에게 말하고 싶은 사람은 만나러 오라고 초대하며, 일대일도 좋고 여럿이 만나도 좋다고 말했다. 요엘손의 집을 상담실로 쓸 것이고, 만나서 나눈 이야기는 철저히 비밀에 부쳐질 것이라고 약속했다. 「누구도 혼자일 필요가 없습니다.」 랑게는 말했다.

이듬해, 마을의 여자들이 하나둘 이들을 만나러 왔다. 다른 많은 여자들도 이 제안을 받아들였다는 사실을 모르는 채. 그때까지 남편에게도 아이들에게도 심중을 털어놓지 않았던 여자들이 산파의 분만실에서 울었다. 그렇게 해서 새로운 개방성의 전통이 시작되었다. 소수이지만 남자들도 찾아왔다. 강인함을 이상으로 여기는 이곳 남자들인지라 차마 오지 못한 사람이 더 많았지만. 적어도 처음에는 그랬다. 나는 세 여자의 집에서 각각 오랜 시간을 보냈다. 아멜리아 랑게는 사람들이 자신에게 마음을 털어놓은 뒤 〈해방되는〉 모습을 보면서 큰 깨달음을 얻었다고 말했다. 카렌 요한센은 가족이 다 모인 자리에 나를 초대하여, 그녀가 생각하기에 종종 여러 문제에 대한 최선의 해답이라는 신선한 고래 고기 수프를 만들어 주었다. 그녀는 남들의 슬픔을 듣는 것이 그녀 자신의 슬픔을 이기게 하는 진정한 치료제가 되어 준다고 말했다. 「이 일은 내게 말하러 오는 사람들만이 아니라 나 자신을 위한 일이기도 해요.」 일리마나크 사람들은 각자의 집에서는 서로에 대한 이야기를 나누지 않지만, 세 장로에게 와서 이들로부터 힘을 얻는다. 요한센은 〈내가 많은 자살을 예방했다는 걸 알아요〉라고 말했다.

가장 중요한 것은 비밀 엄수였다. 작은 마을에는 깨뜨려서는 안 될 이런저런 위계가 많다. 그런 위계를 무턱대고 깨뜨렸다가는 침묵의 문제보다 더 큰 문제만 새로 생기기 쉽다. 요엘손은 이렇게 말했다. 「내게 문제를 털어놓은 사람을 밖에서 만나더라도, 절대 문제를 입에 올리거나 부적절한 방식으로 건강을 묻지 않아요. 나는 그냥 정중하게 〈잘 지내요?〉라고만 묻죠. 그랬는데 상대가 갑자기 울면, 그제서야 그를 집으로 데려옵니다.」

우울증은 외로움의 병이다. 우울증을 겪어 본 사람은 그것이 끔찍한 고립감을 가져온다는 사실을 절절히 안다. 설령 사랑에 둘러싸인 사람이라도 마찬가지다. 그런데 그린란드에서는 거꾸로 혼자 있을 수 없다는 사실이 고립감을 강제하는 측면이 있다. 일리마나크의 세 여성 장로는 남에게 자신의 마음을 털어놓고 남들에게도 그렇게 하도록 돕는 것이 멋진 일임을 알아냈다. 서로 다른 문화들은 서로 다른 방식으로 고통을 표현하고, 서로 다른 문화의 사람들은 서로 다른 종류의 고통을 겪는다. 그러나 외로움의 한 특징이라면 그것이 한없이 유연해서 어느 문화에나 있다는 것이다. 세 여성 장로는 내게도 우울증에 대해 물었다. 그리고 내가 그들의 집에서 말린 대구를 바다표범 지방으로 감싼 음식을 먹으면서 내 사연을 이야기했을 때, 그들은 자신의 경험으로부터 내 경험에까지 와닿을 줄 아는 것 같았다. 마을을 떠날 때, 통역자는 내게 이번 일이 자기 평생 가장 진 빠지는 경험이었다고 말했다. 그러나 그녀의 말에는 환한 자부심이 담겨 있었다. 「우리 이누이트족은 강인한 사람들이에요. 그동안 우리가 이런저런 문제들을 해결하지 못했다면 진작 여기서 죽었겠죠. 그래서 우리는 우울증이라는 이 문제도 나름의 방식으로 해결해 왔어요.」 그린란드의 어느 큰 마을에서 자살 상담 전화를 운영하기 시작한 사라 링게는 이렇게 말했다. 「사람들은 우선 남에게 말하는 것이 아주 쉽고 좋은 일이라는 사실을 알아야 합니다. 사람들은 그걸 모르죠. 그러니 그 사실을 먼저 발견한 우리가 최선을 다해서 소식을 퍼뜨려야 합니다.」

역경이 삶의 표준인 세상에서는 삶의 고난을 있는 그대로 정확하게 인식하는 상태와 우울증을 나누는 경계가 그렇지 않은 세상과는 다르기 마련이다. 내가 일리마나크에서 만난 가족들은 침묵의 약속을 지킴으로써 역경을 견뎌 왔다. 침묵은 실제로 그 목적을 효과적으로 달성하는 방법이었고, 덕분에 그동안 많은 사람들이 춥고 긴 겨울을 무수히 견뎌 왔다. 한편 오늘날 서양 사람들의 생각은 다르다. 우리는 문제를 밝은 곳으로 끌어내야만 더 잘 풀 수 있다고 믿고, 일리마나크 사람들의 이야기는 이 이론을 지지하는 한 증거다. 그러나 말은 그 범위에도 장소에도 한계가 있다. 우울증을 겪는 일리마나크 주민들 중 문제를 그 문제의 대상에게 직접 털어놓은 사람은 없었다는 사실, 그들이 세 여성 장로에게도 정기적으로 털어놓은 건 아니었다는 사실을 잊지 말자. 어떤 사람들은 오직 경제적으로 발달된 사회의 유한 계층만이 우울증에 빠진다고 말하지만, 사실이 아니다. 다만 그런 사람들은 우울증을 말로 표현하여 논의하는 사치를 부릴 수 있다는 점이 다를 뿐이다. 한편 이누이트족에게는 우울증이 삶의 무수한 다른 문제들에 비해 사소한 문제이기 때문에, 또한 거의 식물인간이 될 만큼 심각한 경우를 제외하고는 모두의 삶에 당연히 존재하는 부분이기 때문에, 그들은 그것을 그냥 무시하는 방법을 택했다. 이누이트처럼 침묵하는 방식과 우리처럼 자신을 속속들이 말로 표현하는 방식 사이에도 정신의 고통을 인식하고 드러내는 다른 방식들은 무수히 많다.

•

그린란드의 우울증 문제는 여전히 심각하다. 자살은 가장 주요한 사망 원인으로, 총 사망자 중 족히 10분의 1이 자살자다. 그동안 자살률을 줄이려는 여러 방안들이 고안되었는데도 총 자살률은 1980년 이래 더 떨어지지 않고 높게 유지되고 있다. 심지어 젊은 층의 자살률은 늘고 있다. 알코올 남용, 가정 내 학대 등과 연관된 문제라는 해석이다. 그린란드의 2014년 자살률은 인구 10만 명당 78명이었다.[4] 2015년, 일룰리사트에서 자살을 줄이기 위한 운동을 펼치고 있는 아스트리드 올센은 자신과 동료들이 앞으로는 임미노르네크imminorneq라는 단어를 쓰지 않기로 결정했다고 말했다. 임미노르네크는 번역하자면 〈스스로 숨을 거두다〉 정도 되는 뜻이다. 그들은 그 대신 〈자살하다〉라는 뜻인 임미누트 토쿤네크imminut toqunneq를 쓸 것이라고 했다. 이 표현은 자살도 살인의 한 형태라는 사실을 좀 더 생생하게 드러내며, 자살이 공동체에게도 감정적 충격을 끼친다는 사실을 드러낸다. 올센은 〈마치 거대하고 무거운 담요가 온 마을을 뒤덮고 있는 것 같은데, 이제 우리는 그 담요를 벗겨 버려야 합니다〉라고 말했다.

2009년 그린란드는 국민투표로 자치를 얻어 냈다.[5] 내가 방문했던 때와는 달리 이제 그린란드는 덴마크의 식민지가 아니다. 그린란드에 수력발전소를 설치하려는 노력이 그동안 장족의 발전을 거뒀고, 그 사업 덕분에 더 많은 그린란드 인구가 더 편하게 살 수 있을 것이다.[6] 이처럼 고무적인 변화들도 있지만, 그린란드에서 들려오는 소식들 중 제일 중요한 것은 그곳이 녹고 있다는 소식이다. 2015년에는 야콥사운 빙하에서 맨해튼만 한 얼음덩어리가 떨어져 나갔는데, 어찌나 거대한 사건이었던지 위성 사진에도 그 모습이 찍혔다.[7] 내가 그린란드를 찾았던 1999년에만 해도 단단하게 언 땅이었던 지역이 지금은 농장이 되었다. 그때 내가 찍었던 사진들과 이후 받아 본 사진들을 비교해 보면 가슴이 아프다. 그린란드에서 얼음의 풍경이 사라지는 것은 환경적 재앙만이 아니라 문화적 재앙이기도 하다.

세네갈

발가벗고, 숫양의 피를 덮어쓰고, 콜라를 마시고, 기분이 썩 좋았던

『에스콰이어』, 2014년 2월

내가 이 경험을 한창 하는 와중에도 앞으로 평생 이 이야기를 남들에게 들려주겠구나 하고 생각했던 것이 기억난다. 나는『한낮의 우울』에서 이 경험을 자세히 소개했지만, 나중에 스토리텔링 단체 모스의 행사에서 이 이야기를 말로 들려주게 되었을 때 이야기의 효과를 살리기 위해서 분량을 좀 압축했다. 그때 했던 이야기가 모스의 첫 선집『모스*The Moth*』에 실렸고, 나중에『에스콰이어』가 그 책에서 발췌하여 다시 실었다. 원래 썼던 글에는 정보가 더 많이 담겨 있었지만, 이 글에도 경험의 요지는 잘 담겨 있다. 말로 이야기했을 때 썼던 표현 중 몇 개는 지웠다.『에스콰이어』에 글이 실린 것은 2014년이었지만, 이 책에서는 내가 세네갈에 갔던 때인 2000년을 기준으로 순서를 정해서 실었다.

나는 지금은 우울증을 앓지 않는다. 하지만 예전에 오랫동안 우울증에 시달렸다. 한 치 앞도 안 보이는 심한 우울증을 안고 살았다. 모든 것이 희망도 의미도 없어 보이던 시간, 친구들에게 답신 전화를 거는 일이 내 능력 밖의 일처럼 느껴지던 시간, 침대를 나와 세상으로 나가는 것이 고통스럽게 느껴지던 시간, 불안 때문에 완전한 무능력자가 되었던 시간. 이런 시간이 길게 이어지는 시기를 몇 차례 겪었다.

마침내 나아서 회복의 이야기를 쓰기 시작했을 때, 나는 다양한 우울증 치료법에 관심을 갖게 되었다. 원래는 말하자면 의료 보수주의자랄까, 우울증에 듣는 치료법은 약, 전기 경련 요법, 일부 대화 치료 등 두어 가지뿐이라고 생각하는 사람이었지만 차츰 마음이 바뀌었다. 상상해 보자. 당신에게 뇌종양이 있는데 하루에 삼십 분씩 물구나무서기를 하고 가글을 했더니 기분이 나아졌다면, 그야 기분은 나아졌겠지만 모르면 몰라도 당신에게는 여전히 뇌종양이 있을 테고 다른 치료법을 쓰지 않는다면 당신은 여전히 죽을 것이다. 하지만 당신에게 우울증이 있는데 하루에 삼십 분씩 물구나무서기를 하고 가글을 했더니 기분이 나아졌다면, 그렇다면 당신은 치료된 것이다. 우울증은 기분의 질병이고, 만약 당신이 기분이 좋다면 더 이상 우울증에 걸린 것이 아니기 때문이다.

그래서 나는 대안 치료법에도 마음을 열기 시작했다. 실험적인 뇌 수술 기법에서 최면 요법까지 온갖 방법을 다 조사해 보았다. 이전부터 내가 이 주제로 글을 발표해 왔기 때문에, 사람들도 끊임없이 내게 편지를 보내어 정보를 알려 주었다. 한 여자는 자신이 약물, 대화 요법, 전기 충격 요법 등등 오만 가지 방법을 다 써본 끝에 마침내 알맞은 치료법을 찾아냈다면서 나더러 그 치료법을 세상에 알려 달라고 부탁했다. 그 치료법은 〈실로 소품을 뜨는 것〉이었다. 여자는 내게 소품의 예를 잔뜩 보내 주었으며, 죄다 똑같이 생긴 곰 인형 2,000개가 있는 자기 방 사진도 보내 주었다. 강박 장애는 우울증과는 좀 다르다. 하지만 뭐 어떤가. 여자가 예전에는 비참했지만 지금은 썩 행복하다는데.

그렇게 조사하던 중, 나는 우울증이 산업화한 현대 서양 사회에서만 나타나는 질병이라는 통념과는 달리 실은 여러 문화와 여러 시대에 공히 나타났던 질병이라는 주장에 흥미를 느꼈다. 그래서 당시 잠깐 세네갈에서 살고 있던 소중한 친구 데이비드 헥트가 〈이곳 부족에게도 우울증 치료용 의식이 있다는 거 알아?〉 하고 물었을 때, 〈아니, 몰랐어. 하지만 알고 싶네〉 하고 대답했다. 데이비드는 말했다. 「네가 여기 오면 우리가 조사를 도와줄게.」[1]

나는 세네갈로 가서, 당시 데이비드의 여자 친구였지만 지금은 전 부인이 된 엘렌을 만났다. 엘렌의 사촌의 어머니의 친구의 동창의 어머니가 은데웁을, 그러니까 데이비드가 말했던 의식을 실제로 행하는 사람이라고 했다. 엘렌은 내가 그 여자를 만나서 인터뷰하도록 주선해 주었다. 우리는 다카르에서 차로 두 시간 거리인 작은 마을로 가서 여사제를 만났다. 나이가 지긋하고 몸집이 크고 분위기가 비범한 그녀는 수 킬로미터는 되어 보일 만큼 긴 데다가 눈동자 무늬가 잔뜩 그려진 아프리카 천으로 몸을 감싸고 있었다. 그녀가 마담 디우프였다. 우리는 한 시간쯤 이야기를 나눴고, 그녀는 내게 은데웁의 모든 것을 알려 주었다. 인터뷰를 마칠 무렵, 나는 왠지 대담해져서 이렇게 물었다. 「저, 이게 고려해 볼 수 있는 일인지 아닌지조차 모르겠습니다만, 혹시 저도 은데웁에 참석할 수 있을까요?」

마담 디우프는 말했다. 「글쎄요, 지금까지는 토우밥이 참석한 적이 한 번도 없었지만.」 토우밥은 외국인을 뜻하는 단어였다. 「당신은 친구 소개로 왔으니까, 좋아요. 다음번 은데웁에 와도 좋아요.」

나는 말했다. 「정말 잘됐네요. 다음번 은데웁은 언제 하십니까?」

「아마 앞으로 6개월 내에 할 거예요.」

「제가 은데웁이 열리기를 기다리면서 이 마을에서 6개월이나 머물기는 어려운데요. 혹시 누군가의 은데웁을 앞당길 방법은 없을까요? 저도 힘을 보태겠습니다.」

「아뇨. 그런 식으로 되는 일은 아니에요.」 마담 디우프는 약간 미안해하는 기색으로 말했다.

「그래요. 그러면 저는 은데웁을 못 보겠네요. 그래도 말씀 아주 재밌고 유익했습니다. 은데웁을 보지 못하고 떠나는 것은 좀 아쉽지만, 그래도 고맙습니다.」

「만나서 반가웠어요. 도움이 되었다니 기쁘고…… 그런데 하나만 더. 내 말에 기분 상하지 않는다면 좋겠는데요.」

「괜찮습니다. 뭐죠? 뭔가요?」

「당신도 썩 괜찮아 보이지는 않네요. 혹시 당신도 우울증인가요?」

나는 주저했다. 「음, 네. 우울증요. 네, 우울증이 있습니다. 예전에는 아주 심했습니다. 지금은 좀 나아졌지만, 그래도 여전히 우울증을 앓고 있습니다.」

「그렇군요. 내가 토우밥에게 해본 적이 없기는 해도, 아무튼 당신을 위해서 은데웁을 할 수도 있는데요.」

나는 말했다. 「아! 재미있는 생각이네요. 어, 음, 네, 그러죠. 네, 좋아요, 네, 하죠 뭐. 제가 은데웁을 하겠습니다.」

「좋아요. 당신에게 도움이 될 거예요.」

나는 마담 디우프가 준 간단한 지시를 몇 가지 받은 뒤 그곳을 떠났다.

통역자 엘렌은, 그러니까 앞서 말했던 내 친구 데이비드의 당시 여자 친구였지만 지금은 전 부인이 된 엘렌은 내게 말했다. 「당신 돌았어요? 무슨 일을 벌이는 건지 알기는 해요? 미쳤군요. 완전 미쳤어. 하지만 그래도 꼭 하겠다면 도울게요.」

우선, 쇼핑을 해야 했다. 아프리카 천을 7미터 사야 했다. 수수를 3킬로그램 사야 했다. 조롱박으로 만든 커다란 사발인 칼라바시를 하나 사야 했다. 설탕과 콜라 열매도 사야 했다. 그다음 살아 있는 어린 수탉 두 마리와 숫양 한 마리를 사야 했다. 엘렌과 나는 데이비드와 함께 시장에 가서 물건을 거의 다 샀다. 내가 물었다. 「숫양은 어쩌죠?」

엘렌은 대답했다. 「오늘 숫양을 살 순 없어요. 밤새 어쩌려고요?」 일리가 있었다.

이튿날, 은데웁을 하기 위해 택시로 두 시간을 달렸다. 택시에 탔을 때 내가 물었다. 「숫양은 어쩌죠?」

엘렌은 대답했다. 「아, 가는 길에 보일 거예요.」 우리는 달리고 또 달렸고, 가다 보니 정말로 길가에 웬 세네갈 양치기가 양 떼와 함께 있었다. 우리는 택시를 세우고, 차에서 내려, 흥정을 좀 한 뒤, 7달러를 주고 숫양을 샀다. 그다음 산 양을 택시 트렁크에 집어넣느라 약간 용써야 했지만, 택시 운전사는 신경도 안 쓰는 눈치였다. 양이 계속 트렁크에서 실례를 하는데도.

목적지에 도착해서 마담 디우프에게 말했다. 「여기 왔습니다. 은데웁을 할 준비가 됐어요.」

이 대목에서 여러분이 알아야 할 사실은, 은데웁은 하늘이 내려주는 수많은 신호와 상징에 맞춰서 엄청나게 다양한 형태를 취한다는 것이다. 우리는 일단 내 은데웁은 어떤 형태인지 알아내기 위한 복잡한 주술적 과정부터 거쳐야 했다. 이때까지도 나는 앞으로 무슨 일을 겪을지 거의 알 수 없었다. 나는 우선 청바지와 티셔츠를 벗고 허리에 천을 둘렀다. 그다음 자리에 앉아서 수수로 가슴과 양팔을 문질렀다. 누군가 말했다. 「아, 음악이 있어야 하는데.」

나는 〈그거 좋은데요〉 하고 대꾸했다. 그래, 북소리 같은 것, 뭔가 서아프리카 분위기가 물씬 나는 근사한 음악이겠지.

마담 디우프는 소중하게 아끼는 물건을 가지고 나왔다. 전지로 작동되는 카세트 테이프 플레이어였다. 그리고 마담 디우프가 가진 테이프는 하나뿐이었다. 「불의 전차」. 그래서 우리는 「불의 전차」를 들었다. 마담 디우프는 이런저런 주술적 물건을 내게 건네면서 손에 들었다가 바닥으로 떨어뜨리라고 했고, 그다음에는 발로 들었다가 떨어뜨리라고 했다. 그동안 마담 디우프의 다섯 조수는 나를 둘러싸고 서서 이런 말을 나누었다. 「이건 전조가 좋네.」 「이건 별로야.」 오전 내내 그랬다. 우리는 그 일을 여덟 시쯤 시작했는데, 열한 시인가 열한 시 반쯤 되었을 때 그들이 말했다. 「자, 이제 의식의 중심이 되는 단계로 넘어가죠.」

나는 대꾸했다. 「그거 좋은데요.」 그리고 북소리가 시작되었다. 내가 바랐던 북소리가. 사방에서 신나게 북소리가 들려왔다. 우리는 다 함께 마을 중심 광장으로 갔고, 그곳에 얼기설기 만들어져 있는 첫날밤용 침대에 나와 숫양이 함께 들어가야 한다고 했다. 사람들은 내게 만일 양이 탈출하면 그것은 아주아주 나쁜 운이 되니까 양을 꽉 붙들고 있으라고 말했다. 또 양과 내가 첫날밤용 침대에 함께 들어가야 하는 것은 내 우울증을 비롯한 모든 문제들을 일으키는 원흉이 내 몸속에 있는 영혼들이라서 그렇다고 말했다. 선진국에서 사람의 몸에 구석구석 미생물이 살고 있다고 말하는 것처럼, 세네갈에서는 사람의 몸에 구석구석 영혼이 깃들어 있다고 말한다. 어떤 영혼은 사람에게 좋고, 어떤 영혼은 나쁘고, 어떤 영혼은 중립적이다. 그런데 내 안의 나쁜 영혼들은 현실의 내 섹스 상대를 몹시 질투하기 때문에 우리가 그 영혼들의 화를 달래야 한다는 것이었다. 그래서 나는 숫양과 함께 첫날밤용 침대에 들어가서 녀석을 단단히 붙들고 있어야 했다. 녀석은 당연히 그 즉시 내 다리에 실례했다.

마을 전체가 그날 하루 밭일을 접었고, 온 마을 사람들이 광장으로 나와서 숫양과 나를 동그랗게 둘러싸고 춤을 추었다. 사람들은 춤추면서 담요나 큰 천 따위를 내 위로 던졌고, 양과 나는 차츰 천에 파묻혔다. 그 속은 끔찍하게 덥고 엄청나게 갑갑했다. 사람들이 주변에서 춤추며 발 구르는 소리에 더해 북소리도 점점 더 커졌고 점점 더 무아지경으로 치달았다. 나는 당장이라도 쓰러지거나 실신할 것 같았는데, 바로 그 순간 나를 짓누르던 천들이 갑자기 싹 걷혔다. 사람들이 나를 홱 잡아당겨 일으켜 세웠다. 그러고는 내가 몸에 유일하게 걸치고 있던 허리 싸개를 벗겼다. 사람들은 가련한 숫양의 목을 땄고, 두 어린 수탉의 목도 땄다. 마담 디우프와 조수들은 갓 잡은 양과 닭의 피에 손을 쑥 담갔다가 그 손으로 내 몸에 피를 처발랐다. 내 온몸이 한 뼘도 빼놓지 않고 피로 덮여야 했다. 여자들은 피를 내 머리카락에 바르고, 얼굴에 바르고, 생식기에 바르고, 발바닥에도 발랐다. 피는 따스했다. 특히 반쯤 굳은 핏덩어리가 몸에 짓이겨지는 느낌이 희한하게 좋았다.

그렇게 나는 발가벗고, 온몸에 피를 덮어썼다. 그들이 말했다. 「됐어요. 이 단계는 이제 끝났어요. 다음 단계로 넘어가죠.」

나는 대꾸했다. 「그거 좋은데요.」 우리는 오전에 의식을 준비했던 장소로 돌아갔다.

누군가 말했다. 「이봐요, 점심시간이네. 잠깐 쉬면 어때요? 콜라 마실래요?」 평소에 나는 콜라를 그다지 많이 마시지 않지만, 그 순간에는 그것이 정말 정말 좋은 생각 같았다. 그래서 마시겠다고 했다. 그렇게 나는 발가벗고, 온몸에 동물 피를 덮어쓰고, 발가벗고 온몸에 동물 피를 덮어쓰고 있으면 으레 그렇듯이 온몸에 바글바글 달라붙는 파리들 속에서, 콜라를 마셨다.

내가 콜라를 다 마시자 사람들이 말했다. 「좋아요. 이제 의식의 마지막 단계예요. 우선 차려 자세를 하고 아주 바르게, 아주 곧게 서세요.」 그다음 사람들은 양의 창자로 내 몸을 친친 동여맸다. 양의 몸통은 가까운 나무에 걸려 있었고, 누군가 그것을 해체하고 있었다. 양의 내장 기관들은 일부 제거되었고, 머리는 따로 떼어져 있었다. 또 다른 남자는 긴 칼로 땅바닥에 완벽하게 둥근 구덩이 세

개를 천천히 팠는데, 깊이는 모두 50센티미터쯤 되었다. 나는 눈과 귀에 들러붙는 파리를 쫓으려 애쓰면서 꼼짝 않고 서 있었다.

그다음 나는 창자에 동여매인 몸으로 발을 끌면서 걸어가야 했는데, 여러분 중에는 그런 일을 해본 사람이 거의 없겠지만 아무튼 힘들다. 사람들은 삼등분해 둔 양의 머리를 내게 건네면서 한 구덩이에 하나씩 넣으라고 했다. 놀랍게도 몸이 친친 동여매인 상태로도 그렇게 할 수 있었다. 그다음 사람들이 구덩이를 메웠고, 나는 한 구덩이당 세 번씩 오른발로 쿵쿵 밟아서 다져야 했는데, 이 일은 좀 더 까다로웠다. 그다음에는 내가 무언가를 말해야 했는데, 그 기이한 경험의 한가운데에서 내가 해야 하는 말은 묘하게 감동적으로 들렸다. 나는 이렇게 말해야 했다.「영혼이여, 내가 인생을 잘 마무리할 수 있도록 나를 가만히 내버려 두십시오. 그리고 알아주십시오. 결코 당신을 잊지 않겠다는 것을.」나는 속으로 생각했다. 《결코 당신을 잊지 않겠다》라니, 퇴치하려는 악령에게 하는 말치고 정말 다정하네.〉 그리고 나는 결코 잊지 않았다.

이후 자잘한 일들이 좀 더 이어졌다. 마담 디우프는 아침에 썼던 수수를 다 긁어모아서 종이에 담은 것을 내게 주었다. 그날 밤 그것을 베개 밑에 넣고 자라고 했고, 아침에 일어나면 거지들 중 귀가 잘 들리고 불구가 아닌 사람을 찾아서 그에게 그것을 주라고 했다. 그러면 내 괴로움이 끝난다고 했다. 마지막으로 여자들은 입에 물을 머금은 뒤 내게 내뿜어서 — 서라운드 샤워 효과가 났다 — 피를 씻어 냈다. 몸에서 피가 차츰 씻겨 나가고 마침내 내가 깨끗해지자, 그들은 청바지를 돌려주었다. 모두가 춤을 추었고, 사람들은 양을 구웠고, 우리는 저녁을 먹었다.

그리고 나는 기분이 나아졌다. 정말 나아졌다! 그것은 놀라운 경험이었다. 비록 내가 그 의식의 밑바탕에 깔린 애니미즘을 믿지는 않았지만, 그렇게 많은 사람들이 모여서 나를 응원해 준 것은 신나는 경험이었다.

그로부터 오 년 뒤, 다음 책을 쓰려고 조사차 르완다에 갔을 때 신기한 일이 있었다. 그곳의 누군가와 대화하던 중 내가 세네갈에서 했던 경험을 이야기했더니 상대가 말했다. 「아, 여기에도 비슷한 의식이 있습니다. 세네갈은 서아프리카이고 여기는 동아프리카라서 꽤 다르긴 하지만, 여기 의식에도 비슷한 점들이 있습니다.」 그는 잠시 말을 멎었다가 이렇게 덧붙였다. 「학살 직후 이곳에 온 서양의 정신 치료사들과 우리 사이에 갈등이 많았죠. 어쩔 수 없이 그중 일부에게는 떠나 달라고 말해야 했습니다.」

「뭐가 문제였습니까?」 나는 물었다.

「그들의 치료법에는 당신이 말한 것처럼 밖으로 나가 해를 쬐는 일이 포함되어 있지 않았어요. 이러니저러니 해도 당신이 기분이 나아진 건 밖에서였잖아요. 그들은 우울증에 걸린 사람의 피를 다시 돌게 만드는 음악도 북도 쓰지 않았는데, 기분이 저조할 때는 피를 다시 돌게 만들어야 합니다. 온 마을 사람들이 하루 일을 접고 모여서 당신의 기분을 띄워 주고 기쁨을 되찾아 주는 일이 얼마나 중요한지도 이해하지 못했죠. 우울증은 밖에서 몸으로 들어온 것이니 도로 내쫓을 수 있다는 생각도 받아들이지 않았고요.」 그는 의미심장하게 잠시 뜸을 들였다. 「그들은 그 대신 사람들을 한 명씩 작고 우중충한 방으로 데려가서 한 시간쯤 앉혀 두고 그들에게 벌어진 나쁜 일을 말하게 했어요.」 그는 절레절레 고개를 저었다. 「우리는 그들에게 이 나라를 떠나 달라고 요청할 수밖에 없었답니다.」

•

세네갈에는 총 인구 1400만 명을 담당할 정신과 의사가 50명도 안 된다. 조금이라도 정신과 훈련을 받은 다른 과 의사도 거의 없다. 서양식 정신과 치료는 수도 다카르에서만 접할 수 있고 시골에서는 불가능하다. 그러나 세네갈 사람들이 정신 질환 환자를 대하는 태도는 그들을 공동체에 받아들여 보듬는 것이다. 보통 가족이 환자를 돌보고, 공동체도 가령 스스로를 챙기지 못하는 환자에게 식사를 챙겨 준다거나 하는 식으로 돕는다. 예전에는 정식 정신과 의사들이 전통 치유법과 거리를 두려고 했지만, 요즘은 둘을 나누는 선이 지워지고 있고 협동 작업도 흔해졌다. 다카르의 정신 병원들은 집단 치료를 할 때 곧잘 은데웁의 요소를 도입하여, 전통적인 방식처럼 동그랗게 원을 이루어 실시한다. 사례가 유달리 까다로울 때는 은데웁 치유사를 불러와서 도움을 받기도 한다.[2]

미국에 거주하는 세네갈인 인구가 늘자, 영적 세계에 대한 세네갈 사람들의 이해에 부합하는 특수한 정신과 치료를 요구하는 목소리도 생겼다. 정신 질환을 해결하는 일은 깊은 문화적 존중 없이는 불가능하다. 요즘 점점 더 많은 사람들은 현대 의학은 무조건 옳고 전통 의식은 미신일 뿐이라는 가정에 입각해서는 정신 치료를 제대로 할 수 없다고 여기고 있다. 은데웁을 처음 학문적으로 연구한 윌리엄 루이스 콘윌은 이렇게 말했다. 〈우리가 레부족의 믿음과 문화에 마음을 열지 않는다면, 은데웁의 영혼들림을 단순한 암시 감응성으로 치부하고 동물 도살 의식을 단순한 원시적 미신으로 치부하기 쉽다. 은데웁 의식은 서양의 보건 전문가들이 일반적으로 지지하는 물리적 인과 관계의 세계, 그리고 레부족을 질병과 재앙으로부터 보호해 준다는 영적 세계 사이에 서로 통할 수 있는 문을 내준다. 진심으로 영혼을 믿는 세네갈인들의 마음과 은데웁 여사제의 힘을 이해하지 못한 채 미국 내 세네갈 이민자를 대하는 상담자는 은데웁을 그저 마술 같은 속임수로 치부하기 쉽고, 그 경우 아무리 상담해도 소득이 없을 것이다.〉[3]

아프가니스탄 탈레반 이후의 깨어남

『뉴욕 타임스』, 2002년 3월 10일

2001년 9월 11일 나는 뉴욕에 있었다. 살면서 종종 위험을 향해 저돌적으로 돌진했던 나였으나, 그때는 일주일 동안 집에 처박혀 있다가 표를 구할 수 있는 첫 비행기로 빠져나왔다. 나는 뉴욕에서 자랐다. 그 도시가 물리적으로 공격받는다는 것은 내가 어려서부터 어른이 될 때까지 키워 온 갖가지 공포증들 중에는 포함되지 않는 일이었다. 사건이 터졌을 때 나는 꼭 머리카락이 잘린 삼손 같은 기분이었고, 나중에는 생각이 마비된 상태에서 그렇게 그 도시로부터 나 자신을 떼어 놓았던 것이 부끄러워졌다. 맨해튼 남부로 돌아가서 자원봉사에 나서기에는 너무 늦었지만, 미국이 자업자득으로 말려들고 만 전쟁을 더 잘 이해하도록 돕는 일은 늦지 않았다.

현대 외교 역사에서 가장 성공적이었던 조치는 마셜 플랜이었다. 미국이 만약 이라크를 무의미하게 공습하는 데 들인 돈을 아프가니스탄 재건에 투자했다면, 지금쯤 우리는 중앙아시아에 든든한 우방을 갖게 되었을 것이다. 1960년대만 해도 아프가니스탄은 여자들이 미니스커트를 입고 다니던 자유주의의 중심지였음을 떠올려 보라. 나는 한 사회에 일순간이나마 낙관적인 희망이 솟구쳤던 시기를 자주 취재하여 보도했다. 그중에서도 이 이야기처럼 희망이 고무적으로 느껴졌던 사례는 또 없었고, 이 이야기처럼 희망이 신속하고 잔인하게 깨진 사례도 또 없었다.

이 글은 원래 내게 취재를 의뢰했던 『뉴욕 타임스』에 실렸던 기사를 바탕으로 했다. 그런데 나중에 나는 아프가니스탄에서의 마지막 만찬에 대해서 『푸드 & 와인』에 따로 글을 썼다. 여기서는 그 글에서 일부를 가져와서 포함시켰다.

2002년 2월 카불의 국립 미술관 재개관식은 어둠 속에서 열렸다. 전기가 또 나간 탓이었다. 잦은 정전은 전쟁이 남긴 피해였고, 미술관 발전기를 가동하는 법은 아무도 몰랐다. 공기에는 약간 으스스함이 감돌았다. 미술관에 정식으로 걸린 작품들보다 더 인상적인 것은 탈레반이 남기고 간 찢어진 그림들과 부서진 액자들을 모은 특별 전시였다. 사람들이 그 참상을 잊지 않도록 기획한 것이었다. 그래도 분위기는 희망적이었고, 의기양양했고, 심지어 쾌활했다. 개관식을 주관한 아프가니스탄 과도 정부의 수장 하미드 카르자이는 미술관을 가리켜 〈크나큰 희망과 빛〉이 있는 장소라고 표현했다. 그동안 숨어 있던 아프간 문화가 미술관에서 다시 모습을 드러낼 것이라고 감격에 겨워 말했다. 「이 개관식은 그냥 미술관이 다시 여는 것만이 아닙니다. 그보다 훨씬, 훨씬 더 의미 있는 일입니다.」 그는 이렇게 선언한 뒤, 찻잔을 들어 건배를 제안했다. 그러고는 이제 유소프 아세피 박사가 달콤한 승리의 행위를 선보이는 모습을 대단히 즐거운 표정으로 지켜보았다.

화가인 아세피 박사는 예전에 미술관에 걸려 있던 작품들 중 인체가 그려진 유화 80점에 수채화 물감을 덧칠해서 그 형체를 가려두었는데, 개인적으로는 큰 위험을 감수한 행동이었지만 그림으로써 그 작품들이 탈레반의 손에 파괴되는 것을 막았다. 탈레반은 인체 재현을 신성 모독으로 여겨서 금지했기 때문이다. 이제 장관, 기자, 예술가, 지식인 들이 모인 자리에서, 빳빳한 새 양복을 말쑥하게 차려입은 아세피는 그림 하나로 다가갔다. 그는 천을 물에 담그고, 그것으로 그림에 덮인 수채 물감을 씻어 내어, 그 밑에 손상되지 않고 남아 있는 원래의 인체 형상을 드러냈다. 사방에서 박수가 터져 나왔다.

내가 아프가니스탄에 간 것은 탈레반의 강탈과 전쟁의 파괴를 겪은 그 나라에 문화가 얼마나 살아남았는지 보기 위해서였다. 그런데 나는 폭격으로 폐허가 된 카불에 단순히 낙관적인 것을 넘어서 활기차기까지 한 예술 공동체가 있는 것을 보고 놀랐다. 내가 만난 모든 사람들에게는 각자 탈레반 시절에 겪었던 고생스러운 사연이 있었지만, 그래도 그 예술 공동체의 구성원들은 그 시절을 놀랍도록 잘 견뎠을 뿐 아니라 이제 예전에 손 뗐던 자리에서 다시 시작하고 있었다. 서양에 보도되는 뉴스만 보면 카불에는 꼭 관료와 군인 외에는 절망에 빠진 농민들만 있는 것 같고, 게다가 그들이 대개 호전적인 사람들인 것처럼 보이지만, 사실 카불에는 아프가니스탄의 교양 있고 세련된 인구도 살고 있다. 어떤 사람들은 탈레반 시절을 그곳에서 버텼고, 어떤 사람들은 자처해서 유배 생활을 하다가 막 고국으로 돌아왔다.

그러나 아프가니스탄의 르네상스는 소수의 엘리트들 사이에서만 시작된 것이 아니다. 탈레반 시절에 폐쇄되었던 예술가 조합은 석 달 전 조용히 다시 문을 열었는데, 그러자마자 전국에서 3천 명이 넘는 사람들이 가입을 신청했다. 여성도 200명 있었다. 카르자이는 내게 말했다. 「아프가니스탄의 미래는 이들에게 달려 있습니다. 우리는 우리 문화를 지키고 발전시켜서 새로운 아프간 문화를 만들어 나가야 합니다. 그것이 우리가 할 일 중 우선순위가 제일 높은 일입니다.」

아프가니스탄 여성들은 서양인이 탈레반의 억압을 가장 강력하게 보여 주는 상징으로 여기는 부르카를 벗어던지는 일에 그다지 열성적이지 않다. 이제 금지령이 해제되었는데도, 나는 2월 중순 두 주 동안 카불에 머물 때 길에서 얼굴을 드러낸 여성은 겨우 열 명쯤 보았고 머리카락까지 다 드러낸 여성은 한 명도 못 보았다. 여성들이 부르카를 고수하는 것을 보면, 그 은폐에는 우리가 생각하는 것보다 더 깊은 문화적 뿌리가 있는 듯하다. 그러나 설령 여성들이 모습을 드러내는 속도가 더디고 거기에 양가적 감정이 결부되어 있더라도, 최근 카불에서 예술이 — 고급 예술, 저급 예술, 전통 예술, 새로운 예술, 서양 예술, 동양 예술 가릴 것 없이 — 급증하는 모습은 아프간의 도시 거주자들이 갑자기 얼마나 자유로워졌는지 잘 보여 준다.

탈레반의 선전과는 달리, 예술 금지는 이슬람 교리에 기반을 둔 주장이 아니다. 정보문화부 장관 사이드 마흐둠 라힘은 이렇게 말했다. 「그런 생각 자체가 우스꽝스럽습니다. 우리 종교에는 그런 규칙을 정당화하는 원리가 없습니다.」 서양의 선구적 아프간 문화 연구자인 낸시 해치 듀프리는 예술 금지를 〈완벽한 쓰레기, 전적으로 정치적인 주장〉이라고 해석했다. 아프가니스탄 텔레비전 방송국의 사장이자 전 문화부 장관이었던 압둘 만수르는 이렇게 말했다. 「그 사람들은 그게 종교라고 말했지만, 사실 그것은 폭력, 갈취, 그리고 ISI의 목표를 충족시키려는 의도가 결합된 짓일 뿐이었습니다.」 ISI는 탈레반을 지지했던 파키스탄 정보부를 가리킨다. 만수르는 ISI는 〈아프가니스탄 사람들이 극도로 약해지기를 바랐다〉면서 이렇게 덧붙였다. 「게다가 파키스탄은 우리를 질투했습니다. 파키스탄은 새로 만들어진 나라, 가짜 나라, 역사가 없는 나라죠. 반면 우리는, 우리에게는 화려한 역사가 있습니다.」

라힘은 이렇게 말했다. 「아프간 문화는 여러 차례 파괴되었습니다. 알렉산드로스 대왕에게, 영국군에게. 13세기에는 칭기즈 칸이 헤라트로 쳐들어와서 모든 시민을 죽였죠. 시민 중 열여섯 명만이 이런저런 이유로 도시를 떠나 있었는데, 그들이 돌아와서 보니까 도시가 사라진 겁니다. 처음에 그들은 울었습니다. 그다음에는 도시를 재건하겠다고 결심했죠. 겨우 열여섯 명이었지만, 헤라트는 잿더미에서 다시 솟아났습니다. 우리도 그렇게 할 겁니다. 우리는 전 세계에 사랑과 협동의 메시지를 전하고 싶고, 우리의 훌륭한 예술을 선보이고 싶습니다. 세상 사람들이 우리를 군벌과 전쟁의 나라로만 알지 않도록.」

놀랍게도 탈레반은 초기에 오히려 예술을 지원했고 문화 보존 프로그램에도 관여했다. 체제 말기에 와서 테러 집단 알카에다와 외국 요원들이 전횡을 휘두르게 되고서야 탈레반은 반예술 정책을 수립했고, 그 후 아프가니스탄에서 가장 아름다운 작품들을, 국보도 2천 점쯤 포함하여 마구 파괴하기 시작했다. 탈레반의 목적은 아프가니스탄의 정체성을 깡그리 지움으로써 새 체제에 저항하는 민족주의적 정서가 힘을 못 쓰도록 만드는 것이었다. 과거 소련이나 마오주의 중국이 예술에 개입했던 것은 애국적 선전에 동원할 수 없는 역사를 선별적으로 제거하려는 요량이었지만, 탈레반은 그냥 깡그리 말살하려고 했다. 아프간적인 것이라는 개념 자체를 근절하려고 했다. 그러려면 지식인과 예술가에게만 개입해서는 부족했고, 보통 사람들과 그들이 누리는 일상적 즐거움에도 개입해야 했다. 라힘은 말했다. 「탈레반은 우리 문화적 정체성의 약 80퍼센트를 파괴했습니다. 더구나 소련이 이미 피해를 입힌 뒤였는데, 소련은 아프간의 1천 년 역사를 19세기 마르크스주의로 축소시키고 싶어 했습니다. 하지만 탈레반은 모든 것을 다 파괴하고 싶어 했죠.」

TV 앞에 모이다

탈레반 치하에서 불법이었다가 2002년 초 되살아난 텔레비전은 새로운 생각과 가치를 전파하는 데 가장 대중적인 수단이다. 하지만 아프가니스탄의 유일한 방송국이 설비가 노후한 데다가 질 나쁜 비디오와 카메라가 자주 고장 나는 바람에 프로그램을 여러 번 다시 촬영해야 하는 어려움을 겪고는 있다. 사장 만수르는 교수들을 모셔와서 기원전 1000년까지 거슬러 올라가는 아프간 역사를 소개하는 프로그램을 찍었다. 음악과 예술 프로그램도 있고, 옛 아프간 영화도 방영되고, 새 아프간 시를 낭송하는 프로그램도 있다. 아프간 사람들은 이런 것에 굶주려 있다. 텔레비전 없이 5년을 보낸 뒤, 요즘 카불 사람들은 여기저기 모여 앉아서 텔레비전을 본다. 전기가 나가면 자동차 배터리에 텔레비전을 연결하는데, 거의 매일 밤 전기가 나간다.

예술의 수호자들

아프가니스탄 최고의 예술가들은 전통 매체로 작업하는 경우가 많다. 채색 세밀화가 한 예다. 아프가니스탄에서 유래한 채색 세밀화는 이 나라의 예술사에서 핵심적인 분야다. 현재 최고의 세밀화가인 하피드 메흐르자드는 먼저 구상적인 장면을 그린 뒤 금박과 암석을 갈아 만든 안료로 정교한 테두리를 두른다. 그는 무자히딘이 소련 이후 권력 공백 상태를 장악했을 때 자신은 〈나라를 떠나기에는 너무 피곤했다〉고 말했다. 그림을 공개하지만 않는다면 탈레반 정권에서도 은밀히 작업을 계속할 수 있을 것이라고 생각했다. 그러나 어느 날 탈레반이 집집마다 다니며 수색하고 있다고 이웃들이 부르짖는 소리에 겁에 질린 그는 작품을 모두 땅에 묻었고,

작품들은 흙의 습기 때문에 거의 다 망가졌다. 그에게는 강한 문화적 책임감이 있다. 「나는 이 분야에서 혁신을 해야 한다고 생각하지 않습니다. 이런 작업에서 변화를 꾀했다가는 자칫 과거마저 망가뜨릴 겁니다. 당신네 미국인들이 혁신할 수 있는 건 과거가 안전하기 때문이죠. 우리 아프간 사람들은 먼저 과거를 지킨 뒤에야 비로소 미래를 창조하는 일에 나설 수 있습니다.」

천하의 탈레반도 서예가들은 멋대로 공격하지 못했다. 서예 작품은 신성한 것으로 여겨지기 때문이다. 그래도 탈레반은 서예가들에게 은근히 의혹을 품었고, 그래서 이스마일 세디키 같은 이들은 이목을 삼가며 지냈다. 세디키는 가령 〈나는 폐허 속 보물〉 같은 표현이 나오는 자작시로 글씨를 쓰는 일은 그만두었고, 코란 구절만을 쓰는 〈단순한 필경사〉가 되었다. 그러나 그 일에도 선동의 여지는 있었다. 그는 코란의 첫 연을 자주 썼는데, 그 구절은 — 탈레반의 편협한 태도와는 대비되게도 — 신은 모든 사람들의 신이라고 말하는 내용이다. 세디키는 내게 말했다. 「혁신? 글쎄요, 가끔 아름다운 고전적 얼굴에 현대적 화장을 입히기는 합니다.」

카불에서 문화 재탄생의 강력한 상징이 된 아세피는 1996년 시작된 탈레반 시기에 가족 때문에 아프가니스탄을 떠날 수 없었다. 그래서 그는 인간이나 동물의 형상이 등장하지 않는 풍경화만 그렸다. 〈아프가니스탄의 삶은 어떤 방식으로도 묘사하지 않았다.〉 그때의 압박과 공포로 앓기 시작한 정신의 병은 지금까지 그를 괴롭힌다. 그는 요즘 과거의 작품들로 돌아가서, 그동안 마음에서만 그렸던 형상들을 추가해 넣는다. 「탈레반이 5년만 더 이어졌다면, 우리 문화를 깡그리 지우고 말았을 겁니다.」 그는 미국의 군사적 개입이 고맙다고 말했다. 「당신들은 우리를 해방시킴으로써 우리의 현재의 삶뿐 아니라 역사까지 구해 주었습니다.」

지하의 시인들

아프가니스탄은 시인들의 나라다. 시르 무함마드 하라는 탈레반 치하에서 은밀히 시 운동을 벌였다. 그는 다른 시인들과 정기적으로 만났는데, 모두가 자기 시를 달달 외워서 왔다. 글로 쓴 것을 가지고 다니다가 발각될 위험을 피하면서 시를 이야기하는 방법이었다. 그들은 또 모일 때마다 코란을 지참했다. 탈레반 요원이 물으면 기도 모임이라고 둘러대기 위해서였다. 많은 시인들이 『아르만(희망)』이라는 신문과 연계하고 있다.

시인 무함마드 야신 니야지는 내게 말했다. 「탈레반 사회를 반영할 수는 없었습니다.」 역시 시인인 압둘 라킵 자히드가 덧붙였다. 「탈레반 치하에서는 그냥 사람들의 긴장을 덜어 줄 시를 쓰려고 했습니다.」 요즘 그들이 새로 쓰는 시들은 열렬히 민족주의적이다.

니야지는 이렇게 썼다.

우리는 무지한 자들이 벌인 일의 결과를 보았다.
이제는 우리가 이성적이어야 할 때.
지금은 열린 창문으로
햇살이 비쳐 드는 때.

자히드는 이렇게 썼다.

공산주의와 테러리즘이 아프가니스탄을 삼키려고 했으나
자유의 칼이 그들의 목을 베었다⋯
나는 그저 여러분에게 말하고 싶네, 자유의 이야기를,
되도록 점잖게.

하지만 깊은 씁쓸함을 표현하는 시인도 있다. 아메드 셰킵 산티야르는 이렇게 썼다.

비문

가장 큰 절벽에,
가장 뾰족한 봉우리에,
커다란 글씨로,
이 말을 새겨라,
미래가 없는 세대가 남기는 말을:
어린 시절, 우리는 어머니의 축복 대신 군인들의 험한 말을 들었다.
청년 시절, 우리는 펜 대신 총을 들었다.
나이 들어, 우리는 휴식 대신 구걸에 나섰다.
우리를 비난하지 말라.
우리는 당신들을 위해서 해줄 수 있는 것이 없었으니.

영화 제작자들의 구사일생

아프간 필름은 1968년 할리우드의 도움을 받아 설립되었다. 이후 매년 십여 편씩 영화를 만들었으나 — 다큐멘터리도 있었고 극영화도 있었다 — 소련 침공과 무자히딘 시절을 맞아 속도가 더뎌졌고 탈레반 시절에는 제작이 완전히 멎었다. 탈레반은 카불을 점령한 뒤 이 회사가 갖고 있던 영화 릴을 천 개 넘게 불태웠다. 사장인 티무르 하키미안은 손을 들어 내젓는 시늉을 하며 말했다. 「바로 이 사무실에서 태우기 시작했습니다. 냄새가 말도 못 했죠. 냄새 때문에 우리는 물론이고 자기들까지 질식할 것 같으니까, 운동장으로 나가서 사람들이 보는 앞에서 모닥불을 피웠어요.」 다행히 탈레반 검열자들은 프린트와 네거티브의 차이를 몰랐다. 그들이 태운 것은 대부분 대체할 수 있는 것들이었고, 딴 장소에 숨겨진 네거티브들은 무사했다. 「안타깝게도 우리는 그동안 장비를 사용할 수 없는 것은 물론이고 청소나 보수도 할 수 없었습니다. 파괴 때문이 아니라 방치 때문에 망가진 장비가 많죠. 장비만 구한다면, 다시 카메라를 돌릴 준비가 됐습니다.」 하키미안은 말했다.

하키미안은 냉소적인 유머를 구사하는 세련된 남자로, 전 세계 영화제를 다녀 보았다. 예술가 조합 회장으로도 오래 일했는데 이제 그 자리도 되찾았다. 그가 만든 한 영화에서 내레이터가 탈레반을 문화와 이슬람교에 해로운 존재로 비난한 적이 있었기 때문에, 탈레반이 득세하자 그는 숨어 지냈다. 그는 내게 말했다. 「겁먹을 이유가 충분했다고요! 그놈들이 당신네 세계 무역 센터를 날려 버릴 수 있다면 나처럼 하찮은 인간 하나 날려 버리는 건 식은 죽 먹기 아니겠어요! 목숨이 붙어 있는 것만도 행운입니다.」 그는 탈레반 정보부에서 청소부로 일하던 친구에게 부탁하여 몰래 자신의 파일을 꺼내 불사르게 했는데, 자신이 살아남은 것은 그 덕분이라고 생각한다.

그동안 수십 명의 남자와 세 명의 여자가 하키미안을 찾아와서 다시 연기하고 싶다고 말했다. 탈레반 이전 영화계에서 제일 잘나갔던 여배우는 보통 잠자마라고만 불리는 잠자마 샤킬라다. 이 근사한 여성은 존재만으로도 탈레반의 각별한 경계 대상이었다. 그녀는 연기를 그만두었고, (역시 배우인) 그녀의 남편은 길거리에서 옷 파는 일을 하기 시작했다. 그러나 탈레반 요원들이 그들을 추적하여 찾아냈고, 근본주의자들의 공격에서 그녀는 총알을 다섯 발 맞고 남편은 일곱 발 맞았다. 한 발은 여태 그의 두개골에 박혀 있다. 부부는 가까스로 살아서 파키스탄으로 도망쳤고, 페샤와르에서는 그녀가 결혼식에서 노래를 불러 주는 일로 생계를 이었다.

그러다가 카불이 탈환된 날, 당장 돌아왔다.「내 나라에 정말 목말랐어요.」잠자마는 말했다.

잠자마는 아프가니스탄으로 돌아올 때 부르카를 쓰고 있었다. 그랬다가 카불에 도착하자마자 그것을 벗어서 길거리에서 불태웠다. 그녀는 요즘 몸을 가리지 않고 다니는 소수의 여성 중 한 명이다.「길에서 여자들이 나를 지나치면서 부르카를 벗다니 대단하다고 말하는 걸 들어요. 그러면 나는 그들에게 가서 말하죠. 〈당신도 벗으세요. 끔찍한 일은 벌어지지 않아요.〉 가끔은 그들도 그 자리에서 부르카를 벗고, 우리는 함께 길을 걷는답니다. 누가 되었든 이런 운동을 시작해야 해요.」잠자마는 아프가니스탄 남자들은 여자들을 빤히 쳐다볼 뿐이지만 미군들이야말로 불쾌하게 치근댄다고 불평했다.「나는 그런 군인들에게 말해요. 〈당신들이 테러리스트보다 더 나빠요. 당신들은 아프가니스탄 여자들의 생활을 어렵게 만들고 있잖아요. 그만둬요.〉」

아프간 필름의 노후한 사무실에서 잠자마는 말했다.「옛 친구들이 하나둘 모이고 있어요. 배우들은 당연히 보통 사람들보다 더 개방적이죠. 이 사무실에서 서로 만나 악수를 나눠요.」그녀는 감정에 겨워 내 팔을 붙잡았다.「가장 행복한 꿈에서도 정말로 이런 날이 올 줄은 몰랐죠.」아프간 필름은 아직 설비가 없기 때문에, 잠자마는 두 편의 주간 텔레비전 프로그램에서 연기하는 일로 가족을 부양한다. 그녀는 말했다.「나는 코미디 영화를 할 준비가 됐어요. 로맨틱 코미디.」

그러나 하키미안은 회의적이다.「텔레비전의 여성 뉴스 진행자들도 아직 머리에 스카프를 씁니다. 이 나라는 여자들이 얼굴을 드러내는 것조차 이제 겨우 인정했어요. 여자의 머리카락조차 보여 줄 수 없는데, 여자가 남자 품에 안긴 모습을 어떻게 보여 줍니까?」잠자마는 받아쳤다.「싸우는 영화는 안 돼요. 총이라면 현실에서 물리도록 봤어요. 사람들은 새로운 아프간 영화를 즐겨야 해요.」 그녀는 화려한 몸짓을 곁들였다.「이제 우리에게 필요한 건 재미, 재미, 재미예요.」

침묵을 깬 음악

모든 예술 분야에서 문화가 강력하게 부활하고 있지만, 그중에서도 가장 인상적인 분야는 음악이다. 오래 침묵해 온 나라, 엄마가 아기에게 콧노래만 불러 줘도 잡혀갈 수 있었던 나라, 손뼉을 짝 치는 것마저 불법이었던 나라가 갑자기 어디서나 온갖 종류의 음악으로 넘쳐 난다.

내가 참석한 한 결혼식에서는, 만일 누군가 집계하는 사람이 있다면 틀림없이 아프가니스탄 인기곡 차트 40위에 들 듯한 노래들을, 그다지 서양적이지 않은 〈서양풍〉 밴드가 메들리로 연주했다. 신랑의 친척 중 한 명이 얼마 전에 죽었다고 했고 그럴 때는 보통 음악을 연주하지 않는 것이 관례였지만, 신부가 침묵이라면 친척 천 명의 죽음을 기릴 수 있을 만큼 충분히 겪었다고 항의한 결과라고 했다. 밴드는 전기 기타, 드럼 머신, 소련 시절 신시사이저로 구성되었다. 전력 공급이 불안정하다 보니 악기들은 계속 켜졌다 꺼졌다 했고 연주는 평범했지만, 하객들은 그 음악에 그렇게 기뻐할 수 없었다. 다른 이야기는 거의 나누지 않을 정도였다. 내가 제일 마음에 든 노래는 가사가 이랬다.

연인이여, 화장을 하고 향수를 발라요.
아름다워지세요.
당신의 눈동자는 사슴과 같고
당신의 입술은 석류꽃 같고

당신의 홀쭉한 몸은 나무와 같죠.
아, 나는 내 연인에게 간다네.
무엇을 타고 갈까?
닷산? 미니밴? 아니면 랜드로버?

새로운 아프간 팝의 창시자들은 이보다 더 도시적이다. 바크타시 캄란은 현재 아프가니스탄에서 팝 스타에 가장 가까운 사람이다. 잘생겼고, 스물세 살이고, 보디빌더이기도 한 그는 1970년대 음악을 재해석해서 부르고 신곡도 만든다. 나는 그를 여러 번 만났는데, 그때마다 그는 등에 미국 국기가 붙은 가죽 재킷을 입고 있었다. 탈레반 시절 그는 지하에 방을 파서 음악을 연습했다. 남들에게 소리가 들리지 않을 만큼 깊이 판 방이었다. 청년 선동가였던 그는 네 번 감옥에 갔다. 한 번은 수염을 너무 말끔하게 다듬었다는 것이 이유였고, 다른 한 번은 전자 피아노를 갖고 있다는 것이 이유였다. 그는 자신이 감옥에서 탈출할 때도 노래를 부르고 있었다고 주장한다.

아프가니스탄 텔레비전이 재설립된 뒤 처음 텔레비전에서 공연한 가수인 캄란은 내게 그의 자랑이자 기쁨이라고 부르는 것을 보여 주었다. 최신식 야마하 신시사이저였다. 그는 그것을 탈레반이 아직 남부를 통제하고 있을 때 파키스탄에서 가지고 들어왔다. 「정식 검문소를 통과해서 가져올 순 없었어요. 그래서 당나귀 등에 맨 뒤, 당나귀와 함께 아프가니스탄과 파키스탄 사이 산맥을 넘어왔죠. 그 후에는 숄로 덮어서 택시로 카불까지 가지고 왔습니다.」

캄란이 부르는 노래들의 주제인 남녀 관계에 대해 물었더니, 그는 요즘 들어 차츰 더 가까워지고 있다고 말하면서 그렇지만 예전에도 부르카 때문에 곤란을 느낀 적은 전혀 없었다고 말했다. 〈신발만 보고도 사랑에 빠질 수 있죠. 몸을 가린 천이 움직이는 모습만 보고도.〉 그는 그런 가사도 쓴 적 있다.

이처럼 대중음악계가 태동하는 한편, 음악을 그보다 더 심오한 일로 여기는 사람들의 삶에도 음악이 다시 들어왔다. 신비주의 무슬림 종파인 치슈티 수피를 따르는 아프가니스탄 사람들은 안식일 전날인 목요일 저녁마다 탈레반이 오래 금지했던 의식을 치르려고 모인다. 수피의 신성한 모임 장소를 뜻하는 칸카khanqah가 최근 카불에 다시 마련되었다기에, 나는 찾아가 보았다. 의식은 도시에서 제일 가난한 구역, 폭격 맞은 건물들이 즐비한 거리를 한참 지나가야 닿을 수 있는 곳에서 열렸다. 작은 흙벽돌 계단을 오르니 위층에 숨은 공간이 있었고, 군데군데 깔린 낡은 카펫에 여든 명쯤 되는 남자들이 앉아 있었다. 벽에는 코란의 글귀가 씌어 있었고, 조명은 촛불들과 제멋대로 켜졌다 꺼졌다 하는 전구 하나뿐이었다.

남자들의 얼굴은 시대를 벗어난 것 같았다. 다들 우락부락한 이목구비에 수염을 길렀고, 몇 명은 꽤 젊었지만, 모두가 열띤 표정이었다. 남자들은 전통 아프간 치마를 입었고, 그 위에 묵직한 모직 숄을 둘러서 몸을 꽁꽁 싸맸다. 살짝 돋워진 연단에서는 연주자 대여섯 명이 오묘하고 서정적인 음악을 연주하면서 반복적이고 최면적인 가사를 읊고 있었다. 간간이 연주자 중 한 명이 내려오고 그 대신 다른 연주자가 나서서 이어갔다. 사람들은 음악에 맞춰 몸을 흔들었다. 어떤 사람들은 가수들의 노래를 콧소리로 따라 읊조렸다. 낡아 빠진 찻주전자를 든 청년 하나가 엉금엉금 기어 다니면서 찻잔 여덟 개로 모두에게 차를 따라 주었다. 가끔 누군가 벌떡 일어나서 황홀경에 빠져 춤을 추거나 몸을 흔들거나 했다. 목소리들이 점점 더 커져서 방을 쩌렁쩌렁 울렸다. 그러면 음악이 점점 더 빨라졌고, 박자가 점점 더 다급해졌는데, 그러다가 문득 연주가 뚝 끊어지고는 새로운 노래가 처음부터 천천히 시작되었다. 의식은 성스러웠고, 아프가니스탄의 수피 신도들이 그 의식을 700년 동안 해

왔다는 사실이 충분히 믿길 만큼 오래된 느낌이 들었다.

운 좋게도 나는 아프가니스탄에서 가장 뛰어난 전통 음악 연주자들을 만날 수 있었다. 아프가니스탄 텔레비전의 진취적인 음악 감독 아지즈 가즈나비가 모은 연주자들이었다. 가즈나비도 무자히딘 시절 이전에 인기 있는 가수였고, 미국 공연도 한 적 있다고 했다. 가즈나비는 내게 말했다. 「연습이 완벽을 낳지만, 탈레반 시절에는 아무도 연습할 수 없었습니다. 우리는 너무 많은 걸 잃었습니다. 5년 동안 노래를 전혀 안 불렀더니 내 목소리를 내가 듣는 것도 두려웠죠. 다시 노래하기 시작한 순간은 정말 무서웠습니다.」

멋모르는 사람이 듣기에 아프가니스탄 전통 음악은 인도 전통 음악과 비슷한 것 같지만, 아프가니스탄 연주자들은 타블라, 시타르, 하모늄 외에도 사린다, 라밥, 깃작 같은 아프가니스탄 전통 악기들까지 쓴다. 탈레반은 모든 악기를 없애라고 지시했다. 그래서 사람들이 용케 숨긴 악기만 살아남았다. 한 연주자는 땔감으로 쓰는 장작더미 속에 사린다를 숨겨 두었다고 했다. 만에 하나 이웃이 발견한다면, 그리고 그 이웃이 그러고 싶다면, 언제라도 그를 고자질할 수 있다는 사실을 알면서도. 가즈나비는 말했다. 「우리는 몇 달 전부터 휘고 부러진 악기들로 다시 연주하기 시작했습니다. 전국에 악기 제작자가 딱 한 명뿐인데, 그 사람은 요즘 망가진 악기를 수리하느라 바빠서 새 악기를 만들 틈은 내지도 못하죠.」

가즈나비는 탈레반 시절에 가족 때문에 아프가니스탄을 떠나지 못했다. 음악이 인생의 전부인 사람에게 삶은 견딜 수 없을 만큼 힘들어졌고, 충족되지 않는 열망은 우울증을 낳았다. 그는 의사를 찾아가서, 음악이 없으니 미칠 것 같다고 호소했다. 의사는 그에게 아무리 탈레반이라도 불법으로 금지할 수 없는 유일한 노래를 들어보라고 권했다. 그래서 가즈나비는 새를 샀고, 새와 사랑에 빠졌다. 이제는 집 뒤편 새장에서 비둘기를 50마리 넘게 기른다. 어느 날 오후 그의 집을 찾았을 때 나는 연보라색 거실로 안내되었고, 그곳에서 책상다리로 앉아 사탕을 빨면서 가즈나비와 그의 친구 하나가 새로 구한 하모늄을 시험 삼아 연주하는 것을 들었다. 밖에서는 비둘기들이 날아다니는 라벤더빛 방에서 여러 대의 하모늄이 내는 소리를 듣는 것은 초현실적인 경험이었다. 아프가니스탄 역도 챔피언인 가즈나비의 아들이 샬와르 카미즈, 즉 전통 튜닉과 바지 차림으로 곁에 앉아서 우리 찻잔을 채워 주는 순간이 아닐 때면 계속 그 어마어마한 이두박근을 굽혔다 폈다 하는 모습도 그 정경에 초현실성을 더했다.

방송국 연습실은 난방이 되지 않고 편의 시설도 없지만 늘 연주자로 가득 차 있다. 내가 그곳을 처음 찾았을 때, 가즈나비가 그중에서도 특히 재능 있는 음악가를 몇 명 소개해 주었다. 그중에는 파키스탄이나 이란으로 나갔다가 돌아온 이들도 소수 있었지만 나머지는 카불에서 탈레반 시절을 견딘 이들이었다. 후자에 속하는 압둘 라신 마시니는 사린다를 연주하다가 탈레반에게 붙잡힌 적이 있다고 했다. 탈레반은 그에게 또다시 연주하는 모습이 들키면 손이 잘릴 줄 알라고 말했다. 음울한 시절을 도축업자로 일하며 보냈다는 그는 이렇게 말했다. 「그래도 매일 성실히 악기를 연습했습니다. 매일 밤 꿈에서.」

연주자들은 간간이 연주를 중단하면서 내게 방이 추운 것을 사과했고, 그들의 앙상블이 다 모이지 않은 것을 사과했다. 그들은 말했다. 「원래 여섯 명이 아니라 열한 명이 있어야 하거든요.」 그들은 내가 음악을 감상할 줄 아는 것 같다며 자신들이 동료를 더 모아 볼 테니 앙상블 전체를 듣고 싶으냐고 물었다. 나는 그러면 정말 좋겠다고 말했고, 내친김에 이튿날 오후 다섯 시에 내가 묵는 집으로 그들을 초대했다.

카불의 만찬

내가 카불에서 머문 곳은 세련된 와지르 악바르 칸 지구에 있는 옛 알카에다 건물로, 이전부터 친구들이 빌려 쓰고 있는 집이었다. 그 집에는 풀타임 통역자들과 운전사들도 있었다. 나는 그곳에 요리사도 있다는 말을 사전에 들어서 알았는데도, 카불에서 첫날 저녁을 먹고는 기분 좋게 놀랐다. 진한 소스를 뿌린 작고 매콤한 미트볼, 근사한 쌀밥, 바삭한 감자전, 갓 구운 아프간 빵이 나왔다. 내가 놀라워하자, 친구 하나가 자신들이 카불 최고의 요리사를 용케 구한 것이라고 알려 주었다. 그날 함께 저녁을 먹으러 왔던 손님들은 저마다 우리 요리사를 가로채려고 했다. 쿠드라툴라는 매일 아침 7시에 우리 집으로 와서 아침을 만들어 주고, 정오에 따듯한 점심을 내주고, 매일 밤 저녁을 차려 주었다.

카불의 겨울에서 한 가지 경이로운 것은 시장이었다. 폐허가 된 도시에서, 탈레반 시절 그라피티가 갈겨져 있고 총알 자국이 즐비한 벽에 둘러싸인 공간에서, 노점들은 근방에서 난 식재료를 풍성하게 내놓았다. 석류와 오렌지, 각종 견과류와 건과일, 신선한 고기(가끔은 어리둥절할 만큼 신선했다), 자루에 든 향신료와 곡물, 콜리플라워가 잔뜩, 내가 본 것 중 가장 크고 생생한 색깔을 자랑하는 당근(거의 보라색인 것도 있었다), 가지, 양파, 감자, 다양한 단 간식들. 강가의 식료품 시장이 물건은 제일 많았지만, 제일 가난한 동네들도 시장만큼은 풍요로웠다. 전기도, 배관도, 난방도, 가끔은 지붕도 없었지만 음식은 있었다. 쿠드라툴라는 제일 좋은 재료를 구할 줄 알았고, 내 친구들이 들르면 그들이 먹을 것까지 늘 충분히 만들어 냈다. 쿠드라툴라에게는 누가 얼마나 찾아오든 음식을 늘려서 모두에게 대접할 줄 아는 아프가니스탄인의 능력이 있었다. 그래서 내가 음악가들을 집으로 초대했을 때 그들에게 저녁을 대접하는 것은 당연한 일 같았다. 음악가들은 우리 집에서 맛있는 음식뿐 아니라 카불에서 그보다 더 귀하게 여겨지는 것도 즐길 텐데, 바로 온기였다. 이 경우에는 장작 난로의 온기였다.

그날 나는 유네스코 사무실에 들렀다가 그 단체와 함께 일하는 생활문화 전문가를 만났었다. 그는 음악 축제를 계획하고 있지만 아직 연주자를 만나진 못했다고 말했고, 그래서 나는 그를 우리 공연에 초대했다. 그다음 나는 프랑스 통신사 AFP의 거처에 머물고 있는 금발의 진보주의자 마를라 루지치카에게 들렀고, 전날 내게 호의를 베풀었던 마를라와 그녀의 통역자도 초대했다. 나는 또 우리 집에서 일하는 통역자들, 경비원들 등등을 모두 초대했다. 『뉴스위크』의 스콧 존슨이 독일 TV의 안토니아 라도스가 오고 싶어 할 것 같다고 말하기에, 좋다고 했다. 『워싱턴 포스트』 사람들이 들렀을 때는 그들도 빠뜨려서는 안 될 것 같았다. 전날 인터뷰했던 영화 제작자도 초대했다. 이렇게 해서 인원이 슬금슬금 늘었다.

쿠드라툴라에게 손님이 올 거라고 말하자, 그는 재료를 더 사고 접시를 더 사고 주방 일 도울 사람을 쓸 돈이 추가로 필요하다고 말했다. 나는 총 서른 명쯤 될 것 같다고 말했고, 쿠드라툴라는 200달러를 불렀다.

결국 내 예측은 턱도 없이 빗나갔다. 연주자들에 우리 직원들에 우리가 초대한 다른 사람들에 하다 보니 아프가니스탄 사람이 스무 명은 되었고, 외국인들은 모두 자기 친구도 더 데려왔다. 저녁 7시 반쯤 식사할 때는 총 쉰 명에서 예순 명 사이의 사람이 있었다. 그리고 쿠드라툴라는, 마땅히 그를 칭송할지어다, 그 모두가 배불리 먹도록 음식을 내주었다. 우리는 아프가니스탄 국민 요리라고 할 수 있는 달콤한 볶음밥 카불리 필라우를 먹었고, 살점이 뼈에서 스르르 떨어질 만큼 잘 익은 양 다리 케밥을 먹었고, 탄두리 닭을 먹었고, 요구르트와 마늘을 써서 새콤달콤한 맛이 나는 가지 요리

부러니를 먹었고, 고기를 시금치와 함께 끓인 이란 요리 사브지 코르마를 먹었고, 샐러드를 먹었고, 옥수수 전분으로 만든 아프가니스탄 푸딩 피르니를 먹었다. 물론 납작한 아프가니스탄 빵 난도 먹었다.

원래 내 계획은 연주를 한 시간쯤 듣자는 것이었지만, 연주자들은 이 자리와 청중이 반가운 나머지 연주하고 연주하고 계속 연주했다. 우리는 모두 그 이국적인 음악에 맞춰서 춤추고 먹고 춤추고 먹었다. 가즈나비도 노래를 불러 주었다. 아프가니스탄에서는 남녀가 함께 어울리지 않는다. 결혼식장에서도 남녀가 별도의 공간에서 축하한다. 전원 남자였던 아프가니스탄 손님들은 둥글게 원을 그리는 춤을 보여 주었다. 우리 서양인들도 원에 끼었고, 우리는 아프가니스탄 손님들에게 서양에서는 남녀가 함께 춤춘다는 것을 보여 주었다. 음악은 점점 더 흥겨워졌다.

「맙소사.」 유네스코 사람이 말했다. 「아프가니스탄에 확실히 음악이 있었군요. 축제를 열 거예요, 꼭!」

「더 드세요! 많이 있어요!」 내 통역자 파루크 사밈은 말했다. 「접시가 싹 깨끗해질 때까지 먹자고요!」

「점점 통제가 안 된다는 생각이 들지 않습니까?」 이 집의 공식 책임자인 스콧 존슨이 내게 말했고, 나는 그렇다고 인정할 수밖에 없었다.

밤 아홉 시, 누군가 위스키를 가지고 나타났다. 법으로 술이 금지된 무슬림 국가에서 이것은 미국의 파티에서 누군가 마리화나를 가져온 것이나 마찬가지였다. 사람들은 키득거렸고, 몇몇 아프가니스탄 손님들은 취하는 것이 어떤 것인지를 빠른 진도로 익혔다. 나는 이튿날 아침에 파루크에게 숙취라는 단어를 가르쳐 줘야 했다.

카불에는 밤 열 시 통금이 있다. 손님들은 아홉 시 반부터 빠져나가기 시작했다. 하지만 연주자들은 통금을 지키기에는 너무 먼

데 살았기 때문에, 우리 집에 남았다. 그들은 연주하고 또 연주했다. 새벽 두 시에 우리는 다 함께 둘러앉았고, 시타르와 타블라는 좀 더 부드럽고 서정적인 심야의 음악으로 우리를 즐겁게 해주었다. 짧은 공연으로 계획했던 것이 장장 열 시간 넘게 이어졌다.

탈레반 치하에서나 미국이 이끈 침공의 첫 단계에서는 카불에서 파티를 연다는 것은 상상도 할 수 없는 일이었을 것이다. 내가 갔을 때도 아직 그곳은 엄숙하고 슬픈 분위기였다. 그러나 가까운 역사에서 끔찍한 상처만을 입은 그 도시에는 이제 좀 즐기고 싶어 하는 사람들이 많았다. 아프가니스탄 사람들의 환대는 전설적이다. 아프가니스탄 사람들이 전쟁 중 조국에 대해서 괴롭게 느꼈던 점 중 하나는 외국인들에게 환대를 베풀 수 없다는 점이었다. 나는 아프가니스탄에 가면서 그곳에서 고난을 목격하리라고 예상했고, 실제로 여러 참혹한 모습을 보았다. 하지만 또한 그곳 사람들의 따스함과 자긍심도 느꼈는데, 그것은 정부가 주도하는 개혁에서만이 아니라 일상으로 복귀한 작은 기쁨들에서도 느껴졌다. 사람들은 그토록 오래 금지당했던 그 기쁨들을 선선히, 개방적으로, 너그럽게 우리와 나누었다. 세상에는 깊이 애통해 본 사람들만이 아는 기쁨이 있다. 행복은 독자적인 성질이기도 하지만 대비가 빚는 효과이기도 하다. 아프가니스탄 사람들은 우리가 그들의 음식과 음악을 좋아하는 것을 아주 기뻐했다. 우리는 그냥 필라우와 부러니를 함께 먹기만 해도, 사린다과 라밥과 깃작에 맞춰 함께 춤추기만 해도 외교적 목적을 달성할 수 있는 것 같았다. 그날 우리의 저녁은 수피 교도들의 의식에 뒤지지 않는 우리 나름의 황홀경이었다. 우리의 음악은 마침내 충족된 열망으로 한 음 한 음 높이 솟구쳐 올랐다. 그런 음악을 나는 달리 어디서도 들어 보지 못했다.

•

아프가니스탄 전쟁에서 셀 수 없이 많은 아프가니스탄 사람들과 약 2,500명의 미국인이 목숨을 잃었고, 수천억 달러가 허비되었다. 이 글을 쓰는 시점에 약 1만 명의 미군이 아직 아프가니스탄에 있다.[1] 도미닉 티어니는 2015년 『애틀랜틱』에 쓴 기사에서 이렇게 말했다. 〈예전에 사람들은 우리가 아프가니스탄 전쟁을 치르는 것은 아프가니스탄 사람들을 구하기 위해서라고 말했다. 지금은 초점이 미군 병사들을 무사히 복귀시키는 데 맞춰져 있고, 아프가니스탄 사람들은 이야기에서 사라졌다.〉[2] 미국의 그런 포기가 카불에서는 뼈저리게 느껴진다. 최근 파루크를 다시 만나서 우리가 2002년에 함께한 경험을 이야기하던 중, 그가 말했다. 「당신은 아름다운 시절에 카불에 왔었죠. 희망의 시절에. 지금은 그 모든 것이 사라졌습니다.」

텔레비전 기자였던 자키아 자키와 상가 아마흐, 뮤직비디오 쇼 진행자였던 샤이마 레자이는 여성을 대하는 아프간 사회의 태도가 나아지기를 바라는 마음에서 용감하게 텔레비전에 제 모습을 드러냈다가 살해당한 여성들 중 일부다.[3] 행위 예술가 쿠브라 하데미는 가슴과 엉덩이를 강조한 갑옷을 입고 카불 거리를 걸었다가 살해 협박을 받았고, 이후 숨어 지내야 했다.[4] 아프가니스탄을 떠나 버린 여성 예술가들도 있지만, 한편으로는 많은 여성들이 더 대담해졌다. 2006년에는 여러 여성 예술가들이 공동으로 아프가니스탄 현대 미술 센터를 열었다.[5] 샤마마 현대 미술 갤러리를 세운 무네라 유제프자다는 이렇게 말했다. 〈갤러리를 열기 전에, 나는 우물 바닥에 갇힌 것 같은 기분이었어요. 아무도 내 비명을 들어 주지 않는 것 같았죠. 지금은 사람들이 내 소리를 들을 수 있고, 이 갤러리에 그림을 거는 다른 여자들의 소리도 들을 수 있습니다.〉[6]

터쿼이즈 마운틴은 목공예, 서예, 채색 세밀화, 도자기, 장신구, 보석 세공 같은 아프가니스탄 전통 공예를 활성화할 목적으로 세워진 재단이다.[7]

베랑 아츠는 제1회 아프가니스탄 현대 미술상 경쟁에 참가했던 예술가들이 카불의 현대 미술 작가들을 지원하기 위해서 2009년 만든 단체다. 이들은 카불의 한 아파트를 현대 미술 센터로 개조했다.[8] 카불 대학 순수 미술 학부를 담당하는 알람 파르하드 교수에 따르면, 2001년에는 학생이 고작 8명이었지만 지금은 700명이 넘는 데다가 지원자들을 돌려보내야 하는 지경이라고 한다.[9] 아프가니스탄 예술가들은 복잡한 정체성 문제와 씨름하고 있다. 알리 아흘락이라는 예술가는 이렇게 말했다. 「카불은 저주받은 도시예요. 밤에는 위안이 없고, 낮에는 빛이 없죠. 이 도시에는 진정한 것은 아무것도 없어요.」[10] 그러나 지뢰가 묻힌 동네의 반파된 건물에 그라피티를 그리는 화가 샴지아 하사니는 아프가니스탄을 〈갓난아기〉에 비유하면서 이렇게 말했다. 「벽에 새겨진 나쁜 기억을 그림으로 덮고 싶어요. 사람들의 마음에서 전쟁을 지우고 싶어요.」[11] 아짐 파흐리는 간단히 이렇게 말했다. 「내 주의는 바꿀 수 없는 것은 받아들이되 받아들일 수 없는 것은 바꾸자는 것입니다.」[12] 카비르 모흐아멜은 〈아트로드〉(군벌을 뜻하는 〈워로드〉를 비튼 말이다) 프로젝트라는 이름으로 카불의 여러 정부 기관 앞에 설치된 바리케이드에 그림을 그린다. 2015년 그는 아프가니스탄 국가 안보국 건물을 둘러싼 벽에 거대한 두 눈을 그렸는데, 정부 요원들에게 그들 역시 감시당하고 있다는 사실을 상기시키기 위해서였다.[13]

인권을 잃은 사람들을 위해서 용감하게 일하는 운동가이자 내 친구였던 마를라 루지치카는 〈무고한 분쟁 피해자를 위한 캠페인CIVIC〉이라는 단체를 세워 활동하다가, 2005년 바그다드 공항 도로에서 벌어진 자살 폭탄 자동차 사고로 사망했다.[14]

일본

담장 없는 미술관

『트래블 + 레저』, 2002년 6월

베네세 섬을 여행할 무렵, 나는 아시아 예술이 서양의 인식에 침투한 과정을 기록하는 글을 쓴 뒤였다. 미국인과 유럽인이 이제 막 중국 현대 미술을 알아보기 시작했다면, 동아시아 사람들은 서양에서 만들어진 예술을 어떻게 이해하고 있을까? 동아시아 사람들은 우리 서양이 그들로부터 받은 영향을 인식하기 전부터 자신들이 서양으로부터 받은 영향을 인식하고 있었다. 물론 어느 맥락이든 번역의 문제는 있다.

현대 미술에는 순례자가 있다. 나는 여건이 되자마자 냉큼 빌바오로 가서 프랭크 게리의 구겐하임 미술관을 보았고, 도널드 저드가 텍사스주 마파 시에 세운 치나티 재단을 보려고 차로 사막을 횡단했으며, 심지어 브랑쿠시의 「끝없는 기둥」을 보려는 일념으로 게으른 몸을 이끌고 루마니아 남부의 트르구 지우까지 갔다. 애리조나의 로든 분화구도 가보고 싶다. 빛과 공간의 예술가 제임스 터렐이 20년에 걸쳐 그 자연 화산을 예술 작품으로 변모시켜 둔 모습을 보고 싶어서다. 내가 제일 최근에 그런 순례에 나섰던 것은 나오시마섬 베네세 하우스로의 여행이었다. 일본 남부의 근사한 예술 단지인 그곳은 신혼여행에 나선 지식인들, 평온한 영감을 추구하는 참선하는 영혼들, 순간의 고요를 즐기고자 하는 열정적 이상주의자들을 끌어들이는 듯하다.

그곳에 가려면, 일본 남부의 어느 도시에서든 기차를 타고 일단 세토 내해로 간 뒤 나오시마 제도를 오가는 연락선을 타면 된다. 나오시마 제도는 일본에서 제일 개발이 덜 된 땅이 남아 있는 곳이다. 어부들은 수백 년 전 살던 방식 그대로 살아간다. 매일 아침 바다로 나가 그날의 운을 시험하고, (연락선 갑판에서 보이는) 특별할 것 없지만 아름다운 신사에서 기원을 올리고, 밤에는 그물을 널어 말린다.

배로 약 한 시간 뒤, 나오시마섬에 닿았다. 우리가 내린 곳은 혼무라라는 소박한 마을이었다. 베네세 하우스에서 나온 운전사가 우리를 기다리고 있었다. 관목이 우거진 섬을 달리다 보면, 여기저기 희한하고 이례적인 물체들이 눈에 들어온다. 부두 저 끝에는 유리 섬유로 만들어진 대형 호박이 있고, 웬 노천탕을 세공된 바위들이 숲처럼 둘러싼 것이 있는가 하면, 저 아래 해변에는 거대한 샐러드 그릇 같은 것이 벽돌 받침대 위에 얹혀 있다. 가파른 경사를 오르니, 주변 풍광에 워낙 교묘하게 스며들어 있는지라 자칫 알아보지 못하고 지나칠 수 있을 것 같은 건물이 나타났다. 베네세 하우스였다. 베네세 예술 단지의 중심이자 세상에서 가장 훌륭한 개인 컬렉션 중 하나를 갖고 있는 곳이었다.

대형 교과서 출판사였던 베네세 코퍼레이션의 회장 후쿠다케 데츠히코에게는 미술관을 지어서 자신이 소장한 작품을 전시함으로써 진심으로 그 작품을 경험하고 싶어 하는 사람들과 나누고 싶다는 꿈이 있었다. 그러나 그는 사람이 너무 붐비는 것은 싫었고, 과시적인 것도 싫었다. 그래서 뜻밖의 방법을 떠올렸는데, 세토 내해의 섬에 미술관을 짓는다는 발상이었다. 1986년 그가 죽은 뒤, 아들인 후쿠다케 소이치로가 섬에 유르트를 세워서 야영지를 만들었다. 여담이지만 그 유르트들은 아직까지 사용된다. 그런 뒤 그는 일본 최고의 건축가 중 한 명인 안도 다다오에게 객실 열 개를 갖춘 미술관을 설계해 달라고 의뢰했다. 비 내리는 날 섬을 방문한 안도는 한눈에 그 장소에 반했다. 그래서 설계에 나섰고, 절반은 지표면을 파 들어간 듯하고 절반은 새로 세운 듯이 보이는 건물을 섬에 새겨 넣었다. 베네세 하우스는 1992년 문을 열었다. 1995년에는 객실 여섯 개를 갖춘 부속동이 추가로 완공되었다.

베네세 하우스는 그냥 미술관은 아니다. 그냥 호텔은 더 아니다. 두 가지의 결합이다. 꼭 조금만 돈을 내면 승려들과 함께 묵을 수 있는 절을 연상시켰다. 우아하게 은둔하면서 승려들처럼 세상을 관조하고, 승려들이 먹는 것을 똑같이 먹고, 승려도 관광객도 아닌 입장으로 머물 수 있는 그런 절. 베네세 하우스의 객실은 호화롭지는 않다. 하지만 안락하고, 깔끔하며, 방마다 훌륭한 작품이 걸려 있다. 내 방에는 키스 해링이 종이에 스케치하고 서명까지 한 작품들이 걸려 있었다. 모든 방은 바다에 면한 면이 통유리로 되어 있어서, 나와 바다 사이에 아무것도 없는 것처럼 느껴진다. 식사는 미술관의 일부인 식당에서 한다. 식당에도 사방에 작품이 걸려 있고, 대단히 근사한 꽃꽂이가 늘 몇 점씩 장식되어 있고, 놀라운 경치가 더 많이 있다. 음식은 훌륭하고 정교하다. 정성껏 세공된 재료를 쓴 식사는 섬세하고 맛깔스러우며, 똑같이 멋지게 세공된 도자기 그릇에 담겨 나온다.

안도 다다오의 미술관 건물은 단순한 기하학적 요소들이 대비를 이룬 작품이다. 몸채는 나선형 콘크리트 건물이고(러시아 구조주의 작가 블라디미르 타틀린에게 바치는 은밀한 오마주처럼 보이는 형태다), 거기에 거친 돌을 쓴 직선형 곁채가 붙어 있는데, 객실은 곁채에 있다. 그 건물 전체가 꼭 비탈을 파고든 것처럼 지어져 있다. 여기서 언덕 꼭대기에 있는 부속동으로 가려면 케이블카를 타야 한다. 케이블카를 타고 산을 올라가면 멋진 분수들이 나오고, 한가운데에 커다란 풀이 보이는데, 그 풀을 둘러싸고 방사형으로 객실들이 놓여 있다. 힘 있게 느껴지지만 웅장하진 않은 스타일이다. 미술관 부지 아래쪽에는 덩치 큰 작품들이 전시되어 있다. 베네세의 한 가지 매력은 어디서 미술관이 끝나고 어디서 자연이 시작되는지 구분할 수 없다는 점이다. 건물 지붕에는 잡초가 마구 자란다. 작품은 미술관 안에 전시된 것도 있고, 준미술관 공간이라고 할 만한 곳에 전시된 것도 있고, 야외 해변에 놓인 것도 있다. 베네세에는 경계가 없다.

미술관 안에는 이십여 명의 작가가 전시되어 있다. 재스퍼 존스(1968년 작 「흰 알파벳들」), 브루스 노먼(거대한 네온 작품인 「백 가지 삶과 죽음」), 사이 트웜블리(근사한 분필 낙서 같은 작품) 등이다. 위촉 작품도 십여 점 있다. 야스다 칸(〈하늘의 비밀〉이라고 불리는 거대한 명상적 원반들), 야니스 쿠넬리스(돌돌 말린 납, 나무토막, 도자기가 쓰인 작품인데 꼭 무언가 산업적인 것이 경치를 훼손하는 것처럼 창 하나를 반쯤 가리고 설치되어 있다), 데이비드 트렘렛(벽화들), 리처드 롱(바닥에 돌덩이들이 원형으로 놓여 있고 그것을 그대로 반영한 듯한 원이 벽에 그려져 있다) 등이다. 보통 한 작가마다 한 작품씩 있는데, 그 전체를 보면 20세기 말 미술을 축소판으로 일별할 수 있다. 내가 특히 좋았던 작품은 스기모토 히로시의 연작 사진이었다. 사진들은 언뜻 똑같은 바다를 찍은 것 같지만 자세히 보면 다 다른 바다다. 이 사진들은 미술관 야외 테라스에 걸려 있기 때문에, 테라스에 마련된 의자에 앉으면 사진들 속 수평선이 눈앞의 실제 수평선과 한 줄로 나란히 이어지고 당신이 실제 바라보는 바다가 사진들 속 바다와 나란히 이어진다. 그 효과는 형언할 수 없을 만큼 마법적이다.

미술관 밖 야외에는 설치 미술을 비롯한 여러 작품들이 여기저기 흩어져 있다. 쿠사마 야요이(거대 호박), 알렉산더 콜더(서 있는 지렛대 같은 것이 바람을 받아 움직이는 모빌 작품), 댄 그레이엄(「평면으로 이등분된 원통」) 등이다. 작품 소개가 실려 있는 카탈로그를 넘기면서 보물찾기를 할 수도 있지만, 그보다는 그냥 무턱대고 돌아다니면서 다양한 작품들을 누가 만들었는지, 그 의미는 무엇인지 추측한 뒤 나중에 카탈로그를 보면서 다 맞혔는지 놓친 것은 없었는지 확인하는 편이 더 재밌다. 내가 좋았던 야외 작품은 월터 데 마리아의 거대한 반사 구였다. 그 앞에 서면 당신과 당신을 둘러싼 주변 풍경이 함께 구에 비친다. 차이궈창의 「문화적 도가니 욕조」도 좋았다. 이른 저녁, 한약재가 채워진 서양식 온수 욕조에 몸을 담그고 주변을 둘러싼 커다란 수석들의 복잡한 형태 너머로 석양을 감상하며 우주의 조화를 맛볼 수 있는 작품이다(수석은 옛 중국 선비들이 자연의 거친 아름다움을 종종 떠올릴 생각으로 곁에 두었던 울퉁불퉁한 돌이다).

야외에 설치된 작품들은 직접 찾아내야 하지만, 혼무라 마을에 있는 작품들에는 안내자가 딸려 있다. 마을의 집들 중 겉보기에는 다른 집들과 거의 비슷한 고가 몇 채가 각별히 주의 깊게 복원되어 전시장으로 쓰이고 있다. 집 안에 들어가면 냄비도 없고 낮이라 잠시 개켜 둔 요도 없지만 그 대신 방을 가득 메운 설치 미술 작품이 있는 것이다. 이것이 아트 하우스 프로젝트다. 안도 다다오가 복원에 참여한 제임스 터렐 하우스는 전통적, 명상적, 현대적 요소들을 통합했다. 관람객은 캄캄한 어둠 속으로 들어간 뒤 더듬더듬 벤치를 찾아서 앉는다. 최소한 십 분은 지난 뒤에야 눈이 어둠에 익고, 그러면 비로소 푸른 빛을 내는 다섯 개의 직사각형이 허공에 환하게 떠오른 것이 보인다. 검은 공간을 찢고 튀어나온 강렬한 코발트빛이 맥동하듯이 다가왔다가 멀어졌다가 하는 모습은 순수한 명상 그 자체다. 다츠오 미야지마 하우스의 방은 물에 잠겨 있다. 물 밑에서는 빨간색과 초록색 LED로 만들어진 숫자들이 끊임없이 조합을 바꾸며 켜졌다 꺼졌다 빛을 발한다. 그 효과는 으스스하고 인상적이면서도 엄청나게 아름답다. 원초적이면서도 미래적이다. 관람객은 방 가장자리를 빙 둘러 설치된 좁은 보도 위를 걸어서 구경한다. 이 밖에도 다른 아트 하우스 프로젝트가 몇 가지 더 진행되고 있다.

어쩌면 당신은 이런 설치 작품들을 구경하려고 마을을 거닐다가 마을의 두 신사 중 한 군데에 들를 것이고, 그곳에서 주민들의 묵례와 미소를 받을 것이다. 주민들은 자기 동네에 예술이 있는 것을 좋아한다. 그리고 이제 그들에게도 익숙한 존재가 된 손님들, 말쑥하게 차려입고 도쿄나 뉴욕에서 찾아오는 손님들도 좋아하는 것 같다. 많은 현대 미술이 그렇지 않은 편이지만, 이곳의 현대 미술은 따뜻한 경험이다. 여기서는 우리의 지성과 감각과 마음이 모두 만족한다.

•

내가 방문한 뒤, 베네세 예술 단지는 더 많이 확장되었다.[1] 미술관 단지는 이제 근처의 데시마섬과 이누지마섬까지 포괄한다. 나오시마섬에도 새 미술관이 세 채 더 지어졌는데, 모두 안도 다다오가 설계했다. 지중 미술관에는 모네의 「수련」 연작 중 다섯 점, 제임스 터렐의 작품, 월터 데 마리아의 작품이 전시되어 있다. 이우환 미술관은 한국 미니멀리즘 작가 이우환에게 헌정된 곳이다. 안도 미술관은 건축가 자신의 작업을 소개하는 곳이다. 베네세 예술 단지는 또 예술가들에게 객실 디자인을 맡긴다. 현재는 재닛 카디프와 조지 뷰레스 밀러가 더블 스위트룸을 디자인하고 있다. 데시마 미술관은 예술가 나이토 레이와 건축가 니시자와 류에가 협력해서 지은 곳으로, 베네세 예술 단지 확장의 일환으로 2010년 개관했다. 데시마섬에는 또 크리스티앙 볼탕스키의 프로젝트 작품 「심장 소리 보관소」가 있고, 주택을 갤러리와 전시 공간으로 개조한 데시마 요코관(館)도 있다. 베네세가 나오시마 제도에서 세 번째로 진출한 이누지마섬에는 버려진 구리 제련소를 활용한 미술관이 있다. 또 피오나 탄의 작품이 전시되어 있는 이누지마 시사이드 갤러리가 있고, 이누지마 아트 하우스 프로젝트라는 이름으로 주로 재활용 재료를 써서 만든 전시 공간이 다섯 군데 있다. 타이완의 큐레이터 리위링이 베네세 창립자와 확장 프로젝트에 관해 인터뷰했을 때, 그는 자신이 만들고 싶은 것은 〈아이들을 위한 꿈의 섬〉이라고 말했다.

2003 ~ 2005

솔로몬 제도	솔로몬의 노래
르완다	나쁜 기억의 아이들
리비아	화염의 원: 리비아에서 보내는 편지
중국	중국의 모든 음식
중국	내면의 평화를 위한 외면의 호화로움: 건륭화원

Libya
2006 리비아
2005 중국
China
Rwanda
2004
르완다
Solomon Is.
2003
솔로몬 제도

솔로몬 제도 솔로몬의 노래

『트래블 + 레저』, 2003년 8월

내가 솔로몬 제도에서 느낀 매력은 그 이름에 일부 기인했음을 인정해야겠다. 여행을 예약한 뒤, 나는 자신과 이름이 같은 장소를 여행하는 새 유행을 내가 선도할 것이라고 농담했다. 한편으로 나는 세상에 잘 알려지지 않은 그곳에는 모종의 진정성이 간직되어 있을 것이라는 기대에 끌리기도 했다. 진정성이란 것이 정확히 무엇이든. 솔로몬 제도에서 보낸 둘째 날, 지역 항공기를 타러 갔더니 운항이 취소되어 있었다. 나는 다음 날 가는 수밖에 없다고 했다. 무슨 문제냐고 물었더니 사무 직원이 대답하기를, 바로 그날 아침 조종사가 제7일 안식일 재림파로 개종했기 때문에 안식일에는 더 이상 비행할 수 없게 되었다는 것이었다.

내가 평생 품어 온 환상 중 하나는 남태평양의 환상이었다. 세상의 그 구석진 곳을 꿈꾸는 사람들 중에는 타히티의 호화로운 리조트를 바라는 이도 있겠지만, 내가 바란 것은 그보다는 현대화에 유린당하지 않은 천연의 무인도들과 간간이 카누 한 척이나 수면을 뚫고 뛰어오르는 돌고래 떼 외에는 아무것도 없는 새파란 바다였다. 내가 전하는 세상 소식을 열심히 듣고 자신들의 소식을 흔연히 들려주는 남자들과 여자들을 만나고 싶었다. 쿡 선장과 로빈슨 크루소의 중간쯤 되는 탐험자가 되고 싶었다. 나와 똑같은 이름의 제도가 있다는 사실을 처음 알았을 때 나는 아주 어렸고, 그 제도가 지구상 어느 곳보다 외딴 곳이라는 사실을 알았을 때는 전율을 느꼈으며, 꼭 가보고 싶었다. 내 평생 그곳에 가보고 싶지 않았던 순간은 기억에 없다. 허먼 멜빌은 『모비 딕』에서 그 섬들이 이미 지도에 나와 있고 탐사도 되었지만 그래도 아직 미지의 땅이나 마찬가지라고 썼다.

파푸아 뉴기니 동쪽에 있는 솔로몬 제도는 약 천 개의 섬으로 이뤄진 나라다. 대부분의 섬이 아주 작고, 꽤 큰 섬도 소수 있고, 약 3분의 1이 유인도다. 총 바다 면적은 130만 제곱킬로미터가 넘고, 매년 약 4천 명의 관광객이 찾는다. 최소 백 개의 지역어와 방언이 있다. 공용어는 피진어이지만, 과거에 영국 보호령이었기 때문에 영어를 할 줄 아는 사람이 많다. 전통적인 생활 양식과 의례를 가리켜 풍속 춤, 풍속 신부값, 풍속 두개골 동굴 하는 식으로 〈풍속custom〉이라고 부른다. 19세기 초 개신교 선교사들이 널리 포교한 이래 거의 모든 인구가 예배에 참석하지만, 토속 신앙과 의식을 기독교가 완전히 대체하지는 못했다. 솔로몬 제도는 오래전부터 머리 사냥과 식인 풍습으로 악명 높았다. 수도 호니아라에서 보낸 첫날, 나는 웬 가게에 들어가서 저 뾰족한 물건들이 무엇이냐고 물었다가 코 중격을 꿰뚫어서 코에 거는 장식용 뼈들이라는 답을 들었다.

서양인에게 솔로몬 제도는 제2차 세계 대전 중 주요 전투였던 과달카날 전투가 벌어진 곳으로 제일 유명할 것이다. 그때 원주민들은 그곳에 비행장을 지으려는 일본군에 맞서서 미군과 함께 싸워 이겼다. 전 세계에서 가장 빈곤한 나라 축에 드는 이 나라에는 사회적 특수층이 없다. 재물은 자급자족이 원칙이다. 국가 경제 및 권력 구조는 말레이타섬 사람들이 장악하고 있고 그들과 다른 인구 집단 사이에 불화가 끊이지 않지만, 그런 폭력이 방문객들에게 영향을 미치는 경우는 없다.

내 고등학교 시절 친구 제시카, 그 남편 척, 내 남자 친구 존, 그리고 나, 이렇게 네 명은 호니아라로 날아가서 우리의 믿음직한 대리인 윌슨 마엘라우아를 만났다. 그는 이 외딴섬들이 우리 앞에 내던질지도 모르는 온갖 어려움을 우리가 이겨 내도록 도울 사람이었다. 나는 마키라섬부터 방문하기로 미리 정해 두었다. 척의 소개로 그 섬에서 국제 보호 협회의 사업 조직자로 일하는 로저 제임스를 알게 되었기 때문이다. 마키라섬은 오직 그 섬에서만 서식하는 토착종 조류가 솔로몬 제도의 다른 어느 섬보다 많아서, 국제 보호 협회는 섬 내륙 우림을 보호하려고 한다. 국제 보호 협회를 비롯한 여러 비정부 단체들의 안내에 따라, 섬의 지주들은 숲 관리 계획을 세웠다. 그런 작업에는 섬 주민들에게 토지 보존이 환경에 좋을 뿐 아니라 주민들 자신에게도 유리하다는 사실을 알려 주는 일도 포함된다. 마키라 원주민 여자와 결혼하여 원주민보다 더 원주민다운 삶을 살고 있는 로저는 내게 이렇게 약속했다. 「이곳 분위기에 푹 젖어 보고 싶다면, 제가 완벽하게 젖게 해드리죠.」

우리는 마키라에 내리자마자 고산 지대로 향했다. 로저, 그 지역 안내인들, 우리 짐을 나를 짐꾼들, 그리고 (피진어로 〈위신 있는 사람〉을 뜻하는) 빅맨이라고 불리는 탐사 대장 존 와이후루가 함께 했다. 우리는 구불구불한 계곡을 몇 킬로미터 걸은 뒤, 앞으로 총 열여섯 번 건너야 할 강을 처음 건넜다. 우리가 허리까지 차는 물살을 이기며 힘겹게 걷는 동안 짐꾼들은 상당히 묵직한 우리 여행 가방을 머리에 이고 용케 균형을 잡으며 따라왔다. 거기서부터 이제 우림을 뚫고 산을 올라야 했다. 멋모르는 사람의 눈에는 길이 보이지도 않는 산길을 힘겹게 오르는 우리 곁에는 한 사람당 한 명씩 안내인이 붙어 거들어 주었다. 안내인들은 모두 상냥하고 착실했으며 놀랍게도 맨발이었다.

여러분이 우림에 대해 알아야 할 사실이 있다. 우림에는 비가 많이 온다는 사실이다. 우리는 한동안 맑은 하늘 아래에서 걸었지만, 이윽고 소나기가 내리기 시작했다. 폭포처럼 쏟아지는 빗물은 몇 초만에 우리를 흠뻑 적셨다. 길은 점점 더 미끄러운 진창으로 변했고, 우리는 저마다 자기 안내인에게 매달렸다. 그들이 든든하게 붙잡아 주었기에 진짜 미끄러지는 일은 없었지만 늘 미끄러지기 일보 직전이었다. 게다가 빗물이 얼굴을 때렸는데, 유달리 불운한 한 순간 그 빗줄기가 내 콘택트렌즈 한 짝을 씻어 가버렸다. 우리는 등산과 미끄러짐과 자신이 대체 어디에 있고 어디로 가는지 모르겠다는 혼란스러움으로 욱신욱신 아팠다. 물이 어깨까지 올라오는 강을 건너느라 아팠다. 젖은 옷 무게 때문에 아팠다. 그날 한중간에, 가장 거센 비의 한중간에, 존 와이후루가 어이없게도 잠시 멈추고 점심을 먹겠다고 선언했다. 어처구니없는 소리처럼 들렸지만, 우리가 지켜보는 동안 와이후루와 다른 사람들이 정글에서 나무토막을 끌어오고 거대한 잎사귀를 뜯어 와서 바닥에 바나나 잎을 깐 쉼터를 세웠다. 그들은 야자 잎을 잽싸게 엮어 그릇도 만들어 냈다. 5분 만에 우리는 통나무에 앉아 몸을 말리면서 점심을 먹고 오전 등산으로 지친 몸을 쉴 수 있었다.

이윽고 그날 밤을 보낼 중간 쉼터에 다다랐다. 긴 하루 끝이라, 마른 나무에 덧대어 세워진 쉼터는 믿을 수 없을 만큼 사치스럽게 느껴졌다. 우리는 이튿날 하루 더 산길을 걸었고, 해거름 녘에 드디어 하우타에 도착했다. 우리 등반대에 참가하지 않은 나머지 주민들, 스물다섯 명쯤 되는 사람들이 한 줄로 서 있다가 우리와 악수했다. 주민들이 로저를 제외한 외국인을 보는 것은 2년쯤 만에 처음이라고 했다.

하우타는 산속 높은 곳, 깨끗한 개울가 마을이었다. 그곳에서 보는 경치는 웅장했다. 집들은 나뭇잎을 엮어 만든 것이었고, 우리가 묵을 빅맨의 오두막 맞은편에는 거의 그만큼 큰 오두막이 하나 더 있었는데 동네 돼지들 집이었다. 우리는 개울로 가서 여러 날 쌓인 진흙을 씻어 냈다. 그리고 주민들이 주식으로 먹는 토란, 카사바, 고구마를 기르는 텃밭을 구경했다. 그 후 저무는 햇빛을 받으며, 둥글게 쌓은 돌멩이 속에 묻힌 불을 쬐며, 공동 부엌으로 쓰이는 오두막에서 저녁을 먹었다. 주민들은 금속 날로 된 칼을 갖고 있었다. 그러나 그 밖에 숲 속의 삶은 천 년 전에도 이랬으리라 싶은 모습에서 크게 변하지 않았다. 예외는 단 하나, 라면이었다. 라면은 솔로몬 제도를 강타한 것 같았다. 우리는 한 달 가까이 모든 것을 라면과 함께 먹었다. 고사리를 곁들인 라면, 양배추를 곁들인 라면, 토란 뿌리를 곁들인 라면, 고구마를 곁들인 라면, 그린 파파야와 코코넛을 곁들인 라면, 심지어 쌀을 곁들인 라면. 그 여행을 겪고 난 지금, 나는 다시 라면 스프 봉지를 보느니 차라리 흙을 먹겠다. 하지만 첫날이었던 그날 밤은 우리가 아직 물정 모르는 상태였던지라 라면에 탄식하지 않았고, 음식이 비록 맛있지는 않아도 최소한 신기하다는 장점은 있었다.

저녁 후, 커다란 공용 오두막에 둘러앉아서 바닥에 작은 등불만 하나 켜두고 빈랑나무 열매 씹는 법을 배웠다. 주민들은 그 취미를 무척 좋아했지만, 나로서는 그 기술을 두 번 다시 쓸 일이 없기를 바란다. 솔로몬 제도 사람들은 대부분 약한 환각제인 빈랑나무 열매에 맛이 들어 있다. 일단 열매를 꾹꾹 씹어 부드럽게 만든 뒤, 돌돌 만 후추 잎을 소석회에 담가서 과육의 효과가 더 강해지도록 만든다. 열매를 씹으면 입에 침이 괴기 때문에 침을 엄청 자주 뱉어야 한다. 그리고 입 전체가 무시무시하게 빨갛게 물든다. 자주 씹으면 잇몸이 침식되어 이가 빠진다. 익숙하지 않다면 끔찍한 두통이 난다. 어지럼증도 든다. 석회 때문에 입천장이 홀랑 까지기도 한다.

여덟 시쯤 우리는 침 뱉기를 관두었고, 오두막 바닥에 웅크리고 누워서 수마처럼 덮쳐 오는 깊은 잠에 빠져들었다.

이튿날 아침, 우리는 주민들의 안내에 따라 개울을 건넜다. 그런데 건너편에 닿자마자 웬 허리 싸개를 두른 남자들이 수풀에서 펄쩍 뛰쳐나와서 창을 휘두르고 사납게 소리 지르기에, 우리는 간이 떨어질 뻔했다. 알고 보니 그것은 손님을 맞는 전통 의식으로, 그 지역 손님을 맞을 때도 똑같이 행한다고 했다. 창을 휘두르는 남자들 뒤로는 마을의 다른 남자들이 우리를 기다리고 있었다. 그들은 이열 종대로 걸으면서 대나무 팬파이프를 불었고, 내내 허리를 굽힌 자세로 음악에 맞춰 몸을 흔들면서 우리를 마을까지 이끌었다. 팬파이프 소리는 스틸 드럼과 바순을 합한 것 같았고, 춤사위는 원시적인 마사 그레이엄 같았다. 남자들은 우리를 이끌고 양치류가 늘어선 오솔길을 걸어서 마을의 고지대로 올라갔다. 그곳에 여자들이 있었다. 여자들은 우리 일행 모두에게 씨앗으로 만든 목걸이를 걸어 주고 꽃으로 만든 머리띠를 씌워 주었다. 음악은 점점 더 풍성해졌고 격렬해졌다. 마을 중앙 공터에는 나무 받침대 위에 세워진 큰 파이프들이 있었는데, 몇 개는 높이가 2미터나 되었다. 주민들은 고무 슬리퍼 밑창을 타구봉으로 써서 그 대형 팬파이프를 대형 비브라폰처럼 연주했다.

주민들은 우리에게 무엇을 보고 싶냐고 물었다. 우리는 그들이 오두막을 어떻게 짓는지 궁금하다고 했다. 그들은 사고야자 잎을 모아 온 뒤, 야생 빈랑나무 줄기를 그 잎들로 감싸고 등나무 덩굴로 잘 꿰어 넓적하게 이었다. 그다음 그것들을 차곡차곡 붙여서 지붕이나 벽을 만드는 법을 보여 주었다. 그들은 또 가후토 가지를 비벼서 불 피우는 법을 보여 주었다. 아오헤 뿌리를 엮어서 덫 만드는 법도 보여 주었다. 훈연한 응갈리 열매를 큰 절구에 빻은 뒤 대나무 속 빈 공간에 집어넣고 불에 구워서 푸딩 만드는 법을 보여 주었다.

마지막으로 우리가 음식을 먹을 때 쓴 사발, 단단하고 우아한 나무 사발 만드는 법도 보여 주었다. 우리는 오후 내내 그 마을에 머물면서 그런 기술들을 배웠고, 우리 생각에는 아마 그러는 것이 그곳 예절일 것 같아서 나름대로 흉내도 내보려고 애썼다. 내가 만약 다른 세상을 찾아서 이곳까지 온 것이었다면, 목표를 이룬 셈이었다.

우리 오두막으로 돌아와 보니, 우리가 침상으로 쓰는 깔개에 암탉들이 알을 낳으려 하고 있었다. 우리는 그 문제를 해결한 뒤, 그날 잡은 장어를 (라면과 함께) 먹었다. 그 후 잠자리에 들려는데, 또 음악 소리가 들렸다. 우리가 그 마을에서 목격한 주민들의 행동이 어느 정도로 인공적인 것이었는지 정확히 말하기는 어렵다. 환영 의식은 워낙 드물게 행하는 일이라서 부분적으로나마 그때그때 지어낸다고 했고, 게다가 외국인이 하우타를 마지막으로 찾은 것은 아주아주 오래전이었다고 했다. 하지만 그날 밤 그 느닷없는 연주만큼은 완벽하게 자연스러운 일이었다. 누군가 연주하고 싶은 마음이 들었고 그 기분이 모두에게 퍼진 것이었다. 남자들은 팬파이프를 들고 우리 오두막 앞에 모여서 보름달 밑에서 불었고, 여자들은 뒤에서 코러스를 넣었다. 우리는 축제 같으면서도 기이한 그 느닷없는 아름다움을 한 시간쯤 감상했다. 연주가 끝난 뒤, 그들이 우리 문화에도 음악이 있느냐고 물었다. 있다고 하자, 들어 보고 싶다고 했다. 갑자기 우리가 오히려 이국적인 존재가 되었다. 우리 네 명은 허둥지둥 의논한 끝에 「오클라호마!」, 「자메이카 작별의 노래」, 「아름다운 아메리카」를 부르기로 했다. 노래가 끝난 뒤, 그들이 우리 문화에 다른 형태의 공연도 있느냐고 물었다. 춤 같은 것이라도? 그래서 제시카와 내가 나섰다. 봄밤의 달빛이 비치는 열대 우림 속 공터에서, 산꼭대기 울퉁불퉁한 땅에서, 으스스한 대나무 팬파이프 소리에 맞춰, 스윙 댄스를 선보였다. 마지막에 내가 제시카의 등을 뒤로 깊게 젖히자 사람들은 환호를 보냈고, 음악 소리는 더 커졌으며, 흥겨운 분위기는 빵과 생선이 줄지 않았던 기적처럼 무한히 이어졌다.

우리는 다시 이틀에 걸쳐 산을 내려왔다. 짐꾼들은 우리 짐을 적시지 않기 위해서 올라갈 때 썼던 가파른 길로 갔지만, 우리는 그보다 완만하되 강을 더 많이 건너야 하는 길로 내려왔다. 한번은 아예 깊은 급류에서 헤엄을 쳐야 했다(옷을 입은 채였고, 무엇이든 적시지 않을 방법은 전혀 없었다). 이 무렵 우리는 안내인들과 친해져서, 별의별 이야기를 다 나누면서 그들의 질문에 대답해 주고 우리 삶을 설명해 주었다. 대도시는 어떤 곳인지, 우리는 학교를 왜 그렇게 오래 다니는지, 축구 규칙은 어떻게 되는지, 우리는 왜 농사일을 전혀 모르는지 등등. 팬파이프를 가져온 사람이 한 명 있어서 하산하는 동안 불어 주었고, 새들도 빗속에서 서로를 부르며 울었다.

바닷가에 도착한 뒤, 안내인 없이 우리끼리 산책에 나섰다. 해변을 걷다가 만난 아이들에게 사탕을 주려고 했지만, 아이들은 우리가 말을 붙이기만 하면 내뺐다. 우리는 사탕을 권하면서 계속 〈하이(안녕)!〉 하고 인사했는데, 나중에 들으니 그곳 말로 하이는 〈교미하다〉라는 뜻이라고 했다(그곳 말로 〈아버지〉를 뜻하는 단어는 〈마마〉라고 했다). 우리는 그 후에도 또 한 번 촌극을 겪었다. 열대에서 사는 이 사람들에게는 일광욕이라는 개념이 없다. 그래서 우리 중 한 명이 해변에 드러누웠을 때, 주민들은 그가 말라리아로 오한에 시달려 쓰러진 줄 알고 도와주려고 몰려들었다.

마키라섬 체류를 마친 뒤, 우리는 솔로몬 제도 유일의 진짜 요트인 선체 10미터의 쌍동선 랄라에를 빌려서 섬에서 섬으로 돌아다녔다. 일주일 동안 정글을 오르고 진흙투성이가 되고 닭들과 함께 잔 뒤라, 흠 한 점 없이 새하얀 배, 홈메이드 초콜릿 쿠키, 사려 깊은 서비스, 늘 바구니 가득 담긴 신선한 과일이 경이롭게 느껴졌다.

배에는 낚시 도구도 갖춰져 있었다. 나는 한번은 뱃전으로 낚싯줄을 던졌다가 커다란 꼬치고기를 잡았다. 호주 해군 출신인 멋진 선장 스티브 굿휴는 2.5미터짜리 청새치와 그보다 작은 물고기 여러 마리를 낚았다.

첫 기항지는 돌고래들과 함께 수영할 수 있다는 어느 리조트였다. 가부투섬에 한창 짓는 중이었던 그 리조트는 캐나다의 어느 괄괄한 동물 행동학자가 후원하는 곳이라고 했다. 리조트의 풍속 춤 무용수들이 우리를 맞았다. 남자들은 (그곳 말로 〈카빌라토〉라고 하는) 허리 싸개를 감았고, 여자들은 늘어뜨린 풀로 만든 치마와 조개껍질 상의를 입었으며, 모두가 팔에 찬 밴드에 긴 풀을 끼워서 늘어뜨리고 있었다(존은 그들을 쪽파 댄서들이라고 불렀다). 이 대목에서 나는 모험가가 되려는 사람이 으레 겪게 마련인 문제에 맞닥뜨렸다. 그 문제란 내가 발견하는 것은 무엇이 되었든 대개 이전에 이미 누가 발견한 것이라는 점, 그리고 사람들이 과거 천 년 동안 해온 일을 현재에 똑같이 하더라도 거기에 자의식이 덧발라지면 이미 똑같지 않다는 점이다. 이 무용수들은 자신들의 공연을 자랑스러워했고, 이 공연은 물론 그들의 전통에서 어긋나지 않았다. 하지만 산에서의 자연스러운 밤을 겪은 뒤라 까다로워진 우리에게는 이들의 연습된 공연이 하와이의 나이트클럽 쇼와 너무 비슷하게 느껴졌다. 수도에 있을 때 미스 솔로몬 제도를 뽑는 미인 대회를 구경했었는데, 그때 여자들은 갈기갈기 찢은 분홍색 비닐로 만든 치마에 코코넛과 끈으로 만든 비키니 상의를 입고 빙글빙글 도는 춤을 선보였었다. 그 모습은 우스꽝스러웠고, 부조리한 요소 때문에 도리어 좀 사랑스럽기까지 했지만, 또한 좀 슬펐다. 지금 이 공연도 슬펐다. 이것은 전통 자체라기보다는 전통의 상연이었다.

그렇기에 우리는 파부부섬의 로이솔린 마을에서 더욱더 기쁠 수밖에 없었다. 그곳은 스티브가 우리 대신 한 달 전부터 약속을 잡아

둔 곳이었다. 섬사람들은 우리를 맞을 생각에 흥분해 있었다. 그곳 주민들은 일대에서는 춤으로 유명하다고 했고 바닷가에 사니까 당연히 외국인도 만나 보았겠지만, 꼭 짚어서 그들을 만나고 싶다는 목적으로 관광객이 찾아오는 일은 처음이라고 했다. 우리가 도착했을 때, 온 마을 사람들이 해변에서 기다리고 있었다. 바다로 나온 카누 몇 척이 우리 배 주변을 빙글빙글 돌았다. 그때 창을 든 전사들이 사납게 소리 지르면서 바다로 뛰어들어와서는 예의 친근하면서도 위협적인 환영의 몸짓을 취했다. 우리가 뭍에 내리자 고갱의 그림에서 나온 듯한 소녀들이 플루메리아 꽃 화환을 목에 걸어 주었고, 주머니쥐의 이빨을 다닥다닥 꿰어서 만든 놀라운 머리띠를 쓴 추장이 우리를 반겼다. 대나무 팬파이프 밴드는 우리가 정글에서 들었던 것보다 더 세련된 화음을 연주했다. 그다음 우리는 각자 마실 코코넛을 한 통씩 받았고, 가재 한 마리, 토란 한 조각, 코코넛 푸딩, 카사바 푸딩, 신선한 생선들, 슬리퍼리캐비지(그 지역에서 나는 끈끈한 녹색 채소다)를 곁들인 다른 종류의 토란 두 가지 더, 완숙으로 삶은 무덤새 알들이 담긴 잎사귀 바구니를 받았다. 우리가 먹는 동안, 파리들이 붙지 않도록 젊은 여자들이 커다란 나뭇잎으로 우리와 음식에게 부채질을 해주었다.

그동안 약 마흔 명의 주민들이 대부분 몸에 색칠한 모습으로 은근하다가 열정적이다가, 유머러스하다가 애달프다가 하면서 다채로운 분위기를 선보이는 복잡한 춤을 추었다. 남태평양의 조지 발란신이 파부부섬에서 안무를 짜준 듯했다. 풀과 조가비 차림의 여자들이 파도의 움직임을 본뜬 시적인 환영의 춤을 선보일 때, 남자들은 젊은 숫양처럼 그 주변을 펄쩍펄쩍 뛰었다. 공연이 끝난 뒤 그들은 우리에게 우리 문화를 뭐라도 보여 달라고 했고, 제시카와 내가 스윙 댄스를 춰 보이자, 그들은 환호하고 또 환호하여 우리가 완전히 탈진할 때까지 춤을 멈추지 못하게 만들었다.

오후 햇살이 길게 늘어지고 우리도 그들도 더는 춤출 수 없을 때, 우리는 배를 타고 나갔다. 우리는 물 위로 150미터나 뛰어오르는 날치들의 거대한 무리를 만났다. 200마리쯤 되는 돌고래 떼도 만났다. 돌고래들은 우리에게 다가와서 배 근처에서 까불거렸는데, 수가 그쯤 되니 꼭 파도처럼 보이는 녀석들의 움직임 때문에 공기에 활력이 넘쳤다. 우리는 제비갈매기들, 군함새들, 갈색부비새들도 만났다. 어린이책에 그려진 작고 완벽한 섬하고 똑같이 생긴 섬들, 그러니까 돔 모양이고, 크기가 거실만 하고, 사람이 살지 않고, 완벽한 모양의 코코넛 야자나무가 다섯 그루 서 있는 섬들도 만났다. 가끔 통나무를 파낸 카누에 우뚝 서서 물고기에게 작살을 던지려고 겨누는 어부들도 만났다. 우리는 끝없이 펼쳐진 엽서 속에서, 태평양의 이상향 속에서 노래를 불렀고, 대화를 나누었고, 앞 갑판에 앉아서 그 지역 맥주를 마셨다.

솔로몬 제도의 섬들 중 작은 섬은 산호 환초인 경우가 많다. 그런 섬들은 특히 섬으로 둘러싸인 석호 중에서는 세계 최대의 규모이며 곧 유네스코가 보호 지역으로 지정할 수도 있는 마로보 석호 주변에 많이 몰려 있다. 마로보 석호는 소설가 제임스 미치너가 세계 8대 불가사의라고 불렀던 곳이자 우리 항해의 목적지였다. 우리는 나흘 동안 석호 이곳저곳에 배를 세우고 스노클링을 했다. 그중에서도 우에피섬의 생물종이 보여 주는 다양성과 밀도는 호주 대보초를 능가했다. 나는 거대한 무리를 이룬 시클리드들, 흑기흉상어들과 고래상어들, 십여 종류의 파랑비늘돔들, 멸종 위기종인 마오리 놀래기를 비롯하여 다양한 놀래기들, 에인절피시들, 다람쥐고기들, 흰동가리들, 대모거북들, 장어들, 병어들, 쥐가오리 한 마리, 고약하게 생긴 그루퍼들, 내가 다가가면 형광 분홍색과 라벤더색 입을 다물어 버리는 거대한 대합들, 동갈치들, 점박이 스위트립들, 말뚝망둥어들, 쏠배감펭들, 감청색 바다뱀들, 새파란 불가사리들을 보았다. 그곳은 해저의 사파리였다.

그런 물고기들도 내게는 거의 뒷전이었다. 살아 있는 산호초의 산호들이 꼭 버크민스터 풀러와 막스 에른스트와 닥터 수스가 함께 만든 조형물 같았기 때문이다. 끄트머리가 분홍색과 파란색인 기다란 아스파라거스들, 스페인 숙녀가 교회 갈 때 입을 것 같은 다마스크 장밋빛 얇은 레이스들, 드넓게 펼쳐진 올리브색 빳빳한 솔들, 고르곤 같은 부채들, 벌떡 서 있고 야한 줄무늬가 그려진 기둥들, 진홍색 아치 모양 돔들, 풍만한 노란색 수국들, 오렌지색 땋은 머리카락들, 널찍하게 펼쳐진 보라색 오톨도톨한 그로그랭 천……. 턴테이블 위에서 돌아가는 라바 램프처럼 희한하게 생긴 것들이 뱅글뱅글 돌았고, 해저의 미모사 같은 녀석들은 내가 다가가면 움찔했다. 물에서 나올 때쯤 우리는 그 화려한 색깔과 엄청난 다양성에 어지러웠다. 우리는 매일 항해했고, 매일 잠수했다. 모든 상상을 뛰어넘는 경이로운 것들을 매일 보았다.

솔로몬 제도의 주요 문화인 멜라네시아 문화에 푹 젖어 보았으니, 폴리네시아 문화도 좀 보고 싶었다. 호니아라에서 사랑하는 랄라에호와 작별한 뒤, 솔로몬 제도의 폴리네시아 섬들 중 제일 큰 섬인 렌넬섬까지 비행기로 갔다. 안내인인 조지프 푸이아가 자기 차에 우리를 태워서 남태평양 최대의 민물 호수이자 유네스코 세계문화유산으로 지정된 테가노 호수로 데려갔다. 조지프는 도중에 간간이 차를 세운 뒤, 놀랍도록 빠르고 자신만만한 몸짓으로 마체테를 휘둘러서 도로를 가로막고 쓰러진 나무들을 베어냈다.

테가노 호수에는 거대한 맹그로브와 판다누스가 이룬 작은 섬들이 곳곳에 흩어져 있고, 독특한 새와 난초를 비롯하여 수많은 토착 동식물 종이 살고 있다. 또 제2차 세계 대전 중 추락한 미국 비행기 아홉 대도 잠겨 있다(그중 두 대는 스노클링을 하면서 볼 수 있었다). 전쟁 중 호숫가에 미군 기지가 있었기 때문에, 요즘도 주민들은 미국인을 반긴다. 주민들의 생활에 매사 간섭해 댄 선교사들이 최선의 노력을 기울였음에도, 요즘도 호숫가 사람들은 망자의 영혼이 별똥별이 되어 동쪽 물가 너머로 신을 만나러 간다고 믿는다.

우리는 모터 달린 대형 카누를 타고 다니면서 호수 위로 해가 지는 유명한 장면을 감상했고, 전설의 호수 문어가 살았다고 하는 동굴을 가보았고, 조지프가 〈옛 주거 시설〉이라고 표현한 다른 동굴도 가보았다. 렌넬섬에 마을이 생긴 지는 그다지 오래되지 않았다. 우리는 윤기가 흐르는 금빛제비들, 군함새들, 제비갈매기들, 가마우지들, 따오기들을 보았다. 섬에 있는 새들의 서식지로 우리가 다가가면 녀석들은 수백 마리가 한꺼번에 하늘로 날아올라, 마치 히치콕 영화를 아름답게 리메이크한 모습처럼 하늘을 뒤덮고 빙빙 돌았다. 우리는 서컴시전(할례)섬도 가보았다. 남태평양 부족 중 유일하게 그 풍습을 시행하는 부족이 사는 섬이라고 해서 붙여진 이름이었다. 우리가 목이 마르다고 했더니, 뱃사공이 대뜸 나무로 기어올라서는 코코넛을 따서 아래로 던져 주었다. 뱃사공은 또 1960년대 과일계의 유행이었던 과일, 즉 껍질은 초록색이고 과육은 밝은 오렌지색인 라임도 가져다주었다. 과일박쥐의 일종인 날여우박쥐들도 보았는데, 하늘을 나는 모습도 보았고 악마의 크리스마스 장식처럼 나무에 대롱대롱 매달린 모습도 보았다. 야자집게를 보았고, 먹었다. 토착종인 그 게는 성숙하는 데 35년이 걸린다고 했다.

안타깝게도 제도를 떠나는 일은 우리 뜻대로 되지 않았다. 궂은 날씨로 비행이 닷새간 취소되었고, 우리는 비가 추적추적 내리는 오후들을 섬의 선교 센터에 딸린 우울한 객실에 처박혀 보냈다. 그동안 그곳 복음주의 기독교의 부름에 한껏 저항해야 했다. 존은 『모비 딕』을 읽으면서, 나는 우리가 사랑하게 된 야성적이고도 온화한 다른 세상을 돌아보는 이 글을 쓰면서.

•

우리가 방문한 뒤 솔로몬 제도는 한동안 국내 정세가 불안정했지만, 이제 정치적으로는 잠잠해진 듯하다. 마로보 석호는 유네스코 세계 문화유산 후보로 추천된 지 십 년이 지난 지금까지 등재 고려 상태에 머물러 있다.[1] 그 문제가 끝없는 관료주의적 과정에 발목 잡힌 동안, 솔로몬 제도는 2007년, 2013년, 2014년, 2015년에 각각 지진과 뒤이은 쓰나미로 피해를 입었다.[2] 그린란드처럼 솔로몬 제도도 지구 온난화의 영향을 느끼고 있다. 해안 침식, 범람, 염수 침입이 모두 늘고 있다. 슈아죌주(州)는 상승하는 해수면 때문에 주도를 이전했는데, 태평양의 행정 지구로서는 최초로 그런 조치를 취한 것이었다.[3] 주는 새 주도의 부지를 먼저 조성한 뒤 인구를 단계적으로 이주시켰다. 세계은행은 솔로몬 제도가 온난화로 인한 문제에 대처하도록 돕는 구호 사업의 일환으로 〈솔로몬 제도의 기후 변화 및 재난 위험에 대한 공동체 회복 탄력성 프로젝트CRISP〉에 910만 달러를 보냈다.[4] 최근 연구에 따르면, 솔로몬 제도가 직면한 어려움은 그 밖에도 더 있을지 모른다. 해수면이 상승하여 물이 더 높이 차오르는 것만으로는 모자란지, 어쩌면 물 밑에서 움직이는 지각판이 섬들을 더 아래로 끌어당기고 있는지도 모른다고 한다.[5]

르완다

나쁜 기억의 아이들

『부모와 다른 아이들』, 2012년

르완다 학살 10주기에 나는 키갈리에 새로 지어진 추념관을 찾아갔다. 학살 추념관을 전문으로 짓는 영국 회사 이지스 트러스트가 만든 곳이었다. 르완다의 여느 건물과는 달리 그곳에는 에어컨이 있었다. 하지만 연극조의 과장된 디스플레이는 꼭 상점 쇼윈도를 꾸미던 사람이 설계한 것처럼 보였다. 벽에 붙은 안내문은 심란했고 사진은 끔찍했지만, 번쩍번쩍한 미감은 아직 너무 가까운 과거의 사건들로부터 한시바삐 손 떼고 싶어 하는 그 나라의 심정을 반영했다. 전시장에 적힌 학살 사망자 수는 폴 카가메 대통령이 투치족 중심적으로 집계한 수와 일치했는데, 그 수치는 여러 국제 사회 목격자들의 수치와는 크게 다르다.

내가 르완다를 찾은 것은 학살 중 강간당한 여자들과 이야기를 나누기 위해서였다. 추념관은 1994년 사건을 냉정하게 역사로만 다뤘지만, 여자들은 그 사건을 십 년 동안 계속 겪어 오고 있었다. 그들에게는 시간이 전혀 흐르지 않은 듯했다.[1]

르완다 학살은 그 나라의 오랜 민족 간 분쟁에 바탕을 둔 일이었다.

투치족이 르완다에 도착한 시점이 언제인가는 여전히 논쟁거리이지만, 아무튼 그들은 후투족이 먼저 정착한 다음에 그곳에 와서 봉건적 지배 계급으로 자리 잡았다. 벨기에 식민 통치자들은 키가 작고 피부가 검고 코가 넓적한 후투족 농부들보다 키가 크고 호리호리한 투치족 목동들을 더 좋아했다. 그래서 인구의 15퍼센트밖에 되지 않는 투치족을 태생적 귀족 집단으로 선언했고, 후투족에게 주지 않는 특권을 투치족에게 주었다. 이 정책은 격렬한 증오를 낳았다. 그러나 식민지 시절 말기로 갈수록 벨기에인과 투치족 군주의 사이가 틀어졌고, 결국 벨기에는 권력을 후투족에게 넘겨주었다. 1962년 독립한 후에도 후투족이 계속 통치했고, 후투족은 주기적으로 투치족을 공격했다. 이후 25년 동안 지속된 민족 분쟁으로 많은 투치족 사람들이 우간다나 콩고로 떠났다. 그러나 그들은 르완다로 돌아가기를 원했다.

후투 정부가 투치족의 귀향을 허락하지 않겠다고 하자, 투치족은 군대를 조직하여 — 폴 카가메가 이끈 르완다 애국 전선RPF이었다 — 국경에서 접전을 벌이기 시작했다. 1993년, 유엔의 중재로 후투 정부와 투치 반군은 평화 협정을 체결했다. 그러나 후투 강경파는 권력 배분이 달갑지 않았다. 1993년 말과 1994년 초, 후투 파워 운동을 이끄는 이들이 학살의 기구를 조직하기 시작했다. 그들은 가난하고 불만 많은 청년들을 모아서 〈함께 싸우는 이들〉이라는 뜻의 인테라함웨 군대를 결성했고, 그들에게 투치족은 인간이 아닌 적일 뿐이라고 가르쳤다. 정확하게는 〈바퀴벌레〉라고 표현했다. 그들은 또 르완다 최초의 민영 라디오 방송국인 라디오 밀콜린을 세웠고, 그 전파를 통해 증오의 메시지를 퍼뜨렸다.[2] 무기도 비축했다. 총도 있었지만, 대부분은 마체테와 칼이었다. 그들은 또 체계적으로 정부에서 온건파를 몰아냈다.

르완다 학살이 시작된 것은 1994년 4월 6일, 쥐베날 하브자리마나 대통령이 탄 비행기가 격추된 직후였다. 이후 백 일 동안 투치족 80만 명이 살해되었다. 나치가 자행한 홀로코스트에서는 살해가 임상적이고, 체계적이고, 원격적이었던 데 반해 르완다 대량 학살은 직접 손을 쓴 일이었다. 인테라함웨뿐 아니라 농부들도, 주로 농기구로, 사람을 죽였다. 그런데 살해가 그 시기 자행된 폭력의 전부였는가 하면 결코 그렇지 않았다. 르완다에는 〈두드려 맞지 않은 여자는 진짜 여자가 아니다〉라는 속담이 있다.[3] 그처럼 문화에 깔린 여성 혐오는 민족주의적 흑색 선전에 쉽게 자극받아서 더 거세어졌다. 강간은 제노시데르들•이 명시적으로 밝힌 공격 수단이었다.[4] 라디오 밀콜린은 투치 여자들이 후투 남자들을 유혹하여 후투족의 대를 끊어 버리려 한다는 주장을 전파로 내보냈다. 후투인들은 호리호리하고 당당한 투치 여자들을 오만하다고 여겼고, 그 여자들에게 본때를 보여 주겠다고 장담했다.

남자들이 강간한 것은 피해자들에게 모욕과 수치를 안기기 위해서만은 아니었다. 그것은 또한 살해의 한 방법이었다. 많은 남자가 HIV 보균자였고, 후투족 지도부는 그런 이들에게 최대한 많은 투치 여자들을 감염시키라고 장려했다. 남자들은 호기심을 만족시키기 위해서 강간했고, 여자들에게 트라우마를 남기기 위해서 강간했으며, 좀 더 느리고 좀 더 고통스러운 살인 방법으로서 강간했다. 증오와 욕망에서 강간했다. 한 선전물은 여자들이 〈슬픔으로 죽기를 바란다〉라고 저주했다. 한 여자는 이런 기억을 들려주었다. 살인자 부대의 한 젊은 보병이 그녀를 벽에 붙여 세운 뒤, 칼을 질에 대고 내벽을 통째 베어 냈다. 그러고는 관 모양으로 늘어진 피투성이 살점을 작대기에 꿰어 그녀의 집 앞에 내걸고 이렇게 말했다. 〈이제 이 앞을 지나는 사람들은 모두 투치가 어떻게 생겼는지 알게

• génocidaires. 프랑스어로 〈집단 학살을 저지르는 자〉라는 뜻. 특히 르완다 내전의 학살자를 가리키는 단어로 쓰인다.

되겠지.〉[5]

백 일 후, 투치족의 RPF 반란군이 수도 키갈리를 장악하면서 학살은 끝났다. 인테라함웨 군인들은 대부분 콩고로 피신했고, 그곳 난민 수용소에서도 소란을 피워 댔다. 카가메는 민족 간 가교를 구축하겠다는 입발림 다짐을 하면서 새 대통령으로 취임했다. 그러나 실제로는 주로 투치족이 장악한 권력 구조를 세웠으며 — 후투 파워 운동이 두려워했던 바로 그 결과였다 — 나머지 세계는 그의 행보를 암묵적으로 승인했다. 카가메는 요즘도 주기적으로 콩고의 수용소를 급습하라는 명령을 내린다. 전쟁이 끝난 뒤 약 2만 명이 보복 살해당했다. 다시 투치족이 장악한 체제하에서 후투족은 증오하는 소수 집단의 노예가 된 처지로 느끼면서 살고 있고, 투치족은 자기 가족을 살해한 후투족을 미워하면서 살고 있다. 그들이 공통적으로 품고 있는 것은 그들이 목격하거나 당하거나 가했던 트라우마들이다. 공식 인터뷰에서 그들은 〈플뤼 자메〉(다시는 그러지 않으리라)라고 말하지만, 사적으로는 내가 만난 모든 사람들이 또다시 갈등이 분출하는 것은 시간 문제일 뿐이라고 말했다.

학살 중 강간당한 여성의 수는 최대 50만 명에 이른다. 살아남은 투치 여성 중 약 절반이 강간당했고, 강간당한 여성은 거의 모두 HIV에 감염되었다. 강간으로 잉태된 아이를 출산한 경우는 최대 5천 건이다.[6] 사람들은 그렇게 태어난 아이들을 〈나쁜 기억의 아이들〉이라고 부른다.[7] 어느 작가는 그 아이들을 〈죽음의 시간이 남긴 산 유산〉이라고 표현했다.[8] 한 조사에서는 여성 응답자의 90퍼센트가 자기 가족을 죽인 학살자의 아이를 도저히 사랑할 수 없다고 말했다. 한 여자는 그 상황에 처하자 자살하려고 물에 뛰어들었다가 어부에게 구출되었다. 그녀는 말했다. 「이 아기가 몸속에 있을 때는 죽을 수도 없었어요. 내게 들러붙은 저주 같았어요.」[9] 또 다른 여자는 이런 경우 종종 그렇듯이 억지로 강간범의 아내가 되어야 했다. 그녀는 말했다. 「아내가 되는 것은 일종의 죽음이에요. 이보다 더 나쁜 죽음은 없어요.」[10] 르완다 사회는 이런 경우 도리어 여자들을 비난하기 때문에, 르완다 강간 문제를 연구해 온 카트린 보네 박사에 따르면 이런 임신은 〈거부되거나 은폐되고, 종종 부정되고, 그러다가 늦게서야 발견되고는 한다〉.[11] 사회 복지사로 일하는 고들리에브 무카사라시는 이렇게 설명했다. 「강간당해서 출산한 여자들은 사회에서 철저히 밀려납니다. 사람들은 그런 아이를 인테라함웨의 아이라고 부릅니다.」[12]

낙태는 르완다에서 사실상 불가능한 선택이지만, 어떤 여자들은 전후의 혼돈 속에서 스스로 인공 유산을 행했다. 어떤 여자들은 영아 살해를 자행했다. 그 수가 얼마나 많은지는 아무도 모른다. 또 다른 여자들은 강간당해 낳은 아이를 교회 문 앞에 버렸다. 전국에 고아원이 즐비하다. 어떤 여자가 자식을 버렸는지는 겉으로 드러나지 않기 때문에, 내가 만난 여자들은 모두 자식을 버리지 않은 여자들이었다. 그러나 여자들이 자신을 희생하면서까지 지킨 아이는 여자들의 트라우마를 떠올리게 하는 존재다. 강간당해 낳은 아이를 사랑한다는 것은 거의 신에 가까운 일이다. 대부분의 여자들처럼 강간이 여러 트라우마 중 하나일 뿐이라면 더 그렇다. 여자들은 가족을 잃었다. 사회적 지위를 잃었다. 한때 든든하게 느껴졌던 사회 구조를 잃었다. 삶이 안정적이거나 지속적이라는 느낌을 잃었다. HIV로 건강을 잃었다. 내가 그런 여자들과 아이들을 만났던 2004년 봄, 아이들은 아홉 살이었다. 후투족 아버지를 닮은 생김새가 드러날 만큼 충분히 성숙한 나이였다. 나는 여자들이 어떻게 그런 아이를 사랑하게 되었는지, 혹은 사랑하지는 않아도 보살피기는 해야겠다고 결심하게 되었는지 알아보려고 르완다로 갔다.

르완다 사회는 이 여자들과 아이들에게 적대적이다. 어떤 여자들은 제 가족과 공동체에게 책망을 받았다. 여자들을 받아주지 않는 병원도 있다. 혼혈인 〈나쁜 기억의 아이들〉은 후투족에게도 투치족에게도 받아들여지지 않는다. 「가족이 강요해서 아이를 포기한 여자들도 있어요.」 키갈리에서 만난 에스페랑스 무카마나는 이렇게 말했다. 무카마나는 르완다 과부들의 조직인 아베가에서 일한다.[13] 「처음에 이 여자들은 자기 자식을 인간으로 여기는 것조차 어려워했어요. 악마의 자식이라고 여겼으니까요. 대부분의 여자들이 아이에게 영영 진정한 애정을 느끼지 못합니다. 살려 둘 만큼은 사랑하지만, 그 이상은 아니에요. 우리는 그런 여자들을 격려해야 하고, 아이는 죄가 없다는 말을 거듭 들려줘야 해요. 아이를 죄 없는 존재로 보기가 여자들에게는 어렵죠. 자기 자신을 죄 없는 존재로 보기는 거의 불가능하고요.」 여자들은 모두 경제적 곤란을 겪는다. 결혼 상대로 부적합하다고 여겨지기 때문에, 대부분 자신과 자식의 생계를 어렵사리 스스로 잇는다.

부타레에 있는 르완다 국립 대학 심리학과의 장 다마센 은다얌바제 교수에 따르면, 르완다 사람들은 여자가 살해당하는 대신 강간당했을 때 그렇게 되도록 놓아둔 여자를 비난한다.[14] 「둘 중 어느 쪽이 더 낫다고 말할 수 있을까요? 우리 사회는 어느 쪽도 선택하지 않습니다. 모든 비난을 여자에게 돌립니다.」 교수는 의사들이 자신에게 제왕절개를 시술하는 동안 출산하지 않으려는 최후의 발악으로 질 근육을 꽉 죄고 있었다는 어느 여자의 이야기를 들려주었다. 사람들은 하는 수 없이 그녀의 몸을 구속했다. 의사들이 그녀에게 갓난아이를 안기자 그녀는 헛소리를 흘리기 시작했고, 결국 정신병원으로 옮겨졌다. 「정신과 병동에는 그런 여자들이 가득합니다.」 르완다 국립 대학 저널리즘 및 커뮤니케이션 학부의 장피에르 가친지 교수는 말했다. 그는 르완다 사회에서 중요한 문화적 변화가 일어났다고 지적하며, 이제 르완다에서는 어머니와 자식의 강한 유대가 더 이상 당연한 것으로 가정되지 않는다고 말했다. 「우리는 과거와는 다른 규칙이 적용되는 사회에 살고 있습니다. 강간과 전쟁은 둘 다 트라우마라는 것, 여자들은 두 트라우마를 동시에 겪었다는 것을 알아야 합니다. 전시의 강간은 인간성을 말살하는 범죄입니다. 여느 때의 강간보다 훨씬 더 나쁩니다.」 물론 강간은 어느 때든 직접적인 피해자에게 심한 트라우마를 안기지만, 전시의 강간은 사회 규범에 대한 공격이기도 하므로 그 일을 겪은 사회에게도 심한 트라우마를 남긴다.

무카마나는 이렇게 말했다. 「트라우마를 겪은 여자들은 아이에게 엄하고 쌀쌀맞게 대합니다. 학대할 때도 있죠. 아이는 엄마가 자신을 사랑하지 않는다는 건 알지만 왜 그런지는 모릅니다. 엄마에게 말을 걸어도 대답하지 않고, 울어도 달래 주지 않죠. 그래서 아이들은 이상 행동을 발달시킵니다. 그 아이들 역시 차갑고 차분하지 못한 사람이 됩니다. 집에서 사랑을 못 받기 때문에, 밖으로 나가서 낯선 사람을 따라가 버립니다.」 아이들은 종종 과거를 상기시키는 어두운 이름을 갖고 있다. 어느 아이의 이름은 〈전쟁〉을 뜻하는 인쿠바였다. 또 다른 아이의 이름은 그 아비를 연상시키는 〈작은 살인자〉였다. 또 다른 아이의 이름은 〈미움의 아이〉였다.[15] 역시 아베가에서 일하며 그런 이들과 접촉하는 알퐁신 니라하비마나는 이렇게 말했다. 「이런 여자들이 어떻게 자식을 사랑하는지 늘 궁금했어요. 어떤 여자들에게는 기독교가 큰 역할을 합니다. 기도로 이겨 내죠. 또 어떤 여자들은 가급적 상황의 밝은 면을 보려고 합니다. 가령 한 여자는 이렇게 말하더군요. 〈나는 강간당했고, 내 가족은 살해당했고, 내게는 끔찍한 사건으로 생긴 아이도 있지만, 그래도 나는 HIV는 없으니까요.〉 그러나 대부분의 여자들은 가족이 없고, 처지가 절박하고, 희망이 없습니다. 그런 여자들은 아베가에 모여서 이야기를 나눕니다. 누구도 자신에게 벌어졌던 일을 잊을 수 없겠지만, 그렇다면 차라리 함께 기억하는 편이 나을지도 모르죠.」

어떤 여자들은 협회를 결성하여 자신들의 권리를 주장하고 나섰다. 전통적인 사회적 지위를 잃은 것에 대해 보상이 될 만큼 이런 집단 정체성에서 힘을 얻는 여자들도 있다. 르완다 국립 대학 역사학과의 셀레스탕 칼림바 교수는 르완다에 새롭게 나타난 페미니즘은 학살의 우연한 부수 효과 중 하나라고 말했다.「워낙 많은 남자들이 죽거나 감옥에 갇혔기 때문에, 여자들이 중요한 역할을 맡게 되었죠. 학살 이후, 이제 여자들은 유산을 상속받을 수 있게 되었습니다. 예전에는 불가능했어요. 예전에는 남자들이 부인을 여러 명 두었지만, 요즘은 결혼할 때 교회에서 일부일처를 지키겠다는 서약서에 서명합니다. 르완다 여성들의 상황은 전보다 나아졌습니다.」 강제된 임신을 견뎌야 했던 여자들 중 일부는 새로운 사회를 만들고자 애쓰고 있다. 자신을 위한 것은 아닐지라도, 괜한 힐난을 듣는 자식을 위해서라도.

그러나 대부분의 여자들은 그렇지 못하다. 모든 권리가 박탈된 처지를 견딜 뿐이다. 한 여자는 내게 이런 사연을 들려주었다. 어떤 남자가 그녀의 남편과 세 아이를 모두 죽인 뒤 그녀를 몇 달 동안 성 노예로 삼았다. 그러다가 RPF 군대가 다가오자 남자는 달아났다. 그녀는 아들을 낳았다. 자신은 에이즈에 걸렸지만, 아들은 건강했다. 르완다 사회는 가족 말고는 안전망이 거의 없다. 살아남으려면 친척이 있어야 한다. 그녀는 자신이 곧 죽을 것임을 알기에 혼자 남을 아들이 걱정되었다. 그래서 아이의 아버지를 수소문해 찾아냈고, 감옥에 갇혀 있는 그와 좋은 관계를 맺어 두기로 결심했다. 자신이 죽은 뒤 아이에게 의지할 사람이 있어야 하니까. 우리가 만났을 때, 그녀는 매일 식사를 지어서 감옥에 있는 남자에게 배달해 주고 있었다. 자신을 강간하고 자식들을 죽인 남자에게. 내게 자신의 행동을 이야기할 때, 그녀는 눈길을 떨어뜨리고 계속 바닥만 보았다. 르완다의 새로운 페미니즘은 그녀의 삶에 아무 영향도 미치지 못했다.

키갈리에서 나는 피카소의 가면 같은 얼굴을 한 베아트리스 무칸상가와 젊고 상냥해 보이는 마리 로즈 마타무라를 만났다. 무칸상가는 1994년 겪었던 일들의 기억이 또렷하지 않다고 말했다. 몇 번이나 강간당했던 것은 기억하고, 몇 주 뒤 임신한 상태로 병원에서 깨어났던 것도 기억하지만, 긴 전쟁을 어떻게 났는지는 모르겠다고 했다. 그녀는 학살 기간 중 언젠가 다리가 잘렸다. 남편과 두 아이는 사라졌다. 「다들 사라졌어요. 다들 없어졌어요.」 그녀는 잔혹한 일들을 겪은 뒤 임신했고 HIV에 감염되었지만 강간범이 누구인지는 몰랐다. 「아기는 내 안에서 죽은 뒤 제거되었어요.」 그녀는 말했다. 그녀가 인공 유산을 실시했다는 말인지 아닌지는 분명히 알 수 없었다. 그녀는 고향 마을 니안자로 돌아갔지만, 예전에 알던 사람들은 모두 죽고 없었다. 그래서 키갈리로 왔다. 「매년 이 시기, 학살이 시작되었던 시기, 우기가 시작되는 시기는 견디기 힘들어요. 끔찍한 악몽을 꿔요. 당장이라도 죽을 것 같은 기분으로 살고 있어요.」 그녀는 정부의 보건 프로그램이 연줄 있는 사람들에게만 서비스를 제공한다면서 화냈다. 자신은 증상이 확연히 드러날 정도로 에이즈가 진전된 상태이지만 약을 얻으러 갔더니 보건소 직원들이 비웃었다고 했다. 「그들은 그냥 놔둬도 스스로 보살필 수 있는 사람들만 도와줘요. 나머지 나 같은 사람들은 죽게 내버려 두죠.」

서른네 살의 마리 로즈 마타무라는 자신이 겪었던 일을 단조로운 말투로, 완전히 체념한 분위기로 말했다. 학살이 시작되자 그녀는 다니던 교회로 피신했다. 그러나 그곳까지 쫓아온 군인들은 사제의 동의하에 교회에 모인 사람들을 거의 다 죽였다. 그녀와 여동생은 용케 탈출했으나, 인테라함웨에 소속된 어느 후투족 남자에게 붙잡혔다. 남자는 두 여자를 아내로 삼았다. 많은 군인들이 여자를 강제로 성 노예로 부리면서, 자신이 저지르는 숱한 죄를 완곡하게 표현할 생각으로 〈아내〉라는 단어를 냉소적으로 사용했다. 진짜 결혼하는 것은 아니었고, 보호를 보장하는 것도 아니었다. 아내라는 말은 그저 여자가 남자의 처소에서 살면서 수시로 강간당하는 대상이 되었다는 뜻이었다. 마타무라는 자신을 억류한 남자에게 묵종했지만, 그렇다고 해서 남자에 대한 증오가 사라진 것은 아니었다.「그는 동네를 돌아다니면서 아무 여자나 강간했어요. 내게 자기 친구들을 받아 주라고 수시로 강요했죠. 그 사람 말고도 많은 남자들에게 강간당했어요. 그는 나를 죽이는 일에 공연히 시간을 쏟기도 귀찮으니까 대신 HIV를 줬다고 말했어요.」

마타무라를 억류했던 남자는 투치군이 다가오자 도망쳤다. 쇠약해지고 자포자기한 그녀와 여동생은 둘 다 임신한 상태로 남자의 집에 남았다. 여동생은 2001년 크리스마스에 에이즈로 죽었다. 그녀는 여동생의 아들을 거두어 자기 딸과 함께 길렀다. 그녀는 이제 피부에 병변이 드러나기 시작했고, 이웃들이 그것을 에이즈 증상이라고 알아차릴까 봐 걱정한다. 아이들이 HIV에 감염되었는지 검사해 보는 것은 무서워서 차마 못 했다.「내가 죽으면 아이들을 누가 돌볼지 모르겠어요. 나는 집집마다 다니면서 빨랫감이 있는지 물어요. 남편 있는 후투족 부자 여자들의 머리를 땋아 주기도 하고요. 내가 곧 죽을 거라서 슬퍼요. 나 때문에 슬픈 게 아니라 아이들 때문에. 비록 내가 나을 수 없는 병에 걸렸어도 아이들에게는 내가 전부니까요.」

마타무라는 아이들을 보호하려고 애쓴다고 말했다.「나한테 세상은 미움으로 가득한 것처럼 느껴져요. 늘 두려워요. 그냥 집에 처박혀서 아무도 안 보고 싶죠. 그래도 아이들에게는 걱정을 끼치지 않도록 주의해요. 아이들이 내게 왜 그렇게 슬픈지, 왜 그렇게 외로워하는지 묻는 건 바라지 않아요. 남자아이는 성미가 불같은데, 그래도 나는 그 아이에게 각별히 신경 써요. 이제 아이는 나를 제 엄마라고 느껴야 하니까요. 아이들의 얼굴을 보면 후투족 군인들의 모습이 떠오르지만, 어떻게 얻은 아이들인지 잊지 못하더라도 내 자식이나 내 동생의 자식을 미워할 수는 없어요. 가끔 아이들이 〈우리 아빠는 누구예요?〉라고 물어요. 그러면 아빠는 없다고, 원래 없었다고 대답하죠. 언젠가는 진실을 말해 줘야 할 거예요. 벌써부터 어떻게 말할까 하고 표현을 고민해 보죠. 나는 아이들에게 올바르게 처신하라고 당부할 거예요. 누가 강간하려고 하면 어떻게 해야 하는지도 알려 줄 거예요. 아이들이 나와 함께 있다가 어떻게 될지 걱정스러워요. 그 뒤에는, 내가 죽은 뒤에는 어떻게 될지도 걱정스러워요.」

마리안 무카마나는 학살 전에 행복하게 살았다. 그녀는 건설 노동자인 남편을 사랑했고, 다섯 살 딸아이를 사랑했다. 제노시데르들은 처음에 남편을 잡으러 왔고, 〈네 남편을 죽인 뒤 너를 데리러 돌아오지〉라고 말했다. 이후 그녀는 남편의 생사를 알지 못했다. 딸과 달아나려고 했지만 달아날 곳이 없었고, 이웃들은 자기 목숨을 염려해서 그녀를 숨겨 주지 않았다. 딸을 살리겠다는 일념으로, 그녀는 자포자기 끝에 군 기지로 가서 이렇게 말했다. 〈내가 이렇게 내 발로 왔으니까, 당신들이 하고 싶은 대로 해도 좋아요.〉 아름다운 그녀를 본 군인들은 그녀를 성 노예로 취했다. 이후 그녀는 몇 주 동안 기지에 머물면서 수많은 남자들에게 강간당했다. 남자들은 그녀에게 결국에는 그녀도 죽게 될 거라고 말했다. RPF가 키갈리에 다가오자, 군인들은 기세니로 후퇴하는 힘겨운 강행군에 그녀를 끌고 갔다. RPF가 기세니까지 장악한 뒤에야 그녀는 풀려났고, 다섯 살 딸과 함께 키갈리로 돌아왔다.

가족은 두 남자 형제만 남고 모두 죽고 없었다. 자신이 임신했다는 사실을 깨달은 그녀는 어떻게 하면 아기를 없앨 수 있을까 궁리했다. 「아기가 태어나면 내버리고 싶었어요.」 그녀는 이렇게 회상했다. 그녀는 이제 HIV 보균자였고, 새로 태어난 딸도 마찬가지였다. 이후 그녀는 그 아이를 볼 때마다 불쑥불쑥 혐오감이 치밀었다. 간절히 잊고 싶은 기억을 끊임없이 되살리는 존재였기 때문이다. 큰딸을 사랑하듯이 둘째 딸을 사랑할 수가 없었다. 아이 아버지를 찾아내어 딸을 넘겨주면 어떨까 생각했지만, 강간을 워낙 많이 당했기 때문에 아이 아버지가 누구인지 알 수 없는 데다가 어차피 그 후보들은 다른 인테라함웨 남자들과 함께 종적을 감췄고 지금쯤 아마 죽었거나 콩고에 있을 터였다. 「사내아이가 아닌 게 신에게 감사할 일이죠. 사내아이였다면 애정을 주기가 더 힘들었을 거예요. 남자아이는 스물한 살이 되면 재산을 물려받죠. 여자아이는 상속권이 없기 때문에 문제가 적어요.」 그녀는 어쨌든 두 딸을 똑같이 사랑하는 법을 익히고 말겠다고 결심했다. 「내 안에 다른 마음이 들기 시작했어요. 그 애도 내 애고, 내 자궁에서 나왔고, 내 자식이니까, 당분간이라도 내가 돌봐야 한다 싶었어요.」 내가 무카마나를 만났을 때, 그녀는 이제 두 딸을 똑같이 느낀다고 말했지만 그래도 여전히 둘째 딸은 남에게 줬으면 싶다고 했다.

두 소녀는 종종 혼란스러워한다. 큰아이는 순수한 투치족이고 그렇게 생겼지만, 작은아이는 피부가 짙고 후투족의 이목구비를 가졌다. 이웃들은 두 아이가 같은 아비의 자식일 리 없다고 쑤군거리지만, 무카마나는 딸들에게 진실을 감추고 있다. 「나는 두 아이를 조화시키려고 애써요. 할 수 있는 한 비슷하게 만들려고 애써요. 그리고 작은아이에게 너는 투치족이라고, 그러니까 너한테 후투족이라고 말하는 사람들을 신경 쓰지 말라고 말해 줘요. 그런 말을 많이 해주려고 애써요. 사랑받는다는 느낌을 주려고요.」 큰딸은 요즘도 아빠 이야기를 하며 이렇게 묻는다. 〈사람들이 우리 집에 와서 아빠가 따라 나간 날이 기억나요. 아빠는 돌아오지 않았어요. 가는 건 봤지만 돌아오는 건 못 봤어요. 아빠는 어디 갔어요?〉 작은딸도 만날 이렇게 묻는다. 〈내 아빠 얘기 좀 해주세요. 엄마는 왜 혼자예요? 왜 아빠랑 같이 있지 않아요?〉 무카마나는 대답하지 않고, 그러면 작은딸은 말한다. 〈언젠가는 아빠를 만날 거예요.〉 이런 말을 보면 두 아이는 서로 아빠가 다르다는 사실을 아는 것 같지만, 왜 그 주제가 엄마에게 터부인지는 모른다.

두 아이는 엄마의 사랑을 놓고 경쟁한다. 르완다 사람들은 보통 막내를 제일 사랑하지만, 무카마나는 그 기대를 구현하기가 어렵다. 「나는 에이즈로 죽을 테고 큰딸은 혼자 남을 텐데, 그건 다 작은 아이를 갖게 된 강간 때문이에요. 어떻게 이 사실이 화나지 않겠어요? 하지만 둘 다 내 자식이에요. 그리고 작은딸이 클수록 대체로 양심 없이 아이를 볼 수 있게 되었어요. 시간이 흐를수록 편해져요. 과거는 생각하지 않으려고 해요. 무서우니까요. 미래도 생각하지 않으려고 해요. 이제 희망을 가질 만큼 어리석지 않으니까요.」

작고, 눈이 크고, 소심하고, 슬퍼 보이는 마르셀린 니욘셍가는 꼭 보채는 아이 같았다. 자신이 계속 살아 있어도 좋다는 허락을 남에게 받아 내려는 사람처럼 초조한 시선으로 올려다본다. 전쟁이 시작되었을 때 그녀는 열아홉 살이었다. 마침 가족을 만나러 키갈리에 와 있었는데, 그 집이 습격당했다. 삼촌과 남자 형제는 살해되었고, 그녀는 삼촌의 아이인 조카와 단둘이 남았다. 이튿날 군인들이 돌아와서 그녀를 집 밖으로 끌어냈다. 그녀는 도망쳤고, 숨겨 주겠다는 어느 가족을 만났는데, 그 집 남자는 자기 아내를 내쫓고 니욘셍가를 성 노예로 삼았다. 그녀는 낮에는 내내 숨어 있다가 밤에만 살짝 나와서 물을 마셨고, 살해될까 봐 늘 두려워했다. 두 달 반이 흐른 뒤, 남자는 싫증이 났다면서 그녀를 내쫓았다. 그녀는 이후 집단 강간을 당했고, 내키지 않지만 어느 사업가에게 의탁했는데, 그는 그녀를 콩고로 데려갔다. 이윽고 전쟁이 끝나자 그녀는 고향으로 돌아가게 해달라고 애원했다. 그러나 그녀는 임신 중이었고, 남자는 그녀와 아이를 보내지 않겠다며 이렇게 말했다. 〈투치족 여자야, 내가 너를 보내면 넌 내가 너를 어떻게 취했는가 하는 이야기를 남들에게 떠벌릴 테고, 그러면 나와 내 가족이 살해될 것이다.〉 그녀는 몇 달을 기다렸다가, 남자가 출장 간 틈을 타서 3천 콩고프랑(약 5달러)을 훔쳐 나온 뒤 택시 기사에게 르완다까지 가달라고 설득하는 데 성공했다. 르완다의 유엔 난민 고등 판무관은 그녀를 받아 주었다. 그녀는 딸을 낳은 뒤 손상된 자궁을 들어내야 했다. 딸의 이름은 클레망스 투이셍게라고 지었다.

전쟁 후, 니욘셍가는 아내를 잃은 오빠의 집에서 가사를 돌본다. 조카와 딸을 함께 기르고 싶지만, 오빠는 에이즈에 걸린 그녀의 딸을 집에 들이지 않겠다고 선언했다. 그래서 딸은 니욘셍가의 어머니와 함께 살고, 니욘셍가는 일주일에 한 번 딸을 만난다. 딸과 함께 사는 것을 희생하고 오빠와 조카를 돌보는 것이다. 남자들에게는 수발을 들어 줄 사람이 필요하니까. 오빠는 최소한 자신을 버리지는 않았다고, 그녀는 말했다. 오빠는 가끔 돈도 준다. 클레망스가 아프면 — 기회감염으로 자주 아프다 — 니욘셍가는 그 아이가 어떻게 생긴 아이인지를 떠올린다. 니욘셍가 자신이 아프면, 자신을 감염시킨 남자를 떠올린다. 벌써 클레망스의 몸에는 외할머니가 〈뾰루지〉라고 부르는 물집이 잡히기 시작했다. 아이가 열이 나면 외할머니는 아이를 니욘셍가에게 데려오고, 니욘셍가는 아이를 병원으로 데려간다. 둘 다 건강할 때는 함께 많이 웃는다. 니욘셍가가 아프면, 클레망스는 웅크린 몸을 엄마에게 착 붙인다. 니욘셍가는 이것저것 사정을 감안하자면 딸이 자신보다 먼저 죽는 편이 낫다고 생각하지만, 지금 딸이 곁에 있다는 사실에 깊게 의존하고 있다. 그녀는 말했다.「사람들은 〈나쁜 기억의 아이〉를 가졌다고 나를 동정하지만, 딸은 내 인생의 빛이에요. 이렇게 서서히 죽어 가면서 딸이 주는 위안마저 없었다면 천 배는 더 힘들었을 거예요. 나는 죽어 가고 있지만, 혼자는 아니에요.」

내가 만난 여자들은 무감각 상태에 빠진 경우가 많았지만, 알퐁신 무카마쿠자는 그렇지 않았다. 그녀는 잘 웃다가도 갑자기 흐느꼈고, 늘 격렬한 감정에 타올랐다. 그녀는 키갈리 외곽의 흙집에서 살았다. 세간이라고는 부조화스럽게 놓인 비행기 좌석 하나, 부러진 나무 의자 두 개뿐이었다. 빛은 지붕과 벽 사이 갈라진 틈으로 새어 드는 것이 전부였다. 그토록 가난했지만, 그녀는 무늬가 있는 긴 면 드레스를 입고 같은 천으로 머리를 싸맨 깔끔한 차림이었다. 그녀의 아들이 강간으로 생긴 아이라는 사실을 이웃들은 어차피 짐작하고 있는 것 같지만, 그래도 그녀는 이웃들이 그 사실을 확신하기를 바라지 않았으므로 우리가 대화하는 동안 밖에 조카를 망보도록 세워서 혹 엿들으려는 사람이 다가오면 쫓아내게 했다.

학살이 시작되었을 때 무카마쿠자는 스무 살이었다. 야만적인 짓이 자기 마을에서만 터졌다고 생각한 그녀는 근처 다른 마을의 친척에게로 피신했다. 학살은 그곳에서도 시작되었고, 그녀와 친척들은 부룬디 국경을 넘어 피신하기로 했다. 그들이 목적지에 다다를 무렵 총격이 터졌다. 그녀는 계속 달렸지만, 가족들은 총에 맞아서 뒤에 쓰러졌다. 그녀는 무작정 어느 집으로 달려 들어갔고, 그 집에 있던 노파는 말했다. 〈여기는 안전하단다. 내가 숨겨 주마.〉 그날 밤, 노파의 아들이 귀가하여 아름다운 여자를 보고는 아내로 삼겠다고 말했다. 남자는 삼 주 동안 그녀를 거듭 강간하면서 그녀더러 어차피 죽을 목숨이라고 말했다. 그녀는 남자의 마음에 들려고 별짓을 다했다. 남자는 그녀의 적이었지만, 남자가 돌봐 주지 않는다면 그녀는 틀림없이 살해될 것이었다. 남자는 가끔 다른 인테라함웨 군인들을 데려와서 그녀를 강간시키고 그 모습을 구경했다.

학살이 끝나고 한 달 뒤, 무카마쿠자는 임신한 사실을 알았다. 그녀는 출산한 아들 장드디외 은가본지자를 오빠에게 맡기려 했지만, 오빠는 거부했다. 결국 그녀는 아들을 데리고 새로 결혼했다. 그러나 아들에게 그를 달갑지 않은 짐으로 여긴다는 사실을 똑똑히 알렸다. 무자비하게 때렸고, 가끔 내쫓았다. 사람들 앞에 함께 나갈 때는 신신당부했다. 〈이모라고 불러. 절대 엄마라고 부르지 마.〉 한편 그녀의 배우자라는 남자는 밤낮없이 그녀를 때렸고, 〈나랑 살고 싶으면 저 애를 없애 버려, 꼴 보기 싫어〉라고 말했다. 그녀는 이윽고 가출할 용기를 냈고, 그래서 내가 그녀를 만난 빈민가에서 살게 되었다. 「그제야 내게는 아들밖에 없다는 걸 깨달았어요. 이런 형편으로 살아도 아이는 가끔 웃는데, 아이가 웃을 때면 사랑하는 마음이 들기 시작했죠. 하지만 아이는 나를 닮지 않았고, 또 아이가 못된 짓을 할 때면 내가 당한 강간이 떠올라요. 아이는 학교에 다니니까 곧 전쟁을 배우겠죠. 결국에는 출생의 비밀을 알려 줘야 할 거예요. 그러면 우리에게는 또 다른 비극만이 있겠죠.」

크리스틴 우와마호로의 당당하고 꼿꼿한 몸가짐은 르완다에서 만난 다른 강간 피해 여성들과는 달랐다. 학살이 시작되었을 때 그녀는 열여덟 살이었고 키갈리에서 살았다. 「은밀하게든 공공연히든, 군인들은 그냥 집으로 쳐들어와서 한 명이 물건을 훔치는 동안 다른 한 명은 강간했어요. 그다음에는 바꿔서 했죠. 별의별 주문을 다 했어요. 손을 올려라, 무릎을 꿇어라, 그 자세로 가만히 있어라. 어떤 남자는 총을 겨눈 채 〈옷 벗고 누워, 아니면 죽일 테다〉 하고 말했어요. 하지만 가족을 죽이지는 않았죠. 그 남자는 계속 찾아왔고, 올 때마다 나를 강간했어요. 그러고 나면 우리 아버지가 그에게 돈을 쥐여 돌려보냈죠. 내가 살아남은 건 신의 은총 덕분이에요.」

가족은 끝내 피난을 떠났지만, 곧 바리케이드가 세워진 다리에 가로막혔다. 그들은 두 시간 동안 길가에 앉아서 다른 사람들이 살해당하는 모습을 지켜보며 차례를 기다렸다. 어스름 녘, 인테라함웨 군인 하나가 험악한 얼굴로 다가왔다. 가족은 달아났다. 그러다가 우와마호로의 어머니가 휘청거렸고, 우와마호로의 남동생이 도우러 갔다. 우와마호로는 두 사람이 마체테에 베이는 모습을 어깨 너머로 보았다. 우와마호로 자신도 팔에 상처를 입었고 지금까지 흉터가 남아 있지만, 넘어져서 다쳤는지 칼에 베였는지는 모르겠다고 했다. 그날 일의 기억이 흐릿하기 때문이다. 우와마호로와 아버지는 낮에는 숨어 있다가 야음을 틈타 조용히 움직였고, 백 킬로미터를 걸어서 가까스로 기세니에 도착했다. 하지만 그곳에도 학살이 퍼져 있었다. 둘은 몇 킬로미터를 더 걸어서 콩고로 갔다.

여정의 마지막 단계에서, 또 다른 인테라함웨 부대를 만났다. 누군가 외쳤다. 〈저기 봐! 투치족이다! 무슨 수를 써서라도 죽여야 해!〉 부녀는 다른 두 가족과 함께 커다란 덤불 속에 하루 동안 숨어 있었다. 그중 한 명이 데리고 있던 아기의 울음소리가 군인들을 끌어들일까 봐 걱정했지만, 결핵에 걸렸던 아기는 숨어 있는 동안 죽었다. 우와마호로는 팔의 상처가 감염되어 붓고 아팠다. 마침내 그들은 고마에 도착했고, 그곳에서 전쟁이 끝나기를 기다렸다. 우와마호로는 HIV에 감염되었을지도 모른다는 걱정이 들었지만, 감당하기 힘들 것 같아서 확인해 보지 않았다. 아직도 감염 여부를 모른다. 예전에 공부를 잘했다는 그녀는 다시 학교로 돌아가지 못했다. 임신한 사실을 알고는 화가 났고, 아기가 미웠고, 아기를 보기도 싫어서 아버지에게 줘버렸다. 십 년이 흐른 지금도 아이를 생각하면 슬퍼지고 자기 인생이 망가졌다는 사실이 새삼 떠오른다고 했다.

동기 중 유일하게 생존한 다른 여자 형제는 매일 만나지만, 딸은 많아야 한 달에 한 번 만난다. 아이는 화를 잘 내고 성미가 불같다고 했다. 원하는 것이 있으면 당장 갖고 싶어 하고, 얻지 못하면 성질을 부리면서 이틀씩 말 한 마디 안 한다고 했다.

〈나쁜 기억의 아이〉를 낳은 대부분의 여자들과는 달리, 우와마호로는 결혼했다. 남편은 또 다른 아내를 두고 있는 콩고 남자다. 그녀는 말했다.「그런 일을 겪은 뒤, 르완다 사람하고는 결혼할 수 없었어요. 투치족이라도. 르완다 남자가 나를 만지는 걸 견딜 수 없었어요. 처음에는 남편에게 과거를 숨겼지만, 결국 다 털어놓았어요. 남편은 이후에도 내게 친절했어요. 내가 슬퍼하면, 나를 데리고 나가서 함께 산책해요. 내가 옛날 기억이 불쑥 떠오르거나 악몽을 꾸면, 자주 그러는데, 그이는 나를 위로하면서 내가 죽었을 수도 있지 않느냐고 말해요. 그이와 함께 산 뒤로 딸도 더 사랑하게 되었고, 더 좋은 기독교인이 되었어요.」 남편은 심지어 우와마호로가 강간으로 얻은 딸도 데려와서 함께 살자고 제안했지만, 그녀는 원하지 않는다.「이 결혼에서 얻은 여덟 달 된 딸이 있어요. 편애하지 않기란 정말 힘들어요. 큰딸이 나와 살고 싶어 하리라는 것은 알고, 우리 아버지도 그애에게는 엄마의 사랑이 필요하다고 말해요. 아이에게는 죄가 없다는 사실을 늘 되새겨야 해요. 아이를 사랑할 수 있게 해달라고 열심히 기도해요. 그리고 서서히 아이를 더 사랑하게 되었어요. 아홉 달을 내 몸속에 품었던 내 자식이니까요. 그래도 늘 어려워요.」

나는 가끔 인터뷰한 상대에게, 특히 유난히 어려운 처지에 놓인 듯한 이에게 혹시 내게 궁금한 것이 있느냐고 묻는다. 이렇게 역할을 바꿔 보면, 그들이 스스로 실험 대상이 된 기분을 덜 느끼도록 하는 데 도움이 된다. 르완다에서 만난 여자들의 질문은 거의 비슷비슷했다. 르완다에 얼마나 체류하는지? 얼마나 많은 사람을 인터뷰하는지? 결과를 언제 책으로 낼 것인지? 책을 어떤 사람들이 읽을 것인지? 우와마호로를 인터뷰한 뒤, 그녀에게도 질문이 있는지 물었다. 그녀는 살짝 머뭇거리면서 말했다. 「저, 당신은 심리학 분야의 글을 쓰는 거죠?」 나는 끄덕였다. 그녀는 숨을 깊이 마셨다. 「그러면, 어떻게 하면 내가 딸을 더 사랑할 수 있는지 알려 줄 수 있나요? 딸을 정말로 사랑하고 싶고, 그래서 최선을 다하고 있지만, 아이를 볼 때면 내가 겪은 일이 떠올라서 방해가 돼요.」 그녀의 뺨에 눈물이 한 줄기 흘러내렸지만, 이렇게 다시 묻는 그녀의 말투는 거의 나를 다그치는 것처럼 강렬했다. 「어떻게 하면 내가 딸을 더 사랑할 수 있는지 알려 줄 수 있나요?」

나는 나중에야, 그녀에게 말해 주기에는 너무 늦게서야, 그 질문에 얼마나 큰 사랑이 담겨 있는지 그녀가 깨닫지 못하고 있다는 사실에 놀랐다.

•

1994년 폴 카가메가 집권한 뒤, 르완다는 정치 상황이 안정되었고 연평균 8퍼센트의 국내 총생산 성장률을 기록해 왔다. 빈곤율은 4분의 1 가까이 낮아졌다. 유아 사망률은 3분의 2가 줄었고, 초등학교 입학은 거의 보편적으로 이뤄지고 있다. 세계은행은 르완다를 전 세계에서 사업을 시작하기에 가장 쉬운 나라 중 한 곳으로 평가했다.[16]

그러나 카가메 정권은 반대파 지도자들과 기자들을 암살하고, 국내외에서 민간인을 대량 살해하고, 이웃 콩고 민주 공화국을 침범하여 천연자원을 갈취하고, 국민을 정치적으로 억압한다는 비난을 받는다.[17] 반대파에 대한 정치적 배제가 르완다보다 더 심한 나라는 수단과 시리아뿐이다.[18] 정부는 독립 신문사들을 폐쇄했고, 야당들이 선거에 등록하지 못하도록 막았다. 어느 여론 주도자는 『뉴욕 타임스』에서 르완다를 〈감금된 나라〉라고 묘사했다. 2015년, 카가메는 〈국민의 요구〉라는 구실로 르완다 고등 법원과 입법부를 설득하여 대통령 임기 제한을 완화했고, 그럼으로써 영구 집권의 길을 다졌다.[19] 미국을 비롯한 각국 정부들은 카가메에게 두 차례 연임이 끝나는 2017년에는 대통령 자리에서 물러남으로써 그 지역에 모범을 보이라고 요구했다. 카가메는 외세의 간섭에 불쾌함을 드러내면서도 그 문제를 국민투표에 부치기로 했는데, 투표 결과는 보나 마나 그에게 유리하게 나올 것이다. 카가메에게 강경하게 반대했던 이들이 암살된 사건이 있다 보니, 야권은 르완다에서 대통령을 상대로 소송을 걸 배짱이 있는 변호사는 한 명도 찾을 수 없을 것이라고 말했다.[20]

1980년대부터 르완다에서 아큐먼 재단을 설립하여 구제 활동을 해온 내 친구 재클린 노보그라츠는 르완다 친구 하나가 자신에게 이렇게 말하더라는 이야기를 들려주었다. 「르완다에서는 거짓말이 문화예요. 모든 사람이 모든 사람에게 늘 거짓말하죠. 거짓말해야만 살아남을 수 있으니까요.」 재클린은 물었다. 「당신도 내게 거짓말하나요?」 상대는 이렇게 대답했다. 「나도 모르겠어요. 거짓말을 하도 많이 하다 보니 이제 내가 하는 말이 거짓말인지 아닌지도 모르겠어요. 당신에게 거짓말을 하는지 안 하는지 모르겠고, 내가 나 자신에게 거짓말을 하는지 안 하는지도 모르겠어요.」

리비아

화염의 원: 리비아에서 보내는 편지

『뉴요커』, 2006년 5월 8일

카다피 체제는 극도로 비밀스러웠다. 그래서 테러리즘을 동원했던 그의 외교 정책은 널리 비난되었던 데 비해 리비아 사람들이 일상의 삶에서 겪었던 터무니없는 굴욕의 이야기는 그동안 거의 기록되지 않았다. 리비아에서 보낸 한 달은 십 년처럼 느껴졌다. 내가 취재한 나라들 중 카프카스러운 관료주의와 결탁해야만 하는 나라는 많았고 무작위적 폭력이 자행되는 나라도 몇 있었다. 하지만 리비아만큼 그런 무의미한 일에 막대한 공적 에너지와 사적 에너지를 쏟아붓는 나라는 절대로 또 없었다.

리비아 사람들이 하는 이런 이야기가 있다. 쥐들이 든 주머니를 안고 500미터를 달리는 경주에 세 주자가 참가했다. 첫 번째 주자는 출발은 좋았으나, 100미터를 달린 뒤 그동안 안에서 주머니를 갉아먹은 쥐들이 구멍을 내어 경주로에 쏟아지는 바람에 탈락했다. 두 번째 주자는 150미터를 갔지만 똑같은 일이 벌어졌다. 그런데 세 번째 주자는 달리는 동안 주머니를 계속 세차게 흔들었고, 쥐들은 데굴데굴 구르느라 뭘 갉아 먹을 틈이 없었기 때문에, 결국 그가 일등을 차지했다. 이 세 번째 주자가 바로 리비아의 최고 지도자이자 영원한 혁명가, 무아마르 카다피라는 것이다.

리비아는 면적이 독일, 프랑스, 이탈리아, 스페인을 합한 것만 하지만 인구는 600만 명이 좀 못 되어 덴마크와 얼추 비슷하다. 원유 판매 수입 덕분에 아프리카에서 가장 부유한 나라 대열에 끼었지만, 리비아에서 제일 만연한 건강 문제는 영양 부족과 빈혈이다. 이슬람 국가인 리비아는 법으로 술이 금지되어 있고 결혼한 여자들은 대부분 히잡을 쓴다. 그러나 여자들이 법적으로 비키니를 입어도 괜찮고 카다피에게는 총을 휴대한 여성 경호원 부대가 있는 세속 국가이기도 하다. 리비아는 1970년대 중순 카다피가 『녹색서 *The Green Book*』라는 정치적 선언서로 퍼뜨린 독특한 형태의 사회주의를 존중하면서도 현재 자본주의적 개혁의 목전에 있는 나라다. 리비아 출판사 협회 회장에 따르면, 그의 서점에서 손님들이 제일 많이 찾는 책은 코란과 빌 클린턴의 『마이 라이프*My Life*』라고 한다. 리비아의 공식 방침은 기초 인민회의를 통해 국민들이 직접 다스리는 나라라는 것이지만, 실제 현실은 사실상 카다피가 다스리는 나라다. 리비아 관료들은 아침 먹기 전에 불가능한 일을 여섯 가지나 믿는다는 붉은 여왕•보다 그 일에 더 능숙한 것이 분명하다.

미국인이 볼 때 그보다 더 두드러지는 모순이 하나 더 있다. 레이건 대통령이 〈중동의 미친 개〉라고 명명했던 인물이 이끄는 체제가 — 1980년대에 IRA, 아부 니달 조직, 바스크 ETA 같은 단체를 후원했고 1988년 스코틀랜드 로커비 상공에서 폭발 사고로 추락한 팬암 항공 103편 사건의 배후로 비난받았던 체제가 — 지금은 미국이 테러와의 전쟁에서 중요한 동맹으로 인정하는 나라라는 사실이다. 리비아 통치 집단은 이 동맹을 좋은 일로 여기고 서양과 더 긴밀히 관계 맺기를 바라는 세력과 서양에 반항적인 의구심을

• 루이스 캐럴의 『거울 나라의 앨리스』에 나오는 캐릭터.

품고 있는 세력 간의 알력에 시달린다.

카다피가 권력을 잡은 것은 1969년이었다. 27세의 하급 장교였던 그는 제2차 세계 대전 이후 연합국의 추대로 왕위에 올랐던 친서구파 이드리스 1세를 폐위시킨 무혈 쿠데타에 기여했다. 현재 카다피는 자신이 리비아에서 어떤 공식적 지위도 맡고 있지 않으며 그저 요청이 있으면 지혜를 좀 나눠 주는 삼촌 같은 존재일 뿐이라고 주장한다. 그러나 리비아 사람들은 그의 이름을 부르는 것조차 두려워한다. 공식적인 자리에서는 예외이고, 그런 자리에서는 틀림없이 이름 뒤에 갈채가 따른다. 일반적으로 쓰이는 완곡한 표현은 〈최고 지도자〉이고, 비공식적으로 쓰이는 명칭은 〈거물〉 혹은 〈일인자〉, 아니면 그냥 집게손가락으로 하늘을 가리키는 것이다. 〈카다피〉라고 소리 내어 말하는 행위는 곤란을 자초하는 짓으로 여겨진다. 이따금 황당하기 짝이 없는 그의 정책 제안에 의심을 표하는 행위도 마찬가지다. 그는 한번은 모든 가정이 비누를 일주일에 하나씩만 써야 한다고 주장했고, 또 한번은 화폐를 없애고 물물교환으로 대체하자고 제안했다. 「그는 사막 문화를 믿습니다. 사막에는 문화가 없는데도 말이죠.」 리비아의 수도 트리폴리에 거주하는 한 코즈모폴리턴은 내게 말했다. 「그는 리비아의 삶을 자신의 유년기로 되돌리고 싶어 합니다.」

카다피의 둘째 아들이자 후계자가 될 가능성이 있는 사이프 알이슬람 알카다피의 이름도 여간해서는 공공연히 불리지 않는다. 내부자들은 여덟 자녀 중 하나인 사이프를 보통 〈주공〉이라고 부른다. 〈아들〉, 〈용감한 젊은이〉, 〈우리 젊은 친구〉, 〈엔지니어〉라고도 부른다. 부자 관계는 끊임없는 추측의 대상이다. 아버지의 천명에 보조를 맞추듯이 사이프도 공식 직위는 아무것도 맡지 않았고, 최고 지도자 자리는 세습되는 것이 아니라고 제 입으로 말하지만, 그러면서도 권력에 가까운 위치에 편안하게 머물고 있다. 누구나 알다시피 최고 지도자는 왕정에 반대한다. 하지만 그런 그가 꼭 왕을 닮았고, 사이프는 그의 왕세자다.

사이프의 역할은 개혁을 상징하는 얼굴이 되는 것이다. 한 유명 리비아 작가는 〈자기 아버지의 그림에 광을 내는 역할〉이라고 표현했다. 사이프가 현재 정치철학 박사 과정을 밟고 있는 런던 정경 대학에서 썼던 논문들은 그가 홉스와 로크를 제대로 이해하고 있다는 사실을 보여 준다고 한다. 사이프가 세운 〈자선 협회를 위한 카다피 국제 재단〉은 리비아 국내외에서 고문 반대 및 인권 증진 활동에 전념하는 단체다. 리비아에서 정말로 민주적 변화가 일어난다면 그 자신이 정치계에서 밀려날지도 모르는데도, 그는 고매한 민주주의 원칙들에 헌신하는 듯하다. 사이프의 한 조언자는 내게 그는 제2의 비선출 혁명 지도자가 되느니 최초의 선출된 국가 수장이 되는 편을 선호할 것이라고 말하면서, 그러나 물론 그는 어느 쪽이든 할 수 있다고 덧붙였다.

알제리 변호사로 오랫동안 리비아 관련 업무를 보아 온 메르트 사아드 제바르는 이렇게 말했다. 「카다피는 자신이 최고 지도자가 아니라고 주장하고 사이프는 자신이 야당의 입장이라고 주장하는데, 둘 다 거짓말입니다.」 어떤 사람들은 그들의 사적인 목표에 주목한다. 해외에 거주하는 리비아 시인 칼리드 마타와는 내게 말했다. 「사막의 베두인족 출신인 최고 지도자가 원하는 것은 권력과 통제뿐입니다. 그는 만신창이가 된 나라를 통치하는 데 만족하죠. 반면 그 아들들은 도회적입니다. 그들은 세계를 여행했고, 해외에서 공부했고, 세련된 태도를 익혔죠. 걸프만 국가의 왕자들과 함께 매 사냥을 다닙니다. BMW를 몰고 싶어 하고, 국제 사회에서 인정받는 나라를 다스리고 싶어 하죠.」

사이프의 사무실은 트리폴리에서 제일 높고 화려한 건물에 있다. 으리으리한 유리 건물 꼭대기에는 거대한 회전 장치가 있는데,

원래 회전식 레스토랑용으로 설치했다지만 지금은 회전도 하지 않고 음식도 팔지 않는다. 재단 사무실은 소박하고 비품도 많지 않다. 직원들은 리비아에서 제일 바쁜 사람들처럼 보인다. 다들 컴퓨터를 향해 몸을 기울인 채 전화 여러 대로 동시에 통화하고 있고, 사방에 널린 서류에 파묻혀 있다. 벽에는 사이프가 추구하는 대의를 표현한 포스터들이 붙어 있다. 한 포스터에는 얼굴에 가시철사가 둘둘 감긴 남자가 나와 있고 〈국제 고문 반대 캠페인: 중동 지역: 첫 번째 기지, 리비아〉라고 적혀 있다.

하지만 사이프는 보통 다른 곳에 있다. 나는 지난가을 몬트리올에서 그를 만났었다. 그가 직접 그린 그림으로 그 도시에서 전시회를 연 때였다. 그의 작품들은 여러 평이한 양식들을 다양하게 활용했고, 표현주의적 열정이 넘친다. 말들, 사막의 하늘, 최고 지도자의 얼굴, 사이프가 아끼는 애완동물이라는 벵골 호랑이의 모습이 자주 등장한다. 사이프는 파리에서 도쿄까지 세계 여러 주요 도시에서 전시회를 열었는데, 관람객들은 그의 작품을 진기한 다큐멘터리적 물건으로, 이를테면 러시아 최후의 여제가 남긴 소장품 같은 것으로 받아들이는 것 같았다. 그런 전시회의 주된 기능이 정치적인 것인지, 사회적인 것인지, 예술적인 것인지 논의하는 사람은 아무도 없었다.

우리는 그때 소피텔에서 만났다. 꼭대기 층 전체가 사이프와 수행원들에게 할당되어 있었다. 이런저런 부관들과 조언자들이 크고 특징 없는 방에 모여 있다가, 사이프가 방으로 들어오는 순간 다들 앉은 자세를 바로 했다. 사이프는 친밀하고 격의 없게 굴려고 했지만, 다른 사람들은 그의 존재만으로도, 심지어 그의 이름이 나오기만 해도 격식을 차렸다. 그는 잘 재단된 양복을 입었고, 행동거지가 우아했다. 서른세 살인 그는 잘생겼고, 세련되었고, 머리는 말끔히 밀었다. 말하는 것을 들어 보면 제법 지적인 듯했지만, 거기에는 자아와 현실을 다소 막연하게만 인식하고 있는 듯한 분위기가 있었다. 말하자면 왕족들이나 어린이 스타들이 갖고 있기 쉬운 막연함, 자신이 남들의 눈에 정확한 모습으로 비치는 것을 겪어 보지 못한 사람이 품기 마련인 막연함이었다. 그는 아버지의 카리스마를 적잖이 물려받은 것 같았지만, 그 카리스마가 천재성 혹은 헛소리로 발전하려면, 혹은 아버지의 트레이드 마크인 두 가지의 절묘한 조합으로 발전하려면 좀 더 탄탄하게 다져져야 할 것 같았다.

내가 리비아의 민주적 개혁이 왜 좀 더 빠르게 진행되지 않느냐고 묻자, 사이프는 이렇게 대답했다. 「지난 50년 동안 우리는 처음에 부족 사회였다가, 그다음에 식민지였다가, 그다음에 왕국이었다가, 그다음에 혁명 공화국이 되었습니다. 인내심을 가지세요.」(리비아는 과거 수백 년간 오스만 제국의 통치를 받았고 1912년에서 1943년까지는 이탈리아의 지배를 받았다.) 그러나 아버지와 마찬가지로 화려한 선언을 즐기는 그는 잠시 뒤 리비아가 군대를 깡그리 포기해도 좋으리라는 제안을 내놓았다.

「신뢰와 전략의 개념 자체가 바뀌었습니다.」 사이프는 조신들이 끄덕여 동의하기를 기대하는 눈길로 둘러보면서 말했다. 「그런데 왜 군대가 필요합니까? 이집트가 리비아를 침공하면, 미국이 막아줄 겁니다.」 레이건 시절의 리비아에 대해서는 이렇게 말했다. 「당시 우리는 미국이 당장이라도 우리를 공격해 올지 모른다고 생각했습니다. 우리가 테러와 폭력을 동원했던 것은 그것이 약자가 강자에게 쓸 수 있는 무기라서였습니다. 당신들의 도시로 쏘아 보낼 미사일은 없었기 때문에, 대신 사람을 보내서 당신들의 단체를 공격했던 겁니다. 지금은 미국과 평화롭게 지내고 있으니까 테러를 쓸 필요도, 핵폭탄을 쓸 필요도 없습니다.」 그는 리비아가 과거에 후원했던 테러들과 알카에다가 현재 자행하는 테러들을 나란히 비교하기를 거부했다. 「우리는 테러를 전술로, 협상 수단으로 사용했습니다. 하지만 빈 라덴 씨는 전략으로 사용하죠. 우리는 영향력을 키우기를 바랐을 뿐이지만, 그는 사람을 죽이고 싶어 합니다. 리비아의 근본주의 세력은, 물론 늘 존재하기는 하죠. 하지만 1990년대만큼 세가 강하진 않습니다.」 그는 1990년대에 자기 아버지가 근본주의자들을 자주 잡아들여 감옥에 가뒀다는 사실은 언급하지 않았다.

사이프는 종교적 극단주의자들이 〈리비아에서 많은 문제를 낳았다〉고 말했다. 「그들은 사회 전체를 불안하게 만들려고 했습니다. 하지만 이제는 통하지 않습니다. 이제는 그들이 약합니다. 그래도 위협은 상존합니다. 가능성은 늘 있습니다.」 그는 지난해 이라크에서 벌어졌던 자살 폭탄 테러에 리비아인 세 명이 가담했던 것을 언급하며 말했다. 「알자르카위가 사람들을 모집하고 있죠.」 알자르카위는 요르단 출신의 이라크 알카에다 지도자다. 「그는 리비아에 세포를 결성해서 미국 시설을 공격하고 싶어 합니다. 석유 회사, 미국인 학교 같은 곳 말입니다. 우리에게는 재앙입니다. 우리는 미국인들이 머물기를 바라니까요. 하지만 그런 극단주의자가 그리 많지는 않습니다. 수십 명쯤일까요. 리비아 같은 나라에서는 그 정도만 해도 큰 골칫거리지만.」 미국인의 안보 문제에 대해서는 이렇게 말했다. 「우리는 벌써 당신들 편입니다. 테러와의 전쟁을 돕고 있죠. 그렇게 되고 있고, 그렇게 될 겁니다.」

사이프의 듣기 좋은 말은 서양의 추종자들을 홀릴지는 몰라도 리비아 정부 내 강경파에게는 여전히 싫은 소리다. 사이프는 사이프대로 리비아에 개혁을 반대하는 세력이 상당하다는 사실을 인정하려 들지 않는다. 「그런 사람이 서너 명은 있겠죠. 그보다 많진 않습니다.」

저 말은 사이프의 여러 선언들 중에서도 가장 터무니없는 말이었다. 사이프와 가깝게 일해 온 미국의 한 보좌관은 그를 〈80퍼센트 세련된 인물〉이라고 정확하게 묘사했다. 사이프의 앞날은 해외의 인지도가 아니라 국내의 지지를 어떻게 잘 조율하느냐에 달려 있다. 그가 리비아에서 정치적 존재감이 있기는 해도, 아버지의 유산을 그렇게 쉽게 물려받을 수는 없을 것이다. 차세대 권력의 경쟁자들이 너무 많기 때문이다. 그래도 사이프는 영리한 사람이다. 그의 조언자 중 한 명은 내게 말했다. 「사이프는 적어도 지도자가 되는 비결 하나는 알고 있죠. 사람들의 행렬이 어디로 향하는지 알아낸 뒤 얼른 맨 앞으로 달려가서 자기가 먼저 그 목적지에 가 있는 겁니다.」

20년에 걸친 미국의 제재는 2004년 끝났다. 리비아가 로커비 피해자 유가족들에게 보상하기로 합의하고 대량 살상 무기를 단념하기로 약속한 뒤였다. (리비아의 국제 사회 속 이미지 복권에 공들여 온 사이프는 두 협상에 모두 관여했다.) 이후 트리폴리에서 사람들이 가장 궁금해하는 문제는 수십 년 동안 대체로 고립되어 살아온 나라에 개혁이 얼마나 깊이 스밀 수 있을까 하는 것이다. 정부 내 파벌 싸움은 심각하다. 국영 석유 회사(개혁파)와 에너지부(강경파)는 지속적으로 갈등을 빚고, 경제부(개혁파)와 리비아 중앙은행(강경파)도 마찬가지다. 모든 이데올로기적 결정은 궁극적으로 카다피가 내리기 때문에, 이런 분란은 꼭 다당제 민주주의 최악의 측면을 보여 주는 것처럼 느껴지기도 한다. 물론 리비아에는 당도 없고 민주주의도 없지만.

리비아 출신으로 현재 메인주 뉴잉글랜드 대학에서 정치과학 학부장을 맡고 있는 알리 압둘라티프 아미다에 따르면, 카다피는 〈생물학적 아들인 사이프 알이슬람을 이데올로기적 아들인 아메드 이브라힘과 맞세워 겨루게끔 하고 있다〉. 총인민회의 부의장인 이브라힘은 리비아 정보부 수장인 무사 쿠사, 국내 보안을 감독하는 압둘라 세누시와 함께 영향력 있는 보수파 삼인조를 이루고 있으며 셋 중 대중적으로 제일 잘 알려진 인물이다. 이브라힘은 미국이 부시 대통령의 명령하에 〈코란을 위조한 뒤 가짜 버전을 미국인들에게 퍼뜨려서 무슬림과 이슬람의 이미지를 더럽혀 왔다〉고 주장한다.

내분은 카다피가 변화의 속도를 늦추는 데 도움이 된다. 카다피 집안의 친구인 한 사람은 내게 이렇게 말했다. 「그는 개혁이란 〈밤중의 도둑처럼〉 와야 한다고 믿습니다. 사람들이 잘 눈치채지 못하게 스리슬쩍 이뤄져야 한다는 거죠.」 어떤 분야에서는 변화가 더디다. 시민의 자유, 경제 구조 재편에 관련된 영역이 특히 그렇다. 「서둘 필요가 없지 않습니까?」 리비아의 수석 경제 계획가인 A. M. 즐리트니는 나와 대화하던 중 말했는데, 저런 신중하고 온건한 태도는 리비아 관료들이 어느 진영에도 소속되기를 꺼릴 때 곧잘 취하는 태도다. 리비아는 아직 과거의 두 식민 통치 세력이 남긴 유산을 — 비잔틴 제국의 부패와 이탈리아의 관료주의를 — 안고 있지만, 그래도 신속히 세계 무역 시장에 문을 열었다. 구매력이 있는 리비아 사람은 거의 없지만, 아무튼 외국산 제품이 판매되고 있다. 이제 리비아에서는 아디다스 운동화나 이탈리아제 구두를 살 수 있고, 〈크러스트〉•라는 브랜드의 치약처럼 리비아에서 만들어진 모조품도 살 수 있다. 영어로 된 책은 팔지 않던 서점에 지금은 『빌리 버드 *Billy Budd*』, 『보이지 않는 사람 *Invisible Man*』, 윌리엄 콩그리브의 작품들이 있다. 민간 부문도 대거 활동에 복귀했다. 위성 TV에는 채널이 수백 개 있고, 인터넷 카페도 손님으로 붐빈다. 한 고위 공무원은 이렇게 말했다. 「일 년 전만 해도 세계 무역 기구를 언급하는 것은 죄였지만, 지금은 우리도 가입하고 싶어 합니다.」 대표적 국

• 미국 P&G사의 유명 치약 브랜드는 〈크레스트〉이다.

영 신문인 『알 샴스(태양)』의 편집장은 보도실 정책이 〈서구에 대항하는 투쟁을 부각하는 것에서 외국과의 협력 사업을 장려하는 것으로〉 바뀌었다고 말했다.

한 리비아 관료는 이렇게 설명했다. 「카다피는 부족 구조를 잘 압니다. 그에게는 개인과 개인을, 집단과 집단을 맞세워 겨루게끔 만드는 능력이 있습니다. 전략의 귀재죠. 그리고 과거에 부족들에게 했던 일을 지금 개혁파와 강경파에게 하고 있는 겁니다. 친서구 분자들과 반서구 분자들을 맞세우는 겁니다.」

외국인의 입장에서, 새로운 리비아가 이처럼 사람을 밀었다가 당겼다가 하며 헷갈리게 만든다는 사실을 잘 보여 주는 예로 리비아 입국 과정만 한 것이 없었다. 내가 작년에 신청했던 취재용 비자는 미국의 리비아 대표가 다섯 달 내내 거의 다 준비되었다고 나를 안심시켰지만 통 진척이 없었다. (몬트리올에서 사이프를 만났을 때 그가 먼저 나서서 이 문제를 살펴봐 주겠다고 했지만, 가시적인 결과는 없었다.) 그래서 나는 이미 입국을 약속받은 국제 고고학자 팀에 합류하기로 했다. 그러나 우리가 로마에서 리비아 아랍 항공 비행기를 타려고 기다리는 동안, 갑자기 우리에게만 탑승이 금지되었다. 리비아 정부의 한 정보원은 얼마 전 출입국 관리부가 이사했는데 그 과정에서 우리 서류가 유실된 탓이라고 설명했고, 또 다른 사람은 그 부서의 비자 담당 국장이 이사 중 일부러 서류를 파괴했다고 말했으며, 세 번째 정보원은 이사 이야기는 사실 핑계일 뿐이고 최고 지도자가 미국인을 들이지 않기로 결정한 탓이라고 말했다. 실제로 메트로폴리탄 미술관의 관광단이 10월에 배로 트리폴리에 도착했지만 입항 허가가 나지 않은 일이 있었고, 11월에 다른 배 다섯 척도 똑같은 운명을 맞았다.

나는 이중 국적자라, 이번에는 영국 여권으로 비자를 신청해 보았다. 이번에도 예의 고고학자 팀의 일원으로 가장했다. 그리고 충고를 들었던 대로 이번에는 신청서에 영국 국교도라고 적었다. 그러자 마침내 〈60일 허가〉라고 적힌 서류가 왔지만, 이것이 서류에 적힌 날짜로부터 60일이라는 건지 내 여권에 비자가 찍히는 날로부터 60일이라는 건지 리비아에 입국한 날로부터 60일이라는 건지는 아무도 몰랐다. 나는 비자에 대해서 물어보려고 런던의 리비아 영사관에 매일 전화했다. 오전에는 아무도 받지 않았다. 오후에는 누군가 받아서 영사 업무는 오전에만 본다고 말했다. 결국 나는 직접 런던으로 날아갔고, 영사관 직원으로부터 앞으로 45일 내에 언제든 리비아에 들어갈 수 있으며 최장 90일 체류할 수 있다는 설명을 들었다. 내가 트리폴리 공항에 내린 것은 11월 중순이었다. 미리 리비아 여행사를 통해서 누군가 공항에 차로 데리러 오도록 약속해 두었다. 내가 거의 한 발짝도 나아가지 못하는 듯한 입국 수속 줄에 서 있는데, 여행사에서 나온 남자가 내 이름이 적힌 표찰을 들고 다가오더니 나를 냉큼 데리고 가서 곧장 통과시켜 주었다. 출입국 관리소 직원은 내 얼굴과 여권 사진이 일치하는지 확인조차 하지 않았다. 여행사 사람은 말했다. 「손님의 비자는 만료되었더군요. 원래 30일 안에 입국했어야 했는데요. 다행히 출입국 관리소 직원이 내 친구라서 문제가 되지 않았습니다.」

이 일화는 법에 늘 해석의 여지가 있고 사적인 연줄이 최고의 화폐로 통하는 나라에 대한 첫 경험으로 더없이 적절한 것이었다. 유대계 미국인 기자가 아니라 기독교를 믿는 영국인 고고학자로 허락된 것이기는 해도, 아무튼 나는 입국했다. 나는 곧장 해외 언론 담당 공보실로 갔고, 내 취재 목적을 밝혔다. 그곳 책임자는 내게 리비아의 민주주의가 미국보다 낫다는 둥, 미국인 기자들이 리비아에 대해 터무니없는 허위 사실을 보도한다는 둥, 미국은 제국주의 성향이 있다는 둥 삼십 분 동안 일장 연설을 늘어놓았다. 그러고는 내가 묻지도 않았는데 어차피 내가 만나고 싶어 하는 관료들은 너무 바빠서 나를 만나 주지 않을 것이라고 장담했고, 따라서 내가 애초에 오지 말았어야 했다고 나무랐다.

저런 혼란은 사실 리비아에서는 표준 절차였다. 지난 4월, 뉴욕의 미국 외교 협회는 몇 달 동안 계획한 끝에 무게 있는 인물들로 구성된 대표단을 — 데이비드 록펠러, 피터 G. 피터슨, 앨런 패트리코프, 레너드 로더 등이 포함되어 있었다 — 리비아로 보냈다. 그들은 무아마르 카다피와 사이프 카다피를 둘 다 만나기로 약속되어 있었다. 그러나 막상 도착해 보니 최고 지도자는 접견할 수 없다고 했고, 사이프는 일정 착오로 일본행에 올랐다고 했다.

리비아 관료들은 좀처럼 안 된다고 말하지 않고 된다고 말하지도 않는다. 리비아 사람들은 아랍권에서 널리 쓰이는 〈IBM〉이라는 표현을 자주 쓰는데, 〈인샬라, 보크라, 몸켄〉의 머리글자인 이 말은 〈신이 허락한다면 어쩌면 내일은〉이라는 뜻이다. 모든 계획이 임시적이다. 정부 최고위층에서도 마찬가지다. 국영 석유 회사 사장을 한 시간 전에 연락해서 당장 만날 수도 있고, 사전에 몇 주 동안 약속을 잡으려고 해도 성사되지 않을 수도 있다.

나는 리비아에 가기 전부터 총리 슈쿠리 가넴을 만나고 싶다고 요청해 두었고, 트리폴리에 머문 삼 주 기간에도 매일 연락해서 물었다. 체류 마지막 날, 한창 다른 사람을 만나고 있을 때 내 휴대 전화가 울렸다. 「총리께서 뵙겠답니다.」 누군가 말했다.

나는 내가 떠나야 하는 시각 전에 만날 수 있으면 좋겠다고 말했다.

「총리께서 지금 뵙겠답니다.」

나는 입을 열었다. 「아, 그렇다면 좋습니다. 녹음기만 챙겨서……」

「지금 당장 뵙겠답니다.」 전화기 너머 목소리가 내 말을 끊고 선언했다. 「어디 계십니까?」

나는 주소를 댔다.

「3분 후에 차가 데리러 갈 겁니다.」

총리 사무실로 차를 타고 가는 길은 무시무시했다. 리비아에서는 운전이 거의 늘 그렇다. 트리폴리 사람들은 교통 신호등이란 색색의 예쁜 유리들이 도로에 무작위로 뿌려진 것에 불과하다고 여기는 듯하고, 엄격하게 통제된 일상에 반항하는 방법으로써 모든 운전 규칙을 어기는 것 같다. 양방향 도로에서 느닷없이 핸들을 꺾어, 쌩쌩 달리는 차들이 가득한 차선 다섯 개를 가로지른 뒤, 반대편 방향 흐름으로 태평스럽게 끼어든다. 「여기서는 장기 이식에 필요한 장기가 부족할 일이 없죠!」 리비아의 한 지인은 함께 나들이를 나섰을 때 말했다. 게다가 운전사가 나를 잘못된 건물에 내려 주는 바람에, 나는 두 시간 동안 전화를 해대고 한참 헤맨 뒤에야 목적지에 도착할 수 있었다.

그와 친한 사람들이, 또 친한 척하는 사람들이 슈크리 박사라고 부르는 총리는 — 터프츠 대학의 플레처 스쿨에서 국제관계학으로 박사 학위를 받았다 — 약간 뚱뚱하고 위엄 있는 남자였다. 단정한 콧수염과 잘 맞는 양복 차림의 그는 애쓰지 않아도 코즈모폴리턴다운 느낌을 물씬 풍겼는데, 그 특징은 리비아의 세계 무대 재진입을 촉진하는 데는 유용하겠지만 국내 강경파의 마음을 얻기는 힘들 듯했다. 내가 도착했을 때 그는 루이 16세 양식을 아랍풍으로 재해석한 듯한 가구들이 갖춰진 방에서 도금된 소파에 앉아 있었다. 앞 탁자에는 페이스트리가 담긴 쟁반들과 리비아에서는 어디를 가나 피할 수 없는 민트차가 담긴 컵들이 놓여 있었다. 애매함의 제국인 리비아에서 그의 명료한 발언은 신선했다. 냉소가 살짝 담긴 그의 말투는 리비아 사람들의 실없는 말들이 얼마나 한심한지 똑똑히 아는 듯했다.

나는 총리의 동료 각료들 중 많은 수는 개혁을 서두를 필요가 없다고 보는 듯하다고 말했다. 총리 자신은 결코 그렇게 생각하지 않는다고 했다. 「가끔은 사랑하는 사람들에게 모질게 굴어야 할 때가 있는 법입니다. 자는 아이를 깨워서 학교에 보내야 하지요. 인기를 너무 추구하지 말고 약간 모질게 구는 편이 더 낫습니다.」 그는 관료주의적 장애물과 만연한 부패를 줄일 기업 친화형 조치들을 취해야 한다고 말했다. 「부패는 결핍, 비효율, 실업과 연관된 문제입니다. 관료주의적 요식을 타파하는 데는 저항이 따릅니다. 선의에서 나오는 저항도 있고 악의에서 나오는 저항도 있죠.」 그는 현 체제가 지지하는 수사적 평등주의도 마냥 좇고 싶지는 않다고 말했다. 「뛰어난 사람은 더 많이 가져야 합니다. 소수의 부자가 있는 것은 나라 전체를 건설하는 데 도움이 됩니다.」 카다피는 『녹색서』에서 인민은 〈동등한 파트너가 되어야 하지 임금 노동자가 되어서는 안 된다〉라고 선언했지만, 총리는 모든 사람을 다 파트너로 만들기는 어렵다고 말했다. 「요즘 사람들은 스스로 일자리를 찾으려 하지 않습니다. 정부가 대신 찾아 주기를 바랍니다. 이런 상태가 오래갈 수는 없습니다.」

리비아 총 인구의 약 20퍼센트를 고용하는 공무원 조직은 엄청나게 과잉 충원된 상태다. 국영 석유 회사의 직원 4만 명은 실제 필요한 인원의 두 배쯤 될 것이다. 임금 상한선이 정해져 있기는 하지만, 많은 사람들이 여러 직장에서 봉급을 받는다. 그리고 만약 직장 감독자가 같은 부족 사람이라면, 직장에 나타나지 않아도 아무 문제가 되지 않는다. 한편 식량에 국가 보조금이 많이 투입되기 때문에 적은 생활비로도 살아갈 수 있는지라 사람들은 자기 수준에 못 미친다고 여기는 일자리는 쉽게 거절한다. 고된 노동은 사하라 이남 지역에서 온 이민자들이 도맡고, 그보다 좀 더 기술이 필요한 일은 이집트 사람들이 한다.

「우리 경제는 역설적입니다. 리비아인 중에는 실업자가 많죠.」 공식 실업률은 30퍼센트에 육박한다. 「그런데 외국인 노동자는 또 200만 명이나 됩니다. 이 불균형은 재앙입니다.」 가넴은 말했다. 높은 국내 실업률과 수입 노동력이라는 조합은 석유로 부유해진 모든 나라들의 특징이지만, 리비아는 인구가 빠르게 늘고 있기 때문에 그 문제가 한층 더 심각하다. 한 결혼에서 아이를 열네 명씩 낳은 사람도 드물지 않게 볼 수 있다. 인구의 약 절반이 15세 미만이다.

이슬람 무장 세력에 대한 총리의 견해는 최고 지도자나 사이프의 견해와 비슷했다. 「극단적 근본주의자들은 암과 같습니다. 그들은 언제 어디서든 공격해 들어올 수 있지만, 우리는 미리 예측할 수 없죠. 우리가 발견했을 때는 벌써 너무 많이 퍼져 있어서 가눌 수 없는 지경이고요. 리비아에도 그런 근본주의 세력이 있을까요? 나는 진심으로 없다고 봅니다. 하지만 그런 세력은 누구의 눈에도 띄지 않고 암암리에 부화할 수 있죠.」 리비아 무슬림의 대다수가 따르는 수니 말리키 종파의 교리는 지하드주의자들이 설파하는 근본주의와는 거리가 멀고 비교적 유연하다. 그러나 일각에서는 다른 나라들에서 테러를 육성한 토대였던 것으로 보이는 조건들이 — 고용 없는 경제적 번영, 청년 인구가 많지만 그들에게 별다른 목적의식이 없는 상태 — 현재 리비아에도 갖춰져 있다고 지적한다.

총리는 미국과 리비아의 외교 전망 문제에는 좀 더 신중하게 대답했다. 「물론 우리는 관계를 맺고 싶습니다. 하지만 코끼리와 함께 침대에 들기는 원하지 않습니다.」 그는 껄껄 웃으면서 악의는 없다는 뜻으로 두 손을 활짝 펼쳐 보였다. 「코끼리가 밤중에 몸을 뒤집다가 우리를 깔아뭉갤 수도 있거든요.」

가넴은 카다피가 선발한 내각을 데리고 일해야 하는 상황에서는 개혁을 실현하기 어렵다고 공개적으로 말한 적 있는데, 나는 그 발언을 언급하면서 총리의 권위에 제약이 있느냐고 물었다. 그는 중요한 개인적 진실을 털어놓는 듯한 분위기로 말했다. 「장관들은 내 형제들과 같습니다.」 그는 두 손으로 무릎을 감쌌다. 「내가 그들을 고른 게 아닙니다.」 그는 잠시 말을 멎었다가 웃으면서 덧붙였다. 「아버지께서 골랐죠.」

트리폴리 중심에는 녹색 광장이 있다. 지금은 주로 주차장으로 쓰이지만, 많은 군사 정권들이 선호하는 익명의 드넓은 공간의 전형이다. 녹색 광장에서 동쪽으로는 아직까지 남은 이탈리아 식민 시절의 건물들이 서 있다. 서쪽은 옛 도시 지구로, 미로처럼 얽힌 좁은 골목들과 가게들이 있고 그 정상에는 이제 훌륭한 고고학 박물관으로 쓰이는 오래된 붉은 성이 있다. 광장 앞쪽은 바다에 면한 산책로다. 사방으로 현대적인 도시가 뻗어 있다. 개인 주택이 늘어선 동네도 있고, 소련풍 집단 주택 단지도 많다. 리비아 최근 역사의 낙천주의와 누추함을 둘 다 보여 주는 풍경이다.

나는 자원봉사 활동에 관한 특별 박람회 개막식에 초대받았다. 식은 녹색 광장에 세워진 천막에서 열렸다. 한 관료는 그 자리에 모인 백여 명의 청중에게 연설하던 중 다 함께 모든 자원봉사자 중에서도 가장 위대한 자원봉사자에게, 즉 무아마르 카다피 대령에게 경의를 표해야 한다고 말했다. 대령은 미국 대통령과는 달리 나라로부터 돈 한 푼 받지 않고 고맙게도 오로지 〈애정 어린 선의에서〉 나라를 다스려 주기 때문이라고 했다. 〈신은 오로지 한 분뿐이고, 마호메트는 그의 선지자이며, 카다피는 그의 현생의 화신이다!〉 군중 속에서 누군가 이렇게 외쳤다. 이런 공개적 지지 발언은 리비아 전역에서 볼 수 있는 대형 광고판, 활짝 웃는 카다피가 꼭 클라크 게이블처럼 득의만면한 모습으로 그려져서 세찬 바람을 맞고 있는 광고판과 맥을 같이하는 현상이다. 이 나라에 방문한 사람의 눈에 맨 먼저 들어오는 것이 그 광고판이라면, 두 번째로 눈에 들어오는 것은 어디에나 널린 쓰레기다. 어디를 가든, 심지어 키레네, 사브라타, 렙티스 마그나 같은 고대 그리스 및 로마 도시들의 장엄한 유적지에도 플라스틱 물통, 비닐봉지, 종이, 닭 뼈, 캔이 널려 있다. 모든 경관에 쓰레기가 한 꺼풀 덮여 있다. 한 리비아 학자는 내게 말했다. 「리비아 사람들이 체제에 엿 먹이는 방법이죠. 최고 지도자는 사실 이 나라를 그다지 아끼지 않습니다. 그런데 우리가 그를 위해서 이 나라를 아름답게 지킬 까닭이 없지 않습니까?」 체제는 싫어하지만 리비아는 사랑하는 리비아 사람들이 스스로도 미움과 애정의 경계를 잘 모른다는 점, 이 현상은 리비아의 많은 역설 중에서도 가장 눈길을 끄는 역설이다. 이 현상을 도치를 통해 국가 이데올로기에 경의를 표하는 일로 해석해도 좋을지 모르겠다.

1970년대 초, 최고 지도자는 국민들이 혁명에의 열의를 보이지 않는 데 실망한 나머지 사막으로 물러나서 『녹색서』를 썼다. 그 책에서 자신의 제3인터내셔널 이론은 자본주의나 공산주의보다 우월하다고 내세웠다. 그는 개인이 집을 소유할 수는 있지만 나머지 토지는 공유되어야 한다고 정했다. 1977년에는 인민 권위 수립 선언서를 선포하여 〈자마히리야Jamahiriya〉 즉 〈인민이 지배하는 국가〉 원리를 제창했고, 인민 회의가 나라를 〈다스리는〉 리비아식 〈직접 민주주의 체제〉를 제창했다. 『녹색서』는 이 체제를 〈인민에 의한 정부 감독〉이라고 표현했다. 대(大) 리비아 아랍 사회주의 인민 자마히리야국이 — 기억하기 쉽도록 줄여서 〈대 SPLAJ〉라고 부른다 — 탄생한 것이다. 『녹색서』는 내분을 피하기 위해서 한 나라에는 하나의 종교만 있어야 한다고 제안했지만, 그것이 이슬람교여야 한다고 구체적으로 명시하지는 않았다. 카다피는 자신의 선언서에 코란의 기본 교리가 담겨 있다고 주장했고(이를테면 자신이 제창한 사회 복지 재분배 정책을 코란에 나오는 자선 개념과

멋대로 동일시했다), 따라서 자신의 선언서는 샤리아 법과 동등한 지위를 갖는다고 주장했다. 이슬람교와 카다피의 관계는 이중적이다. 그는 이슬람교를 끌어들여서 자신의 권위를 뒷받침하는 근거로 삼지만, 자신의 권위에 도전하는 경쟁자는 일절 허락하지 않기 때문에 이슬람 근본주의자들에게는 적대적인 태도를 취한다.

이어진 20년의 급진적 행보는 — 공개 교수형이 텔레비전으로 중계되었고, 서양 책과 악기를 불태웠고, 사기업이 갑자기 금지되었고, 반유대주의가 심해졌고, 테러리스트나 게릴라 집단과 공식적으로 연대했다 — 국제 사회로부터 심한 반발을 샀다. 그러나 불량 국가라는 리비아의 지위 덕분에 카다피는 궁지에 몰린 국민들의 보호자 역할을 함으로써 오히려 권력을 다졌다. 그것은 그가 뛰어나게 잘해내는 역할이었다.

9·11 테러 때까지 미국에서 살았고 지금도 미국이 그립다는 중년 초반의 한 리비아인은 내게 카다피의 리비아가 잘못된 점을 이모저모 말한 뒤 이렇게 덧붙였다. 「하지만 혁명이 없었다면 지금의 나도 없었을 겁니다. 국가가 내게 교육비를 대주었고, 미국에 보내주었고, 그런 지원이 없었다면 꿈도 꾸지 못했을 삶을 살게 해주었으니까요.」

저 말에는 혁명 이전 리비아가 찢어지게 가난했다는 엄연한 사실이 담겨 있다. 자마히리야는 1970년대 시작된 극적인 유가 상승의 덕을 톡톡히 보았고, 리비아가 외국 석유 회사들과 계약할 때 수익 공유를 적극적으로 요구했던 덕을 보았다. 덕분에 1970년대 중순의 원유 판매 소득은 1960년대 중순 소득의 약 열 배였다. 오일 머니 덕분에 리비아는 교육과 기반 시설에 투자할 수 있었다. 문해율은 카다피 집권 이전에 약 20퍼센트였던 것이 82퍼센트로 올랐다. 평균 기대 수명은 44세에서 74세로 늘었다. 총 연장 8만 킬로미터가 넘는 도로가 새로 놓였다. 전기가 거의 보편적으로 공급되었다.

그리고 대부분의 리비아 사람들에게 카다피는 삶의 당연한 일부와도 같은 존재가 되었다. 현재 리비아 인구의 4분의 3은 그가 집권한 뒤 태어났다. 그 세월 동안 카다피에 대한 숭배가 활활 불붙었다가 살짝 흐려졌다가 해온 경과는 소련 지도자들의 변천 과정에 얼추 들어맞는 것 같다. 처음은 많은 국민들이 이상주의를 믿었던 레닌식의 어지러운 혁명기였고, 그다음은 잔인한 억압과 교묘한 폭력이 자행된 스탈린식 시기였고, 그다음은 길고 온건한 해빙기라고 할 수 있는 흐루쇼프식 시기였으며, 지금은 부패와 혼돈과 당파주의가 만연한 브레즈네프식 시기다. 사이프 카다피를 추종하는 이들은 사이프가 이 이야기에서 개혁적인 고르바초프가 되어 주기를 희망한다.

지금도 기본적으로 억압적인 사회가 한창 개혁 중이라고 묘사된다는 것은 과거에는 상황이 훨씬 더 나빴다는 사실을 방증할 따름이다. 나는 트리폴리에서 한때 감옥에 갇혔던 정치범들로부터 교도소 이야기를 많이 들었는데, 그들이 자마히리야에 가한 위협이라고는 체제를 비판한 것뿐이었다. 2002년 한 전직 관료는 자유선거와 자유 언론을 공개적으로 요구했다는 이유로 투옥되었다. 그는 2004년 초 석방되었으나, 몇 주 뒤 외국 기자들에게 정권을 비난하는 말을 했다는 이유로 다시 잡혀 갔다. 리비아에는 비판적 언론이 없다. 정부를 비판하는 글을 인터넷에 올려 온 한 기자는 지난해 날조 혐의로 체포되어 여러 달 감옥 생활을 했다. 사실상 구치소나 다름없는 〈사회 재활〉 시설은 명목상 부정 및 간통 금지법을 어긴 여자들을 보호하는 곳이라고 하지만, 시설에 갇힌 여자들 중 일부는 사실 가족에게 버림받은 강간 피해자들이다. 시설에 갇힌 여성은 남성 친척이나 약혼자가 그녀를 책임지고 관리하겠다고 나서야만 그곳을 나올 수 있다.

그런 일들보다 좀 더 널리 보도된 사건은 1999년 벵가지의 한 병원에서 불가리아 간호사 다섯 명이 426명의 어린이 환자들에게 고의로 HIV를 감염시켰다는 혐의로 고발된 사건이었다. 간호사들은 고문을 당한 뒤 자신들이 저지른 일이라고 자백했고 2004년 사형 선고를 받았다. 리비아 밖의 사람들이 보기에는 고발이 너무 이상해서 날조인 것 같았지만, 대부분의 리비아 사람들은 누군가 고의로 아이들을 감염시킨 것이 확실하다고 믿었고 그 범인은 불가리아 간호사들일 가능성이 높다고 여겼다. (서양 조사자들이 감염은 허술한 위생 관리 탓이었다고 비난하자, 이 사건과 밀접한 관계가 있는 한 리비아 의사는 모든 병동의 위생 상태가 이상적인 상태와는 거리가 멀었음에도 불구하고 불가리아 간호사들이 일하던 병동에서만 감염이 발생했고 그들이 떠난 뒤에는 감염이 멎었다고 반론했다.) 당시 사이프는 유죄 선고가 부당하다고 말했는데, 그가 서양의 압력에 굴복하는 모습을 보이지 말아야 하는 입장이라는 점을 감안하면 용감한 의견 표명이라 할 수 있었다. 한 하급 관료는 이렇게 설명했다. 「거물께서 사이프에게 간호사들이 무죄라고 말해도 된다고 허락한 거죠. 그렇게 말하면 사태가 어떻게 돌아가나 보려고. 그런데 나쁘게 돌아갔죠.」 몇 달 뒤 카다피는 감염은 〈리비아를 음해하려는 조직〉에 의해 인위적으로 벌어진 일이었다고 단언하면서 재차 강경파의 손을 들어 주었다. 그러나 불가리아 정부와의 협상은 아직 진행 중이고, 리비아 최고 법원은 피고들이 새로 재판받도록 허락했는데 그 재판은 5월에 시작된다(알림: 피고들은 2007년에 마침내 불가리아로 인도되었고 그곳에서 방면되었다).

카다피는 사담 후세인도 이디 아민도 아니다. 그가 비록 잔인하고 변덕스럽기는 했어도, 제 나라 인구 중 막대한 비율을 학살하지는 않았다. 리비아에서 최고 지도자를 중상하는 것은 불법이고 법률 71조에 따라 혁명에 반하는 집단 행동은 무엇이든 사형 선고가

가능하게 되어 있지만, 최근에는 이런 법규가 예전보다는 덜 엄격하게 집행된다. 리비아는 유엔 고문 방지 협약에 서명했고, 법무 장관은 리비아 법을 국제 인권 표준에 맞게 개정하겠다고 약속했다. 이런 태도 중 일부는 겉치레에 지나지 않는다. 트리폴리의 한 변호사는 내게 말했다. 「정치범을 가두던 인민 교도소를 폐쇄하기는 했죠. 하지만 그래서 어떻게 되었습니까? 정치범들이 다른 교도소로 재할당되었을 뿐이죠.」 외무 장관 압둘라흐만 샬감은 내게 인권을 어기는 짓을 한 경찰관을 400명이나 잡아들였다고 자랑스럽게 말했지만, 그중 유죄를 선고받은 사람은 한 명도 없었다는 사실을 인정했다.

높이 평가받는 소설가이자 1970년대와 1980년대 초 십 년 동안 정치범으로 감옥 생활을 했던 오마르 알키클리는 리비아 작가 협회가 전과자를 배제하는 것은 부당하다고 주장하는 소송을 작년에 정부를 상대로 제기했다. 「나는 졌습니다. 질 줄 알았죠. 그래도 내 주장을 펼쳤으니 됐습니다.」 그는 말했다. 트리폴리 알파테 대학의 의대생인 하산 아일리는 내게 이렇게 말했다. 「맞아요, 그들은 리비아의 심각한 문제들 중 겨우 4퍼센트쯤을 고쳤죠. 하지만 그것도 대단한 거라고 생각해요.」 벵가지의 한 관료는 〈예전에는 법이 돌로 만들어져 있었다면 지금은 나무로 만들어져 있다〉라고 말했다.

리비아 사람들 중 개인의 자유가 어디까지 허용되는지 기꺼이 시험해 보려고 나서는 이는 거의 없다. 인권 변호사이자 사이프의 카다피 재단 공동 창립자인 구임마 아티가는 이렇게 말했다. 「사람들의 마음에 공포가 아주 강하고 깊게 새겨져 있습니다. 고위 관료가 사람들에게 뭐든 자유롭게 공개적으로 말해도 된다고, 그래도 안전을 보장하겠다고 약속하더라도 말이 사람들의 목에 걸려서 나오지 않을 겁니다.」 실제로 외국인과 국가 정책을 논하는 행위는 최대 3년 형을 받을 수 있는 중죄인 데다가, 요즘은 그런 법을 위반

해도 예전처럼 재깍 고발되지는 않는다고 해도 대부분의 리비아 사람들은 그런 문제를 말할 때 불안해한다. 꼭 소련 말기의 분위기 같다. 치명적인 경우는 거의 없더라도 아무튼 무섭고 비밀스럽고 조심스럽다. 사람들은 내게 전화나 이메일에서 자기 이름을 언급하지 말아 달라고 요청했다. 자기 전화번호를 적어 두지 말라고 부탁한 사람도 몇 명 있었는데, 내가 수첩을 〈잃어버릴까 봐〉 걱정돼서였다. 내게 이것저것 기탄없이 말해 주었던 한 여자는 이렇게 덧붙였다. 「나는 이런 걸 다 외워서 말하는 거예요. 당신도 머릿속에만 담아 두세요.」

감시는 어디서나 이뤄진다. 사람들은 내게 그동안 나를 여기저기로 태워다 준 택시 운전사가 보안국에 줄곧 보고하고 있었을 것이라고 경고했다. 휴대 전화 통화 내용도 비밀이 아니라고 봐야 한다고 했다. 사전에 그런 주의를 들었는데도, 공보실 직원이 내가 며칠 전 집으로 보낸 사적인 이메일에 담겨 있던 어떤 미묘한 표현의 의미를 내게 물었을 때는 놀라지 않을 수 없었다. 하루는 사이프의 사무실 사람 하나가 전화를 걸어와서 분연히 말했다. 「우리가 제공한 도움이 만족스럽지 않았다고 말했다면서요. 당신이 그런 부당한 불평을 늘어놓는 걸 호텔에서 누가 들었다더군요.」

어느 날, 한 관료와 저녁을 먹으면서 그가 리비아 정치에 불만을 토로하는 것을 청취했다. 최근에 그는 다른 외국인과 대화를 나눈 뒤 길게 심문받았다고 했다. 그가 말했다. 「우리 나라 심문자들은 최고의 선수들로부터 야만성, 잔인함, 교활함을 훈련받았죠. 쿠바, 동독, 시리아, 레바논, 이집트 전문가들로부터.」

우리가 식사를 마치자, 웨이터가 접시를 다 치운 뒤 돌아와서 새 설탕 그릇을 놓고 갔다.

「왜 설탕을 놓고 가죠?」 나는 관료에게 물었다.

그는 짓궂고 으스스한 표정을 지었다. 「아까 것이 테이프가 다

된 거죠.」

리비아 사람들이 민주화를 말할 때 그들의 마음속에 있는 것은 일반적으로 선거가 아니다. 더 많은 개인적 프라이버시, 교육의 기회, 발언의 자유다. 「리비아에서 〈민주주의〉라는 단어는 최고 지도자가 남들의 생각도 들어 주고, 토론하고, 가끔 받아들인다는 뜻이죠.」 수석 경제 계획가 즐리트니는 말했다. 카다피는 선거 민주주의를 51퍼센트의 폭정으로 여긴다. 다음과 같이 기억에 남는 표현을 글로 쓴 적도 있는데, 서구 민주주의에서 시민들은 〈묵주의 구슬들처럼 차례차례 묵묵히 투표함으로 걸어가서 쓰레기통에 쓰레기를 버리듯이 표를 던진다〉고 했다. 최근에는 서구 민주주의를 〈익살스러운〉 〈가짜〉라고 선언했다. 그가 이렇게 선언한 것이 처음도 아니다. 그는 또 이렇게 단언했다. 〈지구상에 민주주의를 가진 나라는 리비아를 제외하고는 하나도 없다. 미국, 인도, 중국, 러시아 연방 같은 나라들에도 자마히리야 체제가 꼭 필요하다.〉

리비아의 실용주의자들은 정치 개혁이란 카다피의 통제를 느슨하게 푸는 것이 아니라 그 방식을 살짝 바꾸는 것일 뿐이라고 본다. 한 장관은 내게 말했다. 「대부분의 유럽 국가에는 당이 여러 개 있고, 미국에는 딱 두 개가 있죠. 그리고 여기에는 하나뿐인 겁니다! 그렇게 큰 차이는 아닙니다.」 개혁가들조차 선거 민주주의에 그다지 열의를 드러내지 않는다. 대부분은 일종의 현대화된 독재를 열망한다. 그들의 이상은 바츨라프 하벨보다는 아타튀르크나 이란의 샤에 더 가깝다. 영국에서 유학하고 살다가 최근 리비아로 돌아온 젊은 사업가 아메드 스웨흘리는 이렇게 말했다. 「아랍권에는 민주주의가 없습니다. 우리가 첫 번째 민주주의 국가가 되지도 않을 겁니다. 우리에게 필요한 것은 훌륭한 독재자죠. 나는 사이프 알이슬람이 그런 인물일지도 모른다고 봅니다. 어쩌면 그는 선출이 되고

난 뒤에 그렇게 될 수도 있겠지만, 굳이 번거롭게 그럴 이유가 있을까요.」 어떤 사람들은 하나의 이상으로서 선거 민주주의에는 덜 냉소적인 태도를 보이지만, 그래도 역시 실제 시행을 기대하지는 않는다.

많은 리비아 사람들이 선거를 경계하는 한 이유는 부족 중심적인 리비아 사회에서 자칫하면 큰 부족들이 통제력을 장악하여 소수 부족들을 몰아낼지도 모른다는 걱정 때문이다. 부족은 가족보다는 덜 밀접하고 덜 구체적인 두 번째 층위의 정체성으로, 사람에 따라 이 정체성을 남들보다 더 강하게 인식하는 이도 있고 아닌 이도 있다. 교육을 덜 받은 사람들 사이에서는 특히 혈통에 기반한 집단들이 — 부족뿐 아니라 하위 부족, 씨족 등 다양한 하위 집합들이 있다 — 곧 사회적 인맥이자 안전망이다. 같은 집단의 사람들은 당신에게 일자리를 주고, 돈 문제가 생겼을 때 도와주고, 설령 당신이 살아 있었을 때는 당신을 별로 좋아하지 않았던 이들이라도 당신이 죽으면 반드시 애도해 준다. 「소수 부족 출신의 강경한 지도자인 카다피가 제 부족만 백 퍼센트 챙기는 사람보다 낫습니다.」 한 리비아 지식인은 말했다.

한편 기초 인민 회의라는 제도는 전 국민에게 최소한 정치 참여의 무대만큼은 제공한다. 기초 인민 회의는 18세 이상의 모든 리비아 국민에게 열려 있고, 일 년에 네 번씩 한 번에 1~2주 사이로 회의를 연다. 이론적으로는 회의에서 아무 주제나 다 이야기할 수 있지만, 실제로는 위에서 의제를 정해 준다. 총 468개의 기초 인민 회의들은 회기 중 매일 모이고, 이후 각 회의가 간략한 보고서를 중앙 인민 회의에 제출한다(리비아는 위원회 천국이다. 심지어 국가 위원회 위원회도 있다). 전형적인 회의는 인원이 300명쯤 된다. 식자층 중에서는 정치계의 사다리를 오를 생각이 있는 사람이 아닌 한 가지 않는다. 형식은 시의회 회의에 퀘이커 교도 모임과 알코올 의

존자 상조 모임의 분위기가 가미된 듯하다.

내가 리비아에 체류하는 기간이 마침 기초 인민 회의 회기였다. 나는 어디든 한 군데 참석해 보고 싶다고 거듭 요청했으나 허사였다. 그러던 중 국영 보급 회사NASCO, 즉 리비아 경제의 근간인 보조금을 집행하는 조직의 사장과 인터뷰하다가 관심을 드러냈는데, 그가 마침 그날 정오에 자기 사무실에서 회의가 열린다면서 나를 초대했다.

나는 구석에 잠자코 앉아 있을 생각이었다. 그러나 그 대신 맨 앞줄로 안내되었고, 누군가 허둥지둥 차도 내주었다. 웬 입담 좋은 여자가 왜 리비아는 직접 토마토를 기를 수자원이 충분한데도 토마토 페이스트를 수입하느냐고 열렬히 웅변했다. 토마토에 관한 토론이 이어졌다. 공무원들은 경제 개혁에 관련된 문제들을 소개했다. 내 관심사는 회의의 내용이라기보다는 그 방식이었고, 그래서 통역자가 〈공개적으로 거래되는 지분들〉이나 〈보조금 재할당〉 같은 말을 옮겨 주다가 갑자기 〈기쁘게도 유명한 미국 기자 한 분을 모셨습니다〉 어쩌고 하는 말로 넘어갔을 때 그다지 귀담아듣고 있지 않았다. 내가 겨우 새로운 주제를 머릿속에 입력했을 때 통역자가 말했다. 「그분께서 이제 미국과 리비아 관계의 전망에 대해 우리 회의에서 발언해 주시겠습니다.」 그리고 내 손에 마이크가 쥐어졌다.

내 말이 한 문장 한 문장 아랍어로 통역되느라 사이사이 여유가 있었기 때문에 다행히 그 틈을 타서 다음에 할 말을 궁리할 수 있었고, 그래서 훈훈하고 진심 어린 발언을 해낼 수 있었다. 나는 양국이 조만간 완전한 외교 관계를 맺기 바란다고 말했고, 리비아 사람들을 만나서 좋았다고 말했고, 그들도 미국에 왔을 때 비슷하게 느끼기를 바란다고 말했다. 사람들은 길게 기립 박수를 보냈고, 이후 발언하는 사람들은 모두 이야기를 꺼내기 전에 나에 대한 친절한 인사말을 앞세웠다. 난데없이 유명 인사가 된 내가 안락한 명예에 기분 좋게 젖어 있는데, 통역자가 〈이제 가봐야 합니다〉라고 말했다. 그를 따라 회의장 밖으로 나갔더니, 『알 샴스』에서 나온 기자 세 명이 나를 인터뷰하고 싶다며 기다리고 있었다. 내용이 뻔한 대화를 한참 주고받은 뒤, 기자들이 내게 카다피가 다르푸르에서 평화를 중재하려고 하는 것을 어떻게 생각하느냐고 물었다. (카다피는 반군 지휘부와 수단 대통령 오마르 알바시르 양쪽 모두를 공개적으로 만났다.) 나는 그런 상황을 해결하려고 애쓰는 사람은 누구든 지지받아야 한다고 말했고, 카다피의 반테러주의가 미국인들에게 좋은 인상을 줄 것이라고도 말했다.

이튿날 『알 샴스』는 한 면을 거의 다 써서 내 인터뷰를 실었다. 회의장에서 찍은 내 사진을 큼직하게 세 장이나 실었고, 두 줄로 된 제목에 이렇게 썼다. 〈세계 평화를 달성하려면 무아마르 카다피 같은 인물이 필요하다.〉 아래줄은 이랬다. 〈미국인들은 9·11 이후 고통 완화에 기여하는 무아마르 카다피의 역할을 고마워한다.〉 기사가 실린 날 아침, 나는 오래 고대했던 카다피 관저로 초대받았다.

해외 언론 담당 공보실 직원이 내게 전화를 걸어, 〈깜짝 선물〉로 나를 접견에 포함시켰다고 말했다. 그리고 그날 오후 4시에 호텔로 나를 데리러 오겠다고 했다. 녹색 광장 근처에 있는 공보실 사무실로 갔더니 다른 〈해외〉 기자들이 스무 명쯤 있었는데 모두 아랍권 기자였다. 우리는 카다피가 왜 우리를 보려고 할까 궁금해했는데, 누군가 최고 지도자의 의중은 아무도 모른다고 엄숙하게 말해 주었다. 「오라면 가는 거죠.」 이윽고 6시 45분쯤 우리가 탈 미니버스가 왔다. 버스는 20분쯤 달린 뒤 카다피 관저의 외벽인 거대한 콘크리트 벽 앞에 섰다. 보안 요원들이 차를 수색했고 우리도 수색했다. 관저로 들어선 우리는 장애물을 피해 요리조리 꺾으면서 달렸고, 다시 한 번 보안 요원의 손길을 겪은 뒤, 뷔페가 풍성하게 차려진 대형 텐트로 안내되었다. 이후 30분 동안 400명쯤 되는 사람들이 속속 들어왔다. 전통 복장을 한 사람이 많았다.

새로 사귄 기자 친구 하나가 곧 〈행사〉가 시작된다고 말하기에 우리는 모두 둔덕 쪽에 있는 행사장으로 갔다. 서까래가 노출된 다각형 구조물은 꼭 여름방학 캠프의 레크리에이션 전용 홀 같았다. 벽에는 최고 지도자의 말씀을 아랍어와 영어로 적어 둔 대형 현수막들이 걸려 있었고(〈아프리카 연방은 아프리카의 미래다〉, 〈하나의 아프리카 정체성〉), 양 옆에는 포스터 크기로 로자 파크스의 사진들이 걸려 있었다. 올해는 파크스가 버스 뒤쪽으로 자리 옮기기를 거부한 지 50주년이 되는 해였고, 그제야 우리는 이 행사가 어떤 자리인지 알아차렸다. 앞쪽 연단 위에 대형 모조 가죽 안락의자가 하나 있었고 그 옆에 마이크가 세 대 서 있었다. 수술복 차림의 웬 남자가 나타나서 거즈로 의자와 마이크들을 닦아 냈다. 최고 지도자를 세균으로부터 보호하려는 것이었다.

우리 앞줄에 아프리카계 미국인이 몇 명 앉아 있었다. 나는 그중 한 명에게 내 소개를 했다. 그는 뚱하게 인사하면서, 자신은 루이스 패러한의 해외 대리인인 압둘 아크바르 무함마드 목사인데 패러한도 트리폴리에 와 있었지만 건강 문제로 갑자기 미국으로 돌아가야 했다고 말했다. 카다피는 패러한이 이끄는 단체 〈이슬람 민족〉의 오랜 후원자였다.

연설이 시작되었다. 연사들은 한쪽 끝에 놓인 강연대에서 말했다. 연단은 카다피를 위해 비워 두었다. 첫 발언자는 전 외교부 차관이었다. 「우리 리비아인들은 아프리카인에 대한 미국의 편견을 용납할 수 없습니다.」 그는 이렇게 말문을 열어서 박수를 받았다. 「로자 파크스가 버스 뒤쪽으로 쫓겨날 때 일고여덟 살이었던 사람들이 이제 쉰일곱이나 쉰여덟 살이 되었고 미국의 지도자가 되었지만, 그들은 여전히 옛 사고방식을 갖고 있습니다. 다음 세대도 그 사고방식을 물려받았고, 문제는 아직 진행 중입니다.」 그는 마치 짐 크로 법이 여태 효력을 발휘하기라도 하는 것처럼 점점 더 목청을 높이다가 급기야 웅변을 터뜨렸다. 「우리는 아프리카에 대한 미국의 적개심에 맞서 싸워야 합니다.」

그가 내려온 뒤, 압둘 아크바르 무함마드가 올라가서 미국의 인종차별을 이야기했다. 그는 분리 정책 시절에 흑인과 백인은 서로 다른 함맘, 즉 공중 터키탕을 써야 했다고 말했다(나는 모르던 사실이었다). 「시온주의자들이 장악한 미국 언론이 우리 이야기를 들려주리라고는 기대할 수 없습니다. 미국의 시온주의자들은 알파테 혁명의 지도자가 우리에게 공감하고 우리도 그에게 공감한다는 사실을 보도하지 않을 겁니다.」

최고 지도자는 끝내 나타나지 않았다. 패러한이 나타나지 않는다면 자신도 나타나지 않겠다고 결정한 모양이었다. 그래도 그 행사는 카다피가 리비아를 아랍 국가가 아니라 아프리카 국가로 규정하고 싶어 한다는 사실을 잘 보여 주었다(리비아 사람들은 자신들이 꺼리는 육체노동을 도맡는 흑인들을 경멸하는 데다가 모든 범죄를 흑인들 탓으로 돌리지만 말이다). 범아랍 단일체를 구성하려던 카다피의 초창기 꿈이 흐지부지된 데다가 1990년대에 유엔이 권고한 리비아 제재를 아랍 국가들은 따르고 많은 아프리카 국가들은 따르지 않자, 카다피는 남쪽으로 시선을 돌렸다. 아프리카의 기준에서 리비아는 부유하고 그럭저럭 잘 기능하는 나라처럼 보인다. 아랍권은 북아프리카의 이웃 국가들조차도 카다피를 그다지 좋아하지 않는다. 카다피는 사우디 체제에 반대하는 단체들을 지지해 왔고, 2003년 사우디아라비아 왕세자 암살 음모에도 리비아 요원들이 연루되어 있었다. (사이프는 예의 은근한 표현으로 리비아 사람들은 사우디의 〈체제 변화〉를 바랄 뿐이라고 내게 말했지만, 사우디에 있는 제 나라 사람들이 그곳 왕족을 물리적으로 공격하려고 했다는 사실은 굳이 아는 척하지 않았다.)

카다피는 베두인족의 뿌리를 충실히 지켜서 늘 천막에서 잔다. 최근 그가 알제리에 갔을 때, 한 만화가가 알제의 셰라톤 호텔에 천막이 세워진 모습을 만화로 그렸다. 그림에서 웬 남자가 말한다. 〈들여보내 줘요. 서커스를 보고 싶다고요!〉 다른 남자가 말한다. 〈여기선 서커스가 안 열립니다.〉 첫 번째 남자가 대꾸한다. 〈하지만 저 천막 속에 광대가 있다는 말을 들었단 말입니다!〉

슈크리 가넴 같은 친현대화 개혁가들이 보기에 리비아의 주된 문제는 부실한 관리와 고립이고, 해결책은 더 나은 관리와 세계 경제로의 통합이다. 가넴은 말했다. 「세상이 바뀌었습니다. 다른 사회주의 국가들처럼 우리도 수단은 제한되어 있는데 욕구는 무제한이라는 사실을 깨달았죠.」 인터넷과 위성 텔레비전은 — 트리폴리에는 위성 접시가 하도 많아서, 그 도시에 착륙할 때는 꼭 구름처럼 떼떼이 무리 지은 흰 나방들 속에 내려앉는 것처럼 느껴진다 — 더 넓은 세상을 사람들에게 보여 줌으로써 개혁에 압박을 가하는 효과를 낳았다. 「텔레비전에서 오프라 쇼가 방영된 뒤로 변화는 불가피했죠.」 리비아의 한 유명 시인은 애석한 듯 내게 말했다. 그러나 리비아 사람들이 비교 대상으로 삼는 것은 주로 알자지라를 비롯한 중동 채널들이 보여 주는 다른 산유국들의 생활 수준이다. 그런 나라들에 비하면 리비아는 칙칙하고 가난해 보이고, 리비아 사람들은 왜 그런지 궁금해한다.

원유 수출 수입은 리비아 총 국가 예산의 약 80퍼센트를 차지한다. 원유 생산 전성기에는 하루에 300만 배럴씩 생산했다. 지금은 170만 배럴로 떨어졌지만, 국영 석유 회사는 2010년까지 도로 300만 배럴로 끌어올릴 계획이다. 리비아 원유는 품질이 좋고, 황

함유량이 낮고, 정제하기가 쉽다. 리비아의 확인된 원유 매장량은 400억 배럴로 아프리카 최대 규모이고, 어쩌면 1000억 배럴까지 될지도 모른다. 여러 주요 석유 회사들이 리비아를 세계에서 탐사 가능성이 가장 풍부한 나라로 꼽는다. 리비아는 광범위한 탐사 작업을 직접 실시할 자원이 없다. 외국 회사들이 떠난 뒤 15년이 흐르는 동안 리비아의 추출 자원은 방치되었다. 리비아 정부에 자문을 제공하는 한 영국인은 〈혹시 닥터 노•가 리비아 석유 경제를 망가뜨리려고 하더라도, 아직까지 벌어지지 않은 다른 파괴 행위를 떠올리기가 어려울 겁니다〉라고 말했다.

그래도 리비아는 여전히 오일 머니 덕분에 보조금 사업을 운영할 수 있다. 〈대 리비아 아랍 사회주의 인민 자마히리야〉 개념에서 사회주의에 해당하는 것이 바로 그 보조금이다. NASCO는 밀가루 50킬로그램을 26디나르로 구입했다가 제빵사들에게 2디나르에 판다. 사람들은 2센트면 빵 한 덩이를 살 수 있다. 쌀, 설탕, 차, 파스타, 석유도 모두 원가보다 한참 낮은 가격에 팔린다. 경제 개혁은 (현재 연간 6억 달러쯤 드는) 이런 보조금을 줄이면서도 사람들을 궁핍하게 하거나 굶주리게 하지 말아야 할 것이다. 1982년 이래 임금이 계속 동결되었기 때문에 더 어려운 일이다. 한편 리비아에서 신용 거래는 거의 불가능하다. 리비아에 국제 은행 기준을 충족시키는 금융 기관이 없기 때문에, 리비아가 발행한 신용 카드 중 국제적으로 쓰일 수 있는 것은 하나도 없다.

한 리비아 관료는 내게 말했다. 「석유가 모든 잘못을 흡수해 줍니다. 그 많은 잘못을. 오일 머니가 있다는 것은 안정성이 있다는 뜻이고, 그러면 나라를 다스리기가 쉽습니다. 이 작은 나라에 그 많은 석유가 있으니, 꼭 세븐일레븐을 열기로 결심했는데 자본금이

• 007시리즈의 첫 영화인 「007 살인 번호」에 등장하는 악역.

10억쯤 있는 상황과 같죠.」 석유는 축복인 동시에 저주다. SPLAJ 체제는 노동 윤리에 구애받지 않는 인구를 탄생시켰다. 리비아 사람들은 일주일에 닷새 오전만 일한다. 그게 전부다. 그조차 직업이 있을 때의 이야기다. 즐리트니는 이렇게 엄하게 말했다. 「사람들이 기꺼이 일하겠다고 하면, 가령 건설 현장 일을 하겠다고 하면, 일자리는 얼마든지 있습니다. 하지만 우리는 부유한 나라라서, 젊은이들은 힘들게 일하고 싶어 하지 않습니다.」 석유 같은 자원에 기반을 둔 경제는 다변화하지 않는 한 일자리를 많이 창출하지 않는다. 내가 만난 많은 대학생들은 현재 개혁 논의가 왕성함에도 불구하고 자신들의 재능은 결국 활용되지 못할 것이라고 믿었다. 한 학생은 내게 불평했다. 「이 MBA 과정을 마쳐도 일자리를 못 구할 가능성이 높을 거예요. 온 나라가 고용이 아니라 석유로 굴러가죠. 열심히 일해서 얻을 수 있는 부는 없어요. 나는 열심히 일할 마음이 있지만, 무슨 소용입니까?」

재무 장관 압둘가데르 엘카이르는 내게 말했다. 「석유가 없었다면, 우리도 개발을 했을 겁니다. 솔직한 심정으로는 차라리 물이 있으면 좋겠다 싶어요.」

엘카이르를 비롯하여 그 밖에도 리비아의 떠오르는 민간 부문에서 활약하기를 바라는 사람들이 가장 화내는 대목은 경색된 관료주의 행정과 고질적 부패다. 비영리 조직인 국제 투명성 기구는 리비아의 부패 지수를 2.5로 매겼는데, 이것은 짐바브웨, 베트남, 아프가니스탄보다 낮은 수치였다. 헤리티지 재단이 작성한 2006년 경제 자유도 지수에서 리비아는 평가 대상 157개국 중 152위를 차지했다. 엘카이르는 말했다. 「회사를 차리려면 서류가 20가지 필요합니다. 적절한 사람들에게 모두 뇌물을 먹이더라도 6개월은 걸릴 겁니다.」

어느 날 나는 리비아의 한 인권 운동가와 함께 차들이 꼬리를 문체증에 갇혀 있었다. 그는 도로 보수 작업을 손짓으로 가리키면서 체념한 듯 말했다.「도로를 팠다 메웠다 다시 팠다 하면서 매번 아무런 목적도 없이 엄청난 돈을 낭비합니다. 이런 부패 때문에 나는 맨날 약속에 늦죠. 꼭 필요한 일들은 처리되지 않고 쓸데없는 일들은 끝없이 반복되죠.」 나는 국립 암 연구소 소장이었던 사람을 만나 보았다. 다른 의사들에게 듣기로 그는 리비아 최고의 종양 외과의라고 했지만, 최고 지도자의 친구에게 자리를 내주기 위해서 소장 자리에서 잘렸다. 지금 그는 필수 장비도 없는 작은 병원에서 일한다. 그의 밑에서 일했던 관리자는 근처 도로변에서 생선 노점을 한다고 했다.

「카다피는 부패한 사람들이 자신을 위해서 일하는 것을 아주 좋아합니다.」카다피를 잘 아는 어떤 사람은 내게 말했다.「권력을 바라는 사람보다는 돈을 바라는 사람을 좋아하죠. 그래야 이 나라에 대한 자신의 전적인 통제력이 위협받지 않을 테니까요.」(단순한 정실 인사와 복잡한 부족 충성도도 여기에 한몫한다. 카다피는 군대와 보안 부처의 많은 고위직을 베두인 중에서도 자신의 출신 부족인 카다파족, 그리고 카다파족이 오래전부터 동맹을 맺어 온 더 큰 부족 와르팔라족 사람들로 채웠다.) 트리폴리의 한 변호사는 이렇게 덧붙였다.「부패는 문제이지만 가끔은 해법이기도 하죠.」

나는 트리폴리에서 열린 아랍 에미리트 연합국 무역 박람회 개막식에 참석해 보았다. 천막에서 열린 개막식에는 해외 상품이 가득했고, 미소 띤 사람들이 그것을 소개하고 있었다. 의약품, 조리도구, 산업 설비까지 온갖 상품들의 샘플을 받을 수 있었다. 엄선되어 참석한 리비아 관람객들이 쇼핑백을 들고 이리저리 돌아다니며 구경했다. 사람들은 곳곳에서 서로 명함을 주고받았다. 영국에서 공부한 사업가 아메드 스웨흘리는 주변을 둘러보면서 내게 말했다.「보세요, 이 나라는 믿을 수 없을 만큼 부유합니다. 우리는 세계 최고 갑부의 자식들인데도 누더기를 걸치고 있죠. 부패와 쓸데없는 허세가 우리를 가난하게 만듭니다.」

비리 문제를 격화하는 것은 기본적인 운영 능력 부족이다. 나는 현재 리비아 정부에게 자문을 제공하는 두 미국 회사, 케임브리지 에너지 연구 협회와 모니터 그룹이 트리폴리에서 주최한 리더십 훈련 프로그램에 참석해 보았다. 외국인 주최자들은 리비아에서 리더십 잠재력이 가장 뛰어난 사람들만 참가시키겠다고 계획했으나, 일부 리비아 관료들은 참가자를 연줄로 선발하고 싶어 했다. 양자가 타협한 결과, 전적으로 실력주의를 따른 것도 아니고 완전히 부패한 것도 아닌 어정쩡한 행사가 되었다. 참가자들 중에는 여태 자본주의를 신기하게 여기는 사람도 있었고, 모건 스탠리에서 좋은 사무실을 차지할 준비가 된 사람도 있었다. 그들은 모두 역할극을 하고 있었다. 참가자들은 최고 지도자의 대형 초상 아래에서 지직거리는 마이크로 발표했다. 플로 차트를 그리면서 세련된 금융 도구를 설명하는 사람도 있었고, 〈차입금을 이용한 인수〉라느니 〈기관 투자자들〉이라느니 〈제로섬 게임〉이라느니 하는 말을 하는 사람도 있었다. 한편 꾀죄죄한 양복에 환한 넥타이를 맨 한 참가자는 건설 프로젝트의 자금은 어떻게 댈 것이냐는 질문을 받자 막연히 되물었다. 〈그런 건 은행이 해주지 않습니까?〉 또 다른 참가자는 해외 투자자들이 제 돈으로 위험을 감수하는 대가로 이자나 수익 공유를 기대한다는 말을 듣고 놀란 모습이었다. 리비아의 사업체들은 분명 인상적인 역량을 갖춘 사람들과 역량이라고는 전혀 없는 사람들이 이끌 것 같았다.

콘퍼런스가 끝날 무렵, 그날의 최고 프레젠테이션 상은 석유 및 해양 건설 서비스를 제공하는 사기업을 운영하는 압둘모넴 M. 스베타에게 돌아갔다. 점잖고 교양 있는 그의 두 눈은 기민하고 총기가 넘쳤다. 그는 나중에 나와 함께 트리폴리 교외의 이탈리아 식당에서 식사하면서 이렇게 말했다. 「여기 사람들은 누구나 어떻게 이끌 것인가에 대해서 저마다 훌륭한 구상을 갖고 있지만, 어떻게 반대할 것인가를 아는 사람은 없습니다. 그러나 성공적인 기업 운영의 비결은 반대죠. 사람들은 해방보다 번영을 더 바랍니다. 뭐, 어차피 사회 개혁도 경제 발전을 통해서만 달성될 수 있지만요.」

하지만 카다피는 자신의 백성들에게 자신에게 반대하는 법을 가르치고 싶을까? 해외에 거주하는 한 리비아 사업가는 내게 말했다. 「카다피는 부유층이 형성되면 이른바 제2의 혁명이 일어날까 봐 두려워합니다.」 부는 상대적 개념이다. 세계의 기준으로 볼 때, 리비아에서 제일 부유한 사람은 카다피 일가다. 혹 정말 알짜 같은 자산을 가진 다른 사람이 있을지도 모르겠지만, 그렇더라도 그는 현명하게도 그 사실을 드러내지 않는 듯하다. 그리고 최고 지도자가 이랬다저랬다 변덕을 부리는 통에 리비아의 엘리트들은 중심을 잡을 수가 없다. 가끔은 거의 부조리한 일까지 벌어진다. 2000년 카다피는 오래된 SUV 금지령을 풀었고, 부유한 리비아 사람들은 앞다투어 허머며 레인지 로버며 SUV를 수입해 들였다. 석 달 뒤, 최고 지도자는 해제가 실수였다고 판단하여 다시 금지령을 내렸고, 그 결과 많은 특권층 사람들은 모는 것이 불법이 된 차량을 소유한 처지가 되었다. 한 청년은 내게 말했다. 「차고에서 SUV가 녹슬고 있다는 이야기를 주변에서 많이 듣는다면, 당신은 정상에 오른 셈이죠.」

「〈개방〉이라는 말은 꺼내지도 마십시오.」 외무 장관 압둘라만 샬감은 내가 새로운 리비아에 대해서 묻자 항의의 표시로 손을 내저으면서 말했다. 「〈재통합〉이라는 말도 꺼내지 마십시오. 리비아는 세계에 문을 닫았던 적이 없습니다. 세계가 우리에게 문을 닫았지.」 그러나 고립은 리비아가 품은 편집증의 대가였고, 그 고립이 편집증을 더 부추겼으며, 리비아 사람들을 계속 최고 지도자의 품에 가둬 두었다. 세계가 리비아와 관계 맺기를 원한다는 생각은 카다피의 헤게모니를 위협한다. 「미국을 적으로 두는 것은 그에게 곤란한 일입니다. 그렇지만 그는 미국과 친구가 되는 것도 바라지 않습니다.」 정치학자 알리 압둘라티프 아미다는 말했다.

리비아와 미국의 관계에는 아직 역사의 그림자가 드리워져 있다. 카다피와 가장 격렬하게 대립했던 상대는 레이건 대통령이었다. 레이건은 1980년 리비아 대사관을 닫았고, 석유 수입을 중단했고, 미국이 리비아의 주권에 이의를 제기하는 지역이었던 시드라만 상공에서 비행기 두 대를 격추시켰다. 1986년 미군들이 자주 드나드는 서베를린의 한 나이트클럽에서 리비아가 연루된 폭발 사건이 발생하자, 레이건은 열흘 뒤 트리폴리와 벵가지를 폭격했다. 카다피를 암살하려는 명백한 의도로 카다피 관저에도 폭탄을 떨어뜨렸다. 카다피는 그 공습으로 양녀를 잃었다고 주장한다. 「카다피의 권력이 느슨해지던 시점에 마침 공습이 터졌고, 사람들은 다시 카다피를 지지하며 뭉쳤죠.」 한 리비아 관료는 내게 말했다.

리비아의 완전한 고립은 1991년 시작되었다. 그해 미국과 영국은 팬암 항공 103편 추락 사건•에 연관된 두 리비아인 용의자를 기소했고, 프랑스는 1989년 니제르 사막 상공에서 폭발한 프랑스 UTA 항공 772편 사건에 연관된 네 리비아인 용의자를 기소했다. 리비아는 용의자들을 내주기를 거부했고, 이듬해 유엔은 경제 제재를 승인했다. 리비아는 1999년이 되어서야 로커비 용의자들이 스코틀랜드 법에 따라 헤이그에서 재판을 받도록 내주었다. (같은 해 프랑스 당국과도 금전적 합의를 했다.) 스코틀랜드 법정은 용의자 중 한 명에게는 유죄를 선고하고 다른 한 명은 무죄 방면했다.

• 항공기가 스코틀랜드 남부 로커비 마을을 지나던 중 폭발했다고 해서 로커비 사건으로도 부른다.

리비아는 자국이 어떤 잘못도 저지르지 않았다고 줄곧 주장해 왔지만, 결국 현실적인 차원에서 책임을 인정하는 수밖에 없다는 사실을 받아들였다. 그러나 리비아 관료들은 이것을 강요된 자백으로 여긴다. 카다피는 개인적 책임을 결코 인정하지 않았다.

로커비 사건은 대부분의 미국인에게는 다 끝난 일이지만, 내가 리비아에서 만난 사람들은 수시로 그 문제를 끄집어냈다. 한 관료는 이렇게 말했다. 「그 시기 리비아 사람들이 그렇게 대단한 짓을 저지를 능력이 있었다고는 믿기 힘듭니다. 그렇게 멍청한 짓이라면야, 완벽하게 믿을 수 있죠. 하지만 그렇게 대단한 짓은 저지를 수 없었을 겁니다.」 서양 조사자들은 리비아가 사건에 직접 개입했는지 여부를 지금까지 논쟁하고 있다. 폭발은 시리아가 이끌고 이란이 자금을 지원했던 테러 단체 팔레스타인 인민해방전선 총사령부의 짓이었음을 암시하는 초기 조사 결과가 있다. 그리고 스코틀랜드 경찰총장과 한 전직 CIA 요원은 리비아의 관여를 암시하는 물리적 증거는 가짜로 심어진 것이었다고 주장하는 진술서를 훗날 제출했다. 이런 문제들 때문에, 과거 그 재판이 성사되도록 도왔던 에든버러 법학 교수 겸 QC(왕실 고문 변호사를 뜻하는데, 스코틀랜드에서 아주 높은 자리다) 로버트 블랙은 지난 11월 『스코츠맨』과의 인터뷰에서 로커비 판결은 〈지난 백 년 스코틀랜드 역사상 가장 부끄러운 오심〉이고 스코틀랜드 형법 체제의 평판을 〈심각하게 훼손할 것〉이라고 말했다. 이 사건은 현재 스코틀랜드 형사 사건 재심 위원회가 재심리하는 중이다. 그러나 리비아는 당시 해외 테러 집단들을 후원했으니, 재앙을 주도적으로 계획하지는 않았더라도 연루되었을 수는 있다.

최근 미국과 리비아 외교 관계는 다소 누그러졌다. 1999년 미국은 유엔 제재를 보류하기로 했으나 미국 자체의 제재는 그대로 두었고 2001년 8월에는 제재를 갱신했다. 그러다 9·11 사건이 터졌다. 카다피는 공격을 비난했고, 탈레반을 가리켜 〈이슬람 정치화를 꾀하는 무도한 선동자들〉이라고 말했으며, 자신이 6년 전에 진작 오사마 빈 라덴 체포 영장을 발부했다는 사실을 상기시켰다. 2003년 8월, 리비아 정부는 팬암 항공 103편 희생자 가족들에 대한 보상금으로 스위스의 국제 결제 은행에 27억 달러를 예치하기로 서약했다. 넉 달 뒤, 영국이 이끈 협상팀과의 비밀 협상 끝에 리비아는 대량 살상 무기 프로그램을 포기하기로 합의했다. 그 후 미국의 제재가 완화되었다.

카다피는 일찍이 조지 H. W. 부시와 빌 클린턴에게도 비슷한 접근을 시도했으나 거절당한 전력이 있었다. 클린턴의 근동 담당 국무부 차관보였던 마틴 인다이크에 따르면, 미국의 거절은 리비아의 무기 개발 프로그램을 임박한 위험으로는 여기지 않은 탓이었다고 한다. 그 판단은 옳았던 것으로 드러났다. 국제 원자력 기구 사무총장 무함마드 엘바라데이도 리비아의 핵 프로그램을 〈개발 초기 단계〉였다고 평했다. 원심 분리기는 상자에서 꺼내지도 않은 것이 많았다고 한다. 그러나 조지 W. 부시의 핵 확산 방지 담당 국무부 차관보로 리비아 핵 프로그램 해체에 중요한 역할을 했던 존 울프는 의견이 다르다. 그는 미국이 리비아와의 합의로 진정한 가치가 있는 것을 얻었다고 주장한다. 단 현존하는 위험을 제거한다는 측면이 아니라 정보와 증거를 얻는다는 측면에서. 그는 전직 파키스탄 핵무기 프로그램 책임자의 이름을 언급하며 내게 이렇게 말했다. 「리비아는 A. Q. 칸 조직에게 사들인 핵무기 설계를 갖고 있었습니다. 리비아가 설비뿐 아니라 서류, 선적 송장, 계획서 등등도 다 넘기기로 한 덕분에 우리는 보물 같은 정보를 갖게 되었죠. 그 정보는 해외의 문제적 개인들이나 회사들에게 반대하도록 다른 나라들을 설득하는 데 결정적 근거가 되어 주었습니다. 그 서류들이 없었다면, A. Q. 칸 조직이 얼마나 암적인 존재인지를 다른 나라들과 국제 원자력 기구에게 납득시킬 수 없었을 겁니다. 그 조직을 일망타진하도록 도와준 정보야말로 미국이 리비아에서 얻은 결정적 소득이었습니다.」

2003년 합의 후, 부시 대통령은 어느 나라든 대량 살상 무기를 포기한다면 미국과 〈더 나은 관계를 맺는 길이 열릴 것〉이라면서 〈리비아는 국제 사회에 재합류하는 과정을 밟기 시작했다〉고 말했다. 미국은 2004년 말까지 리비아 여행 금지령을 철회했고, 제한적이나마 외교 관계를 복원했고, 아직 남아 있던 많은 통상 제한을 풀었다. 사이프가 〈문제들과 제재들의 칵테일〉이라고 부르는 상황은 대체로 해결된 것처럼 보였다. 부시 행정부는 미국 회사들이 리비아에서 원유 탐사권을 놓고 경쟁하기를 바랐던 것이 분명하고, 그 점은 경제적 관계를 촉진하는 요소였다. 그러나 2003년 리비아가 연루된 반사우디 음모, 불가리아 간호사 사건 등이 터지면서 친선은 제자리걸음을 했고, 리비아는 여전히 미국 국무부의 테러 지원국가 목록에 남았다. 리비아가 그 목록에서 빠지기 전에는 미국이 IMF와 세계은행의 트리폴리 대출에 반대표를 던질 수밖에 없고, 상당한 규모의 제재도 존속할 것이다.

리비아 국영 석유 회사 사장은 내게 〈통상 금지령 시절과 거의 다를 게 없습니다〉라고 말했다. 강경파는 리비아가 수 년째 어떤 테러 행위와도 연루되지 않았다는 사실을 미국도 안다고 지적한다. 그리고 토니 블레어, 자크 시라크, 게르하르트 슈뢰더, 실비오 베를루스코니가 트리폴리를 방문했던 데 비해 미국에서는 차관급 이상이 방문한 적이 없다고 불평한다. 미국은 리비아에 공식 영사를 두지 않았다. 리비아 사람이 미국 비자를 받으려면 튀니지에서 신청해야 하고, 그러더라도 미국은 리비아인에게 비자를 쉽게 내주지 않는다. 로커비 사건에 합의하고 대량 살상 무기를 포기하면 정상적인 관계가 재개될 줄 알았던 리비아 개혁파는 이제 미국의

〈골대가 자꾸 뒤로 물러난다〉고 투덜거린다.

미국 고위 외교관이었고 리비아에서도 일했던 데이비드 맥은 내게 이렇게 말했다. 「우리가 리비아와 첩보를 주고받는 관계를 맺고 있는 건 우리에게 유용했습니다. 리비아에게도 분명 썩 유용했습니다.」 맥은 미국이 리비아 반체제 세력인 리비아 이슬람 전투 집단을 테러 조직으로 분류하는 데 동의하고 그 구성원 중 일부가 활동하는 영국에서도 활동을 금지시켰던 일을 예로 들었다. 「그런 진전을 이뤄 왔으면서 이제 와서 관계가 흐지부지되도록 내버려 둔다면, 사태는 필연적으로 도로 악화할 겁니다.」 부시 행정부가 리비아를 핵 군축의 모범으로 내세우고는 있지만 — 유엔의 미국 대사인 존 볼턴은 〈리비아가 할 수 있다면 이란도 할 수 있습니다〉라고 말했다 — 그 모범 사례를 충분히 격려하는 조치는 거의 하지 않았다는 것이 일부 정책 분석가들의 의견이다. 싱크탱크 외교 정책 포커스의 리비아 전문가 로널드 브루스 세인트존은 미국의 우선적 목표는 대량 살상 무기를 통제하고 테러와의 전쟁에 지지를 규합하는 것이었지만 리비아의 우선적 목표는 통상 및 외교 관계의 합리화였다고 지적했다. 이 중 미국의 목표는 충족되었지만, 리비아의 목표는 충족되지 않았다. 트리폴리의 강경파는 리비아가 너무 많은 것을 내주었다는 생각에 부글부글 끓고 있고, 개혁파는 자신들의 입지가 약화된다고 느끼고 있다.

개혁파의 자체적 외교 노력은 제한적인 성과만을 거두었다. 캘리포니아주의 민주당 하원의원 톰 랜토스와 인디애나주의 공화당 상원의원 리처드 루거는 각자 리비아를 방문하여 사이프, 슈크리 가넴, 카다피를 만났고 그 만남으로부터 낙관적인 견해를 품고 돌아왔다. 랜토스는 내게 이렇게 말했다. 「카다피는 분명 180도 입장을 바꿨습니다. 그러니 우리도 미국의 정책이라는 항공모함을 돌리려고 합니다.」 그러나 랜토스가 쌍방 관계 강화를 추구하는 미국-리비아 관계법을 발의하려고 공동 제안자를 찾았을 때, 관심을 보이는 사람은 아무도 없었다. 맥은 이렇게 말했다. 「우리는 세상에게, 특히 이란이나 북한 같은 나라의 정부에게 미국을 다루는 대안적 패러다임이 있다는 걸 보여 줘야 합니다. 그리고 미국과 정상적인 관계를 맺으면 얻을 것이 많다는 걸 보여 줘야 합니다.」 그는 또 미국이 아랍 지도자들 중 이슬람 원리주의에 반대하고 상당한 석유 매장량을 갖고 있는 이들과 관계를 개선하면 미국의 이해에 도움이 될 것이라고 말했다.

사이프의 한 조언자는 이렇게 말했다. 「리비아 사람들은 내심 미국이 결국 리비아의 체제 교체 외에 다른 조치로는 만족하지 않을 거라고 생각합니다. 한편 미국 사람들은 리비아와 관계를 쉽게 정상화했다가는 카다피가 금세 뭔가를 터뜨릴 테고 그러면 자신들이 우스운 꼴이 될 거라고 생각합니다.」

리비아에서는 어디를 가든 미국의 정책에 대한 반대가 개별 미국인에 대한 환대로 조금쯤 상쇄되었다. 리비아 기성세대 중 개혁파는 자신들이 한때 유학 생활을 했던 캔자스, 텍사스, 콜로라도 같은 곳 소식을 몹시 듣고 싶어 했다. (한편 내가 만난 강경파는 대부분 미국에 한 번도 와본 적 없는 이들이었다.) 세계에서 따돌림 당하는 경험은 외로운 것이었기 때문에, 많은 리비아 사람들은 바깥과의 관계가 나아지기를 바란다. 어느 날 오전, 나는 인권 변호사 아자 마구르를 만났다. 길고 구불구불한 머리카락에 따스한 웃음을 지닌 그녀는 모로코에서 열린 인도주의 회의에 참가했다가 막 돌아온 참이었다. 그녀의 아버지는 혁명 전 리비아 정치에서 중요한 인물이었고, 그 덕분에 그녀는 자유를 누렸다. 그녀는 대부분의 리비아 여성들을 머리 스카프와 가정에 가둬 두는 사회적 제약을 거의 의식하지 않는 듯했다. 내가 미국을 어떻게 생각하느냐고 묻자, 그녀는 아부그라이브와 관타나모 보도 이후 친미적 입장을 취하기가 어렵다고 말했다.「우리가 미국이라는 이상을 얼마나 숭배했는지 상상도 못할 거예요.」그녀는 꼭 최근에 죽은 친척 이야기라도 하는 것처럼 바닥을 보며 말했다.「우리는 당신들과 함께하기를, 당신들의 그 부유하고 공정한 민주주의와 함께하기를 바랐죠. 그러나 이제는 이렇게 자문해요. 〈우리에게 자유를 가르치던 저 사람의 실체가 뭐지?〉 그러니까 만약 당신이 그동안 믿고 따르던 사제가 창녀와 한 침대에 누워 있는 모습을 목격했다면, 이후에도 그가 당신을 천국의 문으로 이끌어 주리라고 의지할 수 있을까요?」마구르는 여전히 자신의 어린 딸이 미국을 구경하기를 바란다. 딸은 최소한 일주일에 한 번은 그녀에게 리비아와 미국 관계가 어떻게 되어 가느냐고 묻는다고 했고, 그러면 자신은 〈잘 되고 있단다, 아가〉라고 대답한다고 했다. 그러면 딸은 〈그럼 이제 디즈니랜드에 갈 수 있어요?〉라고 묻고, 자신은 〈아직은 아냐, 아가, 아직은 아냐〉라고 대답한다고 했다.

리비아에는 정치적, 사회적으로 덜 개발된 문화치고 놀랍도록 적극적인 지식인 계층이 있다. 그들이 자기 사회를 바라보는 시선에는 애정과 냉소가 둘 다 담겨 있다. 내가 그곳에서 만나서 사귄 사람들은 나를 몇 번씩 초대해 주었고, 자기 친구들과 친척들까지 소개해 주었다. 나는 그런 사람 중 한 명의 집에서 열린 생일 파티에도 가보았다. 그의 아내가 성찬을 요리해 주었고, 우리는 밤늦게까지 그의 아이들과 영화를 보았다. 내가 떠나기 전날, 친구들은 밤늦게 차나 한 잔 하자고 나를 데리고 나가서 작별 선물로 전통 리비아 복장 일습을 주었다. 긴 셔츠, 수놓인 조끼, 작고 까만 모자까지.

리비아 사람들의 사교 생활은 기본적으로 사적이다. 트리폴리에는 널찍한 고속도로가 격자망으로 놓여 있다. 휘발유에 보조금이 지급되고, 트리폴리에는 술집이나 클럽은 전혀 없고 영화관이나 극장도 거의 없기 때문에, 가장 인기 있는 소일거리는 운전이다. 사람들은 몇 시간씩 운전을 즐긴다. 차에서는 프라이버시가 보장된다는 점도 매력 요소이지만, 밤중에 더 붐비는 트리폴리 고속도로가 오락과 신선함에 목마른 시민들에게 기분 전환이 되어 준다는 점이 더 크다. 운전하지 않을 때면 대부분의 시민들은 카페에 가기보다는 집에서 논다. 공공 장소에는 여성과 술이 없다는 것도 한 이유다.

내가 리비아에서 처음 술을 마신 것은 친구 하나가 어느 대령에게 전화를 걸어 이렇게 물은 때였다. 「그 집에 석류 씨 있습니까?」 (경찰 국가에서는 완곡한 표현을 쓰는 것이 현명하다.) 대령은 있다고 했고, 우리는 차를 몰아 도시 외곽으로 나갔다. 크고 하얗고 긴 베란다가 붙어 있는 대령의 집은 비포장도로 변에 있었다. 리비아식으로 콘크리트로 짓고 새하얗게 페인트칠했지만 낡은 티가 나기 시작하는 집이었다. 우리는 형광등이 비추는 널찍한 방에 놓인 환한 색깔의 장의자에 앉았다. 방에는 집주인이 예전에 훈련을 받았던 중앙아시아에서 가져온 기념품들이 장식되어 있었다. 낚싯대를 든 곰 조각이 많았다. 우리는 치터로 연주하는 셜리 베이시 히트곡 메들리를 들으면서 높이 1.5미터의 물담뱃대를 번갈아 빨았다. 밝고 외향적이고 사하라 이남 혈통인 대령은 집에서 담근 술을 내주었다. 80도나 되는 술은 손톱에 칠한 매니큐어를 벗겨 내는 것은 물론이고 아예 손톱까지 뽑아 낼 수 있을 것처럼 독했다. 술이 놓인 탁자는 화려하게 수놓인 천으로 덮여 있었고, 그 위에 환타와 프링글스가 차려져 있었다. 꼭 고등학교 때 마리화나 파티 같은 분위기였다. 나는 친구에게 그의 아들들이 술을 마시면 어떨 것 같으냐고 물었고, 그는 웃으면서 〈그야 어쩔 수 없죠〉라고 대답했다. 나는 그의 딸들이 마시면 어떨 것 같으냐고 물었고, 그러자 그는 심각해졌다. 「딸들이 술을 마신다면 나는 아주아주 심란할 겁니다. 솔직히 화날 겁니다. 그 애들이 그런다는 걸 남들이 알면 사람들은 그 애들이 틀림없이 성적으로도 되바라졌다고 생각할 테고, 그러면 그 애들의 혼삿길이 막힐 테니까요.」

내가 만난 리비아 여성 중에는 알리탈리아•에서 일하는 사람이 있었다. 그녀는 자기 직업을 좋아한다고 말했지만, 어떤 리비아인 남편도 자신이 그런 일을 하는 것을 봐주지 않을 것이라고 말했다. 「결혼이냐 인생이냐 둘 중 하나를 택해야 하고, 나는 인생을 택했죠. 여기서는 대부분의 여자들이 결혼을 택해요. 취향의 문제죠.」 이런 제약은 법의 문제라기보다 — 성 평등 같은 문제에서 리비아 법은 대개의 아랍 나라들보다 선진적이다 — 사회 규범의 문제다.

카다피는 이런 관습을 받아들이면서도 리비아 사회가 〈후진적〉이라는 말을 자주 한다(그가 반감을 표할 때 애용하는 표현이다). 한 리비아 지식인은 내게 이렇게 불평했다. 「카다피의 말을 유심히 들어 보면, 그가 리비아 사람들을 싫어한다고 생각할 수밖에 없을 겁니다.」 카다피는 좌파 쪽 민주화 세력을 억압하지만, 우파 쪽 이슬람 과격파는 그보다 훨씬 더 잔인하게 대한다. 지난 몇십 년 동안 체제의 정치적 희생자가 된 사람들은 대부분 무슬림 형제단을 비롯하여 카다피가 금지한 이슬람 과격주의 단체들의 구성원이었다. 50개 가까이 되었던 리비아의 이슬람교 기관들은 1988년 모두 폐쇄되었다. 성직자들이 카다피가 코란을 〈혁신적〉으로 해석하고 후대에 달린 모든 주석과 관습을 거부하는 데 항의하자, 그는 이슬람은 신자들이 알라께 직접 말하도록 허락하는 종교이므로 성직자 같은 매개자는 필요 없다고 선언했다. 일 년 뒤, 그는 이슬람 무장 과격분자를 〈암, 흑사병, 에이즈〉에 비유했다. 최근에는 한때 자신이 후하게 베푼 원조의 수혜자였던 하마스를 약올리려고 작정이라도 한 듯, 팔레스타인이 이스라엘 땅에 배타적 권리를 갖고 있는 것

• 이탈리아의 국영 항공사.

은 아니라고 주장하면서 팔레스타인인과 유대인이 모두 안전할 수 있는 두 나라 체제를 — 그는 그 국가에 이스라틴이라는 이름을 붙였다 — 요구했다. 유대인이 아랍인의 적이기는커녕 두 민족은 성서로 맺어진 친족이라고 말했다. (〈이 이름에 반대할 수는 있을 것이다.〉 그도 이 점은 인정했다. 〈그러나 그런 반대는 도움이 안 되고 해롭고 피상적인 반대일 뿐이다.〉)

〈당신들은 우리에게 묻습니다. 《왜 중동에서는 반대파를 그렇게까지 억압합니까?》 하고.〉 카다피는 지난 3월 컬럼비아 대학의 콘퍼런스에 위성 전화로 연결됐을 때 이렇게 말했다. 그는 보라색 겉옷을 입고 아프리카 지도 앞에 앉은 모습이었다. 〈왜냐하면, 중동의 반대파는 선진국들의 반대파와는 전혀 다르기 때문입니다. 이곳에서 반대는 폭발, 암살, 살해의 형태로 나타납니다…… 사회적 후진성이 표출된 현상입니다.〉 적어도 이 점에서만큼은 리비아 강경파와 개혁파의 견해가 수렴하는 편이다. 외무 장관 샬감은 내게 말했다. 「원리주의자들은 안보에 위협적인 존재입니다. 그들은 우리 삶의 방식도 위협합니다. 그들은 미래에 반대하고, 과학에도, 예술에도, 여성에도, 자유에도 반대합니다. 그들은 세상을 중세로 되돌리려고 합니다. 당신들은 그들의 행동을 두려워하지만, 우리는 행동 이면에 깔린 이데올로기를 두려워합니다. 매일 한 시간씩 코란을 읽는 건 좋다 이거예요. 하지만 그러면서도 공학, 의학, 비즈니스, 수학을 공부해야지, 그러지 않고서 어떻게 살아남습니까? 그러나 그들은 이슬람 원리를 더 강경하게 내세울수록 추종자를 모으기가 더 쉽다는 걸 알아차렸죠.」

이슬람 과격분자에 대한 두려움은 지난 2월에 벵가지에서 항의 시위가 터졌을 때 당국이 강압적으로 진압했던 이유를 어느 정도 설명해 준다. 덴마크에서 선지자 마호메트를 등장시킨 만화가 나온 것, 이탈리아의 한 각료가 그 그림을 티셔츠에 새겨서 입겠다고 말한 것에 항의하는 시위였다. 시위자 열한 명이 경찰에게 살해되었고, 폭력은 카다피의 통제력이 상대적으로 늘 약했던 리비아 동부에서 최소한 다른 두 도시로도 퍼졌다. 사이프는 국제 사회의 의견을 대변하여 이렇게 말했다. 〈시위는 잘못이었고, 시위대에 대한 경찰의 대응은 더 큰 잘못이었다.〉 그 아버지도 경찰 대응의 〈후진성〉을 용납할 수 없다고 말했지만, 그보다는 시위가 종교적 열정에서 비롯한 것은 아니었으며 자신의 체제에 대한 불만에서 비롯한 것은 더더욱 아니었다는 점을 더 강조하고 싶어 했다. 그는 그런 것이 아니라 이탈리아 식민 역사에 대한 분노가 시위에 박차를 가했다고 말했다. (이탈리아가 리비아를 점령한 결과 당시 리비아 총인구의 3분의 1쯤 되었던 25만 명 이상이 사망했다고 한다. 강제 수용소에서 죽은 사람도 많았다.) 카다피는 로마가 배상을 제공하지 않는다면 〈안타깝지만 더 많은 벵가지가 있을 테고〉 심지어 〈이탈리아에서 공격이 벌어질 수도 있다〉고 경고하며, 이탈리아가 30억 유로가량을 들여서 리비아 횡단 고속도로를 지어 준다면 아마 사태가 진정될 것이라고 말했다. 이탈리아 외무 장관 잔프랑코 피니는 카다피의 저 말이 〈은근하지도 않은 노골적 협박〉이라고 말하면서 이렇게 덧붙였다. 〈우리는 리비아와의 관계에서 식민지 과거를 단호히 뒤로하고 싶다는 의견을 명백히 밝혔다. 우리는 여전히 명료하고 투명하게 그 입장을 고수한다. 리비아 지도자도 이처럼 일관된 입장을 취하기를 기대한다.〉

내가 이 발언을 리비아의 한 지인에게 읽어 주자, 그는 웃음을 터뜨리면서 말했다. 「피니 씨, 잘해 보세요!」 해외의 반대파 인사들은 카다피가 유럽의 양보를 끌어내려고 시위를 조직했으나 어쩌다 보니 폭력이 격화되어 통제 불능이 된 것이라고 주장했다. 리비아 내에서는 사태를 주로 경제적 문제로 보았다. 사회에 불만이 많은 실업자 청년 인구에게 화를 분출할 창구가 필요했다는 것이다.

시위의 가장 직접적인 결과는 슈크리 가넴 총리가 경질된 것이었다(그는 국영 석유 회사에 새 자리를 받았다). 가넴이 개각에서 잘릴 것이라는 소문은 내가 트리폴리에 있을 때부터 돌았다. 내게는 신선하게 느껴졌던 그의 개방적 태도가 최고 지도자의 마음에는 들지 않은 모양이었다. 카다피의 한 자문은 내게 이렇게 설명해 주었다. 「가넴은 세 가지 기초적인 실수를 저질렀습니다. 첫째, 그는 자기 이름을 내세우면서 개혁하겠다고 말했고, 최고 지도자에 대한 불만을 공개적으로 이야기했습니다. 리비아에서는 무엇이 되었든 일을 성사시키고 싶으면 자신을 감춰야 합니다. 자아를 휘발시켜야 합니다. 둘째, 가넴은 서구에 강경한 입장을 취하는 것만으로도 자신의 권력이 안전하다고 믿었습니다. 사실 리비아 사람들은 서양을 그다지 중요하게 여기지 않는다는 점을 깨닫지 못했죠. 셋째, 가넴은 국민들의 마음을 얻는 데 실패했습니다. 그는 보통 사람들이 겪는 어려움에 관심을 보인 적이 없었죠……. 여론은 가넴이 잘려서 안도하는 편입니다. 그렇다고 그 대안을 썩 좋아하는 것은 아니지만.」 가넴의 후임은 뚱한 강경파 인물인 바그다디 알마무디다. 「최고 지도자는 이제 경제적 조정을 더 쉽게 가할 수 있을 겁니다. 개혁이 최고 지도자로부터 직접 분명하게 내려온 지시로 보일 테지, 최고 지도자의 실수를 시인하는 행위라거나 모종의 경쟁에 양보한 결과로 비치지 않을 테니까요.」

총리 교체는 카다피의 권력을 새삼 보여 주는 일이었다. 그가 주머니에 든 쥐들을 또 한 번 흔든 셈이었다. 그 밖에도 석유 및 에너지 부를 포함하여 여러 부처가 변화를 겪었고, 수십 년 동안 자리를 지켜 왔던 이들이 잘렸다. 리비아를 테러국 목록에 계속 놓아 두기로 한 미국 국무부의 2006년 3월 결정은 리비아의 문제를 반영한 결과인 동시에 그 문제를 더 악화하는 요인이 되었고, 요직에 있든

없든 모든 리비아인이 그 결정에 격분했다.

가넴의 장점은 서구 열강과 무난한 관계를 유지한다는 점인 듯했으니, 그런 그도 미국의 테러국 목록에서 리비아를 지우는 데 실패했다는 사실은 총리를 강경파로 교체하는 조치가 타당하다는 견해에 힘을 실어 주었다. 내가 듣기로 바그다디 알마무디는 금전적으로 부패한 인물이지만 교활하고 계산적이고 지극히 부지런하다고 했다. 리비아 출신의 한 미국인 학자는 내게 말했다. 「알마무디는 혁명 위원회 출신의 기술 관료이고, 그동안 최고 지도자의 정책을 받들고자 구슬땀을 흘려 왔습니다. 개혁이 늦춰질까요? 글쎄요, 슈크리 가넴은 개혁에 관해서 떠들기는 많이 떠들었지만 실제 한 일은 거의 없었기 때문에, 딱히 후진하고 말고 할 것은 없습니다. 알마무디는 경제 개혁이 진전되어야 한다는 사실을 잘 알고, 최고 지도자를 위해서 그렇게 할 겁니다. 알마무디는 정치나 사회 개혁에는 관심이 없습니다. 서구와의 관계도 최고 지도자에게 맡길 겁니다.」 강경파 총리 임명으로 정부 내 내분은 가라앉을 것으로 예상된다.

「아메드 이브라힘의 세력도 시들 겁니다.」 사이프의 한 조언자는 총인민회의 부의장을 언급하면서 이런 희망을 밝혔다. 사이프는 혼자 힘으로 설 것이다. 「그는 이제 그럴 나이가 되었습니다.」

「우리는 최고 지도자와 가까운 사람들을 가리켜 화염의 원 안에 있다고 말합니다.」 한 리비아 지식인은 말했다. 「가까이 다가가면 따스한 온기를 쬘 수 있지만, 그렇다고 너무 가까이 다가가면 불길에 휩싸여 버립니다. 화염의 원에는 개혁파도 포함되어 있고 강경파도 포함되어 있습니다. 그래서 생겨나는 혼돈을 카다피는 즐깁니다.」 내게 이렇게 말한 남자는 냉소하는 태도, 거의 경멸하는 태도였지만 그런 그도 그 불의 온기를 쬐는 것까지 마다하지는 않았다. 리비아의 지식인 층은 — 시인, 고고학자, 교수, 장관, 의사, 사업가, 공무원 등이 포함된다 — 한 줌에 불과하다. 부족 중심주의에다가 계층 간 동맹과 정치적 정체성까지 여러 요소들이 있다 보니, 더 큰 사회에서라면 서로 대립하여 거리를 둘 만한 사람들이 리비아에서는 관계를 맺고 지낸다. 정치적으로는 적대하면서 사회적으로는 우호 관계를 유지하는 경우가 흔하다. 어느 날 트리폴리에서 시인이자 의사인 아슈르 에트웨비의 집에서 저녁을 먹었다. 그는 카다피 체제의 절대주의에도 새로운 자본주의에도 부정이 가득하다고 열변을 토했다. 「그가 물러나야 합니다. 그 대령이란 자는 내 인생의 전성기를 잡아먹었고, 내 영혼과 존재를 오염시켰고, 내가 사랑하는 사람들을 살해했습니다. 나는 아내를 사랑하는 것보다 더 강렬하게 그를 미워합니다. 그도, 그의 정부도, 그와 조금이라도 관계 있는 다른 사람들도 모두 물러나야 합니다. 이만하면 충분히 겪었습니다. 우리에게는 이제 영혼이랄 게 더 이상 남지 않았어요. 개혁이니 뭐니 하는 소리에 현혹되지 마십시오. 그 인간이 트리폴리에 떡 버티고 있는데 무슨 개혁이 가능하답니까? 아무리 말해도 지나치지 않아요. 그가 물러나야 합니다. 그가 물러나야 합니다. 그가 물러나야 합니다.」 몇 분 뒤 내가 현 체제의 고위 인사 중 한 명의 이름을 언급하면서 그를 만나고 싶다고 말하자, 에트웨비는 말했다. 「아, 그 사람 이번 주에 우리 집에 와서 저녁을 먹었는데요.」 그러고는 으쓱하며 덧붙였다. 「그의 의견에는 동의하지 않습니다만 사람은 좋습니다.」

권력자들, 그리고 그들을 욕하는 사람들 중 많은 수가 이처럼 친밀한 관계를 맺고 있다는 사실에 나는 연거푸 놀랐다. 이것은 단순히 실용주의를 좇은 현상이기도 하지만 결코 그것만은 아니다. 그보다 더 은밀한 이유가 있다. 리비아에서 어느 한 사람이 맺고 있는 충성과 연줄의 관계망은 늘 예측 불가다. 나는 트리폴리의 플라네

타륨에서 어느 교수와 함께 술을 (무알코올 맥주였지만) 마셨다. 예전에 그는 총리와 사이프가 진탕 취해서 이 나라를 강간했다고 말했고, 그런 두 사람이 그나마 괜찮은 사람들이라고도 말했다. 우리는 또 정부의 비효율을 놓고 농담을 주고받은 적도 있었다. 그때 그는 리비아인이 아닌 한 누구도 이런 혼돈을 견딜 이유가 없다고 우울하게 말했고, 나더러도 리비아 정부 기관과 접촉할 때 대체 어떻게 제정신을 유지했느냐고 물었다.

그랬던 그가 지금은 환하게 웃으면서 말했다. 「이봐요, 내가 부처에 자리를 하나 받게 됐습니다.」 그는 자랑스러움과 의기양양함을 뜻하는 몸짓으로 손을 머리 위로 들어 보였다.

나는 그가 그토록 혐오하는 정권에 합류하게 된 것을 기뻐한다는 데 놀랐다.

그러자 그가 말했다. 「그래도 그게 이곳에서 벌어지는 유일한 게임이니까요.」

•

나는 과거의 낙관주의가 잘못이었음을 깨닫는 뼈저린 경험을 숱하게 했다. 그러나 카다피의 불명예스러운 최후에 뒤이어 혼돈으로 빠져든 리비아의 경우만큼 씁쓸한 사례는 또 없었다. 서구가 카다피 타도를 지지했던 것이 문제였다고는 생각하지 않는다. 진짜 문제는 서구가 그에 뒤이어 벌어질 일을 생각해 보지 않았고 계획을 세우지도 않았던 점이다. 거악이 제거되더라도, 그 빈자리를 메울 일관된 선이 없는 한 별다른 성과가 날 수 없다. 2012년 9월 12일 벵가지에서 미국 대사 크리스토퍼 스티븐스, 외교부 정보 담당 공관원 숀 스미스, 두 명의 CIA 계약 직원이 살해당한 일은 리비아가 얼마나 역기능적 사회가 되었는지를 더럭 일깨우는 사건이었다.[1] 당시 국무장관이었던 힐러리 클린턴은 벵가지의 경호 증강 요청을 거부했던 조치에 대해 비난을 받았다. 클린턴은 미국이 그곳에서 가급적 눈에 띄지 않고 조용히 머물기를 바란 것이었는데, 갓 태동한 리비아 민주주의에 믿음을 보여 주려던 판단은 결국 잘못된 것으로 드러났다. 이후 ISIL(ISIS나 다이시라고도 한다) 과격분자들이 카다피의 고향 시르테를 함락하여 그곳 기독교인들을 학살했다.[2] 벵가지, 데르나, 트리폴리, 와르샤파나, 나푸사산맥, 그 밖의 지역에서도 무장 충돌이 벌어졌다. 남쪽에서는 투아레그족과 테부족이 서로 학살한다. 제대로 통제되지 않는 리비아의 사막 쪽 국경을 넘어 사하라 이남 아프리카인들이 밀려들어 왔는데, 리비아에서 지중해를 건너 유럽으로 들어가서 불법 체류하려고 하는 것이다. 그런 이동은 보통 인신매매 조직의 감독하에 벌어진다.[3] 국제 사면 위원회에 따르면, 이슬람 과격파 단체들에게 암살된 수백 명의 리비아인 중에는 무신론자, 보안 관계자, 공무원, 종교 지도자, 불가지론자, 활동가, 기자, 판사, 검사도 있었다고 한다.[4] 사법 체계는 전혀 기능하지 않는다. 트리폴리에서 나와 제일 친하게 지냈던 사람, 어떤 대가를 치르더라도 새로운 리비아를 건설하고 싶어 했던 아슈르 에트웨비마저 가족과 함께 노르웨이로 피신했다. 하산 아일리는 레바논에서 유엔 난민 지위를 얻었지만, 체류 비자도 취업 허가증도 없다. 리비아를 빠져나올 수 있는 사람은 제아무리 조국을 사랑하더라도 다 빠져나오고 있다. 이 비참함이 바로 카다피의 유산이다. 그가 사회를 하도 엉망으로 망가뜨렸기 때문에 그가 없이는 정부를 유지할 만한 인적 구조마저 남지 않았던 것이다.

원시적인 남부에서는 부족 간 전쟁이 걷잡을 수 없이 벌어진다. 무정부 상태가 된 북부에서는 납치가 일상다반사다. 선거로 구성되어 국제 사회의 인정을 받는 정부인 제헌의회HOR는 트리폴리를 버리고 동부의 투브루크로 피신했고, 주로 이슬람 과격파로 구성된 경쟁 정부인 총국민회의GNC가 트리폴리에 자리 잡았다. 그 말인즉, 프랑스 외무 장관의 표현을 빌리자면 현재 리비아에는 〈두 정부, 두 의회, 완벽한 혼란〉이 있는 셈이다. IS의 영향력이 커지고 있는 데다가, GNC와 HOR를 합하여 〈단일 정부〉를 구성하려는 유엔의 시도는 틀림없이 이슬람 과격파의 세력을 키우는 결과를 낳을 것이다. 그들의 전신이라 할 수 있는 리비아의 무슬림 형제단은 과거 두 번의 선거에서 참패했는데도 말이다. 서구는 이집트에서 선거로 권력을 잡은 이슬람 과격파를 타도하는 것을 지지해 놓고서는 이제 리비아에서는 선거로 한 번도 권력을 잡지 못했던 이슬람 과격파에게 한자리를 줄 것을 지지하는 셈이다. 한편 HOR 군대를 이끄는 칼리파 하프타르 장군은 카라마(존엄)의 기치하에 이슬람 과격파와의 투쟁에 집중하는 제3의 정부를 결성하겠노라고 으름장을 놓았다.[5]

사이프 카다피는 2001년 자신의 아버지에 대항하는 봉기가 시작되었을 때 꼭 실망한 유모처럼 손가락을 살랑살랑 흔들면서 이렇게 경고했다. 〈그랬다가는 리비아에서 내전이 벌어질 겁니다.(……) 우리가 백주에 서로를 죽이게 될 겁니다.〉[6] 이제 실제로 그런 살해가 횡행하고 있다. 사이프 자신은 혁명 중 반인륜 범죄를 저지른 혐의로 국제 형사 재판소에 고발되었으나, 현재는 진탄에 구금되어 있다. 그를 억류한 세력은 그가 리비아 국민들을 꾸짖을 때 흔들었던 손가락들을 절단했다고 한다.[7] 2015년 여름 GNC가 장악한 리비아 법원이 사이프에게 사형을 선고했지만, 그가 조만간 처형될 가능성은 낮다. 그를 억류한 세력에게 그는 유용한 협상 카드이기 때문이다.[8] 사실 사형 선고 자체가 사이프 카다피를 헤이그 법정으로 보내고 싶어 하는 국제 사회에 GNC가 반항심을 드러내 보인 제스처 같기도 하다. 2015년 8월, 친카다피 시위대가 처음 거리로 나와서 〈진탄, 진탄, 사이프 알이슬람을 풀어 주라〉고 외쳤다.[9] 멀리서 보기에, 리비아 사람들은 차라리 예의 오래된 공포가 더 매력적이라고 느끼기 시작한 것 같다. 특히 이슬람 과격파에 반대하는 벵가지, 세바, 트리폴리 사람들이.

중국

중국의 모든 음식

『트래블 + 레저』, 2005년 10월

쾌락에는 대가가 따른다. 나는 한 달의 중국 미식 여행으로 5킬로그램이 쪘다. 쾌락적 체류가 끝나 갈 무렵, 파트너 존과 나는 내 예술가 친구들이 작업실을 많이 갖고 있는 베이징의 세련된 798 구역을 구경하다가 우아한 만다린 재킷을 쇼윈도에 걸어 둔 부티크를 발견했다. 나는 여성 판매원에게 물었다. 「저 재킷, 제 사이즈가 있을까요?」 그녀는 예의 바른 눈길로 나를 보고는 극도로 정중하게 대답했다. 「아니요. 죄송합니다. 우리는 날씬한 분들을 위한 옷을 만듭니다.」

1982년에 내가 처음 중국을 여행하기 전, 사람들은 음식이 끔찍할 것이라고 경고했다. 그 예상은 실현되고도 남았다. 음식은 끈끈했고, 거칠었고, 형편없었고, 공산주의가 칭송하는 듯한 잔인한 무관심으로 조리된 것 같았으며, 내온 모양새도 칙칙하고 흉했다. 중국 요리 전통의 명맥을 잇는 것은 홍콩, 타이완, 싱가포르였다. 그들은 세계 최고의 모닥불을 대신하여 불길을 간직한 가냘픈 세 촛불이었다. 1990년대 초에는 상황이 좀 나아졌다. 단순한 요리로 제한하거나 사람들이 집에서 직접 요리해 주는 것을 먹는다면 그랬다. 한편 지난 5년 동안 중국 요리는 잿더미에서 솟는 봉황처럼 부활했고, 이제 셀 수 없이 많아진 식당들에서 끝내주는 음식을 먹을 수 있다. 중국인들이 이토록 몰라보게 변모한 나라에서 그동안 어떻게 제정신을 지켜 왔는지 이해하기 어려울 지경이다. 내가 처음 방문했던 중국과 현재의 중국은 오즈와 캔자스만큼이나 다르기 때문이다. 한때는 낡아 빠진 옷을 입고 불행한 표정을 한 농부들이 지세가 고갈된 땅을 경작하던 나라, 노동자들이 끔찍해 보이는 환경의 공장에서 공산주의 국가를 칭송하는 연기를 설득력 없게 해보이던 나라였지만 지금 중국 도시들은 어찌나 효율적이고 세련되었는지 그에 비하면 뉴욕이 꼭 변방의 오지처럼 느껴진다. 물론 지금도 수많은 농민이 가난 속에 노동하고 있지만, 가령 러시아에 비한다면 중국 사회의 변화는 좀 더 폭넓은 영역에까지 미쳤다. 음식 문화의 발전은 그보다 더 깊은 차원의 사회 변화를 반영한 현상이다. 변화는 베이징이나 상하이의 세련된 레스토랑에서 가장 뚜렷하게 드러나지만, 시골 여인숙이나 길거리 만두 노점에서도 확인할 수 있다.

나는 패션 디자이너 한펑과 함께 미식 여행을 떠나는 행운을 누렸다. 따스하고 화려하고 생기로 반짝거리는 한펑은 우리에게 중국의 가장 화려한 식당들뿐 아니라 상상할 수 있는 최고의 길거리 음식들도 소개해 주었다. 「믿기 어려울 거예요.」 상하이에서 둘째 날, 우리가 자자만두 가게에 거의 다다랐을 때 그녀가 말했다. 오래된 위위안 구역에 있는 가게는 지저분해 보였고, 배불리 먹더라도 1달러면 충분했다. 우리는 인도에 놓인 등받이 없는 플라스틱 의자에 앉아서 속에 육즙과 돼지고기, 새우, 털게(지역의 별미다)가 든 만두를 게걸스레 먹었다. 생강이 담긴 식초에 찍어 한 입 베어 물면, 먼저 뜨끈한 국물이 입안을 채우고 그다음 매끄러운 만두피와 진한 맛이 나는 고기 소를 씹게 된다. 궂은 날이든 맑은 날이든 많은 사람들이 가게를 찾았고, 가게에서 일하는 여자 여섯 명은 서로 어찌나 바싹 붙어서 서 있던지 어떻게 팔을 움직이나 신기할 지경이었다. 거대한 솥이 길에 나와 있고 그 위로 대나무 찜기가 층층이 쌓여 있었는데, 쪄지는 만두를 지켜보는 여자의 얼굴은 쉴 새 없이 피어오르는 훈김에 가려 보이지 않았다. 그러나 모든 사람들이 미소를 지었고 웃음을 터뜨렸다. 「어떻게 이렇게 맛있죠?」 한평은 자부심으로 빛나는 얼굴로 우리에게 말했다.

한평은 이 여행의 기획자였고 — 그리고 이런 여행에는 상당한 기획이 필요하다 — 또한 자기 자신의 기획자였다. 그녀의 존재 자체가 현대 중국의 영광스러운 면모 못지않게 기적적이고 믿기 힘든 것이었다. 한평은 1985년 중화 인민 공화국을 떠나 뉴욕으로 왔다. 그러나 최근 상하이에 아파트를 구입했고, 자기 회사의 생산 라인을 고국으로 옮겼고, 두 나라를 오가며 살기 시작했다.

12년 전, 내가 중국 화가들을 소개하는 기사를 발표한 직후였다. 뉴욕에서 저녁 식사에 초대받았는데 그 주최자가 내게 말했다. 「내 친구 하나가 오늘 밤 새 여자 친구를 데려온대요. 그녀는 중국인인데 영어를 잘 못한답니다. 그녀를 당신 옆자리에 배정했어요. 당신은 최근 중국에 다녀왔잖아요.」 한평과 나는 서로 반쯤만 공유하는 언어로 대화해 보려고 어색하게 시도하면서 저녁을 먹기 시작했다. 내가 먼저 최근 중국으로 취재 여행을 다녀왔다는 이야기를 꺼냈다. 그녀는 말했다. 「중국 현대 미술은 잘 몰라요.」 나는 어떻게든 대화를 이어 보려는 막연한 노력에서 그곳에서 겪었던 일을 되는 대로 주워섬겼다. 그녀가 얼마나 알아듣는지도 알 수 없었지만, 아무튼 그러다가 내가 겅젠이를 언급했더니 그녀가 자리에서 벌떡 일어나면서 말했다. 「항저우의 겅젠이? 정말 정말 잘생기고 우리 나이쯤 되는 겅젠이?」

「네, 맞아요!」

「나는 고등학교 때 그 애하고 데이트했었는데, 이후에는 소식을 전혀 몰랐어요!」

그녀는 십억 명이 사는 나라에서 왔다. 나는 그곳을 다녀왔다. 그러니 어떻게 공통으로 아는 사람이 한 명이라도 없을 수 있겠는가?

이후 나는 한펑이 세상의 흥미로운 인물이란 흥미로운 인물은 거의 다 안다는 사실을 알았고, 그녀가 집에서 직접 요리하거나 차이나타운에서 여는 끝내주는 저녁 식사들에 초대받는 행운을 누렸다. 그런 자리에서는 제시 노먼, 루 리드, 수전 서랜든, 루퍼트 머독, 앤서니 밍겔라 등을 만날 수 있었을 뿐 아니라 그녀의 윗집에 살고 재치 있는 말을 잘하는 이웃, 그녀에게 딱 한 번 칭찬해 준 인연으로 엮인 모피 판매상 같은 사람들도 만날 수 있었다. 들으면 기분이 좋아지는 한펑의 걸걸한 웃음소리는 그런 자리를 늘 무슨 축하 행사처럼 느껴지게 만든다. 한펑은 엄청나게 세계적이다. 한번은 내게 〈나는 가는 곳마다 다 마음에 들고 내가 하는 일마다 다 마음에 들어요〉라고 말했다. 처음 미국에 왔을 때 그녀는, 그녀 자신의 표현을 빌리자면, 〈중국 촌뜨기〉였다. 그녀는 당시 남편에게 이렇게 말했다고 한다. 〈어떤 사람들은 성공의 사다리를 오르지만, 나는 급행 엘리베이터를 탈 거야.〉 곧 그녀의 패션 디자인 활동을 후원하여 그녀를 부유하고 유명하게 만들어 주겠다는 사람이 나타났다. 「나는 그에게 이렇게 말했죠. 〈유명한 건 놔두고 아주 부유해지는 데만 집중해 보면 어떨까요.〉」 이후 그녀는 자신의 이름을 건 브랜드 의류를 출시하여 벤델, 다카시마야, 버그도프, 바니스 같은 고급 백화점들에서 판매하게 되었고, 영국 국립 오페라단과 메트로폴리탄 오페라단의 의상을 디자인하게 되었으며, 뉴욕 노이에 갈레리 박물관의 의류 라인을 디자인하게 되었다. 그녀는 중국에서 크리스티앙 디오르의 모델로 활동하고 미국에서 잡지 표지를 장식하는 세계적인 스타일 아이콘이 되었다.

이혼 후 한펑은 한 남자 친구와 오래 연애했는데, 그 관계는 그가 그녀의 집으로 들어와서 함께 살고 싶다고 말했을 때 끝났다.

「말도 안 되잖아요! 나는 이렇게 말했어요. 〈이 집으로 들어와? 이 집으로? 내 옷장에는 그만한 여유가 없다고!〉」 사람들은 기회가 조금이라도 주어진다면 대부분 한펑과 첫눈에 사랑에 빠진다. 모로코 왕은 그녀에게 자기 옷을 만들어 달라고 의뢰했고, 그녀는 그의 왕궁을 정기적으로 찾는 손님이 되었다. 그녀는 내게 이렇게 털어놓았다. 「왕궁에 머물면서 온갖 거창한 것들을 보다 보면, 내가 이렇게 단순하게 사는 게 정말 다행이라는 생각이 들어요!」 뭐, 내가 만나 본 인생들 중 가장 원기 왕성한 단순함이기는 하지만. 한펑이 중국을 떠날 때 얼마나 촌뜨기였는지는 몰라도, 지금 그녀는 최고급 난초가 되었다.

우리는 상하이에서 여행을 시작했다. 상하이에서 내가 제일 마음에 든 곳은 어느 실내 장식가가 창조해 낸 공간인 〈융푸 엘리트〉였다. 그는 예전에 영국 영사 관저로 쓰였던 곳을 빌려 3년의 시간과 500만 달러의 비용을 들여서 재건한 뒤, 골동품 가구로 내부를 꾸미고 정원을 새로 가꿔서 옛 상하이 분위기를, 그러니까 퇴폐적이고 화려하고 세련된 분위기를 되살렸다. 우리가 달콤한 새우, 잣을 곁들인 생선 튀김, 문어와 돼지고기와 함께 구운 메추리알에 열광하는 동안 중국인 친구들은 로메인 샐러드에 더 감명받았다. 그곳에서는 그런 요리가 더 이국적인 느낌이었던 것이다. 디저트는 일반적으로 중국 요리의 강점으로 여겨지는 분야가 아니지만, 참깨를 곁들인 바삭한 대추 페이스트리는 시큼하면서도 달콤했다. 방금 끝난 식사에 벌써부터 향수를 느낄 것 같은 맛이었다. 식사 후 우리는 스피크이지• 분위기가 나는 재즈 클럽으로 가서 예술가 친구들을 만났다. 그 후 사시사철 인기가 좋은 〈페이스 바〉로 옮겼고,

• speak easy. 미국 금주령 시대의 무허가 술집에서 유래하여, 주로 단골만 찾도록 은밀한 분위기로 운영하는 술집.

그곳에서 한펑의 중국인 의사 친구를 만났는데, 그는 내 맥을 짚은 뒤 체질에 맞는 식단을 처방해 주었다. 우리가 비록 아편 침대에 늘어져서 뜨거운 브랜디 토디를 마시는 중이기는 했지만. 이튿날 나는 한펑에게 이끌려 침술사에게 갔다.

중국 식당에서 주문하는 것은 예술에 가까운 행위다. 뉴욕에서 한펑은 차이나타운의 웨이터에게 원하는 요리를 말하는 데만 삼십 분씩 걸린다. 가톨릭 성인들의 초상화를 보면 각자 가장 두드러진 속성을 상징하는 물건과 함께한 모습일 때가 많은데, 그렇다면 한펑은 메뉴판을 든 모습으로 그려져야 할 것이다. 그녀는 메뉴를 시처럼 읽고 — 편집이 필요한 시다 — 자신의 까다로움과 열정으로 주방에 영감을 안긴다. 그녀는 재료가 얼마나 신선한지 묻는다. 뜨거운 요리와 차가운 요리와 미지근한 요리가 다 있도록, 매운 요리와 안 매운 요리가 다 있도록, 생선과 고기와 야채가 다 있도록, 무거운 맛과 가벼운 맛이 다 있도록 균형을 맞춘다. 식사 전체를 총체적으로 고려해야 한다. 중국인은 세계 어느 민족보다도 수입 중 식비 지출의 비율이 높다. 고전이 된 책 『중국 문화 속 요리』를 쓴 K. C. 장(장광즈)은 〈사회적 언어로서의 음식〉이 있고 〈음식 언어학〉이 있다고 말했다. 왕조 시대 중국에서는 하인이 있더라도 주인이 직접 요리해서 대접하는 것이 손님을 존중하는 행위였고, 모든 사람이 조상에게 드릴 음식을 만들어서 제사를 올렸다. 음식이 곧 사회다.

중국 최고의 요리는 반드시 호화로운 장소에만 있는 것은 아니다. 〈크리스탈 제이드〉는 상하이의 한 쇼핑몰에 있고, 외관도 쇼핑몰에 있는 여느 가게와 다르지 않지만, 그곳에서 내놓는 광둥식 딤섬은 끝내준다. 튀긴 감자 만두는 입에서 녹고, 새끼 돼지와 오리와 닭의 껍질을 구운 요리, 채 썬 무와 건새우를 켜켜이 쌓아 필로 페이스트리처럼 만든 요리도 그렇다. 도시 건너편의 〈제이드 가든〉

은 아래층 나이트클럽에서 쿵쿵 울리는 음악 소리가 좀 거슬리지만, 찹쌀을 채운 연근 요리와 찻잎으로 훈제한 오리 요리의 맛을 떨어뜨릴 정도는 아니다. 그 요리와 그냥 오리 요리를 비교하는 것은 랍상 소우총과 립턴 홍차를 비교하는 것이나 마찬가지다.

새해 첫날, 우리는 한평의 고향인 항저우로 향했다. 중국에는 〈살아서는 소주(쑤저우)와 항주(항저우), 죽어서는 북망산〉이라는 속담이 있다. 항저우는 시후호를 끼고 있다. 시후호에 뜬 유원지 보트들은 한가로이 섬에서 섬을 오가고, 햇살은 한쪽 물가에 선 도시의 스카이라인과 건너편 물가에 선 높고 우아한 탑들을 반짝반짝 비춘다. 항저우의 전통 식사에는 으레 취두부가 포함된다. 취두부는 꼭 나이 든 사람의 운동용 양말을 후텁지근한 여름 내내 눅눅한 로커에 방치했다가 시큼한 우유에 담가서 끓인 것 같은 맛이다. 얼마 전 어느 취두부 행상이 공기 오염 관리법 위반으로 잡혀간 해프닝도 있었다고 했다. 취두부는 후천적으로 맛을 들여야 하는 맛이고, 나는 아직 맛을 붙이지 못했다. 식사 후 우리는 새로 지어진 항저우 오페라 하우스에서 열린 개관식 갈라 무대를 구경했고, 그러고도 하루를 마감하기가 아쉬워서 야밤의 발 마사지를 탐닉하러 갔다. 마사지사는 우리 발을 한약재가 든 물에 담갔다가, 고무 타구봉으로 두드렸다가, 뜨끈한 소금으로 문질렀다가, 상상할 수 있는 모든 방향으로 주물럭댔다. 우리는 터무니없는 황홀감에 빠져서 새벽 2시에 호텔로 돌아왔다.

이튿날 점심은 룽징에서 먹었다. 차밭 한가운데 있는 아름다운 정원을 둘러싸고 정자 같은 별실이 여덟 개 있는 것이 전부인 작은 식당이었다. 그곳 중국 요리는 워낙 세련되어서, 그 장점들 중 일부는 우리 같은 초심자의 혀로는 알아차릴 수 없었다. 우리는 스물두 접시를 먹었다. 연잎에 싸서 찐 거북 같은 귀한 진미도 있었고, 메뚜기와 늙은 오리를 넣어 끓인 죽은 (늙은 오리는 겨울철 몸을 덥혀 주는 보양식이라고 했다) 괴상한 맛일 것처럼 들리지만 실제로는 대단히 맛있었으며, 산 채 끓여지는 생선을 기리고자 영웅탕이라고 불린다는 생선 수프도 있었고, 나흘 동안 뭉근하게 익혀서 계란과 함께 내놓는 기름진 돼지고기 요리도 있었고, 사슴고기 수육도 있었다. 생선 완자도 먹었는데, 생선을 도마에 못으로 고정시켜 둔 뒤 칼로 그 살을 한 겹 한 겹 긁어 내어 얻은 극도로 부드러운 살점을 찬물로 이기고 완자로 빚어서 데친 것이라고 했다. 한펑은 말했다. 「이 완자를 만드는 건 죽도록 어려워요. 그리고 이걸 이렇게 잘 만든 건 본 적이 없어요. 황제의 요리사라도 이렇게는 못 만들었을 걸요.」

우리는 그 지역에서 나는 유명한 룽징 차를 마시면서 바이올린 신동의 연주를 들었다. 발이 넓은 한펑이 아는 사람이었던 연주자는 파가니니 대회 우승자로, 과연 정확하면서도 열정적이고 짜릿한 대가급 연주를 들려주었다. 그 후 한펑은 우리를 시후호 서쪽에 있는 명대의 귀좡 가문 정원으로 데려갔다. 항저우의 다른 정원들에 비해 관광객이 덜 붐비는 그곳에서 우리는 근사한 휴식을 취했다. 그다음 향한 곳은 식당 〈즈웨이관〉이었다. 룽징에서 맛본 요리는 서양인의 입에는 이국적으로 느껴지는 편이었고 중국 밖에서는 찾아보기 힘들 만큼 귀하고 절제된 맛이었던 데 비해, 즈웨이관의 요리는 눈부실 만큼 화려하면서도 서양인이 받아들이기 쉬운 맛이라 뉴욕 어퍼 이스트 사이드에 분점을 내도 대성황을 이룰 것 같았다. 그중 한 요리는 (사과 껍질을 중간에 끊기지 않게 리본처럼 깎는 것처럼) 돼지 껍질을 깎아 무려 3.3미터 길이의 좁은 띠로 만든 뒤, 그것을 치첸이트사의 계단식 피라미드 비슷한 모양으로 빙빙 쌓아 올려서 그 모습대로 구운 것이었다. 종업원은 그 피라미드를 식탁으로 가져와서 돌돌 말린 것을 푼 뒤 잘게 잘라서 시금치 전병에 싸서 주었다. 속에 마늘을 채운 통닭을 얇은 종이로 감싼 뒤 소금에 묻어 통째로 구운 요리도 있었다. 그 살점은 믿을 수 없을 만큼 촉촉했다.

사오싱(소흥)을 찾는 외국인은 많지 않다. 하지만 왜 그런지 납득하기 어렵다. 사오싱은 낭만적이고 꿈 같은 운하가 있는 도시다. 청대 양식의 집들이 운하의 물가에 바싹 붙어 있고, 창마다 아름답게 조각된 나무 창살이 있고, 여자들은 물가에 쭈그리고 앉아서 빨래를 박박 문지르며, 운하를 다니는 배는 곤돌라만큼 은밀한데, 뱃사공은 발로 큰 노를 밀어서 배를 젓는다. 어디서든 도시 바로 밖 언덕에 선 거대한 탑이 눈에 들어온다. 우리가 찾아간 날은 마침 누군가 베이징 오페라를 큰 소리로 틀어 두고 있었기에, 좁은 골목길에 그 음악 소리가 메아리쳤다. 운하로 배를 타러 가거나 운하에서 돌아오려면, 너무 좁고 미로처럼 구불구불해서 자동차가 다닐 수 없는 길을 자전거 인력거로 달려야 한다. 우리는 〈셴헝〉이라는 식당에서 먹었다. 다양한 종류의 취두부가 나왔는데, 몇 종류는 맛이 그다지 세지 않아서 우리 입에도 맞았다. 하지만 나는 취두부보다는 그 지역의 또 다른 발효 특산물에 더 열중했다. 사오싱주였다. 우리는 또 오크라 같은 매콤한 야채를 곁들인 가지 요리를 먹었고, 진하고 달콤하게 졸인 돼지고기가 든 찐빵 바오쯔도 먹었다. 디저트로는 검은깨가 섞인 찰기 있는 떡이 나왔는데, 거의 쓴맛이 나면서도 달콤했다. 한펑이 축배를 이끌었고, 우리는 음식과 술과 즐거움으로 터질 듯한 기분이었다. 우리는 끼니마다 평균 열두 접시씩 요리를 먹는다는 사실, 하루에 두 끼를 먹는다는 사실, 중국에 21일간 체류할 것이라는 사실, 그 말인즉 떠날 때쯤 우리가 500그릇이 넘는 요리를 맛보았으리라는 뜻임을 깨달았다. 우리는 숨을 깊게 들이마셨다.

중국 요리에는 위대한 두 갈래가 있다고 한다. 쓰촨 요리와 광둥 요리다. 외국인 여행자들은 광둥 요리는 안다. 홍콩 음식이 바로 광둥 요리이기 때문이다. 반면 쓰촨성은 아직도 관광객이 그다지 많이 찾지 않는 지역이다. 쓰촨 사람들은 딴 나라 사람들이 제 고장 스포츠팀을 말하는 것처럼 고추를 말한다. 쓰촨 요리에 대면 멕시코 요리마저 밍밍하게 느껴질 지경이지만, 그 맛은 결이 있고 복잡한 매운맛이다. 쓰촨 사람들은 여러 종류의 매운 향신료를 복잡하게 섞는다. 그것을 볶아서 쓰기도 하고 날로 쓰기도 하고, 여러 재료에 담가서 우려내기도 하며, 대단히 다채롭고 강렬한 쾌락과 절묘한 통증을 창조해 낸다. 쓰촨 요리의 트레이드 마크 격인 고추는 산초인데, 사실 그 정체는 고추가 아니라 산초나무라는 관목의 열매를 말린 것이다. 놀랍도록 강렬한 이 향신료는 입에 넣는 즉시 입안이 얼얼해지지만, 그것은 기분 좋은 얼얼함이다. 혀를 대자마자 마취 효과가 작동하는 것이 느껴지지만, 그와 동시에 맛봉오리가 더 강렬하게 깨어나는 느낌이다. 산초를 곁들여 먹는 음식은 무엇이든 꼭 코카인에 담가서 끓인 것처럼 느껴진다. 처음에는 이상하고 고통스러운 느낌이지만, 금세 그 자극을 갈망하게 된다.

우리는 청두의 〈한서(누추한 집)〉라는 식당에서 점심을 먹었다. 대숲과 물길에 둘러싸인 공원 안에 있는 식당은 누추한 것과는 거리가 멀었다. 현대 중국의 상류층 양식으로 꾸며져 있었는데, 과거에 학자들이 책상 의자로 썼던 등받이가 높고 딱딱하고 거대한 의자들이 있었고, 드러누울 수도 있도록 네 모퉁이에 기둥이 서 있고 실크 천이 드리워진 침대가 있었고, 잉어들이 노니는 수조가 있었고, 할로겐 조명이 있었고, 식탁에는 실크로 된 장미 꽃잎이 뿌려져 있었다. 음식은 퓨전 중국 요리였기 때문에 — 단 서양 요리의 영향을 통합한 것이 아니라 중국 다른 지역 요리들과 동남아 요리를 통합한 것이었다 — 가령 전통적인 광둥식 샥스핀 수프가 여기서는 크림처럼 부드러운 호박을 곁들인 형태로 나왔다.

쓰촨은 찻집으로 유명하다. 그럴 만했다. 청두의 사업가들은 대개 오후에는 사무실을 나와서 찻집에서 차를 마시면서 사업을 논의한다. 여자들은 찻집에 마작을 하러 가고, 수다쟁이들은 수다를 떨러 가고, 아이들은 놀러 간다. 우리는 청두에서 가장 아름다운 찻집인 〈이위안〉으로 갔다. 명대의 정원을 복원한 그 공간에는 안뜰이 십여 개 있었고, 풍경이 비치는 연못들이 있었고, 정자들, 물길들, 마작을 할 수 있는 탁자들, 거대한 수석들, 소나무가 병풍처럼 둘러쳐진 다리들이 있었다. 우리는 불교 승려들의 옆자리에 앉아서 가향차를 마셨다.

저녁은 〈차이나 그랜드 플라자〉에서 먹었다. 그곳에 들어설 때, 자금성의 문 앞에 섰던 마르코 폴로가 꼭 이런 기분이었겠지 싶었다. 멍청하게도 내가 머나먼 벽지라고만 여겼던 장소에 알고 보니 눈이 돌아갈 만큼 화려한 세상이 있었다. 거대한 문을 열고 들어갔더니 광활한 로비가 나왔고, 로비에 놓인 그랜드 피아노에서는 피아니스트가 쇼팽을 연주하고 있었으며, 장식된 도자기들과 가구들은 세계의 훌륭한 박물관들에 가져다 놓는대도 어울릴 것 같았다. 〈차이나 그랜드 플라자〉에는 미술관, 대형 온탕과 훌륭한 안마사들이 딸린 스파, 두 곳의 가라오케(그중 한 곳은 유리로 된 천장을 통해 그 위에서 헤엄치는 물고기들이 보였다), 네 개의 식당, 호텔 객실들이 있다. 호화롭고 우아하며 영화 「골드핑거」 느낌이 살짝 가미된 듯한 분위기였다.

이어진 긴 복도는 아치형 천장에 붉게 옻칠된 벽이었다. 그 복도를 따라 문들이 줄줄이 나 있었고, 문 앞마다 까만 제복에 흰 앞치마와 흰 장갑 차림의 직원이 한 명씩 서 있었다. 우리는 그런 방 중 한 곳으로 안내되었다. 쓰촨의 최고급 식당은 모두 이런 식이다. 공용 식사 공간은 없다. 우리는 반들반들 광나는 청대의 촛대와 표현력이 풍부한 명대의 서예 작품에 둘러싸여 먼저 차와 백주를 마셨다. 쓰촨의 브랜디라 할 수 있는 백주가 목을 타고 내려가니 불길이 번지듯 몸속이 대번 뜨거워졌다. 우리는 〈푸치페이펜〉(소와 돼지의 내장으로 만든 편육), 고수를 곁들인 해파리 요리, 동충하초로 만든 맑은 수프를 먹었다. 동충하초는 몸에 좋다고 알려진 버섯으로, 시장에서 킬로그램당 최고 4,400달러에까지 팔린다. 중국에서는 약과 음식이 뚜렷하게 구분되지 않는다. 맑은 국물 속에는 건두부와 닭고기를 넣어 만든 계란찜이 떠 있었다. 전복은 바삭한 누룽지에 얹어서 나왔다. 궁바오지딩에는 신선한 산초가 가득했다. 식사를 반쯤 먹었을 때, 무용수 하나가 우리 방으로 들어와서 〈변검〉 공연을 보여 주었다. 쓰촨의 전통 무용인 변검에서 무용수는 알록달록한 천 가면을 여러 겹 쓰고 등장한다. 그리고 춤을 추다가 가끔 숨어 있는 끈을 당기는데, 그러면 가면이 순식간에 다음 가면으로 바뀐다. 식사 후 우리는 쿠바산 시가와 1998년산 샤토 라피트 로쉴드를 들지 않겠느냐는 제의를 받았지만, 그 대신 마사지에 탐닉하는 쪽을 택했다.

청두는 널리 알려지지 않았지만 멋진 도시다. 어디에도 비길 수 없는 음식이 있을뿐더러 볼거리도 훌륭하다. 판다 사육 센터에서는 그 동물들을 가까이 볼 수 있다. 갓 태어난 귀여운 새끼들도. 문수보살을 모시는 원수 사원에서는 독경을 읊는 중들과 신성한 행렬을 볼 수 있다. 또 차로 두 시간만 가면 높이 71미터의 러산대불이 나오는데, 8세기에 두 강이 합류하는 지점의 물살을 억누르고자 링윈산 암벽을 통째 깎아 만든 조각상이다. 세계 최대의 불상인 러산대불은 엄지발가락 길이만 8.5미터다.

저녁 식사는 현지인처럼 쓰촨 특산 훠궈를 먹었다. 청두에는 훠궈 식당이 지천에 널렸지만, 그중에서도 현지인 친구가 추천한 〈황청 라오마〉에 갔다. 식당에는 탁자마다 버너가 두 개씩 설치되어 있어, 한쪽에서는 고추가 든 새빨간 홍탕을 끓이고 다른 쪽에서는 닭고기와 해마가 든 맵지 않은 백탕을 끓일 수 있다. 우리는 그 속에 넣어 익혀 먹을 재료를 스무 접시쯤 시켰다. 소고기 등심, 닭고기, 악어 간, 죽순, 망태버섯, 공심채, 소시지, 민물장어와 바다장어, 다섯 종류의 버섯, 쓰촨 고사리, 연근, 소의 목뼈 저민 것 등이 있었다. 홍탕에서 익힌 것은 무조건 양파가 든 참기름 장에 찍어 먹었고, 백탕에서 익힌 것은 무조건 각종 허브가 든 짭짤한 장에 찍어 먹었다. 식사 후에는 또 다른 찻집으로 가서 쓰촨 오페라를 감상했다. 변검, 그림자 인형극, 춤, 광대가 손놀림으로 설화를 들려주는 공연, 곡예, 마술, 가면을 쓰고 입에서 불을 뿜는 묘기 등이 차례차례 이어지는 무대였다.

다음번 당 지도자가 누가 될지 토론하는 것은 금지되어 있기 때문에, 베이징 시민들은 자신들의 비판 능력을 그보다 더 시급한 문제에 발휘한다. 도성 제일의 베이징 오리구이를 내는 곳은 어디일까? 고려할 사항이 한두 가지가 아니다. 요리가 너무 세련되거나 가식적인가? 껍질이 너무 기름지거나 메말랐는가? 땔감은 사과나무를 썼는가 살구나무를 썼는가? 소스는 장을 주재료로 썼는가 과일을 주재료로 썼는가? 껍질을 설탕에 묻었다가 구워야 하나? 오리는 어떻게 썰어야 하나? 우리는 오리 사냥을 일곱 번 나갔다. 좋은 의미에서 서양인의 입맛을 맞춘 식당 중에서는 〈코뮨 바이 더 그레이트 월〉과 〈메이드 인 차이나〉가 좋았고, 현지인들이 찾는 식당 중에서는 〈샹만러우〉가 좋았다. 〈코뮨 바이 더 그레이트 월〉은 유명 현대 건축가들이 지은 빌라 여러 채로 구성된 호텔이다. 모든 빌라에서 만리장성으로 올라갈 수 있고, 멋지게도 복원되지 않은 상태로 그 빌라의 투숙객에게만 공개된 구간을 호젓하게 즐길 수 있다. 우리는 그곳 식당의 전통 베이징 오리구이 메뉴를 먹었다. 새우 완자 튀김, 오리탕, 대구찜, 만두, 그리고 오리가 나오는 구성이었다.

〈메이드 인 차이나〉는 그랜드 하얏트 호텔에 있는 식당이라서, 미지의 장소를 발견하는 듯한 느낌은 전혀 없다. 로스앤젤레스나 뉴욕에 있다고 해도 믿을 것 같은 분위기다. 그러나 베이징 사람들은 그곳을 베이징 최고의 식당으로 꼽았고, 정말로 그곳에서 먹은 음식은 모두 맛있었다. 우리는 녹차 물로 끓인 새우와 매콤한 땅콩을 곁들인 닭찜을 먹었다. 오리는 껍질이 살점과 완전히 분리되어 나왔다. 껍질은 바삭하고 단단하고 기름기가 없었지만 그렇다고 바스라질 정도는 아니었다. 전병은 종잇장처럼 얇았고, 곁들이는 소스는 단 된장에 꿀과 참기름을 섞어 걸쭉하게 졸인 것이었다.

〈샹만러우〉는 청결하고 쾌적하기는 해도 장식은 일체 없었다. 여섯 명이 먹어도 뉴욕에서 샌드위치를 먹는 돈 정도면 충분했다. 자리마다 외식을 나온 가족들이 가득했다. 여기에서는 오리 껍질을 나눠서 내주었는데, 제일 좋은 부위는 특별한 접시에 담아 내주었고 〈딱딱한 껍질〉은 따로 내주었다. 살점은 〈메이드 인 차이나〉보다는 기름기가 있는 편이었지만, 꼭 푸아그라처럼 죄책감이 들 만큼 맛 좋은 기름기였다. 오리 뼈로 만든 탕이 딸려 나왔다. 생선 요리도 먹었는데, 요리사는 생선을 잡기 전에 아직 살아서 퍼덕이는 녀석을 뜰채로 우리 자리까지 가지고 와서 보여 주었다.

베이징 길거리 음식 중 최고는 젠빙이었고, 최고의 젠빙을 먹을 수 있는 곳은 지금은 벼룩시장 장터로 쓰이는 바오궈라는 절 앞 광장의 노점들이었다. 젠빙을 만드는 사람은 먼저 널찍한 번철에 크레페를 만드는 것처럼 반죽을 얇게 펴 바른 뒤 그 위에 파 썬 것을 얹었다. 그다음 계란을 깨어 얹고는 슥 펴 발라서 반죽에 스미게 했다. 그다음 반죽을 뒤집고, 그 위에 된장과 고추장을 펴 발랐다. 마지막으로 달콤한 도넛 같은 밀가루 튀김을 얹은 뒤, 반죽으로 그것을 돌돌 말았다. 그렇게 만든 젠빙은 후끈후끈하고, 맛이 개운하고, 계란 맛이 나고, 밀가루 맛이 나고, 맛있었다.

마사지 중독에 다양성을 부여하기 위해서, 우리는 야밤에 귀 마사지를 받으러 가보았다. 베이징의 귀 마사지 업소는 꼭 안락한 병원 같았다. 극도로 청결했고, 여성 마사지사들은 간호사 모자를 쓰고 있었다. 우리는 자비를 베푸는 보살이라는 관음보살상 앞에서 다채로운 서비스를 받았다. 혹 자비가 부족할 경우에 대비하여 고칼로리 건강 음료도 마련되어 있었다.

베이징에서의 마지막 밤을 기념하고 애석해 할 장소로 고른 곳은 초현대적 콘셉트로 꾸며진 〈그린 T. 하우스〉였다. 의자에 깃털이 장식되어 있고, 색색의 조명등이 돌아가고, 현대 미술 작품들이 걸려 있고, 한구석에 흔들목마가 놓여 있고, 탁자에 거울이 달려 있고, 뭐 그런 곳이었다. 베이징에서 여기보다 더 쿨한 곳은 없다고 부르짖는 것처럼 느껴질 만큼 구경거리다운 장소였다. 메뉴는 부조리극 대본 같았다. 그 시적인 문장들은 중국어로도 지나쳤지만 영어로 옮기니 귀여울 만큼 더 우스꽝스러웠다. 〈상상할 수 없는 소스를 곁들인 작은 캐비어 사시미〉라는 둥, 〈팽이버섯과 모차렐라를 채운 신비로운 소고기 롤〉이라는 둥, 〈갑오징어에 내려진 축복〉이라는 둥. 내가 제일 마음에 들었던 것은 〈외로운 밤 하나를 둘러싼 여섯 버섯의 에로틱한 춤〉이었다. 맛은 이름보다는 덜 인상적이었다. 하지만 긴 담배를 피우는 모델들과 신기한 형태로 머리를 자른 젊은 힙스터들은 달리 어디서도 볼 수 없는 광경이었다.

우리는 21일 동안 매 끼니 중국 음식을 먹었다. 하룻밤은 예외였는데, 베이징에서 사는 사랑하는 미국인 친구들이 우리를 위해 집에서 파티를 열어 준 날이었다. 친구들은 프랑스 대사관의 요리사를 고용했고, 요리사는 근사한 요리를 만들어 주었다. 그러나 동양의 매혹적인 맛들을 즐긴 뒤에 먹는 서양 음식은 좀 이상하게 느껴졌다. 식탁에서 직접 음식을 잘라야 하는 것이 저속하고 귀찮은 일로 느껴졌다. 버터를 발라 구운 신선한 야채는 상상력이 결여된 것 같았다. 소고기는, 비록 익힌 정도가 완벽했지만, 밋밋한 고깃덩어리처럼 느껴졌다. 다시 서양 요리로 복귀하기가 힘들었다. 우리는 미식적 시차를 겪고 있었고, 그래서 예전에는 익숙했던 음식들이 한동안 잘못된 것처럼 느껴졌다. 바뀐 환경에 문제없이 적응하려면, 스쿠버다이버처럼 아주 서서히 올라와야 했다.

•

중국에는 〈백성은 먹을 것을 으뜸으로 여긴다〉는 속담이 있다. 쾌락주의를 덜 지탄하는 분위기가 형성됨에 따라, 중국 음식 문화는 새롭게 꽃피우기 시작했다. 2015년 중국의 평균적 시민이 음식에 쓴 돈은 과거 어느 때보다 많았고, 〈혀끝으로 느끼는 중국〉 같은 TV 프로그램들은 경이로운 시청률을 보였다.[1] 중국 휴대 전화 사용자의 3분의 2 가까이는 음식을 먹기 전에 사진을 찍어서 음식 사진이 주가 되는 애플리케이션이나 소셜 미디어에 올린다.[2] 식문화를 잘 아는 것은 세련됨의 상징으로 여겨진다. 중국요리 협회는 유네스코에 중국 요리를 세계 무형 문화유산 목록에 등재시켜 달라고 요청했다.[3] 고급 식재료와 유기농 식재료 수요도 늘고 있다.[4] 최근 매운 음식을 꾸준히 먹는 사람일수록 수명이 상당히 더 길다는 조사 결과가 발표되었는데, 정확한 인과 관계는 밝혀지지 않았지만 중국인들은 그 결과를 기쁘게 받아들였다.[5] 부유한 중국인과 서양인을 위한 화려한 레스토랑들이 우후죽순 생겨나고 있다. 상하이에서만도 식당 다섯 곳이 최근 아시아 최고 식당 목록에 이름을 올렸다.[6]

한편 중국의 토양 오염과 물 오염이 심각해짐에 따라 식품 오염도 늘고 있다. 중국의 총 경작 가능 농토 중 5분의 1 가까이가 오염된 상태다.[7] 불순물이 섞인 음식도 많다. 멜라민이 함유된 분유 때문에 아기 30만 명이 아팠던 사건이 있었고, 콩나물을 더 반들반들하게 만들려고 독성 화학 물질로 처리한 사건도 있었다. 알루미늄 함량이 위험 수준으로 높은 밀가루가 만두와 찐빵에 쓰인 일이 있었고, 카드뮴을 비롯한 중금속으로 오염된 쌀이 발견되었다. 인광성 세균에 감염된 돼지고기도 발견되었는데, 구입한 사람들이 컴컴한 부엌에서 돼지고기가 환하게 빛나는 모습을 보고 알아낸 것이었다. 2011년 라마단 기간에 식사를 함께한 무슬림들이 부동액에 오염된 식초 때문에 사망한 사건도 있었다. 석고 가루, 파라핀 왁스, 끈끈한 접착제로 만든 감쪽같은 가짜 달걀이 시골 장터에서 발견된 일이 있었다. 2013년 실시된 식재료 창고 단속에서 1967년에 냉동된 닭발이 발견되기도 했다. 표백해서 신선한 재료인 것처럼 팔리던 물건이었다. 2015년에는 단속 기관이 뇌물을 받고서 병 걸린 돼지의 고기를 식용으로 승인해 준 일이 있었다. 중국에서 조리되는 음식은 최대 열 번 중 한 번꼴로 재활용된 기름을 쓴다고 하는데, 식당 배수구에서 건진 찌꺼기 기름을 재활용하는 경우도 많다고 한다.[8]

이런 문제들을 해결하기 위해서 법은 갈수록 엄격해지지만, 집행은 충분하지 않다. 많은 중국인들이 의심을 지우지 못한다. 이를테면 유기농으로 선전되는 제품이 실제로는 유기농이 아닐 것이라고 여긴다.[9] 부자들은 중국산보다 오염이 덜할 것이라고 믿는 외국산 신선 식품을 소비한다. 수입 과일 시장만 100억 달러에 육박한다.[10] 애초에 정치적 연줄이 있는 사람들에게만 팔고 보통 사람들에게는 아예 팔지 않는 유기농 농장들도 있다.[11]

다른 한편, 서양 패스트푸드 음식점들이 속속 들어옴에 따라 건강에 나쁜 음식을 먹는 인구가 늘었다. 중국인의 소금 섭취량은 늘 아주 높았지만, 이제 중국인은 지방도 더 많이 먹는다. 쌀 판매는 줄었고, 옥수수 가공 제품 섭취는 치솟았다.[12] 포장된 가공 식품 구매량은 미국을 넘어서서 연간 2500억 달러에 육박하는 시장이 되었다. 비만 인구가 급격히 늘었다. 그리고 중국 총 인구의 약 12퍼센트가 당뇨를 앓고 있어, 세계에서 당뇨 인구가 제일 많은 나라가 되었다.[13]

중국

내면의 평화를 위한 외면의 호화로움: 건륭화원

『세계의 유적: 우리가 발견하고, 탐험하고, 지켜야 할 50곳의 대체 불가능한 장소들』, 2015년

2005년 중국 미식 여행 중, 베이징의 건륭화원(乾隆花園)과 권근재(倦勤齋)를 방문했다. 자금성은 이전에도 여러 차례 갈 기회가 있었지만, 그 안의 정밀하고 은밀한 구역은 가본 적 없었다. 나는 대학에서 중국 미술사를 공부했고, 더구나 그 정원이 설계되고 건설된 시대에 관심이 있었다. 나는 건축 보존학도 공부했는데, 후에 세계 유적 재단의 이사가 되고서는 그 정원의 구조물들을 보존하는 작업이 얼마나 어려운지를 자세히 알게 되었다. 그래서 세계 유적 재단이 창립 50주년을 맞아 재단이 그동안 수행해 온 역사 유적 보존 작업들 중 하나를 골라 글을 써달라고 요청했을 때, 나는 건륭화원을 골랐다.

유적 보존은 오늘날 전 세계에서 중요한 문제다. 그러나 더 나은 현재와 미래를 추구한다는 명목으로 과거를 지우는 일이 지나치게 열렬히 진행되고 있는 중국에서는 특히 더 중요한 문제다. 나도 더 나은 현재와 미래에 대찬성이지만, 과거를 파괴하는 것이 거기에 도달하는 좋은 수단이라고는 믿지 않는다.

자금성의 남북 중심축은 사람을 압도하고 겁주기 위해서 설계되었다. 반면 1770년대에 건륭제가 은퇴하면 지낼 곳으로 지은 권근재는 사람을 감싸안고 어루만지기 위해서 설계되었다. 자금성은 비록 대중에게는 금지된 비밀스러운 곳이었으나 그곳을 방문하는 특권을 누리는 손님들에게는 공개된 장소였으며, 만고불변의 존재인 황제를 건축으로 표현한 것이었다. 반면 권근재는 거의 외로울 정도의 프라이버시를 보장한다. 세계의 위대한 유적들은 대부분 대중이 소비하려고 만든 것이었지만, 건륭제는 권근재와 그 주변 건륭화원을 자기 혼자만 보려고 만들었다. 건륭제는 그곳을 자신이 평생 몸에 익은 습관대로 살되 모든 의무로부터 풀려나서 머물 수 있는 은신처처럼 여겼다. 그러나 권근재에 소박함이라고는 눈 씻고 찾아봐도 없다. 화려함 속에서 세련된 신중함이 약간 느껴질 따름이다. 자금성이 거대한 조각이라면, 권근재는 보석이 박힌 작은 장식품이다. 황제는 천지인을 잇는 거멀못으로서 형식적인 불변의 자아를 연기했지만, 권근재는 시간의 흐름을 인정한다. 대단히 호화롭기는 해도, 권근재는 그 속으로 들어가는 사람을 인간화한다.

내가 1982년 처음 중국에 갔을 때, 베이징은 여전히 후퉁, 즉 안뜰을 둘러싸고 네모나게 지어진 전통 가옥들이 나란히 늘어선 좁은 골목으로 주로 이뤄져 있었다. 마오 인민복을 입고 불안한 얼굴을 한 사람들은 느른한 속도로 자전거를 달리면서 외국인과는 의도적으로 거리를 두었다. 칙칙하고 쇠락한 도시였다. 인민을 타락시키는 반공산주의적 개념인 사치란 사실상 존재하지 않았다. 현재의 톈안먼 광장은 청나라 시절에는 사방이 벽에 둘러싸여 있고 남북으로 길게 복도 같은 것이 놓인 공간이었고, 복도 양옆으로는 조정 건물들이 서 있었다. 그러나 1950년대에 당국이 모스크바의 붉은 광장에서 영감을 받아 건물을 싹 밀었고, 그래서 오늘날 우리가 보는 널찍하고 텅 빈 톈안먼 광장이 탄생했다. 광장은 삭막해졌고, 냉혹할 만큼 근엄해졌고, 견디기 힘들 만큼 거창해졌다. 공산주의 국가의 위풍당당한 행렬이 유순하게 우러르는 서민들 앞에서 행진하기에 알맞은 장소가 되었다. 그 황량한 공간 한가운데에 부조화스럽게 자금성이 솟아 있다. 오랫동안 권력의 본거지로 숭앙받았던 곳, 한때 세계에서 가장 부유한 통치자들의 은밀한 궁정이 있었던 곳. 물론 버킹엄 궁도 길 건너편 집들보다 훨씬 장대하고 루브르 궁에 비하면 리볼리 거리는 낯부끄러운 수준이지만, 자금성과 덩샤오핑 시절 베이징만큼 직접적이고 노골적인 대비는 달리 어디서도 보지 못했다.

자금성은 백만 명의 노동자가 땀 흘려서 14년 만에 건설했다. 단일 목조 단지로는 세계 최대 건물이다. 희귀한 목재가 쓰였고, 황제를 칭송하기 위해서 (황제의 색인) 노란 기와가 쓰였다. 자금성은 명 왕조와 청 왕조의 황제 24명이 600년 동안 나라를 통치한 장소였다. 1982년 우리에게 그곳을 구경시켜 주었던 빈틈없이 정치적인 안내인은 자금성이 구현했던 봉건적 가치들을 낮잡아 보려고 했지만, 그런 그도 과거에 그곳에서 펼쳐졌던 삶을 묘사할 때는 목소리에 일말의 감탄이 담겨 있었다. 외조 구역에서는 중국 황제들의 냉담함을 여실히 느낄 수 있었다. 그곳 건물들은 방문객에게 편안함을 제공하려고 의도된 요소라고는 전혀 없다. 내정 구역 역시, 심지어 황제의 처소마저도, 황제가 머무는 장소라는 사실을 근엄하게 드러낸다. 모든 요소들이 세습된 부와 귀족들이 누린 착취적 특권을 반영했다. 현대 중국이 공식적으로 거부한 것들을. 우리 안내인은 궁정보다는 만리장성의 군사주의를 더 편하게 느끼는 사람이었지만, 그런 그도 자금성의 개념적 우아함과 뛰어난 비례가 뭔가 탁월하게 중국적인 것의 절정에 해당한다는 사실은 잘 알았다. 그것이 자신이 물려받은 문화유산의 일부라는 사실도.

당시 우리는 자금성 안에 건륭제가 은퇴 후 머물 생각으로 지은 건륭화원이 있고 그 화원 맨 안쪽에 권근재가 있다는 사실을 전혀 몰랐고 구경도 못했다. 그 구역은 급증하는 관광객들에게 개방하기에는 너무 은밀한 데다가 당시 중국에는 그곳을 보존하는 데 알맞은 기술을 가진 사람이 없었다. 그러나 건륭화원이 수십 년 동안 방치된 데는 의도적인 소홀의 기미도 있었다. 공산주의자들은 청 왕조를 착취적 체제로 비난했지만, 청대 황제들이 대변했던 절대 권위만큼은 마오도 그 후계자들도 당당히 계승했다. 반면 건륭화원은 사치스러운 물질주의와 세련된 지성을 뜻하는데, 그런 속성은 마오주의가 철저히 배격하는 속성이었다. 건륭화원이 포함된 자금성 전체는 여전히 중국 권력의 중심지였고, 지금도 입구 위에 걸려 있는 마오의 대형 초상은 그의 권위가 여태 영속한다는 사실을 보여 주는 강력한 증거였다. 대조적으로 건륭화원은 황제가 권력을 내놓은 뒤 고독을 즐기며 쉴 계획으로 지었던 사치스러운 장소였는데, 중국의 후대 통치자들은 권력 이후의 삶에는 전혀 흥미가 없었다. 집단 행동을 지지했던 그 시절 중국인들은 일개인의 몸으로 은거하며 명상적인 삶을 산다는 생각에도 전혀 흥미가 없었다.

나는 그 후에도 여러 번 자금성에 갈 기회가 있었지만, 건륭화원의 존재는 1999년에야 알았다. 건륭화원의 건물들은, 내부가 아홉 구역으로 나뉜 권근재를 포함하여, 얄궂게도 워낙 철저히 방치된 덕분에 약탈이나 파괴도 겪지 않았다. 건륭제는 일찍이 일종의 보존 지침이라 할 만한 것을 내린 바 있었다. 후대에도 황제들이 은퇴 후 은거할 수 있도록 건륭화원을 영원히 잘 가꿔 두라고 명령한 것이었다. 그러나 이후 어느 황제도 은퇴하지 않았기 때문에, 건륭화원은 청 왕조의 나머지 수십 년 동안 고맙게도 선의로 말미암아 방치된 공간이 되었다. 자금성은 600년 역사 동안 왕자들과 후궁들의 처소를 무수히 자주 개축했다. 하지만 건륭화원은 아니었다. 건륭화원은 황제 한 명의 시각이 온전하게 보존된 유일한 장소다. 황태후가 그곳에서 잠시 산 적은 있었고, 궁정 사람들이 그곳에서 생일 파티를 연 적은 있었다. 마지막 황제 푸이는 그곳에 새로 그림을 하나 더했다. 그러나 그 외에는 건륭화원은 늘 비어 있다가 1924년에는 아예 폐쇄되었고, 이후 자금성의 공개된 영역에 집중하여 일했던 고궁 박물원 직원들이 그곳을 창고로 썼다. 그러던 1999년 중국이 올림픽 개최지 선정에 출사표를 던지자 고궁 박물원은 그에 따른 준비를 하기 시작했고, 그러다가 건륭화원의 문을 다시 열었는데, 그때 그곳은 타임캡슐이 되어 있었다. 건륭화원은 역사에 대한 공세나 다름없었던 중국의 20세기를 견디고 살아남은 몇 안 되는 생존자였다. 비바람에 시달리고 색이 바래고 약간 노후하기는 했지만 온전한 모습을 지키고 있었다. 덕분에 향후 건륭화원을 복원할 때는 중국의 여느 역사적 건물을 복원할 때 겪을 수밖에 없는 추측 과정을 건너뛸 수 있을 것이었다.

만주족이 세운 청 왕조의 여섯 번째 왕이었던 건륭제는 공식적으로는 1735년에서 1796년까지 재위했으나 실질적으로는 1799년까지 다스렸다. 어려서 영특함이 두드러졌던 그는 제왕의 자질, 학식, 매끄러운 처세 면에서 뛰어나다고 인정받아 형제들을 제치고 왕세자로 낙점되었다. 그는 야망이 어마어마한 사람이었다. 중국의 루이 14세, 혹은 예카테리나 2세, 혹은 프란츠 요제프 황제였다고 말해도 괜찮을 것이다. 그는 중국 영토를 넓혔고, 세계 최고의 부자가 되었다. 그의 치세 절정기에 중국은 서양과의 무역에서 흑자를 기록했다. 몸소 4천 편이 넘는 시를 썼던 그는 또한 흠 잡을 데 없는 취향을 가진 감식가였고, 재치와 품위와 예술적 재능이 있었다. 좋은 면은 그랬지만, 다른 한편 그는 자기 마음에 들지 않는 책들을 불태우도록 지시했고 그 저자들을 고문하고 추방했다. 만

년에 건륭제는 스스로 〈십전노인〉• 이라고 칭했다. 실제로 그는 청나라의 통치를 굳혔을 뿐 아니라 중국 영토를 3분의 1이나 더 넓혔다. 그가 사망할 때 청나라 인구는 이전보다 20퍼센트 이상 늘어 있었다.

건륭제는 중국 역사에서 가장 긴 재위 기간을 기록한 강희제의 손자였다. 건륭제는 할아버지를 존중하는 마음에서 그 기록을 깨지 않겠다고 결심했고 그 점을 염두에 두어 은퇴를 구상했다. 중국 황제 중 은퇴라는 것을 고려한 사람은 그가 처음이었다. 국사로부터 물러난 뒤 의미 있게 지내기 위해서, 그는 수석과 정자로 멋지게 꾸며진 정원을 원했다. 그는 60대 초반의 나이부터 건설 사업에 나섰지만, 실제로 은퇴를 고려한 것은 자신의 치세가 할아버지의 치세보다 일 년 짧게 되는 85세가 되어서였다. 1771년부터 1774년까지 건륭제는 정원 중에서도 자신이 묵을 공간인 권근재를 설계하고 짓는 일에 몰두했다. 그러는 동안 국사에서는 거의 손을 뗐고, 조정에 부패가 스미도록 방치했다. 건륭제 사후 그의 사돈이자 조신이었던 화신은 사람들의 강요로 자살해야 했는데, 부정한 축재를 말도 못하게 많이 한 탓이었다. 건륭제의 60년 재위 기간은 세상에서 가장 안정된 시기였고, 나라는 대단히 번영했지만, 그러느라 문화적 정체가 빚어졌다. 근대성, 그리고 어렴풋이 모습을 드러내기 시작한 산업화의 변화는 중국을 건드리지 않았다. 건륭제 이후 중국에 외세가 출현했고, 조정은 전쟁을 지나치게 벌이고 내부의 반란을 진압하느라 가난해졌다.

권근재 건설 사업은 건륭제의 뛰어난 취향, 총명함, 퇴폐적인 해이함을 모두 잘 보여 준다. 그는 귀한 안식처를 예술적 기분 전환으로 지었을 뿐, 그곳에서 단 하룻밤도 묵지 않았다. 1796년 태상황

• 十全老人. 열 번의 원정을 나가 모두 승리한 노인이라는 뜻이다.

제로 물러나기는 했지만, 그로부터 삼 년 뒤 죽을 때까지 사실상 계속 나라를 다스렸다. 황제의 처소를 비우거나 권위를 이양하는 일은 없었다.

건륭화원은 중국 왕조 건축의 기본적인 행렬 구조를 따른다. 주요 건물들은 더 큰 자금성 단지의 주요 건물들 체계를 본떴다. 자금성과 마찬가지로 먼저 공적인 안뜰이 나오고 더 들어가면 사적인 안뜰이 나오는 구조다. 넓이가 8,000제곱미터 가까이 되는 건륭화원은 73만 제곱미터의 자금성 전체 구조를 압축해서 재현하도록 설계되었다. 또한 전통 문인 정원을 확대한 형태로도 설계되었는데, 달리 말해 남쪽 지방인 쑤저우, 양저우, 항저우 특유의 섬세한 조경 원칙을 빌려 와서 좀 더 웅장하게 적용한 것이었다. 건륭화원은 문인들의 전형적인 수석 정원은 아닐 것이었고, 황제의 장엄함을 자랑하는 장소도 아닐 것이었다. 전자의 관조적인 시정과 후자의 당당한 야망을 섞을 것이었다. 유럽인에게 산은 두려움을 자아내는 숭고함을 뜻하지만, 중국인에게 산은 낙원을 뜻한다. 도를 깨우친 자의 지리를 뜻한다. 건륭화원은 그런 지리를 환기시킨다.

건륭화원은 황제가 자금성에 머무는 기간인 겨울 동안 쓰도록 의도된 겨울 정원이었다. 정원 구역 전체는 남북 축을 따라 네 개의 안뜰로 나뉘어 있다. 이런 배치는 방문자로 하여금 그 공간을 하나의 길쭉한 직사각형처럼 느끼는 것이 아니라 정사각형에 가까운 여러 공간들이 이어진 것처럼 느끼게 만든다. 좁은 입구들은 — 건륭화원으로 들어가려면 두 암석 사이를 통과하는 좁고 굽은 길을 따라가야 한다 — 인간적인 규모를 만들어 낸다. 황제는 건륭화원의 27개 구조물들에 각각의 장소에 대한 자신의 희망을 담은 이름을 붙였다. 방문자는 우선 연기문(衍祺門)으로 들어가고, 다른 건물들도 물론 많지만 그중에서도 특히 수초당(遂初堂)을 지난 뒤(자금성을 통틀어 가장 높은 건물 중 하나다), 연취루(延趣樓), 부망각(符望閣), 양성전(養性殿)을 지나게 된다. 황제는 건물들에 이름을 직접 붙였을 뿐 아니라 구역 전체를 설계하는 데도 속속들이 관여했다. 죽향관(竹香館)은 한 권의 책처럼 구상된 곳이라, 내부 장식이 전부 서예 작품이다. 건물 내부의 비품들은 나무뿌리의 목재부로 만든 것이 많았는데, 황제들이 선호했던 이 기법은 값비싼 기법이면서도 한편 세련된 인위성을 거부하고 인간이 손대지 않은 순수한 자연을 추구하는 불교의 이상을 추구하는 기법이었다.

암투가 벌어지는 조정과 한갓진 선비들의 삶이라는 이분법은 중국 문화를 연구할 때 어느 분야에서든 핵심적으로 등장하는 요소다. 그런 이분법이 처음 기록으로 남은 것은 전국 시대였고(기원전 475년에서 221년), 북송 시대에는(기원후 960년에서 1127년) 일부러 서툴게 표현한 것을 아름답게 여기는 조정 밖 문인들의 미학으로 발전했다. 조정을 비판하다가 추방된 경우가 많았던 그 문인들은 비참한 유배 생활을 하면서 시화를 창작했지만, 세상 사람들은 그런 그들의 작품이 과시적이고 장식적인 궁정의 시화보다 더 의미 있다고 인정해 주었다. 수도에서 추방되었던 그런 문인들의 그림과 서예 작품은 훗날 황궁 컬렉션에도 많이 포함되었다. 그리고 그런 문인화의 미학은 건륭화원 사업에도 반영되었는데, 건륭제는 영토의 남부를 순시하러 돌아다니면서 그런 미학을 알게 되었다. 평지에 구불구불하게 배치된 건륭화원의 수석 정원, 식재, 물길은 송대와 명대 회화에 묘사된 중국 남부 산세를 연상시킨다. 전통적 문인 정원의 그런 특징은 후대에 명대로 와서 북부의 취향인 단정한 대칭성에 밀려난다. 건륭화원에서는 예기치 않게 나타나는 놀라운 풍경과 구불구불한 길이라는 쑤저우의 특징이 만주족 고유의 규율 잡힌 질서에 녹아들어 있는데, 다만 좀 더 압축되고 인위적인 형태로 재현되었다.

건륭제는 권근재에서의 삶을 고독한 삶으로, 관조라는 문인의 이상에 어울리는 삶으로 상상했다. 〈성실히 국사를 보는 데 지친 이 몸은 세속을 떠나 수양에 전념할 것이다.〉 건륭제는 이렇게 적었다. 권근재 내부에서 아주 큰 공간을 차지하며 화려하게 장식된 극장에는 좌석이 딱 하나뿐이다. 이런 문인적 관념에도 불구하고, 권근재의 건축에는 건륭제의 방만한 씀씀이가 반영되어 있다. 건물의 뼈대 목재마저도 광낸 경재를 썼다. 권근재 내부의 아홉 구역 중 동쪽 다섯 구역은 황제가 생활하는 공간으로, 이 층으로 되어 있고 누워서 자거나 앉아 있을 수 있는 대좌가 열여섯 군데에 마련되어 있다. 이 구역의 벽 한 면은 통째 자단목으로 만들어져 있는데, 황제들이 애호했던 그 나무는 당시에도 극히 귀했고 지금은 거의 멸종된 상태다. 병풍에는 큼직한 타원형 옥 장식이 끼워져 있다. 실내의 173개의 반투명 창에는 쑤저우의 희귀한 공예 기술인 양면 자수 기법이 쓰였다. 한편 벽면은 아래쪽 절반에는 숲속의 사슴들이 조각되어 있는데, 자단목 쪽매붙임을 바탕에 깐 뒤 그 위에 대나무 속껍질을 조각해서 만든 무늬를 도드라지게 붙인 것이다(티에황이라고 한다). 벽면의 위쪽 절반에는 같은 기법과 재료로 공작, 까치, 봉황이 조각되어 있다. 벽면의 나머지 부분은 대나무를 엮은 쪽매붙임으로 장식되어 있다. 노동 집약적인 그 기법으로 깐 얼룩덜룩한 배경 위에 도드라지게 장식을 붙이는 것인데, 보통은 작은 장식품에만 쓰였던 그 기술이 여기서는 널찍한 면적에 적용되었다. 그 기술이 이렇게 건축물에 적용된 사례는 오직 이 권근재 하나만 알려져 있다. 건물의 옻칠도 복잡성 면에서나 규모 면에서나 독보적이다. 벽판에 삽입된 장식용 도자기는 귀한 화병만큼 세련된 물건이고, 벽판에는 그 밖에도 남동석, 옥, 벽옥 같은 준보석들이 상감되어 있다. 손으로 만든 벽지는 운모로 무늬를 찍은 뒤 공작석에 인쇄한 것이다. 내부 장식 중에는 또 지금까지 제작된 칠보 물건 중 가장 큰 것들이 있고, 황제가 손수 쓴 이행 연시 족자도 한 쌍 걸려 있다. 건륭제는 그 모든 과정에 관여했다. 가령 기록에는 그가 권근재의 특정 문손잡이를 칠보로 교체하라고 지시했다는 내용이 남아 있고, 그 손잡이는 실제 그렇게 교체되었다.

권근재는 서양의 영향을 받아들인 것으로도 주목할 만하다. 건륭제는 대형 거울을 수입해 들였는데, 18세기 중국에서 그 거울들은 분명 형언할 수 없는 효과를 냈을 것이다. 권근재의 장롱들은 장식은 중국적이지만 그 비대칭성이 일본의 영향을 드러낸다. 바깥에 면한 창에는 유럽산 유리가 끼워져 있고, 대좌에 유리를 쓴 방식은 서양의 중국풍 물건들이 드러내는 중국에 대한 왜곡된 이해와 대구를 이루는 듯 기묘한 서양풍이다. 권근재의 서쪽 네 구역은 무대와 대좌가 마련된 극장이다. 그 구역 목재에는 일부러 가짜 격자무늬를 그려 넣어서, 실제보다 더 내구성이 떨어지는 대나무 쪽매붙임인 것처럼 보이게 꾸몄다. 벽과 천장에는 르네상스기 이탈리아에서 발달한 원근법과 단일 시점을 활용한 트롱프뢰유가 근사하게 그려져 있는데, 예수회 선교사 겸 화가로 1715년부터 1766년 죽을 때까지 중국에서 살면서 궁정 자문으로 활약했고 중국인에게는 랑스닝이라는 이름으로 알려진 주세페 카스틸리오네에게 크게 영향받은 그림이다. 물론 권근재 건설은 카스틸리오네가 죽은 뒤 진행되었지만, 그 벽화를 그린 사람은 카스틸리오네 작품의 여러 요소들을 활용했을 것이다. 천장이 특히 매혹적이다. 활짝 꽃핀 등나무 가지들의 무게를 견디고 있는 대나무 격자 시렁이 그려져 있는데, 이것은 대대손손 이어지는 후손을 뜻하는 상징이다. 한편 벽에는 권근재 바깥의 미학을 실내로 연장한 듯 정원이 그려져 있다. 그곳에서는 그림으로 그려진 작약들이 사철 꽃을 피울 것이었고, 하늘은 길고 추운 베이징의 겨울에도 늘 한여름 하늘처럼 새파랄 것이었다. 벽화는 실크에 그려져 있고, 중국 염료를 써서 서양 양식으로 그리되 중국 미학에 어울리는 방식으로 그렸다. 이 시기 중국이 서양 예술에 미친 영향은 그동안 널리 고찰되었다. 그런데 그것과 호혜 관계를 이루는 반대 방향의 영향, 즉 이 시기 서양이 중국 예술에 미친 영향도 비록 빈도는 더 낮았을 테고 깊이도 아마 덜했겠지만 주목받을 만하다.

건륭제는 입산도인이 되는 꿈을 즐거이 품었다. 건륭화원에는 그 꿈의 양가적 속성이 뚜렷하게 드러나 있다. 건륭제는 세계 최고의 부자가 되는 것과 은거 도인이 되는 것이 함께할 수 없는 별개의 일이라고 보지 않았다. 스스로 남들에게 〈무위도식하는 건달〉로 알려지기를 원한다고 말했지만, 실제로는 한 번도 그런 여유를 추구하지 않았다. 어떤 선택을 실제로 하기 위해서가 아니라 다만 그 선택지를 실현 가능한 것으로 살려 두기 위해서 그토록 엄청난 자원을 쏟아붓는다는 것은 모든 면에서 황제다운 퇴폐성을 보여 주는 일이다. 관조의 정원이 주는 즐거움은 그곳에서 사는 데 있는 것이 아니라 그곳을 짓는 데 있었던 셈이다. 건륭제는 자기 자신을 감명시키기 위해서 건륭화원을 지었지만, 건륭화원은 또한 그가 불교의 가르침에 헌신했음을 보여 주는 증거이기도 하다. 유교에서는 통치자란 모름지기 득도한 인간이어야 한다고 말하는데, 건륭화원에는 그런 득도의 열망이 드러나 있다. 그곳은 건륭제가 황제로서의 지위와는 별개로 개인으로서 겸허한 깨달음을 추구할 수 있는 장소였다. 그는 불교도의 득도의 목표야말로 인생의 궁극적 목표라고 여겼던 것 같다.

만주족이 세운 청나라는 이전까지 중국에서 더 인기 있었던 선종이 아니라 티베트 불교를 받아들였다. 만주족은 17세기에 몽골족과 동맹을 맺었고, 달라이 라마는 1600년대 중반에 만주족 통치자들에게 생불의 지위를 주었다. 티베트 불교는 선종보다 더 정통적이고, 가톨릭과 개신교가 다른 것처럼 서로 다르다. 선종은 자기 내면에서 깨달음을 얻는 여정을 중시하는 데 비해 티베트 불교는 타인에 대한 연민을 더 중시한다. 건륭제는 롤페 도르제라는 몽골인 활불(活佛)과 함께 자랐다. 아예 궁정에 들어와서 살면서 건륭제와 함께 공부했던 도르제는 건륭제의 불교 자문이자 스승이자 안내자였다. 건륭제 자신은 문수보살의 후예라고 일컬어졌는데, 그래서 그는 문수보살의 머리카락이 보관되어 있다는 오대산 성지를 여러 번 길게 방문했다. 그가 말년으로 갈수록 향락적 취미가 커졌는지는 몰라도, 그는 또한 정신 수양을 열망했다. 건륭화원에는 명상과 관조에 알맞게 설계된 장소가 많다. 그 바탕에 깔린 의도는, 물론 값비싼 것이기는 해도, 지극히 영적이다. 건륭제는 매일 명상했고, 많은 절을 지었고, 많은 괘불을 그리게 했다. 일부 서양인들에게 화려한 불교란 꼭 형용 모순처럼 들리겠지만, 건륭화원의 바탕에 깔린 원칙이 바로 그것이다. 이곳에는 티베트 불교의 미학이 선명하게 드러나 있다.

서양인은 건축물 장식과 정원 조경을 별개의 문제로 여기곤 한다. 자연과 인공, 사고하는 내면의 자아와 외면으로 드러나는 행동으로 두 가지를 분리해서 본다. 건륭제의 감수성에서는 그런 데카르트적 이원론은 찾아볼 수 없다. 권근재의 실내 장식은 모두 그 바깥의 풍경을 묘사한 장면이고, 애초에 〈집〉과 〈정원〉이 뚜렷이 나눠지지 않는다. 하나의 복합체가 있을 뿐이다. 자연이 만들어 낸 인간은 더 많은 자연을 만들 뿐이다.

중국 황제의 인간적 초상을 그려 보는 일은 쉽지 않다. 공적인 기록에는 황제의 신적인 측면만 담겨 있고, 사적인 측면은 보통 꽁꽁 숨어 있기 때문에 애초에 사적인 측면이 있었는지조차 알기 어렵다. 이 점에서 건륭화원은 유용한 자료다. 건륭화원에서 우리는 황제도 한 인간이었으며 절대 권력 구조에서 제일 중요한 도구만은 아니었다는 사실을 깨닫는다. 영적인 것이든 아니든, 황제에게도 그만의 관심사와 개성과 욕망이 있었다. 건륭제는 많은 면에서 낭만주의자였다. 첫 아내가 마흔 살에 일찍 죽었지만, 그는 죽기 전까지도 그녀에게 시 형식으로 편지를 썼다.

서양에서는 중국의 미학이 송대 말기와 명대 초기에 정점에 이르렀고 청대 초기부터 쇠락하여 건륭제 사후 바닥을 찍었다고 보는 것이 정설이다. 권근재의 세공 기술 수준이 가끔 취향의 수준을 능가하는 것은 사실이고, 화려함이 정묘함을 앞지르는 것도 사실이다. 서양 애호가들은 대개 중국의 단색 화법과 미니멀리즘을 선호한다. 어떤 사람들은 건륭제의 아버지였던 옹정제 시절 작품들이 건륭제 시절 작품들보다 더 세련되었다고 본다. 하지만 활짝 만개한 청대의 취향을 대변하는 것은 건륭제이고, 오늘날 많은 중국인들도 정신 사나운 무늬와 황금빛 법랑을 즐기며 엄격한 질서보다 화려함을 선호한다. 어느 학자는 〈건륭제가 지금 살아 있었다면 베르사체를 입었을 겁니다〉라고 말했다. 서양이 빅토리아 시대 건축과 20세기 중반 모더니즘을 새롭게 〈발견하는〉 요즘, 청대 유적들은 보존에 앞서서 일단 그 가치부터 제대로 평가되어야 한다.

1998년, 나는 자금성 내 건복궁을 보러 갔다. 당시 건복궁은 〈해피 하룬〉이라는 재미있는 이름을 가진 책임자의 지휘하에 부분적으로 재건되고 있었다. 권근재와 거의 같은 시기에 지어진 건복궁은 1923년 불탔다가 이제 건물의 남은 기둥들과 그림들을 토대로 재건되는 중이었다. 그때 한 작업자가 내게 이런 이야기를 들려주었다. 중국 문화부 장관이 작업을 구경하러 와서는 이렇게 말했다는 것이다. 〈나무로 된 부분은 다 아름답지만 돌로 된 부분은 상태가 끔찍하군요. 교체해야겠네요.〉 작업자는 돌로 된 부분이 원래의 건물에서 살아남은 부분이고 따라서 그대로 놓아 둔 것이라고 설명했다. 그러자 장관은 말했다. 〈새 옷을 입으면서 헌 신발을 신겠습니까?〉

장관의 저런 태도는 권근재 보존 작업팀의 과제가 호락호락하지 않았음을 보여 준다. 우선 재건축의 감수성을 보존의 감수성으로 바꿔야 했으니까. 설상가상 권근재에 쓰인 기법들은 현재 생존한 장인들의 기술로는 역부족일 만큼 정교했다. 일례로 거즈에 옻칠을 하여 딱딱하게 만든 재료가 쓰인 곳이 있는데, 지금 그 기법은 유실된 상태다(똑같은 기법이 한대의 신발과 송대의 모자에 쓰이기는 했다). 우리는 외관은 재현할 수 있어도 재료 자체는 재현할 줄 모른다. 세계 유적 재단은 과거의 장인들이 특정 효과나 마감 상태를 얻기 위해서 정확히 어떤 과정을 거쳤는지 알아낼 수 있도록 과학적 기법과 현미경 조사를 총동원하는 보존 작업 지침을 세웠고, 덕분에 치장을 여러 겹 덮은 경우가 많은 그런 과정들을 정밀하게 재현할 수 있었다. 권근재 보존 작업은 원래 그 건물과 정원이 그랬던 것처럼 동서양의 개념, 미학, 기법, 재료를 혼합해서 써야 했다. 오래 잊혔던 기법을 재발명하고 재학습해야 했으며, 그다음에는 그것을 현대 기술에 알맞게 적용해야 했다. 사라진 기법을 이해하는 데는 과학이 필요했고 그 기법을 재구현하는 데도 과학이 필요했지만, 그 기법의 실행은 물론 장인들의 탁월한 재주에 달린 문제였다.

과거 건륭제가 부렸던 장인들은 보통 작은 물건에 적용되는 기법을 대규모로 확장하기 위해서 그 효과를 지탱해 줄 새로운 바탕층을 만들어 내야 했다. 작은 물건을 다루는 데 익숙한 현재의 보존 기술자들도 마찬가지였다. 코담배갑 따위의 작은 예술품에 적용하려고 개발했던 보존 기법을 좀 더 확장해서 큰 건축물 표면에도 적용할 수 있도록 만드는 길을 찾아야 했다. 보존 기술자들은 숙련된 장인을 찾아내기 위해서 남부의 성장들에게 도움을 요청했고, 결국 난징 서쪽 안후이성과 상하이 남쪽 저장성에서 장인들을 찾아냈다. 보존 기술자들은 또 보존에 쓰이는 종이가 중국산이어야 한다고 생각했기 때문에, 영국의 종이 제작 전문가를 데려와서는 원래 중국에서 발명된 종이 제작 기술을 중국인 작업자들에게 가르쳤다. 그리고 이 모든 작업은 철저히 자금성 안에서만 이뤄졌다. 원본을 내보냈다가 교묘하게 만든 복제본을 돌려받을 위험을 없애기 위해서였다. 이 국제 협력 사업에서 쌓은 경험을 바탕으로 삼아서, 이제 칭화 대학의 문화유산 보존 센터는 〈목재 구조물, 오래된 실내 장식, 가구에 대한 보존 작업〉 분야에서 석사 학위를 수여한다. 오래된 실내 장식과 목가구를 보존하는 작업에 고급 학위를 수여하는 것은 중국에서 이 과정이 처음이다.

건륭제가 은거한 도인 흉내를 낼 수 있도록 지어진 건륭화원과 그곳 건물들에서 그가 실제로 살았던 방식을 엿볼 수는 없다. 그는 그곳에서 단 하루도 살지 않았기 때문이다. 대신 그곳에서는 건륭제의 생각을 엿볼 수 있다. 건륭제가 꿈꾼 낙원이 어떤 모습이었는지 알 수 있다. 건륭화원은 인생의 만년을 주제로 쓴 에세이이자 노년의 의미에 대한 사색이다. 무절제한 시적 감성, 사치스러운 비품, 바로크풍의 엄격함은 권력에도 초월에도 애매했던 태도를 드러낸다. 건륭제가 건륭화원을 지었던 때와 거의 같은 시기, 프랑스의 마리 앙투아네트는 베르사유 궁 안의 아모• 에서 목자의 지팡이를 짚고 짐짓 천진한 아낙을 흉내 내며 놀았다. 그러나 마리 앙투아네트의 경우에는 가식이었던 것처럼 보이는 그런 태도가 건륭제의 경우에는 진심 어린 꿈이었던 것처럼 보인다. 권근재에 걸린 칠보 족자에는 건륭제의 이런 말이 새겨져 있다. 〈수만 명 자손에게 깃들 정결함과 질서가 한 사람의 마음에 담겨 있어야 한다.〉 황제의 삶에는 으레 다스리기 쉽지 않은 영토에서 벌어지는 온갖 혼돈이 따른다. 건륭화원은 그렇듯 복잡한 황제의 삶이 명쾌해질 수 있는 곳, 그러면서도 조금도 더 초라해지지 않는 곳으로 구상된 공간이었다.

• Hameau. 작은 마을이라는 뜻으로, 마리 앙투아네트가 일부러 궁 안에 만든 시골풍 정원이다. 보통 〈왕비의 마을〉로 불린다.

2008 ~ 2013

Brazil
2010
브라질
Ghana
2013
가나
2008
남극
Antarctica

Indonesia
2008
인도네시아

남극

남극의 모험

『트래블 + 레저』, 2008년 11월

재난 관광이란 사라져 가는 장소로 사람들을 데려가서 그곳이 사라지기 전에 보여 준다는, 약간 미심쩍은 사업이다. 그런 곳을 직접 본 사람들은 그곳을 구하려고 애쓸 것이라는 희망을 담은 일이지만. 남극은 몹시 취약한 장소다. 남극의 거대한 얼음덩이들이 녹고 바다의 수온이 변함에 따라 전 세계 생태계가 위기에 처했다. 위대한 인간이 몰락하는 모습은 하찮은 인간이 몰락하는 모습보다 늘 더 충격적이다. 우리가 역사적 비극을 몰입해서 읽게 되는 것은 그 때문이고, 셰익스피어의 주인공이 왕일 때가 많은 것도 그 때문이다. 남극은 녹아 내릴 위기에 처한 힘센 제왕과 같다.

남편과 내가 님로드 백주년 기념 남극 여행을 신청했을 때, 어니스트 섀클턴 경이 남극점을 찾아 나섰던 백 년 전 님로드 탐사가 실패했다는 사실, 그의 이름을 내걸고 떠나는 이 모험도 같은 운명을 맞을지 모른다는 사실에 제대로 주목했더라면 좋았을 것이다. 하지만 우리는 섀클턴이 달성하는 데 성공한 일만을 재현하려는 것이었지 — 엄밀히 말하자면 그가 달성한 일 중에서도 일부분만이었다 — 그가 열망했던 목표 자체를 재현하려는 것은 아니었다. 그리고 그 백 년 사이 기술이 발전했으니, 섀클턴이 로스해 연안에 지었던 오두막까지 가는 일쯤이야 쉬울 것이라고 예상했다. 섀클턴이 백 년 전에 딱 한 번의 겨울만 나려고 지었던 오두막은 아직까지 건재하여, 그의 높은 기준과 부패를 일으킬 미생물조차 살 수 없을 만큼 가혹한 그곳 기후를 증언한다.

우리는 2008년 새해 첫날 오후 4시 정각에 뉴질랜드 리틀턴에서, 그러니까 섀클턴이 1908년 1월 1일 똑같은 시각에 출항했던 바로 그 정박지에서 출항하기로 했다. 출항 전에 우리는 섀클턴의 탐사대가 기도를 올렸던 바로 그 영국 성공회 교회에서 축성을 받았고, 그들이 불렀던 찬송가를 똑같이 불렀다. 이런 카산드라적 후렴구가 있는 찬송가였다. 〈우리가 당신께 울부짖을 때 귀 기울여 주소서 / 바다에서 위험에 처한 이들을 위하여.〉 환송하러 나온 사람들이 상당히 많았고, 그중에는 섀클턴 탐사 대원들의 후손도 있었다. 브라스 밴드가 연주했다. 사람들은 우리에게 손을 흔들며 작별 인사를 했고, 섀클턴의 썰매를 끌었던 개들의 후손이라는 사모예드들이 짖었다. 우리 배는 섀클턴의 님로드호를 끌었던 바로 그 예인선에 이끌려 바다로 나갔다.

우리 배의 위쪽 갑판 난간에는 작은 플래카드가 붙어 있었고 — 동네에 새로 문 연 세탁방이 개업을 알리려고 붙임 직한 그런 플래카드였다 — 거기에는 〈엔더비의 정신〉이라고 적혀 있었다. 우리가 사전에 받아 본 여행 홍보 책자에 나온 배 이름이 그것이었다. 하지만 선체에 큼직한 키릴 문자로 적힌 배 이름은 〈흐로모프 교수〉였고, 구명보트에도 지도에도 선상의 다른 설비들에도 마찬가지로 그 이름이 적혀 있었다. 우리는 항구를 드나들 때도 〈흐로모프 교수〉라는 이름으로 드나들었다. 그것이 배의 실제 이름이었기 때문이다. 〈엔더비의 정신〉은 여행사 〈헤리티지 익스피디션〉의 사장이자 우리 여행의 대장인 로드니 러스가 열정적 상상력을 발휘하여 번득 지어낸 이름이었다. 예의 홍보 책자에는 〈러시아 빙해용 선박을 재단장했다〉는 말도 적혀 있었는데, 〈재단장〉이란 1983년 건조된 옛 소련 연구용 선박에 산업용 파란 카펫을 새로 깔기만 한 것보다는 좀 더 적극적인 조치를 암시하는 말 같았지만 어차피 우리는 호화로운 선실을 기대하고 이 여행에 나선 것은 아니었거니와 그때만 해도 이런 스파르타식 숙소가 우리 모험의 마초적 기상에 어울린다고 느꼈다.

한 달의 여정에서 처음 만난 구경거리는 이틀 뒤 도착한 스네어스 군도였다. 스네어스 군도는 뉴질랜드와 남극 사이의 아남극 해역에 드문드문 흩어진 섬들이다. 그 섬들은 새들의 밀도가 엄청나게 높아서 어느 길로 걷든 새들의 둥지나 번식지를 침범하게 되기 때문에, 우리는 상륙하는 대신 고무보트를 타고 돌면서 그 군도의 고유종인 매력적인 스네어스 볏왕관펭귄을 구경했다. 다시 배로 돌아와서, 남편 존과 나는 46명의 다른 승객들과 어울렸다. 미국인이 우리 말고도 두 명 더 있었고, 캐나다인이 한 명, 코스타리카인이 한 명, 그리고 뉴질랜드인들, 호주인들, 백인 짐바브웨인들과 나미비아인들, 영국인들이 있었다. 다시 항해에 나선 배는 높이 12미터의 너울을 만났다. 나는 꼭 회전식 건조기에 기약 없이 갇힌 행주가 된 기분이었다. 이즈음 알게 된바, 〈흐로모프 교수〉에게 빙해 항해 능력이 있다는 것은 거친 바다에서는 안정성이 좀 떨어진다는 뜻과 같았다. 우리는 소지품을 적당히 고정시키는 방법을 터득했고, 휴대용 컴퓨터가 카메라에 부딪혀 달그락거리지 않도록 사이에 스웨터와 내복을 끼워 넣어 소리를 죽였다. 상대적으로 안전한 선실에서도 이따금 침대 한쪽 끝 벽에 머리가 쿵 부딪혀서 목이 눌렸고, 다음에는 반대쪽 벽에 발이 쿵 부딪혀서 무릎이 눌렸다. 도전적인 기후에서 왕성하게 활동해야 하는 모험에 나설 때 나는 몸무게가 줄 것을 기대했지 키가 줄 것을 기대하지는 않았는데.

처음 상륙한 엔더비섬은 섬들이 대개 그렇듯이 자비롭게도 한 장소에 가만히 고정되어 있었다. 섬 전체에 잡목이 덮여 있었다. 꽃을 피우는 관목이 우거진 수풀도 있었고, 차고 단단한 땅에 납작 달라붙어 자란 두껍고 꺼끌꺼끌한 식물도 있었고, 감상하기에는 아름답지만 그 속을 헤치고 돌아다니려면 힘이 드는 더부룩한 잡풀도 다양한 종류가 있었다. 우리는 도둑갈매기, 여러 종의 앨버트로스, 간혹 눈에 띄는 노란눈펭귄을 비롯하여 무지무지하게 많은 새들을 봤다. 또 어디서나 뉴질랜드바다사자를 볼 수 있었다. 일단 보면 왜 그 동물을 사자라고 부르는지 알 수 있었다. 녀석들은 크기가 냉장고만 했고, 목의 살갗이 주름진 옷깃처럼 늘어졌고, 사람이 너무 가까이 다가가면 — 덤불을 헤집으며 다니다 보면 나도 모르게 그렇게 되었다 — 머리를 쳐들고 포효했다. 해변은 건너뛰고 굳이 덤불 속에 눕겠다는 녀석들의 결정은 약간 초현실적이었다. 꼭 우리가 그들을 어엿한 육상 동물로 믿었으면 해서 수작을 부리는 것 같았다. 녀석들은 주기적으로 네 지느러미발로 몸통을 들어올려서 늙은 나귀처럼 육중하고 신중한 걸음걸이로 힘겹게 풀밭 위를 이동했다.

거친 바다를 이틀 더 항해하니 매쿼리섬에 닿았다. 작은 연구 기지가 있는 그 섬은 자연 보호 구역이라서 방문객을 연간 몇백 명으로 한정하여 받는다. 해변은 야생 동물로 카펫을 깐 듯 빼곡히 덮여 있었다. 로열펭귄, 킹펭귄, 젠투펭귄, 바위뛰기펭귄이 있었고 코끼리물범도 있었다. 펭귄들은 호기심 어린 눈길로 사람에게 다가들었다. 로열펭귄에게 손을 내밀면, 펭귄이 손가락을 깔짝깔짝 물었다. 펭귄들은 지느러미발처럼 생긴 날개를 주로 몸짓에 썼고, 고개를 계속 끄덕이면서 정신없이 돌아다녔다. 그랜드센트럴 역에서 발차 트랙 번호가 방송되기를 기다리면서 초조하게 서성이는 통근자들 같았다. 일부 털갈이하는 펭귄들은 꼭 좀먹은 모피 코트를 걸친 나이 든 여자들 같았다. 섬의 한쪽 끝에는 번식하는 킹펭귄들이 20만 쌍 넘게 살고 있어서, 그 빼곡한 환경에 비하면 도쿄쯤은 여유로운 것 같았다. 물범들은 몸을 착착 겹쳐서 눕는 버릇이 있는 듯했다. 1950년대에 고등학생 치어리더들이 완벽하게 완성해 냈던 피라미드 쌓기 기술을 보는 것 같았다. 새끼 물범은 상상할 수 없을 만큼 귀여운 얼굴에 크고 촉촉한 눈망울을 갖고 있었다. 나이 든 수컷은 코가 길었는데, 위에 혹이 있었고 꼭 코끼리 코 같았다. 덜렁덜렁 흔들리는 코에는 싸우다 얻은 상처가 나 있었다.

우리는 주남극 폭풍우 해역 위도인 〈노호하는 40도대〉와 〈매서운 50도대〉를 통과했고, 이제 지구를 감싸고 돌면서 채찍질하듯 불어닥치는 바람을 막아 줄 이렇다 할 땅덩어리가 없는 남빙양을 오랜 시간에 걸쳐 건널 태세를 갖췄다. 로드니는 우리가 첫 빙산을 언제 만날지 맞히는 내기를 걸었고, 선상의 조류 전문가는 바닷새들의 종 수를 헤아렸으며, 모두의 마음속에서 일곱 번째 대륙의 존재감이 크게 차올랐다. 섀클턴은 마치 구르제프처럼 사람들의 헌신을 끌어당기는 데가 있는 인물이고, 우리 배에는 극지방 탐사의 전문가들이 차고 넘쳤다. 바다는 차츰 아남극 해역의 밝은 색깔과 거친 움직임을 잃었다. 색깔은 점차 탁해졌고 움직임은 점차 느릿해졌다. 꼭 느릿느릿 움직이는 거상의 근육이 팽팽한 피부 밑에서 울룩불룩하는 것 같았다. 1월 12일, 배는 유빙들이 지그소 퍼즐처럼 맞물려 이룬 총빙으로 들어섰다. 위에 눈가루가 덮인 얼음 조각들의 경계를 알려 주는 스케치처럼 그어진 바다의 검은 선은 거대하고 까만 거미줄 같았다.

얼음 조각들은 너비가 최대 6미터는 되어 보였고, 그 형태는 독수리, 폭스바겐 비틀, 이모티콘, 스페인 입체 지도를 연상시켰다. 지구상 대부분의 기후에는 햇빛과 그늘이 있고 그 중간의 회색들이 있지만, 여기에서 눈에 들어오는 것은 섬광등처럼 그림자라곤

없이 새하얗게 증폭된 얼음의 흰색뿐이었다. 오래된 얼음 중에는 물에 잠긴 선 바로 밑에 터키색 앞치마를 두른 것도 있었고, 빙산 중에는 세룰리안블루 색깔로 옆구리가 움푹 팬 것도 있었다. 지구의 다른 지역들에서 아름다움이란 대개 한눈에 볼 수 있는 것들이지만, 이 지역에서는 적대적이고 탁월하고 원초적인 방대함 그 자체가 방문자의 눈길을 압도했다. 그것은 방대함 속으로 직접 들어가 보지 않고서는 이해할 수 없는 풍경이었다. 세상이 얼음으로 시작하여 얼음에서 끝났다. 러시아인 선원들은 뱃머리에 서서 두꺼운 장애물이 있지나 않은지 살폈고, 그 결과에 따라 일등 항해사가 승객들을 좌현이나 우현으로 이끌었다. 선장은 선교에서 항해 지도를 점검했다. 배가 얇실한 유빙 위로 살짝 걸치듯이 올라서면 선체의 무게가 실리면서 얼음이 우지끈 깨졌다. 그날 오후 늦게, 모두 앞갑판에 나와서 멀드 와인을 마시라는 연락이 왔다. 우리가 남극권으로 들어섰다고 했다.

우리는 경도 약 180도에서 남쪽으로 내려가고 있었다. 계절성 해류 덕분에 로스해로 진입하기 쉬운 경도라고 했다. 우리는 대낮의 빛이 한없이 이어지는 남극의 한여름으로 들어섰고, 많은 사람들이 그 분위기를 음미하느라 그날과 그다음 날에도 새벽 2시 반까지 깨어 있었다. 그다음 날인 1월 14일 아침, 일어나니 나쁜 소식이 기다리고 있었다. 배의 중심부에 있는 갑갑한 강의실에서 로드니가 〈브리핑〉을 열었다. 그는 총빙이 예상보다 두껍다고 말했고, 좀 더 동쪽으로 가서 빙해에 재진입하는 것이 좋겠다는 판단하에 간밤 새벽 3시에 배가 그동안 왔던 길을 되돌아갔다고 말했다. 그는 우리에게 말했다. 「가던 길로 계속 가도 통과할 수는 있었을 겁니다. 하지만 총빙을 240킬로미터 더 뚫고 가야 하는데 속도가 3노트밖에 안 되었으니까요.」 내 초보적 산수 실력으로 계산해 보니 그렇다면 이틀만 더 가면 통과했을 테고 그렇다면 되돌아가느라 하루를 잃는 것이 현명한 일인가 의심스러웠지만, 나는 경험이 없는 일반인이니 입 다물고 있었다. 이어서 선장 드미트리가 말했다. 「이 배는 쇄빙선이 아닙니다.」 선장은 귀엽게 서투른 영어로 말했다. 「이 얼음은 너무합니다.」

모두가 머릿속에 품은 두려움을 누군가 말로 꺼냈다. 「혹시 아예 통과를 못 할 가능성도 있나요?」

로드니의 얼굴이 잿빛이 되었다. 「나는 남극에 36번 왔지만 매번 통과했습니다.」 그는 꼭 나이 지긋한 어느 친구를 위해서 파티를 열었는데 정작 그 주인공이 바람을 맞혀서 난감해진 주최자 같은 태도로 말했다. 갑판으로 돌아왔을 때, 처음 보았을 때는 우리가 곧 탐험할 얼어붙은 세상에 대한 즐거운 기대감을 안겼던 광활한 해빙이 이제 우리의 진전을 가로막는 음울하고 적대적인 바리케이드처럼 보였다. 한때는 배가 얼음에 살짝 올라타면서 부드럽게 〈카퉁〉 소리를 낼 때마다 기뻤지만, 이제는 로스해에 감질날 만큼 가까이 다가왔으면서도 더 다가가지 못한 채 막다른 얼음 골목에 갇힌 게 아닌가 하는 걱정이 자꾸 들었다. 승객들끼리 주고받는 쾌활한 대화에는 강제적인 느낌이 있었다. 전쟁 포로 수용소에서 수감자들이 일부러 자꾸 날씨가 좋다는 말을 주고받는 것처럼. 이튿날 우리는 물에 뜬 벙커에 갇힌 듯한 기묘한 정신 상태를 경험했다. 정기적으로 강의실로 내려가서 브리핑을 들었는데, 그때마다 로드니는 얼음 지도에서 어떤 점이 좋아 보이는지 말했고 드미트리는 어떤 점이 나빠 보이는지 말했으며, 그러면 일부 승객들은 계속 가보자는 의견을 지지했고 다른 승객들은 포기하자는 의견을 지지했다.

배는 경도 178도로 얼음을 헤치며 나아갔다. 셋째 날 밤 우리가 잠자리에 들 무렵에는 배가 선체를 들었다 내렸다 하며 얼음을 깨고 있었지만, 깨어나 보니 배가 꼼짝 않고 서 있었다. 우리는 고분고분 강의실로 내려갔다. 로드니는 매일 밤 새벽 3시까지 깨어서 드미트리에게 항로를 고수하라고 구슬리기도 하고 닦달하기도 했다. 드미트리는 새벽 3시에는 잠자리에 들기를 바랐고, 그 시각이면 승객들은 모두 각자 선실로 사라진 뒤였기에, 새벽 3시가 매일 매일 그날의 실패가 결정되는 시각이었다. 아무것도 모르는 관찰자의 눈에는 그동안 거쳐 온 얼음이 다 고만고만해 보였고, 배는 빠를 때도 있고 느릴 때도 있지만 아무튼 착실히 나아가는 것 같았다. 하지만 이날 새벽 3시에 선장은 다시 한 번 이 얼음은 통과할 수 없다고 선언했다. 로드니는 얼음이 계절에 어울리지 않게 두껍다는 사실은 인정했지만 그래도 배가 해낼 수 있다고 강조했다. 러시아인답게 과묵하면서도 동시에 과장하는 능력을 갖고 있는 선장은 얼음이 〈여전히 너무하다〉라고 말하면서 으쓱할 뿐이었다. 선장은 또 〈나는 거의 애씁니다〉라고 말했는데, 이 말은 그가 실제로 말하려고 의도했던 듯한 〈나는 아주 애씁니다〉보다 더 사실에 가까운 문장인 것 같았다. 우리는 결국 해내지 못할 것 같았다.

실패가 얼마나 쓰라린지 말하는 로드니의 눈에 눈물이 차올랐다. 그는 지금 제일 동정받아야 할 사람은 자신이라고 여기는 듯했다. 승객들은 처음에는 다들 대단히 영국적으로 입을 꾹 다물고 정신을 바짝 차렸지만, 나중에 많은 사람들이 선실로 돌아가서는 울었다고 고백했다. 뜨겁고 소금기 있는 눈물이 우리 앞길을 가로막은 차갑게 언 소금물을 녹일 수 있을 것처럼. 어떤 사람은 독실한 설교자로 변신하여, 인간이 자연에서 원하는 것을 늘 얻어 낼 순 없다는 사실을 이렇게 되새기게 된 것은 교훈적인 일이라고 말했다. 그러자 누군가 당연히 물어야 하는 질문을 떠올렸다. 남극에 가지 않을 거라면, 남은 보름 동안 뭘 하죠? 로드니는 그 문제는 솔직히 생각해 보지 못했다면서 되레 우리에게 물었다. 「여러분은 뭘 하고 싶습니까?」 단합도 안 되고 정보도 없는 어중이떠중이 승객들에게 투표를 권하는 것은 멍청한 짓이었다. 오래지 않아, 체념한 사람들이 막연한 제안을 마구 던져 댔다.

〈흐로모프 교수〉는 전염되는 슬픔으로 가득 찼다. 이 여행은 거창하거나 화려한 여행은 아니었지만 그래도 대단히 비쌌고, 사람들은 이 여행을 하기 위해서 많은 것을 희생했다. 콘래드의 가족은 콘래드의 쉰 번째 생일에 이 여행을 선물하기 위해서 팔 년간 저금했다. 이전에 헤리티지 여행사를 통해서 여행한 경험이 있던 린은 남편과 친구 다섯 명까지 설득해서 이 모험에 나섰다. 닉의 어머니는 임종하면서 자신이 남기는 적은 유산이나마 보태서 닉이 어려서부터 꿈꿔 온 남극 여행을 가라고 당부했다. 그레그는 남은 휴가를 다 쓴 데다가 무급 휴가까지 좀 냈는데 그래서 이제 2009년까지 휴가가 없다. 로런은 스티븐과 함께 이 여행을 하기 위해서 은퇴를 일 년 미루고 일했다. 딘, 호세, 글렌, 존, 캐럴, 이 쿨한 청년들은 고급 요트에서 일하는 프로 선원들인데 무려 삼 년 전에 이 여행을 예약했고 저축한 돈을 다 쏟아부었다. 우리의 실망에는 어쩐지 셰익스피어적인 데가 있었고, 이에 대해 우리가 할 수 있는 일은 아무것도 없었다. 최악의 상황에서 최선을 끌어내는 영국인의 기질이 늘 불가능한 꿈을 추구하는 미국인의 습성과 충돌했다. 영국인과 뉴질랜드인은 우리에게 레몬이 주어졌으니 레모네이드를 만드는 편이 낫다고 생각했지만, 호주인과 미국인과 아프리카인은 우리에게 레몬이 주어졌으니 이 좌절을 빚어낸 장본인들의 면상에 확 던져 버려야 한다고 생각했다.

항복을 선언한 뒤 맞은 첫날 밤, 갑판에 나와서 끝없이 펼쳐진 해빙을 감상하는 사람은 몇 없었다. 그러나 어떤 면에서는 우리가 이 이상한 세상에서 이렇게 실망을 느낀다는 사실이 좀처럼 믿어지지 않았다. 갑판에 섰을 때, 나는 우리가 있지 못하는 곳에 대한 슬픔 못지않게 우리가 있는 곳에 대한 경이로움에 흠뻑 빠졌다. 심야의 태양이 밤 10시쯤 근사하게 모습을 드러내어, 봉긋봉긋한 머랭처럼 주름진 해빙 위 하늘에 펼쳐진 비늘구름을 금빛으로 물들였다. 포유동물들과 바닷새들이 눈에 띄었고, 사람들은 디지털카메라로 앞다투어 녀석들을 기록했다. 희귀한 로스물범도 찍고 흔한 아델리펭귄도 찍었다. 여기저기 흩어진 아델리펭귄들은 작은 섬 같은 유빙에 흡족하게 올라앉아 있다가 우리 배가 거의 닿을 듯 다가가면 그제야 볼록한 배부터 퐁당 바다로 뛰어들었다. 우리 위를 맴도는 바다제비들은 특히 하얀 깃털에 햇살을 받았을 때는 꼭 북유럽 르네상스기 회화에 나오는 성령들처럼 보였다. 금속 계단을 딛고 올라서서 뱃머리 너머로 몸을 숙이면, 갈라진 얼음장에서 가장 반들반들한 표면에 내 얼굴이 분광되어 무지갯빛으로 비쳤다. 그러다가 곧 배가 얼음장을 가리가리 찢었다. 공기는 몸속을 정화해 주는 강장제 같았다.

그러나 우리 안의 뿌루퉁한 기분은 최후의 대륙에 미치지 못한 채 시간이 남아 속절없이 떠도는 이 새하얀 비세계의 영구적인 빛만으로는 만족하지 못했다. 일반적으로도 진실이지만 여행에서는 특히 더 진실인바, 인간은 무엇이든 가외의 것에는 기뻐하지만 예상했다가 얻지 못한 것에는 상심한다. 푸딩처럼 오동통한 발가락을 가진 나무 카멜레온이나 이베트 수녀원의 회랑 정원을 전에는 그 존재조차 몰랐더라도, 안내인이 우리에게 이 귀한 파충류를 목격하다니 여러분은 참 행운이네요 하고 말하는 순간, 혹은 수녀들이 무슨 바람이 불었는지 수녀원을 공개하겠다고 하니까 회랑을 구경할 수 있겠네요 하고 말하는 순간, 우리는 기뻐서 어쩔 줄 모른다. 그 반대 상황이라면, 실망하는 것을 넘어서 배신감까지 느낀다. 하지도 못할 경험에 이렇게 돈을 많이 쓴 자신을 욕한다. 〈그게 사실은 거기 못 갔어〉라는 말로 시작될 설명을 앞으로 무수히 반복해야 한다는 전망에 미리 화난다.

우리의 희망은 극단적으로 줄었고, 하루 뒤 우리는 고무보트로

스콧섬을 구경하려고 줄지어 섰다. 스콧섬은 가장 두꺼운 총빙의 북쪽에 솟은 바위섬으로 사람이 거의 찾지 않는 곳이었다. 짜릿하게도 우리는 인간도 공격했다고 알려져 있는 육식성 레오파드물범이 일광욕하는 모습을 보았는데, 바다민달팽이와 공룡을 섞은 것 같은 생김새였다. 그날 오후 브리핑에서 로드니는 얼음이 남쪽으로 걷힐지도 모르겠다면서 스콧섬 근처에서 하루 이틀 기다리면 어떻겠느냐고 제안했다. 혹시라도 통과할 가망이 있을지도 모르니까. 그날 밤은 무신론자들조차 잠자리에 들 때 신께 기도를 올렸다. 우리는 이 경험을 함께함으로써 전우애라도 형성되는 것처럼 이렇게 좌절을 약간 늦추는 데서 희미한 동료애를 느꼈지만, 내심 우리가 결코 서로에게서 벗어날 수 없으리라는 생각도 스멀스멀 들었다.

지구 환경이 위기를 겪고 있고 빙붕이 줄고 있다는 사실이 잘 알려진 오늘날, 우리를 압도하는 남극의 거대한 풍광은 적이 안심되는 것이었다. 우리는 모두 남극이 점차 푸르러지는 것을 걱정하면서 왔는데, 그런 우리의 눈앞에 펼쳐진 것은 끄떡없이 고요하게 얼어 있는 풍경이었다. 배가 항로를 고수하여 얼음을 뚫고 남극 대륙으로 들어갈 수 있기를 바라면서도, 우리는 여전히 장엄한 주변 풍광에 얼떨떨했고 절로 겸허해졌다. 두꺼운 얼음이 우리 배의 진로에서는 사라지기를 기도했지만 지구에서는 결코 사라지지 않기를 바랐다.

이튿날은 스콧섬 가까이 머물면서 좀 더 기다렸다. 끔찍한 브리핑은 1970년대 중반에 유행했던 의식 고취 모임과 비슷해지고 있었다. 요컨대 참가자가 한 명 한 명 자신의 속마음을 털어놓으면 다른 사람들은 이 악물고 잠자코 듣는 자리였다. 로드니는 이제 와서 로스해에 들어가는 데 성공하더라도 돌아 나오는 데 시간이 많이 걸릴 것이라는 점을 걱정했지만, 우리에게는 아예 들어가지 못하는 것에 비하면 돌아 나오는 문제는 덜 걱정스러웠다. 나는 옛 탐험가들이 극점에 도달하기를 갈망한 나머지 귀환 여부를 장담할 수 없는데도 지도에 없는 땅으로 걸어 들어가고, 동상으로 손가락 발가락을 잃고, 크레바스나 화이트아웃 눈보라 속으로 실종되었던 것을 이제야 좀 이해할 수 있었다. 이제 드미트리는 배가 얼음을 뚫고 들어가는 데 며칠이 걸릴 테고 그랬다가 똑같은 얼음을 뚫고 나와야 하는데 우리에게 그런 왕복 여행을 할 시간은 없다고 선언했다. 로드니도, 설득력은 없었지만, 선장이 옳다고 말했다.

사람들은 상심하면서도 분노했다. 지금껏 왔다 갔다 하느라 시간을 허비하고서는 이제 와서 시간이 문제라고 하다니. 로드니는 들어갈 수 있다고 생각했다. 드미트리는 들어가기를 거부했다. 나머지 사람들은 서로 겨루는 두 인간의 노리개였다. 자연이 하는 일이라면 어느 정도 품위 있게 받아들일 수 있지만, 인간의 욕심이 부른 일이라면 누구나 화가 치미는 법이다. 순전히 얼음만 문제인 상황이라면 받아들였겠지만, 인간의 무능력과 사적 갈등이 일을 그르쳤다는 사실은 참아 넘기기 어려웠다. 그날 밤 선교에서 이언은 배가 겨우 9노트로 움직이고 있다면서 〈이 배는 속도보다 안락함을 중시하도록 만들어진 것 같다〉고 말했다. 그러자 메리가 말했다. 「어느 쪽도 중시하지 않은 것 같은데요.」 분위기는 대략 그랬다. 승객들 중에는 결국 죽음으로 끝난 로버트 팰컨 스콧의 1910년~1913년 남극점 탐험을 기록한 훌륭한 책 『세계 최악의 여정』을 읽는 사람이 많았다. 우리는 우리의 님로드 백주년 기념 여행을 〈세계에서 두 번째로 나쁜 여정〉이라고 부르기 시작했다.

우리에게는 아직도 두 주가 남아 있었다. 우리는 서쪽으로 가서 빙산들을 구경한 뒤 아남극해를 건너 뉴질랜드로 돌아가기로 했다. 지금까지 뭍에 발을 디딘 것은 네 번뿐이었고, 배에 갇힌 용맹한 모험가들은 미쳐 가고 있었다. 나는 평소 추위를 싫어했지만, 배에 갇힌 기간 중에는 갑판에서 오들오들 떠는 것이 희한하게도 짜릿하게 느껴졌다. 손가락과 코끝이 얼어서 무감각해지는 것이 재미있었다. 우리 발밑에 남극 대륙은 없었지만, 추위만큼은 분명 남극적이었다. 추위는 우리가 펭귄들과 물범들과 고래들과 맺은 일시적 유대감이 실체화한 현상이었다. 우리가 어디로든 가보기는 했다는 사실을 스스로에게 설득시키기 위하여, 우리는 새로 익힌 어휘를 열심히 구사했다. 연빙과 엽빙, 결빙과 얽힌 얼음, 탁상 빙산과 부빙편, 일년 얼음과 다년 얼음, 취빙과 사스트루기. 눈을 부르는 단어를 백 개나 갖고 있다는 사람은 이누이트족이 아니라 우리였다.

이윽고 빙산들에 다다랐다. 거의 아방가르드적으로 생긴 빙산이 많았다. 프랭크 게리 빙산도 있었고, 산티아고 칼라트라바 빙산도 있었고, 사랑스러운 구식처럼 보이는 프랭크 로이드 라이트 빙산도 있었으며, 그와 더불어 당연히 다양한 월마트 빙산과 이케아 빙산도 많았다. 빙산들은 눈이 희다는 상식은 사실이 아님을 보여 주었다. 눈은 푸르다. 특정한 빛을 받았을 때 흰 반사광이 반짝일 뿐이다. 그것도 그 빛이 가끔 그렇듯이 초록색이나 노란색이 아닐 때, 드물게 그렇듯이 분홍색 줄무늬가 아닐 때만 그렇다. 빙산의 핵심에 갇혀 있는 밀도 높은 눈은 푸른빛 중에서도 가장 푸른빛을 제외한 모든 빛을 흡수하므로, 형광 푸른색의 열대 하늘이 남풍에 한 조각 실려서 이곳까지 운반된 것처럼 밝게 빛났다. 배가 마지막으로 다가간 탁상 빙산은 우리를 한자리에 모은 남극에의 환상에 바치는 작별 인사였다. 빙산은 우리가 다가간 빙산들 중 가장 아름다웠고, 가장 거대했으며, 우리가 고무보트를 타고 바싹 접근해 있는 동안 엘리베이터가 없는 저층 아파트만 한 얼음 기둥을 옆구리에서 떨어뜨렸는데, 그 얼음덩어리가 차디찬 바닷물로 첨벙 빠지면서 내는 굉음은 미국 독립 기념일 축포 소리를 방불케 했다.

장례식 행렬처럼 느릿느릿 돌아온 귀환 길에 본 섬들 중에서는 캠벨섬이 재미있었다. 로열앨버트로스들이 그 섬에 둥지를 틀고 있었고, 운 좋게도 우리 일행은 보기 드물다는 교대식 장면을 목격했다. 그동안 알을 품고 앉아 있던 암컷이 잠시 바다로 가서 먹이를 찾을 수 있도록 수컷이 교대해 주는 순간이었다. 두 마리는 삼십 분쯤 다정하게 서로 털을 골라 주었고, 이윽고 암컷이 조심스럽게 둥지 밖으로 발을 내딛자 수컷이 대신 자리 잡고 앉아서 긴 교대 임무를 시작했다. 우리 여행단의 조류학자도 이 의식은 처음 본다고 했다.

그 밖에는 우리의 전략이라고는 주로 섬 하나로 다가가면서 그 언덕을 감상하고, 그다음에는 그 언덕을 올라서 우리 배를 감상하고, 그다음에는 배로 돌아와서 마지막으로 한 번 더 섬을 감상하는 것이었다. 로드니는 자신보다 나이 든 고객들이 가파르고 질척질척한 골짜기에서 알아서 낑낑거리도록 내버려둔 채 앞장서서 씩씩하게 경사를 올랐다. 사람들은 남은 날짜에 가위표를 쳐가면서 헤아렸다. 섬 구경이 흥미롭지 않은 것은 아니었다. 다만 헤리티지 여행사가 일주일 미만의 아남극 여행 상품을 일인당 약 5천 달러에 판매한다는 점이 문제였다. 이 여행은 달랐다. 이런저런 가외 비용까지 합한다면, 우리를 이 여행에 보내 준 잡지사는 이인용 선실 하나에 4만 달러 넘게 지불했다. 그마저도 우리가 뉴질랜드까지 가는 항공편 비용과 여행 기간 중 일을 못 해서 발생하는 손해는 포함하지 않은 것이었다.

우리는 로드니가 부분 환불이라도 제안하기를 기다렸고, 최소한 바의 음료를 하룻밤이라도 공짜로 제공하기를 기다렸다. 그러나 그는 아무 말이 없었다. 내가 노골적으로 물었더니, 그는 이렇게 대답했다. 「내가 들인 비용은 배가 통과했을 때와 똑같단 말입니다.」 마지막 날 저녁, 날씨가 형언할 수 없을 만큼 좋았다. 우리가 경험하려고 했던 것과는 정반대인 밝고 따스한 공기 속에서, 우리는 맑고 푸른 하늘과 반짝반짝 일렁이는 바다와 여름 뉴질랜드 해안의 부드러운 아름다움을 바라보며 죽도록 우울했다.

우리는 평생 뉴욕을 구경하고 싶다는 꿈을 안고 살다가 마침내 목표를 이루려고 나섰는데 그만 뉴어크 시내에 발이 묶여서 한 달 동안 집으로 돌아가지도 못한 채 갇혀 버린 여행자 같았다. 실망이 너울처럼 부풀었다. 처음에는 충격이 덮쳤다. 다음에는 이렇게 평생 속상한 기분으로 살 수는 없다는 생각에 감정이 좀 진정되었다. 그다음에는 백여 종의 새들, 이십여 종의 포유동물들, 망망대해를 채울 만한 얼음을 보았다는 사실에 진정한 기쁨이 느껴졌다. 마지막으로 우리가 이루려고 했던 것을 이루지 못한 채 배에서 내리면서 드는 감정이 있었다. 분노, 열패감, 속았다는 기분, 자책, 회의감. 배에 오를 때 우리 마음속에는 다시 깨어난 청춘의 희망이 있었지만, 내릴 때 우리 마음속에 있는 것은 늙은이의 불만이었다.

처음에 우리는 헤리티지 익스피디션 여행사의 격의 없는 분위기를 가식적이지 않은 태도로 여겨서 좋아했고, 로드니가 자아내는 발견의 아우라를 즐겼다. 우리 님로드 백주년 기념 여행이 재앙으로 바뀐 것은 자연에 엄연히 존재하는 장애물이 그 못지않게 엄연히 존재하는 인간의 아마추어리즘과 맞물린 탓이었다. 나중에 들어 보니, 우리와 같은 시기에 같은 얼음을 만났던 〈마리나 스베타에바〉라는 배는 항로를 바꿔서 코먼웰스만(灣)을 통해 남극 대륙에 닿는 데 성공했다고 했다. 헤리티지의 허세에는 약간 귀엽고 신선한 면이 있었다. 우리 승객들이 모두 한배를 탄 운명이라는 느낌에는 거의 가슴이 뻐근해지는 어떤 감동이 있었다. 우리는 스스로 여행 상품을 구매한 관광객이라는 기분은 전혀 품지 않았다. 서로 낯선 사람들이지만 우연히 우정으로 만나서 세상에 남은 야생의 자연 중 가장 위대한 곳으로 함께 손잡고 용감하게 전진해 들어가기로 한 것이라고 느꼈다. 이런 여행은 낭만적이다. 하지만 위험도 있는데, 아, 아쉽게도 우리의 경우에는 위험이 낭만을 능가했다. 만일 우리가 희고 거대한 세계의 바닥에 도달하는 데 성공했다면, 우리 실패한 여행에서 내가 한탄했던 바로 그 특징들을 나는 오히려 사랑했을 것이다. 그래도 우리는 세상 사람들이 거의 보지 못한 종류의 아름다움을 직접 보았으니, 딱딱한 얼음 같은 아쉬움 대신 그 따스한 행복감을 마음에 남겼다.

•

우리 여행을 방해했던 해빙은 이후에도 점점 더 많아졌다. 빙하가 계속 쪼개지고 있기 때문이다. 과학자들조차 연구 기지로 들어가는 데 갈수록 애먹고 있다.[1] 극지방의 오존 고갈, 늘어나는 온실 가스, 열대가 남극보다 더 빨리 데워지기 때문에 발생하는 극심한 온도 차이, 이런 문제들로 인해 바람이 점점 더 거세어지고 있고 그래서 남극의 얼음 봉쇄 현상이 심해지고 있다. 거센 바람은 상대적으로 따뜻한 바닷물을 빙하 밑에서 위로 솟구쳐 올림으로써 얼음을 녹인다. 서남극의 일부 빙하들은 구조적 특징 때문에 유난히 취약하다. 가까운 미래에 서남극 빙상의 퇴화로 해수면이 최소 1.2미터 더 높아질 가능성이 있고, NASA는 이 현상을 〈멈출 수 없는〉 과정이라고 말했다.[2] 한편 동남극의 토튼 빙하는 두 군데 관문으로 따뜻한 물을 받아들이고 있는데, 토튼 빙하는 텍사스 넓이의 4분의 3에 해당하는 육빙을 잡아 둔 빙하이기 때문에 만약 그것이 다 녹는다면 해수면은 3.35미터 더 높아질 수도 있다.[3]

2015년 3월 24일, 남극반도 북쪽 끝에 위치한 에스페란사 기지에서 기록상 최고 기온인 17.5도가 관측되었다.[4] 점점 높아지는 기온에 힘입어 남극에서 새로운 균류들이 다양하게 생겨나고 있는데, 균류는 다른 외래종 생물들이 침입해 들어오는 데 발판이 되어 줄 수 있다. 또 기후가 따스해지자 남극은 킹크랩에게 매력적인 장소가 되었다. 이것은 킹크랩에 대한 방어 수단이 없는 다른 해양 동물들에게는 큰 위협이 될지도 모른다. 한편 빙하가 녹은 물에는 철분이 많은데, 이것은 식물성 플랑크톤에게 좋은 일이고 식물성 플랑크톤이 많아지는 것은 펭귄에게 좋은 일이지만 이 현상 또한 생태계 전체에는 심각한 위협이다.[5]

극지방 자원 채취를 금지한 남극 조약은 2048년 만료된다. 중국은 벌써 그 동토의 대륙에 네 개의 연구 기지를 세웠고 현재 다섯 번째 기지를 짓고 있다. 중국은 남극 바다에서 크릴을 엄청나게 많이 잡는다. 중국 농업 발전 집단의 회장 류선리는 이렇게 말했다. 〈남극은 온 인류의 보물 창고입니다. 그러니 중국도 그곳으로 가서 제 몫을 찾을 겁니다.〉 최근 중국과 호주는 중국 선박들이 더 남쪽으로 항해하기 전에 호주에 들러서 급유할 수 있도록 하는 5년 협정을 맺었다. 그 협정으로 이제 중국은 남극의 해양 생물 자원을 수확하고, 풍부한 석유와 광물 자원을 채취하고, 빙산에서 신선한 수자원을 얻을 준비를 갖췄다. 뉴질랜드 캔터베리 대학의 정치학 교수 앤마리 브래디는 〈중국이 남극에서 길게 내다보고 있다〉며, 중국이 남극에서 자원 채취 사업을 개시하겠다는 바람을 〈자국 국민들에게는 이미 분명히〉 밝혔다고 말했다.[6]

인도네시아 모두가 수화로 말할 때

『부모와 다른 아이들』, 2012년

호주 언어학자 니컬러스 에번스를 알게 된 것은 2006년 우리가 같은 펠로십 프로그램을 할 때였다. 그가 내게 발리의 어느 마을에 선천적 청각 장애가 유전되어 농인이 표준이 된 문화가 있다고 알려 주었다. 그 말을 듣고는 줄곧 그 마을에 가보고 싶었는데, 남극 여행에서 좌절한 뒤 집으로 돌아오는 길에 발리에 들러서 그 마을을 가볼 기회가 생겨 기뻤다.

내가 『부모와 다른 아이들』에서 벵칼라를 이상향처럼 묘사한 글을 보고, 일부 독자들은 내가 이른바 고귀한 야만인의 원시적인 삶을 칭송하는 것이라고 여겼다. 그러나 나는 벵칼라 같은 곳에서 사는 사람들의 고단한 삶을 윤색할 마음은 전혀 없다. 벵칼라가 낙원인 것은 장애인 인권의 측면에서 보았을 때뿐이다. 전 세계에서 농인들은 사회적 배제를 겪는다. 이상향이라는 곳이 비록 척박한 땅에서 농사로 자급해야 하는 고단한 곳이더라도, 모든 사람이 수화로 말할 줄 아는 사회란 모든 사람이 공통된 언어로 유창하게 소통하는 세상이라는 이상에 대한 한 응답임에 분명하다.[1]

발리 북부 벵칼라라는 작은 마을에는 선천적 청각 장애가 약 250년간 유전되었다. 어느 시점이든 마을 인구의 약 2퍼센트가 그 유전자의 영향을 받는다. 벵칼라에서는 모든 주민들이 농인과 함께 자라고 마을에서 쓰이는 독특한 수화 언어를 알기 때문에, 들을 수 있는 사람과 듣지 못하는 사람이 살면서 겪는 경험의 차이가 세계 어느 곳보다 작을 것이다. 내 관찰에 따르면, 청각 장애가 흔한 사회에서는 그것이 별반 불리한 점으로 작용하지 않는다. 농인과 청인은 자유롭게 혼인하고, 사람들은 농인 아이를 낳더라도 청인 아이를 낳은 것과 똑같이 기뻐한다.

벵칼라는 데사 콜록, 즉 농인의 마을이라고도 불린다. 2008년 내가 갔을 때 주민 2,000명 중 46명이 농인이었다. 청인 부모가 농인 아이를 낳은 경우도 있고, 농인 부모가 청인 아이를 낳은 경우도 있고, 부모와 아이가 모두 농인인 경우도 있었으며, 부모가 농인이든 청인이든 농인과 청인 아이를 둘 다 낳은 경우도 있었다. 벵칼라는 가난한 마을이고 전반적인 교육 수준이 낮지만 그중에서도 농인들은 더 낮다. 인도네시아 정부가 농인에게 제공하는 교육은 수화 인도네시아어를 가르치는 것뿐이고, 그나마 발리의 농인 학교는 주도인 덴파사르에만 있다. 수화 인도네시아어는 청각 언어 문법으로 손짓 단어를 연결하는 방식이라서 주로 시각적 문법을 쓰는 사람은 배우기 어렵다. 벵칼라의 청인 교사인 칸타는 2007년 마을 농인들에게 마을 고유의 수어인 카타 콜록을 가르치는 과정을 열었다. 첫 농인 학급의 학생들은 나이가 7세에서 14세까지 다양했는데, 이전에는 다들 공식 교육을 받을 기회가 없었기 때문이다. 학생들은 발리어 철자와 숫자를 손짓으로 표현하는 법을 배우고 있었다.

발리 북부 시골 사람들은 주로 혈연끼리 어울려 살아간다. 그러나 농인은 혈연 관계를 유지하면서도 그것을 뛰어넘을 수 있다. 가령 농인은 생일 파티에 친척뿐 아니라 마을의 다른 농인들도 초대하는 데 비해, 청인은 친척이 아닌 사람은 초대하지 않는다. 농인은 전통적으로 해온 생업이 있다. 죽은 사람을 묻는 일, 마을에 범죄가 거의 없기는 하지만 경찰 노릇을 하는 일, 자주 말썽을 부리는 동네 배관을 고치는 일이다. 대부분은 또 농사를 짓는다. 카사바와 토란을 기르고, 소 여물로 쓰는 부들을 기른다. 벵칼라에는 종교 의례를 집전하는 전통 추장이 있고, 발리 중앙 정부가 정부 기능을 감독하기 위해서 임명한 행정의 장이 있고, 전통적으로 농인들 중 최연장자가 맡는 농인들의 장이 있다.[2]

나는 발리 언어학자 이 게데 마르사자와 함께 벵칼라에 갔다. 벵칼라 이웃 마을에서 태어난 그는 카타 콜록 수어를 깊이 연구했다. 우리는 산을 한참 올라서 강물이 60미터 높이의 암벽으로 곤두박질치는 계곡에 다다랐다. 벵칼라의 농인 주민 여러 명이 람부탄을 기르는 물가에서 우리를 기다리고 있었다. 이후 30분 동안 나머지 농인들도 속속 도착했다. 나는 널찍한 방수포 한쪽 끝에 깔린 붉은 담요 위에 앉았고, 사람들은 방수포 가장자리에 빙 둘러앉았다. 사람들은 내가 당연히 알아들을 것이라고 여기면서 내게 수화로 말했다. 그 말을 게데가 통역해 주었고, 칸타도 거들어 주었다. 나는 금세 단어를 몇 개 익혔고, 내가 그것을 사용할 때면 모든 사람들이 활짝 웃었다. 그들의 수어에는 여러 층위와 종류가 있는 듯했다. 농인들이 내게 하는 수어는 꼭 마임 같았고 그래서 나도 그들의 말을 줄거리나마 똑똑히 이해할 수 있었지만, 그들이 자기들끼리 수어를 할 때는 무슨 말인지 전혀 알 수 없었다. 농인들이 게데에게 하는 수어는 그 중간쯤 되어 보였다. 마을의 청인들 중에도 유난히 수어를 잘하는 사람들이 있었다. 카타 콜록은 정확한 문법을 갖추고 있지만, 유창하지 않은 사람은 문법 없이 그냥 손짓 단어만 엮어 말하더라도 뜻이 통했다.

카타 콜록에서 〈슬픔〉을 뜻하는 손짓은 검지와 중지를 눈머리에 댄 뒤 아래로 끌어내려서 눈물이 흐르는 모습을 표현하는 것이다.

〈아버지〉를 뜻하는 손짓은 검지를 윗입술 위에 가로놓아서 콧수염을 표현하는 것이다. 〈어머니〉를 뜻하는 손짓은 편 손바닥이 위를 향하도록 가슴께 대어 가상의 유방을 표현하는 것이다. 〈듣지 못함〉을 뜻하는 손짓은 검지를 귀에 꽂은 뒤 빙빙 돌리는 것이고, 〈들을 수 있음〉을 뜻하는 손짓은 손바닥으로 귀를 덮은 뒤 머리에서 멀어지는 방향으로 떼면서 활짝 펼쳐서 꼭 머리에서 무언가가 폭발해 나가는 것처럼 표현하는 것이다. 카타 콜록에서는 보통 긍정적인 단어는 위를 가리키고 부정적인 단어는 아래를 가리킨다. 그런데 외국 여행을 하고 돌아온 한 주민이 서양에서는 가운뎃손가락을 위로 향하는 것이 욕이라고 알려 주었고, 그래서 이제 사람들은 방향을 뒤집어서 〈끔찍한 것〉을 뜻할 때 가운뎃손가락으로 위가 아닌 아래를 가리킨다. 어휘는 끊임없이 진화하지만, 문법은 거의 고정되어 있다. 많은 수어가 그렇듯이 카타 콜록도 수십 년의 세월을 거치면서 차츰 규칙이 형성되었을 것이다. 2세대의 수어는 1세대의 수어보다 늘 더 복잡하고 질서 있다.

시골 농부들은 청인이라도 말할 때 어휘가 엄청나게 풍부한 편은 아니고, 그 점은 수어도 마찬가지다. 학자들은 카타 콜록에 단어가 1천 개쯤 있다고 확인했다. 그러나 농인들은 그보다 더 많은 단어를 아는 것이 분명하고, 단어들을 조합함으로써 추가의 의미를 만들어 낼 줄도 안다. 서양의 교육받은 사람들 사이에서는 친밀감이 보통 무언가를 함께 안다는 사실에서 형성되고, 그 앎은 타인의 비밀스러운 마음이 언어로 드러날 때 좀 더 증진된다. 하지만 세상에는 언어 표현을 덜 하는 사람들도 있다. 그들은 그보다는 요리로써, 에로틱한 열정으로써, 밭에서 함께 노동함으로써 자신을 표현한다. 그런 이들에게 언어에 담긴 의미는 부차적이다. 사랑의 수단이라기보다 그 부속물에 불과하다. 우리가 방문한 사회는 들리는 사람에게나 안 들리는 사람에게나 언어가 친근함의 필수 전제 조건이 아닌 사회, 세상을 이해하고 헤쳐 나가는 데 있어서 제일 중요한 수단도 아닌 사회였다.

점심을 먹은 뒤, 남자 열네 명이 사롱을 걸쳤고 여자 두 명이 화려한 레이스가 달린 나일론 블라우스를 걸쳤다. 대개의 농인이 그렇듯이 이들도 북의 진동을 느낄 수 있었다. 이들의 춤은 자신들의 모방적인 언어에서 자연스럽게 흘러나오는 것 같았다. 춤사위를 보면 이들이 배 타는 이야기를 하는 것인지, 담배 피우는 이야기를 하는 것인지, 달아나는 이야기를 하는 것인지 다 알 수 있었다. 두 여자는 각자 남자에게 다가가서 함께 춤추자고 권했다. 둘 중 한 명이 내게 권하기에, 나는 나가서 췄다. 여자는 함께 춤추면서 내 목에 꽃목걸이를 걸어 주었다. 그러다가 여자들이 이제 덥고 지쳤다고 말했고, 정말로 날이 무진장 습했기 때문에 다들 그만 추었다. 남자들은 마을을 지킬 때 쓰는 무예를 보여 주겠다고 했다. 무예에 수화 동작이 섞여 있다는 점, 그들이 손발을 무기처럼 활용한다는 점이 흥미로웠다. 수아라야사라는 청년은 시범에 참여하기를 거부하다가 어머니로부터 꾸중을 듣고서야 나섰는데, 무예 기술을 보여 주는 사이사이 계속 수화로 말했다. 〈봤지!〉 사나우면서도 장난스러운 모습이었다.

여자들이 모두에게 스프라이트를 나눠 주었다. 그다음 남자들이 강에서 멱을 감자고 권했다. 우리는 부들과 고추 밭을 헤치고 계곡으로 내려가서 홀딱 벗고 멱을 감았다. 머리 위로 우뚝 솟은 암벽에 긴 덩굴이 늘어져 있었고, 남자 농인들은 덩굴에 매달려서 흔들면서 놀았다. 나는 물속에서 공중제비를 돌았고, 어떤 사람은 물구나무를 섰다. 우리는 장어를 잡는 통에 미끼로 생선을 넣어 두었다. 어떤 사람은 잠수해서 조용히 내 등 뒤까지 다가온 뒤 물 위로 쑥 솟구쳤다. 사람들은 내게 계속 수화로 말을 걸었고, 소통은 원활했으며 심지어 유쾌했다. 이 사람들이 비록 가난과 장애를 겪고 있지만, 이런 저물녘 햇살 속에서는 모두가 이처럼 매끄럽게 소통하는 이곳을 이상향으로 여길 수도 있을 것 같았다.

이튿날, 칸타가 가끔 서투른 영어로 내게 직접 말하기도 하면서 카타 콜록을 발리어로 통역해 주었다. 그러면 게데가 가끔 서툰 카타 콜록을 곁들이기도 하면서 칸타의 발리어를 영어로 통역해 주었다. 그리고 벵칼라의 농인들은 활발한 수화 몸짓으로 내게 직접 말했다. 이렇게 뒤죽박죽된 언어로 소통할 수 있었던 것은 오직 모두의 의지 덕분이었다. 각 가정에 농인이 몇 명이고 청인이 몇 명인지 정확히 알아내는 것조차 어려웠는데, 가족의 정의부터 다들 달라서였다. 남자 친척의 수요? 어른의 수요? 부엌을 같이 쓰는 사람의 수요? 통역될 수 없는 문법 구조가 많아서 질문에 한계가 있었다. 가령 카타 콜록에는 조건문이 없고, 〈왜〉를 뜻하는 단어도 없다. 범주어가 없고(이를테면 〈동물〉이라는 단어도, 〈이름〉이라는 추상어도 없다), 구상어만 있다(〈소〉라는 단어가 있고 사람들 각각의 이름이 있을 뿐이다).

맨 처음 이야기 나눈 것은 핀다의 가족이었다. 핀다는 현재 두 아내와 살고 있고, 이혼한 전 아내가 두 명 더 있었다고 했다. 생존한 자식은 둘로, 니 음드 레스미니가 낳은 딸과 다른 아내가 낳은 아들이었다. 이전 결혼에서 얻은 자식 셋은 모두 죽었다고 했다. 핀다의 아내들과 아이들은 모두 농인이었다. 핀다는 이렇게 말했다. 「이 동네의 들리는 사람들은 싫어요. 내가 돈을 달라고 해도 안 줘요.」 핀다는 허영이 강하고 자꾸 자기를 사진으로 찍어 달라고 했지만, 정이 많고 잘 웃었다. 그는 레스미니가 소들을 먹일 풀을 매일 베는 데다가 말을 한 마디도 안 하기 때문에 사랑한다고 말했다. 「들을 줄 아는 사람들은 말을 너무 많이 해요.」 그의 설명이었다. 레스미니는 이렇게 말했다. 「나는 늘 농인과 결혼하고 싶었지만, 내 아이들이 농인일지 아닐지는 신경 쓰지 않았어요. 만약 내 농인

딸이 들을 줄 아는 남편을 얻는다면, 아마 더 풍족하게 살 거예요. 만약 농인 남편을 얻는다면, 나처럼 부부싸움을 많이 할 거예요. 남편과 공통의 언어가 많은 것은 장점이 못 돼요. 그러면 다들 너무 감정이 앞서거든요.」 아내의 말에 핀다는 뭔지 모를 자랑스러움을 느끼는 듯했다. 「농인은 아내에게 마음에 안 드는 점이 있으면 당장 내쫓죠. 아내가 딴 남자와 너무 가깝게 군다 싶으면 가타부타 따지지도 않고 쫓아내요. 나는 귀가 들리는 여자와는 절대 결혼하지 않았을 거예요. 아들도 농인하고 결혼하면 좋겠어요.」 들을 줄 아는 아내를 두면 자신이 가정을 장악하기가 어려울 터라서 그런 것 같았다.

다음은 산티아의 가족을 만났다. 산티아는 청인 부모에게 태어난 농인 아들이고, 아내인 세닝 수케스티는 농인 부모에게 태어난 농인 딸이다. 두 사람은 어린 시절 친구였다. 산티아는 좀 느릿하지만, 세닝 수케스티는 발랄하고 활기차고 지적이다. 세닝 수케스티가 산티아와 결혼한 것은 산티아의 청인 부모에게 그들이 경작할 땅이 충분히 있기 때문이었다. 그녀는 말했다. 「안 들리면 안 들리는 거죠. 들리면 들리는 거고요. 그냥 그런 거예요. 들리는 사람이 부러웠던 적은 한 번도 없어요. 들린다고 해서 사는 게 더 쉽진 않으니까요. 우리도 열심히 일하면 돈을 벌 수 있어요. 나는 소들을 돌보고, 씨를 뿌리고, 카사바를 삶아요. 다른 마을에서 살았다면 귀가 들리면 좋겠다고 생각했을지도 모르지만, 나는 우리 마을이 좋고 이 마을에서는 그게 아무런 문제가 되지 않아요.」

부부의 네 아이 중 셋이 농인이다. 아들 수아라 푸트라는 청인인데, 아이가 생후 9개월이었을 때 부부의 청인 친구들이 아기가 들을 수 있다는 사실을 발견했다. 아이는 11개월부터 수화를 썼지만, 발성 언어가 훨씬 더 유창하다. 이제 청년이 된 수아라 푸트라는 부모에게 곧잘 통역해 준다. 그는 자신의 청력도 수화 능력도 없었으면 싫었던 적은 없다고 말했다. 「사람들은 보통 하나만 갖고 있지만 나는 둘 다 갖고 있는 거죠.」 그러나 그는 설령 농인이었더라도 행복했을 것이라고 말했다. 친구들 중 절반은 농인이고 절반은 청인이다. 「나는 그런 식으로 나누지 않아요. 나한테는 다들 똑같으니까요.」 그는 그렇게 말했지만, 그래도 이렇게 덧붙였다. 「부모님은 들리는 자식이 한 명이라도 있어서 좋아하시는 것 같아요. 하지만 만약 내가 부모님과 같았다면 갈등은 좀 적었겠죠.」 세닝 수케스티는 수아라 푸트라가 농인 누이들보다 수화를 더 잘한다고 말했다. 발성 언어를 할 줄 아는 덕분에 복잡한 생각을 더 잘 표현할 줄 안다고 했다.

부부의 농인 아들인 수아라야사는 전날 무예를 보여 주면서 계속 수화로 화냈던 그 청년이었다. 그는 우리에게 농인 친구와 청인 친구가 다 있지만 농인 친구들과 어울려서 얼근히 취하는 것이 더 재밌다고 말했다. 「내 또래 농인들은 학교에 안 가거든요. 그래서 일할 시간이 있으니까 돈이 있고, 그래서 내게 술을 사주죠.」 알코올 중독은 벵칼라에서 특히 농인들이 더 흔히 겪는 문제이고, 많은 농인 청년 남자들이 내게 취중에 벌인 싸움으로 얻은 상처를 자랑스레 보여 주었다. 수아라야사의 농인 외할머니는 손자가 술을 줄여야 한다고 말했고, 수아라야사가 자신은 청인 아가씨와 결혼할 거라고 말하자 못 말린다는 듯 고개를 저었다. 내가 그에게 왜냐고 물었더니 그는 이렇게 대답했다. 「농인 아가씨들은 벌써 다들 나를 퇴짜 놓았거든요. 내가 술 마시는 게 싫대요. 나는 절대 토하지도 않는데.」

나이가 좀 더 있는 부부인 산디와 케비야르는 두 농인 아들 은가르다, 수다르마와 함께 산다. 은가르다의 아내 몰사미는 딴 마을 출신의 청인으로, 은가르다의 아이를 임신한 사실을 알고서야 수화를 배우는 편이 좋겠다고 생각했다. 「남편은 열심히 일하는 사람이냐 게으른 사람이냐가 중요하지, 들리고 안 들리고는 큰 차이가 없어요.」 반면 은가르다는 들을 줄 아는 아이를 넷 두어서 기쁘다며 단호하게 말했다. 「이 마을에 농인은 이미 많아요. 모두가 농인이라면 좋을 게 없습니다.」

수다르마는 정반대 견해였다. 그는 농인인 님 핀두와 결혼했고, 청인 여자와는 결혼하지 않았을 것이라고 말했다. 내가 발리에서 만난 모든 사람을 통틀어, 수다르마는 서양의 농인 정치학과 가장 비슷한 견해를 취하는 것 같았다.[3] 「농인들끼리 뭉쳐야 합니다. 청인들은 청인들끼리, 농인들은 농인들끼리 사는 것이 좋습니다. 나는 자식도 농인이기를 바랐고, 농인들 사이에서 살고 싶습니다.」 그의 세 자녀는 모두 농인이다. 대단한 술꾼인 그는 싸움에서 얻은 상처들을 보여 주었다.

원래 우리는 벵칼라의 농인 대표 게타르와 그의 누이 케시야르를 그날 맨 먼저 만나기로 했었지만, 게타르가 아침 일찍 배관 수리 작업에 호출되어 갔기 때문에 그다음 날 만났다. 일흔다섯 살인 게타르는 아직도 수리 작업을 할뿐더러 쌈짓돈이 생기면 이웃 도시의 사창가를 찾는다고 했다. 그는 사창가 이야기를 꽤 자세히 늘어놓았다. 지난번 갔을 때는 3만 루피아(단돈 3달러)에 〈아가씨〉를 세 명 샀다고 했다. 그는 벵칼라의 농인 인구가 들쑥날쑥하다고 말했다. 자신이 태어났을 때는 농인이 여섯 명밖에 없었다고 말했지만, 나중에 그 〈사람〉들이 〈성인 남자〉만 헤아린 것이었다고 부연하며 여자도 포함하면 열한 명이었던 것 같다고 말했다. 청인들과 자주 소통하는 게타르의 수화 몸짓은 독특했다. 세닝 수케스티처럼 우아한 것도 아니고 수다르마처럼 박진감 있는 것도 아니었다.

게타르는 딱 한 번 결혼했다. 다섯 아이를 낳아 준 아내는 잭프루트를 너무 많이 먹어서 죽었다고 했다. 아이들은 모두 농인이었고, 다섯 중 넷이 유아기를 넘겨 살아남았다. 농인 대표로서 게타르의 주 임무는 농인들에게 일거리를 나눠 주는 것이다.「배관 수리 작업이 있죠. 안전에 관련된 일도 있고요. 보스가 나를 찾아와서 일을 맡기면, 그 일을 누가 할지 내가 정합니다. 사람이 죽으면 그 가족도 나를 찾아오죠. 그러면 누가 무덤을 팔지 내가 정합니다. 직접 일한 사람이 돈을 제일 많이 받지만, 보수 중 일부는 따로 떼어 농인 공동 자금으로 모읍니다. 그랬다가 반년에 한 번 돼지를 한 마리 잡습니다. 여유가 되면 여러 마리를 잡을 때도 있고요. 고기는 모든 농인들이 공평하게 나눕니다.」누구나 보수가 좋은 일을 원하기 때문에, 누구에게 무슨 일을 줄 것인가는 정치적 고려에 따라 정한다고 했다.「내 결정이 공정하다는 것을 보여 줄 수 있도록, 누가 어떤 일을 했는가를 일일이 기록해 둡니다. 굶주려서 일이 필요한 사람이 있다면 그에게 일을 줍니다. 오래 일을 못 받은 사람이 있다면 그에게도 기회를 주고요.」다른 농인들이 게타르에게 말할 때는 좀 더 정중하고 형식적인 몸짓을 썼고, 게타르는 청인들에게 말할 때 그런 몸짓을 썼다. 게타르는 농인이라서 편견을 겪은 적은 없다고 말했다. 그러나 예전에 젊은 농인들이 누렸던 자유가 그립다고 했다. 그가 회상하기에는 예전에 젊은 농인 인구가 더 많았고 살기도 더 편했다는 것이다. 요즘 젊은 농인들은 학교에도 다녀야 하니까.

며칠 동안 종일 인터뷰한 뒤, 우리는 자기 밭으로 와보라는 세닝 수케스티의 초대를 받아들였다. 비가 내렸지만 산티아가 아랑곳없이 나무를 기어 올라가서 코코넛을 따주었고, 우리는 다 함께 포슬포슬한 옥수수와 묵직한 카사바를 먹었다. 은근한 농담이 많이 오갔다. 세닝 수케스티는 예전에 산티아가 신혼 오두막을 다 지을 때까지 성적으로 접근하지 못하도록 막았다고 말하면서 키득키득 웃었다. 농인들의 공동체에는 매력적인 편안함이 있었다. 그들 사이에서는 포용력 있는 친밀감이 쉽게 생겨났다. 내가 농인에 대한 편견은 없느냐고 묻자, 다들 이 마을에는 없다고 말했다. 다들 청인 친구와 농인 친구가 다 있다고 했고 마음대로 어울릴 수 있다고 했다.

벵칼라 사람들이 청각 장애와 청력을 말하는 방식은 우리가 더 익숙한 보통 사회의 사람들이 키나 인종을 말하는 방식과 비슷했다. 요컨대, 장점도 있고 단점도 있는 개인적 특징으로 여겼다. 그렇다고 해서 벵칼라 사람들이 청각 장애의 의미를 묵과하는 것은 아니었고, 장애가 삶에 끼치는 영향을 경시하는 것도 아니었다. 자신이 농인이라는 사실을 잊고 싶어 하는 것은 아니었고, 남들이 잊기를 바라는 것도 아니었다. 다만 그들은 듣지 못하는 것을 비정상이나 심각한 장애가 아니라 정상적인 변이의 범위에 드는 특징으로 여겼다. 벵칼라의 농인들은 지리를 제외한 다른 모든 측면에서 대단히 자유롭다. 지리가 예외인 것은, 농인들의 자유가 그 마을에서만 공유되는 공통 언어에서 나온 것이기 때문이다. 장애에 대한 사회구성주의적 모델을 살펴보고자 그곳에 갔던 나는 청각 장애가 소통을 방해하지 않는 곳에서는 그것이 그다지 큰 핸디캡이 되지 않는다는 사실을 확인했다.

•

카타 콜록은 여러 수화 언어들 중에서도 농인보다 청인이 더 많이 쓰는 언어라는 점에서 독특하다. 그러나 현재 카타 콜록은 명맥이 위태롭다. 벵칼라의 십 대 농인들이 기숙학교로 들어가서 그곳에서 인도네시아어 수화를 배우는 추세이기 때문이다. 농인 주민이 다른 지방 사람과 혼인하여 카타 콜록 대신 인도네시아어 수화를 쓰는 경우도 많아졌고, 최근 발리의 다른 지방이나 호주로 이주한 농인 주민도 여덟 명이나 된다. 설령 다른 지방 출신의 배우자가 역시 농인이더라도 그에게는 벵칼라에 계승된 청각 장애 열성 유전자가 없기 때문에 그 결혼에서 농인 자녀가 태어나는 경우는 드물다. 2005년 이래 카타 콜록을 사용하는 부모에게 농인 자녀가 태어난 사례가 한 건도 없었으므로, 농인 부모에게서 농인 자녀에게로 카타 콜록이 전수되는 일도 없었다. 벵칼라의 농인 인구가 감소함에 따라, 소통 수단으로서 카타 콜록의 효용도 감소할 것이다.[4]

브라질

희망의 도시, 리우데자네이루

『트래블 + 레저』, 2011년 10월

내가 2010년 리우데자네이루에 간 것은 그 도시가 월드컵과 올림픽을 맞이하여 어떻게 바뀌고 있는지 소개하는 기사를 『트래블 + 레저』에 쓰기 위해서였다. 특히 핵심 질문은 그곳 특권층과 빈곤층의 역학 관계가 어떻게 변하고 있는가였다. 발표된 기사에서 그 주제를 다뤘지만, 이후에도 더 취재한 내용이 있었기에 여기서는 글을 확장하여 그 내용까지 담았다.

세계의 대부분이 어떤 형태로든 쇠락하는 요즈음, 리우데자네이루만은 미래를 내다본다. 리우는 희망의 수도처럼 느껴질 수 있다. 그 변화의 물결은 번창하는 브라질 경제 덕분이기도 하고, 해저 석유 발견 덕분이기도 하고, 리우가 2014년 월드컵 결선과[1] 2016년 하계 올림픽 개최지로[2] 선정되어 활력이 생겨난 덕분이기도 하며, 무엇보다도 범죄가 극적으로 줄었기 때문이다. 이런 변화들은 모두 긴밀하게 얽혀 있다. 리우가 취리히나 레이캬비크만큼 차분해진 것은 아니지만, 우울증을 겪은 뒤에는 아무리 사소한 즐거움이라도 희열처럼 느껴지는 것처럼 리우의 발전에는 원래 평온했던 도시들은 결코 알지 못할 축제의 분위기가 있다.

많은 도시가 바다를 끼고 있다. 하지만 리우만큼 바다에 통합된 도시는 어디에도 없다. 내륙에 위치한 샌프란시스코나 항구 없는 보스턴은 상상할 수 있어도 바닷가 없는 리우란 마천루 없는 뉴욕, 카페 없는 파리, 유명인 없는 로스앤젤레스나 마찬가지다. 리우의 바다에는 베네치아에 방불할 만큼 다급하게 사람을 끌어들이는 데가 있다.「해변으로 나가지 않으면, 무슨 일이 벌어지는지 전혀 알 수 없어요.」 예술가 비크 무니스는 말했다.「트위터를 하든 휴대 전화가 있든 그런 걸로는 안 됩니다. 무조건 매일 오후 네 시에서 해 질 녘 사이에는 해변으로 나가야 해요.」[3] 해변은 본질적으로 민주적이다. 공공 장소에서는 다들 수영복만 입고 있으니, 돈이 매력의 소유권을 잃는다. 물론 피부색과 수영복 브랜드와 선글라스 브랜드가 사람의 지위를 드러내기 때문에 리우의 해변에도 계층 차별이 상당히 남아 있기는 하지만, 그래도 사람들이 해변에서 보여 주는 것은 주로 육체와 비치 발리볼 실력과 쿨한 분위기다. 이런 현상은 사회에 깊은 영향을 미친다. 리우에서는 속물이 되려면 꽤나 애써야 한다.

이런 지형은 또 다른 사회적 이상 현상도 낳았다. 리우의 특권층은 산사태 염려가 없는 해변 평지에 산다. 조나 술(남쪽 구역)이라고 불리는 그런 구역에 코파카바나, 이파네마, 레블롱 같은 유명 해변들이 있다. 그런 동네 사이사이 우뚝 솟은 언덕이 있는데, 그 고지대에는 지난 백여 년 동안 가난한 사람들이 정착했다. 리우 인구의 4분의 1 가까이가 파벨라라고 불리는 그런 가파른 산동네에 살지만, 대부분의 시내 지도에는 파벨라 내부가 자세히 나와 있지 않은 데다가 예로부터 파벨라에는 전기, 쓰레기 수거, 매립 하수관, 경찰의 보호가 없었다. 배타적인 동네인 조나 술에서도 어디서든 고작 5분만 가면 파벨라가 나온다. 무니스의 표현을 빌리자면 〈모가디슈에 둘러싸인 생트로페에서 사는 셈〉이다.

파벨라 내에서는 건축물이 규제를 받지 않고 세워지기 때문에,

비만 오면 집들이 무너진다. 도시의 번듯한 영역으로부터 고립된 파벨라는 갱들이 지배하는 곳으로, 폭력이 끊임없이 벌어진다. 세계 대부분의 도시에 빈민가가 있지만, 브라질의 다른 도시들도 포함하여 많은 경우 그 빈민가는 시 외곽에 있거나 시내라면 한군데에 고립되어 있다. 반면 리우의 파벨라는 쿠키에 박힌 초콜릿 칩처럼 도시 전체에 띄엄띄엄 박혀 있다. 특이한 지리 구조 때문에, 판자촌에서 발생한 총격 소리가 최고의 부자 동네에서도 들린다. 리우에서는 사회적 거리가 지리적 거리를 능가한다.

브라질 문화의 많은 부분이 리우의 파벨라에서 유래했다. 삼바가 파벨라에서 생겨났고, 최근 새롭게 각광받는 펑크 음악도 그렇다. 많은 축구 스타가 파벨라 출신이고, 브라질에서 제일 유명한 모델 중 몇 명도 그렇다. 사순절 이전에 열리는 축제 중에서는 세계 최대 축제로 하루 200만 명이 거리로 나와 파티를 벌이는 리우의 카니발은 파벨라의 〈삼바 학교들〉에 크게 의지하고, 학교들은 누가 누가 더 화려하게 치장하나 경쟁한다.[4] 프랑스 귀족들은 파리의 빈민가가 없는 프랑스는 프랑스가 아니라고 말하지 않을 테고, 이탈리아 상류층은 대부분 마피아를 부끄러워하며, 대부분의 미국인은 힙합 문화가 아무리 좋아도 교외를 택하지만, 리우에서는 특권층이 특권을 못 가진 사람들에게 감탄한다. 리우에 변화를 가져오는 건축가 중 한 명인 조제 마리아 자시는 내게 브라질에서는 19세기에 영주의 저택과 노예들의 거처가 그다지 멀리 떨어져 있지 않았는데 그 점에서는 아직까지 변한 바가 거의 없다고 말했다. 시인이자 비평가인 이탈루 모리코니는 이렇게 말했다. 「교육받은 중상층은 대중과 어울리기를 좋아합니다. 아주 좋아하죠. 그것은 카리오카 문화의 한 부분입니다.」 (카리오카Carioca는 리우 출신 사람이나 리우에 관련된 모든 것을 가리키는 단어다.) 그러나 브라질은 여전히 세계에서 불평등이 가장 심한 사회 중 한 곳으로 꼽힌다. 인류학자 릴리아 모리츠 슈와르츠의 표현을 빌리면, 〈문화적으로는 포용하고 사회적으로는 배제하는〉 사회다.[5]

카리오카의 자긍심이 낮아지기 시작한 것은 브라질 수도가 리우에서 저 먼 브라질리아로 이전되어 공무원들이 빠져나간 1960년이었다.[6] 이전에는 워싱턴 D. C.나 멕시코시티와 같은 급의 연방구였던 리우는 개발이 덜 된 주변 리우데자네이루주에 행정적으로 편입되었다. 기업들은 점차 상파울루로 옮겨 갔고, 리우는 산업 도시의 면모를 잃었다. 파벨라의 폭력은 부자도 빈자도 똑같이 위협했다. 부자들은 사설 경비 업체를 고용했고, 방탄 자동차를 몰았고, 귀금속을 더 이상 차고 다니지 않았다. 마약 갱단들은 서로 싸웠고, 어마어마하게 부패한 경찰과도 싸웠다. 갱들은 가끔 타이어를 탑처럼 쌓아 올린 뒤 그 속에 사람을 집어넣고 불을 질렀다. 전자레인지 처형법이라고 불리는 이 방법은 목걸이 처형법이라고 불리는 남아프리카공화국의 잔혹한 살인 방법과 닮았다.[7]

일부 경찰관들은 부업으로 자경단 일을 했다. 자경단은 파벨라를 비롯한 빈민가 내의 민간 보호 조직으로, 경찰이 이론적으로 통제해야 하는 갱단과 또렷하게 구분되지 않는다. 모리코니는 〈경찰과 범죄가 문란한 관계를 맺었다〉고 표현했다. 유엔에 의해 재판 외 처형, 약식 처형, 임의 처형을 조사하는 특별 조사원으로 임명되었던 필립 올스턴은 2008년 이렇게 말했다. 〈놀랍도록 많은 경찰들이 이중 생활을 한다. 근무 중일 때는 마약 갱단과 싸우지만, 비번일 때는 조직 범죄단의 말단으로 일한다.〉[8] 2008년, 리우데자네이루 경찰에 체포된 사람 23명 중 1명꼴로 경찰에게 살해되거나 법정에 서기 전 구류 상태에서 다른 구금자에게 살해되었다. 미국의 수치가 3만 7,000명 중 1명꼴이라는 사실을 감안하면 더 충격적인 통계다.[9]

루이스 에두아르두 소아리스는 2003년부터 2010년까지 대통령으로 재임했던 루이스 이나시우 룰라 다 시우바, 일명 룰라 밑에서 짧게 치안 장관을 지냈다. 그때 소아리스는 경찰이 가난한 동네에 들어갈 때 주민들을 존중하도록 가르치는 프로그램을 도입했다. 「우리는 공공 서비스를 제공하려고 들어가는 것이지 침략하러 들어가는 것이 아니니까요.」 그는 내게 말했다. 하지만 치안은 지역적인 문제라서, 연방 정책만으로 문제적 절차와 태도를 바꾸기는 어려웠다. 소아리스는 이렇게 말했다. 「경찰에게 사람을 죽일 재량을 주는 건 목숨을 사고팔 권리를 주는 것이나 다름없습니다. 경찰이 용의자에게 이렇게 말할 수 있으니까요. 〈나는 너를 죽일 수 있어. 그러더라도 나는 아무런 대가를 치르지 않아. 하지만 너를 죽이지 않을 수도 있지. 그러니까 나한테 얼마를 내놓겠나?〉」[10] 그런 행동은 오래지 않아 조직화하기 마련이다. 파벨라 주민들은 무장을 갖추었다. 죄 없는 사람들이 교전에 휘말려 다치거나 살해되었고, 파벨라의 기대 수명은 짧았다. 조나 술에서도 길거리 범죄가 만연했다. 리우와 상파울루에서만 연간 1천 명이 넘는 시민이 경찰에게 살해되었는데, 이것은 미국 전체를 따진 통계보다 상당히 높은 수준이었다.[11] 리우 경찰 특수기동대 대장은 부패 혐의로 기소되었다.[12] 「가난한 사람은 경찰을 두려워했고, 부유한 사람은 경찰을 불신했죠.」 리우의 유명 출판업자인 호베르투 페이트는 말했다.

브라질 사람들이 세상에서 제일 중요하게 여기는 것이 스포츠임을 고려할 때, 리우 지도부가 월드컵과 올림픽을 앞두고 변화를 시도한 것은 놀랍지 않았다. 수십 년 동안 내부에서 반목했던 리우 시장, 리우데자네이루 주지사, 브라질 연방 정부가 마침내 공조 활동에 나섰다. 2008년, 리우의 치안 장관 조제 마리아누 베우트라미는 UPP(우니다지 지 폴리시아 파시피카도라, 즉 평화 유지 경찰단)를 설립했다. 적어도 겉으로 보기에는 부패하지 않은 젊은 경찰들을 모아서 각 지역 상관이 아니라 헌병대 직속으로 일하도록 새 부대를 꾸린 것이었다. UPP 대령 조제 카르발류는 설립 당시 〈우리에게 필요한 것은 새롭고 강인한 정신의 소유자이지 람보가 아닙니다〉라고 말했다.[13]

UPP 프로그램이 시작된 뒤, 부대는 흡사 전쟁 행위에 방불하는 과정으로 파벨라를 한 곳 한 곳 쳐들어갔다. 베우트라미는 먼저 어느 파벨라로 들어갈지 계획을 밝혀서 마약상들에게 달아날 기회를 준다. 그의 목표는 총을 없애는 것이지 밀수 조직망을 소탕하는 것이 아니다. 그는 육해공 병력을 총동원하여 무력으로 돌입한다. 그렇게 해서 일제 소탕이 끝나면, 경찰은 그곳에 UPP 친목회를 꾸린다. 교육, 위생 서비스, 합법적인 전기 및 케이블 텔레비전 서비스, 직업 훈련 과정 신설이나 강화를 목적으로 삼는 일종의 마셜 플랜이다. UPP가 파벨라에 상주하는 것은 파벨라 주민을 보호하기 위해서이지, 조나 술 주민을 파벨라로부터 보호하기 위해서가 아니다. 베우트라미 이전에는 경찰이 주로 대응적으로 활동하여, 특수한 폭력 행위가 발생했을 때만 간헐적으로 파벨라를 점령했다. 반면 UPP는 선제적으로 평화를 구축하려고 한다. 이전 프로그램은 파벨라를 싹 밀어 버리려고 했지만, 현재의 프로그램은 파벨라를 개혁하려고 한다.

1960년대와 1970년대 독재 시절에 경찰들은 파벨라에서 죽인 〈적〉의 수가 많을수록 봉급을 인상받았다.[14] 새 정권은 범죄자에게도 인권이 있다고 선언하면서 그런 장려 정책을 뒤엎었다. 현재 UPP가 설치된 파벨라는 리우의 총 1,100개 파벨라 중 68개에 지나지 않지만,[15] 베우트라미는 가장 살벌한 파벨라들 중 일부를 골라서 시작했고 덕분에 지금은 약 30만 명의 인구가 평정된 구역에서 살고 있다. 궁극의 목표는 모든 파벨라를 도시에서 고립된 구역이 아니라 도시에 통합된 동네로 만드는 것이다. 내가 베우트라미에게 나머지 파벨라를 모두 평정하는 데 시간이 얼마나 걸리겠느냐고 묻자, 그는 그 문제는 정직한 경찰관을 얼마나 많이 모집할 수 있느냐에 달렸다고 답했다.

그동안 보수 세력은 경찰의 무력을 강화함으로써 범죄를 다스릴 수 있다고 줄곧 주장했다. 이전까지 파벨라에서 시행되었던 단속 행위는 사실상 정복 행위였다. 경찰은 파벨라 주민 전체를 적으로 여겼고, 따라서 사법 절차에 따르지 않은 사망이 발생하더라도 그것은 전쟁에 따르는 불가피한 피해라고 여겼다. 한편 그보다 진보적인 세력은 폭력을 잘못된 사회 구조의 산물로 여겼고, 일단 사회 정의를 바로 세우면 폭력은 저절로 근절될 것이라고 여겼다. 이런 시각은 파행적인 사회 보장 프로그램과 NGO의 확산만을 낳았다. 우파는 심란할 만큼 폭력적이었고, 좌파는 심란할 만큼 자기만족적이었다. 베우트라미가 내세운 계획의 천재성은 양쪽을 다 만족시킨다는 데 있다. 우파는 범죄가 줄기 때문에 좋아하고, 좌파는 사회 정의가 진작되기 때문에 좋아한다. 부자는 더 안전해지고, 가난한 사람은 더 부유해진다. 베우트라미는 내게 부패 경찰을 아주 많이 잘랐다고 말했지만, 경찰은 〈치안을 달성하는 작업에서 한 요소일 뿐〉이라고 강조했다. 소아리스는 이렇게 말했다. 「정규 경찰 인력의 절반은 부패했습니다. 나머지 절반 중 35퍼센트는 무관심하고, 15퍼센트만 사회 불의에 신경 씁니다. 이제 그 15퍼센트가 느는 추세입니다.」

처음에 파벨라 주민들은 자신들을 억압하지 않고 위할 목적으로 왔다고 말하는 새 UPP 경찰들을 몹시 미심쩍게 여겼다. 그러나 차츰 주민들도 자기 동네에서 이전보다 더 안전하게 느낀다고 말하기 시작했다. 주민과 경찰 사이의 긴장이 누그러짐에 따라 경찰도 더 안전하게 느끼게 되었고, 중무기 소지를 자발적으로 그만두는 경찰도 생겨났다. 경찰은 벙커를 허물고, 총알 구멍을 때우고, 갱단과 관련된 그라피티를 지워서 동네를 중립 지대로 바꾼다. 평정 작전이 벌어진 다음 날, 리우데자네이루 주지사가 해당 파벨라를 방문하여 자신도 그곳 주민들에게 벌어지는 일을 지켜보고 있다고 말해 준다. 마약상은 여전히 있지만, 대부분의 주민은 이제 무기를 소지하지 않는다. 너무 많은 목숨을 앗았던 무차별 폭력은 극적으로 줄었다. 자기 파벨라에서 쫓겨난 갱단은 다른 갱단의 세력권에서 새로 거점을 마련하기가 어렵고, 감옥 말고는 갈 곳 없는 처지가 되는 이들이 많다. 평정된 파벨라 거리에서는 무기나 마약에 관련된 이해 집단 사이의 전투가 — 제일 큰 조직은 〈코만두 베르멜류〉와 〈코만두 테르세이루〉다 — 더 이상 벌어지지 않는다. 코만두 베르멜류의 파트랑(지휘관)은 UPP 프로그램이 〈우리 신세를 조졌고, 우리 사업에 심각한 지장을 미친다〉고 불평했다.[16]

베우트라미는 내게 최우선 문제는 통행을 확보하는 것이라고 말했다. 「정부는 파벨라에 학교, 전기, 상수, 하수, 탁아 서비스를 제공하지 못했습니다. 이혼 수당 같은 간단한 계약도 집행하지 못했습니다. 들어갈 수가 없다는 이유로 말이죠. 일단 사람들이 파벨라를 드나들 수 있게 되면, 주는 그 모든 서비스를 의무적으로 제공해야 합니다.」 그는 UPP 친목회가 논리적으로 타당한 다음 단계라고 믿는다. 무력을 앞세운 평정과는 다르게 구상해야 하는 작업이라고 믿는다. 「유럽을 재건한 것은 노르망디에 상륙했던 군대가 아니었죠. UPP는 일종의 독재자라고 할 수 있는 마약왕들의 사악한 제국을 끝장냈습니다. 그러니까 이제 사람들이 재건에 나설 수 있습니다.」 UPP 친목회를 이끄는 히카르두 엔히케스는 파벨라 주민에게는 범죄와 맺었던 관계를 대체할 새로운 관계가 필요하다며, 〈시민 사회를 구축해야 합니다〉라고 말했다. 베우트라미는 예전에는 자기 공동체 내에서 거물이 되기만을 꿈꾸었던 파벨라 주민들에게 이제는 다른 가능성들이 무한히 펼쳐져 있다고 말했다. 「UPP는 그들이 있는 줄도 몰랐고 하물며 참여할 생각은 더더욱 못 했던 바깥 세상으로 난 문을 열어 주고, 상주 경찰은 그들에게 삶을 바꿀 기회, 이전에는 갖지 못했던 기회를 줍니다.」

일부 파벨라 주민은 UPP의 평정 작업이 예의 끔찍한 폭력을 반복한 것뿐이라고 말한다. 상황이 갱단과 마약왕들 밑에서 살던 때와 크게 달라지지 않았다는 것이다. 내가 UPP 기본 계획을 세우고 새 경찰 인력을 모집했던 호브송 호드리게스 다 시우바 대령을 만나서 그런 말을 꺼냈더니, 그는 이렇게 말했다.「평정의 첫 단계는 물론 억압적입니다. 우리는 많은 사람을 잡아들입니다. 하지만 두 번째 단계는 정반대입니다. 우리는 경찰과 파벨라 주민에게 어떤 공통점이 있나 따져 보았습니다. 그리고 우리는 기독교 국가니까, 가족이 그 공통점이 아닐까 생각했습니다. 그래서 경찰들에게 파벨라 아이들과 좋은 관계를 맺는 법을 가르쳤습니다.」[17] 한 동네에서는 경찰들이 부활절에 초콜릿 달걀을 나눠 주었다. 다른 동네에서는 아이들에게 연 날리는 법을 가르쳐 주었는데, 이것은 특히 의미심장한 일이다. 왜냐하면 예전에는 갱단에게 망꾼으로 모집된 아이들이 경찰이 나타나면 하늘에 띄운 연을 잡아당겨서 갱단에게 경고를 보냈기 때문이다. 경찰은 또 스포츠 시합을 열어서 여러 파벨라의 아이들이 함께 뛰놀게 한다. 아이들은 자기 동네 이름이 적힌 티셔츠를 입고 뛴다. 평정 전에는 그런 일은 불가능했다. 경쟁 관계의 갱단들이 서로 쏴 죽였을 테니까.

호드리게스는 내게 아이들이 그린 그림을 자랑해 보였다. 경찰관이 축구를 하거나 춤추는 모습을 그린 그림도 있었다. 그는 이렇게 지적했다.「모든 그림에서 해가 빛나고 있죠. 아이들이 예전에 그렸던 그림도 봤는데, 그때는 경찰이 나오는 그림은 하나같이 어두웠습니다.」경찰은 파벨라 주민에게 특별히 필요한 것이 무엇이냐고 물어본다. 호드리게스 대령은 이것을 〈부드러운 사회적 통제〉라고 표현했다. 「우리는 폭력이 없는 도시가 되려는 게 아닙니다. 정상적인 폭력을 가진 도시가 되려는 겁니다. 우리 계획이 잘 되어 가고 있다는 것을 어떻게 아느냐 하면, 파벨라 주민들이 경찰에게 경범죄를 신고하기 시작했기 때문에 압니다. 우리는 그런 신뢰를 구축하려는 겁니다.」 어떤 경찰들은 권위 있되 공격적이지는 않은 목소리와 태도로 소통하는 법을 익히려고 연극 수업을 듣는다. 이런 전술을 냉소적으로 보는 이들도 있다. 누군가는 이렇게 투덜거렸다. 〈다음은 뭡니까? 발레?〉 그러나 호드리게스는 그런 노력이 경찰이 주의력, 인식력, 말하는 방법을 가다듬는 데 도움이 된다고 말한다. 상냥함은 기술이다.

호드리게스 자신은 파벨라에서 열리는 펑크 파티에 참석한다.[18] 요즘 최신 유행을 찾아 다니는 관광객들이 파벨라의 호스텔에서 머무는 일이 늘었는데, 그런 호스텔 중 몇 군데는 상당한 세련미를 갖추었다.[19] 모리코니는 여행사들이 〈천장이 뚫린 밴에〉 관광객을 태우고 〈꼭 사파리처럼〉 파벨라를 구경시켜 준다고 말했다. 새로 연 무제우 지 파벨라(파벨라 박물관)는 리우에서 가장 활기찬 공간 중 하나가 되었다.[20] 그러나 파벨라 관광은 종종 진정한 관계 맺기라기보다 관음증처럼 느껴지고, 많은 파벨라 주민은 그런 관광이 자신들을 깔보며 생색 내는 행위라고 느낀다. 주민들은 비참과 범죄의 그림 같은 면면을 구경하고 싶어 하는 관광객들에게 사진이나 찍히고 싶어 하지 않는다.

리우의 총상 환자 발생률은 지난 2년 만에 절반이나 줄었다. 살인율은 이제 워싱턴 D. C.보다 낮다.[21] 변화가 매끄럽게만 진행되는 것은 아니지만, 지금이 변화의 순간인 것만은 분명하다. 전 세계 언론에는 범죄와 재난의 이야기가 실리지만, 리우 정부는 평온함을 헤드라인 뉴스로 만들었다. 베우트라미는 내게 이토록 많은 인구가 UPP로 득을 보고 있으니 시민들은 결코 갱단이 지배하던 옛 체제가 다시 득세하도록 내버려 두지 않을 것이라고 말했다. 「평정 사업을 그만두겠다고 말하는 정치인은 표를 잃을 겁니다. 그런 선택은 불가능할 겁니다. 시민들의 삶이 너무나 나아졌으니까요.」 UPP의 진정한 성공은 사회적 경제에서 두려움이 차지하던 역할을 축소시켰다는 점이다. 현재 케임브리지 대학에서 가르치는 영국의 개발도상국 전문가 그레이엄 데니어 윌리스는 리우의 목적이 〈시민과 국가 사이의 거리를 — 공간적, 사회적, 심리적 거리를 — 줄이는 것〉이었다고 분석했다.

그럼에도 불구하고, UPP가 파벨라에 계속 상주하겠다는 계획은 파벨라 주민을 얕잡아 보는 것으로 보일 수도 있다. 치안 세력이 눈에 뻔히 보이지 않으면 주민들이 금세 범죄로 돌아갈 게 틀림없다고 여기는 것 같으니까. 미국의 도시 계획 전문가로 현재 리우에서 사는 크리스토퍼 개프니는 이렇게 말했다. 「UPP 치어리더들은 〈보세요, UPP가 들어가서 무장한 마약 밀수꾼들을 없앴습니다〉라고 말하지, 〈우리가 한 무장 세력을 다른 무장 세력으로 교체했습니다〉라고는 말하지 않습니다. 그러나 시민 사회가 새롭게 번성할 메커니즘을 만들어 내지 못하는 한, 그들이 한 일은 사실 그것이 전부입니다.」[22]

정신분석가 마르쿠스 안드레는 잘사는 카리오카들에게는 높은 요금을 받지만 파벨라 주민들에게는 무료로 상담해 준다. 그는 내게 말했다. 「나는 파벨라를 무서워하는 데 질렸습니다. 알고 보니 그들도 우리를 무서워하는 데 질렸더군요. 우리는 파벨라 주민에 대한 망상을 품고 있었고, 그들도 우리에 대해 똑같은 망상을 품고 있었습니다. 벽을 과감히 넘어 보면, 양쪽이 품은 편집증이 모두 해소됩니다.」 그가 파벨라에서 상담하기 시작했을 때, 어느 십대 여자아이가 그에게 왜 파벨라로 오느냐고 물었다. 그가 〈너희에게 배우려고 온단다〉라고 대답하자 아이는 웃으며 〈우리에게 배울 게 있다니 엄청 멍청하신가 봐요〉라고 대꾸했다. 그는 그토록 오래 소외되어 살아온 사람들에게 자긍심을 키워 줄 수 있기를 바란다. 그는 평정되지 않은 파벨라로 갈 때도 자기 아이들을 데리고 간다. 「위험은 있죠. 하지만 망상적인 편집증을 품고 자라는 위험이 더 큽니다.」

안드레 우라니는 선도적인 브라질 경제학자이자 『리우: 전환점』을 쓴 작가다. 그는 내게 1980년대 말 국제 통화 기금이 188개국을 조사했을 때 브라질보다 경제가 더 폐쇄된 나라는 딱 하나, 미얀마뿐이었다고 알려 주었다.[23] 브라질에서 민주주의는 겨우 스물여섯 살이라는 사실을 기억할 필요가 있다. 소비 사회란 그보다 더 새로운 것이다. 우라니는 이렇게 말했다. 「유의미한 경제 활동이 없다 보니 모두의 자긍심이 훼손되었고, 그 결과 경제와 정치와 사회에서 막대한 퇴폐가 벌어졌죠.」 브라질의 유명 정치인이자 작가인 페르난두 가베이라는 이렇게 말했다. 「브라질은 독재에서 벗어난 뒤 세계 속에서 점차 존재감을 갖게 되었고, 세계도 브라질에서 점차 존재감을 갖게 되었습니다.」 그런 상호 존재감의 시대에는 새로운 역량과 기술이 필요하다. 예술가 비크 무니스는 이렇게 말했다. 「진화적 측면에서 인간은 그다지 뛰어난 존재가 못 됩니다. 시력이 좋기를 하나, 달리기가 빠르기를 하나, 송곳니가 크기를 하나, 힘이 딱히 센 것도 아니고. 그런 인간이 다른 동물들을 제압할 수 있었던 것은 오직 조직적 행동을 할 줄 아는 능력 덕분이었습니다. 그런데 리우 사람들은 어쩌다 보니 그 능력을 잊었단 말입니다.」

사회를 좀 더 잘 조직할 필요가 있고, 조직에 필요한 도구를 갖출 필요도 있다. 호드리구 바지우는 브라질의 디지털 격차를 좁히려고 애쓴다. 오래된 컴퓨터를 기증받아서 파벨라의 주민 센터에 설치해 주고 기술을 가르쳐 주는 것이다. 브라질에서 인터넷 접근성을 누리는 인구는 3분의 1 미만으로, 미국이 거의 4분의 3에 육박하는 것과 대조적이다. 바지우는 그 일을 UPP 평정이 시작되기 한참 전부터 해왔지만, 평정 이후에 활동을 한층 더 늘렸다. 그는 말했다. 「파벨라 주민들은 마약상이 되도록 직업 훈련을 받아 온 셈인데, 우리가 그 직업을 빼앗은 것 아닙니까. 그러니까 그 대신 추구할 다른 기회를 제공해야 합니다.」 이 분석은 인도주의 차원에서 합리적이고 경제적 차원에서도 합리적이다.

마리아 시우비아 바스투스 마르케스는 브라질에서 가장 성공한 여성 사업가다. 1999년 국영 철강 회사를 인수했는데, 라틴 국가에서 여성이 이룬 성취로는 결코 하찮은 것이 아니었다. 그녀는 국영 석유 회사도 제안받았지만 거절했고, 55세인 현재 올림픽의 사업 부문을 감독하고 있다.[24] 그녀는 내게 사람들이 흔히 브라질의 전환점을 룰라의 공으로 돌리지만 사실 변화는 전임 대통령 페르난두 엔히키 카르도주 때부터 시작되었다고 지적했다. 1980년대와 1990년대 초는 인플레이션이 끔찍했다. 「부자들이야 인플레이션으로 큰 어려움을 겪진 않았죠. 부자들이 소유한 집과 차는 인플레이션에 발맞춰서 가격이 계속 올랐으니까요. 하지만 한 주 한 주 버는 돈으로 먹고사는 가난한 사람들에게는 비극이었죠. 불과 지난 주만 해도 가족을 부양하기에 충분한 돈을 벌 수 있었던 일자리로 이번 주에는 그만 한 돈을 벌 수 없었으니까요.」 바스투스는 말했다.

바스투스 같은 위치의 사람에게도 높은 인플레이션율은 혼돈 그 자체였다. 회사 연간 예산을 짜두면 두 달 뒤에는 무용지물이 되었다. 「아무도 계획을 세울 수 없었어요.」 그녀는 한숨 쉬며 말했다. 그러나 일단 엔히키가 인플레이션을 다스리자, 비로소 계획을 세울 수 있게 되었다. 「덕분에 브라질 사람들의 사고방식 전체가 바뀌었죠.」 그녀는 리우의 파벨라 평정 사업도 더 큰 변화의 일부라고 본다. 그녀는 늘 방탄 자동차를 몰았는데, 최근 창문을 내릴 수 있는 차를 새로 샀다고 했다. 전에는 그런 차를 본 적이 없었던 그녀의 아이들은 새 차를 좋아했다.

올림픽 계획은 논란을 빚어 왔다. 바스투스는 1990년대 초 브라질이 국제 통화 기금과 해외 부채를 재협상할 때 그 일을 거들었는데, 그 재협상 덕분에 브라질 국내 경제가 활력을 되찾았다고 본다. 그리고 올림픽도 그와 비슷하게 〈집안을 정비할 계기가〉 되어 줄 것이라고 믿는다. 리우 시장 에두아르두 파이스는 이렇게 말했다. 「올림픽이라는 단어는 달성하기 쉽지 않은 목표를 뜻합니다. 생각해 보세요. 바르셀로나는 올림픽으로 다시 태어났지만 아테네는 거의 파산했죠. 우리가 해내야 하는 이 일은 결코 쉽지 않습니다. 내 견해는 이렇습니다. 우리는 올림픽이 리우를 이용하도록 놔둘 수도 있고, 거꾸로 리우가 올림픽을 이용해서 영구적인 목표를 달성하도록 만들 수도 있습니다.」 일부 가난한 시민들은 파이스가 바하 다 치주카까지 통근 열차 노선을 잇기로 한 결정의 저의를 의심한다. 부자 동네인 바하 다 치주카는 파이스를 처음 공직에 선출해 준 동네이기 때문이다. 그 노선은 사회의 계층화를 완화하기보다는 강화하려는 의도로 설계된 것처럼 보인다. 그동안 많은 주민들이, 정확하게는 일 년 동안 1만 9,000가구가 새 노선에 길을 터주기 위해서 퇴거당했다.[25]

「도시의 필요에 따라 설계해야지, 올림픽의 필요에 따라 설계해서는 안 됩니다.」 가베이라는 말했다. 「올림픽을 위한 계획이라고 말하는 것은 곧 매사를 민주적 검토 없이 서둘러 진행하겠다는 뜻입니다.」 배우이자 활동가인 마르쿠스 비니시우스 파우스치니는 이렇게 말했다. 「파벨라 평정 사업이 정말 올림픽으로 해외 관광객의 달러를 끌어들이기 위한 미끼에 불과하다면, 나중에 끔찍한 뒤탈이 있을 겁니다. 시민들을 강제 퇴거시키는 것은 재앙입니다. 올림픽용 건설 계획이 사회 통제 수단이 되고 있다는 증거가 벌써 뚜렷합니다.」[26]

파벨라 주민은 재산세를 내지 않는다. 중산층 유권자 중 일부는 이 사실을 싫어한다. 공공 서비스가 늘면, 어쩔 수 없이 그런 세금도 부과될 것이다. 상수도와 안정적 전력은 수도세와 전기세 고지서와 함께 올 것이다.「파벨라가 위험하지 않게 되면, 이곳 주민도 도시의 다른 부유한 곳에서 일상적으로 벌어지는 상업적 착취를 겪을 겁니다. 하지만 이들은 경험이 없기 때문에 저항도 못합니다.」 파우스치니는 말했다.

파벨라 거주자 중에는 한집에서 삼대가 살아온 이들도 있다. 그런 집이 그들의 재산이 아니라고 말하는 것은 현실적이지 않은 듯하다. 반면 정착한 지 일 년도 안 된 이들도 있는데, 그런 이들에게도 점거자 권리를 부여해야 하는가 하는 문제의 답은 확실하지 않다. 만약 파벨라 주민들에게 거주지에 대한 소유권을 준다면, 주민들은 그곳에서 바라보는 멋진 경치를 원하는 부자들에게 자기 땅을 팔아넘기지 않을까? 많은 파벨라에서 근사한 경치를 즐길 수 있다. 어떤 파벨라에서는 리우 전체를 굽어볼 수 있고, 저 멀리 구세주 그리스도상 너머 바다까지 내다볼 수 있다. 다른 도시에서 그런 장관을 즐기려면 파산할 만큼 돈을 써야 할 것이다. 파벨라 거주자 중 일부는 월세를 내고 사는데, UPP가 상주하는 동네에서는 벌써 월세가 올랐다. 중산층 카리오카들의 중론은 파벨라를 보존해야 한다는 것이다. 그들은 가난한 사람들이 도시에서 모두 쫓겨나는 모습을 보고 싶어 하지 않는다. 나는 파벨라에서 만난 사람들에게 늘 〈더 나은〉 동네로 옮기고 싶은지 물었는데, 이때 옮기고 싶다고 대답한 사람은 비교적 최근에 브라질의 다른 지방에서 이곳으로 이사 온 사람들뿐이었다. 파벨라 토박이들은 자신들이 사랑하는 세상을 수리해서 쓰고 싶어 한다. 바탕은 리우 북서부 끝에 있는 파벨라로, 정말로 흉하고 제일 가난한 동네인 데다가 바다에서도 멀다. 하지만 내가 그곳에서 만난 꼬마는 이렇게 말했다. 「이 동네의 즐거움을 병에 담을 수만 있다면 조나 술로 가져가서 팔 수 있을 거예요.」

어떤 사람들은 UPP 프로그램 전체가 월드컵과 올림픽을 위한 미봉책일 뿐이라고 주장한다. 그 행사들이 끝나면 2017년 막대한 예산 삭감과 함께 자금 부족으로 UPP 사업도 흐지부지되리라는 것, 그래서 만약 갱단들이 파벨라로 돌아온다면 UPP에 협력했던 사람들이 보복의 표적이 되리라는 것이다. UPP 사업이 시작된 지 2년이 흐른 시점이었던 2010년, 유엔 인권 최고 대표 사무소는 그동안 UPP 프로그램이 아무것도 달성하지 못했다고 평가했고, 프로그램의 고압적인 군사적 전략을 비판했고, 〈간헐적이고 폭력적인 침입으로 치안을 세울 수 있다〉는 생각을 질책했다.[27] 제네바 협약은 전쟁에 적용될 뿐, 국가가 자기 국민들에게 가하는 치안 유지 활동에는 적용되지 않는다. 군대는 사람을 죽이도록 훈련받지만, 대부분의 나라에서 경찰은 사람을 체포하도록 훈련받는다. 경찰은 군대가 아니다. 두 역할의 경계를 헷갈리면 학대로 이어진다. 부패에 대한 두려움이 판친다. 바스투스는 이렇게 말했다. 「부패는 결코 일방의 문제가 아닙니다. 뇌물을 줄 의향이 있는 사람이 있어야 하지만 기꺼이 받을 의향이 있는 사람도 있어야 하죠. 따라서 양쪽을 모두 다스려야 합니다.」 UPP가 어느 정도까지 상류층을 보호하는 역할을 하고 어느 정도까지 실제로 파벨라의 삶을 개선하는 역할을 하는지는 아직 풀리지 않은 의문이다. 치안은 군사적 성취지만 안전은 사회적 성취다. 치안은 폭력으로 달성될 수 있을지도 모르지만 안전은 평화로만 달성된다. UPP는 안전이 구축되도록 돕고 있을까, 아니면 사실상 치안에만 집중하고 있을까? 선의의 경찰 활동이라도 자칫 군사적 작업으로 퇴보할 수 있는 법이다. 독재에서 벗어난 지 얼마 안 된 나라에서는 특히 더.

나는 최근 평정된 모후 두스 프라제리스 파벨라에서 열리는 모임에 참석해 보았다. 그 파벨라 대표들과 이웃 구역 대표들이 인상적인 구색을 갖춘 정부 대표들을 만나는 자리였다. 얼마 전 시는 우기 동안 쓰레기 수거를 일시 중단한다고 발표했다. 안 그래도 가파른 골목들이 더 위험해져서 트럭이 다니기 어렵기 때문이라고 했다. 파벨라 주민들은 몇 달 동안 쓰레기가 길거리에서 썩어 가도록 방치하기를 원하지 않았다. 어떤 집들은 수도관에 이상이 생겨서 양동이로 물을 길어다 써야 했다. 「산타 테레자에서도 양동이로 물을 길어다 씁니까?」 누군가 자기 파벨라에 인접한 부자 동네를 들먹이면서 냉소적으로 물었다. 리우에는 보편적으로 적용되는 위생 관리 체계가 없다. 2025년에야 완전히 시행될 예정이다.

전력 회사가 파벨라의 일부 거리들에 계량기를 설치했는데, 계량이 뭔가 잘못되는 바람에 어떤 사람은 남이 쓴 전기 요금을 물고 있다고 했다. 공공 서비스는 경찰이 파출소를 설치한 동네에서만 작동할 뿐 다른 곳에서는 작동하지 않는다. 정부는 법적 기준에 미달하는 탁아 시설을 폐쇄했고, 그 결과 어떤 아이들은 엄마가 일하는 동안 가 있을 곳이 없어졌다. 정부는 산사태에 취약한 가파른 경사에 지어졌거나 구조적으로 불안정한 집을 철거하겠다는 계획을 발표했지만, 퇴거되는 주민들을 어디에 수용할지는 아무도 생각해 내지 못했다. 주민들은 젊고 남성이고 피부색이 짙다는 이유만으로 자기 동네에 드나들 때 무기를 소지했는지 확인하는 몸수색을 당한다. 사회적 UPP 프로그램은 위태위태하게 시작되고 있었다.

그럼에도 불구하고, 누군가 일어나서 〈이런 문제들이 있기는 하지만 그래도 우리는 예전에는 경찰을 두려워했는데 지금은 존중합니다〉라고 말하자, 참가자 300명이 모두 박수를 쳤다. 리우에서 유엔 인간 정주 프로그램UN-HABITAT 일을 하는 에리크 비트룹 크리스텐센은 〈이곳에서 인정은 산소와 같습니다〉라고 말했다. 내가 바탕에서 만났던 십 대 아이는 이렇게 말했다. 「전에는 내가 평생 버림받은 기분으로 살 거라고 생각했어요. 교육, 의료, 돈, 문화를 원한다면 이 동네를 떠나야만 한다고요. 하지만 지금은 여기 있으면서도 그런 것을 누릴 수 있을 거라고 생각해요.」 또 다른 아이가 말했다. 「내 사촌 하나는 예전에 경찰에게 살해당했어요. 하지만 지금 바탕의 경찰들은 내 친구예요. 한 경찰관은 카포에이라(브라질 무술)를 가르쳐 주고, 또 다른 경찰관은 음악을 가르쳐 줘요. 그에게는 음악이 그냥 감상하는 것이지만 내게는 인생을 구할 기회예요.」 그러나 그 아이는 앞으로, 그러니까 올림픽이 끝난 뒤, 〈경찰들에게서 새로움이라는 약효가 떨어졌을 때〉 어떻게 될지 아직은 두렵다고 말했다. 그 아이가 지적했듯이, 고작 300미터 떨어져 있지만 아직 평정되지 않은 이웃 파벨라에서는 예의 오래된 문제들이 여전히 벌어지고 있었다. 「그런 문제들은 언제든 쉽게 이 동네로 돌아올 수 있어요.」

리우에서는 피부색이 옅을수록 분명 더 살기 편하다. 브라질 사람은 공식적으로 다섯 인종 집단 중 하나로 분류된다. 브랑우(백인), 프레투(흑인), 아마렐루(황인), 원주민, 그리고 파르두(갈색 피부)인데 브라질의 어느 인구 통계학자의 번역에 따르면 파르두는 대충 〈기타 등등〉이라는 뜻이다.[28] 그러나 광범위한 표본 집단의 카리오카들에게 직접 물었을 때, 사람들은 자신의 인종을 136가지 다양한 묘사로 규정했다.[29] 브라질에서 인종은 특권과 노골적으로 결합되어 있다. 내가 참석한 한 모임에서, 어느 기자가 방 건너편을 가리키면서 물었다. 「저기 저 흑인은 누구죠?」 그의 질문을 받은 흑인들이 대답했다. 「저분은 흑인이 아니라 우리 대표입니다.」 이어서 그 대표라는 사람이 직접 말했다. 「내가 흑인이었을 때는 삶이 훨씬 더 힘들었죠.」 최근 한 조사에서 브라질의 도시 거주자들은 도시보다는 작은 마을에서 인종차별을 더 많이 목격했다고 응답했지만, 작은 마을 거주자들은 자신들이 사는 동네에는 인종차별이 없지만 대도시에는 많다고 응답했다.[30] 모두가 문제를 인식하고는 있지만 그 문제가 자신에게 있다고는 말하지 않는다. 상파울루 주민을 대상으로 한 조사에서 응답자의 97퍼센트는 자신이 인종차별주의자가 아니라고 응답했지만, 자신과 가까운 사람들 중에 인종차별주의자가 있다고 응답한 비율은 또 98퍼센트였다.[31] 정확한 자기 이해는 결코 널리 퍼진 속성이 못 된다.

마르쿠스 비니시우스 파우스치니는 파벨라를 떠난 뒤 배우가 되어 돌아왔다. 요즘 그는 지붕에 확성기를 얹은 차를 끌고 가난한 동네들을 돌아다니면서 학생들에게 연극을 가르쳐 주겠다고 선전한다. 그가 운영하는 교육 및 직업 훈련 프로그램에는 2천 명의 젊은이가 등록되어 있다. 그는 도시의 중산층이 파벨라에 매력을 느끼는 현상이 오히려 파벨라 주민을 덫에 가둔다고 생각한다. 그는 내게 말했다. 「파벨라에서 태어났다고 해서 펑크 음악이나 삼바로만 자신을 표현해야 한다는 건 공평하지 못해요. 파벨라 주민도 원한다면 베토벤으로 자신을 표현할 수 있는 선택지를 가져야 합니다.」 그는 정부가 파벨라에서 카포에이라 강좌는 지원하지만 마케팅이나 비즈니스 과정은 지원하지 않는다고 지적했다. 평정 사업이 파벨라의 일상을 덜 혼란스럽게 만들려는 의도라는 점은 인정했다. 「그렇지만 무엇이 혼란인지 누가 정하죠?」 그는 물었다. 파벨라에서 삶이 이럭저럭 굴러가는 것은 유기적으로 꿰맞춰져서 사람들의 욕구를 충족시켜 주는 나름의 체계들이 있기 때문이다. 「혼란을 해결한답시고 지금 기능하는 것을 파괴해 버리면, 몹시 위험한 결과가 나올 수 있습니다.」 그는 말했다. 그의 꿈은 자신이 파벨라 아이들에게 그동안 몰랐던 것, 바깥세상에서 온 것을 가르치고 나면 언젠가 바깥세상이 파벨라로 들어와서 파벨라로부터 무언가를 배우는 것이다. 「아이들도 세상에 무언가를 돌려주는 날이 오기 전에는, UPP가 제공한 것이 아이들에게 아무 의미가 없을 겁니다.」

포게테이루 파벨라의 공동체 대표인 신치아 루나는 어느 날 해가 저물 무렵 나를 데리고 여기저기 걸어 다니면서 자기 파벨라를 구경시켜 주었다.[32] 그러다가 웬 짓다 만 건물 하나를 가리키며, 십 년 전에 학교로 지정된 건물이라고 알려 주었다. 그녀는 말했다. 「기록을 확인해 봤죠. 그동안 매년 이 학교에 지원금이 배정되었어요. 교사들 봉급, 점심 값, 비품 값이 계속 지급되었죠. 하지만 보다시피 문은 열지도 않았어요. 그 돈이 다 어디로 갔을 것 같아요?」 나는 그런 배임 행위에 대한 의혹 때문에 그녀가 평정 사업을 냉소적으로 보게 되지 않았을까 궁금했다. 그렇게 묻자, 그녀는 내 팔을 잡으면서 말했다. 「잠깐만 조용히 해보세요.」 우리는 한참 침묵 속에 서 있었다. 이윽고 그녀가 말했다. 「예전에는 이렇게 바람 소리를 들을 수 있는 시간이 한순간도 없었어요. 늘 사방에서 총소리, 고함 소리가 들렸죠.」

그녀는 경찰이 갱단을 몰아내기 전에도, 그러니까 상시적인 위험과 파괴 행위 속에서도 동네는 나름대로 평화로웠다고 말했다. 「여기서는 모두가 모두를 알고, 삶의 속도가 유유자적해요. 우리는 갱단을 무서워한 적은 없었어요. 사실 갱단은 전기를 고치거나 다른 서비스를 제공해 주는 일에서 요즘 우리가 불러야 하는 공무원들보다 훨씬 효율적이었죠. 하지만 갱단과 경찰의 충돌은 무서웠어요. 이제 조나 술 사람들은 우리의 갱단이 없어져서 좋고, 우리는 그들의 부패한 경찰이 없어서 좋죠. 타협일 뿐이지만, 그래도 모두의 삶을 더 낫게 만들어 줬죠.」

브라질은 원래 식민지였고, 다음에는 독재 국가였다. 선거로 선출된 정부가 간헐적으로 짧게 들어선 적은 있었지만, 국가가 국민의 것이라는 개념이 널리 퍼진 것은 1988년에 와서였다. 소아리스는 이렇게 말했다. 「모든 조직이 민주주의에 적응해야 했습니다. 맨 먼저 정치 조직들이, 그다음 사업체들이, 그다음 문화가. 하지만 경찰은 우리가 두 세기에 걸친 잔혹한 과거로부터 물려받은 조직이죠. 노예 시절로부터, 독재 시절로부터. 브라질에서 맨 마지막으로 변할 조직이 경찰입니다.」 소아리스는 룰라의 첫 대통령 선거 운동 기간 중에 그와 함께 파벨라를 돌았던 일을 들려주었다. 그때 룰라는 소아리스에게 말했다. 〈나는 사람들에게 의료, 교육, 일자리 문제를 말하고 싶은데 파벨라 사람들이 내게 말하고 싶어 하는 것은 경찰 이야기뿐이에요!〉 소아리스는 룰라에게 이렇게 대답했다. 〈왜냐하면 자식이 살아서 귀가하느냐 마느냐가 달린 문제니까요. 일단 살아 있어야 일을 구하거나 교육을 받으려고 용을 쓰더라도 쓰죠. 심지어 병에 걸려서 치료를 받고 싶더라도 일단 살아 있어야 하니까요.〉

파벨라 개선 프로그램이 새로운 것인가 하면, 전혀 그렇지 않다. 구호 단체에서 일하는 한 브라질인은 내게 브라질에는 인구보다 NGO 수가 더 많다고 농담으로 말했다. 그러나 파벨라 주민들이 스스로 공공 서비스 조직을 꾸리기 시작한 것은 요즘이 처음이다. 루이스 카를로스 두몬트와 두두 지 모후 아구두는 〈문화적 전투성〉에 헌신하는 단체인 〈인하이자두스〉를 설립했다. 그 웹 사이트의 조회 수는 매달 60만 건이 넘는다.[33] 래퍼인 두두는 아이들을 갱단으로부터 꾀어내려는 생각으로 아이들에게 음악 연주와 동영상 제작을 가르친다. 또 인하이자두스 소속 예술가들은 파벨라에 그라피티를 그려서 대체로 음침하기만 한 동네를 밝게 꾸민다. 이들은 길거리 도서관 사업도 시작했다. 누구든 길에서 우연히 책을 발견하면, 속표지 맞은편에 도장으로 찍힌 웹 사이트 주소로 들어와서 자신이 그 책을 어디서 발견했는지, 읽어 보니 재밌었는지, 다음 사람이 볼 수 있도록 책을 어디 놔두었는지를 기록한다. 그렇게 해서 파벨라 사람들이 책을 돌려 보게 된다.

페르난두 가베이라는 1969년 독재에 항의하는 의미에서 미국 대사를 납치했던 사건으로 유명한 인물이다. 사건을 기록한 그의 책은 베스트셀러가 되었고 1997년에 「9월의 나흘」이라는 영화로도 만들어졌다.[34] 2008년 가베이라는 리우 시장 선거에서 겨우 1퍼센트 차이로 졌다. 내가 그와 함께 노천 카페에 앉아 있을 때, 지나가는 차들이 속도를 늦추고 그를 알아봤다는 뜻으로 빵빵 경적을 울렸다. 그는 내게 말했다. 「UPP는 파벨라 정복에 성공하고 있고, 정치인들은 그 업적을 칭송합니다. 그러나 과연 그들은 자신들이 정복한 사람들도 칭송할까요?」 가베이라는 경찰이 줄곧 정의와 범죄의 맞대결로 묘사해 온 시나리오는 사실 두 종류 범죄의 맞대결에 지나지 않는다고 본다. 경찰이 마약상들의 이윤과 힘을 빼앗으려고 하는 데 지나지 않는다는 것이다. 그러나 그는 이렇게 덧붙였다. 「하지만 안전은 실체인 동시에 인상이기도 하니까요. 사람들이 상황이 나아졌다고 느낀다면 나아진 겁니다. 요즘 부자들은 더 행복해하고, 가난한 사람들도 마찬가지죠. 그것만으로도 꽤 성공인 겁니다.」

카리오카들은 월드컵과 올림픽을 맞이하여 정신없이 진행되는 건설 사업의 일환으로 오래된 역사적 장소들이 재생되는 데 대해 저마다 격렬한 의견을 갖고 있다. 누구는 마라카낭 축구 경기장이 망쳐지고 있다고 말하고, 누구는 되살려지고 있다고 말한다.[35] 테아트루 무니시파우는 건립 백 년을 맞아 막 전체적으로 재단장을 끝냈다. 파리 가르니에 극장을 본떠 만들어진 이 극장은 아르투로 토스카니니가 지휘자로 데뷔했던 곳이고 사라 베르나르와 이고르 스트라빈스키 등이 공연했던 곳이다.[36] 2,500명 가까이 수용하는 극장에서 열리는 오페라, 발레, 고전 음악 공연은 거의 매일 밤 매진이다. 일요일에는 표를 단돈 1헤알(약 25센트)에 구할 수 있는데, 그날 극장은 파벨라에서 온 관객들로 넘쳐난다. 극장의 생일인 7월 14일, 극장은 하루 종일 문을 열어 두고 무료 공연을 선보였다. 리우의 유명 음악 평론가인 루시아나 메데이루스는 이렇게 말했다. 「범죄 감소가 문화 생활에도 영향을 미친다는 건 누구도 미처 예상하지 못한 일이었겠지만, 요즘 리우에서 벌어지는 변화는 모두에게 좋습니다. 내가 어렸을 때 리우의 가장 상징적인 특징이 뭐였는가 하면, 길거리가 엄청 더럽다는 거였어요. 그런데 이제 시민들이 갑자기 그런 문제에도 신경 쓰기 시작했습니다.」

내가 화려한 시청 건물로 시장을 만나러 갔을 때, 그곳을 찾은 시민들의 절반쯤은 플립플롭을 신고 있었다. 리우는 캐주얼한 도시다. 그러나 캐주얼하다는 것이 유행에 뒤처진다는 뜻은 아니다. 대부분의 문화들은 패션을 먼저 창조하고 그다음 그것을 선보일 모델들을 찾아내지만, 브라질은 모델들을 먼저 배출한 뒤에야 그들에게 입힐 패션을 만들기 시작했다. 리우 최대의 모델 에이전시를 운영하는 세르지우 마투스는 이렇게 말했다. 「파벨라 출신의 우리 모델들은 놀랍도록 자연스러운 우아함을 타고나죠. 모델들은 물론 옷을 걸쳤을 때 멋져 보여야 합니다. 하지만 리우에는 해변 문화가 있기 때문에, 옷을 벗었을 때도 멋져 보여야 해요. 우리는 세계에서 유일하게 섭식 장애가 없는 패션 산업을 갖고 있습니다.」[37] 브라질 사람들은 아름다운 육체를 음미하는 감각이 예리하고, 아름답지 않은 육체를 감각하는 능력은 없다시피 하다. 근사한 몸매의 소유자들은 손바닥만 한 수영복을 입는데(피우 덴타우, 즉 치실이라고 불리는 끈 쪼가리도 있다), 나이 들고 뚱뚱한 이들도 아무런 자기 검열 없이 똑같이 손바닥만 한 수영복을 입는다. 브라질은 관능미에 빠진 나라다. 내가 파벨라에서 만난 한 젊은 여성은 수입의 3분의 1을 머리카락 관리에 쓴다고 고백했다. 「머리카락은 내 몸에서 유일하게 아름다운 부분이에요. 그러니까 평생 투자할 거예요.」

이탈루 모리코니에 따르면, 그가 어렸을 때는 리우의 모든 지식층이 스스로를 리우인이라기보다는 브라질인으로 여겼지만 그 정체성은 갈수록 세계화되는 동시에 지방색을 강하게 띠는 방향으로 변했다. 리우의 변모를 자랑스럽게 여기는 마음이 바탕에 깔린 현상이었다. 거리가 비교적 안전해지자 거리 문화가 살아났다. 이제 모든 동네들이 일몰에서 일출 사이에 재미있게 노느라 여념이 없다. 밤놀이의 중심지는 꾀죄죄하지만 멋진 시내 역사 지구 라파다. 해변에서처럼 라파의 거리에서도 부유한 사람과 가난한 사람이 뒤섞여 바글거린다. 나이트클럽들 중에는 꽤 비싼 곳도 있지만, 모든 가게들의 문에서 새벽 늦게까지 음악을 연주하는 소리가 흘러나온다. 가게의 장식 수준과 연주자의 실력 사이에는 전혀 상관관계가 없으므로, 어디로 들어갈지 고르려면 문 앞에 서서 직접 들어 봐야 한다. 공간들은 역사적이면서도 임시적인 느낌이 드는 곳이 많았다. 임시로 쓰려고 지었지만 어쩌다 보니 영구적으로 살아남은 공간들 같았다. 어느 날 밤, 벽에 종교적인 그림들이 잔뜩 붙어 있어서 작은 예배당처럼 보이는 곳으로 들어가 보았다. 들어가 보니 그곳은 이웃 미나스 제라이스주(州)에서 리우로 온 중년의 트랜스젠더 여주인이 운영하는 술집이었다. 그녀는 우리에게 자기 고향 주의 술이라면서 계피 향이 감도는 리큐어를 권했고, 자신이 밀림 속 농장에서 자라면서 얼마나 어렵게 성 정체성을 깨우쳤는가 하는 이야기를 배꼽 빠지도록 재미나게 들려주었다. 이 위도에서 따스한 것은 태양만이 아니었다. 리우에서는 우정도 빠르게 형성된다. 방금 만난 사람들과 친밀한 대화를 나누는 일이 다반사로 벌어진다. 그 사람들은 또 자기 친구들을 소개해 주지 못해 안달이고 — 그들 자신도 좀 전에야 알게 된 사이인 경우도 있었다 — 그렇게 며칠 밤만 지나면 쏟아지는 파티 초대, 저녁 식사 초대, 밀림 여행 초대를 저글링하게 된다.

그렇게 새로 사귄 친구 중 하나가 우리를 초저녁 삼바 파티에 초대했다. 리우 사람들은 종종 모여서 격식 없이 음악을 연주하곤 한다. 누구나 자기 악기를 가지고 와서 합류할 수 있다. 도심에서 열린 우리 파티에는 사무실에서 퇴근하여 귀가하다가 들린 회사원도 있었고 그 회사원들의 사무실을 청소하려고 출근하다가 들린 파벨라 거주자도 있었다. 음악 면에서나 사교 면에서나, 스타일은 즉흥연주였다. 연주자들은 도중에 딱 한 번 연주를 멈췄는데, 사람들에게 마리화나 냄새가 나면 경찰이 올지도 모른다고 경고하기 위해서였다. 바이아주(州) 출신의 풍만한 두 여자가 해산물과 동부콩으로 된 맛있는 튀김인 아카라제를 만들었고, 근처 술집이 플라스틱 컵에 카이피리냐 칵테일을 담아 내왔다. 사운드 트랙 없는 리우는 리우가 아니다. 음악이 다른 모든 감각에 양념을 친다.

비크 무니스는 리우의 그런 아이러니를 살피는 일로 예술 작품을 만들었다. 그가 출연하는 다큐멘터리 영화 「황무지」는 그가 리우 외곽의 거대한 매립지에서 쓰레기를 뒤져 연명하는 사람들과 친구가 된 과정, 그러다가 그들이 그의 작품에 참여하는 파트너가 된 과정을 담았다.[38] 무니스는 내게 말했다. 「뉴욕에서는 새로 사람을 만나면 먼저 〈이름이 뭡니까?〉라고 묻죠. 그다음에는 〈직업이 뭡니까?〉라고 묻고요. 하지만 리우에서는 〈이름이 뭡니까? 뭘 좋아합니까?〉라고 묻는답니다.」 내가 리우에서 만난 사람들 중 여러 명이 「이파네마에서 온 소녀」를 쓴 음악가 안토니우 카를루스 (톰)

조빙이 했다는 다음 말을 인용했다. 「뉴욕에서 사는 것은 근사하지만 엿 같죠. 리우에서 사는 것은 엿 같지만 근사하고.」[39]

유명 토크쇼 스타 헤지나 카제는 자신의 호화로운 저택에서 나를 맞았다. 치렁치렁한 카프탄 드레스를 입고, 무게가 총 2킬로그램은 나갈 듯한 보석들을 차고, 화장품 판매대 하나를 통째 얹은 것처럼 짙게 화장한 모습이었다. 그녀는 내게 말했다. 「나는 북미도 가보고 유럽도 가봤어요. 거기에는 소나무 숲, 떡갈나무 숲이 있죠. 우리의 대서양 우림에 가봤나요? 거기에는 나무가 백 종류는 있고, 식물들은 서로 마구 감고 오르면서 해와 물을 놓고 경쟁하는데, 그런데도 이럭저럭 모두 살아남아요. 세계 어디의 숲보다 더 싱싱하게. 리우 사회도 마찬가지예요. 우리의 아마존 숲이 전 세계에 산소를 공급하는 것처럼, 우리는 리우에서 사회적 산소를 만든답니다. 우리처럼 이렇게 사회를 하나로 통합해 내지 못한다면, 당신들은 실패할 거예요. 당신이 사는 미국에는 문제도 많고, 불평등도 많고, 갈등도 많죠. 당신들은 그런 문제를 해결하려고 애쓰죠.」 그녀는 짐짓 경악스럽다는 듯 두 손을 펼쳤다. 「리우는 달라요. 우리는 성대한 파티를 열어서 문제들을 모두 초대하고, 문제들이 다 함께 춤추게 만들죠. 이제는 전 세계에게 우리와 함께 춤추자고 초대하고 있답니다.」

•

이 기사를 발표한 뒤 4년이 흐른 2014년 8월, 다시 며칠 동안 리우를 찾았다. 그즈음 UPP는 40개 가까이 되는 파벨라와 그 주변의 인구 약 1,500만 명에게 서비스를 제공하고 있었고, 그 비용은 엄청났다. 경찰 9,000명이 파벨라를 탈범죄화하고 재생하는 데 필요한 훈련을 받았고, 2016년에는 12,000명을 넘을 것으로 예상된다.[40] 2009년부터 2014년까지 평정된 파벨라 내부에서는 갱단이나 경찰이 저지른 살인 건수가 절반으로 줄었고, 다른 강력 범죄의 발생률은 그보다 더 크게 떨어졌다. 『뉴욕 타임스』는 평정된 파벨라에 거주하는 학생들의 성적이 리우 전체 학생들의 평균보다 두 배 더 높다고 보도했다.[41]

이런 진전에도 불구하고, 리우 사회정치 연구소의 조사에 따르면 리우의 파벨라 중 절반 가까이가 아직 자경단에게 통제되고 있고, 3분의 1 이상이 마약 갱단에게 장악되어 있고, 다섯 곳 중 한 곳도 못 되는 비율에만 UPP가 상주한다.[42] 2011년에서 2013년 사이 경찰 옴부즈맨 사무소에 신고된 경찰 폭력 사건은 8,000건 가까이 되었고, 그 내용은 폭행, 강간, 고문, 살인까지 있었다. 그러나 제재를 받은 경찰관은 고작 18명이었다.[43] 최근 국제 사면 위원회의 조사에서는 지난 5년간 리우에서 발생한 살인 사건 중 1,519건이 근무 중인 경찰에 의한 사건이었음이 밝혀졌는데, 리우에서 신고된 모든 살인 사건 여섯 건 중 한 건에 가까운 비율이다.[44] 의료, 스포츠, 교육 서비스를 제공하겠다던 UPP 친목회의 사명은 대개의 경우 전혀 실현되지 않았다.

NGO들이 주도적으로 편찬하여 2015년 말 공개한 『배제의 게임*Exclusion Games*』은 2016년 하계 올림픽 준비 중 아동권과 시민의 기본적 자유가 훼손된 사례들을 기록한 보고서였다. 보고서에 따르면 UPP의 평정 프로그램이 비틀거림에 따라 경찰 폭력이 약간 늘었고, 그 시점까지 4,000가구가 넘는 가정이 집을 잃었으며, 추가로 2,500가구가 퇴거될 위기에 처해 있었다. 게다가 사회 정화라는 명목으로 진행된 단속 작업 후 길거리 생활을 하던 아이 여러 명이 사라졌다고 했다. 리우 정부는 이런 고발 중 일부에 공개적으로 반박했다.[45]

그리고 아마리우두 사건이 있었다. 2013년 7월 14일, 간질을 앓는 건설 노동자로 호시냐 파벨라에 살았던 아마리우두 지 소자가 자기 동네 경찰서로 들어가는 모습이 목격되었다. 그러나 도로 나오는 모습은 목격되지 않았다. 경찰은 그를 두 달 동안 〈실종〉 상태로 분류했다가, 리우 전역에서 수천 명의 시민이 모여 〈아마리우두는 어디에?〉를 외치며 대규모 시위를 벌인 뒤에야 그의 행방을 조사하기 시작했다. 결국 호시냐 파벨라의 UPP 책임자를 포함하여 열 명의 경찰이 아마리우두를 고문하고 — 전기 충격을 가했고 머리에 비닐 봉지를 씌우기도 했다 — 시체를 숨긴 죄로 고발되었다.[46]

2014년 4월에는 댄서였던 도글라스 히파에우 다 시우바 페레이라가 경찰에 맞아 죽었다. 그와 같은 파벨라의 주민 하나는 나중에 이렇게 말했다. 「파벨라 평정 시도는 실패했습니다. 이전에 마약 갱단이 저지르던 폭력을 경찰 폭력이 대체했을 뿐입니다.」[47] 〈평정된〉 산타 마르타 파벨라 주민들은 긴장이 고조되고 있다고 불평했다. 『워싱턴 포스트』는 평정된 파벨라의 경찰서에서 최소 열 건의 총격전이 벌어졌다고 보도했다.[48] 상대적으로 평화롭던 시기가 지난 뒤 경찰과 갱단의 갈등이 다시 고조되면서 살인, 방화, 보복성 살해 건수가 늘었다. 호시냐 주민 클레베르 아라우주는 이렇게 한마디로 말했다. 「전쟁터에서 사는 것 같습니다.」[49] 퓨 연구소의 조사에 따르면, 2014년 브라질 사람들이 경찰을 신뢰하는 수준은 4년 전보다 낮아졌다.[50] 마레 파벨라의 갱단을 소탕하려고 들어간 경찰 부대는 준법 시민들의 집에도 무턱대고 쳐들어가서 기물을 파괴했고, 경찰 헬리콥터는 무차별로 난사했다.[51] 2015년 국제 사면 위원회 브라질 대표 아칠라 호키는 UPP 계획이 〈고통과 황폐만을 남기면서 끔찍한 역효과를 낳고 있다〉고 말했다.[52] 많은 사람들이 올림픽이 끝나자마자 평정 사업이 폐기될 것이라고 예상한다. 갱단이 원위치로 돌아오는 데 시간이 얼마나 걸리겠느냐는 질문에 한 파벨라 주민은 이렇게 답했다. 「서로 먼저 오겠다고 덤비다가 부딪칠 지경일 걸요.」[53]

나는 평정된 지 얼마 되지 않은 비지가우 파벨라를 극작가이자 배우이자 무용수인 마르시우 자누아리우와 함께 돌아다녔다. 흑인이고 온몸에 문신을 새겼고 자신이 게이임을 공개한 자누아리우는 많은 사람에게 사랑받는다. 그와 함께 비지가우를 걸으면, 열 발자국을 걸을 때마다 인사를 받는다. 그는 비지가우의 아이들과 성인들과 함께 연습하여 연극을 무대에 올린다. 내가 만났을 때, 그는 그가 결성한 〈자유로운 정신〉 극단과 함께 「로미오와 줄리엣」을 파벨라를 배경으로 각색하고 그가 파벨라어라고 부르는 언어로 — 빈민가의 심리가 담긴 언어다 — 연기하는 무대를 마치고 내려온 참이었다. 이파네마 해변을 곧장 내려다보는 언덕에 있고 부유한 바하 다 치주카 구역에 인접한 비지가우는 리우 최고의 경치를 자랑하는 동네다. 자누아리우는 평정 이후 모든 가격이 치솟았다고 불평했다. 벌써 많은 주민들이 그들에게는 거액으로 느껴지는 돈을 받고 대대로 살아온 집을 팔았다. 그러나 자누아리우는 그들이 그 돈으로 예전만 한 집을 구하지는 못할 것이라고 말했다. 중산층이 파벨라 부동산을 사들이면서 집값이 계속 오르고 있기 때문이다. 비지가우는 이제 가난한 사람들이 사는 동네와 부자들이 사는 동네가 나뉘었고, 둘 사이에는 거의 아무 접촉이 없다. 자누아리우에게 그도 다른 곳으로 이사할 생각이 있느냐고 묻자, 그는 웃어넘겼다. 「나는 여기 있어야 합니다.」 우리는 그의 검소하고 매력적인 원룸형 아파트에 있었다. 「이곳이 너무 비싸져서 살 수 없게 되면, 아예 리우를 떠날 겁니다.」

비지가우의 학교들은 끔찍하고, 공공 서비스는 거의 없다. 학교에서 자원 봉사로 연극을 가르치는 자누아리우는 그곳 아이들이 공부에 흥미가 없는 것은 그곳 선생들이 가르치는 데 흥미가 없기 때문이라고 말했다. 그는 매년 서른 명에서 마흔 명 사이의 학생을 가르치는데, 그중 많은 수가 대학에 진학한다. 「내가 7년 전에 이 프로젝트를 시작했을 때, 한 선생님은 말했어요. 〈당신 정신 나갔군요! 여기는 멍청이들이 다니는 학교예요. 흑인 학생들에게 연극 같은 건 필요 없어요.〉」 자누아리우는 즐거움을 느낄 줄 아는 사람은 배울 줄도 아는 법이라고 주장했다. 그는 내게 말했다. 「사람들은 감았던 눈을 뜨고 깨어나면 이렇게 말합니다. 〈사자는 어디 있죠? 한번 싸워 보자고요.〉 우리는 그들이 싸우려는 사자를 다른 것으로 바꿔 주기만 하면 됩니다.」 파벨라 주민들이 예전보다 덜 두려워하면서 살지 않느냐고 묻자, 그는 이렇게 대답했다. 「우리한테는 두려움 속에서 살아가는 것이 정상입니다. 그걸 당신만큼 어렵게 느끼지 않아요. 폭력은 문화이고, 세상에는 폭력을 좋아하는 사람도 많습니다. 모두가 평화로운 삶을 원할 거라고 단정하지는 마세요.」 많은 파벨라 주민처럼, 자누아리우는 평정 사업에 별달리 감동받지 않은 것은 물론이거니와 그 사업이 해결하려는 문제가 과연 진짜 문제인가조차 미심쩍이 여겼다.

가나

가나 대통령과 한 침대에?

『뉴욕 타임스』, 2013년 2월 9일

> 나는 친구 메리 나나아마 단쿠아의 결혼식에 참석하려고 가나에 갔다. 전통 예식은 신랑 가족 대표가 신부 가족 대표에게 이렇게 말하는 것으로 시작되었다. 〈당신네 정원에 아름다운 꽃이 핀 것을 보았습니다. 우리가 그 꽃을 꺾고 싶습니다.〉 전통에 따라 두 가족이 주거니 받거니 옥신각신하는 과정이 이어졌다. 부모가 자식의 결혼에 곧잘 느끼는 복잡한 양가 감정을 의례화한 것 같았다. 실랑이와 축하를 동시에 하는 것 같았다. 신랑 측이 신부 측에게 지참금을 주는 행위는 내가 예상했던 것과는 달리 신부를 상품화한 것처럼 느껴지지 않았다. 존중하는 느낌이었고, 그들이 내 친구를 사들인다는 느낌보다는 그녀의 가치를 인정하여 합당한 예물을 바친다는 느낌이었다.

후에 내 남편이 될 존과 내가 가나 정치인 존 드라마니 마하마를 만난 것은 8년 전, 아크라 근처에서 열린 내 친구의 결혼식에서였다. 나는 첫눈에 마하마가 마음에 들었다. 이후에는 주로 공통의 친구들을 통해서 그의 근황을 들었고, 2009년 그가 가나 부통령으로 선출되었다는 소식을 듣고는 기뻤다. 2010년 그의 통렬한 회고록

『나의 첫 쿠데타*My First Coup dÉtat*』 원고를 읽었을 때, 나는 자진해서 그에게 뉴욕의 몇몇 출판 대리인들과 편집자들을 소개해 주었다. 선진국 사람들은 아프리카 정치 지도자라고 하면 통명스럽고 정치적인 사람, 아니면 오만하고 이데올로기적인 사람 둘 중 하나일 것이라고 예상하는 편이다. 존 마하마의 책이 놀라운 것은 그 온화한 휴머니즘 때문이었다. 나는 그 책이 미국인의 편견을 깨는 데 큰 도움이 되리라고 생각했다. 그래서 작년 7월 책이 출간되었을 때 추천사를 썼고, 책 속 감사의 말에 이름이 실렸고, 출간 축하 파티를 열었다. 2012년 7월 10일에는 뉴욕 공립 도서관의 행사에서 존 마하마와 함께 무대에 올라 그를 인터뷰했다.

얼마 뒤인 7월 24일, 가나 대통령 존 아타 밀스가 죽어서 존 마하마가 대통령이 되었다. 12월에는 그가 선거로 새 임기를 맡게 되었다. 2013년 1월 말, 가나 언론이 갑자기 마하마와 나의 관계를 언급하는 기사를 실었다. 〈존 드라마니 마하마 대통령, 게이 로비스트 앤드루 솔로몬과 한 침대에 드는 사이로 밝혀져.〉 하필이면 저 유감스러운 관용구를 사용한 기사 제목은 말했다.• 또 다른 기사는 이렇게 말했다. 〈앤드루 솔로몬은 동성애자 사회의 몇몇 부자들을 모집하여 마하마 대통령의 선거 운동 자금을 댔다고 한다. 마하마가 대통령으로 당선되면 동성애자 문제를 밀어붙여 줄 것으로 알고 그런 것이다.〉 기사는 또 내가 마하마의 책을 구입하는 데 2만 달러를 썼다고 보도했다.

그런 폭로가 발생한 계기는 마하마가 가나에 신설된 〈젠더, 어린이, 사회보호부〉 장관으로 어느 신문이 〈인권과 동성애자 권리를 맹렬하게 지지하는 나나 오예 리투르〉라고 묘사한 여성을 지명한 일이었다. 리투르는 의회의 인준 청문회에서 〈동성애자를 포함하

• 영어에서 〈~와 한 침대에 들다be in bed with someone〉는 문자 그대로의 성적인 뜻 외에도 비유적으로 〈은밀한 방식으로 함께 일하다〉라는 뜻으로도 쓰인다.

여 모든 사람의 인권은 보호되어야 한다〉라고 단언했는데, 그래서 그 난리 법석이 벌어진 것이었다. 언론은 내가 리투르의 지명에 입김을 넣었을 것이라고 추측했는데, 사실이지 나는 이전에는 그녀의 이름도 들어 보지 못했다. 그녀가 뛰어난 능력 덕분이 아니라 웬 악마 같은 외국인의 추천으로 선택되었을 것이라는 주장은 여태 동성애를 퇴폐적인 서양에서 수입된 현상이라고 믿는 일부 아프리카인들의 시각에 잘 들어맞았다.

나는 외국 선거에 참견할 능력도 의향도 없고, 마하마가 서명을 해서 내게 증정한 책에 땡전 한 푼 지불하지 않았다. 내가 동성애자 인권 문제에서 마하마에게 영향을 미칠 수 있었을지도 모르는 방법은 아빠만 둘 있는 유쾌한 가정에 그를 초대하여 환대한 것뿐이었다. 국가적 추문에 연루된다는 것, 누군가를 친근하게 돕고자 했던 일이 오히려 그에게 부담이 되었다는 사실을 아는 것은 대단히 속상한 일이었다.

2013년 2월 1일 금요일, 대통령 대변인은 마하마 대통령이 나를 모른다고 발표했다. 토요일, 대통령이 내게 직접 전화를 걸어 사과했다. 일요일, 가나 정부는 공식 성명을 내어 마하마와 내가 아는 사이라고 인정했고, 하지만 내가 그의 선거에 기부하거나 남에게 그러라고 설득한 일은 전혀 없었다고 말했으며, 마하마 대통령은 〈동성애를 지지하지 않으며 가나에서 동성애를 조장하려는 시도를 결코 취하지 않을 것〉이라고 단언했다. 동성애를 조장하는 시도라는 것이 정확히 무엇인지는 모르겠지만, 아무튼 나와의 훈훈한 우정은 그런 행위에 해당하지 않는다니 기쁠 따름이다.

아프리카 대부분의 지역에서, 동성애자들은 개탄스러운 처지에 놓여 있다. 가나 행정부가 이랬다저랬다 말을 바꾼 것은 동성애자들의 타당한 걱정을 달래는 데 도움이 되지 않았다. 난리 법석 이후, 나는 웹 사이트와 페이스북을 통해서 가나 사람들로부터 편지를 수백 통 받았다. 반쯤은 그곳 동성애자들이 자신이 처한 상황이 얼마나 심각한지 알려 주는 내용이었다. 한 사람은 이렇게 적었다. 〈굴욕과 수모에 이제 지쳤습니다. 내가 게이라면 인간이 아니라는 것일까요. 남들이 원하는 인간이 되어 보려고 거짓 행세도 해봤습니다. 당신의 조언과 도움이 필요합니다. 이런 말은 해선 안 되겠지만, 자살하고 싶습니다. 눈물이 너무 많이 흐르네요. 이메일을 그만 써야겠습니다.〉

성난 사람들이 보낸 편지도 있었다. 내가 혹시라도 자기 나라를 다시 찾으면 험한 꼴을 보게 될 것이라고 모질게 협박하는 내용이었다. 많은 편지가 잔인했고, 개중에서도 한 줌은 정말 무서웠다. 나는 그렇게까지 심한 증오를 받는 데 익숙하지 않다. 그러나 그보다는 이성애자 동조자들이 보낸 편지가 더 많았고, 가나에도 그런 사람이 잔뜩 있는 것 같았다. 한 여자는 〈남자들이 하도 나를 속이니까, 나도 차라리 당신들 LGBT에 합류하고 싶어요〉라고 적었다. 또 다른 사람은 이렇게 적었다. 〈신이 당신과 나를 똑같이 축복하셨기를 바랍니다. 나는 게이가 아니지만, 그래도 당신을 존중하고 아주아주 사랑합니다. 당신이 앞으로도 늘 사람들을 도우며 살기를 기원합니다.〉 목사를 비롯한 성직자들이 보낸 편지도 놀랍도록 많았는데, 그들은 신 앞에서 모든 인간이 평등하다고 믿는다고 말했고, 내가 지지를 보내 주어 고맙다고 말했고, 자기 신도들에게도 타인을 판단하고 책망하는 대신 받아들이고 사랑하라고 가르치겠다고 약속했다.

흥미로운 우연의 일치로 이 소동이 벌어졌을 때 나는 책 홍보차 인도에 가 있었는데, 그때 홍보하던 책은 인간이 갖고 있는 어떤 조건이든 설령 과거에는 질병으로 인식되어 온 속성이더라도 그보다는 각자 개성처럼 품고 살아가는 정체성으로 여겨지도록 바뀔 수 있다고 말하는 내용이었다. 그리고 그런 관점의 바탕에는 동성애자로서 내 경험이 깔려 있었다. 미국의 동성애자들이 정확히 그런 변화를 겪었기 때문이다. 내가 20여 년 전 처음 인도를 찾았을 때, 게이인 것을 분명히 알 수 있는 사람들은 궁핍하고 주변화된 사람들뿐이었다. 두 번째로 갔던 1990년대 말에는 상당히 세련된 게이 남성들의 하위 문화를 접할 수 있었지만, 그들은 자신들과 내가 공통점이 있다는 사실을 인식할 때면 매번 얼굴이 빨개졌다. 한편 2013년 2월 자이푸르 문학 축제에서 내가 참석한 이른바 〈게이 토론회〉에는 천 명이 넘는 청중이 모였다. 청중은 인도의 끔찍한 편견에 불평을 토로했지만, 그래도 그 문제에 공개적으로 항의할 만큼 대담했고 그들의 말투에는 결국 문제가 해결될 수 있으리라는 기대가 담겨 있었다. 이성애자 지지자들도 물론 아주 많았다.

가나에서 마하마 대통령과 내 친분을 공격했던 기사들은 〈게이와 레즈비언의 권리를 놓고 전국에서 논쟁이 시끄럽게 벌어지고 있다〉고 말했다. 그런 논쟁이 벌어진다는 사실 자체가 — 비록 우리를 린치할 것인가 말 것인가를 논쟁하는 것이지만 — 의미 있는 발전이다. 서아프리카 일국의 대통령이 게이 로비스트의 손에 놀아날 수 있다고 여기는 가나 선동가들의 생각 자체도 진화하는 세상을 반영한 것이다. 나는 마하마 대통령이 이 기회를 잡아서 그 지역에서 누구보다 먼저 LGBT 인권을 주장하고 나서기를 바란다. 추문이 터졌을 때 그렇게 많은 가나 사람들이 내게 편지를 보냈다는 사실은 가나에 그 문제를 고민하는 사람이 많다는 증거다. 나 같은 사람을 아는 것이 부담이 아니라 자산이 되는 날이 멀지 않았기를 희망한다.

•

내가 이 기사에서 말했던 기이한 모험담은 이후에도 이어졌다. 가나에서는 동성애자 인권에 관한 기사가 실릴 때마다 거의 매번 내 이름이 거론되고, 아크라에서 잡주구까지 전국의 동성애 혐오자들이 자기 나라를 호시탐탐 노리는 악의 상징으로 내 이름을 들먹인다. 한편 내 이메일 함에는 가슴 미어지는 편지들이 계속 들어왔다. 2015년 여름, 가나 언론은 내가 전 대통령 존 밀스의 죽음과 연루되어 있을지도 모른다는 헛소문을 보도했다. 내가 연줄이 있는 존 마하마를 대통령으로 만듦으로써 〈가나에 동성애를 퍼뜨릴 토대를 닦으려는〉 사악한 음모의 일환으로 그런 짓을 저질렀다는 것이다.[1] 마하마 대통령이 동성애자 인권을 지지할 의향을 밝히지 않았는데도 왜 그런 기사가 자꾸 나는지 모르겠다. 첫 비난이 쏟아졌던 뒤로 마하마와 나는 수 년째 연락을 거의 끊고 지냈다.

최근 가나 언론은 또 다른 이야기를 보도했다. 레곤의 한 법학자가 내가 곧 종교 덕분에 개과천선하게 되리라는 계시를 받았다는 이야기였다. 한 기사는 이렇게 보도했다. 〈가나 대학 법학부의 강사인 모지스 포아모아닝은 유명 게이 활동가이자 존 드라마니 마하마 대통령과 친구라고 알려진 앤드루 솔로몬이 언젠가 목사가 될 것이라고 말했다. 그는 《앤드루 솔로몬은 언젠가 앤드루 솔로몬 목사로 불릴 것입니다》라고 말했다. 그 법학 강사는 아팅카 라디오의 「AM 드라이브」 프로그램과의 인터뷰에서 그 게이 전도사가 곧 신을 영접할 것이라고 말했다.〉 또 다른 기사는 포아모아닝이 이렇게 말했다고 보도했다. 〈그는 최근 미국의 동성 결혼 합법화 배후에 있는 세력이 개탄스럽다고 말했지만 — 그리고 유명 게이 활동가인 앤드루 솔로몬이 그 주동자라고 말했다 — 《신이 곧 앤드루 솔로몬을 방문하여 그를 바꿔 놓을 것》이라고 덧붙였다.〉[2] 나는 아직 신의 방문을 받지 못했다. 하지만 정말 방문받을 수 있다면야 오히려 상당히 기대하는 바다.

2016년 1월에는 가나에서 이런 이야기가 보도되었다. 〈닝고 프람프람 선거구에서 의원 출마를 지망하는 한 후보자는 자신의 주장을 뒷받침하는 증거로 유명 게이 인권 활동가 앤드루 솔로몬과 마하마 대통령의 관계를 언급하며, 마하마 대통령은 돈을 위해서라면 무슨 짓이든 할 것이라고 말했다. 그는 이렇게 열변을 토했다.《마하마 대통령은 선거 운동 자금으로 게이들의 돈을 받을 수 있는 사람이니, 곧 있을 2016년 선거에서 이기기 위해서는 반기독교 세력에게 가나를 통째 담보 잡히는 짓도 할 것입니다.》[3]

그 담보 대출이 성사되면 나도 이자를 받을 수 있는지 궁금하다.

2014 ~ 2015

루마니아 동성애자, 유대인, 정신 질환자, 그리고 루마니아 집시들의 후원자

미얀마 미얀마의 순간

호주 바다에 뜬 채 길을 잃다

Romania
2014
루마니아
Myanmar
2014
미얀마
Australia
2015
호주

루마니아

동성애자, 유대인, 정신 질환자, 그리고 루마니아 집시들의 후원자

『뉴요커』, 2014년 7월 7일

이 기사가 『뉴요커』 웹 사이트에 실리자마자 댓글이 잔뜩 달렸다. 수백 건의 댓글이 달렸는데, 대개 격분한 루마니아인이 쓴 것이었다. 나는 루마니아에서 『한낮의 우울』이 출간되었을 때 그 나라를 찾았다. 출판사는 내게 너그러웠고, 언론은 나를 추어주었고, 루마니아의 친구들은 흠 잡을 데 없는 환대로 나를 맞아 주었다. 그러나 그곳에서 나는 편견에 맞닥뜨렸고, 그 사실에 몹시 속이 상했다. 지금까지도 나는 이 기사에 관한 이메일을 계속 받는다. 여파가 길게 이어지는 동안, 이 글의 주장을 인정하는 루마니아인은 점점 더 많아졌다. 이 글이 루마니아인들에게 여전히 관심을 끌고 있기는 하지만, 요즘 내게 이메일을 보내는 사람들은 주로 내 책에 대해서 이야기한다. 주로 자신이 우울증을 앓고 있거나 장애아를 기르고 있어서 조언을 구하는 편지들이다.

내가 십 대였을 때, 로즈 고모할머니에게 우리 집안이 루마니아에서도 정확히 어디 출신인지 물었다. 할머니는 기억나지 않는다고 대답했다. 나는 말했다. 「로즈 할머니, 할머니는 거기서 열아홉 살까지 사셨잖아요. 기억이 안 난다니 말이 돼요?」 할머니는 말했다.

「그곳은 끔찍한 곳이었고, 우리가 그곳을 빠져나온 것은 행운이었어. 누구도 다시 돌아갈 이유가 없어.」 나는 지명만이라도 알려 달라고 사정했다. 할머니는 당신답지 않게 엄한 눈길로 나를 보면서 단호하게 말씀하셨다. 「기억 안 나.」 대화는 그것으로 끝이었다.

로즈 고모할머니의 오빠로 농장 노동자였던 내 할아버지는 고모할머니보다 4년 먼저, 열여섯의 나이에, 고향의 유대인 학살과 대물림되는 가난을 피해 미국으로 건너왔다. 할아버지는 엘리스섬에서 입국 허가를 받은 뒤 뉴욕 시에 정착했고, 아이들 입에 겨우 풀칠하는 가난 속에서 가정을 꾸려 갔다. 그럼에도 할아버지는 아버지가 좋은 교육을 받을 수 있도록 지원해 주었고, 덕분에 우리 가족은 비교적 풍요롭게 살 수 있었다. 나는 할아버지가 뒤에 남기고 온 삶이 어땠을지 가끔 궁금했다. 내 조상들도 나나 형이나 아버지처럼 호기심 많고 포용력 있는 정신을 가졌을 것 같은데, 만약 우리가 사회적 유동성이 제약된 사회에서 살았다면 과연 어땠을까 하는 생각이 들었다.

내 친구 레슬리 호크는 15년 전 루마니아로 이주하여 그곳 로마(집시) 아이들을 가르치는 NGO 재단 오비디우/로를 세웠다. 내가 그 이사진에 합류한 것은 내 유대인 조상들이 겪었던 억압과 현재 그곳 집시들이 겪는 억압에 비슷한 점이 있다고 느꼈기 때문이다. 우리는 루마니아 밖에서 교육을 받음으로써 삶을 개선했지만, 집시들은 루마니아 안에서 학교를 다님으로써 삶을 개선할 수 있을 것 같았다.

작년 한 루마니아 출판사가 『한낮의 우울』 판권을 샀고, 그 일을 계기로 선조들의 땅에 대한 내 호기심이 다시 불붙었다. 나는 홍보 여행을 가겠다고 약속했다. 궁핍했던 할아버지가 그곳을 떠나왔으나 이제 내가 작가가 되어 돌아간다는 것, 이 대비에는 우아한 순환성이 담겨 있는 것 같았다. 이전에 페이스북을 통해 연락이 닿은 육촌이 있었는데, 그녀는 우리 집안이 도로호이 출신인 것 같다고 말했다. 도로호이는 부쿠레슈티에서 북쪽으로 400킬로미터쯤 올라간 우크라이나 국경 근처 작은 마을이다. 아마추어 족보학자인 친구 하나가 좀 더 조사해 보겠다고 나섰고, 그녀는 결국 우리 집안이 정말 도로호이 출신임을 증명하는 서류를 찾아냈다. 내 할아버지는 형제 둘과 함께 1900년 함부르크에서 삼등 선실을 타고 미국으로 건너왔고, 4년 뒤 부모와 누이들까지 건너오도록 주선했다고 했다.

내 책을 낸 출판사는 루마니아 독자들이 아직 우울증을 터놓고 말할 준비가 되지 않았을지도 모른다고 염려했지만, 알고 보니 사회 분위기는 그들이 생각한 것보다 더 많이 바뀌어 있었다. 루마니아의 가장 위대한 생존 작가인 미르체아 카르타레스쿠가 내 책에 서문을 써주었고 출간 행사에도 참석하기로 약속했다. 책은 내가 부쿠레슈티에 도착하기 전부터 베스트셀러였고, 나는 그곳에 머문지 이틀 만에 주요 방송국 세 곳, 루마니아 국영 라디오, 여러 주요 신문들과 인터뷰했다. 출간 기념 행사가 열린 널찍한 서점은 많은 독자로 가득 찼고, 『한낮의 우울』은 이튿날 바로 2쇄를 찍었다. 모두가 나를 친절히 대해 주었으며, 그곳에서 접한 지적, 정치적 담론의 수준이 높은 점에 대해 깊은 인상을 받았다.

그러나 매사가 계획대로 순조롭게 흘러간 것은 아니었다. 내가 도착하기 전, 레슬리는 ACCEPT라는 루마니아 동성애자 인권 단체를 이끄는 플로린 부후차누와 연락이 닿았다. 마침 레슬리의 친구인 제네비에베 피에라우가 중앙 대학 도서관에 연줄이 있었는데, 부큐레슈티 중심가에 있는 그 도서관 건물에는 1914년에 카롤 1세가 문을 연 근사한 강당이 있다. 그들은 내가 부쿠레슈티의 LGBT 공동체와 대화를 나눌 장소로 그곳이 안성맞춤이라고 의견을 모았다. 제네비에베의 주선으로 레슬리와 플로린은 도서관장을 만났고, 두 사람의 회상에 따르면 한 시간 동안 화기애애한 논의가 이어진 뒤 도서관장은 두 사람에게 강당을 대여해 주겠고 그곳에서 우리 강연을 열게 되어 기쁘다고 말했다. 플로린은 LGBT 단체에 용기 있게 도움을 주어 고맙다고 도서관장에게 인사했고, 계약서에 서명한 뒤 돌려주었으며, 자세한 행사 공지를 페이스북에 올렸다.

루마니아는 미국이 공개적 동성애자인 마이클 게스트를 그곳 대사로 지명했을 때 기존 법률 중 동성애자 인권을 침해하던 조항을 삭제했다. 게스트는 조지 W. 부시 행정부 기간인 2001년부터 2004년까지 루마니아 대사를 지냈다. 하지만 루마니아 문화에는 여전히 편견이 깊이 뿌리내려 있고, 푸틴의 동성애 혐오가 동유럽까지 길게 그림자를 드리운 것도 사태에 도움이 되지 않았다. 2014년 6월 초, 루마니아 하원은 동성애자 커플에게도 법적 지위를 인정하자는 내용의 법안을 무산시켰다. 반대가 298표, 찬성은 고작 4표였다. 같은 주, 도서관장이 제네비에베에게 전화를 걸어왔다. 그녀는 제네비에베가 자신에게 강연의 성격을 속였다고 비난했고, 그 행사가 동성애자 정체성을 논하는 자리임을 미리 알았더라면 결코 대관을 허락하지 않았을 것이라고 말했다. 이후 도서관장은 플로린이나 레슬리가 아무리 연락을 취해도 감감무소식이었다.

ACCEPT는 허둥지둥 다른 장소를 찾아 나섰고, 규모가 더 작고 중심가에서도 더 먼 국립 연극영화 예술 대학에서 강당을 빌렸다. 그곳에서 내가 강연한 뒤 가진 질의응답 시간은 한 시간 가까이 이어졌다. 질문은 내 가정 생활에 관한 것이 많았다. 남편과 아이들을 둔 것은 어떤 기분인지, 내 아버지로부터는 물론이고 더 넓은 사회에서도 인정받는 것은 어떤 기분인지. 내 증조부모가 지금 나의 상대적으로 부유한 삶을 결코 상상할 수 없었을 것처럼, 그 루마니아 청중에게는 지금 내 상황이 상상도 할 수 없는 것이었다. 청중 중 여러 명은 자신도 그렇게 인정받으며 살 수 있는 나라로 이민 가고 싶다고 말했다. 사회적 억압 탓에 심각한 우울증을 겪는 사람이 너무 많았고, 몇 사람은 그런 박해의 증거로 내가 강연장을 옮겨야 했던 사건을 거론했다. 유대인 학살에 비할 수야 없겠지만, 그래도 그 사건은 내 조상들이 자신이 속한 집단을 역겹게 여기는 동포들 속에서 살아갈 때 기분이 어땠을지를 조금이나마 짐작해 보도록 해 주었다.

다음 날, 레슬리와 나는 일곱 시간을 운전하여 몰다비아 북부 고산 지대에 있는 말 농장으로 갔다. 우리는 그 농장에서 하룻밤 묵으면서 향토 음식을 먹고 그 집에서 담근 블랙베리 브랜디를 마셨다. 이튿날 아침, 그 지역에 남은 몇 안 되는 유대인 중 한 명을 차에 태웠다. 부업으로 족보를 연구한다는 사람이었다. 우리는 함께 도로호이로 향했다. 가까이 다가갈수록 풍경이 완만하게 구불구불 펼쳐진 구릉 지대로 바뀌는 모습을 보며 내 할아버지와 그 할아버지의 할아버지도 똑같은 언덕을 보았을 것이라고 생각하니, 이 기분을 영영 못 잊을 것 같은 느낌이 들었다. 그동안 백 년이 흘렀지만, 그곳의 삶은 변한 데가 없는 듯했다. 남자들은 소가 끄는 달구지를 타고 다니면서 일했고, 머리 스카프를 쓴 여자들은 괭이로 손수 밭을 맸다. 그들의 얼굴은 혹독한 여름과 겨울이 잇따라 오가는 기후 탓에 트고 갈라져 있었다. 우리는 비포장도로를 한참 달려서 도로호이 유대인 묘지에 다다랐다. 묘지를 둘러싼 철제 담장은 자물쇠로 잠겨 있었다. 열쇠는 근처에 사는 한 남자가 갖고 있었는데, 그는 우리에게 일인당 5달러씩을 받고 문을 열어 주면서 열렬히 말했다. 「나는 유대인은 아니지만 유대인을 좋아합니다.」

도로호이 근처의 거의 모든 것이 그렇듯이, 묘지는 심하게 방치된 상태였다. 쐐기풀로 뒤덮인 묘석들 사이를 소 한 마리가 음매 하고 울며 지나다녔다. 레슬리가 먼저 솔로몬이라는 이름이 적힌 무덤 하나를 찾아냈다. 우리는 금세 더 많이 찾아냈다. 개중 많은 수가 할아버지가 이민을 떠난 뒤 태어난 이들이었다. 그들이 내 친척인지 확인할 길은 없었지만, 유대인 공동체는 규모가 큰 적이 없었으니(이 군 전체에 유대인 무덤이 약 4,500개밖에 없다), 나와 성이 같은 이들은 내 친척일 가능성이 높아 보였다. 나는 무덤에 꽃 대신 돌을 얹는 유대인의 전통에 따라 몇몇 무덤에 조약돌을 얹었다. 떠날 수 있었지만 떠나지 않았던 이들을 생각해 보았다. 우리는 장례용 예배당에도 들어가 보았다. 예배당이라야 다윗의 별이 그려져 있는 자그마한 헛간에 지나지 않았지만, 그 안에는 말이 끌도록 되어 있는 오래된 영구 마차가 있었다.

한 무덤에는 〈히틀러의 손에〉 죽은 솔로몬들을 기리는 비문이 새겨져 있었다. 그 사람들의 이름은 내 친척들이 쓰는 이름과 같은 것이 많았다. 묘지 한가운데에는 이 지역에서 끌려간 뒤 영영 돌아오지 못한 유대인 5,000명을 기리는 비석이 서 있었다. 로즈 고모할머니의 말이 귓전에 울렸다. 〈우리가 그곳을 빠져나온 것은 행운이었어.〉 이 순간 이전까지만 해도 내게는 고모할머니의 말이 완전히 옳지만은 않기를 바라는 마음이 있었다. 내 가족이 유래한 동네가 최소한 그림처럼 아름답기를 바랐고, 내가 그 장소와 놀라운 일체감을 느끼게 되기를 바랐다. 내가 여전히 제한된 삶을 사는 듯한 이곳, 부쿠레슈티에서 접했던 지적 자극이라고는 눈 씻고 찾아봐도 없는 이곳에 갇혀 사는 것을 상상하기만 해도 이토록 낙심하게 될 줄은 미처 몰랐다. 나는 지난 수십 년 동안 전쟁 지역도 취재해 보았고 빈곤한 사회도 취재해 보았지만, 그래도 그곳들은 늘 본질적으로는 나와는 다른 곳이라고 느꼈다. 반면 이곳은 충격적일 만큼 가깝게 느껴졌다. 나는 이곳에서 태어나서 이들처럼 살다 죽을 수도 있었다.

우리는 묘지를 나서다가 묘지 가장자리에 키 큰 벚나무가 다섯 그루 서 있는 것을 보았고, 당장 달려가서 무르익은 열매를 따 먹었다. 검붉은 즙이 내 손을 물들이는 모습에 조상 중 누군가도 이 나무들 밑에서 시큼하면서도 달콤한 이 맛을 똑같이 즐겼을까 상상하게 되었다. 만약 내가 우리 아이들을 데려왔다면 아이들도 이 버찌를 꿀꺽꿀꺽 잘도 먹었을 텐데 싶었다. 그러다 문득 깨달았다. 조상들도 그 시절에는 아이였다는 사실을. 내가 조상이라고 말할 때 머릿속에 그리는 수염 기른 노인들만 이 나무를 찾은 게 아니었으며, 소년 소녀들도 더 높은 가지에 풍성하게 매달린 버찌를 따려고 이 나무를 기어올랐을 것이라는 사실을.

마을을 빠져나올 때, 그 동네 농부들을 보았다. 그러자 저들의 조상 중 일부가 내 조상을 포함한 이웃 사람들의 집을 불태우지만 않았어도 내 조상들이 이곳을 떠나는 일은 없었을 텐데 하는 생각이 들었다. 우리 가족이 두 세대 동안 겪은 일이 떠올랐고, 겪지 않은 일이 떠올랐고, 그러자 문득 폭력적이었던 역사에 화가 치밀기는커녕 그 덕분에 내가 특권을 누렸다는 생각이 들었다. 억압은 때로 가해자보다 피해자에게 이득이 된다. 타인의 삶을 짓밟는 사람들은 파괴에 에너지를 소진하지만, 그 때문에 삶이 망가진 사람들은 해결책을 찾는 데 힘써야 하고 그 해결책 중 일부가 삶을 바꿔 놓을 수도 있다. 증오가 우리 가족을 미국으로 내몰았고, 덕분에 우리는 전에는 상상도 할 수 없던 자유를 누렸다.

레슬리가 다음으로 나를 데려간 집시 정착촌 환경에 비한다면 도로호이는 이스트 햄프턴이나 마찬가지였다. 루마니아 북부의 자작농들이 검소한 식사를 한다면, 콜로니아의 집시들은 굶주렸다. 농부들이 상대적으로 짧은 삶을 산다면, 집시들은 여러 만성 질환의 징후를 뚜렷하게 드러냈다. 농부들에게는 아마 현대적 하수 시설이 없겠지만, 집시들에게는 아예 아무것도 없었다. 그래서 집시들이 주변 풀밭에 아무 데나 용변을 보는 바람에 일대는 악취가 진동했다. 내가 이 글을 쓰는 시점에, 오비디우/로의 노력으로 말미암아 1,500명의 집시 아이들이 어쩌면 그들을 가난으로부터 벗어나도록 만들 수도 있는 초등 교육을 받고 있다. 나는 총명한 눈동자에 장난기가 가득한 아이들을 몇 명 만났다. 그 아이들이 콜로니아 정착촌 여기저기 꾀죄죄한 모습으로 늘어져 있는 뚱한 십 대들과 멍한 어른들로 자라지 않도록 빌었다.

부쿠레슈티로 돌아오는 길에, 미국 대사관의 대리 대사 두에인 부처의 전화를 받았다(그 시점에 루마니아에는 미국 대사가 없었기 때문에 대리인 그가 사실상 대사였다). 그는 도서관 소동이 어찌 된 일인지 알고 싶어 했다. 내가 페이스북에 그 사건에 대해서 적었던 글을 한 통신사가 보도했고, 그래서 이제 전국 언론에서 보도되고 있다고 했다. 부처는 루마니아 정부에 이 문제를 공식 항의하는 서한을 쓰겠다고 했다.

ACCEPT는 얼른 보도 자료를 냈다. 그 속에서 플로린 부후차누는 이렇게 말했다. 〈루마니아에서 LGBT의 권리를 위해 싸우는 인권 단체는 부쿠레슈티에서 제일 중요한 도서관 강당을 사용할 자격이 없습니까? 미국의 저명 작가 겸 기자가 문화 시설에서 성 정체성을 주제로 이야기하는 것이 안 될 일입니까? 외국인이든 루마니아인이든 동성애자가 쓴 책은 작가의 성적 지향 때문에 학계와 문학계에서 배제되어야 합니까?〉 하원 의원인 레무스 체르네아는 언론과의 인터뷰에서 교육부에 중앙 대학 도서관 책임자 징계를 요청하겠다고 말했다. (도서관 공무원들은 의회와 언론으로부터 비판받게 되자 ACCEPT가 〈부적절하게 접근해 왔다〉는 터무니없는 소리를 변명이랍시고 내놓았다.)

그날 밤, 나는 부쿠레슈티 지식층이 모이는 장소인 새 유럽 대학에서 카르타레스쿠와 함께 40분간 공개 대담을 나누도록 예정되어 있었다. 우리는 청중이 오륙십 명 올 것이라고 예상했지만, 실제로는 삼백 명의 청중이 좌석을 다 채웠고, 통로를 메웠고, 그것도 모자라 입구까지 늘어섰다. 대담은 예상대로 화기애애하게 진행되었다. 그러다 20분쯤 흘렀을 때 카르타레스쿠가 이렇게 말했다. 「도서관 일은 개인적으로 사과드리고 싶습니다. 그런 후진적 견해가 모든 루마니아 사람의 사고방식을 대표하진 않는다는 것을 알아주시면 좋겠습니다.」 청중은 떠나갈 듯 박수 쳤다. 「우리 나라 사람들의 진심을 느낄 수 있는 다른 경험을 루마니아에서 많이 하셨기를 바랄 뿐입니다.」 카르타레스쿠가 말하자 다시 박수가 터졌다. 대담은 결국 세 시간 가까이 이어졌다. 끝난 뒤에도 나는 200권의 책에 서명해 주었고, 서명을 받은 사람들은 다들 내게 미안한 마음을 표현했다. 줄 맨 끝에 선 사람은 체르네아였다. 그는 내게 말했다. 「아시겠지만 시민 결합을 인정하게 하려던 법안은 좌절됐습니다. 하지만 우리는 일 년 전만 해도 토론할 생각조차 못 했던 주제를 놓고 장장 사흘을 토론했죠. 우리에게 시간을 좀 더 주십시오. 우리 정치인들은 나머지 사회보다 좀 더 보수적입니다.」

루마니아는 유대인과, 정신 질환자와, 동성애자와, 집시와 어떤 관계를 맺었을까? 내가 이런저런 방식으로 대변하고 있는 그 집단들 중 다수가 어느 시점에 그 나라에서 편견을 겪었다(물론 다른 시점에 다른 방식으로 내 나라에서도 겪었다). 나는 루마니아에 갈 때 물의를 일으킬 생각은 없었고, 엿새간의 여행 중 하필이면 그런 측면에서 슬픔을 공감하게 되리라고 예상하지도 못했다. 마찬가지로 나는 벚나무 밑에서 느꼈던 기쁨도, 새 유럽 대학에서 느꼈던 고무적인 기쁨도 예상하지 못했다. 보수적이고 몹시 종교적인 그 나라에서 사회적 진보를 지지하는 세력은 결코 대세가 못 되지만, 그들에게 반대하는 세력도 대세가 아니기는 마찬가지다. 루마니아어는 라틴어 계열이고, 루마니아인은 이탈리아인의 다정함과 슬라브인의 투지 왕성한 혈기를 함께 갖고 있다. 여러 루마니아 사람들이 내게 할아버지가 그곳에서 태어났으니까 나도 아마 루마니아 여권을 발급받을 수 있을 것이라고 알려 주었고, 몇 명은 내게 그렇게 하라고 권했다. 나는 고민 중이다. 로즈 고모할머니가 왜 루마니아를 끔찍한 곳이라고 말했는지, 벗어날 수 있어서 다행이었다고 말했는지, 나는 이해한다. 그러나 그곳은 또한 멋진 곳이었고, 나는 돌아가 보기를 잘했다고 생각한다.

•

2015년, 내가 국립 연극영화 예술 대학에서 강연할 수 있도록 주선해 주었던 그곳 교수 안드레이 루스가 대학 윤리 위원회로부터 공격받았다는 소식을 들었다. 대학은 그가 〈게이 프로파간다와 동성애적 주제〉로 〈학교의 이미지를 실추시켰다〉는 이유로 그의 계약을 종료했다. 루스 자신은 동성애자가 아니라는 사실을 고려하면 더 충격적인 일이다. 루스의 동료들이 내게 그를 지지하는 서한을 보내 달라고 요청했고, 나는 그렇게 했다. 결국 그는 징계를 받았지만 파면되지는 않았다.[1]

미얀마

미얀마의 순간

『트래블 + 레저』, 2014년 11월

내가 『트래블 + 레저』에서 받은 과제는 미얀마의 가장 환상적인 경치들과 가장 호화로운 숙소들을 소개하는 것이었다. 그런데 얼마 전 나는 표현의 자유를 지지하는 작가 단체인 PEN 아메리칸 센터의 회장으로 선출되었고, 그 덕분에 미얀마 PEN 지부를 결성하려고 하는 그곳 작가들과 접촉할 수 있었다. 그래서 그곳에서 보낸 한 달은 사치스러운 강 크루즈 여행과 정치범이었던 사람들과의 인터뷰로 시소처럼 왔다 갔다 했다. 그러나 그 대비는 생각만큼 극단적이지 않았다. 미얀마의 사치는 우리가 상상하는 것보다는 훨씬 덜 호화로웠고 미얀마의 정치범들은 우리가 상상하는 것보다 훨씬 더 낙천적이었으니까. 이 글은 『트래블 + 레저』에 실었던 기사보다 미얀마의 사회, 정치, 경제 상황을 더 깊이 다룬다.

나는 미얀마에서 희망의 시간을 목격할 것이라고 기대했다.[1] 내가 미얀마를 방문했던 2014년 1월로부터 18개월 전, 미얀마에서는 가장 유명한 사람들도 포함하여 정치범 1,100명이 석방되었다.[2] 언론 검열이 완화되었고, 제한적이나마 총선이 치러졌고, 국제 사회의 제재는 대부분 해제되었다.[3] 외국인 투자가 들어와서 경제에 활기를 불어넣기 시작했다. 야당 지도자이자 1991년 노벨 평화상 수상자이자 정의의 이름으로 용기를 상징하는 아웅 산 수 치는 20년의 가택 연금에서 2010년 풀려났고, 대통령 선거에 나서려 하고 있었다. 그녀가 이끄는 민주국민연맹NLD은 마침내 상원에 진출했다.[4] 미얀마는 경제적으로도 사회적으로도 발전하고 있는 듯했다.

그러나 내가 막상 목격한 것은 극도로 신중한 중립적 태도였다. 누구도 상황이 나아졌다는 것을 부정하지 않았지만, 상황이 앞으로도 죽 이렇게 고정될 것이라고는 믿지 않았다. 미얀마 사람들은 팔락거리던 희망의 불꽃이 결국 꺼져 버리는 일을 너무 자주 목격했기 때문에, 인구 다수가 믿는 불교의 철학이 현재 벌어지는 변화의 활기를 얼마간 누그러뜨렸다. 미얀마 사람들은 1948년 독립을 앞두었을 때는 아마 낙천적이었을 것이다. 학생 시위가 새로운 정의를 약속했던 1988년에도 낙천적이었다. 2007년 사프론 혁명 때도 조금은 낙천적이었으나, 승려 수천 명이 정부에 반대하여 떨쳐 나섰던 혁명은 결국 잔인하게 진압되었다. 2014년, 미얀마 사람들은 들뜬 기대를 자신들이 취할 수 있는 태도들의 레퍼토리에서 아예 지웠고, 이제는 그저 앞으로 어떻게 될지 두고 볼 뿐이다.

그렇다고 해서 미얀마인들이 고통스러웠던 역사에 억울해 하는 것은 아니다. 나는 정치범으로 형을 살았던 사람들이 옥살이의 끔찍함을 장황하게 늘어놓을 것이라고 예상했지만, 그런 사람은 거의 없었다. 많은 사람이 그 경험을 고맙게 여긴다고 말했다. 옥에서 명상을 통해 정신과 마음을 수양할 시간을 가질 수 있었다는 것이다. 대부분은 감옥에 가게 될 일인 줄 알면서도 그런 일을 했고, 그래서 고개를 꼿꼿이 쳐든 채 감방으로 들어갔다. 풀려날 때도 그들의 고개는 여전히 꼿꼿했다. 작가이자 활동가인 마 타네기는 아웅 산 수 치의 개인 비서였다는 이유로 몇 년 동안 옥살이했다. 그녀는 내게 정권에 항거하는 최고의 방법은 감옥에서 행복하게 지내는 것이라고 말했다. 「군대의 얼굴에 침을 뱉는 것이나 마찬가지죠. 그들은 우리가 비참해 하기를 바라는데 우리가 그 뜻을 고분고분 따르지 않았으니까요.」 그들이 감옥 속에서도 행복할 수 있다면 그들에게 가해진 처벌은 실패인 셈이고, 정권은 그들에게 아무 힘도 미치지 못하는 셈이었다. 마 타네기가 설명했듯이, 그들의 굳건한 기력은 수련의 산물인 동시에 선택의 산물이었다.

1993년, 작가이자 활동가이자 의사인 마 티다는 〈공공의 안녕을 어지럽히고〉, 불법 조직과 접촉하고, 불법 유인물을 인쇄하고 배포했다는 이유로 20년 형을 선고받았다. 감옥에서 그녀는 건강이 심하게 나빠졌다. 폐결핵과 자궁내막증이 생겼다. 제일 아팠을 때는 몸무게가 겨우 30킬로그램 나갔고, 계속 열이 났고, 끊임없이 토했고, 물도 거의 마실 수 없었으며, 몇 미터 이상 걷지 못했다. 다음에는 간 기능이 멈췄다. 마 티다는 다른 죄수들을 치료하는 데 쓸 의약품을 공급받도록 허락된 상태였으나, 그녀가 스스로를 치료하려고 하자 교도소 의사는 자살 위험이 있다는 이유로 약을 몰수했다. 그녀가 단식 투쟁을 벌이고서야 의사는 약을 내주었다. 독방에 갇혀 있던 마 티다는 살인자나 도둑이라도 좋으니 제발 누군가와 함께 있게 해달라고 부탁했지만, 요청은 거절당했다. 종이나 연필도 쓸 수 없었다. 은밀히 들여온 도구로 6년 동안 짧은 글을 세 편 쓴 것이 고작이었다. 「그렇지만 내 심신은 여전히 내 소유였죠. 그래서 윤회에서 벗어날 수 있도록 수련하는 시간으로 삼기로 했습니다. 그렇게 해서 완벽한 자유를 찾을 수 있었죠.」 그녀를 가뒀던 사람들이 그녀에게 바라는 것이 무엇이냐고 물었을 때 그녀는 이렇게 대답했다고 한다. 「좋은 시민이 되고 싶습니다. 그게 다예요. 더도 덜도 아닙니다.」 상대는 이해할 수 없다는 듯한 얼굴빛이었다. 아무튼 교도소장은 결국 이렇게 말했다. 「마 티다, 당신은 자유롭군요. 우리는 아니지만.」 1999년 석방될 때 마 티다는 교도소장에게 〈감옥에서 보낸 시간에 감사합니다〉라고 말했다.[5] 석방해 주어서 고맙다는 말은 하지 않았다. 그녀는 언젠가 수감 체험을 글로 쓰고 말겠다는 생각에 의지하여 견뎠는데, 책을 써봤자 검열자들만 읽을지도 모른다는 사실은 알았지만 그 공무원들만이라도 그녀의 생각을 안다면 그것도 의미 있을 것이라고 여겼다. 지금 그녀의 회고록은 미얀마에서 베스트셀러가 되었고, 그녀는 젊은 세대에게 저항의 영감을 준다. 「그러니까 결국 내 감옥살이는 완벽하게 긍정적인 경험이 된 거죠.」 그녀는 내게 말했다.

마 티다는 현재 미얀마에서 벌어지는 개혁은 군사 정부가 시작한 것이라는 사실을 힘주어 지적했고, 그래서 냉소적인 시각으로 보았다. 「우리 버마인은 압박을 겪을 때 크나큰 품위를 보이죠. 하지만 좋은 것을 겪을 때 불만을 드러내는 습성도 있습니다. 개혁이 시작되었다는 사실만으로 우리가 감옥에서 똑똑히 깨닫게 된 이 사회의 고질적 문제들이 바뀌진 않을 겁니다. 지금 실제로 변한 것은 법이 아니고, 법 집행도 아니고, 인식입니다. 사람들은 이제 권리를 인식하고 있고, 그 권리를 적극 활용하여 주장과 논쟁을 펼치기 시작했습니다. 이 현상이야말로 진정한 발전의 척도죠.」 그녀는 이것이 결코 하찮은 일이 아니라고 말했다. 다음 대통령이 누가 되느냐보다 중요한 것은 그 대통령이 이끌 국민들이다.

군부하에서 사람들은 정치적 신념을 밝힌다는 이유로 자주 투옥당했지만, 공개적으로 밝힐 때만 그랬다. 미얀마는 북한이나 사우디아라비아처럼 여론을 엄격하게 통제한 적은 한 번도 없었다. 「가령 캄보디아에 비하면, 미얀마에서 일하는 것은 늘 더 즐거웠습니다. 캄보디아는 지식층이 제한적이죠.」 미얀마에 파견된 영국 대사였던 비키 보먼은 이렇게 말했다. 「미얀마는 지식층이 늘 가시적이었습니다. 그들은 가끔은 감옥에 있었고, 가끔은 시간이 한참 흐른 뒤에야 글을 발표할 수 있었지만, 그래도 늘 활동하고 있었습니다.」

1988년 권력을 잡은 장군들이 국경을 거의 폐쇄했다. 하지만 야권에게는 바깥세상이 보내오는 관심이 늘 중요한 수단이었다. 〈당신들의 자유로 우리의 자유를 북돋아 주십시오.〉 아웅 산 수 치가 1997년에 했던 이 말은 유명하다.[6] 2014년인 현재, 야권에게는 외부로의 외침이 그때만큼 절박하게 필요하지는 않다. 내가 만난 사람들은 다들 이 변화를 분석하려고 애썼고, 정량화를 시도하는 사람도 많았다. 시인이자 활동가인 마웅 틴 팃은 예전에는 급진적 사상으로 은밀히 체포되던 사람들이 지금은 공개적으로 체포된다고 비꼬았다. 1988년 봉기의 지도자였고 이후 정치범으로 수감되었던 예술가 에 코는 〈이 정부가 권력에서 물러날 때까지는 그들의 말을 믿지 않을 겁니다〉라고 말했다.[7] 코미디언 루 모는 현재 진행되는 표면적 개혁을 묘사하기에 알맞은 경구 하나를 꺼내어 내게 말했다. 「뱀은 허물을 벗어도 뱀이죠. 1952년부터 지금까지 똑같은 군사 정부입니다. 가끔 군복만 바꿔죠. 지금도 그저 군복을 입지 않은 것뿐, 똑같은 인간들입니다.」[8]

몬주(州)의 한 군에서 군수로 일하는 코 민 라트는 의원 선거에 출마하고 싶어 하는 젊고 정력적인 인물이다. 그는 내게 이렇게 말했다.[9] 「사람들은 겁을 덜 먹게 되면서 화를 더 내고 있습니다. 이제는 화내도 안전하니까요. 인구의 10퍼센트는 종교에 빠져 있고, 다른 10퍼센트는 돈 버는 일에 빠져 있고, 나머지 80퍼센트는 화내고 있습니다. 하지만 60년간 누적된 문제가 3년 만에 해결될 순 없죠. 현 상황은 〈뒤틀린 민주주의〉입니다. 여전히 군부가 권력을 잡은 채 변화를 이끌고 있다는 점에서도 그렇지만, 사람들이 민주주의에서 어떻게 기능해야 할지 모른다는 점에서도 그렇습니다.」 그래도 그는 지도부가 세계 무대에서 새로 얻은 지위에 집착하게 되었기 때문에 이제 그 지위를 포기할 짓은 하지 않을 것이라고 믿는다. 과거에 군부는 잔혹한 권력 행사를 통해 자아를 추어올렸지만 지금은 개혁이 그 역할을 해준다는 것이다.

독립적으로 활동하는 큐레이터인 모 사트는 내게 미얀마 예술가들이 포스트모더니즘을 논하기 시작했다고 말했다.[10] 그리고 덧붙였다. 「하지만 모더니즘이 오지도 않은 사회에서 어떻게 포스트모더니즘적 발언을 하겠습니까? 우리는 그 전에 먼저 따라잡아야 할 것이 많습니다.」 그는 미얀마 예술가들과 지식인들이 아직 권위를 지닌 유리한 입장에서 창작할 준비가 되지 않은 것 같다고 말했다. 무릇 예술가란 정치적 억압이든 시장의 억압이든 억압하에서 최고의 작품을 만들 수 있는 법이라고 말하면서, 〈그래서 우리는 압박의 종말에 저항하고 있죠〉라고 덧붙였다. 사프론 혁명을 블로그에 썼다는 이유로 20년 형을 선고받고 4년을 복역한 나이 폰 라트는 이렇게 설명했다. 「여기 사람들은 책임을 지는 데 익숙하지 않습니다. 뭐든 남들이 해줄 거라고 생각하죠. 미얀마에 아직 민주주의가 없는 것이 꼭 장군들만의 탓은 아닙니다.」[11]

그러나 부분적이고 흠 있는 개혁이라도 벌써 손에 잡히는 변화를 만들어 냈다. 작가이자 대통령의 자문인 탄트 민 우는 이렇게 말했다. 「보통 사람들에게는, 특히 하위 50퍼센트에게는 일상이 별로 나아진 바가 없습니다. 하지만 예전에는 온 나라에 두려움이 깔려 있었는데, 이제 두려움은 고려 대상에서 빠졌습니다.」[12] 유대계 미얀마인으로 〈미얀마 샬롬〉이라는 여행사를 운영하는 새미 새뮤얼스는 이렇게 말했다. 「이삼 년 전만 해도 미국에 갔다가 돌아올 때면 공항에서 너무 무서웠습니다. 잘못한 게 전혀 없어도. 출입국 관리원이 〈거기서 뭐 하고 왔습니까?〉 하고 캐물었거든요. 요즘 그들은 〈돌아오신 것을 환영합니다〉라고 말합니다.」[13] 비관론자라도 이 상황이 예전 수준의 억압으로 되돌아갈 것이라고는 생각하지 않는다. 개혁이 정체될까 봐 걱정할 뿐, 개혁이 역행할까 봐 걱정하지는 않는다.

정부가 억압의 고삐를 늦추자, 미얀마 사람들은 이제 금방 외국 투자 자본이 쇄도하고, 새 공항이 지어지고, 모두가 부유해질 것이라고 턱없이 높은 기대를 품기 시작했다. 내 친구 하나는 택시 운전사에게 도로 상태가 형편없다고 말했다가 이런 답을 들었다. 〈아웅 산 수 치 여사가 당선만 되면 싹 포장될 겁니다.〉 현실은 기초적인 서비스마저 부재하여 실질적인 발전을 가로막는 실정이다. 발전이 어디서나 더디게 진행된다는 사실을 깨닫고 벌써 실망한 사람들도 많다. 미얀마인은 인터넷을 인터네이라고 부르는데, 버마어로 네이가 〈느리다〉는 뜻이다. 웹에 접속할 수 있는 인구는 총 인구 6천만 명 중 약 1퍼센트뿐이다. 양곤 영국 문화원의 문예 자문인 루커스 스튜어트는 이렇게 말했다. 「여기서는 제대로 작동하는 게 아무것도 없습니다. 모든 것이 망가집니다. 모든 것이 불법 구입품이라서 다 중고죠. 중국이나 태국에서 흘러나온 망가진 쓰레기입니다. 여기서는 스카이프도 안 됩니다. 삼사 분짜리 동영상 하나를 다운받으려면 하루가 걸립니다.」 최근 조사에 따르면 미얀마의 휴대 전화 사용률은 북한이나 소말리아보다 낮다. 그러나 1,500달러가 넘던 SIM 카드 가격이 최근 15달러로 떨어지기는 했다.[14] 미얀마 도로는 우측통행을 하도록 되어 있지만, 대부분의 차량은 좌측통행하는 일본에 맞추어 좌석이 오른쪽에 달린 일제 중고차다.[15] 차는 대개의 사람들에게 아직 구입할 엄두가 안 나는 물건이지만, 그래도 예전처럼 꿈도 못 꿀 물건은 아니다. 오래 텅텅 비었던 도로들이 지금은 종종 꽉 막힌다.

큰 전쟁과 혁명에는 흔히 촉매가 있었다. 프란츠 페르디난트 대공 암살이 제1차 세계 대전을 개시했고, 미하일 고르바초프 납치가 소련의 몰락을 알렸으며, 모하메드 부아지지가 튀니지에서 분신한 사건은 아랍의 봄을 일으켰다. 그러나 미얀마의 개혁은 하늘에서 뚝 떨어진 것처럼 보인다. 이 변화의 이유에 대해 합의된 해석은 없고, 이 변화가 하필이면 왜 이 시점에 벌어졌는가 하는 의문에 대한 합의된 해석도 없다. 이 변화는 아래로부터 여론이 비등하여 생겨난 결과가 아니었다. 위로부터 하달된 사건, 통제된 방식으로 국가 정책을 재편하는 과정이었다. 미얀마의 미국 대사 데릭 미첼은 이렇게 말했다. 「미얀마는 1988년에, 어쩌면 2007년에도 아래로부터 목소리가 솟구치는 톈안먼 같은 순간을 맞았다고 할 수 있을 겁니다. 반면 지금은 위에서 관료들이 먼저 움직인 것입니다.」 그는 만약 고르바초프가 소련을 해체하지만 않았더라면 소련이 그래도 한참은 더 지속될 수 있었을 것이듯이, 미얀마도 아마 한참은 더 파행적으로 유지될 수 있었을 것이라고 말했다. 개방은 가끔 독재자에게조차 최고의 선택지로 보이는 모양이다.

군부는 2003년에 자유화 과정을 개시하면서 그 과정은 일곱 단계로 진행될 것이라고 말했다. 그러니 고르바초프가 글라스노스트를 개시했을 때처럼 미얀마 군부도 어쩌면 자신들이 고삐를 느슨히 풀었을 때 변화가 어디까지 나아갈지 미처 내다보지 못하고 변화를 개시했던 것일 수도 있다. 2003년 발표된 로드맵에서는 최종 단계가 새 정부에게 권력을 이양하는 것이라고 했지만, 그 정부는 군사 지도자들이 선택한 정부일 터였다. 2011년 대통령이 된 테인 세인은 미얀마에서 부패로 얼룩지지 않은 최초의 지도자다. 마 타 네기는 이렇게 말했다. 「군부가 실수로 그만 부패한 사람이 아니라 좋은 사람을 고른 거죠. 결과를 감수해야지 어쩌겠어요.」

일부 미얀마인들은 국제 사회의 제재가 변화를 야기한 결정적 요인이었다고 본다. 제재 때문에 나라가 가난해지고 통치자들이 고립되었다는 것이다. 미얀마가 캄보디아나 라오스 같은 이웃 나라들보다 눈에 띄게 더 가난해지고 태국이나 싱가포르 같은 나라들보다는 현격하게 더 가난해지자, 지도자들은 면을 잃었다. 그리고 나라를 옥죄고 있는 것이 군부에게도 덜 매력적인 일이 되었다. 미얀마에는 만성 영양 부족을 겪는 인구가 많다. 유니세프에 따르면, 미얀마 아이 넷 중 한 명은 저체중이고 3분의 1쯤은 발육이 부진하다.[16] 깨끗한 물을 안정적으로 공급받지 못하는 인구가 많다. 2007년 사프론 혁명 진압은 외신에 널리 보도되어, 그러잖아도 나쁜 군부의 대외 이미지를 더욱 먹칠했다.

가장 중요한 문제는 국제적 고립 탓에 미얀마의 중국 의존도가 위험스러울 만큼 커졌다는 점일지 모른다. 길고 바람 잘 날 없던 양국 역사에서 중국이 미얀마의 이해를 우선순위에서 높게 살펴 준 적은 한 번도 없었다. 한 미얀마 관료는 내게 지배자 중국인들은 미얀마인들이 자신들에게 당연히 마약, 창녀, 도박장을 제공해 줄 것을 기대한다고 불평했다. 아랍의 봄도 교훈이 되었다. 군부는 반항적인 대중이 통치 불능 상태로 치닫기 전에 자신들이 먼저 양보하는 편이 낫다고 판단했는지도 모른다. 군부 구성원들과 그 〈족벌들〉은 — 현 체제에서 이득을 보는 부패한 사업가들과 많은 전직 군인들이다 — 무함마르 카다피와 사담 후세인의 참담한 몰락을 목격했고, 그래서 그보다는 1998년 권력을 내놓았지만 그 후에도 재산과 영향력을 지켰던 인도네시아 수하르토 일당의 선례를 따르는 쪽을 택한 듯하다. 어떤 군사 정권도 영원히 도전받지 않을 수는 없고, 점진적 퇴장은 처참한 퇴장을 미연에 방지할 수 있다. 작가 페 민은 다음과 같이 냉정하게 말했다. 「대중은 여러 번 패배해도 괜찮지만 통치자는 딱 한 번 패배하면 끝이라는 걸 안 거죠.」

미얀마의 고립은 비록 비싼 대가를 치렀지만 그 나라의 다수 인구가 따르는 불교의 신비주의적 내향성을 보존하는 데는 도움이 되었다. 슈웨다곤 탑은 미얀마에서 가장 성스러운 장소 중 하나로, 사람들은 멀리서도 가까운 곳에서도 찾아와서 참배한다. 장군들은 그 중앙 탑에 몇 톤이나 나가는 금을 장식했다고 하며 — 금박도 아니고 두툼한 금덩어리다 — 탑 꼭대기에는 보석이 담긴 작은 함들이 매달려 있다. 미얀마 사람들은 그 탑이 영국 은행보다 가치가 더 클 것이라고 말한다. 현대화한 양곤 시내와 부조화를 이루며 서 있는 탑은 귀하고 초월적인 존재, 테라바다 불교의 성 베드로 대성당이다. 미얀마는 어디를 가든 황금 탑이 번쩍거리는 모습을 볼 수 있다. 성스러운 탑들의 그림자에서는 농부들이 모진 환경에서 구슬땀을 흘린다. 지방에서 만난 한 사람은 내게 미얀마는 국가는 부자이지만 국민들은 가난하다고 냉소적으로 말했다.

많은 사람들에게 삶은 수백 년 동안 거의 바뀌지 않은 것 같다. 농부들, 소달구지, 한결같은 식단과 검소한 옷가지, 한결같이 번쩍거리는 탑들, 부자 동네에서는 금박이 입혀져 있고 가난한 동네에서는 색칠만 되어 있는 탑들. 어떤 일도 제때 진행되지 않는다. 태양이 제 시간에 떠오르는 것이 놀랍게 느껴질 정도다. 이 나라는 현재에 잔존한 과거의 생활 양식, 바깥세상과 개혁의 술렁거림을 접한 현재의 생활 양식, 아직은 상상에 불과한 데다가 많은 사람들이 잘 이해할 수는 없어도 아무튼 불가피한 일이라고 여기는 듯한 민주주의와 번영의 미래적 생활 양식, 이 세 가지 사이에서 위태롭게 비틀거린다.

미얀마 공식 수입의 큰 부분을 차지하는 여행객들은[17] 미얀마 사람들이 종종 경시하는 역사적 유산에 감탄하곤 한다. 탄트 민 우는 미얀마에서는 30년 넘은 건물에서 쾌적하게 거주하는 경험을 해본 사람이 아무도 없다고 말했다. 지난 15년간 양곤의 옛 중심가에서 역사적 의미가 있는 건물이 700채가량 허물어졌다. 장대한 식민 시대 건물들은 아직 정부 기관의 소유인 것이 많지만, 정부가 2005년에 네피도로 이전했기 때문에 건물들의 운명은 불확실하다. 사유 건물은 소송, 법으로 규제된 집세를 내고 살고 있는 세입자, 직접 거주하지 않는 권리 소유자(타지로 떠난 정부 기관들도 포함된다)가 얽혀 있을 때가 많아서 향후 건물 보존을 주장하려는 사람에게는 법적으로 혼란스러운 상태다.

미얀마는 1944년까지 영국 식민지였고, 1989년까지 버마라고 불렸다.[18] 영국은 1834년에 이곳 토지의 일부를 점령했고, 이후 영국령 인도 제국의 영향력을 완충하는 이웃 국가를 만들 요량으로 이 지역에 살던 여러 민족들을 대충 통합해서 1885년까지 현재의 미얀마 국경으로 확장했다. 식민 정부는 여러 민족 집단들을 직접 통치했고, 그들에게도 오직 왕에게만 충성을 요구했다. 버마는 제2차 세계 대전 중 연합국과 일본의 격전지였고, 전쟁 중 민간인 수십만 명이 죽었다. 군대의 영웅이었던 아웅 산 장군은 — 아웅 산 수 치의 아버지다 — 대영 제국으로부터 독립하려면 통합이 필요하다고 설득하여 여러 민족들의 결속을 이끌어냈다. 그는 또 자신을 지지하는 한 모든 민족에게 지방 자치를 허락하겠다고 약속했고, 만일 중앙 정부 밑에서 십 년을 함께하고도 여전히 불만스럽다면 그때 가서 연방에서 탈퇴할 수 있게 하겠다고 약속했다. 그러나 아웅 산은 1948년 독립이 인정되기도 전에 암살당했고, 그리하여 제대로 기능하지 못하는 민주주의 국가가 탄생했다. 이후 카렌족, 샨족, 카친족은 독립을 선언했다. 모든 집단들이 그들이 생각하기에는 약속을 지키지 못하는 것 같은 인공적 국가로부터 벗어나고 싶어 했다. 1962년, 버마 군대의 수장이었던 네 윈이 이끄는 무혈 쿠데타가 실패한 민주주의를 무너뜨렸다. 네 윈은 사회주의 기치 하에 국가를 다스리며 공고한 고립과 혼란한 경제의 시기를 한 세대 동안 이어갔다. 1980년대 중순, 권력을 쥔 지 이미 너무 오래된 네 윈은 갈수록 무자비한 방법에 의존하기 시작했다. 검열이 엄해졌고, 비리가 판쳤고, 통제가 심해졌다. 시민들은 어디를 가든 반드시 소재지를 당국에 등록해야 했다.

1988년 학생 시위는 네 윈의 독재적 사회주의를 민주주의로 교체하려는 시도였다. 아웅 산 수 치가 처음 중요한 인물로 떠오른 것이 이때였다.[19] 학생들이 떨쳐나선 계기는 어느 찻집에서 학생 하나가 경찰에게 살해된 사건이었다. 그러나 학생들은 미숙했고 경험이 없었다. 몇 달 동안 시위가 들끓었고, 그 기간 중에 네 윈이 사임했지만, 결국에는 군대가 폭력적 진압에 나서서(사람들은 네 윈이 주도한 일이라고 믿는다) 학생이고 승려고 어린아이고 가리지 않고 무차별로 죽였다. 시위를 주도했던 것이 학생들이었기 때문에, 새 군사 정부는 교육을 제약했다. 교육받지 않은 백성이 다스리기가 더 쉬우리라고 생각한 것이었다. 그럼으로써 당시 문해율이 80퍼센트에 육박하여 아시아에서 가장 번듯한 체계를 갖고 있다고 말할 만했던 교육 제도가 해체되었다. 처음에는 대학이 폐쇄되었고, 다음에는 사립 학교와 선교사들이 운영하는 학교가 폐쇄되었다. 1990년 미얀마는 최초로 자유선거를 치렀고 그 선거에서 아웅 산 수 치의 NLD당이 압승을 거두었지만, 군부는 여전히 통제권을 내주지 않았다.

영국이 남긴 유산으로 비교적 잘 운영되는 사회 제도를 갖추고 있던 나라가 순식간에 인적 기반도 법적 기반도 없고 노후한 물리적 기반만 있는 나라로 전락했다. 교육도 보건도 철도 서비스도 없었다. 한때 잘 관리되었던 도로, 다리, 철로는 금세 퇴락하여 아예 다니지 못할 지경이 되었다. 이 경찰 국가는 정탐꾼들의 감시망에 의존했다. 학생들이 잘 모이던 찻집들은 군대 정보원들의 표적이었다. 다행히 정보원을 알아보기는 쉬웠다. 미얀마에서 양말을 자주 신는 사람은 부츠에 발이 쓸리는 것을 막고자 신는 군인들뿐이었기 때문이다. 눈썰미가 좋은 사람이라면 정보원이 샌들을 신고 있더라도 발목 주변의 동그란 자국으로 알아볼 수 있었다.

이른바 88세대는 이후에도 활발히 활동했다. 어떤 사람들은 이웃 나라에 라디오 방송국을 세워서 정부에 반대하는 의견을 내보냈다. 항의의 기상은 결코 사라지지 않았고, 예속 상태로 또다시 20년이 흐르면서 쌓인 불만은 결국 2007년 사프론 혁명으로 끓어 넘쳤으며, 2008년에는 준민주적 헌법이 마련되었다. 이 헌법은 나름대로 칭찬할 만한 문서이지만, 그 속에는 몹시 심란한 조항들이 포함되어 있다. 한 조항은 군대가 의석의 25퍼센트를 차지하도록 규정하고, 또 다른 조항은 헌법 개정은 의회에서 75퍼센트가 넘는 찬성표를 받아야만 가능하다고 규정하므로, 군대가 거부권을 폭넓게 행사할 수 있다. 사람들은 헌법을 정확히 어떻게 수정해야 하는지를 두고 갑론을박한다. 다만 군대의 역할을 더 줄여야 하고 정부가 더 민주적으로 운영되어야 한다는 데는 의견이 대체로 일치한다. 헌법이 소수 민족들의 권리를 보장하도록 수정될 수 있을까? 군대의 거부권이 제한될 수 있을까? 시급한 환경 문제들이 다뤄질 수 있을까? 법 집행은 어떻게 해야 할까? 헌법에 규정된 기본권을 위반하는 법 조항이 최소 400개쯤 아직 남아 있다.[20]

교육도 그동안 겪어 온 체계적 공격에서 아직 회복하지 못했다. 근년에 문해율이 나아지고는 있다. 정부는 이제 젊은이들에게 학비를 대주지만, 여전히 많은 젊은이들이 공부하지 않는 쪽을 택한다. 학교 교육은 주입식 암기에 집중하고, 공식적으로 받는 월급이 60달러에 불과한 교사들은 대부분 뇌물을 받는다. 진보적인 교사들은 여태껏 반대라는 말을 들어 본 적도 없는 학생들에게 비판적 사고를 가르치기란 불가능에 가깝다고 불평한다. 고등 교육 기관으로서 대학의 시내 캠퍼스들은 2014년에야 다시 문을 열었다. 나이 폰 라트는 이렇게 말했다. 「민주주의에서는 국민이 가장 중요한 행위자입니다. 그런데 교육받지 않은 국민이 어떻게 그 기능을 수행하겠습니까?」 몬주의 야심만만한 군수 코 민 라트는 1988년 경찰이 7학년 여자아이를 쏴 죽이는 장면을 목격한 뒤 정치에 관여하게 되었다고 말했다. 「처음에는 나도 활동가였습니다. 이것도 원하고 저것도 원했죠. 타협도 토론도 필요 없다고 여겼습니다. 반면에 지금 내가 하려는 일은 국민들이 민주주의자가 되도록 돕는 일입니다.」

현재 미얀마라고 불리는 나라는 군사력을 외부로 돌리는 데 집중한 역사가 전혀 없다. 이 나라를 샌드위치처럼 끼고 있는 두 거인, 중국과 인도에 상대가 되지 못하기 때문이다. 군대의 주 임무는 방글라데시와 태국과의 국경을 지키는 것, 그리고 자치를 얻어 내려고 수 세대에 걸쳐 집요하게 싸우는 여러 민족 집단들의 무장 세력을 진압하는 것이다. 태국의 수용소에 머물고 있는 미얀마인 추방자들은 몇 년 전 인터뷰에서 정부가 어떻게 행동하거나 말하더라도 상관없으니 자신들이 바라는 것은 그저 고향으로 돌아가는 것뿐이라고 말했다.[21] 요즘 여론은 군부 지도자들이 사과는 해야 하지만 재판을 받거나 처벌을 받을 필요는 없다는 것이다.[22] 장군들은 이 여론이 점차 책임을 따져야 한다는 의견 쪽으로 기우는 것을 알고 있고, 따라서 비합리적이라고는 할 수 없는 편집증적 태도로 대응하고 있다.

미국인 불교 승려 앨런 클레먼츠는 1995년 아웅 산 수 치를 인터뷰하여 『아웅 산 수 치, 희망을 말하다』라는 책을 썼다. 그때 클레먼츠는 아웅 산 수 치에게 불교의 가르침인 자비와 억압자들을 처벌할 필요성을 어떻게 조화시키느냐고 물었다. 그녀는 만약 장군들이 제 죄를 인정한다면 그들을 용서하기가 더 쉬울 것이라고 말했다.[23] 이 발언의 결과는 즉각적인 탄압이었다. 미얀마에서 남아공식의 〈진실과 화해 위원회〉가 조만간 구성될 일은 없을 것이다. 모두가 장군들은 은행 계좌가 안전하게 보장될 때만 권좌에서 물러날 것이라는 사실을 안다. 마 티네기는 이렇게 말했다. 「장군들은 늙었고, 이제 수고롭게 나라를 돌볼 마음이 없습니다. 관심이 없죠. 사실은 예전에도 관심이 없었지만요. 이 시점에서 나는 그들이 처벌받느냐 마느냐 하는 문제에는 신경 쓰지 않습니다. 그들을 처벌하는 것은 사치스러운 일일 텐데, 우리에게는 그런 사치를 누릴 여유가 없습니다.」

오랫동안 양곤에 있던 미얀마 정부는 2005년 갑자기 네피도라는 계획 신도시로 옮겼다. 양곤에서 북쪽으로 320킬로미터쯤 떨어진 네피도는 이전에는 황무지였다.[24] 미국은 9·11 테러 이후 양곤에 방비를 철저히 한 대사관을 새로 지은 터라, 새 수도로 옮겨가지 않았다. 나는 양곤에서 열린 한 시위에 참가했는데, 시위를 하려면 먼저 허가를 받아야 하는 규정에 항의하는 — 물론 허가를 받아서 열린 — 시위였다. 시위자들은 화가 나 있었고 시위의 메시지는 뚜렷했지만, 그들의 메시지를 들어야 할 공무원들과 입법가들은 그것을 들을 수도 볼 수도 없었다. 공무원들의 도시인 네피도에는 양곤과 만달레이에 있는 급진 세력의 영향력이 거의 닿지 못한다. 이런 지리적 완충은 정부를 자기 국민들로부터 보호한다.

미얀마 국내 총생산의 4분의 1 이상이 천연자원에서 나온다. 미국의 많은 기업들이 벌써 미얀마에 투자하기 시작했다. 코카콜라, 펩시, 제너럴일렉트릭 같은 소비재 제조업체도 있고 비자, 마스터카드 같은 금융 서비스 회사도 있고 엑손모빌, 셰브론 같은 자원 추출 회사도 있다.[25] 한편 그보다 더 작아서 영향력을 발휘할 수단이 적은 회사들은 미얀마의 지속적인 폭력, 정부의 투명성 부족, 변덕스러운 정책, 안정적이지 못한 기반 서비스를 염려한다. 게다가 1988년 이후 많은 숙련 노동자가 나라를 떠난 터라 인적 역량이 진공 상태다. 싱가포르에만도 약 10만 명의 미얀마인 전문 인력이 건설 감독, 회계사, 치과 의사, 의사 등으로 일한다.[26] 그런 인력이 없다면 외국 회사들이 미얀마에 진출하기가 쉽지 않겠지만, 거꾸로 해외 거주자들의 입장에서는 외국 회사들이 영업을 개시하지 않는 한 고국으로 돌아갈 동기가 없다. 외국 정부들도 이 불안한 춤에 선뜻 끼기를 주저한다. 데릭 미첼은 내게 말했다.「국제 사회는 그동안 미얀마를 대의로 취급했는데, 이제는 국가로 취급해야 하죠.」

미얀마의 정치 운동가들은 현 정부 인사 중 테인 세인 대통령을 포함하여 약 3분의 1은 개혁파라고 본다. 다른 3분의 1은 여전히 군사적 강경 노선을 선호하고, 나머지 3분의 1은 그 중간이다.「이런 환경에서 잘못된 선택을 한다면 크게 잃을 겁니다.」미첼은 말했다. 테인 세인은 그동안 한 번도 영웅적인 인물인 적은 없었지만 그래도 강경파에 맞서 왔다. 그를 아는 누군가는 내게 그가 원하는 것은 변화를 불가역적인 상태로 굳히는 것이라고 말했다. 2011년 이래 그는 아웅 산 수 치를 여러 차례 만났다. 그러나 두 사람을 지켜본 이들은 그녀가 그를 신뢰하지 않는다고 믿는다. 한 외교관은 이렇게 말했다.「수 치는 과단성이 대단한 사람이라, 테인 세인의 조심성을 우유부단함으로 여깁니다. 그녀가 바란 것은 지금과 같은 타협이 아니라 혁명적 전복이었습니다.」미얀마 사람들은 아웅 산 수 치와 부패한 군부의 관계를 〈레이디와 사냥꾼들〉이라고 표현한다. 마 타네기는 이것이 〈아름다운 피해자와 폭력배들〉이라는 정형적 구도라고 설명하며, 〈이런 서사가 수 치에게는 대단히 유리했다〉고 평했다. 그런데 이제 테인 세인이 사냥꾼들의 사냥을 통제했으니, 레이디는 공식적으로 권력을 획득하려면 스스로 정치의 흙탕물에 뛰어들어야 한다. 그녀에게 이 상황은 전적으로 달갑지만은 않다.

2012년 보궐 선거 투표율은 엄청났다. 내가 만난 모든 사람들은 2015년 총선이 예정대로 치러진다면 국민들은 마침내 자기 결정권을 행사할 수 있다는 생각에 고무되어 앞다투어 투표에 참가할 것이라고 내다보았다. 이런 급박한 흥분은 남아공 역사에서 결정적이었던 1994년 선거 직전에 내가 그곳에서 느꼈던 흥분을 연상시켰는데, 그때 남아공에서는 수백만 명의 국민들이 사흘씩 줄 서서 기다리다가 각자 한 표를 행사했다. 그러나 내가 만난 양곤 사람들은 또한 거의 만장일치로 선거가 조작될 게 분명하다고 우려했다. 승리는 틀림없이 수 치가 이끄는 NLD당의 것이겠지만, 테인 세인의 통합단결발전당USDP은 NLD가 통치에는 무능하다는 사실이 곧 드러날 테고 따라서 한국, 타이완, 몽골에서처럼 일단 끌어내려진 압제자들이 도로 전열을 가다듬어서 다음 선거에서 이길 수 있을지도 모른다는 전망에 기대는 것 같다. 실제로 그럴 가능성도 충분하다. 현 여당의 개혁파 중 가장 놀라운 인물은 하원 의장 슈웨 만이다. 그가 하원 의장이 되었을 때만 해도 사람들은 그가 전임자들처럼 군대의 뜻을 수용할 것이라고 내다보았지만, 그는 대신 의회를 진정한 토론의 장으로 탈바꿈시키고자 시도했으며 위에서 내려온 지시를 고분고분 따르지 않았다. 슈웨 만은 데릭 미첼에게 이렇게 말했다. 「우리는 사회주의를 시험해 보았고, 군사 정부도 시험해 보았습니다. 둘 다 실패했죠. 이제 우리는 민주주의가 우리를 강하게 해줄 것이라고 믿습니다. 국민들이 자기 일에 목소리를 내지 않는 나라는 불안정할 테고, 불안정한 나라에는 아무도 투자하지 않겠죠.」 슈웨 만이 하원 의장이 되었을 때 이미 의원으로 의회에 진출해 있었던 수 치는 그와 동맹을 맺었고, 그럼으로써 그는 미얀마에서 장기적으로 입지를 다지는 길은 그녀에게 붙는 방법밖에 없다는 사실을 은연중 인정한 셈이었다.[27]

도 아웅 산 수 치의 위상은 아무리 강조해도 지나치지 않는다(〈도〉는 경칭이고, 아웅 산은 그녀 아버지의 이름이고, 수 치는 그녀의 이름이다. 그러나 미얀마에서는 보통 그냥 〈레이디〉라고 불린다).[28] 「사람들은 그녀를 록 스타가 아니라 재림 예수처럼 여깁니다.」 데릭 미첼은 단언했다. 수 치는 혁명의 선봉에 섰던 아버지,

민족 간 조약을 기획하여 영국으로부터 독립을 얻어 낸 아버지, 암살된 후에는 신화적 존재가 된 아버지를 두었다. 수 치는 어머니 킨 치 손에서 자랐다. 처음에는 랑군(현재의 양곤)에서 살았고, 다음에는 인도와 네팔에서 살았다(킨 치가 그곳 대사로 차례로 임명되었기 때문이다).

수 치는 1969년 옥스퍼드 대학에서 학위를 받았다. 뉴욕에서 짧게 체류한 뒤 영국으로 돌아갔고, 대학 동창이었던 영국인 마이클 에어리스와 결혼해서 두 아이를 낳았다. 1988년 봉기가 일어났을 때 그녀는 공교롭게도 병원에 입원한 어머니를 돌보려고 잠시 미얀마에 와 있던 중이었는데, 몇 주 뒤 처음으로 대중 연설에 나서서 〈단합〉을 호소했다. 혁명이 좌절되자, 그녀는 과거에 아버지를 따랐던 사람들과 함께 친민주주의 운동 조직을 결성했다. 그리고 자못 성스럽게까지 느껴지는 희생적 결정을 내렸다. 남편과 두 아들이 기다리는 영국으로 돌아가지 않고 미얀마에 남기로 한 것이다. 점점 더 주목받는 인물이 된 그녀는 일 년 뒤 가택 연금에 처해졌고, 1991년에는 노벨 평화상을 받았다.[29] 가택 연금은 1995년에서 2000년까지 해제되었으나 이후 다시 내려졌다. 그녀는 한 번도 자유롭게 여행할 수 없었다. 이런 상황은 그녀에게 고결한 아우라를 더했고, 그녀는 그 과정을 겪으면서 통찰력과 카리스마를 증명해 보였다. 내가 만난 사람들 중 수 치를 만난 뒤 감명받지 않았다는 사람은 한 명도 없었다. 그녀와 함께 일하는 탄트 토 카웅은 내게 엄숙하게 말했다. 「전 세계를 다 뒤져도 그런 분은 또 없을 겁니다.」

미얀마인 중 군부에게 신세 지지 않은 사람이라면 대부분 수 치가 대통령이 되기를 바라지만, 헌법은 그 희망을 좌절시키도록 설계되어 있다.[30] 헌법 제59F조는 외국인과 결혼한 사람이나 외국에서 태어난 아이를 둔 사람은 공직에 출마하지 못하도록 막아 두었다. 물론 수 치를 배제하려고 작정하고 만든 조항이다. 내가 양곤에 있을 때, 제59F조가 폐지될 것인가 하는 문제는 사람들의 끊임없는 대화 주제였다. 수 치가 참가하지 못하는 선거는 국내에서나 국외에서나 허울로 보일 것이다. 그녀가 출마한다면 그 사실이 국제 원조와 경제 재생을 끌어들이는 계기가 되겠지만, 현재 그녀는 헌법의 구속에 얽매어 있다. 사람들은 또 그녀가 자신을 도울 전문가 팀을 꾸리지 않고 부사령관도 지명하지 않았다는 점을 염려한다. NLD 내부자들은 그녀가 가족과 떨어져서 오랜 가택 연금을 견디도록 해주었던 완고함이 이제는 그다지 도움이 되지 않는다며 조바심 낸다.

수 치는 남들과 친밀감을 쌓기보다는 그들에게서 자신의 대의에 도움이 될 능력을 찾는다. 내가 만난 사람들 중 그녀와 개인적 관계를 맺고 있다고 느끼는 사람은 한 명도 없었다. 미얀마 사업가 미수 보릿은 수 치를 〈고독한 스타일〉이라고 묘사했다. 또 다른 사람들은 수 치가 지도자에게 요구되는 자질인 인간적 신뢰 관계를 구축할 줄 모르거나 할 의향이 없는 것 같다고 말했다. 미첼은 이렇게 말했다. 「수 치는 속내를 드러내지 않습니다. 모든 일을 자신을 통해서만 처리합니다. 그건 그것대로 일종의 독재죠.」 영국 대사는 다음 의회에 친민주주의 의원이 더 많아지기는 하겠지만 공복의 경험이 있는 의원은 더 적어질 것이라고 지적했다. 「그들은 오래 감옥에 있었고, 출소 후에는 찻집을 운영했죠. 명석하고, 의롭고, 용감하지만, 정부를 운영하는 능력은 어떨까요?」 NLD의 핵심 멤버들은 물론 오래전부터 정치에 관여해 왔지만, 당 자체는 2012년에야 공식 정당으로 등록했다. 보릿은 이렇게 말했다. 「똑똑한 사람을 얼마나 빨리 모집할 수 있을까요? 아홉 명의 여자와 잠자리한 뒤 한 달을 기다려서 아기를 얻을 순 없는 법입니다. 이런 일에는 시간이 걸리죠. 그리고 돈이 없다면, 모집을 앞당기는 데 도움이 되지 않아요.」 다른 사람들도 비슷한 생각을 드러냈다.

수 치의 출마를 막는 헌법 조항은 미얀마 법 체계의 더 큰 문제를 드러내는 일부분일 뿐이다. 수 치의 법률 자문인 로버트 산 페는 관습법 혹은 시민법을 도입해야 하는가 하는 문제를 제기했다.[31] 이때 난점은 관습법의 바탕이 될 사례 연구가 충분하지 않을 수도 있다는 점이다. 산 페는 많은 법안이 허술하게 작성된 뒤 의회에서 성급하게 통과되고 있다고 지적했다. 2013년 슈웨 만은 국회에 대형 도서관을 짓고 직원 1,500명을 새로 고용했다. 그러나 목록화되지 않은 장서들이 저자, 제목, 주제 등이 아니라 기증자를 기준으로 정렬되어 있어서 정보 검색은 불가능에 가깝고, 따라서 연구가 원활하지 못했다.[32] 법률은 버마어로만 작성되어 있고 공식 번역은 없다. 해외 투자자들은 잘 모르는 언어로 된 규정을 따라야 하는 처지다. 양곤에는 빨간불로 선 차들에게 행상이 다가와서 판매하는 물건들 중 절박한 외국인들을 위해서 투자 관련 법을 영어로 번역한 책자가 있다.

수 치는 이렇게 말했다. 〈우리 국민들은 법정을 믿지 않습니다. 법정이 선포한 정의를 정의라고 믿지 않습니다.〉 현 헌법은 2008년 9월 비준되었는데, 사이클론 나르기스로 약 14만 명의 사망자가 나서 국가 전체가 그 충격으로 휘청댄 지 채 6개월도 지나지 않은 시점이었다.[33] 최근 헌법 수정을 논의할 양원 합동 위원회가 설치되었다. 변호사들은 법률 개정이 더 쉬워져야 한다고 주장했고, 의석 넷 중 하나를 군대에 할애하도록 규정한 조항을 폐기해야 한다고 주장했다. 또 현재로서는 비상 사태 때 대통령의 권한을 견제할 수단이 없다는 점을 지적했다. 대통령이 대법원장과 대법관들을 모두 지명하는 데다가 법조계 경험이 없는 사람도 대법관이 될 수 있기 때문이다. 헌법 수정을 위한 109인 위원회는 일반 시민들에게도 의견을 받겠다고 공표했고, 그러자 4만 건이 넘는 제안이 쏟아져 들어왔다.

마 티다는 수 치가 출마하려면 헌법이 수정되어야 하고, 그러려면 군부가 협조해야 하는데, 군부가 정말로 수정을 용인한다면 수치는 군부의 맹렬한 반대자가 아니라 군부가 세운 계획의 일부로 포섭될 것이라고 말했다. 「수 치가 그들을 구해 주는 거죠.」 마 티다는 이렇게 말하면서, 슈웨 만이 수 치와 선거에서 경쟁하게 될 수도 있다는 생각에 흐뭇한 표정을 지었다.

미얀마는 크게 두 가지 공포증을 갖고 있다. 중국에 침략당할지도 모른다는 공포, 그리고 방글라데시의 1억 6000만 무슬림 인구와 자국 내 무슬림 인구에게 압도당할지도 모른다는 공포다. 많은 미얀마 불교도들은 — 꼭 유럽과 미국의 이민 반대자들처럼 — 무슬림들이 사회에 동화하지 못한다고 주장한다. 미얀마인의 불평은 무슬림이 자기들끼리만 부를 향유한다는 것(그러나 실은 대부분의 무슬림이 무일푼이다), 사채업을 한다는 것, 그리고 제일 나쁜 점으로 무슬림은 아내를 여럿 두기 때문에 결국에는 다수 집단이 되어 불교도를 쓸어 버릴지도 모른다는 것이다. 미얀마인은 피부색이 짙은 사람은 좋아하지 않기 때문에 인종차별도 작용한다. 미얀마에서는 사회의 거의 모든 차원에서 인종차별이 용인된다. 일례로 2009년 홍콩의 미얀마 총영사는 영사관 직원 전체에게 보내는 글에서 로힝야족은 피부가 검기 때문에 〈희고 부드러운〉 버마인과는 달리 〈괴물처럼 추악하다〉고 말했다.[34]

벵골 지역에 정착하여 살고 있는 무슬림의 후손들은 — 개중 많은 가정이 백 년 넘게 미얀마에서 살아왔다 — 대개 라카인주(州)에서 산다. 그들은 스스로를 로힝야족이라고 부르지만, 그들을 외국인으로 취급하는 미얀마 국가주의자들은 벵골족이라고 부른다.[35] 미첼은 이렇게 말했다. 「버마인은 그런 태도가 자신들에게 도움이 되기는커녕 사회 구조, 평판, 발전 능력을 훼손할 것이라는 사실을 이해하지 못합니다. 그들은 로힝야족과 무슬림의 문제는 국가 정체성의 문제라고 말하죠. 그러면 나는 대꾸합니다. 〈맞는 말씀입니다. 그래서 당신들은 어떤 나라가 되려고 합니까? 당신들이 불신한다는 이유로 특정 인구 집단에게 무법적인 폭력을 가하는 나라가 되고 싶습니까? 아니면 적법한 절차, 인본주의적 가치, 그 밖에도 국제 사회가 그동안 당신들이 추구해 왔다고 생각했던 가치들을 존중하는 나라가 되고 싶습니까?〉」

미얀마는 대단히 종교적인 나라다. 대부분의 젊은 남성이 짧게나마 출가하여 승려 생활을 한다. 부는 탑들에 여봐란 듯이 집중되어 있다. 불교가 위기에 처했다는 걱정이 문화 전체에 스며 있다. 사람들은 기독교, 이슬람교, 힌두교가 지배한 세계에서 미얀마와 스리랑카가 테라바다 불교 최후의 두 보루라고 여긴다. 그들의 서사에 따르면, 불교가 원래 인도에서 탄생하기는 했지만 침입자 무슬림이 그 역사적 환경을 망가뜨렸기 때문에 발원지에서는 도리어 불교가 뿌리 뽑힌 상태다. (실제로 많은 불교도가 인도 무굴 제국에서 티베트로 이주했다.) 탄트 민 우는 이렇게 말했다. 「버마인의 자기 정체성은 이곳이 세상에 둘도 없는 진정한 종교의 보루라는 생각에 바탕을 둡니다.」

현재 라카인주라고 불리는 지역은 1989년까지만 해도 아라칸이라고 불렸다. 한때 강력한 해상 제국이 있었던 아라칸에는 늦어도 17세기부터 무슬림이 거주하기 시작했다. 그러다 1784년에 아라칸은 불교도인 버마족에게 정복당했는데, 버마라는 이름은 이 버마족에서 나왔다. 40년 뒤 영국이 다시 그곳을 정복할 때 아라칸은 사람이 많이 살지 않고 주로 숲과 늪으로 이뤄진 지역이었다. 영국은 정착자들에게 땅을 나눠 주어 그곳을 개척하게 했고, 벵골족을 그곳으로 이주시켜서 일하게 했다. 그 과정에서 근대 들어 처음으로 무슬림이 이주해 온 뒤, 아라칸 북부는 무슬림 인구가 다수를 차지하게 되었다. 한편 20세기 초부터 불교도 버마인들은 식민 통치자 영국인들과 중국 및 벵골 이민자들이 식민지 전역에서 번영을 구가하는 데 비해 자신들은 착취당한다고 불만을 품기 시작했다. 1920년대에는 또 한 번 이민자가 밀려들어 인구 구성이 더 크게 바뀌었다. 불과 한 해 동안 인도인 200만 명이 랑군으로 이주해 왔는데, 이것은 그 시기에 세계에서 가장 큰 규모의 인구 변동이었다. 1920년대 말에는 랑군 인구의 80퍼센트가 인도인이었다. 그리고 미얀마에 거주했던 인도인들이 영국의 편을 들어 버마 독립 단체들과 맞서 싸웠기 때문에, 현재의 미얀마 국가주의자들은 버마족이 아니거나 버마인이 아닌 사람은 설령 미얀마에서 태어났더라도 외국인이라고 주장한다.[36]

1947년 인도 분할 후, 파키스탄과의 합병을 꾀한 무슬림 분리주의 게릴라 단체들이 버마 북부에서 많은 불교도를 몰아내어 공분을 지폈다. 그러나 그런 봉기는 꽤 신속히 진압되었고, 1950년대 중순 이후로는 무슬림 봉기가 더 이상 발생하지 않았다. 버마인은 또 로힝야족이 알카에다를 비롯한 테러 집단과 연계가 있다고 의심한다.[37] 실제로 일부 로힝야족이 1980년대에 아프가니스탄에서 무자히딘과 함께 소련에 맞서 싸웠고 이후에 탈레반을 위해 싸우기도 했지만, 그 수는 무시할 만했다. 로힝야족은 대부분 벵골 지역에서 이주해 왔던 사람들의 후손이다. 하지만 방글라데시 시민권은 없고, 미얀마에서 태어났지만 미얀마에서는 또 외국인으로 분류된다. 그러니 미얀마가 그들을 받아들이지 않는 한 현재로서는 국적이 없는 셈이다. 국적을 증명할 신분증이 없으니 교육을 받을 수 없고, 끝없는 가난 속에서 살아간다. 최근 미얀마에 자유화가 시작된 뒤, 라카인주의 200만 불교도 중 일부는 인구가 거의 비슷한 로힝야족이 사는 마을과 모스크에 벌건 대낮에 불을 질러서 학살

을 자행하고 있다.[38]

근래 들어 처음으로 로힝야족에 대한 폭력이 폭발했던 것은 2012년 6월로, 한 불교도 여성이 강간당한 뒤 살해되었는데 그것이 무슬림 로힝야족의 짓이라는 소문이 퍼진 것이 계기였다. 같은 해 터진 다음번 난동은 아신 위라투라는 불교 승려가 신자들의 극단주의와 정치적 편의주의를 부추긴 탓이었다. 그는 무슬림이 〈버마인의 찬란한〉 생활 양식을 파괴하려는 국제적 음모를 꾸미고 있다면서 신자들에게 〈끓는 피로〉 〈떨쳐 일어나서〉 무슬림을 진압하라고 종용했다. 그는 설법, 인터뷰, 온라인에 올린 요설에서 무슬림을 칼라(버마어로 〈깜둥이〉에 해당하는 단어다), 〈골칫거리〉, 〈미친 개〉라고 칭했다. 설법 중 나눠 준 소책자에서는 〈미얀마는 문명 자체가 사라질 수 있을 만큼 위험하고 무서운 독에 걸려 있다〉고 경고했다. 서양 언론은 위라투를 히틀러에 빗댔다.[39] 그는 가게나 집이나 택시에 무슬림을 환영하지 않는다는 신호로 스티커를 붙여 표시하자는 969 운동을 개시했다. 운동의 이름은 무슬림이 할랄 육류를 파는 가게를 표시하기 위해서 786이라는 숫자를 써두는 것을 비튼 것이었다(그러나 사실 할랄 식료품점은 비무슬림을 배제하지 않는다). 현재 미얀마의 거의 모든 택시에 969 스티커가 붙어 있다. 한 운전사는 내게 무슬림이 아내를 한 명 이상 거느릴 수 있다는 사실은 불교도 여자를 납치하여 무슬림 자식을 낳게 만들겠다는 뜻이라고 궤변을 늘어놓았다.

이런 공포증은 터무니없지만, 기본적인 걱정은 과거의 사건들과 연관이 있다. 무슬림은 천 년 전 아프가니스탄에서 불교도를 쫓아냈다. 최근 파키스탄에서는 탈레반이 고대 불교 성지들을 파괴했으며,[40] 과격 이슬람주의자들은 인도네시아에게 로힝야 난민을 받아들이라고 권하면서 버마의 〈야만적 불교도〉들을 욕했다.[41] 미얀마는 검열이 완화되자 사회 주변부 시각도 예전보다 더 공공연히 유통되게 되었고, 그래서 다원주의가 촉진되는 것 못지않게 편견도 더 조장되었다. 나이 폰 라트는 〈어떤 사람들은 검열 해제를 서로 욕설을 주고받으라는 뜻으로 여깁니다〉라고 말했다.

위라투와 그 추종자들은 페이스북에서 공격적인 캠페인을 벌여왔다. 미얀마에서 인터넷에 접속하지 못하는 사람들은 접속할 수 있는 사람들로부터 뉴스를 전해 듣기 때문에, 컴퓨터를 생전 본 적도 없는 사람들 사이에서도 거짓 주장이 활발히 입소문을 탄다. 위라투는 혐오 조장 죄로 실형을 선고받았으나 2012년 대사면 때 석방되었는데, 이후 곧장 선동으로 복귀했을 뿐 아니라 이제는 표현의 자유 덕분에 자신의 성스러운 전투가 합법적 활동이 되었다고 주장하기까지 한다. 라카인의 승려들은 신자들에게 로힝야족과 어울리지 말라고 이르는 소책자를 나눠 주기 시작했다. 정부는 라카인의 집단 학살적 소란을 비난하지 않는다. 그보다 더 중요한 사실은 아웅 산 수 치도 입 다물고 있다는 점이다. 그 문제에 대해 입을 열면 분명 득표에 불리할 테니까.

라카인의 로힝야족 마을들이 방화와 약탈에 시달리자, 로힝야족 주민들은 수용소로 옮겨서 비참한 환경에서 살고 있다. 예순 살의 한 로힝야족 교사는 자신이 가르치고 아꼈던 제자가 자기 집에 불을 지르는 모습을 보았다고 했다. 로힝야족과 어울렸다고 의심받는 불교도들의 집도 불길에 휩싸였다. 라카인의 주도 시트웨의 병원에는 무슬림에게 할당된 병상이 열 개뿐이고, 시트웨의 과밀한 수용소들이 제공하는 의료 서비스라고는 의사 한 명이 일주일에 한 시간씩 찾아오는 것이 고작이다. 미첼 대사는 로힝야족 아이들이 쉽게 나을 수 있는 병으로 죽어 가는 것을 보았다고 말했다.

로힝야족 수용소 내에서도 집단 내 폭력이 자행되고 있다. 한 유엔 구호 직원에 따르면, 물론 감시원들이 저지르는 폭력이 훨씬 더 심하기는 해도 절박한 로힝야족 사람들 사이에서도 강간, 근친상

간, 알코올 중독이 벌어지고 있다. 굶는 사람이 많고, 자기 아이가 살해되는 모습을 목격한 사람도 있다. 대개의 수용소는 여름 몬순철에 범람하는 저지대에 있는데, 몬순철의 월 강우량은 90센티미터가 넘는다. 내가 방문한 1월에도 그곳은 질척하고 불결했다. 수용소는 보통 로힝야족 마을에 가까이 있기 때문에, 피난민들은 자신들이 살던 집과 모스크가 불타는 모습을 수용소에서 뻔히 지켜본다. 예전에 무슬림이 살던 동네는 이제 가시철망으로 봉쇄되었다. 많은 로힝야족이 미얀마를 탈출했지만, 이웃 나라들 중 그들을 난민으로 받아 주는 곳이 없기 때문에 피난민들은 과밀한 보트를 타고 안전한 항구를 찾아 떠돌다가 죽어 간다.[42] 그들의 절박한 방랑은 국제적 위기가 되었다. 한편 라카인 일대의 생선 가격은 두 배로 뛰었는데, 어부의 절반이 수용소에 머물고 있기 때문이다. 논에서 벼를 추수할 저임금 노동자도 사라졌다.

갈등은 버마족, 라카인 주민, 로힝야족의 삼각관계에 두루 걸쳐 있다. 버마족은 자신들이 라카인 주민까지 포함하여 제국 전체를 통치하는 것이 당연하다고 믿는다. 한편 대부분 테라바다 불교를 믿는 라카인 주민들은 로힝야족을 다스릴 권한은 자신들에게 있다고 믿는다. 과거에 버마 영토의 많은 부분을 다스렸던 아라칸 제국의 후예인 라카인 사람들은 로힝야족을 미워하는 것 못지않게 버마족도 미워한다. 이데올로기적 교리가 으레 그렇듯이 테라바다 불교는 자신들이 종교적으로나 인종적으로나 우월하다고 주장하는데, 한편으로 그 교리는 사프론 혁명의 토대이기도 했다. 당시 시위자들은 군사 정부가 부처의 사사나, 즉 불법을 어겼다고 주장했다. 아웅 산 수 치도 연설할 때 불교의 수사적 표현을 자주 사용하며, 불교의 가르침을 바탕에 깔고 민주주의를 주장한다. 그녀에게 정치와 종교는 불가분의 관계다. 아마도 선거를 염려한 계산에서, 그녀는 로힝야족이 겪는 학대를 정면으로 규탄하는 발언을 아직하지 않았다.[43] 그런 그녀가 그리는 미래에서 무슬림은 어떤 위치를 차지할까?

로힝야족을 도우려는 서양 구호 단체에게는 라카인 사람들이 곧잘 장애물이 된다.[44] 라카인 사람들은 가난하다. 그리고 자원이 부족한 상황에서는 우호적인 관계가 형성되기 어려운 법이다. 라카인주는 미얀마에서 두 번째로 개발이 덜 된 주이고, 변소나 깨끗한 물 없이 살아가는 사람이 많다. 그런 곳에서 국제 구호 단체가 어떻게든 활동하려면 두 집단에게 거의 동등한 대우를 약속해야 한다. 사실 라카인 사람들은 자유롭게 살고 있고 로힝야족 사람들은 수용소에 갇혀서 고통을 겪는데도.

로힝야족의 상황이 가장 나쁘기는 하지만, 버마인은 그 밖의 무슬림 전반에 대해서도 분노를 키워 가고 있다. 양곤에서는 대부분의 건설 회사가 무슬림의 소유인데, 불교도들은 이제 그들을 고용하지 않는다. 미얀마에서 두 번째로 큰 도시인 만달레이에서도 반무슬림 소요가 벌어졌다.[45] 내가 미얀마에 있을 때, 양곤에서 무슬림 인구가 상당한 구역들에는 통행 금지령이 내려져 있었다. 양곤의 영국 문화원에서 일하는 루커스 스튜어트는 이렇게 말했다. 「내가 사는 동네에서도 불량배들이 차를 타고 돌아다니면서 무슬림들에게 살해당할지도 모르니까 조심하라고 소리 질러 댔습니다. 사람들은 잠근 문 뒤에서 움츠리고 있었죠.」 그는 969 운동은 〈거의 테러 조직〉이라고 말했다.

미얀마의 무슬림 인구는 네 범주로 나뉜다.[46] 버마족 무슬림은 약 1,200년 전 이곳에 정착한 사람들의 후손이다. 역사학자들은 고대 유적에서 옛 왕을 섬겼던 무슬림들에게 바치는 비문이 있는 것을 발견했다. 16세기와 17세기에 이주해 온 말 장수들, 포병들, 용병들도 이 집단에 동화했다. 두 번째 범주는 북동부의 중국계 무슬림이다. 이들은 대부분 윈난성에서 왔고, 몽골 제국 이래 꾸준히 남쪽으로 이주해 온 튀르크족의 후손이다. 세 번째 범주는 영국이 아라칸을 버마에 편입시켰을 때 국적이 바뀐 사람들이다. 네 번째는 지난 200년 동안 인도나 방글라데시에서 이주해 온 사람들이다. 탄트 민 우는 이렇게 말했다.「민족적 편견이 있고, 승려들이 품는 종교적 편견이 있습니다. 둘 다 같은 사람들에게 적용되지만 이유는 살짝 다르죠.」

교사이자 미얀마 국가 대표팀 배구 선수로 해외에서 금메달도 땄던 에 린은 버마족 무슬림의 지도자다. 우아한 남자인 그는 양곤 중심가의 쾌적한 아파트에서 산다. 그는 정부의 통제 완화에 결사반대하는 이해 세력이 라카인의 폭력 사태를 조장했다고 믿는다. 그는 이렇게 말했다.「민주화를 훼손하려는 막후 세력이 있습니다. 민주주의가 제대로 이뤄지면 법치가 자리 잡을 테고, 법치가 구축되면 현재의 지배층이 타격받을 테니까요. 사실 범죄와 강간은 늘 벌어지는 일이지만, 그런 세력이 그것을 종교 갈등으로 조작하고 있습니다. 그들은 사실 방화를 미연에 방지할 수 있었고, 혐오 발언도 규제할 수 있었습니다. 하지만 국가주의는 대중의 에너지를 고갈시킴으로써 개혁을 늦추는 데 이용될 수 있죠.」

미수 보릿은 전 세계에서 가난한 사람들일수록 인구가 더 빨리 는다는 사실, 소수 집단의 그런 인구 성장이 다수 집단의 편견을 북돋우지만 거꾸로 그 다수 집단의 편견이 소수 집단의 인구 성장을 가속하기도 한다는 사실을 지적했다. 그 점에 더해 한 불교도 여성이 무슬림에게 강간당한 뒤 살해당했다는 소문이 집단 학살적 소란을 부채질했다. 사실 강간은 지난 역사 내내 민족, 종교, 국가주의적 전쟁에서 비인간적 공격 행위로 사용되어 왔다. 보릿은 그래서 그중에서도 유난히 민족 간 강간에만 관심이 많이 쏠리는 현상이 음흉하게 느껴진다고 말했다. 경찰이 버마족 혹은 로힝야족 내에서 벌어진 강간에는 〈창피할 만큼〉 관심을 보이지 않는 상황이라서 더 그렇다. 보릿은 이렇게 말했다. 「누군가 지금 무슬림과 불교도 사이에서 꿍꿍이를 부리는 겁니다. 사태가 걷잡을 수 없는 지경이 되면, 통치자들은 군대를 끌어들이겠죠. 그러고서는 자신들이 〈나라를 구했다〉고 말하고, 국민들은 나약해 빠졌다고 말하겠죠. 자신들이 그렇게 만들어 놓고 말이에요.」

마 티다는 미얀마 사람들에게 좀 더 깊게 깔려 있는 보편적 적개심이 현재 반무슬림 잔혹 행위로 표출되는 것이라고 본다. 「장군들은 국민을 차별적으로 학대하지는 않았어요. 민주적 학대였다고 할까요.」 그녀는 법이 자신을 보호해 주려고 존재한다는 생각을 한 번도 해본 적 없는 미얀마 대중이 이제 권위 자체에 복수하고 있다고 본다. 「그러니 무슬림 상황은 단순한 집단 폭력이나 종교 폭력이나 인종 폭력만은 아닙니다. 그보다 더 깊은 무언가가 표출된 현상이죠. 이것은 비민주적 폭력입니다.」

내가 불탄 마을과 수용소를 보았던 시트웨에서 배로 다섯 시간을 가면, 1430년에서 1785년까지 아라칸 제국의 수도였던 라우크 우에 도착한다. 라카인주 북부인 그곳에서는 아랫동네에 드리운 종교적 혐오의 그림자는 거의 믿기 어려운 이야기처럼 보였다. 라우크 우에서 맞은 첫날, 나는 4시 45분에 일어났다. 그러고는 가난한 시골 마을의 어둡고 으스스하고 좁은 길을 달려서, 동산으로 올라가는 계단이 깎여 있는 산기슭에 다다랐다. 미얀마에서는 아침이면 종종 매혹적인 안개가 계곡으로 피어오르고 언덕을 감싸서 가까이 있는 작은 물체와 멀리 있는 큰 물체가 구별되지 않도록 실루엣만 어른어른 드러난 풍경을 볼 수 있다. 첫눈에 비슷한 크기로 보였던 절이나 유적도 그 윤곽이 얼마나 또렷한지 살펴보면 크기를 가늠할 수 있다. 멀리 있을수록 윤곽이 더 흐릿하기 때문이다. 미얀마 사람들은 관광객들에게 어떤 명승지이든 안개가 아름다움을 더하는 새벽녘에 구경하라고 권유한다.

라카인주 고유의 아침 식사, 즉 생선으로 국물을 내고 향신료와 양념을 잔뜩 친 쌀국수를 먹은 뒤 나는 이웃한 친족의 마을로 가보았다. 옛 버마의 왕들은 어디서든 아름다운 여자를 보면 자기 하렘으로 데려갔는데, 그래서 친족 여자들은 버마족이 흉하게 여기는 몰골이 되어 제 몸을 지킬 생각으로 얼굴에 거미줄 같은 문신을 새기기 시작했다고 한다. 그런 관습은 위협이 잦아든 뒤에도 이어졌다.[47] 아마도 그 결과, 요즘 친족 마을들 중 접근하기 쉬운 곳에는 관광객이 넘친다. 얼굴에 문신을 새긴 여자들은 끊임없이 찍어 대는 사진에 포즈를 취해 준다. 방글라데시 국경에서 몇 킬로미터 떨어진 이 지역에서는 여러 민족 집단들이 로힝야족의 위기 같은 것은 거의 모르는 채 살아가는 것 같았다. 기반 통신 시설이 부실한 나라에서는 과격화의 물결도 단속적으로 퍼지고, 그래서 어떤 지역은 아예 건너뛰기도 한다. 이 지역에서는 969 스티커를 한 장도 보지 못했다.

현재의 미얀마 영토 내에 있는 민족 집단은 백 개도 넘는다. 그 집단들은 그 땅에서 수많은 제국이 명멸하는 동안 기나긴 폭력의 역사를 써왔다. 한편 1988년 봉기를 이끌었던 학생들도 그들을 진압했던 군부에 뒤지지 않을 만큼 무자비했다. 학생들은 자신들의 요구에 타협을 몰랐고, 자신들만의 포로 수용소를 지었으며, 자신들만의 고문을 자행했다. 미얀마의 셀 수 없이 많은 빨치산들도 몹시 잔인할 때가 많다. 하지만 테라바다 불교는 사람들에게 철석같은 고요함을 가르치는데, 내가 만난 활동가들과 예술가들에게서는 실제로 그런 특징도 뚜렷하게 드러났다. 사람들의 제안을 좇아, 나는 미얀마를 가로질러서 전국에서 가장 성스러운 곳으로 꼽힌다는 황금바위를 찾아가 보았다. 높은 산 꼭대기에 방만하게 펼쳐진 부지는 참배자들과 남녀 승려들로 발 디딜 틈 없었다. 사방에 길거리 음식이나 전통 약재를 파는 노점이 있었다. 호저의 가시, 참기름에 잰 양다리, 말린 약초 다발 같은 것들이었다. 대나무 돗자리를 깔거나 임시 천막을 치고 자는 사람도 많았다. 셀 수 없이 많은 촛불이 펄럭거렸고, 사방에서 독경 소리가 울렸으며, 공기는 향 내음과 참배객들이 공물로 바친 음식 냄새로 매캐했다. 젊은 커플들은 경건한 마음뿐 아니라 군중 속의 익명성을 틈타 어울릴 생각으로 이곳을 찾았다. 모든 건물에, 심지어 법당에도 번쩍거리는 LED 전광판이 붙어 있었다. 이곳에 비하면 혼잡 시간대의 그랜드 센트럴역은 피정의 집이나 다름없다고 말하더라도 결코 이 혼돈을 과장한 말이 아닐 것이다. 그럼에도 불구하고, 이곳은 평화롭게 느껴졌다.

황금바위는 과연 장관이었다. 거의 둥글고 지름이 6미터인 돌덩어리가 금방이라도 굴러떨어질 것처럼 산의 경사면에 아슬아슬 걸쳐 있다. 바위가 그 위태로운 지점에서 용케 균형을 잡고 있는 것은 부처의 머리카락 세 가닥 덕분이라는 전설이 전해진다. 바위 전체가 금박으로 덮여 있고, 지금도 참배객들이 계속 금박을 덧붙여서, 어떤 지점에서는 금이 몇 센티미터 두께로 불룩 튀어나왔다. 사람들의 손이 닿지 않는 바위 꼭대기에는 짜익티요 탑이 솟아 있다. 황금 공은 뜨는 해를 받아 번쩍거리고, 오후 햇살을 받아 번쩍거리고, 지는 해를 받아 번쩍거리고, 야간의 조명을 받아 번쩍거린다. 빛이 바뀌면 효과도 미묘하게 달라지지만, 언제든 변함없이 경이감을 자아낸다. 나는 바위 밑에 서보았고, 옆에도 서보았다. 어느 각도에서 보든 그 아슬아슬한 균형의 절묘함, 육중한 덩치의 박진감, 성지에 깃든 고요함이 느껴졌다. 기적을 보는 것 같은 흥분과 묘한 안도감이 동시에 들었다. 명승지가 으레 그렇듯이, 꼭 기도를 올리는 사람이 아니더라도 시선을 뗄 수 없었다.

미얀마에는 비구가 50만 명쯤 있고 비구니도 많다.[48] 인구의 최소 1퍼센트가 출가자이고, 과거에 출가했던 사람은 더 많다. 많은 소년이 출가하여 한동안 승가에 머물다가 가족에게 돌아간다. 가볍게 둘러보는 관광객이라도 불교 지식을 몇 가지는 배울 것이다. 이를테면 불교 건물에는 여섯 종류가 있다는 사실. 속이 꽉 찬 구조물인 탑은 그 속에 유물이 보관되어 있는 경우가 많고, 네모나고 속이 빈 법당은 신자들이 참배를 올리는 곳이고, 동굴 사원은 승려들이 은거하며 참선하는 곳이고, 수계식에 쓰이는 전각이 따로 있고, 승려들이 거주하는 승원이 있고, 불경을 보관해 두는 장경각이 있다. 미얀마 불상은 대개 벽돌이나 가끔은 석회암으로 만든 형체 위에 회칠과 옻칠을 한 것이다. 회칠이나 옻칠이 바래거나 갈라지면 보수하는 것이 관행이라, 부처들은 세월의 그윽한 맛이라고는 없이 늘 새 단장된 모습이다. 최근 보수되었다는 타톤의 11세기 와불은 꼭 셰프가 목요일에 갓 구워 낸 페이스트리 같았다.

미얀마에서는 어디를 가나 어떤 민족 집단이 과거에 다스렸던 옛 수도다. 바간도 9세기부터 13세기까지 그런 수도였다. 그 시대에는 탑과 절을 짓는 것이 유행이라, 귀족들은 서로 좀 더 거대하고 화려한 건축물을 지으려고 경쟁했으며 가난한 사람들은 그보다 좀 더 소박한 건축물을 지었다. 그런 영적 경쟁은 넓이 67제곱킬로미터의 평원에 4,446개의 종교적 건축물이 흩어진 장관을 남겼다. 사진으로는 그 보물 창고를 이해할 수 없다. 바간 평원의 감동은 그 방대함에 있기 때문이다. 우리는 탑들 사이를 걸었고, 탑들 사이를 차로 달렸고, 그러다가 한 탑에 올라가서 지는 해를 감상했으며, 열기구를 타고 하늘 높이 올라가서 유적들이 점점이 흩어진 광활한 풍경을 한눈에 보았다. 그렇게 직접 보아도, 사원들의 평야라고 불리는 바간 평원이 얼마나 넓은지 쉽게 가늠되지 않는다. 바간 평원은 맨해튼보다 넓고, 베르사유궁 부지 면적의 여덟 배다. 일부 건축물은 군부가 허술하게나마 복원해 두었고, 일부 건축물은 비록 쇠락했어도 꼴은 온전하지만, 나머지 수많은 건축물은 그저 폐허로 남았다. 어느 탑을 바라보든 그 너머에 천 개의 탑이 더 있다. 황금 바위에서는 정신이 고양되지만, 바간에서는 겸허해진다. 옛 모습 때문이기도 하고, 현재의 모습 때문이기도 하다.

미얀마에서 신앙은 끊임없는 대화 주제다. 미얀마 사람들은 세속적인 경험도 불교를 통해서 받아들일 때가 많다. 나는 친구들의 주선으로 양곤의 정신과 의사 산 산 우를 만나 보았는데, 그녀에 따르면 미얀마 사람들은 늘 불교가 자신을 치유했으니 의술은 필요 없다고 말한다고 한다. 그녀는 정권으로부터 가혹한 짓을 당했던 사람들이 외상 후 스트레스 장애를 극복하는 데 정신과 치료가 도움이 될지도 모른다고 설득했지만, 사람들은 그래도 종교적 수행으로 극복하겠다고 우겼다. 최면 요법을 활용하는 산 산 우는 사람들에게 최면은 타인의 도움을 받아 명상 상태로 진입하는 방법이라고 설명함으로써 겨우 병원을 유지할 수 있었다. 그녀는 내게 최면과 명상이 정말로 똑같은 뇌파를 낳는 듯하다고 말했다. 그녀의 남편 아웅 민은 개혁 전에 선동 활동에 활발했던 예술가로, 내게 이렇게 말했다. 「불교에서는 화를 나쁜 것으로 봅니다. 감정과 생각을 교란시켜서 부정적이고 파괴적인 영향만 미친다고 보죠. 하지만 나는 너무 화가 났습니다. 그래서 넉 달 동안 최면 요법을 받았고, 그러자 화가 줄었습니다. 최면은 깊은 명상입니다.」

불교가 압도적이고 이슬람교가 그다음이지만, 다른 신앙들도 존재감이 뚜렷하다. 기독교 인구도 적지 않고, 심지어 미얀마인 유대교도도 몇 명 있다.[49] 새미 새뮤얼스는 19세기에 양곤으로 와서 버마 차와 쌀을 인도에 파는 일을 했던 이라크 출신 유대교도 상인들의 후손이다. 그들은 양곤에 시나고그와 유대인 학교와 묘지를 지었고, 유대교로 개종한 불교도 여자들과 결혼했다. 1919년에는 미얀마에 사는 유대교도가 3,000명쯤 되었다. 그중 대부분이 1969년 이후 이스라엘이나 미국으로 이주했지만, 새뮤얼스 집안은 남았다. 새미의 아버지는 요즘도 매일 시나고그로 가서 외국에서 온 방문객을 맞는다.[50] 미얀마 종교부 장관이 그곳에서 열린 범종파 예배에 참석하기도 했다. 버마가 독립한 해가 마침 이스라엘이 창건한 해라는 인연으로, 두 나라는 뜻밖의 친선 관계를 맺었다. 버마 초대 수상은 이스라엘 독립 후 처음 예루살렘을 찾은 국가 원수였다. 모셰 다얀과 다비드 벤구리온은 양곤의 시나고그를 방문했다. 군부 시절에도 미얀마는 이스라엘로 학생들을 보내어 농업을 배워 오게 했다. 그런데 이제 양곤의 유대인들은 무슬림들을 지지하는 입장이다. 둘 다 사면초가에 몰린 소수 집단으로서 거북하더라도 불교 원리주의자들에게 맞서 연대해야 하기 때문이다. 에 린도 이렇게 말했다.「이곳의 무슬림과 유대인은 늘 형제였습니다.」[51]

로힝야족의 상황은 미얀마의 여러 민족 집단들이 만성적으로 벌이는 무력 봉기와는, 물론 관련이 아주 없지는 않지만, 경우가 다르다. 소수 집단들의 무력 봉기는 자신들이 자치권을 더 많이 누릴 수 있도록 연방제를 수정하려는 시도다. 무슬림 문제는 파벌과 인구 구성과 종교로 말미암은 갈등의 소산이지만, 무력 충돌은 소수 집단들의 민족주의의 소산이다. 미첼은 이렇게 말했다.「보통은 한 나라에서 내전이 기껏해야 한두 건 진행되죠. 미얀마에서는 17건이 진행되고 있습니다.」쟁투하는 민족 집단들이 원하는 것은 독자적으로 입법부를 선출할 권리와 고유 언어를 가르칠 권리다. 2014년, 정부는 초당적 예비 평화 회담의 전제 조건으로 전국적 휴전을 요구했다.[52] 그리하여 달성된 합의 내용은 향후 협의에서 각 민족의 군사 지도자뿐 아니라 정치·사회 지도자도 포함시킨다는 것, 그리고 역시 그 향후 협의에서 차별 없는 정부 정책, 민족·지역 자치권을 더 많이 보장하는 방향으로의 헌법 수정, 더 믿음직한 보안, 지뢰 제거를 논한다는 것이었다. 대통령 자문 윈 민은 이렇게 말했다. 「그들은 국방, 통화, 국제 무역은 중앙 정부에게 일임하려고 합니다. 하지만 교육, 사회 부문, 어장, 자기 주 내의 교통은 자기들이 통제하고 싶어 하고, 자기 땅에서 채굴된 천연자원에 세금을 걷고 싶어 합니다.」

미얀마의 민족 갈등에는 이데올로기도 개입한다. 베트남 전쟁, 중국 문화 혁명, 캄보디아 크메르 루주가 한창이었을 때 미얀마는 국내 게릴라전이 격화할지도 모른다는 우려에 떨었다. 군대는 장제스의 국민당 잔당이 침범해 들어올까 봐 그들을 중국 국경 근처 산악 지대에서 몰아내는 데 여념이 없었다.[53] 그러면서도 국내에서는 반정부 공산주의자들과 싸웠는데, 여러 민족 집단 지도자들은 오로지 그렇게 하면 자신들의 전투력이 세질 것이라는 이유 때문에 여러 상황에서 공산주의자들의 편을 들었다. 평화 협상에도 관여했던 탄트 민 우는 미얀마 군사 정부가 〈자동 조종 모드처럼 매끄럽게 반세기 동안 내란을 진압해 온 것〉을 강조하며 스스로를 정당화해 왔다고 말했다. 마 타네기는 이렇게 말했다. 「독립 이후 내란이 너무 많았죠. 중앙 정부하고만 싸우는 게 아니라 자기들끼리도 싸우고요. 자칫 헷갈려서 자기 편을 쏴 죽이지 않는 게 놀라울 정도라니까요.」

지난 몇 년은 지속적인 전투가 별로 없었다. 정부가 가령 도로 통제권을 되찾거나, 댐을 짓거나, 수익성 좋은 광산 사업을 선점하려고 교전 지역에 진입하는 경우에 간간이 소규모 충돌이 벌어진 정도였다. 보통 외지고 험준한 그런 지역에서는 과거 영국 식민 정부의 통치도 구석구석 미치지 못했기 때문에, 정치적 안정성이 없는 것은 물론이거니와 사회 하부 구조도 부실하다. 어떤 지역의 민병대는 부당하게 이득을 취하려는 외부인으로부터 지역 주민들을 보호하려 하고, 또 어떤 지역의 민병대는 오히려 주민들에게 세금을 걷으려고 한다. 또 어떤 지역의 세력은 군대를 참칭하면서 스스로 사업을 추구하는데, 일례로 중국 홍위병 출신의 지도자가 이끄는 부대로 병력이 3천 명쯤 되는 몽 라 민족민주동맹은 도박 및 마약 조직을 운영하고 멸종 위기의 야생 생물을 거래한다는 의혹을 받고 있다.[54] 카친주(州)에서는 민족주의적 활동을 벌였거나 지지했다는 이유로 12만 명이 중앙 정부 교도소에 갇혀 있고, 최근 정부군이 카친족 참호를 폭격하는 모습을 담은 동영상이 공개되기도 했다. 카친주의 벽옥 광산은 연간 수십 억 달러의 소득을 올리지만, 그 돈은 카친족에게는 거의 흘러 들어가지 않는다.[55] 카렌주도 비슷하다. 카렌주 주민들은 평균적으로 연간 1천 달러도 못 벌지만, 불과 1킬로미터 남짓 떨어진 태국에서 사는 카렌족이 1만 달러씩 버는 모습을 지켜본다.

내가 몬주를 여행할 때, 그곳 정치인이자 교사인 치 조 린은 내게 자신은 몬족 혼혈이라서 몬족에게도 버마족에게도 신뢰받지 못하고 그 때문에 출세도 하지 못한다고 말했다. 그가 혼혈이라는 사실이 그의 정치, 경륜, 교육보다 더 중요한 것이다. 몬족은 한때 규모에서 태국에 맞먹는 왕국을 갖고 있었으나 1057년 버마족에게 정복당했고, 지금도 옛 왕국을 되찾고 싶어 한다. 주마다 이미 주의회가 있으니, 연방제의 기본 요소는 마련된 셈이다. 하지만 주 의회에게 얼마나 많은 힘이 주어져야 할까? 주 의회는 주 내의 모든 거주자를 대표해야 할까, 아니면 지배적인 민족 집단만 대표해야 할까? 중앙 정부가 지방 입법부와 권력을 나눠야 한다는 명제에는 모두 동의하지만, 어느 정도까지 나눠야 하는가는 여전히 논쟁거리다.

탄트 민 우는 1948년 이래 어느 시점보다도 현재 평화 협상의 가능성이 높아졌다고 본다. 대통령 자문 윈 민도 현재 무장 민족 세력들과 정부군 사이의 신뢰 수준이 유례없이 높다고 말했다. 그러나 코 민 라트는 나라 전체로도 지구적 경쟁에 나설 준비가 부족한 처지에 자치주들이 태국이나 캄보디아 같은 더 큰 이웃 경제권들과 경쟁할 수 있겠느냐고 진지하게 걱정했다. 그보다 더 결정적인 문제는 미얀마가 무력한 조각들로 쪼개지지 않으면서도 민주화할 수 있겠느냐 하는 것이다. 중앙 정부는 어떻게 하나로 통합된 국가 정체성을 잃지 않으면서도 여러 민족 집단들의 정체성을 인정할 수 있을까? 애초에 장군들이 인위적으로 만들어 낸 국가 정체성의 잔재가 아닌 다른 정체성을 만들어 낼 수나 있을까? 미얀마를 지켜보는 제삼자들은 옛 유고슬라비아가 여러 공화국으로 산산조각 나서 오랫동안 대립을 일삼았던 것처럼 미얀마도 결국 와해될까 봐 우려한다.

자비를 강조하는 불교의 정신은 이 문제에도 영향을 미친다. 미얀마 사람들은 이 맥락에서도 응징적 정의는 거의 이야기하지 않는다. 책임 추궁보다는 과거를 묻고 미래로 나아가는 것이 더 중요하다고 여긴다. 윈 민은 1988년 봉기 이후 몇 년을 정글에서 보냈다. 그 후 미국으로 가서 공부했고, 태국으로 와서 교수가 되었다. 새 미얀마 정부가 그에게 자문을 구하며 초청했을 때, 그의 가족은 정권이 개혁의 허울을 세우려고 그를 이용하는 것뿐일지도 모른다고 경고했다. 그러나 그는 자신이 예전에 꿈꾸었던 변화에 힘을 보태기를 앙망했다. 「우리는 아직 시작도 하지 못했습니다. 이런 일에는 시간이 걸립니다.」 그는 말했다.

양곤과 만달레이에는 작가들이 모여서 공연이나 낭독회를 여는 찻집이 곳곳에 속속 생겨났다. 「저쪽에 있는 찻집은 단편 작가들이 모이는 곳입니다.」 한 양곤 주민이 나와 함께 시내를 산책하면서 알려 주었다. 「추리와 미스터리 작가들은 메이컨 빌딩 정류소 옆 찻집에서 모이죠. 시인들은 37번가에서, 소설가들은 33번가에서 모입니다.」 오 년 전만 해도 그런 행사는 불가능했다. 군부하에서 검열은 정치, 종교, 누드에 가장 엄하게 적용되었다. (주라는 필명으로 통하는) 틴 윈 윈에 따르면, 가난을 묘사하는 것도 국가 이미지를 망친다는 이유로 금지되었다고 한다. 책을 내려면 허가를 받아야 했고, 따라서 사전 검토를 통과해야 했다. 그러나 2012년, 검열 부서의 장이 전국 텔레비전에 나와서 〈진정한 민주주의가 되려면 검열을 철폐해야 합니다〉라고 선언했다. 마 타네기는 이렇게 말했다. 「요즘은 어디서든 부당한 일이 발생했다 하면 무조건 신문에 납니다. 이런 상황은 난생처음이에요. 비록 이렇다 할 조치는 취해지지 않더라도, 최소한 우리가 알고는 있죠.」 정부 비판을 오래 금지당했던 기자들은 이제 자나 깨나 정부 비판뿐이다.

선도적 출판업자이자 외국 서적 유통업자인 탄트 토 카웅은 2007년에 영어로 된 백과사전을 들여와서 팔았다. 그런데 한 친구가 그 속에 한 단락짜리 〈인권〉 항목이 포함되어 있다고 알려 주었다. 탄트는 백과사전을 몽땅 거둬들였고, 서점에 납품했던 것들도 모조리 수거했다. 누군가 높은 사람이 그것을 보고 자신을 감옥에 처넣을까 봐서였다. 요즘 그는 영어책을 예전보다 더 폭넓게 유통시키고, 버스에 이동식 도서관을 설치해서 시골 마을에 버마어로 된 책을 공급하는 일도 한다.[56]

출판을 감독하는 정부 부처는 원래 〈언론 조사 및 등록 부서〉였던 이름을 〈지식 재산권 및 등록 부서〉로 바꿨다. 모든 책을 출간 전에 한 줄 한 줄 검토하던 일은 그만두었지만, 지금도 출간 후에 살펴본 뒤 정부나 군대에 대한 비판이 지나치다고 여기면 유통을 금지시킨다. 미얀마에서 베스트셀러 작가는 최대 10만 부까지 판다. 반면 버마어로 번역된 외국 책은 종수가 얼마 되지 않는다. 작가들은 주로 잡지에 실을 짧은 산문이나 시를 쓴다. 블로깅도 좀 퍼지고 있다. 하지만 마 티다는 작가들이 이미 검열 정신을 내면화했다고 지적하면서, 진정으로 자유롭게 쓰는 사람들이 나타나려면 한 세대는 걸릴 것이라고 말했다. 그녀는 잡지와 신문을 창간했고, 젊은 작가들에게 자유는 행사하지 않으면 시들기 마련이라고 역설하면서 영역을 넓히라고 권고한다. 그녀가 내는 출판물은 민족 간 갈등 같은 오래된 논쟁적 주제부터 여성 인권, 동성애자 인권, 장애인 인권 같은 새로운 영역까지 건드린다.

나이 폰 라트는 2007년 재외 국민들에게 미얀마 소식을 알려 주는 블로그를 열기로 결심했다. 당시 블로그는 검열도 편집도 겪지 않는 매체였다. 미얀마에는 제대로 된 인터넷 서비스가 없었기 때문에, 그는 싱가포르에서 블로깅을 시작했다. 정부를 직접적으로 비판하지는 않았고, 대신 은유적인 단편과 시를 썼다. 한 이야기는 이런 내용이었다. 어느 마을에 호랑이 한 마리가 찾아와서 탑으로 들어가더니 그곳에 눌러살겠다고 결정했다. 마을 주민들은 야생 짐승은 숲에서 살아야 한다고 생각했고, 몇몇 주민은 아예 호랑이를 죽이고 싶어 했다. 그러나 촌장의 딸은 호랑이가 문제가 아니라 호랑이가 눌러앉은 장소가 문제일 뿐이라고 말했다. 아무튼 누구도 호랑이를 탑에서 끌어낼 수 없었고, 그래서 사람들은 늘 겁먹은 채 살아갔다. 「검열자들이 이런 이야기의 속뜻을 몰랐기 때문에, 잡지들이 이야기를 실어 주었죠.」 나이 폰 라트는 말했다.

그는 사프론 혁명 직전에 싱가포르에서 귀국하여 〈미얀마 블로깅 협회〉를 결성했다. 미얀마 기자들에게 양곤에서 해외로 뉴스를 내보낼 방법을 알려 주기 위해서였다. 그는 그렇게 해외로 소식을 내보냈던 것이 이후 개혁이 실시되는 데 결정적인 역할을 했다고 믿는다. 그러던 중 누군가 그의 이메일 받은편지함에 정권을 모욕하는 만화가 있는 것을 발견했고, 그는 체포되었다. 그는 심문자들에게 누구든 그의 허락 없이 그에게 이메일을 보낼 수 있다고 설명했지만, 심문자들은 그 말을 믿지 않았다. 심문자들은 그를 열흘 동안 취조하면서 잠을 재우지 않았고, 반복해서 구타했고, 가끔은 묶어 두었고, 그가 자신이 있는 장소나 자신을 취조하는 사람을 알아차리지 못하도록 종종 눈가리개를 씌운 채 이곳저곳으로 옮겼다. 「군사 정권에서는 감옥 안이나 밖이나 큰 차이가 없습니다. 온 나라가 감옥이니까요.」 그는 말했다.

그는 실형을 20년도 넘게 선고받았고, 양곤의 악명 높은 교도소로 마 티다도 수감된 적 있는 인세인 교소도에 수감되었다. 이후 경비가 그보다는 덜 삼엄한 라카인주의 교도소로 옮겨졌고, 가족에게 편지를 쓸 수 있도록 허락되었다. 이번에도 그는 은유에 의지하여 자신이 본 것을 썼다. 「감옥은 집중하기에 아주아주 좋은 곳입니다. 우리는 읽을 권리가 있었습니다. 부모님이 매달 책을 가져다주었죠. 전혀 슬프지 않았습니다. 내 좁은 감방은 작은 도서관이었죠.」 그는 다른 수감자들을 자기 감방으로 초대하여 영어를 가르쳐주거나 책을 읽어 주었다. 컴퓨터는 없었지만, 컴퓨터도 가르쳐 주었다. 새로 지은 이야기를 부모에게 구두로 들려주었고, 부모는 그 이야기들을 가명으로 출간했다. 2012년 대사면으로 출소한 뒤 그는 『옥중 서한』을 펴냈다.

나이 폰 라트는 자신이 아는 정치범 중 옥살이를 두려워한 사람은 아무도 없다고 말했다. 「우리는 옥살이를 하면서 더 강해졌고, 더 많이 공부했죠. 감옥은 대학이었습니다. 감옥에서 나는 먼 미래에 초점을 맞추지 말아야 한다는 것을 배웠습니다. 현재에만 집중하는 법을 배웠습니다.」 그는 정부가 지금도 법으로 표현의 자유를 통제한다고 말했다. 「직접적으로 압박을 가하지는 않지만 법으로 통제하죠. 우리는 뭐든 쓸 수 있습니다만, 가끔 정부가 잡지나 편집자나 작가를 고소하려고 합니다.」 그는 자신이 유죄를 받은 근거였던 전자 소송법이 책에는 아직 적용된다는 점을 지적했다. 요즘은 법이 수정되어 더 짧은 형량이 구형되기는 하지만, 어떤 법을 어떻게 집행할 것인가 하는 결정은 여전히 군대가 내린다. 그는 〈우리는 아직 그다지 안전하지 않습니다〉라고 말했다. 기자들을 위축시킨 검열의 힘은 여전히 강력하다.

검열은 자유로운 표현이 엄청나게 강력한 것인 동시에 대단히 위험한 것이라는 인상을 심어 줌으로써 예술가들에게 힘을 안긴다. 검열은 두려움의 몸짓이고, 두려움은 그 대상에게 권위를 부여한다. 테인 린은 법학도였던 1988년에 학생 운동의 주역으로 뛰었다.[57] 그러다가 검거가 시작되자 인도의 피난민 수용소로 도망쳤다. 1992년, 인도가 미얀마 군사 정부와 국교를 정상화했다. 인도는 여전히 미얀마의 민주주의 활동을 지지한다고 표명했지만, 테인 린을 비롯한 버마 학생 민주전선 소속 학생들은 그래도 곧 인도를 떠나서 미얀마의 중국 국경 근처 정글 속에 있던 수용소로 옮겼다. 그 후, 일찌감치 그곳에 자리 잡았던 학생들과 새로 도착한 학생들 사이에서 영화 「파리 대왕」에 방불하는 섬뜩한 충돌이 벌어졌다. 테인 린과 약 80명의 학생들은 민주화 운동의 동지들에게 밀고자로 몰렸고, 고문당했고, 감금되었다. 개중 열 명은 손가락이 잘린 곳이 감염되는 바람에 죽었고, 열다섯 명은 한때 동지였던 이들에게 처형당했다. 테인 린은 내게 이렇게 말했다. 「정글로 달아나서 도망칠 순 없었습니다. 정글에서는 몸이 금세 쫄딱 젖고, 두 번 다시 마르지 않죠. 발을 한 발짝 내디딜 때마다 쑥쑥 빠집니다. 먹을 것은 어떻게 구하겠습니까? 늘 말라리아에 걸려 있게 됩니다. 거머리도 있죠. 거머리는 사람이 잘 때 몸에서 가장 연약한 부위를 뚫고 들어옵니다. 그래서 자다가 깨보면 갑자기 거머리가 눈알에서 피를 빨고 있는 게 느껴지죠.」

테인 린은 결국 정글을 탈출하여 법대를 마쳤다. 그러나 1998년, 시위를 계획하던 사람들이 작성한 비밀 명단에 그의 이름이 올랐고, 명단에 이름이 포함된 모든 사람들이 감옥에 갇혔다. 테인 린은

7년을 복역했다. 정글에 비하면 감옥살이는 편했다. 인도에 있을 때 그림을 배웠던 그는 평생 그림이라고는 들어 본 적도 없다는 어느 교도관과 친구가 되었다. 그는 교도관에게 그림을 그려서 보여 주겠다고 제안했고, 교도관은 페인트를 몰래 들여왔다. 테인 린은 담배 라이터의 심지를 뽑아서 붓으로 썼다. 교도소에는 휴지가 없었고 수감자들은 그 대신 버려진 죄수복을 가는 띠로 찢어서 뒤를 닦았는데, 테인 린은 자기 몫에서 절반을 아꼈다가 그 희고 나달나달한 천 위에 전쟁의 섬뜩한 이미지들을 그렸다. 그는 병뚜껑, 유리 조각, 깎은 비누, 낡은 어망을 써서 모노타이프 판화를 찍었고, 교도소 감옥에서 구한 주사기로 가는 선을 그렸다.

그러나 한 교도관이 테인 린의 추상화를 탈출용 교도소 지도로 오해하는 바람에 작품이 몽땅 폐기되었다. 테인 린은 다시 시작했다. 갇혀 있던 7년 동안 작품을 300점쯤 만들었다. 시간이 흐르면서 테인 린의 친구 교도관은 다른 몇몇 교도관들에게도 자신들이 가둔 죄수가 훌륭한 예술가라는 비밀을 털어놓았다. 그리하여 한 통속이 된 그 교도관들은 모두가 동시에 근무하던 어느 날, 다 함께 몰래 그림들을 반출하여 테인 린의 가족에게 전달했다. 그 후 한 친구가 영국 대사 비키 보먼에게 접촉하여 테인 린의 작품을 봐달라고 요청했다. 보먼은 그러마고 했고, 그림을 통해 테인 린과 사랑에 빠졌다. 두 사람은 그가 석방된 뒤 곧바로 결혼했다. 2005년 양곤에서 전시회를 연 테인 린은 감옥에 있을 때 재료를 구해 주었던 교도관을 초대했고, 두 사람은 자신들의 협동 작업을 기리며 축배를 들었다. 테인 린은 내게 예술이 미얀마의 새로운 이데올로기 형성에 영향을 미쳤다고 말했다.「나는 감옥에서 많은 정치인과 변호사를 만났는데, 그들은 모두 옥중에서 시인이나 작곡가로 변신했습니다.」

내가 만났을 때 테인 린은「손의 쇼」라는 전시회를 준비하는 중이었다. 그는 3천 명에 달하는 미얀마의 정치범을 (공식 집계는 이렇지만 너무 적게 잡은 숫자라고 보는 사람이 많다) 최대한 접촉하여 그들의 손을 석고 모형으로 떴다. 내가 작업실을 찾았을 때는 모형이 200개쯤 있었다. 석고는 무언가를 구속하지만 부러진 것을 고치는 데도 쓰인다. 이 이중성이 테인 린에게는 강력한 은유로 활용되었다. 마 타네기는 자신의 손 모양을 스스로 정할 수 있다면 모형을 뜨겠다고 동의했고, 그래서 선택한 모양은 그녀를 철창에 가두었던 권력자들에게 가운뎃손가락을 쳐들어 보이는 것이었다. 테인 린은 말했다. 「이러니 당신은 안 죽고 살아남은 거죠.」[58]

다른 예술가들은 정치를 좀 더 우회적으로 언급한다. 와 누의 가족은 예전부터 수공예품을 깎아서 관광객에게 팔았다. 특히 인기가 좋았던 물건은 아웅 산의 흉상이었다. 그러나 1988년 이후 그들은 흉상 제작을 그만두었고, 이미 만든 것은 모두 숨겼다. 그러다 2012년이 되어 와 누와 남편 툰 윈 아웅은 전시를 열기 시작했는데, 전시장에 사회주의 정부가 선전물로 귀에 못이 박히도록 틀어 댔던 아웅 산 최후의 연설을 반복해서 틀어 두고 이제 더는 불법적 물건이 아닌 아웅 산 흉상을 수십 점 진열해 두었다. 향수와 아이러니를 동시에 일으키는 그 설치전은 아웅 산에 대한 경모를 드러내면서도 그의 이름이 미얀마에서 모든 좋은 것의 상징으로 컬트적으로 쓰이는 현상을 조롱한 것으로, 중국 예술가들이 마오쩌둥의 이미지로 작업하는 것과 비슷하다. 아웅 산에 대한 모든 언급은 물론 그 딸에 대한 언급이기도 하다. 툰 윈 아웅은 이렇게 말했다. 「아웅 산 수 치가 우리를 변화시킬 순 없습니다. 나는 그녀가 당선되기를 바라고, 당선되면 무척 기쁘겠지만, 그래도 그녀가 나를 바꿀 수 있다고 생각하진 않습니다. 우리는 이 정부하에서 살면서 속속들이 타락했습니다. 이제 정직하고 순수하게 살아가는 법을 새로 배워야 합니다.」[59]

만달레이에서 만난 마웅 틴 팃은 지쳐 보였다. 역시 1988년 봉기에서 활약했던 그는 오랫동안 용케 체포를 면했지만, 1998년에 경찰이 그의 집을 뒤지다가 시가 적힌 공책을 발견했다. 경찰은 특히 이 시에 격분했다.

> 집 앞 거리에는 환한 달빛이 필요하다.
> 저 거리가 내 것은 아니다.
> 하지만 나는 저 길을 걸어야만 집으로 올 수 있다.
> 내 마음을 정화하기 위해서라도 저 거리를 청소해야 하리라.

겨우 이 몇 줄 때문에 그는 7년 넘게 감옥살이를 했다. 현재 그는 라카인주에서 중국까지 이어지는 석유 및 가스 수송관에 관한 책을 쓰려고 조사하고 있는데, 정의감에서 비롯한 이런 취재는 정권이 여태 처벌하는 행동이다. 그는 내게 말했다. 「감옥에 가기 전에는 몹시 흥분하고 화난 상태였죠. 시도 그런 감정에서 나왔고요. 하지만 감옥에서 사색하다 보니, 분노로는 아무것도 이룰 수 없다는 걸 깨달았습니다. 새 책은 분노에서 나온 게 아닙니다. 설령 또 감옥에 가게 되더라도 이제 두렵지 않습니다. 그 속에서 지내는 방법을 터득했으니까요.」[60]

마 타네기도 감옥살이를 회고한 책 『철창도 날 가두지 못한다』를 썼다.[61] 그녀는 내게 말했다. 「사실 나는 정치에 딱히 관심이 있지는 않았어요. 하지만 1988년에 어린 학생들이 거리에서 행진하다가 총에 맞아 쓰러지는 모습을 보고 죄책감이 들었고, 그래서 합류했죠. 그러던 중 아웅 산 수 치가 연설하러 왔어요. 우리는 우르르 몰려가서 연설을 들었죠. 사방에서 귀뚜라미들이며 개구리들이 폴짝거리는 진흙탕에서 열렸죠. 깔고 앉으려고 비닐 봉지를 가지고 갔는데, 그렇게 두 시간을 기다려서야 그녀가 왔어요. 하지만 음향 설비가 워낙 엉망이라서 뭐라고 하는지 한마디도 알아들을 수 없었죠. 나는 학교에 다닐 때 아웅 산 수 치를 본 적이 있었어요. 내가 5학년, 그녀는 2학년 때였죠. 나는 그녀에게 이 사실을 말했고, 다음에는 영어로 대화를 나눴는데, 그러다가 순간 즉흥적으로, 다른 사람들도 많이 그랬던 것처럼, 〈내가 도울 게 있다면 뭐든 말씀하세요〉라고 말했죠. 이튿날 그녀가 사람을 시켜서 나를 불렀어요. 나는 앞으로 내가 총구에 맞서고 감옥에 가게 되리라는 사실을 바로 깨달았죠. 그럴 때 내가 무너지지 않을 수 있는지 확실히 알아야 했어요. 아시아에서는 어떤 상황에서도 품위를 지키는 것이 중요하다고 생각하니까요. 그래서 내가 어떤 상황에서도 품위를 지킬 수 있을지 고민해 보았고, 이윽고 대답했어요. 〈준비됐어요〉라고.」

몇 년 뒤, 마 타네기는 수 치가 지지하는 무역 제재에 공개적으로 반대했다. 그러면 장군들이 독점을 행사하여 그들의 주머니를 불리는 꼴만 낳으리라고 정확하게 예측했기 때문이다.[62] 마 타네기는 장군들이 숲에서 목재를 모두 베어 내고 광산에서 옥을 모두 캐내어 미래 세대에게 아무것도 남겨 주지 않을 것이라고 예측했다. 「정말로 이제 나무 한 그루 남지 않았죠.」 그녀는 말했다. 수 치는 마 타네기를 배신자로 몰며 비난했지만, 그야 어쨌든 마 타네기는 수 치와의 관계 때문에 감옥에 갔다. 마 타네기는 동료 수감자들과의 유대가 혈연보다 더 끈끈하다고 말했다. 「오늘 오후에도 한 친구 집에서 동료들을 만났어요. 젊은 친구들도 내 또래들도 다 함께 모여서 점심을 먹고 이야기를 나눴죠. 몇 명은 출소한 뒤 처음 만난 친구들이었지만, 25년 만에 만나도 꼭 어제 봤던 것 같아요.」

인 묘 수라는 이름으로도 알려진 미수 보릿은 미얀마에서 가장 성공한 여성 사업가로 꼽힌다. 그녀는 미얀마에서 가장 매력적인 호텔들을 세웠고, 미얀마의 레스토랑 문화를 이끈다. 그녀는 내게 자신에게는 명상이 불가능한 일이라고 말했다. 「아무 짓도 하지 않고 한자리에서 집중만 하는 건 도저히 못 하겠더라고요. 어릴 때 시도해 봤지만 다리에 쥐가 나서 감각이 없어지고 지루할 뿐이었죠. 우리 할머니의 명상법은 요리였어요. 내 명상법도 그거고요.」

보릿의 부모는 인레 호수 근처에서 작은 게스트하우스를 운영했다. 그녀가 아이였던 1970년대에 아버지는 손님을 맞았고, 어머니는 손님의 식사를 요리했고, 그녀는 손님들 앞에서 재롱을 피웠다. 1988년에 고등학생이었던 그녀는 정치 모임에 참석하기 시작했지만 부모에게는 차마 말하지 못했다. 어느 날 늦게 귀가했을 때, 아버지가 어디 있다 왔느냐고 물었다. 직설적인 질문에 그녀는 솔직히 대답할 수밖에 없었다. 「아버지는 이렇게 말씀하셨어요. 〈가서 씻고 뭘 좀 먹어라. 그 뒤에 학생들이 모여 있다는 그 장소로 함께 가보자꾸나.〉 나를 혼내기는커녕 따라나서셨죠. 그렇게 해서 아버지는 정치인이 되었어요. 나는 아버지의 선거 운동을 하게 되었고, 첫 표를 아버지에게 던졌죠.」 1990년 아버지가 당선된 뒤, 보릿은 호텔 경영을 배우려고 첫 여권을 발급받아서 스위스로 출국했다.

1988년 이후, 선거로 당선되었던 선출직 공무원 중 약 85퍼센트가 감옥에 갔다. 오래 복역한 사람도 많았다. 보릿의 아버지는 2년만 살았다. 아버지는 보릿이 유학을 제대로 마치기를 바랐기 때문에 가족에게 보릿에게는 알리지 말라고 당부했다. 그러나 친구 하나가 그녀에게 편지를 쓰면서 〈아버지 일은 안됐어〉라고 적었고, 보릿은 아버지 일을 물어보려고 당시 드물게 전화기를 갖고 있던 양곤의 고모에게 전화를 걸었지만, 고모는 받자마자 끊어 버렸다. 보릿은 사태의 심각성을 눈치채고 귀국했다. 그러나 집에 들어서자마자 어머니는 그녀에게 냉큼 돌아가라고 소리 질렀다. 그러지 않으면 그녀가 아버지를 더 걱정할 것이라고 여겨서였다. 「그건 좀 너무했지만, 어머니도 나를 보호하려고 그러셨던 거죠. 그리고 어머니 걱정이 옳았어요. 그 당시 장군들은 별걸 다 염려했기 때문에, 외국에 있던 사람이 귀국했다는 사실만으로도 의심했어요. 어머니와 함께 딱 사흘을 지낸 뒤 당국이 나를 찾으러 왔더라고요.」 어머니는 그녀를 숨겼고, 그녀는 열아홉 생일이었던 이튿날 태국으로 피신했다. 태국에서 거의 굶어 죽을 지경으로 고생하다가 가까스로 유럽으로 돌아갔고, 한 프랑스 호텔 학교에서 숙식을 제공받으며 일했다. 5년 뒤, 그녀는 마침내 고향으로 돌아와서 아버지를 만났다. 아버지는 정치를 접고 객실 25개짜리 호텔을 운영하고 있었고, 그녀는 가업에 합류했다.

보릿은 가족의 부동산을 천천히 늘려 갔다. 지금은 라우크 우에도 작은 호텔이 있고, 인레 호수 북쪽에도 게스트하우스가 한 채 더 있고, 18만 제곱미터의 농장이 있고, 호텔 경영과 유기 농법과 전통 예술을 가르치는 학교도 갖고 있다. 그녀는 또 지역 장인들에게 전통 건축 기법을 재교육시킨 뒤 전통 공예 박물관인 인타르 문화유산 박물관을 짓게 했다. 그 속에는 조부모에게 물려받은 가구들과 이웃들이 중국 공장제 물건으로 개비하려고 내버린 골동품들을 채웠다. 인타르 문화유산 박물관에는 이름이 무색하게 정작 미얀마에서는 오래전에 사라진 종이었던 버미즈 고양이 보육 시설도 딸려 있고,[63] 미얀마 최고의 레스토랑도 있다. 그곳에서 그녀는 할머니의 레시피를 변형하여 만든 맛있는 요리를 내놓는다. 그중에는 당연히 미얀마 국민 요리 라펫도 있다. 발효시킨 찻잎에 고추, 참기름, 볶은 마늘, 건새우, 땅콩, 생강을 섞은 샐러드인 라펫은 카페인이 함유되어 있기 때문에 잘자리에는 먹지 않는 편이 좋다. 손님들은 어떻게 그 모든 요리를 재료부터 손수 길러서 만드느냐고 놀라곤 한다. 그녀는 내게 말했다.「우리는 늘 텃밭에서 따다가 바로 식탁에 올리는 방식이었어요. 다른 데서는 재료를 아예 구할 수 없었으니까요.」

근사한 풍경을 자랑하는 얕은 호수인 인레 인근 주민들은 오래 전부터 호수에서 낚시를 하며 먹고살아 왔다. 어부들은 배에 서서 한 발로 노를 젓고 자유로운 두 손으로 그물을 만진다. 꼿꼿하게 선 채로 놀랍도록 우아하게 움직이는데, 온몸이 뱀처럼 꿈틀거리는 것 같다. 인레호에서는 여기저기 흩어진 절들, 수많은 탑들, 그림 같은 마을들, 이제는 버려져서 잡초만 무성한 절터를 배를 타고 구경 다닐 수 있다. 유명한 수상 시장도 있고, 관광객이 덜 찾는 호숫가 시장들도 있는데, 그곳에서는 주민들이 연근 섬유를 엮어 천을 짜는 모습을 볼 수 있다.

2011년 미얀마를 찾은 방문객은 20만 명이었다. 2012년에는 100만 명이었고, 2013년에는 200만 명에 육박했고, 2014년에는 300만 명이 넘었다.[64] 인레 동쪽 기슭에 푹 파인 상처는 호숫가 지역의 총 객실 수를 세 배로 늘릴 건설 사업의 시작을 알린다. 그러나 그 지역의 불안정한 기반 시설은 홍수처럼 밀려들 그만 한 규모의 관광객을 감당할 능력이 없다. 호수 자체도 지속 불가능한 농법 때문에 토사가 차오르고 있으며, 호수로 흘러드는 좁은 물길들은 벌써 혼잡하다. 사실 미얀마의 모든 아름다움이 그렇지만, 인레 호수의 아름다움은 그동안 오래 접근이 불가능했던 덕을 보았다고 할 수 있다. 이제 빠른 속도로 접근이 가능해지고 있으니, 접근할 것이 금세 아무것도 남지 않을지 모른다.

2014년 초, 많은 작가와 기자가 체포되었다. 『유니티 저널』은 화학 무기 공장으로 알려진 건설 사업을 보도한 뒤 사장과 기자 네 명이 10년 노역형에 처해졌다가 7년으로 감형되었다.[65] 그 밖에도 50명이 넘는 기자들이 그 보도를 인정하는 의견을 표명했다가 체포되었다.[66] 한때 아웅 산 수 치의 경호원이었던 아웅 초 나인은 몬 주의 카렌 반군과 정부군 사이 충돌을 취재하던 중 정부군에게 붙잡혔고, 구류되어 있던 중 살해되었다.[67] 또 다른 기자는 친주의 신설 공립 학교에 적용될 장학금 계획을 알고자 교육 공무원에게 인터뷰를 시도했다가 〈공무 중인 공복을 방해〉하고 무단 침입했다는 죄목으로 1년 실형을 살았다.[68] 신문을 발행하려면 법에 따라 우선 정부에 등록해야 하지만, 정부가 등록을 제멋대로 보류하기 일쑤라서 신문들은 우선 등록증 없이 발행했다가 자칫 공무원들의 심기를 거스르면 폐간당하곤 한다. 2014년 가을 친주에서는 네 신문사가 폐쇄되었다. 『비 몬 테 나이』는 아웅 산 수 치가 과도 정부 구성에 참여했다고 주장한 어느 활동 단체의 잘못된 정보를 보도했다가 세 기자와 두 발행인이 각각 2년 형을 선고받았다.[69] 틴 초는 양곤에서 시위를 조직했다가 공중 질서 문란죄로 13년 형을 선고받았다.[70]

각국 언론 자유도를 순위로 매긴 목록에서 미얀마의 등수는 착실히 올랐다. 2011년에는 180개국 중 169등이었지만 2012년에는 151등, 2013년에는 145등으로 올랐다.[71] 그러나 국제 인권 감시단의 조사자 데이브 마티슨은 2014년 미얀마에서 200명이 구금되었고 개중에는 평화 시위를 하던 시위자, 기자, 활동가도 있다고 말했다. 유엔 인권 이사회의 미얀마 특별 보고관 이양희는 유엔 총회에서 미얀마 정부가 지금도 계속 〈시민 사회와 언론의 활동을 범죄화하고 훼방〉하며 〈부당하게 가혹한〉 형을 내린다고 보고했다.[72] 내가 미얀마에서 인터뷰했던 작가, 예술가, 지식인 들은 모두 형사소송법 제401조에 따라 석방된 사람들이었는데, 그 조항은 조건부 사면만을 허락하므로 그들은 지금이라도 정부의 심기를 거슬렀다가는 도로 끌려가서 남은 형기를 채워야 할지 모른다.

마 티다는 이렇게 말했다. 「우리는 그동안의 감시가 작가들뿐 아니라 사회 전체의 사고방식을 바꿔 놓았다는 사실을 이제야 깨닫고 있습니다. 아무도 서로 믿지 않습니다. 정부는 서로 불신하는 시민들을 떡 주무르듯 할 수 있는 법이죠. 그러니 미얀마 사회는 아직 민주주의를 실천할 준비가 되지 않았다고 봐야 할 겁니다.」 마 티다는 애초에 〈개혁 정부〉가 사회를 금세 해방시킬 것이라는 기대를 품지 않았기 때문에, 나이 폰 라트와 마찬가지로 현재의 퇴보에도 그다지 놀라지 않는다. 그러나 미얀마 사회의 회복력에 관해서 품었던 기대는 수정해야 했다.「우리에게 없는 것은 공통의 꿈이라는 사실을 이제야 알겠어요. 미얀마 역사는 식민 정권, 사회주의 정권, 군사 정권 같은 억압 세력들과의 싸움이었죠. 그래서 그런지 우리가 진정으로 살고 싶은 사회는 어떤 사회인가 하는 문제는 생각해 보지 않았어요. 더 넓은 시각을 가진 새로운 세대에게 기대를 거는 수밖에 없겠죠.」

미얀마 사람들은 요즘도 이어지는 기자들의 구금 소식에 고개를 젓는다. 그러나 그들은 더 나쁜 상황도 겪어 왔다. 긍정적인 변화가 상당히 이뤄진 뒤에도 낙관론이 팽배하지 않는다는 사실, 이것은 개인적으로 더 나은 미래를 꿈꾸기 어려운 사람들마저도 침착과 평정을 확고히 지키고 있다는 사실에 비하면 그다지 중요한 일이 아니다. 낙관론이 그다지 널리 퍼지지 않았더라도, 비관론도 마찬가지다. 어쩌면 이것은 테라바다 불교의 가르침 덕분일지도 모른다. 미얀마 사람들에게 공통의 꿈은 없을지라도 놀랍도록 굳센 공통의 성격은 있으니, 그것은 바로 극치에 이른 인내다. 물론 그 인내가 개혁의 성공을 보장하지는 않을 테지만, 개혁의 핵심적 성격을 규정하기는 할 것이다.

•

로힝야족 사태는 2015년 선거 준비 기간에 더 심각해졌다.[73] 969 운동은 테라바다 불교 수호를 기치로 내건 미얀마 애국 협회(줄여서 〈마바타〉라고 부른다) 결성으로 더 확대되었다.[74] 위라투도 협회의 주요 회원이다. 많은 로힝야족은 급진파 불교도의 박해로 피난을 떠났고, 남은 사람들은 집이나 수용소에서 비참한 환경을 견딘다. 이들은 갈 곳이 없다. 한 미국 단체는 테인 세인 대통령에게 집단 학살의 책임을 묻는 소송을 제기했다.[75] 급진파 불교도들은 테인 세인의 당에게 유리하게 선거를 움직이려고 시도했으나 목적을 달성하지는 못했는데, 그래도 그 세력이 사라질 기미는 거의 없다.

NLD도 무슬림을 돕는 데 관심을 보이지 않았다. 선거 후, 당내 고위 인사인 우 윈 테인은 〈우리에게는 우선순위가 더 높은 다른 문제들이 있습니다〉라고 말했다. 대부분의 무슬림은 미얀마에서 대대로 살아온 사람들인데도, 그는 〈무슬림들은 대부분 방글라데시에서 온 사람들이니 우리가 방글라데시 정부와 의논해야 한다〉면서 그들을 〈돌려보내야 한다〉고 말했다.[76] NLD는 선거에 무슬림 후보를 한 명도 내지 않았고, 그래서 1948년 독립 이후 처음으로 현재 의회에 무슬림 의원이 한 명도 없다. 그래도 무슬림들은 NLD가 법치를 구축하리라는 희망을 품고 있다. 법치 사회에서는 자신들의 권리도 예전보다 존중되리라고 기대한다.

미얀마를 다스렸던 군부가 2011년 공식 해체되고 이듬해 사적 출판물에 대한 규제가 완화된 뒤, 일간지 32개와 주간지 약 400개와 월간지 약 350개가 창간되었다. 그러나 이후 폐간한 곳이 많다. 테인 세인이 말한 개혁이 거짓이었다는 사실은 그의 준문민 정부에서 언론 자유가 갈수록 축소되고 있다는 현실이 방증한다. 감옥에 갇혔던 기자들이 많이 풀려나기는 했지만, 애초에 그들이 유죄를 선고받는 데 근거가 되었던 법규들은 아직 그대로 남아 있다.[77]

기자들과 출판업자들은 〈불안 조장〉 따위의 막연한 죄목으로 계속 유죄를 선고받는다. 공식적인 사전 검열은 폐지되었지만, 대신 모두가 자기 검열을 한다. 일신의 자유를 중시하는 기자들은 논쟁적인 주제를 꺼리게 되었다. 정부의 부패, 로힝야족의 처지, 민족 집단 간의 지속적 갈등, 군인들이 저지르는 강간, 경제 개발 사업으로 강제 이주되는 주민들, 급성장하는 불교 국가주의의 위험한 측면 등을 취재하고 나서는 것은 감시, 괴롭힘, 박해를 끌어들이는 지름길이다. 정부가 나서지 않더라도 분개한 자경단이 나선다. 그동안 부당하게 박해받은 개인들과 갓 탄생한 독립 언론계가 입은 피해를 되돌리려면, 새 NLD 정부가 할 일이 많을 것이다. 하지만 변화의 일부는 정부의 손을 벗어나서 진행될지도 모른다. 스마트폰으로 인터넷에 접속하는 인구가 전국적으로 급증하면서 많은 사람들이 이제 페이스북으로 뉴스를 접하기 때문이다.

미얀마의 친민주주의 지도자 아웅 산 수 치가 대통령에 출마할 수 있도록 헌법을 수정하려는 시도는 좌절되었다. 그러나 2015년 11월 선거에서 NLD가 승리하는 것은 누구도 막을 수 없었다. 아웅 산 수 치 지지도는 1990년 여론 조사 때 그녀의 당이 승리한 이래 지금까지 조금도 낮아지지 않았다. 기나긴 가택 연금과 그녀의 출마를 막으려고 계획된 헌법상의 장난질은 그녀의 상승세가 필연적이라는 인상을 강화했을 뿐이다. 그러나 군대는 여전히 의석의 4분의 1을 보장받기 때문에 거부권을 유효하게 행사할 수 있고, 내무부, 국방부, 국경보안부도 여전히 군대 휘하에 있다.[78]

아웅 산 수 치가 정권 반대만큼 통치에도 소질을 발휘할지는 두고 볼 일이다. 자신의 심중을 철저히 감춘다는 지도자가 남들에게 책임을 잘 위임할 수 있을 것인가는 쉽게 예단하기 어려운 문제다. 민주주의의 상징인 그녀는 벌써 자신이 비록 대통령은 못 되겠지만 〈권위 없는 대통령보다 더 높은 위치에〉 오를 것이라고 말하면서 자신에게 금지된 자리를 깎아내린 바 있다. 그녀는 헌법을 〈몹시 한심한〉 문서라고 폄하하는 발언도 했다.[79] 그녀가 공식 국가 수반이 될 수 없도록 막는 제59F조를 비롯하여 헌법에 문제가 많은 것은 사실이지만, 아무리 그래도 악법 해결에 적용해야 할 정식 절차를 무시하는 저런 발언은 권위주의의 조짐을 풍긴다.

주로 정부 운영 경험이 없는 사람들로 이뤄진 당이 국가 운영에 성공할 수 있을까? 군대와 그 돈을 받은 동조자들은 자기편 지도자들의 경제적 특권을 축소하려는 정책 변화에 어떻게 반응할까? 새 미얀마 정부는 끈질기게 이어진 민족 간 폭력, 그리고 평생 그 나라에서 살아온 사람들에게 시민권을 주지 않는 비인도적 배척 행위를 어떻게 해결할까? 이런 질문들에 대한 대답은 시간만이 말해 줄 것이다.

호주 바다에 뜬 채 길을 잃다

『모스』, 2015년

이 책은 내가 아이 때 했던 여행에서 시작하여 내가 아이와 함께한 여행으로 끝맺는다. 모험에의 갈망이 싹트던 시절에서 시작하여 충동적인 객기를 삼가게 되는 시절에서 끝맺는다. 내가 불멸할 것 같던 시절에서 시작하여 내 필멸성을 확실히 깨닫는 시절에서 끝맺는다. 나는 자란 것이다.

나는 겁쟁이였다. 놀이공원의 빠른 탈것을 싫어했고, 무서운 영화를 싫어했고, 낯선 것이라면 뭐든지 싫어했다. 불안이 많은 아이였다. 여섯 살 때 민디 실버스틴의 어머니가 우리 둘을 데리고 저녁 빙고 파티에 가주었는데, 나는 어찌나 조마거렸던지 그만 토했고 부인은 나를 집에 데려다주어야 했다. 밀턴 삼촌네 댁에 놀러 갔을 때는 어른들이 나를 터프한 사촌 조니와 함께 놀라고 내보냈지만 나는 그만 공황 발작이 와서 부모님이 계신 집 안으로 도로 달려 들어갔다. 겁 많은 아이가 자주 그러듯이 나는 현실 대신 책 속에서 살았다. 텔레비전에서 해주는 자연 프로그램을 애청했고, 특히 바닷속 생물들을 소개하는 자크 쿠스토의 다큐멘터리에 푹 빠졌다. 남들의 대담한 모험은 사랑했지만 내가 하고 싶지는 않았다.

열두 살 때, 어머니가 나를 데리고 나가서 점심을 사주면서 지금은 무엇이었는지 기억에서 사라진 지 오래인 어떤 문제를 이야기하다가 조심스럽게 지적하셨다. 내가 모험심을 충분히 발휘하지 않는 탓에 놓치는 게 많은 것 같다고. 「하지만 엄마! 난 방금 점심으로 장어를 시켰다고요!」 나는 항의했다. 어머니는 부드럽게 대꾸하셨다. 「모험심 강한 식사자가 되는 것과 모험심 강한 사람이 되는 것은 다른 일이란다.」[1]

나는 오직 의지로써 모험심 강한 사람이 되기로 결정했다. 다른 사람들은 보통 나이가 들수록 점점 더 신중해지지만, 나는 성인이 된 뒤 점점 더 무모해졌다. 스카이다이빙과 행글라이딩을 했다. 전쟁 지역과 재난 지역을 취재했다. 이따금 내 폐부를 거침없이 드러내는 인정사정없는 내면 노출도 감행했다.

솔로몬 제도를 유람하는 기사를 쓰게 된 때였다. 그 김에 스쿠버다이빙을 배우면 좋을 것 같았다. 우리가 여행을 떠나기 전에 마침 독일 친구 하나가 뉴욕의 우리 집에 와 있었고, 우리는 다 함께 이스트 90번가의 공립 수영장에서 스쿠버다이빙 강습을 듣기로 했다. 하지만 정해진 연습에 모두 출석하지는 못했는데, 그러거나 말거나 우리는 야외에서 다이빙해 보기로 결심했다. 우리가 차를 몰고 찾아간 곳은 지금은 물이 차서 호수가 된 펜실베이니아의 한 채석장이었다. 좀 으스스하게도 그 호수에는 낡은 스쿨버스 몇 대가 가라앉아 있는데, 다이버 자격증을 따러 온 사람들에게 볼거리가 될 만한 〈난파선〉을 제공하려는 의도였다. 덕분에 우리는 생각할 거리도 얻었다. 나도 모르게 익사하는 학생들의 모습이 떠올랐으니까. 우리를 맡은 강사가 짐승처럼 잔인한 남자라는 사실을 눈치채지 못한 나머지, 나는 강사가 정해 준 시점보다 이르게 물로 풍덩 뛰어들었다. 그러자 강사는 우리더러 물 밖으로 나오라고 명령한 뒤, 더 못 해먹겠다며 떠나 버렸다. 우리는 물에 가라앉은 버스를 한 대밖에 구경하지 못한 채 돌아왔다.[2]

존과 나는 신혼여행을 잔지바르로 갔다. 존은 막 끝난 결혼식이 즐거웠기 때문에 기분이 엄청 들뜬 상태였고, 나는 결혼식이 이제 다 끝났기 때문에 기분이 엄청 가라앉은 상태였다. 잔지바르에서의 첫날밤, 존이 말했다. 「결혼식 생각을 떨칠 수가 없어.」 나는 대꾸했다. 「나도 떨칠 수가 없어.」 존은 말했다. 「멋진 하객들이 그렇게 많이 모여서 우리를 축복해 주다니, 얼마나 아름답고 완벽하고 즐거운 결혼식이었는지 자꾸 곱씹게 돼.」 나는 말했다. 「니키를 6번 테이블이 아니라 5번 테이블에 앉혔더라면 더 나았을 거라고 자꾸 곱씹게 돼.」 내가 우울에 빠진 것이 분명하니 기분 전환이 필요하다고 판단한 존은 호텔에서 제공하는 일주일짜리 스쿠버다이빙 강좌를 듣자고 제안했다. 잔지바르 리조트에서 달리 할 일이 있을 것 같지 않아 응했지만, 복잡한 다이빙 장비를 보자마자 주눅이 들었다. 나로 말하자면 운전면허를 딸 때 도로 주행 시험을 세 번 보고서야 간신히 붙었던 사람이다. 어머니는 시험관이 나를 붙여 준 것은 그러지 않으면 또 한 번 내가 모는 차에 타야 할지도 모른다고 생각했기 때문이라고 말씀하셨다. 게다가 나는 난독증이 있고, 결혼반지를 끼기 전에는 왼쪽과 오른쪽을 얼른 분간하는 일도 잘 못했다. 자크 쿠스토는 다이빙을 전혀 힘들이지 않고 우아하게 해내는 것처럼 보였지만, 나는 다양한 호흡 도구와 안전 장치의 이름을 외우고 그것들을 조립하는 방법을 배우느라 무진장 애써야 했다.

그다음 우리는 만에 하나 공기 공급 장치에 문제가 생기면 어떻게 해야 하는지 연습했다.

나는 최소한 삼십 분이라도 생각할 여유가 주어진 상황이라면 어떤 위기라도 잘 맞선다. 전략을 결정해서 복잡한 상황을 타개할 줄 안다. 동베를린에서 경찰에게 구금되었을 때 용케 빠져나왔고, 심한 우울증으로 혼란스러운 치료의 혼란스러운 미로에 갇혔을 때도 용케 빠져나왔으며, 게이로서 가정을 이루기 위해서 수행해야만 하는 일상의 복잡한 실행 계획들에도 통달했다. 하지만 눈과 손의 협응력을 발휘해야 하는 일이나 그 밖에도 본능에 따라 순간적으로 대응해야 하는 일에는 죄다 서툴다. 그래서 내 호스로 숨 쉴 수 없을 때는 다이빙 파트너의 호스를 공유해야 한다는 사실은, 더구나 수심 10미터에서 그래야 한다는 사실은, 상상만 해도 옛날 민디 실버스틴과 빙고 파티에 갔던 날처럼 속이 메스꺼웠다.

아무튼 나는 다이빙을 배웠고, 이후에는 수중 관광에 용이한 장소에 있을 때면 꼬박꼬박 다이빙을 했다. 그런 내가 오랫동안 가보고 싶었던 곳은 호주 북동쪽 산호해에 있는 그 유명한 대보초(그레이트 배리어 리프)였다. 그래서 시드니 작가 축제에서 개회 연설을 해달라는 초청이 왔을 때,[3] 존과 아들 조지도 데려가서 그 김에 대보초를 구경하기로 일정을 짰다. 애초에 나더러 그 축제에 오라고 꼬드긴 사람은 인간 군상의 괴상한 외면을 스케치함으로써 깊은 내면을 드러내는 재주가 뛰어난 만화가이자 내 사랑하는 호주 친구, 수 마카트니스네이프였다. 사람들을 모으는 재주가 말도 못 하게 좋은 수는 내가 시드니에 있는 동안 환영의 자리를 여러 차례 마련하여 새 친구들을 소개해 주었다. 나는 수에게도 우리와 함께 산호초 구경을 가자고 꾀었다. 수는 스쿠버다이빙을 별로 좋아하지 않는데도. 고맙게도 수는 우리를 따라가겠다고 했고, 존과 내가 탐험에 나선 동안 뒤에 남아서 만으로 막 다섯 살이 된 조지를 봐주겠다고 했다. 대보초 근처의 고급 호텔들은 대부분 어린아이를 받아주지 않는다. 그 호텔들이 사실상 해변 리조트라는 점을 감안하면 괘씸하기까지 한 일이다. 오피어스 아일랜드 호텔은 몇 안 되는 예외였고, 그래서 우리는 오피어스 아일랜드 호텔로 갔다.[4]

쾌적하고 한가한 호텔에서 종일 머무는 첫날, 존과 나는 장비를 고른 뒤 — 공기를 넣어 부풀려서 물 위로 떠오를 때 쓰는 부력 조절 장치BCD, 압축 공기 실린더, 숨 쉴 때 쓰는 호흡 조절 장치, 허리에 차는 웨이트 벨트 등등 — 호텔의 널찍한 모터보트에 탔다. 벌써 해변에서 모래성을 쌓고 있던 수와 조지가 손을 흔들어 우리를 떠나보냈다. 우리와 함께한 사람은 다이빙 감독, 그리고 메릴랜드에서 왔다는 상냥한 말투의 남자와 대학생 나이쯤 되고 수다스러운 그 딸이었다. 그 딸은 자신이 제일 좋아하는 오락 활동이 스쿠버다이빙이라고 선언하면서, 바다에서 멀리 떨어져 있을 때는 〈수족관에서 시간을 많이, 지나치게 많이 보내는〉 지경이라고 고백했다. 아버지와 함께 다이빙을 수백 번 했다는 그녀는 뒤이어 그 경험들을 하나하나 이야기하기 시작했다.

보트는 우리를 먼저 작은 섬들이 모인 곳으로 데려갔다가, 그다음 탁 트인 바다로 나가서 — 육지가 전혀 보이지 않을 만큼 멀리 나갔다 — 닻을 내렸다. 우리는 닻줄을 따라 한 명 한 명 물속으로 내려갈 예정이었다. 다이빙 감독은 그곳이 물살이 센 지점이라고 주의를 주면서 다이빙 계획을 다시 알려 주었다. 우리는 물로 들어가서, 해류에 몸을 맡기고 어느 정도 떠내려가면서 구경한 뒤, 끝나면 수면으로 오르기로 했다. 그러면 보트가 그 지점으로 와서 우리를 태울 것이라고 했다. 이렇게 하면 힘을 많이 들이지 않고도 꽤 먼 거리를 가면서 풍경을 많이 감상할 수 있어서 좋다고 했다.

출발부터 불길했다. 메릴랜드에서 온 남자의 호흡 조절기가 작동하지 않아서 그가 숨을 쉴 수 없었다. 다행히 그는 결함을 즉시 발견했고, 도로 수면으로 상승하여 배에 오른 뒤, 나머지 사람들의 다이빙이 끝날 때까지 기다렸다. 나는 호텔 직원이 먼바다로 다이빙하러 가는 손님에게 오작동하는 장치를 주었다는 사실에 심란해할 틈도 없을 만큼 내 일에만 몰두해 있었다. 용감하게 나는 물로 내려갔다. 산호는 예뻤다. 하지만 특별한 수준은 아니었다. 물고기들은 알록달록했다. 하지만 십여 년 전 솔로몬 제도의 마로보 석호

입구에서 스노클링을 할 때 보았던 것처럼 수가 많거나 다채롭지는 않았다. 힘센 물살이 모래와 침전물을 쓸어 올려서 시야가 뿌예졌다. 수족관을 좋아하는 아가씨가 오징어를 발견하고 우리에게 〈오징어〉를 〈보러 오라〉고 수신호를 보냈지만, 우리가 갔을 때는 이미 늦었다. 갑자기 사방이 침침해진 것을 보니 태양이 잠시 구름 뒤로 숨은 모양이었다. 나는 물속에 있을 때는 늘 신경이 곤두서기 때문에 능숙한 다이버들보다 숨을 훨씬 더 깊게 쉬는데, 이때도 내 공기 압력계가 딴 사람들의 것보다 훨씬 더 빨리 경고 수준에 도달했다. 나는 감독에게 압력계를 보여 주었고, 감독은 내게 혼자 수면으로 올라가서 배에 탈 수 있겠는지 수신호로 물었으며, 나는 힘찬 오케이 신호로 괜찮다고 답했다. 나는 중간중간 감압하려고 멈추면서 올라갔다.

통상적인 다이빙 규율은 다이버가 수면으로 떠올라서 팔을 흔들면 배가 와서 태워 주는 것이다. 물 위로 떠올라 까딱까딱거리면서 살펴보니, 물 밑에서는 물살에 실려 10미터 남짓 이동했던 것처럼 느꼈지만 실제로는 그렇게 많이 멀어지지 않았다. 젊은 선장은 대충 내 쪽을 보고 있었다. 나는 그가 배를 몰고 오기를 기다렸다. 하지만 배는 가만히 있었다. 나는 다시 손을 흔들었다. 이번에는 좀 더 세게. 그래도 선장은 멍하니 내 쪽을 보고만 있었고, 나는 계속 손을 흔들었는데, 이제는 두 팔을 다 흔들었다. 마스크를 벗고 호흡기를 입에서 떼어 소리 질러 보려고 했지만, 바람이 얼굴에 정통으로 불어 들었다. 내가 외친들 바람 소리와 출렁거리는 물소리 때문에 선장은 듣지 못할 것이었다. 비행기 구명조끼에 늘 적혀 있는 것처럼 〈휘파람을 불어 주의를 끕니다〉 방법을 시도해 볼까 하는 생각도 했다.

여러분이 이 대목에서 생각해 주실 점이 있다. 막 다이빙을 마친 사람은 보통 지친 상태이고, 호주의 태양은 뜨거우며, 파도는 잔잔

하지 않았고, 물살이 거셌다는 점이다. 그러니까 나는 얼른 물 밖으로 나가야 했다. 심야 텔레비전 방송에 접신하여, 타잔의 고함 소리를 흉내 내봤다.[5] 그랬더니 선장은 슬슬 걸어서 배의 건너편으로 가버렸다. 나는 봐줄 사람 없는 배를 혼자 바라보는 신세가 되었다.

배를 바라보면서 바람을 맞고 있으면 파도가 얼굴에 부딪혔다. 이전에는 사람이 어떻게 구명조끼를 입고서도 익사할 수 있는지 잘 이해되지 않았지만, 이제 내가 BCD를 부풀리면서 살펴보니, 배를 바라보는 방향을 유지하면서 내 호흡기와 소화기에 바람직하지 않은 수분 섭취를 막을 방법은 없었다. 자연의 물고문이었다. 나는 몸을 돌려 배를 등졌다. 그러고 있다가 몇 분마다 한 번씩 몸을 비틀어서 선장이 내 시야에 들어오는지 확인했다. 선장이 내 시야에 들어온다면 나도 선장의 시야에 들어갈 테니까. 나는 기다리고 기다리고 기다렸다. 십 분쯤 흐르자 마침내 선장이 이쪽으로 돌아와서 다시 나를 정면으로 보는 듯했다. 이때쯤 나는 태양의 서커스에 맞먹는 수준으로 팔을 흔들었다. 두 팔을 번쩍 치들어서 앞에서 뒤로, 뒤에서 앞으로, 옆에서 옆으로 마구 흔들었다. 두 팔 달린 날치처럼, 오리발을 써서 물 위로 살짝 점프하는 것까지 시도했다. 선장은 내 쪽을 몇 분쯤 차분히 응시했다. 그러더니 다시 좁은 갑판을 순람하는 여정을 떠났다.

스쿠버다이빙을 배울 때는 — 펜실베이니아에서든 잔지바르에서든 다 같다 — 공기 공급에 이상이 생기면 어떻게 해야 하는지 자세히 배우고, 감독에게 이상을 알릴 때 쓸 신호를 배우고, 그 밖에도 자칫 벌어질 수 있는 오만 가지 실수와 고장과 위험을 보완할 방법을 배운다. 그러나 물 위에 떠올랐는데도 어째서인지 투명 인간처럼 남의 눈에 안 보이게 되었을 때 어떻게 하면 좋은지는 배우지 않는다.

물살이 나를 배로부터 멀리 밀어 가고 있었기 때문에, 물살을 거슬러서 헤엄치려고 해봤다. 하지만 자유형 영법으로 최대한 힘차게 팔을 저어도 조금도 전진할 수 없었다. 나는 금세 깨달았는데, 공기 실린더와 웨이트 벨트를 찬 무거운 몸으로는 물살을 거슬러 헤엄칠 수 없었다. 더구나 헤엄치느라 계속 가쁘게 호흡하려면 마스크를 쓰고 실린더에 남은 공기를 소모해야 했는데, 애초에 내가 수면으로 올라온 것은 공기가 다 떨어져서였다. 남은 공기는 숨 쉬는 데 필요할 뿐 아니라 계속 떠 있는 데도 필요했다. 왜냐하면 내 BCD가 살짝 새서 계속 바람을 넣어 부풀려 주어야 했기 때문이었다. 웨이트 벨트는 어떨까? 벨트를 계속 차고 있어서 좋은 점은 내가 배로부터 멀어지는 속도를 늦춰 준다는 것이었다. 나쁜 점은 내 수영 속도도 마찬가지로 늦춰진다는 것, 그리고 안 그래도 계속 공기가 빠져서 문제인 BCD에 무게를 더한다는 것이었다. 나는 논리적 사고력을 일깨워서 결정을 내리려고 했지만, 삼십 분 넘게 고민해도 어째야 좋을지 알 수 없었다. 지금쯤 다른 사람들은 배에 탔을 테고, 곧 나를 찾아 나설 터였다. 감독은 별다른 지형지물이 없어도 내가 떠오른 지점을 알 것이었다. 나는 그동안 한 방향으로만, 물살이 흐르는 방향으로만 움직였다. 나를 찾는 일이 그렇게 어려울 리 없었다. 나는 배에 가까울수록 발견되기가 더 쉬울 것이라고 판단하여, 웨이트 벨트를 계속 차고 있기로 결정했다.

그렇게 결정하고 나니 할 일이 없었다. 바람과 배를 등진 채 물살에 둥둥 떠내려가면서 에너지를 아끼는 수밖에 없었다. 망망대해에 둘러싸인 채.

이윽고 안심되는 소리가 들려왔다. 배의 엔진이 켜지는 소리였다. 나는 안도의 한숨을 크게 쉬고, 뒤로 돌아서, 다시 당당하게 팔을 흔들었다. 그리고 보았다. 배가 부릉 소리를 내며 움직이더니 반대 방향으로 떠나는 모습을. 나로부터 멀리, 수평선을 향하여, 쌩 달려가는 모습을.

이제 나는 홀로 바다에 떠 있었다. 사방에 바닷물과 하늘뿐이었다. 손 흔들어 부를 사람도, 헤엄쳐서 다가갈 배도 없었다. 〈이렇게 사람이 죽는 거구나〉 하는 생각이 그날 오전 처음으로 들었다. 해류는 나를 먼바다로 휩쓸어 가는 것 같았다. 태평양은 꽤 넓다는 사실이 떠올랐다. 그 속에 상어가 산다는 사실도 떠올랐다. 대부분의 상어는 무해하지만 일부는 공격적이라는 사실도 떠올랐다. 수면에서 깐딱깐딱거리는 내 머리통은 누가 되었든 결국 나를 찾아 나설 사람에게 너무 작디작은 표적인 것 같았다.

어느 순간은 죽을 만큼 겁났다. 또 어느 순간은 BCD가 온전하기만 하다면 하루 이틀은 가만히 떠 있을 수 있을 테니 괜찮을 것 같았다. 이전에는 익사를 구체적으로 상상해 본 적이 한 번도 없었는데, 이제 얼마나 오래 걸릴지 얼마나 고통스러울지 궁금했다. 숨을 쉴 수 없게 되다니 상상만으로도 견디기 힘들었지만, 익사 직전에 살아난 사람들 중 일부가 그 절명의 목전에 거의 한없는 평화에 가까운 기분을 느꼈다고 말했다던 이야기가 희미하게 떠올랐다. 실린더에 남은 공기로 얼마나 오래 떠 있을 수 있을지 계산해 보았다. 너무 피곤했다. 바다에 뜬 채 잠들어 버릴 수도 있는지 궁금했다.

갑자기 부모님의 목소리가 들렸다. 아버지는 이렇게 말씀하실 것 같았다. 〈고작 희한한 물고기들을 좀 보겠다고 이 위험을 감수했던 거냐?〉 다이빙 대신 수족관에서 시간을 지나치게 많이 보내는 것을 시도하는 편이 더 나았을 거라고 꾸짖는 목소리가 귀에 들리는 듯했다. 하늘에는 구름 한 점 떠 있지 않았다. 25년 전에 돌아가신 어머니가 이렇게 나무라는 목소리도 들리는 듯했다. 〈이러니까 내가 늘, 늘 선블록을 발라야 한다고 말하지 않았니.〉

파도가 높아지는 것 같았다. 물살에 떼밀려서 산호초 지역을 벗어난다면 훨씬 더 높은 너울을 겪게 될 테고, 그러면 오래지 않아 물 위로 고개를 내밀고 있기도 어려울 터였다.

이따금 다시 헤엄치려고 해보았다. 할 일이 너무 없어서. 그러고는 다시 포기했다.

여전히 아무도 오지 않았다. 다시 20분이 흘렀다. 다시 40분이 흘렀다. 다시 1시간이 흘렀다.

지금쯤 배에서 걱정하고 있을 존이 안됐다는 생각이 들었다. 존과 수가 조지에게 상황을 설명하는 모습이 머릿속에 그려졌다. 제 엄마와 함께 텍사스에 있는 딸 블레인이 떠올랐고, 그 아이가 자라는 모습을 볼 수 없을지도 모른다는 생각에 의기소침해졌다. 나는 우리 아이들이 어떻게 자랄지 늘 궁금했다. 두 엄마와 함께 미니애폴리스에서 살고 있는 더 큰 두 아이, 올리버와 루시가 떠올랐다. 나는 인생에서 누리고 싶었던 것들을 거의 다 이뤘다. 사랑, 아이들, 모험, 의미 있는 경력. 내가 살아온 인생이 감사했다. 이제 그 인생이 그다지 많이 남지 않았더라도. 그러나 내가 실종되면 아버지가 죽도록 고통스러워하실 것 같았다. 그래서 미안했다. 제일 많이 든 걱정은 아이들이 내가 자신들을 버렸다고 느끼면 어쩌나 하는 것이었다. 그래서 죄책감이 들었다. 죄책감이 들었고, 엄청나게 슬펐다. 아이들이 나를 기억해 줄지 궁금했다.

이런 생각도 들었다. 〈이게 내 최후의 생각일지도 몰라. 그러니까 뭔가 중요한 걸 생각해야 해.〉 하지만 중요한 생각 거리가 떠오르지 않았다. 상념은 정처 없이 떠돌다가 셰익스피어와 위대한 철학자들에게 다다랐으나, 그들에 관해 새로운 통찰 따위는 떠오르지 않았다. 내 인생이 주마등처럼 눈앞에 스치도록 해보려고 애썼지만, 눈앞에 스치는 것은 바다에서 쨍쨍한 해를 너무 오래 쬔 탓에 사팔눈이 된 시야에 명멸하는 오색찬란한 빛들뿐이었다. 유언을 뭘로 하면 좋을지 생각해 보았다. 물론 들어줄 사람은 없었지만. 파도에게 들려줄 심오하거나 재치 있는 말은 전혀 떠오르지 않았다. 나도 모르게 곰돌이 푸 이야기 중에서 제일 좋아하는 이야기, 〈아기 돼지가 물에 갇혀 버린 이야기〉를 떠올리고 있었다. 겁먹은 아기 돼지는 푸를 그리워하며 이렇게 생각한다. 〈둘이 같이 있으면 한결 안심되는데.〉[6]

존이 안전해서, 그러니까 존이 조지와 블레인을 돌볼 수 있을 것이라서 다행스러웠다. 그러면서도 존이 나와 함께 있지 않아서 아쉬웠다. 두 감정이 함께 들었다. 이때쯤 나는 바다에 약 한 시간 반을 떠 있었다. 햇볕에 타서 바삭바삭 익었고, 열이 약간 오르는 것 같았다. 바닷물은 꿀꺽꿀꺽 한없이 마신 것 같았다.

이토록 외롭기는 처음이었다.

문학 작품에서 자주 읽었던 말, 사람은 어떻게 죽든 결국에는 누구나 혼자 죽는다는 말이 떠올랐다.

내가 아이들과 함께, 아이들을 위해서 하려고 계획했던 일을 하나하나 떠올려 보려고 애썼다. 주마등처럼 스치는 것은 내 인생이 아니라 아이들의 인생이었다. 현재에 집중하는 일에는 늘 소질이 없었던 나는 이번에도 계획 불가능한 미래를 계획하는 일에서 위안을 느꼈다.

나는 참 하찮은 존재였다. 인간은 참 보잘것없는 존재였다. 정말이지, 한 인간이 사느냐 죽느냐는 전혀 중요한 문제가 아니었다.

상념을 중단시킨 것은 바람을 타고 들려온 목소리였다. 희한할 정도로 존을 닮은 그 목소리는 〈도와주세요! 도와주세요!〉 하고 외쳤다. 나도 맞받아 외치려고 했지만, 바람이 여전히 내 목소리를 삼켰다. 이번에는 다른 사람의 목소리가 들렸다. 번뜩, 나머지 세 사람도 나와 같은 처지에 처했구나 하는 생각이 들었다. 나는 바람을 받고 있으니 그들의 목소리를 들을 수 있었지만, 그들은 나를 들을 수 없었다. 그들의 목소리로 가늠할 때 우리는 서로 멀리 떨어져 있는 것 같았고 배에서도 모두 멀리 떨어져 있는 것 같았다. 그러나 다이빙 감독은 아마 내가 모르는 해법을 알 것이다.

저 멀리 수평선에 갑자기 배가 나타났다. 우리 배인지는 잘 모르겠지만.

웬 거대한 분홍색 가슴 같은 물체가, 높이가 1.5미터쯤 되는 물체가, 이제 내게도 형체가 또렷이 보이는 배를 향해 다가가고 있었다. 목소리들도, 배도, 거대한 가슴도 어쩌면 모두 내 환영에 불과한지도 몰랐다. 이제 내게도 분명히 우리 배처럼 보이는 배가 분홍색 가슴을 향해 이동했고, 두 형체가 하나로 합쳐지는 것 같았다. 그다음에 배는 다른 목소리들이 들려왔던 방향으로 이동했고, 그곳에서 몇 분쯤 서 있었다.

그다음 배가 내 쪽으로 오기 시작했다.

내 평생 일찍이 그 어떤 연인을 맞을 때도 그 순간 배의 사다리를 움켜쥘 때만큼 기뻤던 적은 없었다. 나는 덜덜 떨며 사다리를 올라간 뒤 존의 품에 쓰러졌다.

그동안 존도 힘든 경험을 했지만, 나와는 전혀 달랐다. 존은 다른 두 사람과 계속 함께 있었고, 내가 수면 위로 올라간 뒤 45분쯤 지나서 올라왔다. 나처럼 그들도 선장의 주의를 끌 수 없다는 곤경에 처했다. 그래서 배까지 헤엄쳐서 가보기로 번갈아 시도했지만, 늘 배에 닿기 전에 배가 딴 데로 이동해 버렸다. 존은 한번은 15미터도 안 남은 지점까지 다가갔다가 실패했다. 분홍색 가슴은 감독이 갖고 있던 비상 풍선이었다. 그런 물건이 필요할지도 모른다는 사실을 잘 아는 사람이 어떻게 나 같은 초보자를 혼자 물 위로 보냈나 하는 생각은 나중에서야 들었다. 감독은 배를 발견한 뒤 풍선을 부풀렸고, 그것을 나르면서 헤엄쳤다. 선장은 마침내 풍선을 목격하고 배를 움직여서 감독을 태웠고, 배에 오른 감독은 존과 수족관 애호가 아가씨가 있는 방향으로 배를 안내했다. 존은 그렇게 오도 가도 못하는 동안 그래도 나는 벌써 배에 타 있을 것이라고 생각했는데, 막상 내 행방이 묘연하다는 사실을 알고 대경실색했다. 다행히 존이 외치는 소리에 내가 맞받아 외쳤던 소리를 감독이 들었던 지라, 내 방향으로 배를 이끌었다. 나는 바다에 두 시간 가까이 떠 있으면서 몇 킬로미터쯤 떠내려간 상태였다.

배에 오르고서야 화가 나기 시작했다. 선장에게, 감독에게, 호텔의 관리 부서에게. 그러나 살았다는 사실이 감격스럽기도 했다. 그리고 화내는 일과 감격하는 일을 동시에 하기는 어려운 법이다. 나는 존을 껴안았다. 수족관 애호가 아가씨를 껴안았다. 감독을 껴안았다. 메릴랜드에서 온 남자도 껴안았더니 그가 살짝 놀랐다. 그 순간 선장이 뭔가 쾌활한 대화를 시도하려고 했고, 그러자 나는 존이 나중에 〈린다 블레어 목소리〉 같았다고 말한 목소리로, 즉 영화 「엑소시스트」에서 귀신 들린 여자아이가 냈던 것처럼 새되고 거친 목소리로 쏘아붙였다.

그러니까 사실은 감격하는 일과 화내는 일을 동시에 하는 것도 가능하다.

바다에 떠 있을 때, 내 머릿속에는 온통 아이들 생각뿐이었다. 그렇다고 해서 내가 나 자신을 좋은 아버지로 평가하는 것은 아니다. 다만 내게 책임감이 있을 뿐이다. 육지로 돌아온 뒤, 우리는 방금 벌어진 일을 조지에게는 말하지 않기로 결정했다. 나도 아직 무서운 판인데 말했다가는 아이가 무서워할 것 같았다. 그러나 내가 거의 입을 닫고 있어도, 대신 아이가 오전에 어떤 모험을 했는지 열심히 떠들어 댔다. 아침으로 무얼 먹었는지, 수와 함께 해변의 어디를 팠는지, 바닷물에 쓸려 온 조개 껍데기와 나뭇가지를 얼마나 많이 발견했는지, 혼자 얼마나 멀리 헤엄쳤는지. 조급하게 재잘거리는 아이의 말 속에서, 나는 내가 겪은 사고를 보충해 주는 깨달음을 발견했다. 나는 깨달았다. 점심으로 장어를 시키거나, 스카이다이빙을 하거나, 전쟁으로 파괴된 땅을 방문하거나 하는 만용은 부모가 되어 가정을 지키는 모험에 비하면 아무것도 아니라는 사실을. 부모가 되는 것은 망망대해와도 같은 세상의 방대함을 헤아리는 일인 동시에, 비록 잠시뿐일지라도, 자기 아이들에게 기꺼이 그런 방대함이 되어 주는 일이라는 사실을.

감사의 말

이 책을 엮기 시작했을 때만 해도 나는 선집을 내는 일은 예전에 쓴 글들을 다시 한 번 훑은 뒤 출판사에 넘기면 그만 아닌가 하는 엄청난 착각에 빠져 있었다. 실상은 달랐다. 우선 글을 골라야 했고, 선집 서문을 써야 했고, 각 글의 프롤로그와 에필로그를 써야 했고, 오래전에 쓴 글을 여러 번 다듬어야 했고, 일부는 아예 새로 써야 했다. 언젠가 F. 스콧 피츠제럴드는 자신이 원하는 것은 순수함을 되찾는 것이 아니라 순수함을 잃는 즐거움을 다시 한 번 겪는 것이라고 말했다. 선집을 엮는 것은 내가 순진함을 벗고 성장했던 과정을 다시 한 번 겪는 기회였다.

추억의 오솔길을 되짚는 것은 비단 과거의 모험으로 돌아가 보는 일일 뿐 아니라 원래의 기사를 함께 작업했던 편집자들을 돌아보는 일이기도 했다. 나는 여러 환상적인 장소로 파견되었다는 점에서 운이 좋았고, 그런 장소에 대해서 쓴 글을 탁월한 편집자들이 다듬어 주었다는 점에서도 운이 좋았다. 『하퍼스 & 퀸』의 니컬러스 콜리지와 메러디스 에더링턴스미스에게 고맙다. 두 사람은 내 생애 최초로 중요한 취재 여행을 보내 주었고, 나를 믿을 근거가 딱히 없던 시절에 맨 먼저 나를 믿어 주었다. 『뉴욕 타임스 매거진』의 잭 로즌솔, 애덤 모스, 애넛 그랜트는 내가 지금의 나로 성장하고 독자를 얻도록 도와주었다. 『뉴 리퍼블릭』에서는 데이비드 시플리와 함께 일하는 행운을 누렸다. 『뉴요커』에서는 데이비드 렘닉, 헨리 파인더, 에이미 데이비슨, 사샤 웨이스가 훌륭하게 살펴 주었다. 낸시 노보그로드는 『트래블 + 레저』를 맡자마자 내가 늘 동경했던 장소들로 나를 보내기 시작했고, 그 덕분에 나는 더 넓고 더 나은 인생을 얻었다. 수십 년에 걸친 우리의 협동 작업은 공적으로나 사적으로나 내 인생에서 가장 멋진 순간들이었다. 『트래블 + 레저』의 다른 편집자들, 특히 실라 글레이저와 훌륭한 루크 바에게도 고맙다. 『푸드 & 와인』의 데이나 코윈에게 고맙다. 데이나는 더 이상 완벽할 수 없는 친구였고, 그녀의 풍성한 애정과 한결같은 지혜가 안긴 즐거움을 위해서라면 나는 어떤 희생이라도 기꺼이 감수했을 것이다. 스토리텔링 집단 모스의 캐서린 번스와 동료들에게도 고맙다. 늘 유쾌한 그들은 내가 사람들에게 직접 이야기를 들려줄 수 있도록 도와주었다.

언제나처럼, 스크리브너 출판사의 멋진 편집자 낸 그레이엄에게 대단히 고맙다. 그녀만이 갖고 있는 의리, 성실함, 천재성, 친절함은 일뿐 아니라 일을 넘어선 영역에서도 나를 조직해 주는 힘이었다. 스크리브너의 다른 사람들도 빼놓을 수 없다. 사랑하는 홍보 담당자 브라이언 벨피글리오와 비범한 케이트 로이드, 침착한 참을성으로 스트레스투성이의 관료적 절차로부터 몇 번이고 나를 보호해 준 대니얼 뢰델, 대범함과 열정으로 책을 펴내는 나의 친애하는 로즈 리펠, 그리고 무한한 인내로 무수한 교정을 맡아 준 불굴의 케이트 리초. 그리고 훌륭한 교열자 스티븐 헨리 볼트, 법적 문제를 세심하게 살펴 준 에릭 레이먼에게도 고맙다. 채토 & 윈더스 출판사에서는 너무나 훌륭한 편집자 클래라 파머와 더없이 좋은 부편집자 줄리엣 브룩에게 고맙다. 표지 사진을 찍어 준 데이비드 솔로몬, 책등 사진을 찍어 준 파루크 사밈, 책 첫머리에 실린 사진을 찍어 준 루카 트로바토, 사진들을 디지털화 해준 클레어 존스에게 고맙다. 표지 구상을 도와준 줄리아 맨더빌, 아름다운 표지를 디자인해 준 자야 미첼리에게 고맙다.

저작권 대리인 앤드루 와일리는 작가로서 내 경력과 모든 책을 이끌어 준 등대였다. 앤드루가 내 대리인이자 친구라는 사실이 얼마나 행운인지 새삼 느끼고 감사한다. 이 책 작업을 아낌없이 도와준 와일리 에이전시의 제프리 포스테르나크, 세라 셜펀트, 찰스 버컨, 퍼시 스터브스, 알바 지글러베일리에게도 고맙다.

앨리스 트루액스에게도 큰 빚을 졌다. 그녀는 내 글을 차체부터 수리하다시피 해주었고, 흠이 파인 문장을 모조리 손질해서 반짝반짝 윤기 나게 만들어 주었으며, 긁히거나 뿌연 유리 같은 논리를 모조리 수정해서 놀랍도록 투명하게 바꿔 주었다. 캐슬린 자이델은 사실 오류를 확인해 주었고, 내 온갖 질문과 망설임에 정답을 알려 주었고, 내 문장을 꼼꼼하게 빗질하여 더 명료하게 바꿔 주었으며, 주석과 도서 목록과 웹 사이트 목록과 하여간 정리할 수 있는 것이라면 죄다 정리해 주었다. 글쓰기는 아찔한 공중그네 곡예와 같고, 캐슬린은 내 안전망이다. 사실 확인을 도와준 제인 매켈혼에게도 고맙다.

이 책의 일부는 애도에서 썼다. 나는 세상 어느 곳에서보다 애도에서 더 빨리, 더 잘 쓸 수 있다. 애도에 머물 수 있는 것이 늘 무척 고맙다. 생산적인 체류 기간마다 즐거움을 가미해 주는 애도의 매력적인 회장 일레이나 리처드슨에게 특히 신세를 많이 졌다.

PEN의 동료들에게 고맙다. 그들 덕분에 나는 자유와 정의의 문제를 더 깊이 생각해 보게 되었다. 특히 PEN의 놀라운 사무 차장, 수전 노셀에게 고맙다.

세계 유적 재단의 보니 버넘, 헨리 응, 조지 맥닐리에게 고맙다. 내가 세상의 가장 멀고 외진 곳에 있을 때마다 그들은 늘 귀한 조언을 주었다.

크리스천 캐럴은 내게 뮤즈 비슷한 존재다. 내가 러시아 예술가들에 관한 기사를 쓰고 그 예술가들이 베를린에서 전시회를 열기 시작했던 1980년대에 크리스천은 독일에서 나를 재워 주었고 안내해 주었다. 나는 카자흐스탄에 갔을 때도 그의 집에서 묵었고, 우리는 함께 지리적으로나 민족지학적으로나 높은 산을 올랐다. 그가 일본에서 살 때 도쿄로 찾아가서 그의 가족과 함께 머문 적도 있다. 내가 무서워서 아프가니스탄 방문을 망설일 때 그는 나를 설득하여 가게끔 했고, 카불에 가서 묵을 숙소와 안내인도 마련해 주었다. 게다가 그는 이 책의 초고를 읽고 귀한 의견을 주었다. 그가 없었더라면 이 책과 내 인생은 둘 다 퍽 달라졌을 것이다.

책에 등장한 모든 사람, 내가 관찰하거나 인터뷰하도록 허락해 준 모든 사람에게 고맙다. 너무 많기 때문에 여기서 이름을 다시 다 나열하기는 어렵지만, 내가 어딘가로 갔을 때 도와준 분들, 혹은 어딘가로 갈 수 있도록 도와준 분들 중 특별히 감사해야 할 분들이 있다. 비지 베일리, 새러 바르비에리, 재닛 벤스후프, 엘리엇 비칼레스, 보니 버넘, 마리오 카니벨로, 한스 판데이크, 아슈르 에트웨비, 수재너 파인스, 프레드 프럼버그, 마리아 게오르규, 필립 구레비치, 궈펑, 데이비드 헥트, 해럴드 홀저, 로저 제임스, 셰릴 존슨, 수전 케인, 아웅 초 민, 프란체스카 달 라고, 리웨이린, 엘비라 룹사, 이게데 마르사자, 존 B. 머비스, 프레다 머크, 헨리 응, 브렌트 올슨, 이 게데 프리만타라, 미카엘라 라브, 에밀리 K. 래퍼티, 잭 리처드, 아이라 작스, 엘렌 세베, 주앙 살리스, 파루크 사밈, 가브리엘 사야드, 안드레아스 슈미트, 리자 슈미트, 질 슈커, 루이즈 슈워츠, 율리 크라스노브 스트라이커, 안드레아 준더플라스만, 코리나 슈테우, 디나 템플래스턴, 팔리 토빈, 코 윈터스, 마우리시우 자카리아스에게 고맙다.

여행의 길동무가 되어 준 많은 친구들에게도 빚을 졌다. 앤 애플바움, 제시카 빌스, 척 버그, S. 탤컷 캠프, 메리 나나아마 단쿠아, 캐슬린 제라드, 캐스린 그레그, 한펑, 존 하트, 레슬리 호크, 셰릴 헨슨, 마이클 리, 수 마카트니스네이프, 데이비드 솔로몬, 클라우디아 스완. 그중에서도 나와 함께 이 대륙 저 대륙을 다녔던 사랑하는 친구 알렉산드라 K. 먼로에게 고맙다.

리처드 A. 프리드먼과 리처드 C. 프리드먼에게 고맙다. 두 사람은 내가 종종 정신 나간 것처럼 느껴지는 경험을 헤쳐 나갈 때마다 정신을 차릴 수 있도록 도와주었다. 인생이 결코 천국으로는 느껴지지 않았던 순간마다 내 정신을 이끌어 주었던 존 월턴에게도 고맙다. 주디 구토는 세상에서 가장 외진 곳으로 가는 할인 항공편을 알아봐 주고 비상 상황에서 호텔을 예약해 주는 등 내 여행을 돌봐주었다. 생색나지 않는 무수한 잡무를 깔끔하게 처리해 주면서도 짜증 한 번 내지 않는 다누시아 트레비노에게 경의를 표하고, 이 책을 엮는 과정에서 초반에 비슷한 일을 맡아 주었던 타티야나 마투셰프에게도 고맙다. 내가 정신없이 글을 쓰는 동안에도 우리 집이 잘 굴러가게 해주고 내가 스스로를 돌볼 여유도 없을 만큼 바쁠 때면 나까지 돌봐 주는 셀수, 미겔라, 올가 만콜에게 크나큰 감사를 전한다. 내가 가야 하는 목적지로 어디든 데려다주는 세르조 아빌라에게도, 내 아들의 인생에 사랑과 질서를 안겨 줌으로써 내게도 그렇게 해주는 셈인 카일리 살라크와 일디코 펠리프에게도 크나큰 감사를 전한다.

내게 모험을 장려했던 어머니에게 감사한다. 돌아가신 지 벌써 25년이지만, 어머니는 이 책의 앞쪽에 묶인 글들을 읽고 의견을 주셨다. 어머니는 내 글이 늘 명료하기를 바랐고, 늘 친절하기를 바랐다. 초기에 썼던 그 글들을 다시 읽어 보니, 어머니의 영향은 내가 이후에 쓴 모든 글들에도 미쳤다는 것을 알 수 있었다. 아버지는 내가 당신이라면 결코 가지 않을 테고 나도 가지 말았으면 싶은 장소로 노상 떠나는 데 대해 아주 천천히 마음을 바꾸셨다. 아버지는 지금도 내 첫 독자이자 가장 정성스러운 독자이고, 내가 태양에 너무 가깝게 날 때면 늘 두 팔을 활짝 펼치고 나를 받아 줄 준비를 하고 계신다. 이 책의 작업을 굳게 응원해 준 새어머니 세라 빌링허스트 솔로몬에게도 감사를 전한다.

태머라 워드와 로라 셰어, 늘 넘치는 애정과 재미로 든든한 지원군이 되어 주는 두 사람에게 고맙다.

블레인 스미스에게 고맙다. 밝고 신중한 그녀 덕분에 나는 상황이 험난해 보일 때도 자신을 잘 가눌 수 있었고, 그녀의 조용한 통찰 덕분에 나 또한 아름다운 방면으로 성장할 수 있었다.

올리버 셰어, 루시 셰어, 블레인 솔로몬, 조지 솔로몬에게 고맙다. 내가 세상에 단단히 뿌리 내리도록 만들 수 있었던 사람은 이 아이들뿐이었다.

마지막으로 남편 존 하비치 솔로몬에게 고맙다. 존은 그동안 내 외면의 여행뿐 아니라 내면의 여행에도 동행해 주었다. 내가 세상을 함께 보고 싶은 사람은 존뿐이고, 세상 속에서 함께 살고 싶은 사람도 존뿐이다. 존은 나의 북극이자 남극, 나의 적도, 나의 북회귀선이자 남회귀선, 나의 일곱 대륙이자 일곱 바다다.

주

서문 모든 곳의 특파원

1. 미국 육군의 건강 적합성 기준(육군 규정 40-501)에 따르면, 〈평발은 증상이 보통 정도를 넘는 경우, 즉 체중 부하로 발목이 내전되어 군화를 신을 수 없거나 혈관 이상이 따르는 경우에〉 의료 평가 위원회로 이첩하도록 되어 있다. 평발이라도 증상이 가볍거나 보통 수준이라면 면제되지 않는다.

2. 에리카 우르바흐의 부고는 다음 웹 사이트에서 볼 수 있다. http://norwegianbachelorfarmers.com/lakewoodrock/stories/Erika.html.

3. 이 재미난 모음집은 요즘도 절판되지 않고 판매되고 있다. Frances Carpenter, *Tales of a Korean Grandmother*(1989).

4. 〈잉카의 벽〉이라고도 불리는 쿠엥카의 잉카 유적은 현재 복원 중이다. 다음 기사를 보라. "En Ingapirca continúa proceso de restauración en piedras," *El Teimpo*, April 8, 2015.

5. 체르노빌 핵발전소 사고는 다음 방송에서 잘 다뤄졌다. British Broadcasting Corporation, "Chernobyl: 20 years on," BBC News, June 12, 2007. 원자로 화재 순간부터 이후 20년의 사진을 모은 기사도 있다. Alan Taylor, "The Chernobyl disaster: 25 years ago," *Atlantic*, March 23, 2011.

6. 체호프의 1900년 희곡 『세 자매』에서 막내 이리나는 온 가족이 자신이 태어난 도시로 돌아가기를 갈구한다. 2막 마지막 대사는 이리나가 이렇게 불평하는 말이다. 〈모스크바… 아, 하느님. 우리 제발 모스크바에 갈 수 없나요.〉 Anton Chekhov, *The Three Sisters: A Play by Anton Chekhov Adapted by David Mamet*(1992).

7. 나는 첫 책에서 1988년 7월 7일 열린 소더비의 첫 소련 현대미술 경매 이야기를 자세히 썼다. Andrew Solomon, *The Irony Tower: Soviet Artists in a Time of Glasnost*(1991).

8. 니키타 알렉세예프의 이 말은 위에서 언급한 내 책 283쪽에 나온다.

9. 러시아어판 제목은 다음과 같다. *The Irony Tower: Советские художники во времена гласности*(2013).

10. *Poems by Alfred Tennyson in Two Volumes:* Vol. 2 (1842), p. 88.

11. 아우구스티누스가 이 말을 했다는 언급이 처음 등장한 것은 다음 책에서다. John Feltham, *The English Enchiridion*(1799).

12. 크리스천 캐럴은 다음 책을 썼다. Christian Caryl, *Strange Rebels: 1979 and the Birth of the 21st Century*(2013). 통찰이 돋보이는 정치 기사도 수십 편 썼는데, 가령 다음을 보라. "The young and the restless," *Foreign Policy*, February 17, 2014; "Putin: During and after Sochi," *New York Review of Books*, April 3, 2014.

13. 종교에 대한 쿠바의 공식 입장이 어떻게 변해 왔는지 자세히 알려면 다음을 보라. Rone Tempest, "Pope meets with Castro, agrees to a Cuba visit," *Los Angeles Times*, November 20, 1996; Marc Frank, "Cuba's atheist Castro brothers open doors to Church and popes," Reuters, September 7, 2015.

14. 쿠바에서 열었던 새해맞이 파티 이야기는 다음 기사에서 쓴 적 있다. Andrew Solomon, "Hot night in Havana," *Food & Wine*, January 2002.

15. Robers S. McNamara and Brian Van De Mark, *In Retrospect: The Tragedy and Lessons of Vietnam*(1996).

16. 빌나 가온 유대인 기념관은 지금도 운영되고 있다. 웹 사이트: http://jmuseum.lt.

17. John Ruskin, "The moral of landscape," *The Works of John Ruskin, Vol.* 5 (1904), pp. 370~71.

18. P. N. Furbank and F. J. H. Haskell, "E. M. Foster: The art of fiction no. 1," *Paris Review*, Spring 1953.

19. James Boswell, *Life of Johnson*(1887).

20. 〈종이 건축가들〉 이야기는 다음 기사에서 쓴 적 있다. Andrew Solomon, "Paper tsars," *Harpers & Queen*, February 1990.

21. Walter Pater, "Conclusion," *The Renaissance; Selected Writings of Walter Pater*(1974), p. 60.

22. 저우언라이가 했다는 저 말은 사실 저런 뜻이 아닐 것이라는 지적이 있지만, 〈정정하기에는 너무 재미있는 오해〉다. 다음을 보라. Richard McGregor, "Zhou's cryptic caution lost in translation," *Financial Times*, June 10, 2011.

23. Andrew Solomon, *The Noonday Demon: An Atlas of Depression*(2001); Andrew Solomon, *Far from the Tree: Parents, Children, and the Search for Identity*(2012).

24. 동성 결혼을 허용한 나라들의 최신 목록은 다음을 보라. "The freedom to marry iinternationally," Freedom to Marry, 2015.

25. International Lesbian, Gay, Bisexual, Trans and Intersex Association, "The lesbian, gay and bisexual map of world laws," ILGBTIA, May 2015.

26. 내 결혼식은 기사로 보도되었다. 가령 다음을 보라. Eric Pfanner, "Vows: Andrew Solomon and John Habich," *New York Times*, July 8, 2007; Laurie Arendt, "A toast to her brother," *Ozaukee Press*, September 30, 2007; Geordie Greig, "My big fab gay wedding," *Tatler*, October 2007.

27. Lucy Westcott, "Gay refugees addresses [sic] U.N. Security Council in historic meeting on LGBT rights," *Newsweek*, August 25, 2015.

28. James Rush, "Images emerge of 'gay' man 'thrown from building by Isis militants before he is stoned to death after surviving fall,'" *Independent*, February 3, 2015; Jamie Dettmer, "The ISIS hug of death for gays," *Daily Beast*, April 24, 2015.

29. British Broadcasting Corporation, "Iranian hanged after verdict stay," BBC News, December 6, 2007.

30. John McManus, "Egypt court clears men accused of bathhouse 'debauchery,'" BBC News, January 12, 2015.

31. British Broadcasting Corporation, "Egypt cuts 'gay wedding video' jail terms," BBC News, December 27, 2014.

32. Doug Ireland, "7000 lashes for sodomy," *Gay City News*, October 11, 2007.

33. Tanya Cooper, "License to harm: Violence and harassment against LGBT people and activists in Russia," Human Rights Watch, December 15, 2014.

34. Anna Kirey, "'They said we deserved this': Police violence against gay and bisexual men in Kyrgyzstan," Human Rights Watch, January 28, 2014. 키르기스스탄에서 최근 제안된 반동성애 법안에 관해서는 다음 기사를 보라. Hugh Ryan, "Kyrgyzstan's anti-gay law will likely pass next month, but has already led to violence," *Daily Beast*, September 18, 2015.

35. 인도 법원의 결정이 사람들에게 미친 영향은 다음 기사를 보라. Andrew Buncombe, "India's gay community scrambling after court decision recriminalises homosexuality," *Independent*, February 26, 2014.

36. Global Legal Research Directorate, "Laws on homosexuality in African nations," Library of Congress, June 9, 2015.

37. Thomas Probert et al., "Unlawful killings in Africa," Center for Governance and Human Rights, University of Cambridge, 2015. 나이지리아의 반동성애 법이 사람들을 움츠리게 만들고 있다는 이야기는 다음 글을 보라. Katy Glenn Bass and Joey Lee, "Silenced voices, threatened lives: The impact of Nigeria's anti-LGBTI law on freedom of expression," PEN American Center, June 29, 2015.

38. 로제 장클로드 음베데의 선고형, 그리고 역시 동성애를 했다는 이유로 투옥된 다른 두 남자의 이야기는 다음 기사들을 보라. British Broadcasting Corporation, "Cameroon 'gay sex' men acquitted," BBC News, January 7, 2013; David Artavia, "Cameroon's 'gay problem,'" *Advocate*, July 7, 2013.

39. 로버트 무가베 대통령의 극단적인 동성애 비난에 대해서는 다음 기사들을 보라. South African Press Association, "Mugabe condemns Europe's gay 'filth,'" *IOL News*, April 14, 2011; Obey Manayiti, "Mugabe chides homosexuals again," *NewsDay*(Bulawayo), July 25, 2013; Dan Littauer, "Mugabe promises 'hell for gays' in Zimbabwe if he wins," *Gay Star News*, June 17, 2013.

40. 우간다 의회의 반동성애 운동은 2회전으로 접어들었다. Saskia Houttuin, "Gay Ugandans face new threat from anti-homosexuality law," *Guardian*, January 6, 2015.

41. 중국이 번역물을 몰래 검열하는 데 대한 항의의 목소리는 다음 기사들에 보도되었다. Alexandra Alter, "China's publishers court America as its authors scorn censorship," *New York Times*, May 28, 2015; PEN America, "Publishers' pledge on Chinese censorship of translated works," PEN America, October 15, 2015.

42. Bettina Zilkha, "Andrew Solomon named President of PEN," *Forbes*, March 5, 2015.

43. William Shakespeare, *Henry VIII*, act 3, scene 2, line 152.

44. 에마 래자러스의 이 말은 원래 1882년 11월 3일에서 1883년 2월 23일까지 『아메리칸 히브루』에 연재되었던 칼럼 「히브리인에게 보내는 서간」에 실렸다. 100주기 선집을 보라. Emma Lazarus, *An Epistle to the Hebrews*(1987), p. 30.

45. 아웅 산 수 치의 저 간청은 1997년 『뉴욕 타임스』에 낸 기고문의 제목으로 쓰였다. Aung San Suu Kyi, "Please use your liberty to promote ours," *New York Times*, February 4, 1997.

46. 루이스 부뉴엘 영화 중에서도 구체적으로 1972년 걸작 「부르주아의 은밀한 매력」이 떠올랐다.

47. "Reporter Daniel Pearl is dead, killed by his captors in Pakistan," *Wall Street Journal*, February 24, 2002.

48. Jenna Johnson, "Conservative suspicions of refugees grow in wake of Paris attacks," *Washington Post*, November 15, 2015; Jose DelReal, "Donald Trump won't rule out warrantless searches, ID cards for American Muslims," *Washington Post*, November 19, 2015; Patrick Healy and Michael Barbaro, "Donald Trump calls for barring Muslims from entering U.S.," *New York Times*, December 7, 2015.

49. Karl Jung, *Mysterium Coniunctionis*(1977), p. 125.

50. Brigitte Vittrup Simpson, "Exploring the influences of educational televi-

sion and parent-child discussions on improving children's racial attitudes," University of Texas at Austin, May 2007. 나는 위 논문을 다음 기사를 통해 알았다. Po Bronson and Ashley Merryman, "Even babies discriminate: A NutureShock excerpt," *Newsweek*, September 4, 2009.

51. Rainer Maria Rilke, "Requiem for a Friend," *Selected Poetry of Rainer Maria Rilke* (1984), p. 85.

소련 겨울 팔레트

1. 러시아 미술계에 대한 최근 조사로는 다음 기사들을 보라. Anna Kaminski, "In Russia, contemporary art explodes from Soviet shackles," BBC News, February 23, 2014; Kelly Crow, "Moscow's contemporary art movement," *Wall Street Journal*, June 4, 2015; Ekow Shun, "Mowcow's new art centres," *Financial Times*, March 15, 2013.

2. 러시아 미술 시장에 대한 배경 자료는 다음 기사들을 보라. Alexander Forbes, "Manifesta 10 succeeds despite controversy," *Artnet News*, June 27, 2014; Masha Goncharova, "Cosmoscow: A fair for the Russian art collector," *New York Times*, September 17, 2015; Rachel Donadio, "Museum director at Hermitage hopes for thaw in relations with West," *New York Times*, May 14, 2015; Zoë Lescaze, "An abbreviated Moscow Biennale unites scrappy performances, bourgeois spiders, and one former Greek finance minister," *ARTnews*, October 16, 2015.

3. 인용구는 다음 기사에서 땄다. Marion Dolcy, "Russian art anarchists explain themselves," *Don't Panic*, December 20, 2010. 다음 기사도 참고하라. Taryn Jones, "The art of 'War': Voina and protest art in Russia," *Art in Russia*, September 29, 2012.

4. Sasha Shestakova, "Outcry: Ten recent art exhibitions that caused a storm in Russia," *Calvert Journal*, July 29, 2015.

5. LGBT 콘텐츠를 둘러싼 논란을 비롯하여 전반적인 미술계의 논란은 위에서 언급한 셰스타코바의 기사에 잘 정리되어 있다. 다음도 참고하라. "Moscow venue refuses to host pro-LGBT teen photo display, cites police pressure," *Queer Russia*, June 13, 2015.

6. 러시아의 예술 시장에 대한 폭넓은 분석은 다음을 참고하다. Renata Sulteeva, "The market for Russian contemporary art: An historical overview and up-to-date analysis of auction sales from 1988 to 2013" (Sotheby's Institute of Art, 2014).

7. Emma Crichton-Miller, "Young Russian curators tap into country's recent art history," *Financial Times*, June 27, 2014.

1. 「잔나라는 이름의 스튜어디스」는 팝 가수 블라디미르 프레스냐코프의 1996년 히트곡이었다. 요즘 그의 팬들은 페이스북, 사운드클라우드, 인스타그램에서 그를 만날 수 있다.

2. 이 글에 등장했던 러시아 예술가들의 부고나 추모문은 다음을 참고하라. Kathrin Becker, "In memoriam Timur Novikov," *Art Margins*, May 23, 2002; "Poslednyi Geroi: Georgy Guryanov (1961-2013)," *Baibakov Art Projects*, July 20, 2013; "In memory of Vlad Mamyshev-Monroe, 1969-2013," *Baibakov Art Projects*, March 22, 2013. 헤르비히 횔러는 다음 글에서 페틀류라를 기렸다. Herwig Höller, "Aleksandr Ilich Lyashenko known as Petlyura: A controversial protagonist of Russian contemporary art," *Report: Magazine for Arts and Civil Society in Eastern and Central Europe*, June 2006. 페틀류라는 2015년 모스크바 비엔날레의 〈원맨 피켓〉 쇼에도 참가했다. Moscow Biennale of Contemporary Art, "One-man picket." 가리크 비노그라도프가 모스크바 시장에게 괴롭힘 당한 이야기는 다음에 나온다. Konstantin Akinsha, "Art in Russia: Art under attack," *ARTnews*, October 1, 2009. 발레라 카추바의 최신 프로젝트 「아버지와 아들」은 다음에서 볼 수 있다. http://katsuba.net.

3. Aleksandr Gorbachev, "Meet Boris Grebenshchikov, the Soviet Bob Dylan," *Newsweek*, May 25, 2015; Alexandra Guryanova, "Boris Grebenshchikov: The founding father of Russian rock," *Russia and India Report*, October 19, 2014.

4. Lisa Dickey, "Moscow: Rap star MC Pavlov," Russian Chronicles, *Washington Post*, November 2, 2005.

5. British Broadcasting Corporation, "Moscow protest: Thousands rally against Vladimir Putin," BBC News, December 25, 2011.

6. Nadezhda Ivanitskaya, "As a State Duma deputy and businessman Yuzhilin Kobzar built a billion-dollar business," *Forbes Russia*, October 22, 2011; "Татьяна Веденеева развелась с мужем", *DNI*, June 2, 2008.

7. "Киселев после увольнения из 'Почты России' получит почти 3 млн руб", *RIA Novosti*, April 19, 2013.

8. Andrew Higgins, "Putin and Orthodox church cement power in Russia," *Wall Street Journal*, December 18, 2007; Sergey Strokan and Vladimir Mikheev, "EU-Russia sanctions war to continue," *Russia Beyond the Headline*, June 26, 2015.

9. Marcelo de Vivo, "Experience the best of Russian nightlife," *Pravda*, October 10, 1013.

10. Maeve Shearlaw, "30 under 30: Moscow's young power list," *Guardian*,

June 8, 2015.

11. Sasha Pershakova, "Zine scene: How Russia's long tradition of self-publishing is still thriving today," *Calvert Journal*, October 28, 2014.

12. Michael Idov, "No sleep till Brooklyn: How hipster Moscow fell in love with Williamsburg," *Calvert Journal*, December 31, 2013. 모스크바 레스토랑 인용구도 이 기사에서 땄다.

13. Karoun Demirjian, "Russian youths find politics as their pop icons face pressure," *Washington Post*, December 2, 2014.

14. 국제 인권 감시 기구는 러시아의 LGBT 인구와 그 지지자들이 겪는 억압을 상세히 묘사했다. 서문의 〈주 33〉에서 언급했던 쿠퍼의 글을 보라.

15. Alec Luhn, "LGBT website founder fined under Russia's gay propaganda laws," *Guardian*, July 29, 2015.

16. Dmitry Kuzmin, "On the Moscow metro and being gay," trans. Alexei Bayer, in *Words without Borders*, 2013.

17. Peter Pomerantsev, "Putin's God squad: The Orthodox Church and Russian politics," *Newsweek*, September 10, 2012. 러시아 사람들의 종교 활동 자료는 다음을 보라. Alan Gooperman, Phillip Connor, and Erin O'Connell, "Russians return to religion but not to church," Pew Research Center, February 10, 2014. 다음 이어지는 키릴 총대주교, 오스트라콥스키, 미트로파토프, 정교회 갱스터들의 인용구는 앞의 『뉴스위크』 기사에서 땄다.

18. Tom Porter, "Vladmir [sic] Putin allies named as 'key associates of Russian gangsters' by Spanish prosecutors," *International Business Times*, June 30, 2015. 포터는 다음 기사에서 러시아 마피아를 더 자세히 다뤘다. Tom Porter, "Gangs of Russia: Ruthless mafia networks extending their influence," *International Business Times*, April 9, 2015.

19. Freedom House, "Nations in transit 2015: Russia," Freedom House, 2015.

20. Rob Garver, "Putin lets criminals bring money back to Russia," *Fiscal Times*, June 11, 2015. 러시아를 빠져나간 자산 규모는 다음 기사에서 땄다. Stephanie Saul and Louise Story, "At the Time Warner Center, an enclave of powerful Russians," *New York Times*, February 11, 2015.

21. Shaun Walker, "Russia swoops on gang importing £19m of banned cheese from abroad," *Guardian*, August 18, 2015.

22. Maria Hagan, "The 10 richest Russians in 2014," *Richest*, October 10, 2014.

23. Alexandra Tyan, "Classes aimed at raising a new generation of Russian businessmen," *Moscow Times*, July 27, 2015.

24. 러시아 경제에 대한 이야기는 이언 브레머의 탁월한 기사에 크게 의지했다. Ian Bremmer, "These 5 facts explain Russia's economic decline," *Time*, August

14, 2015.

25. 카츠, 막코예바, 도브로호토프를 비롯한 여러 젊은 운동가들은 〈주 10〉에 언급한 시어로의 기사에서 소개되었다.

26. Alexander Korolkov, "Is the protest movement dead?" *Russia Beyond the Headline*, January 15, 2015. 다음 이어지는 치초프, 데니소프, 보브로바의 인용구도 이 기사에서 땄다.

중국 그들의 냉소가, 유머가 (그리고 예술이) 중국을 구할 수 있다

1. Nazanin Lankarani, "The many faces of Yue Minjun," *New York Times*, December 5, 2012; Ian Johnson, "Some Chinese artists are testing their limits," *Wall Street Journal*, October 2, 2009; Eileen Kinsella, "Who are the top 30 Chinese artists at auction?" *Artnet News*, September 8, 2014.

2. Jackie Wullschager, "No more Chinese whispers," *Financial Times*, October 2, 2004.

3. Christopher Beam, "Beyond Ai Weiwei: How China's artists handle politics (or avoid them)," *New Yorker*, March 27, 2015.

4. Angela Lin Huang, "Leaving the city: Artist villages in Beijing," *Media Culture Journal* 14, no. 4 (August 2011). 리원즈의 인용구는 다음 기사에서 땄다. Zhu Linyong, "Art on the move," *China Daily*, January 25, 2010.

5. Andrew Cohen, "Off the page: Li Xianting," *Art Asia Pacific* 71, November/December 2010.

6. Jonathan Kaiman, "Beijing independent film festival shut down by Chinese authorities," *Guardian*, August 24, 2014.

7. William Wan, "Chinese artist recounts his life, including the one time he painted 'X' on Mao's face," *Washington Post*, June 2, 2014.

8. "Ma Liuming," *Chinese Contemporary*, 2002, at http://chinesecontemporary.com.

9. 〈주 2〉에 언급한 울새거의 기사를 보라.

10. Willaim Wan, "China tried to erase memories of Tiananmen. But it lives on in the work of dissident artists," *Washington Post*, May 31, 2014.

11. Mallika Rao, "Five Chinese dissident artists who aren't Ai Weiwei," *Huffington Post*, June 10, 2014.

12. Jamie Fullerton, "Chinese artist who posted funny image of President Xi Jinping facing five years in prison as authorities crackdown [sic] on dissent in the arts," *Independent*, May 28, 2015.

13. Ulrike Knöpfel, "Risky business: China cracks down on Ai Wei Wei pro-

tégé Zhao Zhao," *Der Spiegel*, August 28, 2012.

14. Arvind Dilawar, "Teatime with Big Brother: Chinese artist Wu Yuren on life under surveillance," *Vice*, June 15, 2015. 우위런이 경찰과 주고받았다는 말은 뉴욕 클라인 선 갤러리의 이사벨 청을 통해서 내가 2015년 11월 4일 우위런과 직접 나눈 대화에서 땄다.

15. 왕짱의 체포 이야기는 〈주 7〉에 언급한 완의 기사를 보라. 당젠잉의 인용구는 다음에서 땄다. Jack Chang, "Chinese art colony's free-speech illusion shatters," *Asahi Shumbun*, October 17, 2014.

16. 〈주 12〉에 언급한 풀러턴의 기사를 보라.

17. Emily Rauhala, "Complete freedom, always just eluding the grasp of Chinese artist Ai Weiwei," *Washington Post*, July 30, 2015. 중국 미술이 상품일 뿐이라고 말한 아이웨이웨이의 인용구는 다음에서 땄다. "Ai Weiwei: China's art world does not exist," *Guardian*, September 10, 2012. 중국 예술가들이 권력의 편에 선다고 말한 아이웨이웨이의 인용구는 〈주 3〉에 언급한 빔의 기사에서 땄다. 베이징 큐레이터의 인용구는 〈주 7〉에 언급한 완의 기사에서 땄다.

18. 〈주 1〉에 언급한 란카라니의 기사를 보라.

남아공 남아공의 예술가들: 분리된, 그러나 동등한

1. Jason Edward Kaufman, "South Africa's art scene if poised for a breakthrough — at home and abroad," *Huffington Post*, February 19, 2013.

2. ANC의 성명 전문은 다음을 보라. Jackson Mthembu, "ANC outraged by Brett Murray's depiction of President Jacob Zuma," African National Congress, May 17, 2012. 주마 지지자들이 그림을 파괴했던 이야기는 다음을 보라. Alex Perry, "South Africa: Over-exposing the President," *Time*, May 23, 2012. 이어지는 셈베 교회 지도자의 말과 프리드먼, 마상고, 안선의 인용구는 다음 기사에서 땄다. Karen MacGregor, "A spear to the heart of South Africa," *New York Times*, June 5, 2012. 영화출판 위원회의 결정 번복에 대해서는 다음을 보라. South African Press Association, "Appeal tribunal declassifies 'The Spear,'" *City Press*, October 10, 2012.

3. "Zuma, Marikana painting pulled from Jo'burg Art Fair," *Mail & Guardian*, September 27, 2013. 이어지는 마불루의 인용구는 다음에서 땄다. Matthew Krouse, "Art Fair forced to reinstate Mabulu painting after Goldblatt threat," *Mail & Guardian*, September 28, 2013.

4. Stefanie Jason, "Venice Biennale: SA Pavilion finally announces artists," *Mail & Guardian*, April 16, 2015; Stefanie Jason, "SA trips as Joburg lands on the steps of the Venice Biennale," *Mail & Guardian*, April 30, 2015; Jeremy Kuper,

"Venice Biennale: View from the ground," *Mail & Guardian*, May 20, 2015.

미국 블라디의 정복

1. British Broadcasting Corporation, "Profiles of Russia's 2012 presidential election candidates," BBC News, March 1, 2012; Howard Amos, "Russian publisher prints books about Putin under names of western authors," *Guardian*, August 11, 2015.

타이완 〈우리 문화유산을 집적거리지 말라고!〉

1. Keith Bradsher, "Rare gllimpses of China's long-hidden treaures," *New York Times*, December 28, 2006. 관람객 수치는 다음에서 땄다. "Blackout hits Taipei's Palace Museum Thursday afternoon," *Want China Times*, July 10, 2015. 자이현 분관 이야기는 다음을 보라. "NPM southern branch to open with jadeite cabbage display," *Want China Times*, September 18, 2015.
2. British Broadcasting Corporation, "Taiwan rejects 'looted' China art," BBC News, October 7, 2009. 대만의 대여 요청 거절에 대해서는 다음을 보라. Tania Branigan, "Chinese tresures to be reunited in Taiwan," *Guardian*, February 19, 2009. 두 박물관의 협력에 관한 전반적 내용은 다음을 보라. Yin Pumin, "Probing ancient mysteries," *Beijing Review*, December 7, 2009.
3. William Wan, "Taiwan's 'white shirt army,' spurred by Facebook, takes on political parties," *Washington Post*, November 11, 2013.
4. "'Sunflower' protesters break on to political scene," *Economist Intelligence Unit*, April 2, 2014.

타이완 하나하나의 팔레트가 곧 정치색의 선택

1. 나는 차이궈창의 〈황금 미사일〉 프로젝트를 다음 기사에서 소개했다. Andrew Solomon, "As Asia regroups, art has a new urgency," *New York Times*, August 23, 1998.

잠비아 매혹의 잠비아

1. Matthew Hill, "Yellow fever relaxation by South Africa helps Zambia tourism," Bloomberg, February 5, 2015.

캄보디아 팔리 누온의 삼 단계

1. 크메르 루주의 참상은 상세하게 기록되어 있다. 살짝 각색되었지만 그래도 생생한 기록으로 1984년 영화 「킬링 필드」를 추천한다.

2. Rob Hail, "Madame Nuon Phaly is gone," *Out of the Blog*, November 27, 2012. 팔리 누온의 장례식을 목격한 이야기로 다음 글도 있다. Sophanna Ma, "Funeral of out beloved Mum Phaly Nuon," Ezra Vogel Special Skills School, December 2012.

3. Ligia Kiss et al., "Health of men, women, and children in post-trafficking services in Cambodia, Thailand, and Vietnam," *Lancet Global Health* 3 (March 2015); Jayson Richardson et al., "Mental health impacts of forced land evictions on women in Cambodia," *Journal of International Development*, September 27, 2014.

4. World Health Organization, "Mental health atlas 2011: Cambodia," Department of Mental and Substance Abuse, World Health Organization, 2011.

5. Daniel McLaughlin and Elisabeth Wickeri, "Mental health and human rights in Cambodia," Leitner Center for International Law and Justice, July 31, 2012.

6. Tanja Schunert et al., "Cambodian mental health survey," Royal University of Phnom Penh, Department of Psychology, 2012.

7. Radio Free Asia Khmer Service, "Cambodian province plans campaign for monks to care for mentally ill," Radio Free Asia, April 20, 2015.

몽골 광대무변의 자연, 몽골

1. World Health Organization, "WHO country cooperation strategy for Mongolia 2010-2015," World Health Organization, 2010.

2. "Poverty continued to decline, falling from 27.4 percent in 2012 to 21.6 percent in 2014," World Bank, July 1, 2015.

3. 선거 사기에 항의하는 시위 이야기는 다음 기사를 보라. Tania Branigan, "Mongolia declares state of emergency as riots kill five," *Guardian*, July 2, 2008. 전 대통령의 선고에 대해서는 다음 기사를 보라. Xinhua News Agency, "Former Mongolian president jailed for four years," *CRI English*, August 3, 2012.

4. Sarah Wachter, "Pastoralism unraveling in Mongolia," *New York Times*, December 8, 2009; Troy Sternberg et al., "Tracking desertification on the Mongolian steppe through NDVI and field-survey data," *International Journal of Digital Earth* 4, no. 1 (2011).

5. Jeffrey Reeves, "Mongolia's environmental security," *Asian Survey* 51, no. 3 (2011).

6. Jim Yong Kim, "How Mongolia brought nomad TV and mobile phones," *Bloomberg View*, October 14, 2013; Mark Hay, "Nomads on the grid," *Slate*, December 5, 2014.

7. "Naadam, Mongolian traditional festival," United Nations Educational, Scientific and Cultural Organization, 2010.

8. 이 이야기는 다음 기사에 나온다. Tania Branigan, "It's goodbye Lenin, hello dinosaur as fossils head to Mongolia museum," *Guardian*, January 27, 2013.

그린란드 대화를 발명하다

1. 내가 원래 이 글을 쓰려고 자료를 조사했던 시점에 그린란드의 자살률이 최신 수치로 실려 있었던 것은 다음 자료였다. Tine Curtis and Peter Bjerregaard, *Health Research in Greenland*(1995), p. 31.

2. 이누이트족의 세 가지 불안증에 대한 묘사는 다음에서 땄다. Inge Lynge, "Mental disorders in Greenland," *Man & Society* 21 (1997). 말레이시아의 〈급성 착란〉 이야기는 고맙게도 존 하트가 내게 들려주었다.

3. Jean Malaurie, *The Last Kings of Thule* (1982), p. 109.

4. 그린란드의 높은 자살률을 다룬 기사들은 다음과 같다. Jason George, "The suicide capital of the world," *Slate*, October 9, 2009; Lene Bech Sillesen, "Another word for suicide," *Al Jazeera*, November 21, 2015. 그린란드의 현재 자살률과 올센의 인용구는 후자의 기사에서 땄다. 이 주제에 관한 학술적 논의는 다음 논문을 보라. Peter Bjerregaard and Christina Viskum Lytken Larsen, "Time trend by region of suicides and suicidal thoughts among Greenland Inuit," *International Journal of Circumpolar Health* 74 (2015).

5. British Broadcasting Corporation, "Self-rule introduced in Greenland," BBC News, June 21, 2009.

6. "Greenland powers up fifth hydroelectric plant," *Arctic Journal*, September 6, 2013.

7. British Broadcasting Corporation, "Greenland's Jakobshavn Glacier sheds big ice chunk," BBC News, August 24, 2015.

세네갈 발가벗고, 숫양의 피를 덮어쓰고, 콜라를 마시고, 기분이 썩 좋았던

1. 세네갈 사람들에게 영혼과 소통하는 전통이 있다는 사실에 대한 자료는 다음 책을 보라. William Simmons, *Eyes of the Night: Witchcraft among a Senegalese*

People(1971).

2. World Health Organization, "WHO mental health atlas 2011: Senegal," Department of Mental Health and Substance Abuse, World Health Organization, 2011.

3. William Louis Conwill, "N'deup and mental health: Implications for treating Senegalese immigrants in the U.S.," *International Journal for the Advancement of Counselling* 32, no. 3 (September 2010).

아프가니스탄 탈레반 이후의 깨어남

1. 미군 사망자 수는 다음을 보라. US Department of Defense, "Casualty report," US Department of Defense, November 10, 2015; 아직 주둔한 군인의 수는 다음 자료에서 땄다. Matthew Rosenberg and Michael D. Shear, "In reversal, Obama says U.S. soldiers will stay in Afghanistan to 2017," *New York Times*, October 15, 2015.

2. Dominic Tierney, "Forgetting Afghanistan," *Atlantic*, June 24, 2015.

3. Declan Walsh, "Second female Afghan jounalist killed in five days," *Guardian*, June 6, 2007; Associated Press, "Women journalists targeted in Afghanistan," NBC News, June 26, 2007.

4. Emma Graham-Harrison, "Afghan artist dons armour to counter men's street harassment," *Guardian*, March 12, 2015.

5. "Introducing the Center for Contemporaty Art Afghanistan (CCAA)," ARCH International, no date, at http://archinternational.org.

6. Peter Holley, "In Afghanistan, the art of fighting extremism," *Washington Post*, September 12, 2015.

7. 터쿼이즈 마운틴의 웹 사이트는 다음과 같다. http://turquoisemountain.org. 다음 자료에도 소개가 나와 있다. Daud Rasool, "Rebuilding Afghanistan's creative industries," British Council, October 14, 2013.

8. 베랑 아츠의 공동 창립자는 다음 기사에서 현재 아프가니스탄 예술가들의 처지에 대해 인터뷰했다. Francesca Recchia, "Art in Afghanistan: A time of transition," *Muftah*, August 6, 2014.

9. Mujib Mashal, "Women and modern art in Afghanistan," *New York Times*, August 6, 2010.

10. Chelsea Hawkins, "9 artists challenging our perception of Afghanistan," *Mic*, October 9, 2014.

11. Lisa Pollman, "Art is stronger than war: Afghanistan's first female street artist speaks out," *Art Radar*, July 19, 2013.

12. 〈주 10〉에 언급한 호킨스의 기사를 보라.

13. Fazul Rahim and Sarah Burke, "Afghan artist Kabir Mokamel takes aim at corruption with blast wall art," NBC News, September 19, 2015.

14. 마를라 루지치카는 많은 사람에게 사랑받았고, 그녀의 사망을 애도하는 기사도 많이 발표되었다. 가령 다음을 보라. Ellen Knickmeyer, "Victims' champion is killed in Iraq," *Washington Post*, April 18, 2005; Robert F. Worth, "An American aid worker is killed in her line of duty," *New York Times*, April 18, 2005; Simon Robinson, "Appreciation: Marla Ruzicka, 1977-2005," *Time*, April 18, 2005; Jonathan Steele, "Marla Ruzicka," *Guardian*, April 19, 2005; Janet Reitman, "The girl who tried to save the world," *Rolling Stone*, June 16, 2005; Sarah Holewinski, "Marla Ruzicka's Heroism," *Nation*, September 18, 2013.

일본 담장 없는 미술관

1. 베네세 예술 단지의 최신 소식은 웹 사이트에서 볼 수 있다. http://benesse-artsite.jp. 베네세에 대한 최근의 리뷰로는 가령 다음을 보라. Susan Adams, "Treasure islands: Inside a Japanese billionaire's art archipelago," *Forbes*, July 29, 2015. 베네세 창립자 후쿠다케 소이치로의 인용구는 리위린의 다음 논문에서 땄다. Lee Yulin, "Strategies of spatialization in the contemporary art museum: A study of six Japanese institutions" (New York University, 2012).

솔로몬 제도 솔로몬의 노래

1. "Tentative lists: Marovo-Tetepare complex," United Nations Educational, Scientific and Cultural Organization, December 23, 2008.

2. Richard A. Lovett, "Deadly tsunami sweeps Solomon Islands," *National Geographic News*, April 2, 2007; James Grubel, "Tsunami kills at least five in Solomons after big Pacific quake," Reuters, February 6, 2013; Lincoln Feast, "Strong quake hits near Solomon Islands; tsunami warning cancelled," Reuters, April 12, 2014; Sandra maler and Peter Cooney, "Magnitude 6.6 quake hits Solomon Islands in the Pacific: USGS," Reuters, August 12, 2015.

3. Megan Rowling, "Solomons town first in Pacific to relocate due to climate change," Reuters, August 15, 2014; Adam Morton, "The vanishing island," *Age*, September 19, 2015.

4. "World Bank, Govt. of Solomon Islands launch two new projects towards improved power supply, disaster & climate resilience," World Bank, April 1, 2014.

5. Gerald Traufetter, "Climate change or tectonic shifts? The mystery of the

sinking South Pacific islands," *Der Spiegel*, June 15, 2012.

르완다 나쁜 기억의 아이들

1. 이 글에서 따로 출처를 밝히지 않은 인용구는 모두 내가 2004년 르완다에서 직접 했던 인터뷰에서 들은 말이다. 르완다 집단 학살에 대해서 참고한 책은 다음과 같다. Alison Liebhafsky Des Forges, "Leave None to Tell the Story": *Genocide in Rwanda*(1999); Jean Hatzfeld, *Machete Season: The Killers in Rwanda Speak*(2005); Elizabeth Neuffer, *The Key to My Neighbor's House: Seeking Justice in Bosnia and Rwanda*(2002); Binaifer Nowrojee, *Shattered Lives: Sexual Violence during the Rwandan Genocide and Its Aftermath*(1996); Philip Gourevitch, *We Wish to Inform You That Tomorrow We Will Be Killed with Our Families: Stories from Rwanda*(1999); Jonathan Torgovnik, *Intended Consequences: Rwandan Children Born of Rape*(2009). 참고한 기사들은 다음을 보라. Donatella Lorch, "Rape used as a weapon in Rwanda: Future grim for genocide orphans," *Houston Chronicle*, May 15, 1995; Elizabeth Royte, "The outcasts," *New York Times Magazine*, January 19, 1997; Lindsey Hilsum, "Rwanda's time of rape returns to haunt thousands," *Guardian*, February 26, 1995; Lindsey Hilsum, "Don't abandon Rwandan women again," *New York Times*, April 11, 2004; Emily Wax, "Rwandans are struggling to love children of hate," *Washington Post*, March 28, 2004.

2. 르완다 언론이 학살 선동에 맡았던 역할은 다음의 훌륭한 책에 잘 논의되어 있다. Dina Temple-Raston, *Justice on the Grass*(2005). 다음 기사도 참고하라. Russell Smith, "The impact of hate media in Rwanda," BBC News, December 3, 2003. 한편 정치경제학자 데이비드 야나기자와는 박사 논문에서 라디오 전송탑의 위치와 전송에 방해가 되는 지형학적 장애물들, 그리고 이후 벌어진 학살의 위치와 사망자 수를 분석함으로써 증오 방송과 폭력 사이에 직접적인 상관관계가 있다는 사실을 확인했다. David Yanagizawa, "Propaganda and conflict: Theory and evidence from the Rwandan genocide" (Stockholm University, 2009).

3. 이 속담은 〈주 1〉에서 언급한 나우로지의 책 20쪽에 나와 있다.

4. 일반적으로 전쟁에서 강간이 도구로 사용되어 왔다는 사실에 대한 정보는 다음 책들을 보라. Susan Brownmiller, *Against Our Will*(1975); Maria de Bruyn, *Violence, Pregnancy and Abortions: Issues of Women's Rights and Public Health*(2003); Global Justice Center, *The Right to an Abortion for Girls and Women Raped in Armed Conflict*(2011).

5. 이 일화는 〈주 1〉에서 언급한 나우로지의 책에 기록되어 있다.

6. 강간 통계는 다음 자료가 뒷받침해 준다. UN Office for the Coordination of Humanitarian Affairs, "Our bodies, their battle ground: Gender-based violence in

conflict zones," *IRIN News*, September 1, 2004. 전시 강간과 출산 통계는 다음 글에 나온다. Marie Cosolée Mukagendo, "The struggles of Rwandan women raising children born of rape," Jonathan Torgovnik, *Intended Consequences: Rwandan Children Born of Rape*(2009).

7. 이 표현은 〈주 1〉에서 언급한 나우로지의 책에 나오지만, 널리 쓰이는 표현이다.

8. 이 표현은 〈주 1〉에서 언급한 왝스의 기사에 나온다.

9. 이 인용구는 〈주 1〉에서 언급한 왝스의 기사에서 땄다.

10. 이 인용구는 〈주 1〉에서 언급한 나우로지의 책에서 땄다.

11. 보네 박사의 인용구는 〈주 1〉에서 언급한 나우로지의 책 79쪽에서 땄다. 원래 다음 논문에 나온 말이다. Catherine Bonnet, "Le viol des femmes survivantes du génocide du Rwanda," *Rwanda: Un génocide du XXe siècle*(1995), p. 18.

12. 이 인용구는 〈주 1〉에서 언급한 나우로지의 책에서 땄다.

13. 아베가의 활동은 다음 기사에서 소개되었다. Alexandra Topping, "Widows of the genocide: How Rwanda's women are rebuilding their lives," *Guardian*, April 7, 2014.

14. 은다얌바제는 다음 논문에서 학살의 심리적 뿌리를 살펴보았다. Jean Damascène Ndayambaje, "Le genocide au Rwanda: Une analyse psychologique" (National University of Rwanda, 2001).

15. 이런 아기 이름들의 사례는 〈주 1〉에서 언급한 왝스의 기사에 나온다.

16. "Rwanda overview," World Bank, October 6, 2015; "Ease of doing business in Rwanda," World Bank, 2015.

17. Howard W. French, "Kagame's hidden war in the Congo," *New York Review of Books*, September 24, 2009; Judi Rever and Geoffrey York, "Assassination in Africa: Inside the plots to kill Rwanda's dissidents," *Globe & Mail*, May 2, 2014; Siobhan O'Grady, "Former Rwandan official worries that Kagame's administration is backsliding into mass murder," *Foreign Policy*, September 29, 2014; Global Campaign for Rwandan Human Rights, "Crimes and repression vs. development in Rwanda: President Paul Kagame's many shadows," Africa Faith & Justice Network, July 13, 2015.

18. Marc Sommers, "The darling dictator of the day," *New York Times*, May 27, 2012.

19. 카가메가 〈국민의 요구〉를 들먹였다는 말은 다음 기사에 나온다. Agence France-Presse, "US opposes third term for Rwanda's Kagame: Diplomat," *Guardian*(Nigeria), June 5, 2015. 카가메의 성공은 다음 기사로 보도되었다. Clement Uwiringiyimana, "Rwandan parliament agrees to extend Kagame's rule," Reuters, October 29, 2015. 국민투표 이야기는 다음 기사에서 보도되었다. British Broadcasting Corporation, "Paul Kagame's third term: Rwanda referendum on 18

December," BBC News, December 9, 2015.

20. Agence France-Presse, "Rwanda opposition says can't find lawyer for Kagame 3rd term case — one said 'God was against it,'" *Mail & Guardian*, July 8, 2015.

리비아 화염의 원: 리비아에서 보내는 편지

1. Associated Press, "Assault on U.S. consulate in Benghazi leaves 4 dead, including U.S. Ambassador J. Christopher Stevens," Associated Press / CBS News, September 12, 2012; Luke Harding and Chris Stephen, "Chris Stevens, US ambassador to Libya, killed in Benghazi attack," *Guardian*, September 12, 2012; David Kirkpatrick and Steven Lee Myers, "Libya attack brings challenges for U.S.," *New York Times*, September 12, 2012. 전 국무장관 힐러리 클린턴은 2015년 의회에서 이 테러 전후 자신의 행동을 변호했다. 다음 기사들을 보라. Byron Tau and Peter Nicholas, "Hillary Clinton defends actions in Benghazi," *Wall Street Journal*, October 22, 2015; Stephen Collinson, "Marathon Benghazi hearing leaves Hillary Clinton alrgely unscathed," *CNN Politics*, October 23, 2015.

2. "ISIL 'brutally' quells rebellion in Libya's Sirte," *Al Jazeera*, August 17, 2015.

3. Callum Paton, "Libya: Scores killed in ethnic clashes for control of south's people-trafficking routes," *International Business Times*, July 23, 2015.

4. "The state of the world's human rights," Amnesty International, March 11, 2015.

5. 프랑스 외무 장관의 인용구는 다음 기사에서 땄다. Nathalie Guibert, Yves-Michel Riols, and Hélène Sallon, "Libya's Tripoli and Tobruk dilemma no nearer to resolution," *Guardian*, January 27, 2015. 〈단일 정부〉 제안에 대한 반응은 다음 글에 나온다. Suliman Ali Zway and Carlotta Gall, "Libyan factions reject unity government plan," *New York Times*, October 20, 2015. 하프타르 장군의 위협은 다음 기사에 나온다. Mary Fitzgerald, "Libyan renegade general Khalifa Haftar claims he is winning his war," *Guardian*, June 24, 2014.

6. Lindsey Hilsum, "Saif al-Islam Gaddafi: The prophet of his own doom," *Guardian*, August 5, 2015.

7. 사이프 카다피는 다음 인터뷰에서 자신을 억류했던 자들이 자신의 손가락을 자른 이야기를 직접 들려주었다. Fred Abrahams, "In his first interview, Saif al-Islam says he has not been given access to a lawyer," *Daily Beast*, December 30, 2012.

8. Chris Stephen, "Gaddafi's son Saif al-Islam sentenced to death by court in

Libya," *Guardian*, July 28, 2015; 〈주 6〉에서 언급한 힐섬의 기사도 보라.

9. 이 시위는 〈주 6〉에서 언급한 힐섬의 기사에 묘사되어 있다.

중국 중국의 모든 음식

1. Li Xiaoyu, "A bite of food culture," *BJ Review*, July 2, 2015.

2. Angela Xu, "China's digital powered foodie revolution," *Lab Brand*, January 6, 2015.

3. 중국 요리 협회의 노력은 〈주 1〉에 언급한 리의 기사에 나와 있다.

4. Cai Muyuan, "Eat green, think greener," *China Daily Europe*, June 5, 2015.

5. Jun Lv et al., "Consumption of spicy foods and total and cause specific mortality: Population based cohort study," *British Medical Journal* 351 (August 4, 2015).

6. Jessica Rapp, "Locavores, health food, and celebrity chefs: The hottest in Shanghai's dining scene," *Jing Daily*, August 24, 2015.

7. British Broadcasting Corporation, "Report: One fifth of China's soil contaminated," BBC News, April 18, 2014.

8. 중국의 음식물 오염에 관한 자료는 다음과 같다. Yanzhong Huang, "The 2008 milk scandal revisited," *Forbes*, July 16, 2014; Peter Foster, "Top 10 Chinese food scandals," *Telegraph*, April 27, 2011; Associated Press, "Vinegar contaminated with antifreeze kills Chinese Muslims at Ramadan meal," *Guardian*, August 22, 2011; Patrick Boehler, "Bad eggs: Another fake-food scandal rocks China," *Time*, November 6, 2012; Patrick Boehler, "Police seize chicken feet in storage since 1967, smuggled from Vietnam," *South China Morning Post*, July 8, 2013; British Broadcasting Corporation, "Chinese police arrest 110 for selling 'contaminated pork,'" BBC News, January 12, 2015; Elizabeth Barber, "'Gutter oil' scandal raises food-safety fears once again in greater China," *Time*, September 8, 2014.

9. Dominique Patton, "Cashing in on health scares, China online food sales boom," Reuters, August 11, 2013.

10. Rebecca Kanthor, "In China, imported fruit is the must-have luxury item for the New Year," *The World*, Public Radio International, February 20, 2015; Nan Zhong, "China has a healthy appetite for food imports," *China Daily*, March 2, 2015.

11. Barbara Demick, "In China, what you eat tells who you are," *Los Angeles Times*, September 16, 2011.

12. Te-Ping Chen, "In latest mash-up, China puts spotlight on spuds," *Wall Street Journal*, August 17, 2015.

13. Laurie Burkitt, "Selling health food to China," *Wall Street Journal*, December 13, 2010; Lily Kuo, "By 2015, China will be the world's largest consumer of processed food," *Quartz*, September 23, 2013.

남극 남극의 모험

1. Michael Safi, "Antarctica's increasing sea ice resticting access to research stations," *Guardian*, May 11, 2015.

2. Chris Mooney, "Scientists declare an 'urgent' mission — study West Antarctica, and fast," *Washington Post*, September 29, 2015.

3. 토튼 빙하의 운명은 다음 기사에 나와 있고, 앞선 NASA의 인용구도 여기에서 땄다. James Hamblin, "How the most important glacier in east Antarctica is melting," *Atlantic*, March 20, 2015.

4. Katia Hetter, "Antarctic hits 63 degrees, believed to be a record," CNN News, April 1, 2015.

5. Australian Associated Press, "Temperature affects fungi in Antarctica," Special Broadcasting Service, September 28, 2015; Chelsea Harvey, "Next up from climate change: Shell-crushing crabs invading Antarctica," *Washington Post*, September 28, 2015; Chris Mooney, "The melting of Antarctica is bad news for humans. But it might make penguins pretty happy," *Washington Post*, August 13, 2015.

6. Jane Perlez, "China, pursuing strategic interests, builds presence in Antarctica," *New York Times*, May 3, 2015.

인도네시아 모두가 수화로 말할 때

1. 벵칼라에 대한 책은 다음과 같다. I Gede Marsaja, *Desa Kolok: A Deaf Village and Its Sign Language in Bali, Indonesia*(2008). 벵칼라의 청각 장애에 대한 최초의 의학적 논문은 다음과 같다. S. Winata et al., "Congenital non-syndromal autosomal recessive deafness in Bengkala, an isolated Balinese village," *Journal of Medical Genetics* 32 (1995). 더 쉽게 볼 만한 기사는 다음과 같다. John Travis, "Genes of silence: Scientists track down a slew of mutated genes that cause deafness," *Science News*, January 17, 1998. 이 주제에 관한 학술 연구를 비판적으로 리뷰한 논문은 다음과 같다. Annelies Kusters, "Deaf utopias? Reviewing the sociocultural literature on the world's 'Martha's Vineyard situations,'" *Journal of Deaf Studies & Deaf Education* 15, no. 1 (January 2010).

2. 발리의 복잡한 사회적 관계망에 대해서는 자주 인용되는 다음 책을 참고하라.

Clifford Geertz, *Kinship in Bali*(1975).

3. 미국에서는 〈deaf〉라고 〈d〉를 소문자로 쓰면 청각 장애를 가리키지만, 〈Deaf〉라고 대문자로 쓰면 서로 수화로 소통하고 자신들이 농인들의 공동체를 이루고 있다고 여기는 농인들의 문화를 가리킨다. 1990년대 미국의 농인 정치학에 대해서는 내가 쓴 다음 기사를 참고하라. Andrew Solomon, "Defiantly deaf," *New York Times Magazine*, August 28, 1994.

4. 카타 콜록 수화에 관해서 덧붙인 이 글은 그동안 이 언어에 대해서 가장 많은 논문을 발표한 네덜란드 막스 플랑크 심리언어 연구소의 코니 더포스의 연구에 의존했다. 카타 콜록 사용자 중 농인과 청인의 수는 다음 논문에 나온다. Connie de Vos and N. Palfreyman, "Deaf around the world: The impact of language," *Journal of Linguistics* 48, no. 3 (November 2012). 다음 논문에는 벵칼라를 떠나는 카타 콜록 사용자들을 조사한 내용이 나온다. Connie de Vos, "Absolute spatial deixis and proto-toponyms in Kata Kolok," *NUSA: Linguistic Studies of Languages In and Around Indonesia* 56 (2014). 다음 논문에는 카타 콜록이 더 이상 전수되지 않는 현실이 기록되어 있다. Connie de Vos, "A signers' village in Bali, Indonesia," *Minpaku Anthropology News*, 2011.

브라질 희망의 도시, 리우데자네이루

1. 2014년 월드컵 결선은 브라질 대내외에서 부패 수사가 벌어진 계기였다. 다음 기사들을 보라. Lisa Flueckeger, "Brazil's federal police to investigate after FIFA scandal," *Rio Times*, May 29, 2015; Vincent Bevins, "Coming 'tsunami'? In Brazil, calls for reform in wake of FIFA scandals," *Los Angeles Times*, June 12, 2015.

2. 브라질이 2016년 하계 올림픽 장소로 선정된 정황에 관해서도 의혹이 있다. 다음 기사들을 보라. Caroline Stauffer, "Brazil's Petrobras corruption investigators to probe Olympic contracts," Reuters, November 25, 2015; Tariq Panja and David Biller, "Soccer icon Romario, Rio mayor Paes cited in corruption tape," Bloomberg, November 25, 2015.

3. 비크 무니스의 작품에 대해서는 다음을 보라. Carol Kino, "Where art meets trash and transforms life," *New York Times*, October 21, 2010; Mara Sartore, "Lampedusa: Migration and desire, an interview with Vik Muniz," *My Art Guides*, June 2015.

4. 삼바와 리오 카니발의 역사 전반에 대해서는 다음을 보라. Marlene Lima Hufferd, "Carnaval in Brazil, samba schools and African culture: A study of samba schools through their African heritage," Retrospective Theses and Dissertations, Paper 15406, University of Iowa, 2007. 유감스럽지만 세계 최대의 파티마

저도 부패 혐의에서 자유롭지 않다. 다음을 보라. Anderson Antunes, "When samba meets African dictators: The ugly side of Rio de Janeiro's Carnival," *Forbes*, February 19, 2015.

5. 다음 인터뷰에서 땄다. Robert Darnton, "Talking about Brazil with Lilia Schwarcz," *New York Review of Books*, August 17, 2010. 릴리아 슈와르츠의 학술적 글을 맛보려면 다음을 보라. Lilia Moritz Schwarcz, "Not black, not white: Just the opposite: Culture, race and national identity in Brazil," Working Paper CBS-47-03, Centre for Brazilian Studies, University of Oxford, 2003.

6. 브라질리아에 대한 깊이 있는 논의는 다음 기사를 보라. Benjamin Schwarz, "A vision in concrete," *Atlantic*, July/August 2008.

7. 끔찍한 타이어 처형법에 대한 임상적 묘사는 다음 글에 나온다. Carlos Durao, Marcos Machado, and Eduardo Daruge Jr., "Death in the 'microwave oven': A form of execution by carbonization," *Forensic Science International* 253 (August 2015).

8. Todd Benson, "U.N. watchdog denounces police killings in Brazil," Reuters, September 15, 2008.

9. Fernando Ribeiro Delgado, "Lethal force: Police violence and public security in Rio de Janeiro and São Paulo," Human Rights Watch, December 8, 2009.

10. 소아리스는 브라질 경찰 조직을 전면 개편해야 한다고 거듭 주장해 왔다. Nashla Dahas, "Luis Eduardo Soares," *Revista de Historia*, January 11, 2014; Leandro Resende, "'A nação está pertubada,' define antropólogo Luiz Eduardo Soares," *O Dia Brasil*, October 10, 2015.

11. 통계는 〈주 9〉에서 언급한 국제 인권 감시 기구 보고서에서 땄다.

12. 대장 알레샨드리 폰테네우 히베이루의 체포는 다음 기사에서 보도되었다. British Broadcasting Corporation, "Brazil corruption: Rio police arrested over 'extortion racket,'" BBC News, September 16, 2014.

13. 이 인용구는 2009년 위키리크스가 공개한 외교 문서에서 나온 말이다. 다음을 보라. American Consul Rio de Janeiro, "Counter-insurgency doctrine comes to Rio's favelas," September 30, 2009.

14. Steven Dudley, "Deadly force: Security and insecurity in Rio," North American Congress on Latin America, November 1998.

15. Andrew Downie, "Rio finally makes headway against its drug gangs," *Time*, November 26, 2010; US Department of State, "Country reports on human rights practices for 2011: Brazil," US Department of State, 2012.

16. Jonathan Watts, "Rio police tackle favelas as World Cup looms," *Guardian*, June 10, 2013.

17. Robson Rodrigues, "The dilemma of pacification: News of war and peace

in the 'marvelous city,'" *Stability Journal*, May 22, 2014.

18. 갱들이 미치는 영향력에 대한 걱정 때문에, 비공식적인 〈바일리〉 펑크 파티는 멸종 위기에 처했다. 다음을 보라. Beth McLoughlin, "Rio's funk parties silenced by crackdown on gangs," BBC News, May 5, 2012; Jillian Kestler-D'Amours, "Silencing Brazil's baile funk," *Al Jazeera*, July 5, 2014.

19. 그런 세련된 숙소의 한 예로는 다음을 보라. Joanna Hansford and Mary Bolling Blackiston, "Luxury boutique hostel opens in Vidigal," *Rio Times*, March 4, 2014.

20. British Broadcasting Corporation, "Rio de Janeiro's favelas reflected through art," BBC News, May 29, 2011.

21. 리우의 총상 환자 발생률은 다음을 보라. Melissa Rossi, "Gun wounds down in Complexo do Alemão, *Rio Times*, July 3, 2012. 리우와 워싱턴의 통계 비교는 다음을 보라. Richard Florida, "Gun violence in U.S. cities compared to the deadliest nations in the world," *Citylab*, January 22, 2013.

22. Christopher Gaffney, "Global parties, galactic hangovers: Brazil's mega event dystopia," *Los Angeles Review of Books*, October 1, 2014.

23. 우라니는 『리우: 전환점』(2011) 출간 직후 사망했다. 그의 부고는 다음을 보라. "Die economist André Urani," *O Globo*, December 14, 2011.

24. 내가 인터뷰했을 때는 바스투스가 〈시영 올림픽 회사〉의 대표였지만, 이후 그녀는 그 자리에서 물러났다. 다음을 보라. Nick Zaccardi, "President of company preparing Rio for Olympics resigns," NBC Sports, April 1, 2014.

25. Donna Bowater, "Olympics bus route to displace 900 families from Rio favela," *Al Jazeera*, September 1, 2014; Matthew Niederhauser, "Rio's Olympic inequality problem, in pictures," *Citylab*, September 9, 2015; Bruce Douglas, "Brazil officials evict families from homes ahead of 2016 Olympic Games," *Guardian*, October 28, 2015.

26. Luiz Felipe Reis, "As muitas redes do agitador da 'perifa' Marcus Vinicius Faustini," *O Globo*, July 21, 2012.

27. 유엔 인권 최고 대표 사무소의 필립 올스턴이 한 질책은 다음 보도 자료에서 땄다. "UN Special Rapporteur finds that killings by Brazilian police continue at alarming rates, government has failed to take all necessary action," United Nations Office of the High Commissioner for Human Rights, June 1, 2010. 브라질 상황에 대한 올스턴의 상세한 분석은 다음을 보라. Philip Alston, "Report of the Special Rapporteur on extrajudicial, summary or arbitrary executions: Follow-up to country recommendations — Brazil," United Nations Human Rights Council, May 28, 2010.

28. 브라질의 인종 정체성 정치학을 역사적으로 살펴본 자료는 다음과 같다.

Antonio Sérgio and Alfredo Guimarães, “The Brazilian system of racial classification,” *Ethnic and Racial Studies* 35, no. 7 (2012).

29. Melissa Block, “Skin color still plays big role in ethnically diverse Brazil,” *All Things Considered*, National Public Radio, September 19, 2013; Cristina Grillo, “Brasil quer ser chamado de moreno e só 39% se autodreinem como brancos,” *Folha*, June 25, 1995.

30. Étore Medeiros and Ana Pompeu, “Brasileiros acham que há racismo, mas somente 1.3% se consideram racistas,” *Correio Braziliense*, March 25, 2014.

31. Lilia Moritz Schwarcz, “Especificidade do racismo Brasileiro,” *História da vida Privada no Brasil*(1998).

32. 루나는 다음 인터뷰에서 자신의 활동을 소개했다. Rachael Hilderbrand, “Conheça Cíntia Luna, Presidente da AMUST do Morro do Fogueteiro,” *Rio On Watch*, July 4, 2014.

33. 인하이자두스의 웹 사이트는 다음과 같다. http://enraizados.com.br.

34. Fernando Gabeira, *O Que É Isso, Companheiro?* (1979); Four Days in September (1997).

35. Tom Winterbottom, “The tragedy of the Maracanã Stadium,” *Rio On Watch*, June 13, 2014; Mark Byrnes, “A brief history of Brazil's most treasured World Cup stadium,” *Citylab*, June 16, 2014.

36. Sean Collins, “City's theater re-opens in style,” *Rio Times*, June 8, 2010.

37. Jenny Barchfield, “Transgenders break into Brazil's modeling sector,” *CNS News*, December 6, 2012.

38. Vik Muniz, *Waste Land*(2011). 〈주 3〉에서 언급한 키노의 기사도 참고하라.

39. 조빙이 했다는 저 말은 브라질에서 도시 전설처럼 여겨지고, 온라인에서도 무수히 언급되지만, 조심스러운 기자들은 늘 〈일설에 따르면 조빙이 했다는 말〉이라고 표현한다. 가령 다음 기사들이 그렇다. Antonio Carlos Miguel, “Ser ou não ser carioca da gema não é a questão,” *O Globo*, February 28, 2015; Fernando Canzian, “É bom, mas é ruim,” *Folha*, July 13, 2009.

40. Clarissa Lins, “Providing electricity to Rio de Janeiro's favelas,” *Guardian*, March 18, 2014; Janet Tappin Coelho, “Brazil's ‘peace police’ turn five. Are Rio's favelas safer?” *Christian Science Monitor*, December 19, 2013.

41. 범죄 발생률 하락은 다음 기사에 나온다. Simon Jenkins, “Vision of the future or criminal eyesore: What should Rio do with its favelas?” *Guardian*, April 30, 2014. 학생들의 성적 향상은 다음 기사에 나온다. Robert Muggah and Ilona Szabo de Carvalho, “Fear and backsliding in Rio,” *New York Times*, April 15, 2014.

42. 사회정치 연구소의 조사는 〈주 40〉에서 언급한 코엘류의 기사에서 보도되

었다.

43. Human Rights Watch, "Letter: Brazil: Protect detainees in police custody," July 25, 2014.

44. "You killed my son: Homicides by military police in the city of Rio de Janeiro," Amnesty International, August 3, 2015.

45. Karin Elisabeth von Schmalz Peixoto et al., "Rio 2016 Olympics: The exclusion games," World Cup and Olympics Popular Committee of Rio de Janeiro, December 7, 2015; Jonathan Watts, "Rio Olympics linked to widespread human rights violations, report reveals," *Guardian*, December 8, 2015.

46. 아마리우두의 죽음은 널리 보도되었고, 일부를 소개하면 다음과 같다. Janathan Watts, "Brazil: Rio police charged over torture and death of missing favela man," *Guardian*, October 2, 2013; Human Rights Watch, "Brazil: Reforms fail to end torture," Human Rights Watch, July 28, 2014.

47. 페레이라의 죽음으로 대대적인 시위가 벌어졌다. 다음을 보라. Wyre Davies, "Brazil: Protesters in Rio clash with police over dancer's death," BBC News, April 23, 2014.

48. Donna Bowater, "Rio's police-occupied slums see an increase in drug-related violence," *Washington Post*, February 19, 2014.

49. Loretta Chao, "Rio faces surge of post-World Cup violence in slums," *Wall Street Journal*, July 22, 2014.

50. Judith Horowitz et al., "Brazilian discontent ahead of World Cup," Pew Research Global Attitudes Project, June 3, 2014.

51. Jonathan Watts, "Rio police tackle favelas as World Cup looms," *Guardian*, June 10, 2013. 호시냐 파벨라의 평정 작전도 준법 시민들에게 처참한 피해를 입혔다. 다음을 보라. Paula Ramon, "Poor, middle class unite in Brazil protests," CNN News, July 24, 2013.

52. 호키의 인용구는 〈주 44〉에서 언급한 국제 사면 위원회 보고서에서 땄다.

53. Rodrigo Serrano-Berthet et al., "Bringing the state back into the favelas of Rio de Janeiro: Understanding changes in community life after the UPP pacification process," World Bank, October 2012.

가나 가나 대통령과 한 침대에?

1. Daniel Danquah Damptey, "Investigate Mills' death," *GhanaWeb*, July 29, 2015.

2. 라디오 보도는 다음과 같다. Kweku Antwi-Otoo, "Gay activist Andrew Solomon will be a pastor one day: Moses Foh-Amoaning," *Atinka 104.7 FM*, July 13,

2015. 〈신이 그를 바꿔 놓을 것〉이라는 인용구는 내 성 정체성을 꽤 길게 이야기한 또 다른 기사에서 땄다. "'Prayer' is the key against 'devilish' homosexuality worldwide: Moses Foh-Amoaning," *Daily Guide Ghana*, July 14, 2015.

3. Gyasiwaa Agyeman, "'Mahama will soon mortgage Ghana to anti-Christ,'" *Adom Online*, January 8, 2016.

루마니아 동성애자, 유대인, 정신 질환자, 그리고 루마니아 집시들의 후원자

1. Dorina Calin, "Decizie UNATC: Criticul de film Andrei Rus nu va fi dat afară din instituție, dar va fi sancționat," *Mediafax*, July 2, 2015.

미얀마 미얀마의 순간

1. 이 글에 나오는 모든 인용구는 별도로 표시되지 않은 한 내가 직접 한 인터뷰에서 들은 말이다.

2. 유엔이 미얀마에 파견한 특별 인권 보고관 토마스 오헤아 킨타나가 2014년 보고서에서 확인한 사실이다. 다음을 보라. Samantha Michaels, "Quintana releases final report on Burma human rights," *Irrawaddy*, March 14, 2014.

3. Karen De Young, "Ban on U.S. investment in Burma is lifted," *Washington Post*, July 11, 2012.

4. 수 치의 가택 연금 해제에 대해서는 다음을 보라. Tracy McVeigh, "Aung San Suu Kyi 'released from house arrest,'" *Guardian*, November 13, 2010. NLD의 2012년 총선 승리에 대해서는 다음을 보라. Esmer Golluoglu, "Aung San Suu Kyi hails 'new era' for Burma after landslide victory," *Guardian*, April 2, 2012.

5. 역설적이게도 한 미얀마 평론가는 마 티다의 조기 석방은 군부가 펼치는 냉소적인 홍보용 미끼일 뿐이라고 말했다. Aung Zaw, "The SPDC's diplomatic gambit," *Irrawaddy*, February 1999.

6. 서문의 〈주 45〉에서 언급했던 수 치의 기고문을 보라.

7. Whitney Light, "Pressing questions with Aye Ko," *Myanmar Times*, May 18, 2014.

8. 루 모와 지금은 사망한 그의 형제 파 파 라이는 1996년 코미디 공연을 한 뒤 수감되었다. Philip Heijimans, "Skirting comedy limits in Myanmar," *New York Times*, July 29, 2015.

9. 코 민 라트는 군수이면서 몬어로 내는 신문 『탄 르윈 타임스』 편집자로도 일한다. Banyar Kong Janoi, "Pushing for ethnic language media in a changing Burma," *Asia Calling*, November 10, 2012.

10. 모 사트의 예술 작업도 당국의 의심을 샀다. Hillary Luong, "Artists de-

tained by Myanmar police," *Art Asia Pacific*, June 8, 2012.

11. 나이 폰 라트는 용감한 저널리즘 작업 덕분에 『타임』이 선정하는 〈2010년 100명의 인물〉 명단에 올랐다. 다음을 보라. Salman Rushdis, "Heroes: Nay Phone Latt," *Time*, April 29, 2010. 최근 인터뷰는 다음을 보라. "Nay Phone Latt speaks," *Myanmar Times*, March 3, 2014.

12. 전 유엔 사무총장 우 탄트의 손자인 탄트 민 우는 정치 관련 글을 많이 쓰는 작가이자 양곤 문화유산 재단의 재단장이다. 재단은 양곤의 역사적 건축물들의 역사를 기록하고, 지구제 법규를 수립하고, 도시 건축 환경을 보존하고자 한다. 단체의 웹 사이트는 다음과 같다. http://yangonheritagetrust.org.

13. 새뮤얼스가 등장하는 최신 기사는 다음을 보라. Joe Freeman, "Myanmar's Jewish vote," *Tablet*, November 9, 2015. 새뮤얼스의 여행사 〈미얀마 샬롬〉의 웹 사이트는 다음과 같다. http://myanmarshalom.com.

14. Jason Motlagh, "When a SIM card goes from $2,000 to $1.50," *Bloomberg Business*, September 29, 2014; Michael Tan, "One million SIM card sold in Myanmar," *CNET*, October 2, 2014; Jared Ferrie, "SIM sales soar as Myanmar races to catch up in telecoms," Reuters, May 6, 2015.

15. 교통 안전을 확보하기 위해서, 최근 미얀마는 새로 수입되는 차에 대해서는 좌석이 왼쪽에 있어야 한다는 법을 통과시켰다. Kyaw Hsu Mon, "Govt to push left-hand steering wheels on future car imports," *Irrawaddy*, November 25, 2014; Aye Nyein Win, "Right-hand drives to remain on the roads," *Myanmar Times*, October 23, 2015.

16. UNICEF, "Country statistics: Myanmar," UNICEF, 2015.

17. 관광이 미얀마 경제에 기여하는 비중에 대한 자세한 분석은 다음을 보라. Rochelle Turner et al., "Travel and tourism: Economic impact 2015: Myanmar," World Travel and Tourism Council, 2015.

18. 버마 역사에 대한 더 자세한 내용은 다음 책을 보라. Michael Aung-Thwin and Maitrii Aung-Thwin, *A History of Myanmar since Ancient Times*(2012).

19. 1988년 학생 시위에 대해서는 다음 기사들을 보라. British Broadcasting Corporation, "Burma's 1988 protests," BBC News, September 25, 2007; Rodion Ebbighausen, "Myanmar: The uprising of 1988," *Deutsche Welle*, August 8, 2013.

20. 미얀마 헌법 전문은 세계 지식 재산권 기구의 다음 웹 사이트에서 볼 수 있다. http://wipo.int/edocs/lexdocs/laws/en/mm/mm009en/pdf. 헌법의 문제적 측면과 개정 노력에 대해서는 다음 기사들을 보라. Thomas Fuller, "Myanmar's leader backs change to constitution," *New York Times*, January 2, 2014; Jared Ferrie, "Myanmar president enacts law allowing referendum on disputed constitution," Reuters, February 12, 2015; Thomas Fuller, "Myanmar's military uses political force to block constitutional changes," *New York Times*, June 15, 2015.

21. Julia Lyon, "Invited to escape to America, some refugees just say no," *St. Louis Tribune*, September 14, 2009; Ron Corben, "Burmese refugees in Thailand long to return home," *Deutsche Welle*, December 13, 2011.

22. 반체제 인사 중 자신을 억류했던 자들이 사과해야 한다고 주장하는 사람으로는 윈 틴이 있다. 다음을 보라. Kyaw Phyo Tha, "Ex-political prisoner Win Tin demands apology from junta leaders," *Irrawaddy*, October 30, 2913.

23. Aung San Suu Kyi, *The Voice of Hope: Conversations with Alan Clements*(2008).

24. Matt Kennard and Claire Provost, "The lights are on but no one's home in Myanmar's capital Naypyidaw," *Guardian*, March 19, 2015; Katie Amey, "Government-issued housing, super-highways that span 20 lanes but not a soul in sight: Inside Myanmar's haunting capital city," *Daily Mail*, April 18, 2015.

25. US Department of State, "U.S. economic engagement with Burma," US Embassy in Rangoon, June 2014.

26. 그동안 많은 미얀마 전문 인력이 싱가포르로 빠져나갔지만, 최근에는 흐름이 서서히 바뀌고 있다. 다음을 보라. Kyaw Zwa Moe, "Burmese professionals earn good mone in Singapore but still miss home," *Irrawaddy*, March 2007; Joanna Seow, "More Myanmar professionals in Singapore heading home to tap booming economy," *Straits Times*, March 24, 2014.

27. 슈웨 만이 실용적 관점에 입각하여 아웅 산 수 치와 동맹을 맺은 사건은 그의 소속당 USDP 내에서 의구심을 일으켰고, 결국 테인 세인 대통령의 주동으로 만은 당 대표 자리에서 쫓겨났다. 다음을 보라. Thomas Fuller, "Conservatives in Myanmar force out leader of ruling party," *New York Times*, August 13, 2015; British Broadcasting Corporation, "Aung San Suu Kyi hails Shwe Mann as an 'ally,'" BBC News, August 18, 2015; Hnin Yadana Zaw and Antoni Slodkowski, "Myanmar's ousted ruling party head to work with Suu Kyi," Reuters, November 5, 2015.

28. 좋은 평가를 받는 다음 전기를 참고하라. Peter Popham, *The Lady and the Peacock: The Life of Aung San Suu Kyi*(2012).

29. 수 치의 노벨상 수락 연설은 다음 웹 사이트에서 볼 수 있다. http://nobelprize.org/nobel_prizes/peace/laureates/1991/kyi-lecture_en.html.

30. 〈주 20〉에 언급한 기사들을 보라.

31. 24분짜리 다음 동영상을 보라. "Legal adviser to Aung Sann Suu Kyi, Robert Pe," Reliefweb Labs, May 5, 2015.

32. 미얀마의 신설 의회 도서관에 책을 기증한 곳은 캐나다, 미국, 아시아 재단 등이다. 다음을 보라. "Baird bears gifts," *Mizzima*, March 9, 2012; Malaysian Myanmar Business Couneil, "U.S. contributes publications to partliamentary li-

brary," October 24, 2012; Asia Foundation, "The Asia Foundation donates books to parliamentary library to Burma," October 24, 2012.

33. 나르기스가 얼마나 큰 충격을 끼쳤고 그 이유는 무엇이었는가에 대해서는 다음을 보라. Michael Casey, "Why the cyclone in Myanmar was so deadly," *National Geographic News*, May 8, 2008.

34. 총영사 이에 민 아웅의 황당한 발언은 2009년 2월 9일 자로 작성된 편지에 나왔다(웹에서 볼 수 있다. http://asiapacific.anu.edu.au/newmandala/wp-content/uploads/2009/02/the-consul-generals-letter.pdf). 처음 사건을 보도한 기사는 다음과 같다. Greg Torode, "Myanmese envoy say Rohingya ugly as ogres," *South China Morning Post*, February 11, 2009.

35. 미얀마 정부가 무슬림 인구의 역사를 어떻게 해석하는지에 대해서는 다음 자료를 보라. Republic of the Union of Myanmar, "Final report of inquiry commission on sectarian violence in Rakhine State," July 8, 2013.

36. 여러 NGO들이 로힝야족의 역사를 정리했다. 가령 다음을 보라. Euro-Burma Office, "The Rohingyas: Bengali Muslims or Arakan Rohingyas?" EBO Briefing Paper No. 2, Euro-Burma Office, 2009; Eliane Coates, "Sectarian violence involving Rohingya in Myanmar: Historical roots and modern triggers," Middle East Institute, August 4, 2014.

37. 안보 전문가들과 버마 의회 정치가들은 이 의심을 반박한다. Paul Vrieze, "Experts reject claims of 'Rohingya mujahideen' insurgency," *Irrawaddy*, July 15, 2013.

38. 국제 인권 감시 기구는 로힝야족이 겪는 핍박을 기록해 왔다. Matthew Smith et al., "'All you can do is pray': Crimes against humanity and ethnic cleansing of Rohingya Muslims in Burma's Arakan State," Human Rights Watch, April 2013.

39. 메이틸라에서 벌어진 로힝야족 학살을 부추겼다고 일컬어지는 아신 위라투의 설법은 온라인에서 동영상으로 볼 수 있다. "Anti Muslim monk Wirathu talk about Meiktila before riot," Youtube, March 24, 2013. 내용을 요약한 번역문은 다음에서 볼 수 있다. Maung Zarni, "Racist leader monk Rev. Wirathu's speech," *M-Media*, March 24, 2013. 〈떨쳐 일어나라〉고 종용했다는 인용구는 다음 기사에서 땄다. Hannah Beech, "The face of Buddhist terror," *Time*, July 1, 2013. 소책자 이야기는 다음 기사에 나온다. Thomas Fuller, "Extremism rises among Myanmar Buddhists," *New York Times*, June 20, 2013. 히틀러에 빗댄 말은 다음 기사에 나온다. Sarah Kaplan, "The serene-looking Buddhist monk accused of inciting Burma's sectarian violence," *Washington Post*, May 27, 2015.

40. Yassin Musharbash, "The 'Talibanization' of Pakistan: Islamists destroy Buddhist statue," *Der Spiegel*, November 8, 2007.

41. Jonathan Pearlman, "Jihadist group calls on Muslims to save Burmese mi-

grants from 'savage Buddhists,'" *Telegraph*, May 20, 2015.

42. David Mathieson, "Perilous plight: Burma's Rohingya take to the sea," Human Rights Watch, 2009.

43. 많은 사람이 수 치의 침묵을 지적했다. 가령 다음을 보라. Moshahida Sultana Ritu, "Ethnic cleansing in Myanmar," *New York Times*, July 12, 2012; Charlie Chmpbell, "Arakan strife poses Suu Kyi political problem," *Irrawaddy*, July 13, 2012.

44. Lawi Weng, "Arakan monks boycott UN, INGOs," *Irrawaddy*, July 6, 2012.

45. "Five injured in Mandalay unrest, damage limited," *Irrawaddy*, July 2, 2014.

46. 미얀마 거주 무슬림의 여러 범주에 대한 학술적 논의는 다음을 보라. Khin Maung Yin, "Salience of ethnicity among Burman Muslims: A study in identity formation," *Intellectual Discourse* 13, no. 2 (2005).

47. 문신한 친족 여성에 대한 정보는 다음을 보라. Sarah Boesveld, "Stealing beauty: A look at the tattooed faces of Burma's Chin provence," *National Post*, July 15, 2011.

48. 다음 기사에서는 미얀마 승려의 수를 40만 명에서 50만 명 사이로 보았다. Sarah Buckley, "Who are Burma's monks?" BBC News, September 26, 2007.

49. 유대인들이 남아시아 안팎으로 이주한 역사를 다룬 기사는 다음과 같다. Nathan Katz and Ellen S. Goldberg, "The last Jews in India and Burma," *Jerusalem Letter*, April 15, 1988.

50. 아버지 모지스 새뮤얼스는 2015년 5월 29일 사망했다. 다음을 보라. Jonathan Zaiman, "Remembering Moses Samuels, the man who preserved Jewry in Myanmar," *Tablet*, June 2, 2015.

51. 모지스 새뮤얼스도 〈이곳에는 종교 문제는 없습니다〉라고 말했다. 다음을 보라. Seth Mydans, "Yangon Journal: Burmese Jew shoulders burden of his heritage," *New York Times*, July 23, 2002. 모지스 새뮤얼스에 대한 감동적인 추모와 미얀마의 유대인 공동체 소개가 담긴 다음 기사도 보라. Sammy Samuels, "Hanukkah with spirit in Yangon," BBC News, December 4, 2015.

52. Shibani Mahtani and Myo Myo, "Myanmar signs draft peace deal with armed ethnic groups," *Wall Street Journal*, March 31, 2015.

53. 미얀마의 국민당 잔당에 대한 더 많은 정보는 다음을 보라. Denis D. Gray, "The remaining veterans of China's 'lost army' cling to old life styles in Thailand," *Los Angeles Times*, June 7, 1987.

54. Michael Black and Roland Fields, "Virtual gambling in Myanmar's drug country," *Asia Times*, August 26, 2006; Sebastian Strangio, "Myanmar's wildlife trafficking hotspot," *Al Jazeera*, June 17, 2014.

55. Andrew Marshall, "Myanmar old guard clings to $8 billion jade empire,"

Reuters, October 1, 2013. 벽옥 광산의 산사태 때문에 사망자가 느는 문제는 다음 기사에서 보도되었다. Kyaw Myo Min, Kyaw Kyaw Aung, and Khin Khin Ei, "Hopes fade for Myanmar landslide survivors as lawmakers urge greater safety for miners," Radio Free Asia, November 24, 2015.

56. Mary O'Shea, "Journey of shelf discovery," *Post Magazine*, October 14, 2012.

57. 테인 린의 인생과 활동은 다음 기사에서 소개되었다. Thomas Fuller, "Back to a Burmese prison by choice," *New York Times*, December 6, 2014.

58. 테인 린의 「손의 쇼」 전시회는 그의 웹 사이트에 소개되어 있다. http://hteinlin.com/a-show-of-hand. 다음 기사도 보라. Kyaw Phyo Tha, "Hands of hardship; Artist Htein Lin spotlights political prisoners' travails," *Irrawaddy*, July 27, 2015.

59. 와 누와 툰 윈 아웅 부부의 작품은 다음 기사들에서 소개되었다. Mike Ives, "Culling Myanmar's past for memories," *New York Times*, October 16, 2013; Susan Ekndzulak, "Burma's flying circus," *Art Radar*, October 18, 2013.

60. 마웅 틴 팃은(우 이에 몬이라고도 불린다) 2015년 총선에서 의원이 되었다. Pyae Thet Phyo, "Ex-minister's agent denies seeking recount," *Myanmar Times*, November 12, 2015.

61. Ma Thanegi, *Nor Iron Bars a Cage*(2013).

62. Ma Thanegi, "The Burmese fairy tale," *Far Eastern Economic Review*, February 19, 1998.

63. 미수 보릿의 버미즈 고양이 복원 노력은 다음 기사들에서 소개되었다. Kelly McNamara, "Burmese cats return to a new Burma," *Bangkok Post*, September 14, 2012; Kyaw Phyo Tha, "A purr-fect pedigree in Burma," *Irrawaddy*, February 24, 2014.

64. 수치는 〈주 17〉에 언급한 터너 등의 보고서에서 땄다.

65. 『유니티 저널』의 언론인들은 아직도 수감되어 있다. 다음을 보라. San Yamin Aung, "Supreme Court rejects appeal of Unity journalists," *Irrawaddy*, November 27, 2014.

66. 일부 기자들에 대한 고발은 결국 취하되었다. "Charges dropped against 23 jounalists," *Nation*(Bangkok), August 25, 2014.

67. Lawi Weng, Nyein Nyein, and Kyaw Hsu Mon, "Missing reporter killed in custody of Burma army," *Irrawaddy*, October 24, 2014. 이 사건의 여파에 대해서는 다음 기사를 보라. British Broadcasting Corporation, "Myanmar court 'must investigate Aung Kyaw Naing death,'" BBC News, December 3, 2014.

68. Zarni Mann, "DVB reporter jailed for one year," *Irrawaddy*, April 7, 2014.

69. Nobel Zaw, "Court sentences 3 journalists, 2 media owners to 2 years in

prison," *Irrawaddy*, October 16, 2014.

70. Nobel Zaw, "Activist hit with additional sentence, totaling over 13 years," *Irrawaddy*, October 31, 2014.

71. 〈국경 없는 기자회〉가 발표하는 연례 언론 자유 지수 2015년 자료에서 땄다. http://index.rsf.org.

72. Yanghee Lee, "Report of the Special Rapporteur on situation of human rights in Myanmar," United Nations Office of the High Commissioner for Human Rights, September 23, 2014.

73. Rishi Iyengaar, "Burma's million-strong Rohingya population faces 'final stages of genocide,' says report," *Time*, October 28, 2015; Penny Green, Thomas MacManus, and Alicia de la Cour Venning, "Countdown to annihilation: Genocide in Myanmar," International State Crime Initiative, 2015.

74. Andrew Marshall, "The 969 catechism," Reuters, June 26, 2013; Andrew Marshall, "Myanmar gives official blessing to anti-Muslim monks," Reuters, June 27, 2013. 마바타 정당에 대해서는 다음을 보라. Annie Gowen, "Hard-line Buddhist monks threaten Burma's hopes for democracy," *Washington Post*, November 5, 2015.

75. Agence France-Presse, "Muslim groups sue Myanmar president for Rohingya 'genocide,'" *Guardian*, October 5, 2015.

76. NLD의 선거 승리에 대해서는 다음 기사를 보라. Oliver Holmes, "Aung San Suu Kyi wins outright majority in Myanmar election," *Guardian*, November 13, 2015. 우 윈 테인의 말은 다음 기사에서 땄다. Austin Ramzy, "After Myanmar election, few signs of a better life for Muslims," *New York Times*, November 18, 2015.

77. Julie Makinen, "Myanmar press freedom: Unprecedented but still subject to pressures," *Los Angeles Times*, March 27, 2015; Paul Mooney, "Jail, lawsuits cast shadow over Myanmar media freedom," Reuters, May 15, 2014; Amnesty International, "Caught between state censorship and self-censorship: Prosecution and intimidation of media workers in Myanmar," Amnesty International, June 16, 2015.

78. "A milestone for Myanmar's democracy," *New York Times*, November 12, 2015.

79. 수 치의 발언은 다음 기사에서 땄다. Claire Phipps and Matthew Weaver, "Aung San Suu Kyi vows to make all the decisions in Myanmar's new government," *Guardian*, November 10, 2015. 다음도 참고하라. Fergal Keane, "Myanmar election: Full BBC interview with Aung San Suu Kyi," BBC News, November 10, 2015.

1. 만약 내가 40년 뒤에만 태어났더라도 모험심 강한 식사자로 보이지 못했을 것이다. 장어가 그동안 워낙 인기 있는 요리 재료가 된 터라, 일본 장어와 미국 장어가 둘 다 국제 자연 보전 연맹의 멸종 위기종 목록에 올랐다. 다음을 보라. Frances Cha, "Japanese eel becomes latest 'endangered food,'" *CNN Travel*, February 5, 2013; Annie Sneed, "American eel is in danger of extinction," *Scientific American*, December 1, 2014.

2. 펜실베이니아주 리하이에 있는 더치스프링스 채석장에는 스쿨버스뿐 아니라 소방차, 트롤리, 세 종류의 비행기, 시코르스키 H-37 헬리콥터 한 대도 잠겨 있다. 다음을 보라. Julie Morgan, "Keeping 'em diving in the Keystone State," *Sport Diver*, April 21, 2006.

3. 내 연설문은 축제 웹 사이트에서 볼 수 있다. http://swf.org.au.

4. 무능한 직원 때문에 바다에 버려진 뒤 뻔뻔한 매니저에게 그래도 비용은 다 내야 한다는 소리를 듣지 않는 한 멋진 휴양지인 오피어스 아일랜드 리조트의 웹 사이트는 다음과 같다. http://orpheus.com.au.

5. 타잔의 고함 소리가 어떤지는 누구나 알지만, 사실 그 유래에 대해서는 논란이 좀 있다. 다음을 보라. Bill De Main, "The disputed history of the Tarzan yell," *Mental Floss*, August 22, 2012.

6. 『곰돌이 푸』 이야기 중 9장이다. A. A. Milne, "In Which Piglet Is Entirely Surrounded by Water," *Winnie-the-Pooh*(1926).

참고문헌

Abrahams, Fred. "In his first interview, Saif al-Islam says he has not been given access to a lawyer." *Daily Beast*, December 30, 2012.

Adams, Susan. "Treasure islands: Inside a Japanese billionaire's art archipelago." *Forbes*, July 29, 2015.

Agence France-Presse. "Muslim groups sue Myanmar president for Rohingya 'genocide.'" *Guardian*, October 5, 2015.

———. "Rwanda opposition says can't find lawyer for Kagame 3rd term case— one said 'God was against it.'" *Mail & Guardian*, July 8, 2015.

———. "US opposes third term for Rwanda's Kagame: Diplomat." *Guardian* (Nigeria), June 5, 2015.

Agyman, Gyasiwaa. "'Mahama will soon mortgage Ghana to anti-Christ.'"*Adom Online*, January 8, 2016.

Ai Weiwei. "Ai Weiwei: China's art world does not exist." *Guardian*, September 10, 2012.

Akinsha, Konstantin. "Art in Russia: Art under attack." *ARTnews*, October 1, 2009.

Alston, Philip. "Report of the Special Rapporteur on extrajudicial, summary or arbitrary executions: Follow-up to country recommendations—Brazil." United Nations Human Rights Council, May 28, 2010.

Alter, Alexandra. "China's publishers court America as its authors scorn censorship." *New York Times*, May 28, 2015.

American Consul Rio de Janeiro. "Counter-insurgency doctrine comes to Rio's favelas." September 30, 2009.

Amey, Katie. "Government-issued housing, super-highways that span 20 lanes but not a soul in sight: Inside Myanmar's haunting capital city." *Daily Mail*, April

18, 2015.

Amnesty International. "Caught between state censorship and self-censorship: Prosecution and intimidation of media workers in Myanmar." Amnesty International, June 16, 2015.

———. "State of Libya."In "The state of the world's human rights." Amnesty International, March 11, 2015.

Amos, Howard. "Russian publisher prints books about Putin under names of western authors." *Guardian*, August 11, 2015.

Anistia Internacional Brasil. "You killed my son: Homicides by military police in the city of Rio de Janeiro." Amnesty International, August 3, 2015.

"Anti Muslim monk Wirathu talk about Meiktila before riot." YouTube, March 24, 2013. http://youtube.com/watch?v=N7irUgGsFYw.

Antunes, Anderson. "When samba meets African dictators: The ugly side of Rio de Janeiro's Carnival." *Forbes*, February 19, 2015.

Antwi-Otoo, Kweku. "Gay activist Andrew Solomon will be a pastor one day: Moses Foh-Amoaning." *Atinka 104.7 FM Online*, July 13, 2015.

Arendt, Laurie. "A toast to her brother," Ozaukee Press, September 13, 2007.

Artavia, David. "Cameroon's 'gay problem.'" *Advocate*, July 7, 2013.

Asia Foundation. "The Asia Foundation donates books to parliamentary library in Burma." Asia Foundation, October 24, 2012.

Associated Press. "Assault on U.S. consulate in Benghazi leaves 4 dead, including U.S. Ambassador J. Christopher Stevens." CBS News, September 12, 2012.

———. "Vinegar contaminated with antifreeze kills Chinese Muslims at Ramadan meal." *Guardian*, August 22, 2011.

———. "Women journalists targeted in Afghanistan." NBC News, June 26, 2007.

Aung San Suu Kyi. "Please use your liberty to promote ours." *New York Times*, February 4, 1997.

Aung San Suu Kyi and Alan Clements. *The Voice of Hope: Conversations with Alan Clements*. New York: Seven Stories Press, 2008.

Aung-Thwin, Michael, and Maitrii Aung-Thwin. *A History of Myanmar since Ancient Times*. Chicago: University of Chicago, 2012.

Aung Zaw. "The SPDC's diplomatic gambit." *Irrawaddy*, February 1999.

Australian Associated Press. "Temperature affects fungi in Antarctica." Special Broadcasting Service, September 28, 2015.

Aye Nyein Win."Right-hand drives to remain on the roads." *Myanmar Times*,

October 23, 2015.

"Baird bears gifts." Mizzima, March 9, 2012.

Barber, Elizabeth. " 'Gutter oil' scandal raises food-safety fears once again in greater China." *Time*, September 8, 2014.

Barchfield, Jenny. "Transgenders break into Brazil's modeling sector." *CNS News*, December 6, 2012.

Bass, Katy Glenn, and Joey Lee. "Silenced voices, threatened lives: The impact of Nigeria's LGBTI law on Freedom of Expression." PEN American Center, June 29, 2015.

Beam, Christopher. "Beyond Ai Weiwei: How China's artists handle politics (or avoid them)." *New Yorker*, March 27, 2015.

Becker, Kathrin. "In memoriam TimurNovikov." *Art Margins*, May 23, 2002.

Beech, Hannah. "The face of Buddhist terror." *Time*, July 1, 2013.

Benson, Todd. "U.N. watchdog denounces police killings in Brazil." Reuters, September 15, 2008.

Bevins, Vincent. "Coming 'tsunami'? In Brazil, calls for reform in wake of FIFA scandals." *Los Angeles Times*, June 12, 2015.

Bjerregaard, Peter, and Christina ViskumLytken Larsen. "Time trend by region of suicides and suicidal thoughts among Greenland Inuit." *International Journal of Circumpolar Health* 74 (February 19, 2015): 26053.

Black, Michael, and Roland Fields."Virtual gambling in Myanmar's drug country." *Asia Times*, August 26, 2006.

"Blackout hits Taipei's Palace Museum Thursday afternoon." *Want China Times*, July 10, 2015.

Block, Melissa. "Skin color still plays big role in ethnically diverse Brazil." *All Things Considered*, National Public Radio, September 19, 2013.

Boehler, Patrick. "Bad eggs: Another fake-food scandal rocks China." *Time*, November 6, 2012.

———. "Police seize chicken feet in storage since 1967, smuggled from Vietnam." *South China Morning Post*, July 8, 2013.

Boesveld, Sarah. "Stealing beauty: A look at the tattooed faces of Burma's Chin province." *National Post*, July 15, 2011.

Boswell, James. *Boswell's Life of Johnson*. Edited by George Birkbeck Hill. Oxford: Clarendon Press, 1887.

Bowater, Donna. "Olympics bus route to displace 900 families from Rio favela." *Al Jazeera*, September 1, 2014.

———. "Rio's police-occupied slums see an increase in drug-related violence." *Washington Post*, February 19, 2014.

Bradsher, Keith. "Rare glimpses of China's long-hidden treasures." *New York Times*, December 28, 2006.

Branigan, Tania. "Chinese treasures to be reunited in Taiwan." *Guardian*, February 19, 2009.

———. "It's goodbye Lenin, hello dinosaur as fossils head to Mongolia museum." *Guardian*, January 27, 2013.

———. "Mongolia declares state of emergency as riots kill five." *Guardian*, July 2, 2008.

Bremmer, Ian. "These 5 facts explain Russia's economic decline." *Time*, August 14, 2015.

British Broadcasting Corporation. "Aung San Suu Kyi hails Shwe Mann as an 'ally.'" BBC News, August 18, 2015.

———. "Brazil corruption: Rio police arrested over 'extortion racket.'" BBC News, September 16, 2014.

———. "Burma's 1988 protests." BBC News, September 25, 2007.

———. "Cameroon 'gay sex' men acquitted." BBC News, January 7, 2013.

———. "Chernobyl: 20 years on." BBC News, June 12, 2007.

———. "Chinese police arrest 110 for selling 'contaminated pork.'" BBC News, January 12, 2015.

———. "Egypt cuts 'gay wedding video' jail terms." BBC News, December 27, 2014.

———. "Greenland's Jakobshavn Glacier sheds big ice chunk." BBC News, August 24, 2015.

———. "Iranian hanged after verdict stay." BBC News, December 6, 2007.

———. "Moscow protest: Thousands rally against Vladimir Putin." BBC News, December 25, 2011.

———. "Myanmar court 'must investigate Aung KyawNaing death.'" BBC News, December 3, 2014.

———. "Paul Kagame's third term: Rwanda referendum on 18 December." BBC News, December 9, 2015.

———. "Profiles of Russia's 2012 presidential election candidates." BBC News, March 1, 2012.

———. "Report: One fifth of China's soil contaminated." BBC News, April 18, 2014.

———. "Rio de Janeiro's favelas reflected through art." BBC News, May 29, 2011.

———. "Self-rule introduced in Greenland." BBC News, June 21, 2009.

———. "Taiwan rejects 'looted' China art." BBC News, October 7, 2009.

Bronson, Po, and Ashley Merryman. "Even babies discriminate: A NurtureShock excerpt." *Newsweek*, September 4, 2009.

Brownmiller, Susan. *Against Our Will: Men, Women and Rape*. New York: Simon & Schuster, 1975.

Buckley, Sarah. "Who are Burma's monks?" BBC News, September 26, 2007.

Buncombe, Andrew. "India's gay community scrambling after court decision recriminalises homosexuality." *Independent*, February 26, 2014.

Burkitt, Laurie. "Selling health food to China." *Wall Street Journal*, December 13, 2010.

Byrnes, Mark. "A brief history of Brazil's most treasured World Cup stadium." *Citylab*, June 16, 2014.

CaiMuyuan. "Eat green, think greener." *China Daily Europe*, June 5, 2015.

Calin, Dorina. "Decizie UNATC: Criticul de film Andrei Rus nu va fi datafară dininstituţie, darva fi sancţionat." *Mediafax*, July 2, 2015.

Campbell, Charlie. "Arakan strife poses Suu Kyi political problem." *Irrawaddy*, July 13, 2012.

Canzian, Fernando. "É bom, mas é ruim (It's good, but it's bad.)," *Folha*, July 13, 2009.

Carpenter, Frances. *Tales of a Korean Grandmother*. St. Louis, MO: Turtleback Books, 1989.

Caryl, Christian. "Putin: During and after Sochi." *New York Review of Books*, April 3, 2014.

———. "The young and the restless." *Foreign Policy*, February 17, 2014.

Casey, Michael. "Why the cyclone in Myanmar was so deadly." *National Geographic News*, May 8, 2008.

Cha, Frances. "Japanese eel becomes latest 'endangered food.'" *CNN Travel*, February 5, 2013.

Chang, Jack. "Chinese art colony's free-speech illusion shatters." *Asahi Shumbun*, October 17, 2014.

Chao, Loretta. "Rio faces surge of post – World Cup violence in slums." *Wall Street Journal*, July 22, 2014.

"Charges dropped against 23 journalists." *Nation* (Bangkok), August 25, 2014.

Chekhov, Anton. *The Three Sisters: A Play by Anton Chekhov Adapted by David Mamet*. New York: Samuel French, 1992.

Chen, Te-Ping. "In latest mash-up, China puts spotlight on spuds." *Wall Street*

Journal, August 17, 2015.

Coates, Eliane. "Sectarian violence involving Rohingya in Myanmar: Historical roots and modern triggers." Middle East Institute, August 4, 2014.

Coelho, Janet Tappin. "Brazil's 'peace police' turn five. Are Rio's favelas safer?" *Christian Science Monitor*, December 19, 2013.

Cohen, Andrew. "Off the page: Li Xianting." *Art Asia Pacific* 71, November/December 2010.

Collins, Sean. "City's theater re-opens in style." *Rio Times*, June 8, 2010.

Collinson, Stephen. "Marathon Benghazi hearing leaves Hillary Clinton largely unscathed." *CNN Politics*, October 23, 2015.

Conwill, William Louis. "N'deup and mental health: Implications for treating Senegalese immigrants in the U.S." *International Journal for the Advancement of Counselling* 32, no. 3 (September 2010): 202 – 13.

Cooper, Tanya. "License to harm: Violence and harassment against LGBT people and activists in Russia." Human Rights Watch, December 15, 2014.

Cooperman, Alan, Phillip Connor, and Erin O'Connell. "Russians return to religion but not to church." Pew Research Center, February 10, 2014.

Corben, Ron. "Burmese refugees in Thailand long to return home." *Deutsche Welle*, December 13, 2011.

Crichton-Miller, Emma. "Young Russian curators tap into country's recent art history." *Financial Times*, June 27, 2014.

Crow, Kelly. "Moscow's contemporary art movement." *Wall Street Journal*, June 4, 2015.

Curtis, Tine, and Peter Bjerregaard. *Health Research in Greenland*. Copenhagen: Danish Institute for Clinical Epidemiology, 1995.

Dahas, Nashla. "Luis Eduardo Soares." *Revista de Historia*, January 11, 2014.

Damptey, Daniel Danquah. "Investigate Mills' death." *GhanaWeb*, July 29, 2015.

Darnton, Robert. "Talking about Brazil with Lilia Schwarcz." *New York Review of Books*, August 17, 2010.

Davies, Wyre. "Brazil: Protesters in Rio clash with police over dancer's death." BBC News, April 23, 2014.

deBruyn, Maria. *Violence, Pregnancy and Abortion: Issues of Women's Rights and Public Health*. 2nd ed. Chapel Hill, NC: Ipas, 2003.

Delgado, Fernando Ribeiro. "Lethal force: Police violence and public security in Rio de Janeiro and São Paulo." Human Rights Watch, December 8, 2009.

DelReal, Jose. "Donald Trump won't rule out warrantless searches, ID cards for American Muslims." *Washington Post*, November 19, 2015.

De Main, Bill. "The disputed history of the Tarzan yell." *Mental Floss*, August 22, 2012.

Demick, Barbara. "In China, what you eat tells who you are." *Los Angeles Times*, September 16, 2011.

Demirjian, Karoun. "Russian youths find politics as their pop icons face pressure." *Washington Post*, December 2, 2014.

Des Forges, Alison Liebhafsky. "Leave None to Tell the Story": *Genocide in Rwanda*. New York: Human Rights Watch, 1999.

Dettmer, Jamie. "The ISIS hug of death for gays." *Daily Beast*, April 24, 2015.

de Vivo, Marcelo. "Experience the best of Russian nightlife." *Pravda*, October 10, 2013.

deVos, Connie. "Absolute spatial deixis and proto-toponyms in Kata Kolok." *NUSA: Linguistic Studies of Languages in and around Indonesia* 56 (2014): 3–26.

———. "A signers' village in Bali, Indonesia." *Minpaku Anthropology News*, 2011.

deVos, Connie, and N. Palfreyman. "Deaf around the world: The impact of language." *Journal of Linguistics* 48, no. 3 (November 2012): 731–35.

De Young, Karen. "Ban on U.S. investment in Burma is lifted." *Washington Post*, July 11, 2012.

Dickey, Lisa. "Moscow: Rap star MC Pavlov." Russian Chronicles, *Washington Post*, November 2, 2005.

"Die economist André Urani." *O Globo*, December 14, 2011.

Dilawar, Arvind. "Teatime with Big Brother: Chinese artist Wu Yuren on life under surveillance." *Vice*, June 15, 2015.

Dolcy, Marion. "Russian art anarchists explain themselves." *Don't Panic*, December 20, 2010.

Donadio, Rachel. "Museum director at Hermitage hopes for thaw in relations with West." *New York Times*, May 14, 2015.

Douglas, Bruce. "Brazil officials evict families from homes ahead of 2016 Olympic Games." *Guardian*, October 28, 2015.

Downie, Andrew. "Rio finally makes headway against its drug gangs." *Time*, November 26, 2010.

Dudley, Steven. "Deadly force: Security and insecurity in Rio." North American Congress on Latin America, November 1998.

Durao, Carlos, Marcos Machado, and Eduardo Daruge Jr. "Death in the 'microwave oven': A form of execution by carbonization." *Forensic Science Interna-*

tional 253 (August 2015): e1 –3.

Ebbighausen, Rodion. "Myanmar: The uprising of 1988." *Deutsche Welle*, August 8, 2013.

Euro-Burma Office. "The Rohingyas: Bengali Muslims or ArakanRohingyas?" EBO Briefing Paper No. 2, Euro-Burma Office, 2009.

Feast, Lincoln. "Strong quake hits near Solomon Islands; tsunami warning cancelled." Reuters, April 12, 2014.

Feltham, John. *The English Enchiridion*. Bath: R. Crutwell, 1799.

Ferrie, Jared. "Myanmar president enacts law allowing referendum on disputed constitution." Reuters, February 12, 2015.

———. "SIM sales soar as Myanmar races to catch up in telecoms." Reuters, May 6, 2015.

Fitzgerald, Mary. "Libyan renegade general KhalifaHaftar claims he is winning his war." *Guardian*, June 24, 2014.

"Five injured in Mandalay unrest, damage limited." *Irrawaddy*, July 2, 2014.

Florida, Richard. "Gun violence in U.S. cities compared to the deadliest nations in the world." *Citylab*, January 22, 2013.

Flueckiger, Lisa. "Brazil's federal police to investigate after FIFA scandal." *Rio Times*, May 29, 2015.

Forbes, Alexander. "Manifesta 10 succeeds despite controversy." *Artnet News*, June 27, 2014.

Foster, Peter. "Top 10 Chinese food scandals." *Telegraph*, April 27, 2011.

Frank, Marc. "Cuba's atheist Castro brothers open doors to Church and popes." Reuters, September 7, 2015.

Freedom House. "Nations in transit 2015: Russia." Freedom House, 2015.

Freedom to Marry."The freedom to marry internationally."Freedom to Marry, 2015.

Freeman, Joe. "Myanmar's Jewish vote." *Tablet*, November 9, 2015.

French, Howard. "Kagame's hidden war in the Congo." *New York Review of Books*, September 24, 2009.

Fuller, Thomas. "Back to a Burmese prison by choice." *New York Times*, December 6, 2014.

———. "Conservatives in Myanmar force out leader of ruling party." *New York Times*, August 13, 2015.

———. "Extremism rises among Myanmar Buddhists." *New York Times*, June 20, 2013.

———. "Myanmar's leader backs change to constitution." *New York Times*,

January 2, 2014.

———. "Myanmar's military uses political force to block constitutional changes." *New York Times*, June 15, 2015.

Fullerton, Jamie. "Chinese artist who posted funny image of President Xi Jinping facing five years in prison as authorities crackdown [sic] on dissent in the arts." *Independent*, May 28, 2015.

Furbank, P. N., and F. J. H. Haskell. "E. M. Forster: The art of fiction no. 1." *Paris Review*, Spring 1953.

Gabeira, Fernando. *O Que É Isso, Companheiro?* Rio de Janeiro: Editora Codecri, 1979.

Gaffney, Christopher. "Global parties, galactic hangovers: Brazil's mega event dystopia." *Los Angeles Review of Books*, October 1, 2014.

Garver, Rob. "Putin lets criminals bring money back to Russia." *Fiscal Times*, June 11, 2015.

Geertz, Hildred, and Clifford Geertz. *Kinship in Bali*. Chicago: University of Chicago Press, 1975.

George, Jason. "The suicide capital of the world." *Slate*, October 9, 2009.

Global Campaign for Rwandan Human Rights. "Crimes and repression vs. development in Rwanda: President Paul Kagame's many shadows." Africa Faith & Justice Network, July 13, 2015.

Global Justice Center. *The Right to an Abortion for Girls and Women Raped in Armed Conflict*. New York: Global Justice Center, 2011.

Global Legal Research Directorate. "Laws on homosexuality in African nations." US Library of Congress, June 9, 2015.

Golluoglu, Esmer. "Aung San Suu Kyi hails 'new era' for Burma after landslide victory." *Guardian*, April 2, 2012.

Goncharova, Masha. "Cosmoscow: A fair for the Russian art collector." *New York Times*, September 17, 2015.

Gorbachev, Aleksandr. "Meet Boris Grebenshchikov, the Soviet Bob Dylan." *Newsweek*, May 25, 2015.

Gourevitch, Philip. *We Wish to Inform You That Tomorrow We Will Be Killed with Our Families: Stories from Rwanda*. New York: Picador, 1999.

Gowen, Annie. "Hard-line Buddhist monks threaten Burma's hopes for democracy." *Washington Post*, November 5, 2015.

Graham-Harrison, Emma. "Afghan artist dons armour to counter men's street harassment." *Guardian*, March 12, 2015.

Gray, Denis. "The remaining veterans of China's 'lost army' cling to old life styles in Thailand." *Los Angeles Times*, June 7, 1987.

Green, Penny, Thomas MacManus, and Alicia de la CourVenning. "Countdown to annihilation: Genocide in Myanmar." International State Crime Initiative, 2015.

"Greenland powers up fifth hydroelectric plant." *Arctic Journal*, September 6, 2013.

Greig, Geordie. "My big fab gay wedding." *Tatler*, October 2007.

Grillo, Cristina. "Brasilquerserchamado de moreno e so 39% se autodreinem comobrancos." *Folha*, June 25, 1995.

Grubel, James. "Tsunami kills at least five in Solomons after big Pacific quake." Reuters, February 6, 2013.

Guibert, Nathalie, Yves-Michel Riols, and Hélène Sallon. "Libya's Tripoli and Tobruk dilemma no nearer to resolution." *Guardian*, January 27, 2015.

Hagan, Maria. "The 10 richest Russians in 2014." *Richest*, October 10, 2014.

Hail, Rob. "Madame NuonPhaly is gone." *Out of the Blog*, November 27, 2012.

Hamblin, James. "How the most important glacier in east Antarctica is melting." *Atlantic*, March 20, 2015.

Hansford, Joanna, and Mary BollingBlackiston. "Luxury boutique hostel opens inVidigal." *Rio Times*, March 4, 2014.

Harding, Luke, and Chris Stephen. "Chris Stevens, US ambassador to Libya, killed in Benghazi attack." *Guardian*, September 12, 2012.

Harvey, Chelsea. "Next up from climate change: Shell-crushing crabs invading Antarctica." *Washington Post*, September 28, 2015.

Hatzfeld, Jean. *Machete Season: The Killers in Rwanda Speak*. New York: Farrar, Straus & Giroux, 2005.

Hawkins, Chelsea. "9 artists challenging our perceptions of Afghanistan." *Mic*, October 9, 2014.

Hay, Mark. "Nomads on the grid." *Slate*, December 5, 2014.

Healy, Patrick, and Michael Barbaro. "Donald Trump calls for barring Muslims from entering U.S." *New York Times*, December 7, 2015.

Heijmans, Philip. "Skirting comedy limits in Myanmar." *New York Times*, July 29, 2015.

Hetter, Katia. "Antarctic hits 63 degrees, believed to be a record." CNN News, April 1, 2015.

Higgins, Andrew. "Putin and Orthodox church cement power in Russia." *Wall Street Journal*, December 18, 2007.

Hilderbrand, Rachael. "ConheçaCíntia Luna, presidente da AMUST do Morro doFogueteiro." *Rio On Watch*, July 4, 2014.

Hill, Matthew. "Yellow fever relaxation by South Africa helps Zambia tourism." Bloomberg, February 5, 2015.

Hilsum, Lindsey. "Don't abandon Rwandan women again." *New York Times*, April 11, 2004.

———. "Rwanda's time of rape returns to haunt thousands." *Guardian*, February 26, 1995.

———. "Saif al-Islam Gaddafi: The prophet of his own doom." *Guardian*, August 5, 2015.

HninYadanaZaw and Antoni Slodkowski. "Myanmar's ousted ruling party head to work with Suu Kyi." Reuters, November 5, 2015.

Holewinski, Sarah. "Marla Ruzicka's heroism." *Nation*, September 18, 2013.

Höller, Herwig. "AleksandrIlichLyashenko known as Petlyura: A controversial protagonist of Russian contemporary art." *Report: Magazine for Arts and Civil Society in Eastern and Central Europe*, June 2006.

Holley, Peter. "In Afghanistan, the art of fighting extremism." *Washington Post*, September 12, 2015.

Holmes, Oliver. "Aung San Suu Kyi wins outright majority in Myanmar election." *Guardian*, November 13, 2015.

———. "Much still at stake in Myanmar after Aung San Suu Kyi's election victory." *Guardian*, November 13, 2015.

Horowitz, Judith, et al. "Brazilian discontent ahead of World Cup." Pew Research Global Attitudes Project, June 3, 2014.

Houttuin, Saskia. "Gay Ugandans face new threat from anti-homosexuality law." *Guardian*, January 6, 2015.

Huang, Angela Lin. "Leaving the city: Artist villages in Beijing." *Media Culture Journal* 14, no. 4 (August 2011): 1–7.

Huang, Yanzhong. "The 2008 milk scandal revisited." *Forbes*, July 16, 2014.

Hufferd, Marlene Lima. "Carnaval in Brazil, samba schools and African culture: A study of samba schools through their African heritage." Retrospective Theses and Dissertations, Paper 15406, University of Iowa, 2007.

Human Rights Watch. "Brazil: Reforms fail to end torture." Human Rights Watch, July 28, 2014.

———. "Letter: Brazil: Protect detainees in police custody." Human Rights Watch, July 25, 2014.

Idov, Michael. "No sleep till Brooklyn: How hipster Moscow fell in love with Williamsburg." *Calvert Journal*, December 31, 2013.

"In memory of Vlad Mamyshev-Monroe, 1969–2013." *Baibakov Art Projects*,

March 22, 2013.

International Lesbian, Gay, Bisexual, Trans and Intersex Association. "The lesbian, gay and bisexual map of world laws." International Lesbian, Gay, Bisexual, Trans and Intersex Association, May 2015.

"Introducing the Center for Contemporary Art Afghanistan (CCAA)." ARCH International, no date.

Ireland, Doug. "7000 lashes for sodomy." *Gay City News*, October 11, 2007.

"ISIL 'brutally' quells rebellion in Libya's Sirte." *Al Jazeera*, August 17, 2015.

Ivanitskaya, Nadezhda. "As a State Duma deputy and businessman Yuzhilin Kobzar built a billion-dollar business." *Forbes Russia*, October 22, 2011.

Ives, Mike. "Culling Myanmar's past for memories." *New York Times*, October 16, 2013.

Iyengar, Rishi. "Burma's million-strong Rohingya population faces 'final stages of genocide,' says report." *Time*, October 28, 2015.

Janoi, Banyar Kong. "Pushing for ethnic language media in a changing Burma." *Asia Calling*, November 10, 2012.

Jason, Stefanie. "SA trips as Joburg lands on the steps of the Venice Biennale." *Mail & Guardian*, April 30, 2015.

———. "Venice Biennale: SA Pavilion finally announces artists." *Mail & Guardian*, April 16, 2015.

Jenkins, Simon. "Vision of the future or criminal eyesore: What should Rio do with its favelas?" *Guardian*, April 30, 2014.

Johnson, Ian. "Some Chinese artists are testing their limits." *Wall Street Journal*, October 2, 2009.

Johnson, Jenna. "Conservative suspicions of refugees grow in wake of Paris attacks." *Washington Post*, November 15, 2015.

Jones, Taryn. "The art of 'War': Voina and protest art in Russia." *Art in Russia*, September 29, 2012.

Jung, C. G. *MysteriumConiunctionis: An Inquiry into the Separation and Synthesis of Psychic Opposites in Alchemy*. Princeton, NJ: Princeton University Press, 1977.

Kaiman, Jonathan. "Beijing independent film festival shut down by Chinese authorities." *Guardian*, August 24, 2014.

Kaminski, Anna. "In Russia, contemporary art explodes from Soviet shackles." BBC News, February 23, 2014.

Kanthor, Rebecca. "In China, imported fruit is the must-have luxury item for the new year." *The World*, Public Radio International, February 20, 2015.

Kaplan, Sarah. "The serene-looking Buddhist monk accused of inciting Burma's sectarian violence." *Washington Post,* May 27, 2015.

Katsuba, Valera. "The roosters are coming." *Independent*, February 12, 1997.

Katz, Nathan, and Ellen S. Goldberg."The last Jews in India and Burma." *Jerusalem Letter*, April 15, 1988.

Kaufman, Jason Edward. "South Africa's art scene is poised for a breakthrough—at home and abroad." *Huffington Post*, February 19, 2013.

Keane, Fergal. "Myanmar election: Full BBC interview with Aung San Suu Kyi." BBC News, November 10, 2015.

Kendzulak, Susan. "Burma's flying circus." *Art Radar*, October 18, 2013.

Kennard, Matt, and Claire Provost. "The lights are on but no one's home in Myanmar's capital Naypyidaw." *Guardian*, March 19, 2015.

Kestler-D'Amours, Jillian."Silencing Brazil's baile funk." *Al Jazeera*, July 5, 2014.

Khin Maung Yin. "Salience of ethnicity among Burman Muslims: A study in identity formation." *Intellectual Discourse* 13, no. 2 (2005): 161–79.

Kim, Jim Yong. "How Mongolia brought nomads TV and mobile phones." *Bloomberg View*, October 14, 2013.

Kino, Carol. "Where art meets trash and transforms life." *New York Times,* October 21, 2010.

Kinsella, Eileen. "Who are the top 30 Chinese artists at auction?" *Artnet News*, September 8, 2014.

Kirey, Anna. " 'They said we deserved this': Police violence against gay and bisexual men in Kyrgyzstan." Human Rights Watch, January 28, 2014.

Kirkpatrick, David, and Steven Lee Myers. "Libya attack brings challenges for U.S." *New York Times*, September 12, 2012.

"Киселевпослеувольненияиз 'ПочтыРоссии' получитпочти 3 млнруб (Kiselev after the dismissal of 'Mail of Russia' will receive nearly 3 million rubles)." *RIA Novosti*, April 19, 2013.

Kiss, Ligia, et al. "Health of men, women, and children in post-trafficking services in Cambodia, Thailand, and Vietnam: An observational cross-sectional study." Lancet Global Health 3, no. 3 (March 2015): e154–e161.

Knickmeyer, Ellen. "Victims' champion is killed in Iraq." *Washington Post*, April 18, 2005.

Knöpfel, Ulrike. "Risky business: China cracks down on Ai Wei Wei protégé Zhao Zhao." *Der Spiegel*, August 28, 2012.

Korolkov, Alexander. "Is the protest movement dead?" *Russia Beyond the*

Headlines, January 15, 2015.

Krouse, Matthew. "Art fair forced to reinstate Mabulu painting after Goldblatt threat." *Mail & Guardian*, September 28, 2013.

Kuo, Lily. "By 2015, China will be the world's largest consumer of processed food." *Quartz*, September 23, 2013.

Kuper, Jeremy. "Venice Biennale: View from the ground." *Mail & Guardian*, May 20, 2015.

Kusters, Annelies. "Deaf utopias? Reviewing the sociocultural literature on the world's 'Martha's Vineyard situations.'" *Journal of Deaf Studies & Deaf Education* 15, no. 1 (January 2010): 3 – 16.

Kuzmin, Dmitry. "On the Moscow metro and being gay." Trans. Alexei Bayer. *Words without Borders*, 2013.

Kyaw Hsu Mon. "Govt to push left-hand steering wheels on future car imports." *Irrawaddy*, November 25, 2014.

KyawMyo Min, KyawKyaw Aung, and KhinKhinEi. "Hopes fade for Myanmar landslide survivors as lawmakers urge greater safety for miners." Radio Free Asia, November 24, 2015.

KyawPhyoTha. "Ex –political prisoner Win Tin demands apology from junta leaders." *Irrawaddy*, October 30, 2013.

———. "Hands of hardship; Artist Htein Lin spotlights political prisoners' travails." *Irrawaddy*, July 27, 2015.

———. "A purr-fect pedigree in Burma." *Irrawaddy*, February 24, 2014.

KyawZwa Moe. "Burmese professionals earn good money in Singapore but still miss home." *Irrawaddy*, March 2007.

Lankarani, Nazanin. "The many faces of Yue Minjun." *New York Times*, December 5, 2012.

LawiWeng. "Arakan monks boycott UN, INGOs." *Irrawaddy*, July 6, 2012.

LawiWeng, NyeinNyein, and Kyaw Hsu Mon. "Missing reporter killed in custody of Burma army." *Irrawaddy*, October 24, 2014.

Lazarus, Emma. *An Epistle to the Hebrews*. New York: Jewish Historical Society, 1987.

Lee, Yanghee. "Report of the Special Rapporteur on situation of human rights in Myanmar." United Nations Office of the High Commissioner for Human Rights, September 23, 2014.

Lee, Yulin. "Strategies of spatialization in the contemporary art museum: A study of six Japanese institutions." Dissertation, New York University, 2012.

Lescaze, Zoë. "An abbreviated Moscow Biennale unites scrappy performances, bourgeois spiders, and one former Greek finance minister." *ARTnews*, October 16, 2015.

Li Xiaoyu. "A bite of food culture." *BJ Review*, July 2, 2015.

Light, Whitney. "Pressing questions with Aye Ko." *Myanmar Times*, May 18, 2014.

Lins, Clarissa. "Providing electricity to Rio de Janeiro's favelas." *Guardian*, March 18, 2014.

Littauer, Dan. "Mugabe promises 'hell for gays' in Zimbabwe if he wins." *Gay Star News*, June 17, 2013.

Lorch, Donatella. "Rape used as a weapon in Rwanda: Future grim for genocide orphans." *Houston Chronicle*, May 15, 1995.

Lovett, Richard A. "Deadly tsunami sweeps Solomon Islands." *National Geographic News*, April 2, 2007.

Luhn, Alec. "LGBT website founder fined under Russia's gay propaganda laws." *Guardian*, July 29, 2015.

Luong, Hillary. "Artists detained by Myanmar police." *Art Asia Pacific*, June 8, 2012.

Lv, Jun, et al. "Consumption of spicy foods and total and cause specific mortality: Population based cohort study." *British Medical Journal* 351 (August 4, 2015): h3942.

Lynge, Inge. "Mental disorders in Greenland." *Man & Society* 21 (1997): 1 – 73.

Lyon, Julia. "Invited to escape to America, some refugees just say no." *St. Louis Tribune*, September 14, 2009.

Ma, Sophanna."Funeral of our beloved Mum PhalyNuon." Ezra Vogel Special Skills School, December 2012.

MacGregor, Karen. "A spear to the heart of South Africa." *New York Times*, June 5, 2012.

Mahtani, Shibani, and MyoMyo. "Myanmar signs draft peace deal with armed ethnic groups." *Wall Street Journal*, March 31, 2015.

Makinen, Julie. "Myanmar press freedom: Unprecedented but still subject to pressures." *Los Angeles Times*, March 27, 2015.

Malaurie, Jean. *The Last Kings of Thule*. Trans. Adrienne Foulke. New York: Dutton, 1982.

Malaysian Myanmar Business Council. "U.S. contributes publications to parliamentary library." Malaysian Myanmar Business Council, October 24, 2012.

Maler, Sandra, and Peter Cooney. "Magnitude 6.6 quake hits Solomon Islands in the Pacific: USGS." Reuters, August 12, 2015.

Manayiti, Obey. "Mugabe chides homosexuals again." NewsDay (Bulawayo), July 25, 2013.

Mann, Zarni. "DVB reporter jailed for one year." *Irrawaddy*, April 7, 2014.

Marsaja, I Gede. *Desa Kolok: A Deaf Village and Its Sign Language in Bali, Indonesia*. Nijmegen, Netherlands: Ishara Press, 2008.

Marshall, Andrew. "Myanmar gives official blessing to anti-Muslim monks." *Reuters*, June 27, 2013.

———. "Myanmar old guard clings to $8 billion jade empire." Reuters, October 1, 2013.

———. "The 969 catechism." Reuters, June 26, 2013.

Mashal, Mujib."Women and modern art in Afghanistan." *New York Times*, August 6, 2010.

Ma Thanegi. "The Burmese fairy tale." *Far Eastern Economic Review*, February 19, 1998.

———. *Nor Iron Bars a Cage*. San Francisco: Things Asian Press, 2013.

Mathieson, David. "Perilous plight: Burma's Rohingya take to the seas." Human Rights Watch, 2009.

MaungZarni. "Racist leader monk Rev. Wirathu's speech." *M-Media*, March 24, 2013.

McGregor, Richard. "Zhou's cryptic caution lost in translation." *Financial Times*, June 10, 2011.

McLaughlin, Daniel, and Elisabeth Wickeri. "Mental health and human rights in Cambodia." Leitner Center for International Law and Justice, July 31, 2012.

McLoughlin, Beth. "Rio's funk parties silenced by crackdown on gangs." BBC News, May 5, 2012.

McManus, John. "Egypt court clears men accused of bathhouse 'debauchery.'" BBC News, January 12, 2015.

McNamara, Kelly. "Burmese cats return to a new Burma." *Bangkok Post*, September 14, 2012.

McNamara, Robert S., and Brian Van De Mark. *In Retrospect: The Tragedy and Lessons of Vietnam*. New York: Times Books, 1995.

McVeigh, Tracy. "Aung San Suu Kyi 'released from house arrest.'" *Guardian*, November 13, 2010.

Medeiros, Étore, and Ana Pompeu. "Brasileirosacham que háracismo, massomente 1.3% se consideramracistas." *CorreioBraziliense*, March 25, 2014.

Michaels, Samantha. "Quintana releases final report on Burma human rights." *Irrawaddy*, March 14, 2014.

Miguel, Antonio Carlos. "Serounãoser carioca da gemanão é a questão (To be or not to be carioca is the question)." *O Globo*, February 28, 2015.

"A milestone for Myanmar's democracy." *New York Times*, November 12, 2015.

Milne, A. A. *Winnie-the-Pooh*. New York: Dutton, 1926.

Mooney, Chris. "The melting of Antarctica is bad news for humans. But it might make penguins pretty happy." *Washington Post*, August 13, 2015.

———. "Scientists declare an 'urgent' mission—study West Antarctica, and fast." *Washington Post*, September 29, 2015.

Mooney, Paul. "Jail, lawsuits cast shadow over Myanmar media freedom." Reuters, May 15, 2014.

Morgan, Julie. "Keeping 'em diving in the Keystone State." *Sport Diver*, April 21, 2006.

Morton, Adam. "The vanishing island." *Age*, September 19, 2015.

Moscow Biennale of Contemporary Art. "One-man picket." Moscow Biennale of Contemporary Art, 2015.

"Moscow venue refuses to host pro-LGBT teen photo display, cites police pressure." *Queer Russia*, June 13, 2015.

Motlagh, Jason. "When a SIM card goes from $2,000 to $1.50." *Bloomberg Business*, September 29, 2014.

Mthembu, Jackson. "ANC outraged by Brett Murray's depiction of President Jacob Zuma." African National Congress, May 17, 2012.

Muggah, Robert, and Ilona Szabo de Carvalho."Fear and backsliding in Rio." *New York Times*, April 15, 2014.

Musharbash, Yassin. "The 'Talibanization' of Pakistan: Islamists destroy Buddhist statue." *Der Spiegel*, November 8, 2007.

Mydans, Seth. "Yangon Journal; Burmese Jew shoulders burden of his heritage." *New York Times*, July 23, 2002.

Nay Phone Latt. "Nay Phone Latt speaks." *Myanmar Times*, March 3, 2014.

Ndayambaje, Jean Damascène. "Le genocide au Rwanda: Uneanalysepsychologique." Thesis, National University of Rwanda, Butare, 2001.

Neuffer, Elizabeth. *The Key to My Neighbour's House: Seeking Justice in Bosnia and Rwanda*. London: Bloomsbury, 2002.

Niederhauser, Matthew. "Rio's Olympic inequality problem, in pictures." *Citylab*, September 9, 2015.

Nobel Zaw. "Activist hit with additional sentence, totaling over 13 years." *Irrawaddy*, October 31, 2014.

———. "Court sentences 3 journalists, 2 media owners to 2 years in prison."

Irrawaddy, October 16, 2014.

Nowrojee, Binaifer. *Shattered Lives: Sexual Violence during the Rwandan Genocide and Its Aftermath*. New York: Human Rights Watch, 1996.

"NPM southern branch to open with jadeite cabbage display." *Want China Times*, September 18, 2015.

O'Grady, Siobhan. "Former Rwandan official worries that Kagame's administration is backsliding into mass murder." *Foreign Policy*, September 29, 2014.

O'Shea, Mary. "Journey of shelf discovery." *Post Magazine*, October 14, 2012.

Panja, Tariq, and David Biller. "Soccer icon Romario, Rio mayor Paes cited in corruption tape." Bloomberg, November 25, 2015.

Pater, Walter. *Selected Writings of Walter Pater*. Edited by Harold Bloom. New York: Columbia University Press, 1974.

Paton, Callum. "Libya: Scores killed in ethnic clashes for control of south's people- trafficking routes." *International Business Times*, July 23, 2015.

Patton, Dominique. "Cashing in on health scares, China online food sales boom." Reuters, August 11, 2013.

Pearlman, Jonathan. "Jihadist group calls on Muslims to save Burmese migrants from 'savage Buddhists.'" *Telegraph*, May 20, 2015.

Peixoto, Karin Elisabeth von Schmalz, et al. "Rio 2016 Olympics: The exclusion games." World Cup and Olympics Popular Committee of Rio de Janeiro, December 7, 2015.

PEN America. "Publishers' pledge on Chinese censorship of translated works." PEN America, October 15, 2015.

Perlez, Jane. "China, pursuing strategic interests, builds presence in Antarctica." *New York Times*, May 3, 2015.

Pershakova, Sasha. "Zine scene: How Russia's long tradition of self-publishing is still thriving today." *Calvert Journal*, October 28, 2014.

Perry, Alex. "South Africa: Over-exposing the President." *Time*, May 23, 2012.

Pfanner, Eric. "Vows: Andrew Solomon and John Habich." *New York Times*, July 8, 2007.

Phipps, Claire, and Matthew Weaver. "Aung San Suu Kyi vows to make all the decisions in Myanmar's new government." *Guardian*, November 10, 2015.

Pollman, Lisa. "Art is stronger than war: Afghanistan's first female street artist speaks out." *Art Radar*, July 19, 2013.

Pomerantsev, Peter. "Putin's God squad: The Orthodox Church and Russian politics." *Newsweek*, September 10, 2012.

Popham, Peter. *The Lady and the Peacock: The Life of Aung San Suu Kyi*. New

York: Experiment, 2012.

Porter, Tom. "Gangs of Russia: Ruthless mafia networks extending their influence." *International Business Times*, April 9, 2015.

———. "Vladmir [sic] Putin allies named as 'key associates of Russian gangsters' by Spanish prosecutors." *International Business Times*, June 30, 2015.

"PoslednyiGeroi: Georgy Guryanov (1961 – 2013)." *Baibakov Art Projects*, July 20, 2013.

" 'Prayer' is the key against 'devilish' homosexuality worldwide: Moses Foh-Amoaning." *Daily Guide Ghana*, July 14, 2015.

Probert, Thomas, et al. "Unlawful killings in Africa." Center for Governance and Human Rights, University of Cambridge, 2015.

PyaeThetPhyo. "Ex-minister's agent denies seeking recount." *Myanmar Times*, November 12, 2015.

Radio Free Asia Khmer Service. "Cambodian province plans campaign for monks to care for mentally ill." Radio Free Asia, April 20, 2015.

Rahim, Fazul, and Sarah Burke. "Afghan artist KabirMokamel takes aim at corruption with blast wall art." NBC News, September 19, 2015.

Ramon, Paula. "Poor, middle class unite in Brazil protests." CNN News, July 24, 2013.

Ramzy, Austin. "After Myanmar election, few signs of a better life for Muslims." *New York Times*, November 18, 2015.

Rao, Mallika. "Five Chinese dissident artists who aren't Ai Weiwei." *Huffington Post*, June 10, 2014.

Rapp, Jessica. "Locavores, health food, and celebrity chefs: The hottest trends in Shanghai's dining scene." *Jing Daily*, August 24, 2015.

Rasool, Daud. "Rebuilding Afghanistan's creative industries." British Council, October 14, 2013.

Rauhala, Emily. "Complete freedom, always just eluding the grasp of Chinese artist Ai Weiwei." *Washington Post*, July 30, 2015.

Recchia, Francesca. "Art in Afghanistan: A time of transition." *Muftah*, August 6, 2014.

Reeves, Jeffrey. "Mongolia's environmental security." *Asian Survey* 51, no. 3 (2011): 453 – 71.

Reis, Luiz Felipe. "As muitasredes do agitador da 'perifa' Marcus Vinicius Faustini." *O Globo*, July 21, 2012.

Reitman, Janet. "The girl who tried to save the world." *Rolling Stone*, June 16, 2005.

"Reporter Daniel Pearl is dead, killed by his captors in Pakistan." *Wall Street Journal*, February 24, 2002.

Reporters Without Borders. *World Press Freedom Index, 2015*. Paris: Reporters Without Borders, 2015.

Republic of the Union of Myanmar. "Final report of inquiry commission on sectarian violence in Rakhine State." Republic of the Union of Myanmar, July 8, 2013.

Resende, Leandro. " 'Anaçãoestápertubada,' define antropólogo Luiz Eduardo Soares." *O Dia Brasil*, October 10, 2015.

Rever, Judi, and Geoffrey York. "Assassination in Africa: Inside the plots to kill Rwanda's dissidents." *Globe & Mail*, May 2, 2014.

Richardson, Jayson, et al. "Mental health impacts of forced land evictions on women in Cambodia." *Journal of International Development*, September 27, 2014.

Rilke, Rainer Maria. *Selected Poetry of Rainer Maria Rilke*. Trans. Stephen Mitchell. New York: Vintage, 2013.

Ritu, Moshahida Sultana. "Ethnic cleansing in Myanmar." *New York Times*, July 12, 2012.

Robinson, Simon. "Appreciation: Marla Ruzicka, 1977 – 2005." *Time*, April 18, 2005.

Rodrigues, Robson. "The dilemmas of pacification: News of war and peace in the 'marvelous city.'" *Stability Journal* (May 22, 2014): Article 22.

Rosenberg, Matthew, and Michael D. Shear. "In reversal, Obama says U.S. soldiers will stay in Afghanistan to 2017." *New York Times*, October 15, 2015.

Rossi, Melissa. "Gun wounds down in Complexo do Alemão." *Rio Times*, July 3, 2012.

Rowling, Megan. "Solomons town first in Pacific to relocate due to climate change." Reuters, August 15, 2014.

Royte, Elizabeth. "The outcasts." *New York Times Magazine*, January 19, 1997.

Rush, James. "Images emerge of 'gay' man 'thrown from building by Isis militants before he is stoned to death after surviving fall.'" *Independent*, February 3, 2015.

Rushdie, Salman. "Heroes: Nay Phone Latt." *Time*, April 29, 2010.

Ruskin, John. *The Works of John Ruskin, Vol. 5: Modern Painters*. Vol. 3. Edited by E. T. Cook and Alexander Wedderburn. London: G. Allen, 1904.

Ryan, Hugh. "Kyrgyzstan's anti-gay law will likely pass next month, but has already led to violence." *Daily Beast*, September 18, 2015.

Safi, Michael. "Antarctica's increasing sea ice restricting access to research stations." *Guardian*, May 11, 2015.

Samuels, Sammy. "Hanukkah with spirit in Yangon." BBC News, December 4, 2015.

San Yamin Aung. "Supreme Court rejects appeal of Unity journalists." *Irrawaddy*, November 27, 2014.

Sartore, Mara. "Lampedusa: Migration and desire, an interview with Vik Muniz." *My Art Guides*, June 2015.

Saul, Stephanie, and Louise Story. "At the Time Warner Center, an enclave of powerful Russians." *New York Times*, February 11, 2015.

Schunert, Tanja, et al. "Cambodian mental health survey." Royal University of Phnom Penh, Department of Psychology, 2012.

Schwarcz, Lilia Moritz. "Especificidade do racismoBrasileiro." *In História da Vida Privada no Brasil.* Edited by Fernando Novais. São Paulo: Companhia de Letras, 1998.

———. "Not black, not white: Just the opposite: Culture, race and national identity in Brazil." Working Paper CBS-47-03, Centre for Brazilian Studies, University of Oxford, 2003.

Schwarz, Benjamin. "A vision in concrete." *Atlantic*, July/August 2008.

Seow, Joanna. "More Myanmar professionals in Singapore heading home to tap booming economy." *Straits Times*, March 24, 2014.

Sérgio, Antonio, and Alfredo Guimarães."The Brazilian system of racial classification." *Ethnic and Racial Studies* 35, no. 7 (2012): 1157–62.

Serrano-Berthet, Rodrigo, et al. "Bringing the state back into the favelas of Rio de Janeiro: Understanding changes in community life after the UPP pacification process." World Bank, October 2012.

Shakespeare, William. *Henry VIII. In The Complete Works.* Edited by G. B. Harrison. New York: Harcourt, Brace & World, 1968.

Shearlaw, Maeve. "30 under 30: Moscow's young power list." *Guardian*, June 8, 2015.

Shestakova, Sasha. "Outcry: Ten recent art exhibitions that caused a storm in Russia." *Calvert Journal*, July 29, 2015.

Shun, Ekow. "Moscow's new art centres." Financial Times, March 15, 2013.

Simmons, William. *Eyes of the Night: Witchcraft among a Senegalese People.* Boston: Little, Brown, 1971.

Simpson, Brigitte Vittrup. "Exploring the influences of educational television and parent-child discussions on improving children's racial attitudes." Dissertation, University of Texas at Austin, May 2007.

Smith, Matthew, et al. "'All you can do is pray': Crimes against humanity and ethnic cleansing of Rohingya Muslims in Burma's Arakan State." Human Rights Watch, April 2013.

Smith, Russell. "The impact of hate media in Rwanda." BBC News, December 3, 2003.

Sneed, Annie. "American eel is in danger of extinction." *Scientific American*, December 1, 2014.

Solomon, Andrew. "As Asia regroups, art has a new urgency." *New York Times*, August 23, 1998.

———. *Far from the Tree: Parents, Children, and the Search for Identity*. New York: Simon & Schuster, 2012.

———. "Hot night in Havana." *Food & Wine*, January 2002.

———. *The Irony Tower*: Moscow: Garage, 2013.

———. *The Irony Tower: Soviet Artists in a Time of Glasnost*. New York: Knopf, 1991.

———. *The Noonday Demon: An Atlas of Depression*. New York: Simon & Schuster, 2001.

———. "Paper tsars." *Harpers & Queen*, February 1990.

Sommers, Marc. "The darling dictator of the day." *New York Times*, May 27, 2012.

South African Press Association. "Appeal tribunal declassifies The Spear." *City Press*, October 10, 2012.

———. "Mugabe condemns Europe's gay 'filth.'" *IOL News*, April 14, 2011.

Stauffer, Caroline. "Brazil's Petrobras corruption investigators to probe Olympic contracts." Reuters, November 25, 2015.

Steele, Jonathan. "Marla Ruzicka." *Guardian*, April 19, 2005.

Stephen, Chris. "Gaddafi's son Saif al-Islam sentenced to death by court in Libya." *Guardian*, July 28, 2015.

Sternberg, Troy, et al. "Tracking desertification on the Mongolian steppe through NDVI and field-survey data." *International Journal of Digital Earth 4*, no. 1 (2011): 50–64.

Strangio, Sebastian. "Myanmar's wildlife trafficking hotspot." *Al Jazeera*, June 17, 2014.

Strokan, Sergey, and Vladimir Mikheev. "EU-Russia sanctions war to continue." *Russia Beyond the Headlines*, June 26, 2015.

Sulteeva, Renata. "The market for Russian contemporary art: An historical overview and up-to-date analysis of auction sales from 1988 to 2013." Dissertation, Sotheby's Institute of Art, New York, 2014.

"'Sunflower' protesters break on to political scene." *Economist Intelligence Unit*, April 2, 2014.

Tan, Michael. "One million SIM cards sold in Myanmar." *CNET*, October 2, 2014.

"ТатьянаВеденееварасстается с мужем (Tatiana Vedeneeva has divorced)." *DNI*, June 2, 2008.

Tau, Byron, and Peter Nicholas. "Hillary Clinton defends actions in Benghazi." *Wall Street Journal*, October 22, 2015.

Taylor, Alan. "The Chernobyl disaster: 25 years ago." *Atlantic*, March 23, 2011.

Tempest, Rone. "Pope meets with Castro, agrees to a Cuba visit." *Los Angeles Times*, November 20, 1996.

Temple-Raston, Dina. *Justice on the Grass*. New York: Free Press, 2005.

Tennyson, Alfred. *Poems by Alfred Tennyson in Two Volumes*. Boston: William D. Ticknor, 1842.

Tierney, Dominic. "Forgetting Afghanistan." *Atlantic*, June 24, 2015.

Topping, Alexandra. "Widows of the genocide: How Rwanda's women are rebuilding their lives." *Guardian*, April 7, 2014.

Torgovnik, Jonathan. *Intended Consequences: Rwandan Children Born of Rape*. New York: Aperture, 2009.

Torode, Greg. "Myanmese envoy says Rohingya ugly as ogres." *South China Morning Post*, February 11, 2009.

Traufetter, Gerald. "Climate change or tectonic shifts? The mystery of the sinking South Pacific islands." *Der Spiegel*, June 15, 2012.

Travis, John. "Genes of silence: Scientists track down a slew of mutated genes that cause deafness." *Science News*, January 17, 1998.

Turner, Rochelle, et al. "Travel and tourism: Economic impact 2015: Myanmar." World Travel and Tourism Council, 2015.

Tyan, Alexandra. "Classes aimed at raising a new generation of Russian businessmen." *Moscow Times*, July 27, 2015.

UNICEF. "Country statistics: Myanmar." UNICEF, 2015.

United Nations Educational, Scientific and Cultural Organization. "Naadam, Mongolian traditional festival." United Nations Educational, Scientific and Cultural Organization, 2010.

———. "Tentative lists: Marovo-Tetepare complex." United Nations Educational, Scientific and Cultural Organization, December 23, 2008.

United Nations Office for the Coordination of Humanitarian Affairs. "Our bodies, their battle ground: Gender-based violence in conflict zones." *IRIN News*, September 1, 2004.

United Nations Office of the High Commissioner for Human Rights. "UN Special Rapporteur finds that killings by Brazilian police continue at alarming rates, government has failed to take all necessary action." United Nations Office of the High Commissioner for Human Rights, June 1, 2010.

Urani, André, and Fabio Giambiagi. *Rio: A Hora da Virada*. Rio de Janeiro: Elsevier, 2012.

US Department of Defense."Casualty report." US Department of Defense, November 10, 2015.

US Department of State. "Country reports on human rights practices for 2011: Brazil." US Department of State, 2012.

———. "U.S. economic engagement with Burma." US Embassy in Rangoon, June 2014.

US Department of the Army. "Standards of medical fitness." Army Regulation 40-501, August 4, 2011.

Uwiringiyimana, Clement. "Rwandan parliament agrees to extend Kagame's rule." Reuters, October 29, 2015.

Vrieze, Paul. "Experts reject claims of 'Rohingyamujahideen' insurgency." *Irrawaddy*, July 15, 2013.

Wachter, Sarah J. "Pastoralism unraveling in Mongolia." *New York Times*, December 8, 2009.

Walker, Shaun. "Russia swoops on gang importing £19m of banned cheese from abroad." *Guardian*, August 18, 2015.

Walsh, Declan. "Second female Afghan journalist killed in five days." *Guardian*, June 6, 2007.

Wan, William. "China tried to erase memories of Tiananmen. But it lives on in the work of dissident artists." *Washington Post*, May 31, 2014.

———. "Chinese artist recounts his life, including the one time he painted 'X' on Mao's face." *Washington Post*, June 2, 2014.

———. "Taiwan's 'white shirt army,' spurred by Facebook, takes on political parties." *Washington Post*, November 11, 2013.

Watts, Jonathan. "Brazil: Rio police charged over torture and death of missing favela man." *Guardian*, October 2, 2013.

———. "Rio Olympics linked to widespread human rights violations, report reveals." *Guardian*, December 8, 2015.

———. "Rio police tackle favelas as World Cup looms." *Guardian*, June 10,

2013.

Wax, Emily. "Rwandans are struggling to love children of hate." *Washington Post*, March 28, 2004.

Westcott, Lucy. "Gay refugees address U.N. Security Council in historic meeting on LGBT rights." *Newsweek*, August 25, 2015.

Winata, S., et al. "Congenital non-syndromal autosomal recessive deafness in Bengkala, an isolated Balinese village." *Journal of Medical Genetics* 32 (1995): 336–43.

Winterbottom, Tom. "The tragedy of the Maracanã Stadium." *Rio On Watch*, June 13, 2014.

World Bank. "Ease of doing business in Rwanda." World Bank, 2015.

———. "Poverty continued to decline, falling from 27.4 percent in 2012 to 21.6 percent in 2014." World Bank, July 1, 2015.

———. "Rwanda overview." World Bank, October 6, 2015.

———. "World Bank, Govt. of Solomon Islands launch two new projects towards improved power supply, disaster & climate resilience." World Bank, April 1, 2014.

World Health Organization. "Mental health atlas 2011: Cambodia." Department of Mental Health and Substance Abuse, World Health Organization, 2011.

———. "WHO country cooperation strategy for Mongolia 2010–2015." World Health Organization, 2010.

———. "WHO mental health atlas 2011: Senegal." Department of Mental Health and Substance Abuse, World Health Organization, 2011.

Worth, Robert F. "An American aid worker is killed in her line of duty." *New York Times*, April 18, 2005.

Wullschager, Jackie. "No more Chinese whispers." *Financial Times*, October 2, 2004.

Xinhua News Agency. "Former Mongolian president jailed for four years." *CRI English*, August 3, 2012.

Xu, Angela. "China's digital powered foodie revolution." *Lab Brand*, January 6, 2015.

Yanagizawa, David. "Propaganda and conflict: Theory and evidence from the Rwandan genocide." Dissertation, Stockholm University, 2009.

Yin, Pumin. "Probing ancient mysteries." *Beijing Review*, December 7, 2009.

Zaccardi, Nick. "President of company preparing Rio for Olympics resigns." *NBC Sports*, April 1, 2014.

Zaiman, Jonathan. "Remembering Moses Samuels, the man who preserved

Jewry in Myanmar." *Tablet*, June 2, 2015.

Zhong, Nan. "China has a healthy appetite for food imports." *China Daily*, March 2, 2015.

Zhu Linyong. "Art on the move." *China Daily*, January 25, 2010.

Zilkha, Bettina. "Andrew Solomon named President of PEN." *Forbes*, March 5, 2015.

"Zuma, Marikana painting pulled from Jo'burg Art Fair." *Mail & Guardian*, September 27, 2013.

Zway, Suliman Ali, and Carlotta Gall. "Libyan factions reject unity government plan." *New York Times*, October 20, 2015.

옮긴이의 말

앤드루 솔로몬은 『부모와 다른 아이들』로 전미비평가협회상을 받고 『한낮의 우울』로 전미도서상을 받은 논픽션 작가로 유명하다. 하지만 그가 책을 쓰는 일 못지않게 꾸준히 해온 일은 각종 매체를 위한 취재였다. 기자는 그의 첫 직업이었다. 그는 대학원을 졸업한 직후부터 『뉴요커』, 『뉴욕 타임스 매거진』, 『트래블 + 레저』 등 여러 잡지와 신문에 글을 썼다. 그 주제도 다양하여 해외 예술계 탐방, 정치 상황 보도, 미식 여행, 호화 요트 관광까지 별의별 이야기가 다 있다. 그런데 그 기사들의 공통점은 모두 해외 취재 기사라는 것(솔로몬은 미국과 영국 이중 국적자이므로 여기서 해외는 그 두 나라를 제외한 나라들이다), 그것도 가급적 멀리 더 멀리 떨어진 곳으로 가보려고 애쓴 이야기들이라는 것이다.

『경험 수집가의 여행』은 솔로몬의 그 기사들 중 28편을 모은 책이다. 르포 수준으로 긴 글도 있고 스케치처럼 짧은 글도 있으며, 심각한 주제를 다룬 글도 있고 관광 팸플릿에 실려도 될 글도 있으니, 독자는 꼭 처음부터 끝까지 읽을 필요는 없고 원한다면 가본 나라, 가보고 싶은 나라, 흥미가 가는 주제를 골라서 읽어도 된다. 하지만 그래도 처음부터 끝까지 시기순으로 읽어 보면 느끼게 되는데, 1988년부터 2015년까지 거의 30년에 걸쳐 작성된 이 글들은 비록 한 사람의 여행 기록이기는 하나 그 속에는 지난 30년간의 세계 변화가 고스란히 반영되어 있다. 소련일 때 처음 방문했던 나라가 자본주의 러시아가 되고, 과거 같으면 상상도 못 했을 남극 여행이 가능해진다. 그가 방문했을 때만 해도 세계 시장에 잘 알려지지 않았던 중국 화가들은 이제 전 세계 미술계를 쥐락펴락하는 거물들이 되었고, 처음에는 자신의 성 지향성을 감추고 여행하던 그가 나중에는 동성애자 인권에 대한 토론에 참여하느라 전 세계를 여행한다. 그것은 저자가 겪은 변화이기도 하지만 세상의 변화이기도 하다.

그런데 솔로몬의 또 다른 직업이랄까, 관심의 영역은 운동이다. 그는 동성애자 인권 운동에 앞장서는 것은 물론, 정신 질환 치료를 홍보하고 옹호하는 일, 표현의 자유를 옹호하는 일 등등 여러 분야에서 열심히 활동해 왔다. 특히 2015년부터 3년 동안은 미국 및 전 세계 표현의 자유와 작가들의 권리를 옹호하는 단체인 PEN 아메리칸 센터의 회장을 맡아 일했고, 이 책이 그 기간 중 나왔다는 데는 의미가 있다. 솔로몬에게 여행은 국경을 넘은 자유와 문화적 관용을 가져오는 제일가는 수단이기 때문이다. 서문이라기에는 좀 긴 이 책의 서문에는 솔로몬이 검열, 동성애자 인권, 표현의 자유 같은 주제를 여행과 결부하여 어떻게 바라보는지가 잘 나와 있다. 이 서문은 여행이 한 인간을, 그리고 세상을 어떻게 바꿀 수 있는가를 보여 주는 훌륭한 리포트이자 에세이다.

여행은 정말로 그런 큰 힘을 가진 행위일까? 어쨌든 솔로몬에게는 분명히 그런 효과를 발휘한 것으로 보인다. 탱크와 맞서도 무서울 것 없었던 젊은이로 시작했던 그의 여행 인생이 아이들을 두고 인생에 더 무거운 책임감을 느끼는 중년으로 나아가는 과정을 보면서, 이 숱한 여행이 아니었다면 그가 오늘날처럼 타인에 대한 깊은 연민과 이해의 열망을 갖춘 훌륭한 작가가 되지 못했을 거라는 생각이 든다. 그 점에서 이 책은 그냥 장소만이 아니라 세월과 세상에 관한 여행기다. 그러면 우리는? 〈지구에 알려진 총 196개국 중 83개국에 가보았다〉는 솔로몬처럼 그야말로 전 세계를 여행하는 특권을 누릴 가능성은 아무래도 적은 우리 독자들은? 이런 여행기를 읽음으로써 간접 체험을 하는 것만으로도 적으나마 비슷한 효과를 경험할 수 있지 않을까. 글은 그러라고 쓰는 것이고, 독서는 그러라고 하는 것이니까.

옮긴이 **김명남** 카이스트 화학과를 졸업하고 서울대 환경대학원에서 환경정책을 공부했다. 인터넷 서점 알라딘 편집팀장을 지냈고 전문번역가로 활동하고 있다. 『우리 본성의 선한 천사』로 제55회 한국출판문화상 번역 부문을 수상했다. 『비커밍』, 『남자들은 자꾸 나를 가르치려 든다』, 『우리는 모두 페미니스트가 되어야 합니다』, 『면역에 관하여』, 『틀리지 않는 법』, 『휴먼 에이지』 등을 옮겼다.

경험 수집가의 여행 앤드루 솔로몬, 7대륙 25년의 기록

발행일 **2019년 1월 25일 초판 1쇄**
2021년 1월 15일 초판 5쇄

지은이 **앤드루 솔로몬**
옮긴이 **김명남**
발행인 **홍예빈 · 홍유진**
발행처 **주식회사 열린책들**

경기도 파주시 문발로 253 파주출판도시
전화 **031-955-4000** 팩스 **031-955-4004**
www.openbooks.co.kr

ISBN 978-89-329-1938-6 03900

이 도서의 국립중앙도서관 출판예정도서목록(CIP)은 서지정보유통지원시스템 홈페이지(http://seoji.nl.go.kr)와 국가자료공동목록시스템(http://www.nl.go.kr/kolisnet)에서 이용하실 수 있습니다.(CIP제어번호: CIP2019000763)